國際私法論叢

劉 鐵 錚 著

學歷：國立政治大學法律學系畢業
　　　美國南美以美大學比較法學碩士
　　　美國猶他大學法學博士
經歷：國立政治大學教授兼法律研究所所長、
　　　法律學系主任
現職：司法院大法官
　　　國立政治大學法律系暨法律研究所兼任教授

三民書局印行

國家圖書館出版品預行編目資料

國際私法論叢／劉鐵錚著. --六版一刷
. --臺北市；三民，民89
　　面；　　公分
ISBN 957-14-0181-1 (平裝)

1.國際走私法

558

網際網路位址　http://www.sanmin.com.tw

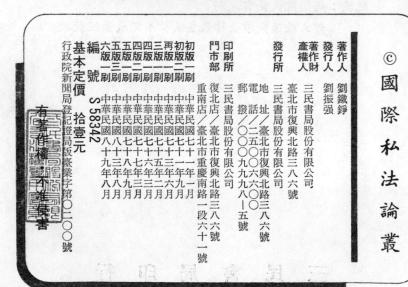

© 國際私法論叢

著作人　劉鐵錚
發行人　劉振強
產著作財權人　三民書局股份有限公司
　　　　　臺北市復興北路三八六號
發行所　三民書局股份有限公司
　　　　　地址／臺北市復興北路三八六號
　　　　　電話／二五○○六六○○
　　　　　郵撥／○○○九九九八——五號
印刷所　三民書局股份有限公司
門市部　復北店／臺北市復興北路三八六號
　　　　　重南店／臺北市重慶南路一段六十一號
初版一刷　中華民國七十一年九月
初版二刷　中華民國七十二年六月
再版一刷　中華民國七十三年三月
三版一刷　中華民國七十五年七月
四版一刷　中華民國七十六年七月
四版二刷　中華民國七十七年八月
五版一刷　中華民國七十八年三月
五版二刷　中華民國八十三年九月
六版一刷　中華民國八十九年八月
編　號　S 58342
基本定價　拾壹元
行政院新聞局登記證局版臺業字第○二○○號

有著作權·不准侵害

ISBN 957-14-0181-1 (平裝)

六 版 序

　　「國際私法論叢」自民國七十一年問世以來，已歷十餘年。因本書尚有參考之價值，爰增添近作，匯整再版，以供研究閱讀者之便利。其內容有討論法律適用及相關問題者十七篇，討論法域管轄及相關問題者二篇，討論法律統一與國際私法之關係者一篇。

　　　　　　　　　　　　　劉鐵錚　　謹識於司法院
　　　　　　　　　　　　　　　　　　中華民國八十九年九月

自　序

　　國際私法為近代法制高度發展下之產物。蓋古代各國閉關自守，交通不便，內外國人鮮相往來，法律衝突問題無由發生。降至近世，交通進步，貿易發達，各國人民往來與時俱增，相互接觸關係日益繁雜，法律衝突於焉發生。為促進公平，維持正義，各國遂均制定國際私法，以確定對涉外法律關係所應適用之法律。

　　國際私法之案件，不論如何複雜繁夥，歸納之不外二端：一為法域管轄及其相關問題；一為法律適用及其相關問題。蓋同一法律關係，各國規定或不相同，則遇有含有涉外成分之法律關係涉訟時，適用何國法律，固一問題，而何國法院有其管轄權，尤為先決問題。晚近更產生第三個問題，此即由於民商實體法統一運動，甚受重視，法律之統一愈多，法律之衝突則愈少，而國際私法之適用範圍，亦愈受限制，故關於統一法之發展及其與國際私法在適用上之牽連，遂亦構成國際私法內容之一環。

　　「國際私法論叢」蒐集本人近數年來所撰寫之一系列有關國際私法論文十一篇，其內容有討論法律適用及其相關問題者九篇，討論法域管轄及其相關問題者二篇，討論法律統一與國際私法之關係者一篇。各篇雖各自獨立，然幾已涵蓋國際私法之重要內容，彼此間有相輔相成之作用。本人相信本書對於國際私法上有關法理之闡明、法制之比較、法條之說明、法律問題之探討，不無幫助，可補充一般教科書之不足，而書末所附參考公約，尤可供讀者作進一步印證、研究之用。

　　最後本人願乘此機會，感謝國立政治大學劉前校長季洪教授、李前校長元簇教授以及現任歐陽校長勛教授對學術研究風氣之倡導與對本人之提攜及愛護，感激各位師長往昔之熱心教誨，而法律系所同仁平日之鼓勵與支持，也請接受本人誠摯之謝忱。

劉　鐵　錚

序於國立政治大學法律學系
中華民國七十一年元月

國際私法論叢

目　錄

附　　　錄

論 侵 權 行 爲 之 準 據 法

壹、引　　論

國際私法乃一國對於涉外法律關係，就內外國之法律，決定其孰應適用之法則。此法則或由內國立法機關所制定[1]，或由內國司法機關所創造[2]，故爲國內法[3]。依照國際私法之規定，就特定涉外法律關係所適用之內外國法律，謂之準據法。此準據法係以特定法律關係與當事人或某地域之牽連關係爲基礎[4]，而抽象的予以規定[5]，例如我涉外民事法律適用法第十二條「婚姻之效力依夫之本國法，……」；第十條一項「關於物權依物之所在地法。」卽爲其例。應適用之法律究爲內國法律？抑或外國法律？則須就涉外法律關係之具體事實，決定牽連因素之歸屬，而後始可知之。前例如「夫之本國」爲中國，則「本

1) 例如我國之涉外民事法律適用法、德國之民法施行法、日本之法例，卽係由各該國立法機關，所制定之各該國國際私法。
2) 英、美普通法國家之國際私法，多係由判例所創造。例如關於侵權行爲準據法之重要先例，在美國爲 Alabama Great Southern R. R. Co. V. Carroll, 97 Ala. 126, 11 So. 803 (1892)；在英國爲 Phillips V. Eyre (1870) L.R. 6 Q B. 1
3) 關於國際私法之性質，究爲國內法抑國際法，學者間尙有爭論。英美學者如英之戴西 (Dicey)，美之史多銳 (Story)，根據國際法之實質，而認其爲國內法。大陸學者如法之畢利 (Pillét) 及魏斯 (Weiss)，則根據國際關係之演進，倡論國際法爲國際法。僅就國際私法之現狀而論，國際私法無疑是國內法，蓄今日世界各國，各有其本身之國際私法，而其產生，又與通常國內法之制定一般無二；其內容，大體上說亦爲一國立法者，本諸主權而得以自由決定者。關於本問題請參閱馬漢寶教授著：國際私法總論（民國五十七年）第十二至十六頁；劉甲一教授著：國際私法（民國六十年）第一編第四章；洪應灶教授著：國際私法（民國四十三年）第十一至十三頁。
4) 按國際私法法則，亦稱牴觸法則，多係由下列三要素所構成，卽指定原因、連結因素、準據法。指定原因卽係指特定法律關係；準據法卽指就該特定法律關係所應適用之法律；而連結因素，則係牴觸法則據以連結指定原因與準據法之基礎事實。現有連結因素有：國籍、住所、侵權行爲地、締約地、履行地、物之所在地、法庭地、當事人意思等。
5) 國際私法法則，從其立法形式觀察通常不外下列兩種方式：（甲）單面法則（one-sided rules）。屬於此種類型之法則，對於某種涉外事件之法律適用問題，僅規定內國法適用之情形。故可說是具體的指定準據法。例如法國民法第三條第二項規定：「不動產應由法國法律管轄，卽使係外國人所有者亦然。」卽其例。（乙）雙面法則（two-sided rules），屬於此一類型之條文。對於涉外事件之準據法，不以規定其是否爲內國法爲限，而係以抽象方法，就某種涉外事件所應適用之法律，不分內外，統予指示。例如日本法例第十條第一項規定：「關於動產及不動產物權，及其他應登記之權利，依物之所在地法。」卽其例。上述兩種類型之國際私法法則，顯然以雙面法則較優，故爲多數立法例所採。關於本問題請參閱馬著：國際私法總論第四六至五十頁；Wolff. *Private International Law*, (2nd ed. 1950) PP. 96—97

國法」即爲中國法；如「物之所在地」爲德國，則「物之所在地法」即爲德國法。一國何以就涉外法律關係特制定國際私法以爲應適用法律之準則，而不似純粹內國案件逕行適用內國民事法律以爲裁判之基礎，學說上固有種種之主張[6]，然要不外着眼於促進國際交往，確認當事人合法權益及維護內國之公安[7]。特定涉外法律關係與當事人或地域間常有二種以上之牽連關係，國家於制定國際私法時，何以以某種牽連因素爲基礎而決定準據法而捨棄其他牽連因素，固係出於政策上之種種考慮[8]，然總不外以被選中之牽連因素與該特定法律關係之關係最爲密切之故。本文「論侵權行爲

之準據法」，固在檢討各國國際私法對侵權行爲準據法之規定，批評其利弊，明其得失，但對於侵權行爲準據法最近發展之趨勢，特予致力，以與傳統侵權行爲準據法相互印證比較。

貳、侵權行爲準據法之立法主義

侵權行爲 (torts) 爲債的發生原因之一，依我民法第一八四條一項之規定：「因故意或過失，不法侵害他人權利者，負損害賠償責任。故意以背於善良風俗之方法，加損害於他人者，亦同。」此爲一般侵權行爲之定義，各國規定雖大致相同[9]，但因侵權行爲所產生之

6) 外國學者每以公平 (fairness) 正義 (justice) 與需要 (necessity) 來說明國際私法制定之理由。關於其詳，請參閱 Cheatham et al., *Conflict of Laws* (5th ed. 1964) PP. 385-388; Goodrich, *Handbook of the Conflict of Laws* (3rd ed. 1949) PP. 7-8

7) 參閱我涉外民事法律適用法草案說明：二、草案初稿起草經過及其內容。

8) 美國哥倫比亞大學教授 Cheatham 及 Reese，曾提出九點原則，以爲美國法院選擇準據法之標準，該等原則似可做爲制定法國家之立法準則。該等原則爲：
   (a) The Needs of The Interstate And International Systems
   (b) A Court Should Apply Its Own Local Law Unless There Is Good Reason For Not Doing So
   (c) A Court Should Seek To Effectuate The Purpose of Its Relevant Local Law Rule In Determining A Question of Choice of Law
   (d) Certainty, Predictability, Uniformity of Result
   (e) Protection of Justified Expectations
   (f) Application of The Law of State of Dominant Interest
   (g) Ease in Determination of Applicable Law, Convenience Of The Court
   (h) The Fundamental Policy Underlying The Broad Local Law Field Involved
   (i) Justice in The Individual Case
   關於其詳，請參閱 Cheatham and Reese, *Choice of the Applicable Law,* 52 Colum. L. Rev. 959 (1952)

9) 民法第一八四條之立法例：
   英美法　侵權行爲乃以作爲或不作爲之方法，不法侵害他人法律上之私權，受害人得因而提起損害賠償之訴。參照 Gaudreau v. Gaudreau, 218 A. 2d 695 (N.H. 1965); Goller v. Wite, 122 N.W. 2d 193 (Wis. 1963)
   法民　第一三八二條　使他人發生損害之人之行爲，無論係何行爲，其有過失者，應負損害賠償之義務。
   　　　第一三八三條　各人不僅對於因自己行爲所生之損害，即對於因自己之懈怠或疏忽所生之損害，亦負責任。

法律關係極端複雜，自其構成要件以迄法律效果，包羅廣泛之問題[10]，各國基於不同之社會背景、司法體制、立法政策，其所制定之有關侵權行為之法律，絕不可能相同，同時也正因為各國法律之歧異，國際私法始有其存在之可能，否則如各國實體法完全一致，準據法之效用不僅喪失，而國際私法本身也將不再有其存在之價值[11]。

各國國際私法對侵權行為所採之準據法，要分為三種主義：一、法庭地法主義；二、侵權行為地法主義；三、折衷主義。茲分述於後：

一、法庭地法主義

認為侵權行為責任與刑事責任類似，故侵權行為具有反社會性與反倫理性，與一國之公序良俗有重大之關係，外國認為係侵權行為者，內國未必即做同樣之認定，反之某種行為依行為地法固為適法，而在內國則認為不法行為者亦有之，於此情形，為求維持法律之安定與內國之秩序，故關於侵權行為之成立與效力應一依法庭地法為準 (Lex Fori)[12]。

  德民　第八二三條　因故意或過失，不法侵害他人之生命、身體、健康、自由、所有權及其他之權利者，對於他人負賠償因此所生損害之義務。
  違反以保護他人為目的之法律者，亦負同一義務。依其法律之內容無過失得違反者，僅於有過失時生賠償義務。
  第八二六條　以違反善良風俗之方法，加損害於他人者對之負損害賠償之義務。
  瑞債　第四一條　因故意或過失不法加損害於他人者，負賠償之義務。
  故意以違背善良風俗之方法加損害於他人者，亦負同一之責任。
  日民　第七〇九條　因故意或過失侵害他人之權利者，負因此所生損害之賠償責任。

10) 該等問題可列舉如下：
  (a) 侵權行為人之侵權行為能力問題。
  (b) 何種事實為構成損害之事實。
  (c) 損害與行為間之因果關係問題。
  (d) 侵權行為之違法性問題。
  (e) 侵權行為之阻却違法事由。
  (f) 侵權行為是否以故意過失為其成立要件之問題。
  (g) 何種權利或利益之侵害始構成侵權行為之問題。
  (h) 損害賠償請求權之成立及賠償範圍之問題。
  (i) 損害賠償請求權之性質及其可否移轉與繼承之問題。
  (j) 損害賠償請求權之消滅時效、時效期間及其與其他債權之抵銷問題。
  (k) 多數侵權行為人之對外關係及其內部償關係之問題。

11) 雖然各國實體法之規定如完全一致，國際私法將不再有其存在之價值，但各國國際私法學者，為避免法律之衝突，仍以統一各國實體法，或統一國際私法為其目標，經過近八十年之努力，距離理想，雖然尚遠，但也有不少之成果，足堪安慰。關於統一各國實體法之例，可以西元一九二九年關於國際空運規則之統一公約——即華沙公約為其代表；關於統一各國國際私法之例，則歷屆海牙國際私法會議（自西元一八九三至一九六八）所締結之各種公約，多足稱道。請參閱 Cheshire, *Private International Law* (5th ed. 1957) PP. 10-16; Kuhn, *Comparative Commentaries on Private International Law* (1937) PP. 57-62

12) 參閱 Dicey and Morris, *The Conflict of Laws* (8th ed., 1967) PP. 912-914; Ehrenzweig, *Treatise on the Conflict of Laws* (1962) ss. 211

法庭地法主義雖於十九世紀末葉，由薩維尼 (Savigny) 維希特 (Wachter) 等德國學者所倡，且經蘇聯、希臘等國國際私法所採用，但截至目前，已成爲少數說[13]，蓋其理論上有下列之不妥適：

(一)過度擴張內國之公序法觀念

主張法庭地法主義之學者，認爲一國關於侵權行爲之法律攸關內國之公序良俗，具有强烈强制法之性質，故應排除外國法律之適用。此種主張，實係擴張內國法適用領域之藉口，一國爲維持內國公共秩序，一般皆有公序良俗條款之規定[14]，已足以節制有害內國公安之外國法，實無再以法庭地法主義排除外國有關侵權行爲法適用之必要。

(二)違背法律之安定性

採此主義之結果，依法庭地法認爲不法行爲者，在行爲地未必爲不法之行爲，行爲人於行爲時，因對方起訴之訴訟地無定，其行爲是否適法將無從預測。

(三)不合理限制當事人之訴權

現今交通便利，當事人流動性大，如依行爲地法，行爲人之行爲固爲不法，唯如行爲人一旦離開甲地（行爲地），而於乙地（法庭地）時被訴，而依後者之法律，行爲人之行爲非不法，被害人既得權益固難保障，而其訴權之行使，無形中實受到莫大之限制。

(四)判決難期公允

行爲人應根據行爲地之法律，以調整其行爲，並應依照行爲地之法律，覓求適當保障，以防衛行爲地法所課之責任，應屬理所當然。倘竟因法庭地法與侵權行爲地法之歧異，而使一方當事人受非分之保障，實有違正義原則。例如依侵權行爲地法，駕駛人對肇事之結果，應負無過失責任；依法庭地法，被害人却應證明行爲人之故意、過失，方能獲得賠償。於此情形必强被害人證明加害人之過失，而置行爲人應依行爲地法覓求保障（投保責任險），防衛其應負之嚴格責任於不顧，豈可謂公允，反之，如兩地法律互易，被害人雖可受到較大保護，但行爲人於行爲地既無從預見法庭地法之無過失責任，遂未投保責任險加以防衛，致難辭其損害賠償之義務，也非公允之道。

(五)侵權行爲責任與刑事責任不同

侵權行爲法，一如契約法，在現代社會條件下，負有調節經濟及其他利益之目的，已日漸被用爲分配正義之工具，而非報復之工具，故以侵權行爲與刑事責任類似爲理由，而主張採法庭地法者，實已失去其立論之根據[15]。

(六)難期實現判決一致之目的

國際私法學理想之一，即同一涉外案件不論於何地起訴，皆能得相同之判決，此不僅可保障雙方當事人之利益，也可防止原告濫擇法庭 (Forum Shopping) 之弊，但如以法庭地法爲侵權行

---

13) 參閱 2 Rabel, *The Conflict of Laws, A Comparative Study,* (1958) P. 237

14) 例如我涉外民事法律適用法第二十五條；日本法例第三十條；德國民法施行法第三十條。

15) 參閱 Dicey & Morris, P. 913

為之準據法，則原告之趨利避害，任意選擇法庭[16]，以及因同一侵權行為之多數被害人向不同地域起訴可得歧異判決之情形，將難以避免。

二、侵權行為地法主義

主張此說者，認為行為之適法與否，以及其效果如何，悉依侵權行為地法 (Lex loci delicti commissi)。蓋依行為地如構成侵權行為而生一定之債，則為一種既得權 (vested right)[17]，依國際私法保護既得權之原則，任何國家皆應予以承諾；且侵權行為對於侵權行為地國之公益影響最鉅，為保護該地公益，自也以適用侵權行為地法為益；此外採侵權行為地法主義尚可避免因適用法庭地法所造成之各種缺失，而有確實、單純及結果預見可能等實益[18]。

侵權行為地法主義自十三世紀法則區別學派提倡以來，已經多數立法例及學說所承認，為國際私法上之一原則[19]。

侵權行為如依侵權行為地法，則此一準據法之適用，有待侵權行為「地」之確定，如侵權行為之構成要件均發生在同一國家或法域[20]，決定其侵權行為地尚非難事，唯如侵權行為之要件牽連數個國家，此時欲確定侵權行為地，則不無困難，此種牽連二以上國家之情形，雖複雜多樣，然亦可簡化為一簡單形式，即行為作成地與損害結果地不一致之類型也。於此情形，何處為侵權行為「地」，學者見解及各國法制均不一致。約可分為行為作成地說 (Theory of the Place of Acting) 及損害造成地說 (Theory of the Place of Injury)[21]，茲分別說明檢討於後：

(一)行為作成地說

以為侵權行為地應為行為人本人或

16) 原告僅得向對被告或爭執之標的物有管轄權之法院起訴，故其選擇法庭，尚非絕無限制。

17) 參閱 Slater v. Mexican National Railroad Co., 194 U.S. 120 (1904)。於本判例中，美國聯邦最高法院法官侯姆 (Holmes) 嘗言："Although the act complained of was subject to no law having force in the forum, it gave rise to an obligation, an obligation which, like other obligations, follows the person, and may be enforced whereever the person may be found ...... But as the only source of his obligation is the law of the place of the act, it follows that that law determines not merely the existence of the obligation ...... but equally determines its extent." 其他採既得權說之判例請見 American Banana Co. v. Limited Fruit Co., 213 U.S. 347 (1909); Cuba R.R. v. Crosby, 222 U.S. 473 (1911); Western linion v. Brown, 234 U.S. 542 (1914).

18) 參閱 Westlake, *Private International Law* (7th ed., 1925) P. 282.

19) 2 Rabel, P. 235

20) 法域 (territorial legal unit) 者，即於特定土地領域內有其獨自法律之謂。英美法上，以「法域」代替國際私法上之國家。例如美國之各州，英國之蘇格蘭、愛爾蘭、英吉利是，因各地法律互異，自成法域，亦即各成為國際私法上之國家。

21) 參閱 Cheshire, P. 200。此外該書尚列舉第三種主張，即由被害人目侵權行為所牽連之國家中，任擇一地以為侵權行為地。此種主張曾為德國最高法院所採，並受到美國學者古克 (Cook) 之贊成。

其使用人作成行為之地方，而不問其侵害他人權利之結果發生於何地。蓋損害造成地常有多處，而不易確定，或常出於偶然[22]，而非行為者乃至受害者始料可及，故案件應適用之法律如以此種不能預見之地方法律為準，有失公允。採行為地說者有德、法、比、義等大陸法系甲國家[23]，而英國之判例亦採之[24]。故如甲於法國寄發一信，內含誹謗乙之文字，而於德國發佈，則侵權行為地即為法國。

(二)損害造成地說

以為民事責任之目的，在乎填補被害人之損害，故非有損害之發生，雖有加害行為，亦不能成立侵權行為，同時以為因侵權行為而公安最受影響者，厥為損害造成地，非行為作成地。故如甲於美國出售給乙某種物質，而未曾警告該物之危險性，嗣後乙於英國使用時，造成傷害，侵權成立地應為英國。美國判例多採之[25]，其第一次國際私法新編之規定亦同[26]。

以上兩說雖各有見地，唯衡諸侵權行為之成立，以有損害之發生為要件，必該一事實發生，行為人始對其行為負責。故作成誹謗文之行為，出售危險物質而不予警告之行為，雖均屬不當行為，但此等行為如不附加其他因素，要難構成侵權行為。以此等行為地指為侵權行為地，實嫌未臻成熟。侵權行為必須首先成立，始有侵權行為地在何地之問題，故兩說實以損害造成地說為妥。

此外主張行為作成地說者，每以損害造成地非行為者始料所及，故認為以此種不能預見地方之法律為準據法，有失公允[27]。殊不知此一辯解，雖可適用於侵權行為地法與法庭地法之爭，要難適用於損害造成地與行為作成地之爭。蓋法庭地若非即係侵權行為地，其與侵權行為成立要件可說無絲毫牽連關係，故如適用法庭地法律，自屬出乎行為人之預見，難謂公允；但以損害造成地為侵權行為地，而適用該地法律時則不然，因損害造成地乃侵權行為人應負擔責任之最後事件發生之處所，其與侵權行為之成立有密切關係，自非與侵權行為成立要件毫無牽連關係之法庭地可比。

至於因不作為而發生之侵權行為，亦應以損害造成地為侵權行為地，其因採行為作成地說，所可造成之弊端，殆

---

22)例如甲以有毒藥物於日本時交於乙食用，唯乙並未即行服用，而於環球旅行，途經法國時服用是。

23) 2 Rabel, P. 304

24) George Monro Ltd. v. American Cyanamid and Chemical Corporation, (1944) 1 K.B. 432

25) 參閱 16 Am Jur 2d, *Conflict of Laws*, § 71

26) American Law Institute, *Restatement of Conflict of Laws* (1934), § 377 states, "The place of wrong is in the state where the last event necessary to make an actor liable for an alleged tort take place."

27) 2 Rabel, P. 304

可避免[28]。唯如侵權行為發生在無主權地，一般皆以侵權行為人之本國視為侵權行為地。

三、法庭地法與侵權行為地法之併用主義

主張併用主義者，乃鑒於侵權行為固與侵權行為地有密切關係，但其與法庭地之公序良俗，也息息相關，為維持兩地之公益，故宜兼顧兩地之法律[29]。在採用併用主義之國家，其重視法庭地法或侵權行為地法之程度及適用之條件，仍不無差異，茲先予分類說明，再做總評。

㈠以侵權行為地法為準據法，唯使其受法庭地法限制之不附條件之併用主義。

依此主義，關於涉外侵權行為之成立及其效力，固以侵權行為地之法律，為裁判之準據法，但也祗能於法庭地法所認許之限度內，始被適用。換言之，必兩地法律均認為侵權行為者，侵權行為始得依侵權行為地法，認為成立。依侵權行為地法，非侵權行為者，固非侵權行為；即依侵權行為地法，認為係

侵權行為，而依法庭地法非侵權行為者，侵權行為也不成立。關於侵權行為效力亦然，故凡逾越法庭地法所認許之損害賠償及其他處分之請求，包括其請求權之當事人，請求權之範圍，損害賠償之方法及金額等一切有關侵權行為效力之規定，也均不為法庭地法所承認。累積適用兩地法律，並非以侵權行為人為是內國人為條件，故稱不附條件之併用主義。日本國際私法，即採斯制[30]。

㈡以侵權行為地法為準據法，唯於侵權行為人為內國人時，始使其受法庭地法限制之附條件併用主義。

依此主義，關於侵權行為之成立及其效力，固以侵權行為地法為準據法，但於侵權行為人為內國人時，復再以法庭地法加以限制。換言之，於侵權行為人為外國人時，以侵權行為地法為決定侵權行為之成立及效力之準據法；於侵權行為人為內國人時，則累積適用侵權行為地法及法庭地法，德國採之[31]。

㈢以法庭地法為準據法，唯兼顧侵權行為地法之併用主義。

英國法可做為採用此主義之代表，

---

28) 例如在甲國之某建築物，因欠缺保管致侵害通行人，依甲國法之規定，如建築物之所有人不能證明已盡相當之注意義務，應負其損害賠償之責任，但損害發生當時，其所有人適在乙國旅行，如貫徹行為地說之原則，則應以乙國為其侵害行為地，然此等情形，適用乙國法以解決其法律關係，自顯屬不當。但如採損害造成地說，此種不當自不會發生。

29) 參閱 Wolff, P. 484

30) 日本法例第十一條為關於侵權行為準據法之規定，共分三項，其內容如後：
因不法行為而生之債權，其成立及效力，依其原因事實發生地法。
關於不法行為，在外國發生之事實，如依日本法不認為不法者，不適用前項之規定。
在外國發生之事實，依日本法認為不法者，非依日本所認之損害賠償或其他處分，被害人不得請求之。

31) 德國民法施行法第十二條規定：
對於德國人在外國所為之不法行為，不得請求超過德國法所承認之範圍。
本條適用時，似被解釋為：不僅損害賠償之性質及範圍以德國法抵制侵權行為地法，即關於侵權行為成立之要件亦然。請參閱 Kuhn, P. 312

依英國法[32]，在外國發生之侵權行為，欲在英國訴追，須符合二項條件：其一，該行為如在英國發生，亦屬可起訴。此一條件被解釋為，原告就依侵權行為地法認為係侵權行為之案件，在英國法院請求損害賠償時，必須能證明被告行為倘在英國發生，依英國實體法亦構成侵權行為。故依侵權行為地法，被告行為雖構成侵權行為，如英國法非認為侵權行為時，仍非侵權行為[33]。其二，該行為依行為地法，須為不正。此一條件被解釋為，依行為地法該行為如非無辜，即係不正。故依行為地法，被告行為雖不構成侵權行為，但如其行為在行為地有受刑事訴追之可能時仍屬不正[34]。在外國發生之侵權行為，如符合此兩要件，英國法院卽適用英國有關侵權行為之法律，做為裁判之依據，並不適用侵權行為地法[35]。

併用主義因兼採侵權行為地法與法庭地法主義，故關於法庭地法主義之弊端，似均可見於併用主義[36]，而無待乎深論。至採附條件併用主義者，其差別內、外國人待遇，更違反國際私法上內外國人應受平等保護之原則，不值取法。如謂為保護內國公序，非以法庭地法限制侵權行為地法不可，其說也值得商榷，一國為維持內國公序，排斥本應適用之外國法，多有公序良俗條款或保留條款之規定[37]，其既足以達成維護內國公益之使命，何必再畫蛇添足，徒增弊端。美國大法官 Cardozo 嘗言：「當事人依外國法取得之權利，我們不應因我們不給予相同權利之一事實，遂加否認。我們不應太狹窄地說，一個問題的任何種解決方法都是錯誤，祇因其與我們解決方法不一致之故。」[38] 實屬至理名言。

---

32) 參閱 Phillips v. Eyre (1870), L.R. 6 Q.B.I, 28. 大法官威利斯 (Willes) 在該判例中言及："As a general rule, in order to found a suit in England, for a wrong alleged to have been committed abroad, two conditions must be fulfilled. First, the wrong must be of such a character that it would have been actionable if committed in England ...... Secondly, the act must not have been justifiable by the law of the place where it was done."

33) 參閱 The Halley (1868), L.R. 2 P.C. 193。本案係關於發生在比利時領海內之船舶碰撞案件，被告為英國船舶所有人，爭論之焦點為雇主對依比利時法必須雇用之駕駛員之過失，是否負責之問題。依比利時法，船舶所有人仍須負責；依英國法，則不須負責。英國法院判決被告勝訴。（作者按英國法此一規定已為其一九一三之 Pilotage Act 所修訂。）

34) 參閱 Machado v. Fontes (1897) 2 Q.B. 231。本案為關於誹謗之案件。不法行為地在巴西。依巴西法之規定，該一性質之誹謗，行為人並不負民事賠償責任，但有受刑事訴追之可能。英國法院遂認定被告行為既非無辜 (innocency)，就係不正，符合第二要件，因而判被告敗訴。

35) Wolff, PP. 486-487

36) 請參閱本文對法庭地法主義之評論。

37) 見前註第十四。

38) Loucks v. Standard Oil Co. of New York, 224 N.Y. 99, 120 N.E. 198 (1918)

叁、我國國際私法對侵權行為所規定之準據法

民國四十二年公布施行之涉外民事法律適用法，即為我國現行之國際私法[39]。其第九條規定：「關於由侵權行為而生之債，依侵權行為地法，但中華民國法律不認為侵權行為者，不適用之。侵權行為之損害賠償及其他處分之請求，以中華民國法律認許者為限。」即係以侵權行為地法為準據法，唯使受我國法律限制之不附條件折衷主義，與日本立法例同。關於此主義之意義、適用之範圍以及其優劣，已見前述，於此不贅。

以上於討論侵權行為，侵權行為地及侵權行為準據法時，實係以陸地侵權行為為主。侵權行為之發生在海上與空中者，雖不因而異其侵權行為之本質，但後者發生地點可能在公海、領海或其上空，且船舶與航空器本身有其特殊之性質，涉外民事法律適用法第九條能否完全適用，實不無疑問，故於此擬提出討論，以期理論與實務貫通。

一、海上侵權行為

發生在海上之侵權行為，其情形頗複雜，然析分之不外以下三種類型：其一、發生船舶內之侵權行為，例如發生在旅客與海員，或旅客間之侵權行為。其二、船舶之碰撞，或船舶與其他物體之碰撞所發生之侵權行為。其三、因海上事故致旅客死傷、貨載毀損所生之侵權行為。一、三兩類自屬於涉外民事法律適用法第九條所稱之侵權行為[40]，僅其行為地有待商榷。所謂船舶碰撞，係指船舶衝突，致一方或雙方發生損害之謂。船舶碰撞在民法上應屬侵權行為及損害賠償問題，故涉外民事法律適用法第九條也應有其適用[41]。唯我國商法第六章，對船舶碰撞責任之成立及損害賠

39）該法計卅一條，不分章節。前廿四條為關於涉外法律關係準據法之條文，其排列次序悉以民法各編為準。第廿五條以下則規定國際私法之其他事項或與國際私法有關之問題，例如公序良俗條款、國籍衝突之解決、反致等。該法之前身為民國七年公佈施行之法律適用條例。該條例因係北京政府時代所制定，故北伐成功，國民政府奠都南京後，由國府於民國十六年八月十二日命令暫准援用，以迄現行法規公佈施行時為止。舊條例都廿七條，分為七章。其所以須加修正之理由，依「涉外民事法律適用法草案說明」，不外以下三點：1.舊條例之制定遠在現行民法以前，因此其條文之用語，頗多與民法之規定不合。2.舊條例之若干制度，我國現行民法已不復採用，因此，此等制度已成具文。3.近數十年來，國際交往增加，內外國人民間之法律關係日趨繁複，舊條例之規定每次週密，不足應付上述趨勢。

40）第三類之侵權行為，亦屬契約債務不履行之問題。此種依同一之法律事實，於同一當事人間具備二個以上之法律要件，成立有同一目的之二個以上之請求權之狀態，謂之請求權之競合。如無特別規定，有請求權之當事人，自得擇一行使之。關於本問題請參閱史尚寬教授著：債法總論上冊（民國五十年）第二一九至二二二頁。

41）船舶碰撞在性質上既屬於侵權行為與損害賠償之問題，故可直接適用涉民第九條；或以船舶碰撞視為涉外民事法律適用法規定之欠缺，而以法理準用涉民第九條。（參照涉民第卅條。）涉外民事法律適用法第八條：「關於由無因管理，不當得利，或其他法律事實而生之債，依事實發生地法。」所謂其他事實而生之債，係指救助、撈救共同海損之類，似不應包括船舶碰撞之問題。（參閱涉外民事法律適用法草案說明）。

— 9 —

償之請求，規定頗詳，其第一百三十四條更明文規定對船舶碰撞案件所應適用之法規，該條稱：「船舶之碰撞，不論發生於何地，皆依本章之規定處理之。」其真意如何？及與涉外民事法律適用法第九條之關係又如何？均不無研究之餘地，茲參照外國立法例，比較探究於後：

㈠發生在公海之侵權行為[42]

如案件僅涉及一個船舶，也無損及海底電纜及其他海上設備時，則船旗國即為侵權行為地，船旗國法即為侵權行為地法。因船舶通常視為船旗國之浮動島嶼之故。例如船上旅客之互毆，旅客因海難，身體、財產受損是[43]。

唯案件涉及二以上之國家之船舶如碰撞，或對於海上設施、海底電纜之損害時，此時欲確定侵權行為地則不無困難，一則案件既牽涉二以上之國家，究應以何國為侵權行為地？不無困難，如同時適用數國法律，也難解決問題，再者以船旗國法與發生在陸地侵權行為地法相比，也不盡適宜，蓋公海自由，究與陸地之受一國主權絕對統治不同，故此時常適用法庭地法。美國及英國即如此[44]。

㈡發生在領海之侵權行為[45]

42）公海者，依一九五八年聯合國海洋法會議，所通過之「公海公約」第一條之規定，係指「不屬領海或一國內國水域之海洋所有各部份。」而公海自由之原則，及其不屬於任何國家所有之法律性質，也為該公約第二條所確認。

43）參閱美國 *Restatement of Conflict of Laws,* § 406; 英國 Regina v. Anderson (1868), L.R.I. C.C.R. 161, 168; Regina v. Keyn (1876) L.R. 2 Ex. D. 94

44）參閱美國 *Restatement of Conflict of Laws,* § 10。唯依該節之規定，碰撞船舶如懸掛相同國旗，仍適用船旗國法；僅於船舶不懸掛相同國旗時，始適用法庭地法。英國 The Fohann Friedrich (1839), 1 W. Rob. 36; The Wild Ranger (1862), Lush. 553; The Zollverein (1856), Swa. 96; *The Leon* (1881), 6 P.D. 148. 大法官布萊特 (Brett L.J.) 於 Chartered Mercantile Bank of India v. Netherlands India Steam Navigation Co. (1883), 10 Q.B.D. 521, 537 更以堅定口吻，確認此一原則——適用法庭地法，他說："The case comes to us, whether an action for a tort committed on the high seas between two foreign ships (for I assume for this purpose that both are foreign ships) can be maintained in this country, although it is not a tort according to the laws of the court in that foreign country. Form time immemorial, as far as I know, such actions have been maintained in the Court of Admiralty ..... Therefore, even if I assume these to have been Dutch ships, it seems to me that, inasmuch as the injury to the plaintiffs was committed by the servants of the defendants, not in any foreign country but on the high seas, which are subject to the jurisdiction of all countries, the question of negligence in a collision raised in a suit in this country is to be tried, not indeed by the common law of England, but by the maritime law, which is part of the common law of England, as administered in this country." 再者，英國於發生在公海之碰撞案件，適用英國法時，也不再適用 Phillps v. Eyre 之原則，換言之即採單純法庭地法主義，而不採折衷主義，參閱 Cheshire, PP. 285-286; Dicey & Morris, PP. 953-955

45）領海者，依一九五八年聯合國海洋法會議所通過之「關於領海及隣接區公約」第一條規定，係指國家主權及於本國領土及內國水域以外鄰接本國海岸之一帶海洋，該一帶海洋稱為領海。

發生在領海之侵權行為，無論係船舶之碰撞，抑損害其他設施，領海國即視為侵權行為地[46]，領海國法即為侵權行為地法。

唯當侵權行為發生在單一船舶上，該船舶係停留或通過非船旗國之領海時，此時究竟應適用船旗國法，抑領海國法，則不無疑問，美國判例區分該侵權行為是否影響到領海國政府、人民或船舶外之人民，而異其法規之適用[47]，即若有影響，則以領海國法為侵權行為地法；若無影響，則以船旗國法為侵權行為地法。英國判例則不加區別，一以領海國法為侵權行為地法[48]。

我國海商法第一百三十四條究何所指，以及其與涉外民事法律適用法第九條關係如何，均費深思。首先應指出船舶之碰撞，僅係發生在海上侵權行為之一種型態，勢難涵蓋所有其他海上侵權行為，故凡非船舶碰撞之海上侵權行為，自無本條之適用。其次從文義解釋第一三四條，似謂凡我國有管轄權之船舶碰撞案件，無論發生地為公海或一國領海，也不論是否有我國之船舶，應一律適用我海商法船舶碰撞章之規定[49]。此種解釋就法規適用言，固有簡單、確實之利，且我對船舶碰撞所採之政策也得以推行，但與英美海權國家所採辦法不一致[50]，而且違反我對涉外案件所採一貫之立場——依案件之性質，選擇的適用內、外國法，故該條文應從嚴解釋，船舶碰撞之發生在外國領海者，似不應有該條之適用[51]，此時，則以領海國法為侵權行為地法。最後應指出的，凡不在海商法第一三四條適用之列之其他侵權行為，應仍有涉外民事法律適用法第九條之適用，詳言之，即先確定侵權行

---

46) 參閱 *Restatement of Conflict of Laws*, §§ 407, 409; The Mary Moxham (1816) 1 P.D. 107; The Arum (1921) P. 12; The Wajiristan (1953) 1 W.L.R. 1446

47) 參閱前註 §§ 404, 405; Hancock, *Torts in the Conflict of Laws* (1942) P. 263; Lauritzen v. Larsen, 345 U. S. 571 (1952)

48) 參閱 Mackinnon v. Iberia Shipping Co. (1955) S.C. 20.; Cheshire, P. 283

49) 該條或可解釋：海商法係針對中國人、船而立法，故第一三四條僅適用於中國籍船舶間之碰撞事件。如採此種解釋，涉外民事法律適用法第九條，固有較多被適用之機會，但於確定侵權行為地時，也非無困難（例如公海上外國船舶之碰撞），且參照海商法第一四○條第一項第二項文義以觀，海商法第一三四條所稱之船舶碰撞，似非僅指中國籍船舶間之碰撞而言。請參閱施智謀教授著：商事法（民國六十一年）第二二三頁。

50) 英、美國家對發生在外國領海之船舶碰撞事件，並不適用法庭地法，而仍以領海國為侵權行為地，領海國法為侵權行為地法。參閱前註第四六。

51) 此蓋與領海之法律性質有關。按領海之法律性質，學說大別為兩種：其一、主張領海實則公海之一部份，依其見解，海洋全體為各國共同所有，沿海國不過為了自己安全計，對於接近陸地的一部份海面，行使特殊的地役權而已。此種主張未為多數學者所接受，因為沿海國在領海所行使的管轄權，實難視為一種地役權。其二、承認領海為沿海國領域之一部份，但有不同之主張：一派以領海為沿海國所有物，故沿海國得自由開放或關閉之。此說亦未為多數學者所接受，因為沿海國與領海之關係，並非私法上所有權關係。另一派謂為領海屬於沿海國領域管轄權之下，沿海國在此海面，行使其國家主權。此為多數學者和慣例所採取。請參閱 Starke, *An Introduction To International Law* (4th ed. 1958) PP. 157-158

為地法[52]，再以法庭地法，即我海商法船舶碰撞章以及民法有關規定加以抵制。

船舶碰撞之處理，各國法律規定既不一致，因而法律之衝突在所難免。所以十九世紀以來，各國於國際會議上即謀取船舶碰撞法規之統一，卒於一九一〇年在比京布魯塞爾會議通過了「關於船舶碰撞規定統一公約」（International Convention for the Unification of Certain Rules with respect to Collisions between Vessels），計十七條。我國非該公約之締約國，自可不受該公約之拘束，唯如碰撞之發生在外國領海，而關係國又均係該公約之締約國時，此時侵權行為地法，似應以該公約代之較當[53]。

二、空中侵權行為

侵權行為之發生在空中者，也可析分為以下三種類型：其一、發生在航空器內之侵權行為，例如旅客間或旅客與空中服務人員間之毆打、侮辱、偷竊是。其二、因航空器碰撞或航空器與其他物體碰撞，所發生之侵權行為。主要指航空運送人間或與其他物體所有人間之損害賠償請求權之問題。其三、因空中事故，致旅客死傷或託運物毀損所發生之侵權行為。主要指旅客或託運人對航空運送人之損害賠償請求權之問題。第三種類型之侵權行為，也可認為是債務不履行，得依契約法之原理，而成立契約債務不履行之損害賠償請求權[54]，此際，在實體法上，兩種請求權發生競合，被害人得選擇行使其權利，行使一方之請求權，即達其目的者，其他之請求權，則歸消滅，不得再行使之。

發生在空中之涉外侵權行為，特別是第一、二兩種類型，究應適用何種準據法，即在英國，也鮮法律依據[55]。一般言之，其準據法不外於航空器登記國法（航空器之國籍法）與侵權行為成立時，地面所屬國法作一選擇。以航空器

52) 關於侵權行為地之確定，可參照英、美立法例，詳言之，侵權行為之發生在公海船舶上時，即以該船族國為侵權行為地。侵權行為之發生在外國領海中之船舶上者，則視其是否影響到領海國政府、人民或船舶外之人民，若有影響，則以領海國為侵權行為地；若無影響，則以該船族國為侵權行為地，即採美國之辦法，因英國之不區分辦法，為該國學者所詬病，參閱 Dicey, P. 957；一九五八年聯合國海洋法會議「關於領海及鄰接區公約」第十九條第一項。至於發生在公海上船舶碰撞以外之碰撞事件，似應以我國為侵權行為地為妥。

53) 玆以日本為例言之，關於船舶碰撞問題，依其情形，分別適用日本商法和「關於船舶碰撞規定統一公約」，詳言之，碰撞的船舶若都是日本船舶，則不論發生於何地，祗要在日本法院起訴，就適用日本商法；碰撞的船舶若是非締約國的船舶，而在日本領海內碰撞時，也適用日本商法；唯日本船舶與締約國的船舶碰撞，或日本以外的締約國船舶間之碰撞，日本即適用上述公約。參見鄭玉波教授著：海商法（民國五十一年）第九二頁。

54) 請參閱註（40）。此外，在美國於空中事故致旅客於死之情形，法院恆依侵權行為之法理，而非依契約債務不履行之法理，以認定被害人之損害賠償請求權。見 Kilberg v. Northeast Airlines, Inc., 9 N. Y. 2d 34, 172 N.E. 2d 526 (1961); Pearson v. Northeast Airlines, Inc., 307 F. 2d 131 (2nd Cir. 1962)

55) 參閱 Dicey & Morris, P. 957

登記國法爲空中侵權行爲之準據法，無非視航空器與船舶相同，以登記國法比之船旗國法。唯船舶所以視爲一國之浮動島嶼，蓋因航海運送通常需長時間之航行，船上人員與船舶之關係異常密切，且絕大部份時間，船舶又係航行於多世紀以來，即被視爲不屬任何一國絕對控制或平等屬於各國控制下之公海。反之航空運送則不然，其特徵爲航行速度快、時間短，且航空器並非以在公海上航行爲主，其經常在列國領域上空飛行[56]，因之航空器上客貨與航空器登記國之關係比較淡薄，除上述理由外，現今國際公法上之原則，亦是以飛機除在公海或無主土地上空飛行外，屬於地面國領域管轄[57]，蓋一國對其領域上空，包括其領海之上空，享有絕對與排他之主權[58]。故關於空中侵權行爲之侵權行爲地，一般皆以侵權行爲成立時，地面所屬國充之。

唯以空中侵權行爲成立時，地面所屬國爲侵權行爲地[59]，亦非無缺點，首先可指出的，由於航空器飛行速度之驚人，如何確定侵權行爲於何時在何國領域上空發生，已非易事；況如在國家密集之區域飛航時，例如自倫敦至伊斯坦

56）請參閱一九四四年芝加哥公約（The Chicago Convention）第一條、第二條及第五條。

57）關於航空與航海運送之主要不同點 Dr. J. M. Spaight 曾有一段精彩之分析，玆錄之於下以供參考："For the present, at any rate, the usual view held is that aircraft should be assimilated to seacraft, and that the law of the flag should govern acts done on board. Simple and logical at first sight, this assimilation will be found on closer examination, the writer suggests, to be neither the one nor the other. The conditions of sea travel and air travel, similar in some respects, are entirely dissimilar in those which are of importance here. A ship is a floating home; an aircraft is essentially a locomotive vehicle, a mechanical magic carpet in which one never settles down, and in which it is impossible to forget that the journey is a brief, passing interlude between ordinary life and business at one place and ordinary life and business at another. The passenger's connection with the flying machine is more casual and transitory than with a ship; in an overland journey, at any rate, he is, to the aircraft, very much in the same relatson as the pedestrian is to the motor-car which gives him a lift. In a sea voyage there is at least the break and interruption, even though temporary, of residence and even allegiance which departure from the territory involves." 見其著：Aircraft in Peace and the Law, (1919) at PP. 115, 116

58）參閱芝加哥公約第一條及第二條。

59）關於美國之法例見註（54）所舉之判例；並請參閱一九二二年美國統一航空條例（The American Uniform Aeronautics Act）第七節："all crimes, torts and other wrongs committed by or against an aeronaut or passenger while in flight over this state shall be governed by the laws of this state, and the question whether damage occasioned by or to an aircraft while in flight over this state constitute a tort, crime or other wrong by or against the owner of such aircraft shall be determined by the laws of this state."。在英國雖無鮮法例爲依據，但學者均認爲在解釋上，空中侵權行爲應以飛航時地面所屬國爲侵權行爲地。請參閱McNair, The Law of The Air (3rd ed. 1964) P. 266; Dicey & Morris, P. 958

— 13 —

堡之夜晚航行結束時，某旅客始被發現被刺身死，欲決定該旅客在經過何國領域上空時被害，更屬難能，而且航空器上旅客及機上服務人員，與飛航時地面所屬國之關係，純屬偶然之事，實不如以航空器登記國法視爲侵權行爲地法，較爲合理且符實際。同時旅客搭乘在某國登記之飛機，也有自願接受該國法律管轄之意味存在，因此以航空器登記國作爲解決空中侵權行爲之準據法，實非無見[60]。

就目前各國立法例以觀，航空器登記國法尚非空中侵權行爲之準據法[61]，航空器停留或飛航時地面所屬國法仍是唯一受到重視之因素；唯航空器登記國在法律上之地位已日受重視[62]，在不久未來或能取代航空器飛航時地面所屬國之地位。

以上已就空中侵權行爲之類型，及準據法之適用，作大體上之分析。唯涉外空中侵權行爲發生後，如在我國發生訴訟時，我涉外民事法律適用法第九條應如何適用，仍有待於檢討，以下仍從比較法制上，加以分析討論。

㈠發生於公海或其上空之侵權行爲

由於航空器之法律性質，迄今仍不能與船舶相提並論，故卽使侵權行爲完全在一個航空器內，也非以航空器登記國法爲該侵權行爲之準據法，此時凡對侵權行爲人取得管轄權之國家，卽以法庭地法——卽視法庭地爲侵權行爲地——加以裁判。英、美採之[63]。我國法律對此旣無規定，也無判例可資遵循，在現階段下，似不妨比照英國法律爲同一之解釋，卽視法庭地爲侵權行爲地，而適用我國民用航空法及民法有關規定。

㈡發生在一國領域上空之侵權行爲

由於一國對其領域上空享有完全排他之主權，故侵權行爲卽視爲發生於下面之土地或水面上，而非以航空器登記國法爲侵權行爲地法。英、美採之[64]。我國民用航空法旣無特別規定，解釋上似也應採與英、美法爲相同之認定，卽視侵權行爲發生於下面之土地或水面上，而以對該土地或水面行使主權之國家，做爲侵權行爲地，仍有涉外民事法律適用法第九條之適用。

基於航空事業的發達進步，人們利用航空器做爲交通工具的也日益增多，連帶的空中侵權行爲之發生，也屬難以完全避免。各國爲了保護及促進民航事業的發展，乃有統一國際航空立法之運

60）請參閱 McNair, P. 270; Shawcross & Beaumont, *Air Law* (3rd ed. 1966) P. 360

61）請參閱註（59）。

62）請參閱國際法學會（the Institute of International Law）一九六三年在布魯塞爾（Brussels）關於「航空法中之國際私法」（*Conflict of Laws in the Law of the Air*）決議案；一九六三年簽訂而於一九六九年生效之「航空器上犯罪及犯其他特定行爲公約（The Convention on Offences and Certain Other Acts Committed on Board Aircraft）第三條；陳長文教授著：「空中刼機行爲的有關法律問題」，載政大法學評論第三期第三七頁（民國五九年）

63）參閱 McNair, P. 288；美國 Death on the High Sea Act, Mar. 30, 1920 § 1, 41 Stat. 537; 46 U.S.C. § 761; Wilson v. Transocean Air Lines, 121 F. Supp. 85 (1954)

64）請參閱註（59）

動。僅就有關航空運送人對旅客及貨物託運人，因航空事故所致之死傷、毀損，應負賠償責任之成立條件及賠償限額而論，就有一九二九年之華沙公約（The Warsaw Convention)[65]，一九五五之海牙議定書 (The Hague Protocol)[66]及一九六六年之蒙特利爾協定 (The Montreal Agreement) [67]等[68]。關於這些國際公約之詳細內容[69]，雖不在本文論述之列；唯在實用上，這些公約與涉外民事法律適用法之關係如何，似應予以探究。

我國非華沙公約與海牙議定書之締約國，原無遵守及適用該等公約之義務；唯於涉外案件，依我國際私法之指定，而適用侵權行為地法，倘如該侵權行為地國，為該等公約之締約國，且該次失事之航行，又屬於各該公約規定之「國際航行」[70]，則我國法院即應依據涉外民事法律適用法第九條適用該等公約[71]，而以我國民用航空法及民法加以抵制。

唯如失事地點不在上述公約之締約國內，或雖發生在締約國領域內，但不屬於各該公約所稱之「國際航行」，此時被害人如仍依據侵權行為法理請求損害賠償，我國法院即不得適用該等公約，因此時該等公約並非侵權行為地國所應適用之法律。此時被害人為求適用該等公約[72]，似只有依照契約債務不履行之法理，請求根據當事人間所締結之契約條款[73]，主張適用該等公約之有關規

65）該公約之正式名稱是：Convention for the Unification of Certain Rules Relating to International Transportation by Air 共四一條。
66）該公約之正式名稱是：Protocal to Amend the Convention for the Unification of Certain Rules Relating to International Carriage by Air signed at Warsaw on 12 October 1929 共二七條。
67）本協定係根據前述兩公約第二二條第一項，由航空運送人簽訂而成立，並經美國政府於一九六六年五月十三日予以核准。
68）例如一九七一年簽訂之瓜地馬拉議定書 (The Guatemala Protocal)
69）請參閱 Cheng, *The Law of International Air Transport* (1962); McNair, *The Law of the Air* (3rd ed. 1964); Ju-mu Lee, *Limitations on Air Carriers' Liability to Passengers*, 5 Chengchi Law Review 201 (1971)
70）請參閱各該公約之第一條，對國際航行 (international transportation) 所下之定義。
71）因此時該公約不僅已成為侵權行為地國之法律，且為該國法庭於審理本案時所應適用之法律。
72）被害人所以請求適用該等公約，或基於該等公約對賠償數額規定較高（唯如與美國國內航空失事賠償額比較，則又顯屬偏低）；或基於該等公約對賠償條件之成立規定較寬之故。請參閱華沙公約第十七條、十九條、廿二條。海牙議定書十一條；並請參閱註（73）。
73）按旅客與航空運送人間所訂立之契約中，通常均印有注意（Notice）、契約條件（Conditions of Contract）及就責任限制告國際旅客書（Advice to international passengers on limitation of liability）。茲將後者節錄於后，以供參考：
"Passengers on a journey involving an ultimate destination or a stop in a country other than the country of origin are advised that the provisions of a treaty known as the Warsaw Convention may be applicable to the entire journey, including any portion entirely within the country of origin or

定。詳言之，受害人得主張適用涉外民事法律適用法第六條[74]，蓋契約上既明文引用上述公約之條文或明文規定適用上述公約，已使該等公約構成契約之部份[75]，此種契約條款，就該等特定事項，卽可限制一般準據法[76]。姑不論契約之一般準據法爲何[77]，該等契約條款均應優先適用。於玆應注意者，依涉外民事法律適用法第九條而適用外國法時，應以我國有關侵權行爲之法律，加以抵制；但依同法第六條而適用外國法時，則只得依第二五條，對應適用之外國契約法做一般性之約束。

肆、侵權行爲準據法之最新發展

關於侵權行爲準據法之各種立法主義，於前已做詳細介紹及評論；而我國國際私法就侵權行爲所規定之準據法，於實用上應如何運用，也已參照外國立法例，加以比較說明。上述法庭地法主義、侵權行爲地法主義以及折衷主義，

73)（續）
destination. For such passengers on a journey to, from, or with an agreed stopping place in the United States of America, the convention and special contracts of carriage embodied in applicable tariffs provide that the liability of certain (name of carrier) and certain other carriers parties to such special contracts for death of or personal injury to passengers is limited in most cases to proven damages not to exceed US$75,000 per passenger, and that this liability up to such limit shall not depend on negligence on the part of the carrier. For such passengers travelling by a carrier not a party to such special contracts or on a journey not to, from, or having an agreed stopping place in the United States of America, liabllity of the carrier for death or personal injury to passengers is limited in most cases to approximately US$8,290 or US$16,580. ……"

74) 我涉外民事法律適用法第六條規定：
法律行爲發生債之關係者，其成立要件及效力，依當事人意思定其應適用之法律。
當事人意思不時，同國籍者依其本國法，國籍不同者依行爲地法，行爲地不同者以發要約通知者爲行爲地，如相對人於承諾時不知其發要約通知地者，以要約人之住所地視爲行爲地。
前項行爲地如兼跨兩國以上，或不屬於任何國家時，依履行地法。

75) 契約上雖規定在某種條件下適用該等公約，但此不得視爲當事人以合意選定該等公約爲契約之準據法 (Choice of proper law)，蓋當事人以合意選定準據法時，必須就某國法爲全部之選定，例如選定甲國法是。此等公約並非某國有關契約之全部法規，故其僅得視爲是當事人引用外國法之一部，使成契約之一款而已 (incorporation of foreign law)。換言之，當事人合意適用該等公約，僅係締約人從實體法上而非自國際私法上行使當事人意思自主原則 (the doctrine of autonomy of the parties)。請參閱 Cheshire, PP. 220-221; Wolff, ss. 404-405; Dicey & Morris, PP. 701-703

76) 此種契約條款，就特定事項，僅得排除一般準據法之任意規定，尚非可限制其強行法規。唯有反對說。請參閱 2 Rabel, PP. 392-394

77) 契約之一般準據法，依我涉外民事法律適用法第六條，可爲當事人合意選定之準據法、當事人共同本國法、行爲地法、要約地法、要約人住所地法及履行地法，唯上列準據法之適用，係附有先後之次序，有先次序之準據法應適用時，後次序準據法卽不得適用。

雖普遍爲各國國際私法所採，就目前各國法制以觀，仍屬有力之國際私法原則，但近年來國際間關於侵權行爲準據法之立法，已有新的發展方向，在不久未來或能取代傳統的各種立法主義。本文於此擬介紹關於侵權行爲準據法之各種新的立法趨勢，並加以評論。以下將依次評介：一、美國關於侵權行爲準據法之新發展。二、加拿大魁北克（Quebec）省之國際私法修正案。三、一九六八年海牙國際私法會議所通過之關於交通事故之法律適用公約（Convention on the Law Applicable to Traffic Accident.）。

一般而言，美國各州關於侵權行爲準據法，均係採侵權行爲地法主義[78]，唯一九六三年紐約州上訴法院（Court of Appeals）——即該州之最高法院，於 *Babcock V. Jackson* 一案中[79]，廢棄傳統的侵權行爲地法主義，改採一種較具彈性之國際私法規則，即所謂最重要牽連說(Theory of the Most Significant Contacts)，此說已普受重視，影響各州判例非淺[80]。而美國法學院（American Law Institute）之第二次國際私法新編草案，也以最重要牽連主義代替其第一次國際私法新編所採之侵權行爲地法主義[81]。妓先說明該案之事實、判決理由，再做評論。

一、美國關於侵權行爲準據法之新發展

78) 請參閱下列判例：Alabama Great Southern R.R. Co. v. Carroll, 97 Ala. 126, 11 So. 803 (1892); Dorr Cattle Co. v. Des Moines Nat. Bank, 127 Iowa 153, 161, 98 N.W. 918 (1904); Pendar v. H. & B. American Mach. Co. 35 R. I. 321, 87 A. 1 (1913); Dallas v. Hunter, 118 W. Va. 106, 188 S.E. 766 (1936); Abendschien v. Farrel, 382 Mich. 510, 170 N.W. 2d 137 (1969)

79) 12 N.Y. 2d 473, 191 N.E. 2d 279 (1963)

80) 下列判例均改採最重要牽連主義：Plau v. Trent Aluminum Co., 55 N.J. 511, 263 A. 2d 129 (1970); Beaulieu v. Beaulieu, 265 A. 2d. 610 (Me 1970); Korth v. Mueller, 310 F. Supp. 878 (W.D. Wis. 1970)

81) 妓將其一九六四年新草案有關部份節錄於下，以供參考：
§ 379. The General Principle
(1) The local law of the state which has the most significant relationship with the occurrence and with the parties determines their rights and liabilities in tort.
(2) Important contacts that the forum will consider in determining the state of most significant relationship include:
(a) the place where the injury occurred,
(b) the place where the conduct occurred,
(c) the domicil, nationality, place of incorporation and place of business of the parties, and
(d) the place where the relationship, if any, between the parties is centered.
(3) In determining the relative importance of the contacts, the forum will consider the issues, the character of the tort and the relevant purposes of the tort rules of the interested states.

㈠事實

一九六〇年九月十六日，Georgia Babcock 小姐以 William Jackson 夫婦之客人身份，搭乘後者汽車，離開他們住所地——Rochester, N. Y.，一同前往加拿大做週末旅行。車駛抵加拿大 Ontario 省時，Jackson 先生顯然無法控制汽車，以致汽車駛離公路撞及石牆，Babcock 小姐也因而受到重傷。當返回紐約時，彼即提起民事賠償訴訟，主張 Jackson 先生有過失，要求賠償損害。汽車肇事地——Ontario 當時有所謂客人條例（Guest statute），依該條例凡非以營利為目的之汽車所有人，對搭載客人之死傷，不負損害賠償之責任，而紐約州則無此種法律。審理本案之下級法院，均遵循先例，以侵權行為地法為此一涉外侵權行為之準據法，因而判被告勝訴。原告上訴至上訴法院，該法院拒絕適用侵權行為地法，認為紐約州之法律與該案之關係最為密切，因而適用該州之法律，撤銷原判決，判令被告負責賠償損害。

㈡判決理由

紐約州上訴法院於本案中所以不適用侵權行為地法，在於認為侵權行為地法主義，過於機械、呆板，常常忽略侵權行為地以外之法域，於解決各個案件之實際利益。因此以為關於涉外侵權行為之準據法，不應一成不變地適用侵權行為地法，而應分別爭執之問題（issues），分別適用與該爭執問題最有牽連關係之法律，如此方能達到公平、正義之理想。法院繼續指出本案爭論之問題，並非被告之行為有無過失或其行為是否違背當地法律問題，而係侵權行為成立後，原告是否因其為被告之客人，因而喪失損害賠償請求權之問題。法院就此問題，遂比較與兩地法律之牽連與利益：

甲、與紐約州之牽連與利益：原、被告均為該州住民，主客之關係於紐約州成立，所乘汽車懸掛紐約州牌照、在該州保險，旅行起點與終點也均為紐約，而該州法律規定因駕駛人之過失，對客人之傷害，也須負賠償責任之立法意旨，係在保護該州住民，自不應因發生地點不在該州，而異其法規之適用。

乙、與加省之牽連與利益：該省與本案之唯一牽連關係，僅為意外事故偶然地發生在該省。而該省客人條例之制定，僅在防止乘客與駕駛人串同詐欺保險公司，故其目的在保護該省之被告及其保險人，非紐約州之被告及其保險人。因此，紐約州之保險人是否被詐欺，應非該加省立法者所關切之事項，故該省法律就此項爭執之問題，應非主要利害關係之法律。

81）（續）
§ 379 a. Personal Injuries

In an action for a personal injury, the local law of the state where the injury occurred determines the rights and liabilities of the parties, unless some other state has a more significant relationship with the occurrence and the parties as to the particular issue involved, in which event the local law of the latter state will govern.

§ 379 b. Injuries to Tangible Things (to the same effect as § 379 a)

㈢評論

本判例在美國法律史上，可說是一次著名事件，爲紐約州繼 *Auten V. Auten*[82] 契約案件後，在侵權行爲案件上採取最重要牽連說之第一個重要判例。本判例顯然廢棄了侵權行爲依侵權行爲地法之先例，而認爲每一案件均包含不同問題，每一個問題應由與解決各該問題最具利害關係的法域之法律解決。本判例之影響未來各國關於侵權行爲準據法之發展，殆可預見[83]。以下擬作進一步之分析：

甲、本判例以較具彈性之最重要牽連主義，取代剛性之侵權行爲地法主義，似更符合國際私法上選擇案件準據法之原則——以與案件最適當國家之法律，爲案件之準據法。涉外案件通常涉及二以上之國家，而二以上國家之法律，就該案之解決，是否均具利害關係，若均有利害關係，則發生孰強孰弱之問題。關於這些問題之解決，則須就爭執之問題、案件之事實、事實間之關聯、以及當事人與關係國之關係，作個案之分析比較，斷非剛性的法則，可概括適用於一切問題及一切情況。而最重要牽連主義可補救剛性法則之弊，予法官以較多自由，以尋求解決個案之最公平、合理之準據法。

乙、本判例也明白表示，侵權行爲地在選擇侵權行爲準據法時之重要性，它指出侵權行爲地法通常多爲支配行爲之標準，故侵權行爲上大部份之問題，均應受此一法律之適用；不過此一準據法將不再機械地加以運用，而僅於侵權行爲地對某問題之解決，確係具有最重要利害關係時，始被適用。

丙、本判例認爲關係國法律內容之分析與目的之探究，有助於解決何國爲就法律之適用，爲最具利害關係國。而分析關係國法律後，常能發見關係國法律並無衝突，例如本案件中加省客人條例之制定，目的僅在保護該省之保險公司，而案中可能牽到之保險公司，既非屬於該省，而爲紐約州之保險公司，則加省客人條例之不被適用，自無利害喪失之可言。相反的，紐約州法律於此情

82) 308 N.Y. 155, 124 N.E. 2d 99 (1954)。本判例爲一關於契約之案件。按關於契約之準據法美國各州多區分契約之訂立、解釋、效力及契約之履行，而異其準據法之適用，有關前者之問題，以契約訂立地法爲準據法；而有關後者之各項問題，則以契約履行地法爲準據法。唯紐約州上訴法院於本判例中廢棄上述傳統之國際私法原則，改採較具彈性之最重要牽連主義，卽以與發生爭執問題之最具重要牽連地之法律爲準據法。請參閱 Harper, *Policy Bases of the Conflict of Laws*, 56 Yale L. J. 1155 (1947); Currie, *Conflict Crisis and Confusion in New York*, 1963 Duke L.J. 1；並請比較美國法學院 (American Law Institute)，有關契約準據法部份之第一次及第二次國際私法新編。

83) 請參閱英國貴族院最近之判例——Chaplin v. Boys (1969) 2 All. E. R. 1085, (1969) 3 W.L.R. 322. 貴族院於本案中所得結論，雖與適用英國傳統侵權行爲準據法（請見本文二有關英國法制部份）所得到之結果相同，但其判決理由中，顯有廢棄傳統規則，而改採最重要牽連主義之意味存在。請參閱 North et al., *Foreign Torts in English Courts* (1970) 19 Int. & Comp. L. Q. 24; M. G. Baer, *Notes and Comments*: (1970) 48 Can. Bar. Rev. 161

形，不以特別保障該州保險公司為其意旨，故適用該州法律，自可促進該州之利益，達成其法律制定之目的。

丁、分析案件事實後，倘能發見關係國法律並無衝突，即僅一國之法律，就該問題之適用，具有利害關係，其他國家法律之是否被適用，並無利害關係之可言，即所謂虛偽之衝突(false conflict)[84]，法院即適用該具利害關係國之法律，別無問題；唯倘分析比較後，內、外國之法律或外國間之法律對該問題之解決，均有利害關係時則如何？例如本案中其他事實如不變，而僅兩地法律互易，即紐約州法律否認客人得請求賠償，而加省法律承認客人之賠償請求權。於此情形，適用加省法律，客人可得到賠償，則對該受傷之客人施以援救之加省路人、醫院等，自不致無從於被救人處得到報償，因而加省之利益得以促進。在另一方面，因紐約州為本案當事人之住所所在地，所牽涉之保險公司也設立在紐約，則適用紐約州法律，自屬可達成紐約州法客人條例制定之目的，促進紐約州之利益。此種真實利益衝突之案件，可說是採用最重要牽連說時，最難解決之問題。不過，遇有關係法域有利害衝突之案件，在採剛性法則之國家

，於適用法律時，雖然不會遭遇困難，但其擇一而捨他，係於無分析比較利害關係情形下而為之，豈可謂公允；採用最重要牽連主義，於適用法律時，固常遭遇困難，但其擇一而捨他，係於分析比較牽連關係，及關係國法律制定目的後為之，自較剛性法則合理、公平、進步。故上例中，比較兩地利益，在沒有確實證據以證明加省人確曾施以援救，取得債權，及被救助人確係無履行債務能力之情況下，加省就本案適用加省法律之利益，可說過於虛無，自無紐約州就本案適用紐約州法律利害關係之大可比。

二、加拿大魁北克（Quebec）省之國際私法修正案

加拿大（Canada）為大英國協之一份子，其普通法多為英國判例所構成，試以涉外侵權行為而論，該國法院即視英國 Phillips V. Eyre 為先例而遵從[85]。故於加國法院起訴之涉外侵權行為，也同於英國，係以法庭地法為準據法，唯前提要件，必須該行為依侵權行為地法須係不正[86]。加國學者及法院對於此一國際私法規則，多表不滿[87]，故近年來不僅其普通法院於判案時屢有逾越先例之趨勢[88]，即其立法機關也有改弦易

---

84) 請參閱 Traynor, *Is This Conflict Really Necessary?* 37 Texas L. Rev. 657 (1959)
85) 參閱 O 'Connor v. Wray, (1930) S. C. R. 231; (1930) 2 D. L. R. 889; Canadian National Steamship Co. Ltd. v. Watson, (1939) S. C. R. 11, (1939) 1 D. L. R. 273.
86) 參閱 McLean v. Pettigrew, (1945) S.C.R. 62, (1945) 2 D.L.R. 65.
87) 請參閱 Read, *Recognition and Enforcement of Foreign Judgments*, (1938) P. 4; Machado v. Fontes, (1897) 2 Q. B. 231 (C. A.); McLean v. Pettigrew, (1945) 2 D.L.R. 65 (S.C.C.).
88) 參閱 Gagnon v. Lecavalier, (1967) 2 O. R. 197, (1967) 63 D. L. R. (2d) 12; Gronlund v. Hansen, (1968) 69 D.L.R. (2d) 598

轍之議[39]。其中尤以魁北克省民法修正局 (Office of Revision of the Civil Code)[90] 所屬之國際私法委員會（The Private International Law Committee）通過之關於侵權行為準據法之修正案，最值吾人重視。茲將其修正案條文迻譯如後，並加以評論。

（一）修正案全文

非基於契約而生之民事責任，依造成損害之行為發生時，原告之住所地（習慣居所地）法。但被告得依行為地法，主張其行為合法及無賠償義務。

（二）評論

此一修正案，顯係妥協於侵權行為地法主義及最重要牽連主義兩者之間。本修正案之目的，似在使受害人可以得到通常其在習慣居所地，所可得到之賠償種類。故於涉外侵權行為案件，關於侵權行為之成立及效力，皆依受害人住所地法，其側重於保障受害人之意旨昭

89) 早於一九五六年，加拿大立法統一委員會議 (the Conference of Commissioners on Uniformity of Legislation)，即接受加拿大律師公會(the Canadian Bar Association）之建議，著手研擬以統一立法之方式，修正加國關於侵權行為準據法之判例。該會議迻任命瑞德博士 (Dr. H.E. Read) 為一特別委員會 (the special committee) 之主席，進行研究工作。該委員會先後曾討論各種改革方案，諸如採取以侵權行為地法為準據法，而以法庭地法加以抵制之折衷主義、美國法學院第一次國際私法新編所採之侵權行為地法主義等。最後該特別委員會於一九六六年提出一「涉外侵權行為法」（Foreign Torts Act) 臨時性第一次草案，改採最重要牽連主義。茲將該草案錄之於後，藉供參考比較：

1. When deciding the rights and liabilities of the parties to an action in tort, the court shall apply the local law of the state which has the most substantial connection with the occurance and with the parties regardless of whether or not the wrong is of such a character that it would have been actionable if committed in this province.

2. When determining whether a particular state has a substantial connection with the occurance and with the parties, the court shall consider the following important contacts:
a. the place where the injury occurred;
b. the place where the conduct occurred;
c. the domicile and place of business of the parties; and
d. the place where the relationship, if any, between the parties is centered.

3. When deciding which state, among the states having any contacts within section 2, has the most substantial connection with the occurance and the parties, the court shall consider chiefly the purpose and policy of each of the rules of local law that is proposed to be applied.

唯該草案迄未獲加國立法統一委員會議或各省立法機關之通過。請參閱該會議 1966 Proceedings, P. 58; Hancock, *Canadian—American Torts in the Conflict of Laws: The Revival of Policy—Determined Construction Analysis*, 46 Can. Bar. Rev. 226 (1968)

90) 該局為魁北克省之政府機構，負責民法修訂工作。加拿大各省份多有類似之政府機關，稱為法律修正委員會 (Law Reform Commissions)，該等機構之建議須經各省立法機關通過後，始有法律拘束力。請參閱 Deech, *The Choice of Method*, 47 Can. Bar. Rev. 395 (1969)

然若揭；但同時為不使加害人遭受不能預見之危險，故又規定免責條件。免責要件有二：其一、該行為依行為地法須係合法。其二、依行為地法加害人無賠償義務。此項免責要件既係例外規定，又是為加害人利益而設，故舉證責任由加害人負擔。倘加害人不能依侵權行為地法證明其行為合法且無賠償義務時，受害人住所地法即成為支配此一侵權行為各方面之唯一法律。

此一修正案之優點，在於一方面保留侵權行為地法主義之長處，即確實、預見結果可能及易於適用；同時顧及雙方當事人之利益，使達到公平、合理。蓋以受害人住所地及侵權行為地為連結因素，所成立之住所地法及侵權行為地法，均屬易於確定，法官自不致有無所適從之苦，且當事人既得預見適用法律之結果，也必樂為和解。再就公平合理言，被害人與其住所地之關係，可說較任何地方均為密切，以其住所地法為應適用之法律，也最能促進該法域制定該法律之目的；唯為顧及加害人之利益，故同時規定倘其能證明依侵權行為地法，其行為既合法又無賠償責任時，彼即可免責，藉以調節雙方當事人之利益。此種規定既無侵權行為地法主義之弊[91]，也無最重要牽連主義之繁[92]，不能說

不是一項進步之立法。

不過，此種規定由於側重保護受害人之利益，故不公平之情形不能完全避免。舉例來說，依侵權行為地法，被告之行為係屬不法，唯該地法律對於賠償額有限制，倘受害人住所地法對賠償額無限制之規定，則對被告自屬不利，此特別於侵權行為地即係加害人之住所地或其本國，或法庭地即係侵權行為地時，此種不公平之程度尤為易見[93]。此一缺點，雖難以完全避免，但似可由改採以受害人住所地法為準據法，唯使其受侵權行為地法限制之新折衷主義加以調和[94]。否則，訴訟法庭適當運用保留條款，也足以補救。

三、一九六八年海牙國際私法會議所通過之關於交通事故之法律適用公約

國際私法之目的，原在解決涉外法律關係內外國法律適用時之衝突。但各國國際私法既為其立法機關所自由制定，則此種法規本身相互間即已呈衝突之狀態，故對同一事件之解決，常因繫屬法域之不同，而難求判決一致。職是之故，各國學者自十九世紀以來，多有倡導統一國際私法原則之議[95]。其經各國政府響應，先後已召開多次國際性會議，求藉國際條約，以達成統一國際私法之目的[96]。關於此等會議所締結之各種

---

91) 請參閱本文五——結論中有關侵權行為地法主義弊瑞部份。
92) 請參閱本文五——結論中有關對最重要牽連主義批評部份。
93) 倘若兩地關於賠償額限制之法律互易，則又原告不利。
94) 請參閱本文五——結論中有關本人所提建議部份。
95) 早在十九世紀，義大利政治家馬志尼（Mancini）即主張應統一各國國際私法規則，並倡導國際私法國際立法運動之發展。義大利政府在其建議下，曾於一八七四年及一八八一年，試圖召開國際會議討論統一國際私法規則問題，惜未有成功。然其影響遍及全球。
96) 唯也有日本學者根據理論上或實際上之理由，倡議國際私法統一不可能論。其所持理由約言之如下：（a）各國私法就同一之法律關係，如異其觀念而解釋不一致者，則縱有統

國際多邊條約，因不在本文論述範圍之內，故不欲一一介紹[97]。茲僅就海牙國際私法會議召集之情形，及其歷屆所完成之國際公約，略作說明，以期與本文所欲評介之交通事故公約相聯結。

荷蘭政府受其法學家阿塞（Asser）之建議，於一八九二年邀請歐洲十餘國，集會於海牙，商討國際私法統一問題，是爲第一次海牙國際私法會議[98]。其後又於一八九四年、一九〇〇年、一九〇四年、一九二五年、一九二八年[99]，一九五一年、一九五六年、一九六〇年

96)（續）
一之國際私法原則，仍難有一致之結果。(b) 各國之公序良俗觀念互異，因而國際私法之統一卽不可能。(c) 各國之利害關係旣不一致，故國際私法之統一卽不可能。我國學者則非之。關於其詳請參閱蘇遠成教授著：國際私法（民國五十八年）第二六至二七頁。

國際私法統一不可能論，雖屬謬誤。但就近百年來國際私法統一運動成效以觀，去國際私法原則之統一時期尚遠，倒非過甚其詞。考其所以如此困難者，厥有數因：(a) 法律爲社會環境之產物，國際私法旣認爲內國法之一部，自亦不能脫離一國特殊環境之影響，欲以共同之國際私法原則，適用於各種不同之環境中，自非易事。(b) 各國皆以本國所規定之國際私法完善無缺，不願放棄其本國之規定，而採用統一之原則。(c) 各國之文明程度不等，欲以同一之國際私法原則，適用於文明不等之各國，自本不無困難。因此，歷次國際會議所議決之草約，均難爲各國全部批准實行。請參閱翟 楚教授著：國際私法綱要（民國四十八年）第四五頁。

97) 茲僅就歷來爲統一國際私法原則，所召集之國際性會議，略述如下：
(a) 利馬會議（Lima Conference）南美諸國欲謀國際私法原則之統一，於一八七八年所召開之國際會議。
(b) 蒙特維多會議（Montevideo Conference）南美諸國繼利馬會議後，於一八八八年至一八八九年間，所召開之會議。
(c) 泛美會議（Pan-American Conference）爲美國於一八九一年所召集，目的在統一美洲各國之國際私法。其第六次會議於一九二八年召開時，曾通過布氏法法典（Código Bustamante），唯北美諸國無一國批准。
(d) 日內瓦公約（Geneva Conventions）一九三〇年在日內瓦會議訂立而自一九三四年生效之關於滙票之條約，以及一九三一年訂立一九三四年生效之關於支票之條約，參與國多爲歐洲國家。
(e) 史堪地納維亞公約（Scandinavian Treaty）一九三一年北歐之丹、芬、挪、瑞、冰島等國所訂立有關親屬事項之國際私法公約。
(f) 班納洛克公約（Benelux Convention）一九五一年荷、比、盧三國成立之國際私法統一條約，計二八條。
關於上述國際會議所制定之各種國際多邊條約，請參閱 Rabel, Vol. 1, PP. 32-42

98) 當時參加會議者，除荷蘭外，有奧、匈、德、俄、法、瑞士、比、義、西、葡、丹、盧、羅馬尼亞等國。其所討論者，爲關於婚姻、民訴、繼承、遺囑等問題。謹按海牙會議之會議辦法，與前述泛美會議不同。泛美會議擬締結一個國際條約，包括國際私法之一切原則；而海牙會議則係以一原則締結一條約。

99) 第二次世界大戰前，海牙會議先後集會六次，茲將條約名稱及迄一九五四止尚參加之締約國列後：
(a) 關於婚姻之條約——一九〇二年簽訂，一九〇四年生效。尚在十國有效（德、義、盧、荷、波、羅、瑞士、瑞典、匈、葡）。
(b) 關於離婚分居之條約——一九〇二年簽訂，一九〇四年生效。尚在七國有效（匈、義、盧、荷、波、葡、羅）。

及一九六四年繼續集會，前後共集會十次[100]。一九六六年並曾召集特別會議[101]。最近之第十一次海牙國際私法會議[102]，係於一九六八年召開，共制定三個公約草案[103]，其中之一即為本文所欲評介之交通事故公約。

按發生在陸地上涉及一以上車輛之交通事故，本質上屬於民法之侵權行為，各國關於侵權行為準據法之立法例既不一致，故同一涉外案件，每因繫屬法域不同，而難期判決之一致，影響關係人權益不能謂小，海牙國際私法會議有鑒於此，乃組織特別委員會，先後於一九六七年十月及一九六八年四月兩次集

99）（續）

(c) 關於監護之條約——一九〇二年簽訂，一九〇四年生效。尚在十二國有效（比、德、匈、義、盧、荷、波、葡、羅、西、瑞士、瑞典）。

(d) 關於夫妻財產、身分及婚姻效果之條約——一九〇五年簽訂，一九一二年生效。尚在七國有效（德、義、荷、波、葡、羅、瑞典）。

(e) 關於禁治產及類似之保護處分之條約——一九〇五年簽訂，一九一二年生效。在八國有效（德、義、荷、波、葡、羅、瑞典、匈）。

(f) 關於民事訴訟之條約——一九〇五年簽訂，一九一〇年生效。在二十國有效（奧、比、捷、丹、芬、法、德、匈、以、義、盧、荷、挪、波、葡、羅、西、瑞典、瑞士、南）。

100）第七、八、九、十屆海牙國際私法會議，係於第二次世界大戰結束後所舉行，曾分別簽訂下列各公約案：

(a) 關於國際上有體動產買賣之法律適用公約——一九五一年簽訂。現已生效。

(b) 關於承認外國公司人格之公約——一九五一年簽訂。

(c) 關於規律本國法與住所地法衝突之公約——一九五一年簽訂。

(d) 關於民事訴訟之公約——一九五一年簽訂。現已生效。

(e) 關於國際上有體動產買賣所生所有權移轉之法律適用公約——一九五六年簽訂。

(f) 關於國際上有體動產買賣之合意管轄公約——一九五六年簽訂。

(g) 關於扶養未成年人準據法公約——一九五六年簽訂。現已生效。

(h) 關於承認及執行有關扶養未成人判決之公約——一九五六年簽訂。現已生效。

(i) 關於監護之管轄權及保護未成年人準據法公約——一九六〇年簽訂。

(j) 關於遺囑方式之法律衝突公約——一九六〇年簽訂。現已生效。

(k) 關於取消外國公文書認可要件之公約——一九六〇年簽訂。現已生效。

(l) 關於收養之管轄、準據法及承認之公約——一九六四年簽訂。

(m) 關於民、商問題司法文書及特別司法文書之國外送達公約——一九六四年簽訂。現已生效。

(n) 關於選擇法庭之公約——一九六四年簽訂。

101）一九六六年海牙國際私法會議，曾召集特別會議，成立下列公約草案：

(a) 關於承認及執行民商案判決之公約——一九六六年簽訂。

(b) 關於承認及執行民、商案件判決公約之補充公約——一九六六年簽訂。

102）海牙國際私法會議，現共有會員國二六個。其名單如下——奧、比、巴西、加、捷、丹、芬、法、德、希、愛爾蘭、以、義、日、盧、荷、挪、西、瑞典、瑞士、土、埃、英、美、南。其中美國係於一九六四年加入。

103）第十一屆海牙國際私法會議所通過之三個公約草案如下：

(a) 關於承認離婚及分居之公約——一九六八年簽訂。

(b) 關於交通事故之法律適用公約——一九六八年簽訂。

(c) 關於民、商案件之國外調查證據公約——一九六八年簽訂。

會，從事本公約之準備起草工作。最後終能於第十一屆會員國大會時，通過本公約草案。按本公約對交通事故所採之準據法，係折衷侵權行為地法主義及最重要牽連主義兩者之間，不能謂非關於侵權行為準據法之最新立法趨勢。以下擬分（甲）公約之目的及適用範圍；（乙）公約之關於準據法之規定；（丙）評論。分別予以介紹討論：

㈠公約之目的及適用範圍

本公約之目的，在規律因交通事故所引起之民事非契約責任之準據法[104]。該交通事故必須涉及一以上之車輛，至於車輛是否由發動機帶動雖非所問，但必須發生於公路或某些人可以通行之私人道路上[105]。從公約第一條反面解釋，則刑事責任及契約責任，不在本公約規律之列。此外，公約第二條並列舉某些人或某些訴訟，不在本公約適用範圍內。舉例言之，像車輛製造人或修護人之責任，即為本公約所排除；多種型態之代理責任也不在適用之列，但車輛所有人或僱用人之責任則不在此限；帶有契約性質之求償訴訟，也非本公約適用之對象。除上述者外，本公約也未就管轄權及外國法院判決問題加以規律。

值得重視的是本公約之適用，不採相互原則[106]。故應適用之外國法，即使屬於非本公約締約國之法律，仍應適用。此一規定，將更可促進判決之一致。

另外值得一提的是，本公約對複數法域國適用之情形。依公約第十二條之規定：構成複數法域國之各法域，就本公約之適用而言，視為一個國家。第十三條則允許複數法域國提出保留，即對發生在該國之交通事故，而車輛又係在該國之法域登記者，則不必適用本公約。此外，公約第十四條復規定複數法域國於簽字、批准或加入時，得宣佈本公約是否適用於其各個法域。此種規定，固在明確劃分本公約對複數法域國適用之範圍，亦所以在促使複數法域國樂於參加本公約。

最後應予一提的是，本公約為期統一各國關於交通事故的準據法，以達到判決一致之目的，歡迎海牙國際私法會議會員國以外之國家加入本公約[107]。

㈡公約之關於準據法之規定

公約第三條為關於交通事故準據法基本原則之規定：交通事故應適用之法律，為事故（Accident）發生地法[108]。故就基本原則而言，本公約既不採最重要牽連主義，也不採法庭地法主義，而係以侵權行為地法主義為基礎，以結果發生地為侵權行為地。

第四條、第五條及第六條，則為準

104）參閱關於交通事故之法律適用公約第一條。

105）同前註。

106）參閱該公約第十一條。

107）參閱該公約第十八條。

108）該公約第三條規定：
The applicable law is the internal law of the state where the accident occurred.
本公約關於法律之適用，特別用 internal law 之用語，可避免有適用反致（renvoi）之誤會。

據法基本原則之例外規定。於此等條款所述情形發生時，應適用之法律則爲車輛登記地國法。如無登記地或有多處登記地時，則應適用之法律爲車輛之習慣停留地國法。

車輛登記地（registration）與習慣停留地（habitual station），已成爲國際私法上新的連結因素。其所以爲本公約所採用，自由於適用時之便利，及其通常爲車輛駕駛人、所有人與保險公司之習慣居所之故。雖然這些連結因素僅在例外情形下始被適用，但從本公約全部內容以觀，例外情形將比一般原則有更多之被適用機會。

車輛登記地與習慣停留地爲新的連結因素。就車輛所有人或駕駛人責任而論，這些連結因素的作用，固顯而易見；但從受害人立場而言，其與車輛登記地或車輛習慣停留地之關係，則難以瞭解。不過，無論如何登記地與習慣停留地，自均較常常出人意外之侵權行爲地具有意義，實不庸否認。本公約之採用登記地法，卽在摒除採用最重要牽連主義時，容易發生之不穩定性。

第四條爲對人與車輛損害賠償責任之規定；第五條爲對車輛內外之物損害賠償責任之規定。第四條係從受害人之立場而論加害人之責任。

第四條（ａ）項[109]適用於下列幾種受害人：⑴車輛駕駛人、所有人或其他對車輛有利害關係人，⑵旅客，⑶車輛外之人。此時，應適用之法律考慮到登記地，有時亦顧及到當事人居所地。

以登記地法適用於車輛駕駛人或所有人爲被害人時，極爲合理，蓋彼等與車輛登記地之關係，可說最爲密切。如

109）該公約第四條規定：

Subject to Article 5 the following exceptions are made to the provisions of Article 3—

(a) Where only one vehicle is involved in the accident and it is registered in a state other than that where the accident occurred, the internal law of the state of registration is applicable to determine liability

  —toward the driver, owner or any other person having control of or an interest in the vehicle irrespective of their habitual residence,

  —toward a victim who is a passenger and whose habitual residence is in a state other than that where the accident occurred,

  —toward a victim who is outside the vehicle at the place of the accident and whose habitual residence is in the state of registration.

Where there are two or more victims the applicable law is determined separately for each of them.

(b) Where two or more vehicles are involved in the accident, the provisions of (a) are applicable only if all the vehicles are registered in the same State.

(c) Where one or more persons outside the rehicle or vehicles at the place of of the accident are involved in the accident and may be liable, the provisions of (a) and (b) are applicable only if all these persons have their habitual residemce in the State of registration. The same is true even though these persons are also victims of the accident.

適用登記地以外之法，與其可說無牽連關係可言。

倘如乘客為受害人，則以其習慣居所不在侵權行為地國為限，始適用登記地法。此時車輛被視為登記地領域之擴張。否則，則仍以侵權行為地法為準據法。

倘如受害人為車輛外之人，則以其習慣居所在登記地國為限，始以登記地國法為應適用之法律。故如受害人既非居住於侵權行為地，亦非登記地時，仍適用第三條，即以侵權行為地法為準據法。

第四條（b）項規律涉及二以上車輛之交通事故。依該項之規定，唯於所涉及車輛均在同一國登記時，第四條（a）項所做之例外規定，始有其適用。很顯然的，當車輛不在同一國家登記，適用登記地法即成為不可能。此時則適用侵權行為地法。不過，交通事故所涉及之二以上車輛，在不同國家登記之情形，極為平常，特別是在觀光地區，故適用侵權行為地法之機會，即屬難以避免。

第四條（c）項在於規律意外事故係由車輛外之一人或多數人所造成之情形。於此情形，也僅於彼等之習慣居所均在登記地國時，第四條（a）項（b）項之例外規定，始有其適用。

遇有多數加害人及多數受害人之情形，本公約以同一之準據法適用於各個加害人；但承認不同之法律得適用於不同之被害人。

第五條[110]重新提及第三條與第四條，並適用它們於對車輛內外物之損毀。就對屬於乘客或由其攜帶之物之毀損言，應適用之法律與對乘客所負賠償責任之準據法同。其他車輛內之物之毀損，則與對車輛所有人應負責任時所適用之法律同。至對車輛外之物或財產毀損所負之責任，則適用侵權行為地法，唯也有例外之情形。

公約第七條明文規定，不論應適用之法律為何國法，於決定侵權行為責任時，均應考慮侵權行為地當時有效之交通管理與安全法規。此一規定，無疑承認就當事人行為而論，侵權行為地之重要性。

---

110) 該公約第五條規定：

The law applicable under Articles 3 and 4 to liability towards a passenger who is a victim governs liability for damage to goods carried in the vehicle and which either belong to the passenger or have been entrusted to his care.

The law applicable under Article 3 and 4 to liability towards the owner of the vehicle governs liabity for damage to goods carried in the vehicle other than goods covered in the preceeding paragraph.

Liability for damage to goods outside the vehicle or vehicles is governed by the internal law of the State where the accident occurred. However the liability for damage to the personal belongings of the victim outside the vehicle or vehicles is governed by the internal law of the State of registration when that law would be applicable to the liability towards the victim according to Article 4.

第八條[111]規定準據法適用之範圍。各款所列之問題，僅為例示而非窮舉，僅就例示之問題言，幾已包括因侵權行為而生之各種重要問題。本條規定之顯著優點，在於於具體適用本公約時，可收統一之效，蓋其避免各國就同一問題之定性不同，而適用不同之準據法。故關於損害種類，時效等問題，既然經明白例示，自不致再因定性不同，而劃歸程序問題，適用法庭地法。

第九條承認受害人對加害人之保險人，得直接提起訴訟之權，藉以保障受害人。依該條之規定，應適用之準據法或侵權行為地法或保險契約所應適用之法律中有一規定直接訴訟時，受害人即得行使。

最後值得一提的，即公約第十條規定之保留條款，故凡應適用之法律顯然違反法庭地之公序良俗時，訴訟法庭得拒絕適用。

㈢評論

本公約之目的，固在統一各國國際私法關於交通事故準據法之規定，但就其所採之準據法而言，顯係企圖折衷侵權行為地法主義與最重要牽連主義。關於侵權行為採侵權行為地法主義，其優點在於確實、結果之預見可能及容易適用；其採最重要牽連主義者，則在求得個案之公平合理。本公約以侵權行為地、車輛登記地或通常停留地以及當事人習慣居所地做為連結因素，皆為易於適用者。因此，本公約藉此等連結因素可達到確實、預見可能及易於適用等對當事人及保險人乃至法庭等，均屬重要之特質。其既不以一成不變之侵權行為地做為唯一之連接因素，也排斥最重要牽連主義，以各種事實做為連結因素。

本公約就準據法之選擇，雖已盡力求其公平、合理、以求祛除侵權行為地法主義所生之弊端，但於某種情形下，其所規定之準據法，仍難免有與案件之事實無重要牽連之可言。

本公約在原則上係以侵權行為地法為交通事故之準據法，於例外情形時，始適用車輛登記地法，蓋於後者情形發生時，一般而言，當事人與登記地之關

111）該公約第八條規定：

The applicable law shall determine, in particular —
(1) The basis and extent of liability;
(2) the grounds for exemption from liability, any limitation of liability, and any division of liability;
(3) the existence and kinds of injury or damage which may have to be compensated;
(4) the kinds and extent of damage;
(5) the question whether a right to damage may be assigned or inherited;
(6) the persons who have suffered damage and who may claim damages in their own right;
(7) the liability of a principal for the acts of his agent or of a master for the acts of his servant;
(8) rules of prescription and limitation, including rules relating to the commencement of a period of prescription or limitation, and the interruption and suspension of this period.

係，較之與侵權行為地之關係之純出偶然為密切。唯即使以登記地法為應適用之法律，法庭在決定侵權行為責任時，也應考慮侵權行為地有關交通管理與安全之法規。本公約在折衷各種立法主義時，可說思慮週詳。

本公約不似最重要牽連主義，以為不同之問題得適用不同之準據法，而確認關於交通事故損害賠償責任之成立要件及效力，應以單一之準據法加以適用，以避免適用多數法律所易引起之困擾。

一般而言，本公約關於準據法之規定，似較侵權行為地法主義與最重要牽連主義為進步，唯其規定之過於繁瑣，於適用時是否會無困難，則不無疑問。

伍、結　　論

傳統上各國國際私法對侵權行為準據法之立法例，不外自侵權行為地法，法庭地法及折衷主義間做一選擇。而上述各種立法例之得失利弊，已於本論中分析說明。僅就該三種立法主義而言，似應以侵權行為地法主義為優，理由得再扼要歸納於下。其一、符合理論。行為人因其在行為地之行為，與他人成立一種牽連關係，此一關係就行為人言，乃一種義務，此一義務如影隨形，無論於何地發見行為人，該義務即得就地執行，唯因該義務之唯一來源，係行為地之法律，故應以行為地之法律決定該義務之是否存在，及其效果如何等問題。

此既得權說之大要[112]，頗能說明適用外國法之理論根據。侵權行為地法主義，既係以侵權行為地法為侵權行為之準據法，顯係採既得權說，故符合理論。其二、有簡單，確定及結果預見可能等實益。侵權行為地法，係以侵權行為地為連結因素，此一連接因素，並非難以確定[113]，因之以侵權行為地法唯一之準據法即屬單純，而有易於適用之效；倘各國均採侵權行為地法主義，則就同一侵權行為而言，各國適用之法律不僅相同且屬確定不變，更可收判決一致之效；再者，以侵權行為地法為準據法，不因訴訟地之不同，而異其法律之適用，當事人可不經訴訟即知相互間之懽義，故有結果預見可能之實益，因此容易達成訴外和解，此對雙方當事人固屬有利，即對與當事人有利害關係之第三人（例如保險公司）亦然。其三，與制定國際私法之精神吻合。基於內外國人平等之思想，各國多允許外國人得利用內國法庭，以解決紛爭；復為促進國際交往，保障外國人權益，又特制定國際私法，就案件之性質，選擇的適用內外國法，關於侵權行為依侵權行為地法，即係根據此種原則而制定。侵權行為地得在內國，也得在外國，故內外國法均有被適用之機會，不似其他兩種立法主義，專一的適用內國法，故侵權行為地法主義與制定國際私法之精神吻合。

關於涉外侵權行為，以侵權行為地法為準據法，固有上述應適用之理由，

112) 請參閱 Slater v. Mexican National R. Co., 194 U.S. 120, 126 (1904); Stumberg, *Principles of Conflict of Laws*, (3rd ed. 1963) PP. 7-12

113) 請參閱本文二——侵權行為準據法之立法主義，有關侵權行為地之確定部份。

且此主義絕非一理想之立法原則，則也無庸否認。蓋侵權行爲地常出於偶然，與當事人無實質上牽連關係時，也所在多有[114]。以此種與當事人無實質上牽連關係之法律，做爲裁判當事人權義之準據法，自不足以達成保護當事人權利之司法功能，況如適用該地法律，並不足以實現該法律制定之目的時[115]，則自更無適用侵權行爲地法之理由，故各國學者均謀求有以補救之。

最早對侵權行爲地法主義示不滿，且提出新辦法之學者，似爲英國教授毛瑞斯 (J. H. C. Morris)，彼於一九五一年「論侵權行爲適當法」[116]一文中，卽指出侵權行爲複雜多樣，適用一成不變的侵權行爲地法，斷難於每案中均獲致理想結果，而符合社會正義。故提出適用之準據法，應爲一包含較廣，且富彈性之國際私法規則，以此新法則取代侵權行爲地法，更可便於解剖侵權行爲所含有之各個問題，分析各個問題所牽連之社會因素，以助於發現最合適之法律，而加以適用。在立法上，最早企圖擺脫侵權行爲各種傳統上立法主義，似爲一九五一年荷、比、盧三國所簽訂之巴納洛克公約 (Benelux Convention) [117]，公約中關於侵權行爲準據法之規定計有二項。第一項爲原則，規定侵權行爲依侵權行爲地法；第二項爲例

外，規定如加害行爲所引起之影響 (Consequence) 屬於另一法域時，則應適用後者之法律。至如何斷定加害行爲之影響屬於另一法域，該公約公報中指出此完全應視客觀環境而定，考慮各種連接因素。

上述雖爲最早對侵權行爲地法主義提出修正意見之學說及立法例，但在國際間特別引起廣泛重視此一問題者，實始自美國紐約州上訴法院一九六三年之 *Babcock V. Jackson* 一案，不數年間卽獲得各國熱烈之反應，本論中所述加拿大魁北克省國際私法修正案、海牙國際私法會議一九六八年交通事故法律適用公約不過其代表耳。分析各國所提補救辦法，吾人似可將其歸納爲二類：一類以爲國際私法規則之選擇適用，必須由立法機關選選一、二種連結因素、抽象制定普遍適用於一切案件。另一類則認爲政策之審查或制定，主要應藉司法程序行使，故僅能於具體案件中，由法院斟酌事實，審查一切連接因素後而爲選擇最適當的準據法。採第一類立法例者，可以魁北克省國際私法修正案及海牙交通事故公約爲其代表；採第二類立法例者，則美國紐約州之判例及巴納洛克公約足資爲範。二類立法例均係針對傳統侵權行爲地法主義所做之修正，各有其利弊，一般而言，第一類立法例對法

---

114) 請參閱本文四——侵權行爲準據法之最新發展，有關 Babcock v. Jockson 一案之事實。

115) 同前註。

116) 參閱 J. H. C. Morris, *The Proper Law of A Tort*, 64 Harv. L. Rev. 881, 883, 892 (1951)

117) 請參閱 R. D. Kollewizn, *American—Dutch Private International Law*, 99 (2d. ed. 1961)

律之適用，有確定及結果預見可能等實益；第二類立法例則可促使個案之適用法律更公正合理。

僅就上述兩類修正辦法而言，第二類辦法雖可使個案之適用法律更公允，合理，但其缺點也復不少，茲簡要說明於下：其一、於涉外案件選擇適用法律時極為重要之特質，例如單純、確實、易於適用、結果預見可能等，於此類修正辦法中均難加以維持，且國際私法學理想之一──判決一致之目標，也較難實現。其二、一般法官格於種種限制，並非均精於國際私法之技術，除非法律有簡單具體之指示，法官實際上很難自所有連接因素乃至分析關係法律中，以確定個案最適當之準據法。其三、此類立法例賦予法官以較多之自由，法官如以此為憑藉而擴張內國法之適用，實也不無弊害。基於上述理由，本人不贊成此類修正辦法。至第一類修正辦法，一方面仍可保留侵權行為地法主義之優點──即確實、易於適用，結果預見可能及判決一致，另方面也能力謀在法規之適用上對當事人公平、合理、以期糾正侵權行為地法主義之弊──準據法與當事人及案件無重要牽連關係。故本人贊成此類修正辦法。唯擬提出不同之修正意見。

採用第一類修正辦法，必須自各種連接因素中選擇一、二種連接因素，始能保持侵權行為地法主義之優點；且此兩種連接因素必須與案件及當事人關係最為密切，方能規避侵權行為地法主義之缺點。故於此類修正辦法中，關於連接因素之選擇最為困難。茲從分析侵權行為責任之基礎上，以發見可為此類涉外案件之最適當連接因素。

關於侵權行為責任之基礎，亦即制定侵權行為責任之目的，可得而言者約有下述五種[118]：

第一、規定一般人之行為標準，俾便於其了解何者可為，何者不可為，以及使他人得期待其正當行為。就此基礎以觀，應由行為地國決定某人之行為及產生之結果是否應負責任。

第二、規定一般人有權享受之保護，以防止他人之加害。就此目的以觀，應由損害發生地國決定損害是否由侵權權行為而造成及損害賠償請求權是否成立等問題。

第三、侵權行為法之另一目的，乃在於給與補償，俾使受害人得恢復原狀。就此目的以觀，受害人住所地國為最有牽連之國，蓋如不給與受害人適當賠償，則扶養之責任不落在該國即落在受害人在該國親友身上。

第四、侵權行為法目的之一，乃在於藉民事法律以懲罰加害人。就此目的而言，應由行為地國決定是否應課加害人以侵權行為責任。

第五、第五種目的似在藉課加害人責任，以分散被害人之損失，蓋加害人往往投有責任保險，危險負擔可因此分散。此目的似在強調適用最有利於原告

118) 請參閱 Ehrenzweig, *Enterprise Liability in the Conflict of Laws*, 69 Yale L. J. 595 (1960); Lorenzen, *Tort Liability and the Conflict of Laws*, 47 L. Q. Rev. 483 (1931)

之法律。

就以上制定侵權行爲法目的觀察，除第五項外，餘則不是與侵權行爲地國有關、即是與受害人住所地國有牽連故應以侵權行爲地及受害人住所地爲連接因素，以之爲基礎而制定侵權行爲準據法。本人所擬提出之侵權行爲準據法如後：

「侵權行爲依受害人住所地法，但侵權行爲地法不認爲侵權行爲者不適用之。

侵權行爲之損害賠償及其他處分之請求，依受害人住所地法，但如行爲人之住所地與受害人不同時，則以侵權行爲地法認許者爲限。」

如上所述，就侵權行爲責任基礎而言，應以受害人住所地及侵權行爲地與侵權行爲之法律關係最爲密切，故即以斯兩者爲連接因素，而制定準據法。國際私法上侵權行爲法之理想，即在使受害人得到其通常在住所地可得到之保障及賠償，故即以受害人住所地法爲準據法，此乃原則；法律固偏袒受害人，但對債務人之利益，也常加維護，故於此處乃加以調和，關於侵權行爲成立要件，以侵權行爲地法抵制受害人住所地法，俾行爲人不致負預見不能之危險，此於侵權行爲地即係加害人住所地或法庭地時，固特別有其抵制之必要，即於其他情形，爲平衡雙方當事人之利益，亦應如此。至關於侵權行爲效力之規定，倘雙方當事人住所地相同，即以彼等共同住所地爲單一之準據法，蓋該一法律與雙方當事人關係均屬密切，且彼等通常即應受此一法律之支配。唯如果雙方當事人住所地不同時，加害人即應多一層保障，再以侵權行爲地法抵制受害人住所地法，以平衡雙方之利益。

此一擬議之侵權行爲準據法，一方面對雙方當事人之利益已經兼顧，且無最重要牽連主義之繁瑣，似可謂公允、合理；他方面該兩種連接因素皆屬易於確定，故傳統之侵權行爲地法主義之各種優點，例如單純、確實、結果預見可能及判決一致等特質，皆可保留。因此此一擬議之條文，似可做爲我國立法院他日修正涉外民事法律適用法第九條時之參考。

國際私法上離婚問題之比較研究

壹、引　　論

　　離婚乃基於人爲之事實[1]，而使婚姻關係消滅的原因之一[2]。我國舊律[3]及現行法[4]均承認離婚，蓋婚姻固以終生間共同生活爲目的，然如於當事人間相互缺乏敬愛之情，則無强其繼續共同生活之必要。唯就各國立法例以觀，關於離婚之立法主義，可爲下列分類；其一、許可離婚主義與禁止離婚主義。其二、自由離婚主義與限制離婚主義。所謂許可離婚主義者[5]，謂於夫妻生存中，允許離婚之主義，採此主義者，以爲夫妻關係原以敬愛爲本，如缺乏敬愛，則無强其繼續夫妻關係之可能；且卽令

離婚係屬罪惡然如因禁止離婚釀成更大之罪惡，尤非立法政策之所宜。現代各國立法例，多承認離婚制度，卽職是之故。至禁止離婚主義者[6]，謂於夫妻生存中，不許離婚之主義也。其主張之理由或基於宗教思想，以爲夫妻乃神意所結合，故人不得離之；或基於道德觀念，以爲婚姻爲人倫之大本，如許離婚，則將釀成輕視婚姻之流弊；或基於子女利益之保護，以爲婚姻必然之結果，爲子女之出生及養育，如許離婚則目的難達，且爲人子女者，適成爲離婚之犧牲品，非所以保護子女之利益。現今立法例採禁止離婚主義者尚有阿根廷、巴西、巴拉圭、智利、哥倫比亞、義大利、

---

1) 婚姻之消滅，有由於自然的事實，有由於人爲的事實。前者係指夫妻一方之自然死亡，後者卽指離婚。唯婚姻因死亡之消滅，較因離婚之消滅，其效力爲局限，卽僅及於夫妻間之權利義務，而不影響與其亡故配偶親屬間，因婚姻所發生之效力。請參閱史尚寬教授著：親屬法論（民國五十三年）第四一一頁。戴炎輝教授著：中國親屬法（民國五十一年）第一四三頁。陳棋炎教授著：民法親屬（民國五十九年）第一四二頁。
2) 婚姻之因人爲之原因而消滅，不僅離婚之一種，舉其最著者言之，例如婚姻因撤銷而消滅是。唯兩者有下列之不同：1.就性質言，婚姻之撤銷，在消滅不完全之婚姻；離婚則在消滅完全之婚姻。2.就原因言，撤銷婚姻之原因，於婚姻成立當時卽已存在；離婚之原因則係於婚姻成立後始行發生。3.就權利人言，離婚權人，唯限於婚姻當事人；撤銷權人則除婚姻當事人外，有時第三人亦有撤銷權。4.就行使方法言，撤銷必須依訴之方法；而離婚則不盡然。5.就行使時期言，撤銷於夫妻一方死亡後仍可行使；而離婚則否。6.就效力言，因婚姻撤銷，僅得請求賠償；因離婚消滅婚姻，尚得請求贍養費。參閱民法第九八九條至第九九九條、第一〇四八條、第一〇五二條、第一〇五七條。
3) 依我國舊律，夫妻乃人合者，故可離異，但此爲夫離妻，至妻絕不能離夫。唯夫有義絕之惡行，官强制夫妻離婚。此外，夫妻不相安諧時，可兩願離婚。請參閱戴著：中國親屬法第一四六至一五〇頁。陳著：民法親屬第一四八至一四九頁。
4) 參閱民法第一〇四九條、第一〇五〇條、第一〇五二條。
5) 參閱史著：親屬法論第四　二至四　二頁；戴著：中國親屬法第一四五至一四八頁；陳著：民法親屬第一四四至一四八頁。
6) 同前註。

西班牙等國[7]。許可離婚主義中之自由離婚主義[8]，謂依當事人之自由意思即可離婚之主義。限制離婚主義者[9]，則指夫妻之一方如有法律所定之原因，他方得對之提起離婚之訴，依勝訴之判決，始得離婚之主義。限制離婚主義，就須有一定原因始得離婚之點言之，又可稱爲有因離婚主義。就必須夫妻之一方對於他方提起離婚訴訟之點言之，又可稱爲裁判離婚主義。但在自由離婚主義，則無須一定原因即得離婚，故學者通常以無因離婚主義稱之。同一無因離婚主義又可細別爲單意離婚主義與協議離婚主義。依夫一方之意思，即可離婚之主義，爲單意離婚主義，或專權離婚主義，我國舊律[10]及一九四四年以前之蘇聯離婚法曾採之[11]。至在採取協議離婚主義[12]與裁判離婚主義[13]之各國，其規

---

7) 見 1 Rabel, The Conflict of Laws: A Comparavite Study (1958) p. 415
8) 同註(6)。
9) 同註(6)。
10) 卽所謂「七出」是也。「七出」指無子、淫佚、不事舅姑、口舌、盜竊、妬嫉、惡疾等而言。有此等情事之一者，夫得棄妻。唯雖有七出之狀，但有「三不去」之條件者，除妻犯義絕、淫佚、惡疾外，亦不得棄妻。三不去者，指經持舅姑之喪、娶時賤後富貴、有所受無所歸而言。請參閱戴著：中國親屬法第一四七頁；陳著：民法親屬第一四八至一四九頁。
11) 蘇俄於一九一八年制定親屬法典，承認協議離婚與基於正當理由之單意離婚之兩種離婚方式。唯其一九二六年之親屬法典，則拋棄此兩種方式，完全採取單意離婚主義。但經一九三六年改正親屬法典以後，在一九四四年之法典中，反僅承認裁判離婚爲唯一之方法。參閱 1 Rabel, p. 416
12) 所謂協議離婚，係指婚姻當事人以消滅婚姻關係爲目的之要式契約。各國立法例不同，可分別爲下列三種：1.直接協議離婚。謂離婚當事人，無須先行別居，如履行法定程序卽得離婚之主義。我國（民法第一〇四九條）、日本（日民第八〇八條、八〇六條、八一〇條參照）、比利時（比民第二七五條至、第二八六條、第二九四條參照）、奧地利（奧民第一三二條至一三四條對猶太教徒許協議離婚。）等國採之。2.間接協議離婚。謂離婚當事人須先行別居，經過一定期間後，由別居進而爲離婚之主義。荷蘭（荷民第二九一條參照）、瓜地馬拉（一八九四瓜民離婚法第七條、第八條參照）等國採之。3.特許協議離婚。謂離婚當事人須先請求別居，經過一定期間後，如請求離婚，須得國家元首之特許之主義。挪威（一八三七年挪民第六七條、第六八條參照）等國採之。
13) 所謂裁判離婚，係指夫妻之一方，如有法律所定之原因，他方得對之提起離婚之訴，依勝訴判決而爲離婚者。各國立法例不同，可別爲下列數種、1.有責主義與目的主義。裁判離婚，必有法定原因，此項原因，應依何標準定之，有責主義與目的主義不同。前者，乃以夫妻之一方違反婚姻義務爲必要之主義。例如夫妻一方重婚、通姦、虐待是；後者，則不問當事人有無責任，如有不能達婚姻目的之事實，卽得據以爲離婚原因之主義。例如夫妻一方之有精神病或惡疾，雖非婚姻義務之違反，但要屬不能達婚姻目的之事實。2.概括主義、列舉主義、與例示主義。關於離婚原因規定之方法，各國法律規定不同，採概括主義者，謂依一方之希望，卽得請求離婚者，如蘇俄法律是。（蘇俄婚姻、親子及監護法第十八條）；採列舉主義者，謂非有法律所定之原因，不得請求離婚者，如日本民法非有重婚、通姦、犯罪、被處刑罰、虐待、侮辱、遺棄、失蹤等原因，不得請求離婚是（日民第八一三條）；採例示主義者，除法律所定之重大原因外，如有其他紊亂婚姻生活之事實，亦得請求離婚者，如瑞士（瑞士民法第一四二條參照）、德國（德國民法第一五六八條、西德婚姻法第四八條參照）。我國民法採目的主義、列舉主義（第一〇五二條參照）。

定之內容也未必一致，且有只採裁判離婚主義者，如德國、英國、法國、荷蘭等國[14]。有兼採裁判離婚主義與協議離婚主義者，如日本、葡萄牙、羅馬尼亞、古巴、海地、墨西哥國[15]及我國等[16]。在採裁判離婚主義國家，通常固由司法機關爲准否離婚之裁決；但有些國家則由國王或其他行政機關擔任，如丹麥、挪威等[17]；有些國家則由國會之特別法准許離婚，如愛爾蘭、加拿大之魁北克省、紐芬蘭省是[18]。

由上所述，可知各國關於離婚之法制，雜然並陳，卽在採承認離婚之國家，對離婚原因之規定[19]，離婚之態樣[20]，離婚效力之規定[21]，也未能盡同[22]，故國際私法上，涉外離婚之成立要件及

14) 參閱 1 Rabel, p. 419
15) 同前註。
16) 見我國民法第一〇四九條、第一〇五〇條、第一〇五二至一〇五四條。
17) 同註(14)。
18) 同前註。
19) 請參閱註(13)。茲並比較我國及西德關於裁判離婚原因之規定於下，以見各國關於離婚原因規定之不同：

　我國民法第一〇五二條規定裁判離婚原因有左列十種情形：
　　1.重婚者。
　　2.與人通姦者。
　　3.夫妻之一方，受他方不堪同居之虐待者。
　　4.妻對於夫之直系尊親屬爲虐或受夫之直系尊親屬之虐待，致不堪爲共同生活者。
　　5.夫妻之一方，以惡意遺棄他方在繼續狀態中者。
　　6.夫妻之一方，意圖殺害他方者。
　　7.有不治之惡疾者。
　　8.有重大不治之精神病者。
　　9.生死不明已逾三年者。
　　10.被處三年以上之徒刑，或因犯不名譽之罪被處徒刑者。
　西西德一九四六年婚姻法（Ehe G）第四二至四六條、第四八條規定裁判離婚原如下：
　　1.通姦。
　　2.重大之婚姻錯失行爲。
　　3.精神錯亂行爲。
　　4.精神病。
　　5.傳染病或惡疾。
　　6.客觀之婚姻破裂事實。
　關於西德離婚制度及其最近之發展，請參閱林菊枝教授著：「西德離婚制度之改革」載政大法學評論第七期第一四七至第一六〇頁（民國六一年）。
20) 離婚之態樣，主要可分爲協議離婚與裁判離婚兩類，各國法制未必盡同。見 1 Rabel, p. 419
21) 離婚之效力，一般而言，包括下列問題：1.關於身分者。卽由婚姻而生之夫妻關係、親屬關係、家屬關係及夫妻間之權利義務等是否及如何歸於消滅之問題。2.關於財產者。卽夫妻財產契約或法定財產關係歸於消滅之問題。3.關於子女之監護者。夫妻關係固因離婚而消滅，父母子女關係，則不因離婚而受何種之影響，唯男女離婚後，各自分居，其對於子女之責任，究宜誰屬，則屬問題。4.裁判離婚之損害賠償及贍養費。夫妻之一方，因裁判離婚受有損害者，得否向有過失之他方，請求賠償，此損害賠償之問題；再

其效力，究應適用何國法律爲其準據法之問題隨卽發生。

其次，在採裁判離婚主義之國家，並非當事人具備法定之離婚原因，當然發生離婚效果，卽須經法院或其他公家機關之參與，經其宣示始得發生離婚之效果。因此，國際私法上，處理裁判離婚事件，除其準據法之選擇問題以外，並發生應歸何國法院管轄，卽所謂國際私法上離婚管轄權之分配問題。

最後應予研究者，卽與離婚管轄權有密切關係之外國離婚之承認問題。當事人在外國經離婚合法解消婚姻關係後，在內國是否不受重婚之禁止而得再婚？此端視內國法庭是否承認該外國離婚以定。各國對此問題採何態度？一般之慣例如何？均應一併加以探討，而西元一九六八年第十一屆海牙國際私法會議 (The Hague Conference on Private International Law) 所通過之關於承認

離婚及分居公約[23] 之相關部份尤應加以評介，俾明國際私法統一運動之最新發展趨勢。

貳、離婚準據法之立法主義

一、各國國際私法對離婚所採之準據法

各國國際私法對離婚所採之準據法，要分爲三種主義：㈠法庭地法主義；㈡屬人法主義；㈢折衷主義。茲分述於後：

㈠法庭地法主義

採法庭地法主義者，以爲離婚之法律具有強行性質，且與法庭地之公共秩序、善良風俗相關甚切，一國爲維持法律之安定與內國之秩序，故關於涉外離婚之一切法律，包括離婚之許否、准許離婚之機關、離婚之方法、離婚之原因、及離婚之效力等應一依法庭地法爲準。此爲十九世紀中葉薩維尼 (Savigny) 所倡[24]。目前仍爲英國、美國、蘇聯、

---

21) (續)
　　者，無過失之一方，因判決離婚而生活陷於困難，得否請求他方給與金錢慰撫，此贍養費之問題。
22) 法律爲社會之反映，亦爲國民精神之表現，各國社會之狀態及國民之精神，旣不能盡同，則其法律之內容，自亦不能一致，而各國法律之互異，正所以形成國際私法之發展，唯應注意者，雖然各國實體法之規定如完全一致，國際私法將不再有其存在之價值，但各國國際私法學者，爲避免法律之衝突，仍以統一各國實體法，或統一國際私法爲其目標。
23) 第十一屆海牙國際私法會議共通過三個公約草案，其中之一卽爲本文所欲介紹之關於承認離婚及分居之公約 (Convention on the Recognition of Divorces and Legal Separations)。另兩個公約爲：關於交通事故之法律適用公約及關於民、商案件之國外調查證據公約，關於前一公約請參閱拙著：「論侵權行爲之準據法」，載政大法學評論第七期第一八二頁以下（民國六一年）。
24) 薩維尼爲國際私法之革新家，於一八四九年著有現代羅馬法系統論(System of Modern Roman Law) 一書，共有八卷。其第八卷研究法律場所之效力，而解釋法律衝突之問題。彼認爲關於法律衝突，應基於各種法律關係之性質，而定孰應適用之法律。唯薩氏雖主張適用外國法爲各國人民相互之共同利益所必要，內外國法固無優劣之分，但有下列情形之一者，應認爲例外，卽依法律關係之本據，原應適用外國法者，而仍需適用內國法。1.屬於強行性質之法律。卽基於政治上、經濟上或道德上之理由，應絕對適用內國法。2.內國所不能承認之法制。請參閱 Cheshire, Private International Law (5 th ed. 1957) pp. 30-31.

丹麥、挪威、冰島等國國際私法所採[25]
。

關於離婚之準據法採法庭地法主義，固有其採用理由，唯一國所以制定國際私法，卽在承認涉外民事法律關係，與內外國人民之權利義務，皆有密切關係，爲謀合理解決法律衝突，非祇以適用內國法律爲已足，必須斟酌法律關係之性質，擇其較切實際者，予以適用，方可充份保障當事人合法權益，以促進國際社會之合作發展，此所以各國國際私法適用條文，多以双面法則形式規定[26]。探法庭地法主義，似有强調內國法律優越，背馳發展双面法則之時代趨勢，不無違背國際私法之立法精神。

以上係從涉外法律關係之性質及國際私法制定之目的上，對法庭地法主義所做之批評。唯卽就法庭地法主義所持之理由上言，也難令人折服。其理由約言之有二。其一謂離婚之法律具有强行性質，故應適用內國法。殊不知一國之民事法律，雖有不少之任意規定，但大部分仍爲强行性之規定[27]，若以法律係任意抑强行規定爲標準，做爲區別適用

外國法與內國法之準繩，則外國法適用之機會必形減少，國際私法制定之目的勢難達成。其理由之二謂國家之道德、宗敎等倫理觀念影響離婚制度甚鉅，因此離婚法與法庭地之公序良俗相關最切，故關於涉外離婚之準據法應適用法庭地法。離婚法誠然與法庭地之公序良俗息息相關，惟適用外國離婚法是否卽會影響內國公序良俗，實費思索；況一國爲保障內國之公序良俗，於其國際私法上多有保留條款之規定[28]，已足以節制有害內國公安之外國法律，實無再以法庭地主義排除外國有關離婚法適用之必要。

此外，依法庭地法主義，離婚之準據法勢必隨法庭地之變更，而異其法律之適用[29]，影響婚姻生活之安定性不能謂小；且國際私法學目的之一——卽同一涉外案件不論於何地起訴，皆能得相同判決之理想也必難實現。

唯於此應予注意者，卽在採法庭地法主義之國家，如英、美等國，關於離婚之準據法，雖採法庭地法，但由於此等國家就離婚管轄權之行使，係以當事

25) 請參閱 I Rabel, pp. 453-456
26) 雙面法則(two-sided rules)，屬於此一類型之條文，對於某種涉外事件之準據法，不以規定適用內國法爲限，而係以抽象方法，就某種涉外事件所應適用之法律，不分內外，統予指示。而單面法則（one-sided rules），僅規定內國法適用之情形，而不及其他。關於本問題，請參閱馬漢寶敎授著：國際私法總論（民國六十年）第四六至四九頁。
27) 試僅以我國民法爲例言之，除債編外，其餘各編大部爲强行法。且卽就債法言，時至今日，契約自由原則不僅已因其他社會之立法（如勞動契約法）之滋長，而受有限制，卽債之發生原因中，如無因管理、不當得利及侵權行爲等，亦均不基於當事人之意思，但皆足以發生債之關係，故債法亦漸具有强行法之色彩矣。此外我民法債編中，設有强行規定不少（如禁止高利之規定），故債法只能原則上謂爲任意法也。請參閱鄭玉波敎授著：民法債編總論（民國五九年）第十六頁。
28) 例如我涉外民事法律適用法第二五條、日本法例第三〇條、德國民法施行法第三〇條。
29) 此僅就準據法上立論，事實上採法庭地法主義者，未必對各個離婚案件皆有管轄權，故關於法律之適用，也非絕無節制。

人在內國有共同住所、婚姻住所或住所為前提[30]，是則其所適用之法律，已非通常意義下之法庭地法，而與以當事人住所地法為離婚準據法之國家，就法律適用言，實無大異[31]。

㈡屬人法主義

採屬人法主義者，以為離婚既屬解消婚姻關係之一種，影響當事人之身分效果甚鉅，因此關於離婚原因，效力等事項，應專受與其人有永久關係之國家之法律管轄，而不受其人偶然所在之國家之法律支配。此一與其人永保關係之國家之法律，即為其人之屬人法。至受此一法律管轄之事項，其範圍如何，各國法制並不一致。如從廣義解釋，則舉凡有關個人身分能力之問題、親屬之關係（如夫妻、親子、婚姻、離婚、收養等）、以及繼承之問題均屬之[32]。個人

之屬人法，雖謂係與其人關係永固之國家之法律，而事實上則有本國法（lex patria）與住所地法（lex domicilii）之分。故關於離婚之準據法，在採屬人法主義下，也有下述兩種立法例。

1.本國法主義

採此主義者，以為個人與國家之關係比個人與家園之關係為深，故關於屬人法事項之離婚，應適用當事人本國法[33]。歐洲大陸法系各國多以本國法為屬人法，故關於離婚之準據法，亦多適用當事人之本國法。如法國、比利時、盧森堡、葡萄牙等[34]。

離婚採當事人本國法主義，發生兩個問題。其一、夫妻異其國籍時，應依何方之本國法之問題；其二、當事人國籍變更時，應適用何時之本國法之問題。關於前一問題之解決辦法，各國立法

30) 關於英、美離婚管轄權行使之基礎，請參閱本文參、離婚管轄權部份。
31) 此係就一般情形而言，在例外時即可看出兩種立法主義之差別。茲舉兩例說明之。例一、義大利人A在英國設定住所後，娶英國籍女子B為妻，嗣後A被遞解出境，回復其義國住所，B在英國請求離婚，英國法院依一九三七年 Matrimonial Causes Act 有管轄權，而適用英國法准許離婚，不適用不准離婚之當事人共同住所地義 國法律。參見 *Zanelli v. Zanelli*, (1948), 64 T.L.R. 556；例二、依英國一九五〇年 Matrimonial Causes Act, 妻之住所縱然不在英國，唯如其請求離婚前三年一直住在英國，則英國法院仍有離婚管轄權，且依該條例，英國法院適用英國法，即法庭地法，不適用當事人住所地法。請參閱該條例 S. 18 (1) (b); S. 18 (3)
32) 參閱馬著：國際私法總論第五三頁。
33) 關於以本國法主義為屬人法，其學理上之根據，約有下述五端：1.國籍為人民與國家間之連鎖，以本國法為屬人法，最為適宜，因屬人法中之各項民事法律關係，與一國之風土、氣候、人種文化均有關係，惟有其本國法，方於此各方面，斟酌盡善。2.近代國家以統一民族為本，故屬人之法律，亦應本諸全民族之準則。3.如採住所地法主義，則當事人在居住國之法律，未必與本國相同，既不相同則未必合於當事人之特性。4.如以住所地法或行為地法為當事人之屬人法，則以現代國際交通頻繁，民事法律關係之變動逐多，不能始終受同一法律之管轄，有失法律之統一性與永久性。5.國籍雖可變更，究不若變更住所之易。國籍雖有衝突情形，但住所固同有積極衝突與消極衝突之情形。況住所之命意，各國不甚一致，而住所與居所之區別，各國又尚未有一致之標準。請參閱馬著：國際私法總論第五三至五三頁。阮毅成教授著：國際私法論（民國五九年）第四六至四七頁。
34) 請參閱 1 Rabel, 459

— 38 —

例不同，兹分類如下：

(1)適用夫妻雙方之本國法 基於尊重夫妻雙方平等之地位，乃累積適用兩造當事人之本國法。法國、比利時、葡萄牙等國採之[35]。唯採此種方法，卽兩造當事人之本國法均認有離婚原因始得離婚，以致極端限制當事人之離婚。

(2)適用夫妻最後共同之本國法 卽如兩造當事人現雖異其國籍，唯過去曾有共同之國籍時，則適用該最後共同之本國法。波蘭國際私法[36]及西元一九〇二年海牙離婚、分居公約[37]採之。唯如夫妻間自始未曾有同一之國籍者，此一解決辦法，卽無濟於事。

(3)適用夫之本國法 基於夫爲一家之長之觀念，而適用夫之本國法[38]。德國、日本、我國採之[39]。此說就準據法適用言，有簡單、明確之優點，唯於理論上，亦非盡善，蓋此說將一方當事人之國籍優先於地方當事人，不無違背男女平等之嫌[40]。

至於後一問題之解決辦法，各國之立法例亦異，兹分述如下：

(1)適用結婚時之本國法主義 採此主義之目的，似在防止當事人於結婚後，任意變更國籍，因而影響他造當事人或其他利害關係人之法益，或在阻止當事人規避其原屬國之法律，故規定適用結婚時之本國法，而不論現時之本國法爲何。唯按國籍之變更，原爲尊重當事人意思之表現[41]；且如當事人有故意藉變更國籍，而規避其原屬國法律之企圖者，其原屬國雖得以規避法律之原理[42]，否認其效力，要不容他國置啄，故現今立法例採取此種不變更主義者，尚不多見。

(2)適用離婚事由發生時之本國法主義 採此主義者，以爲離婚必有其根據之事由，如通姦、虐待是，則離婚之準據法，卽應以當事人此時之本國法爲準。日本及我國之舊國際私法採之[43]。以離婚事由發生時之本國法爲離婚之準據法，而不問當事人以前或以後之本國法爲何，確能確定當事人間合法權義，就

---

35) 請參閱 1 Rabel, 474
36) 請參閱波蘭國際私法第十七條。
37) 請參閱西元一九〇二年海牙離婚分居公約第一、二、八條。
38) 關於夫妻異其國籍時，應如何解決準據法之適用問題，除上述三種立法例外，尚有以夫婦共同住所地法爲解決辦法者。例如法國一九二八年之阿郎地案 (*aff. dame Alandi*) 及一九五五年之李汪多斯基案 (*l'arrêt Lewandowski*) 是。請參照何適教授著：國際私法 (民國五十九年) 第二三二頁。
39) 參閱德國民法施行法第十七條第一項；日本法例第十六條；我國涉外民事法律適用法第十四條、第十五條一項。
40) 關於男女平等原則在國際私法上之重要性，可參考 Firsching, *Equality between Man and Woman in German Law*, 7 Chengchi L. Rev. 239 (1972)
41) 此卽國籍法上意思尊重之原則。卽無論何人，隨時均可改易其國籍。唯其改易國籍時，當事人意思固宜尊重，而關係國家之認可亦不可忽略。
42) 規避法律又稱法律詐欺，關於其詳，請參閱曾陳明汝教授著：論國際私法上法律詐欺之效力，載政大法學評論第四期 (民國六十年) 第一四三頁。
43) 參照日本法例第十六條；我國法律適用條例第十一條。

— 39 —

法律適用言，要屬合理；且也不致使當事人就彼此間權義負預見不能之危險，更符合法律之安定性。

(8)適用離婚訴訟時之本國法主義

採此主義者，不問當事人結婚時之本國法，也不問離婚事由發生時之本國法，而但依提起離婚訴訟時當事人之本國法。德國、西元一九〇二年海牙離婚、分居公約及我國現行國際私法均採之[44]。採此主義者，蓋以為離婚事項與公序良俗有關，各國多設強行規定，尤以離婚之原因為然。此等重要事項，設不顧及當事人現時之本國法，揆諸法理，即欠允洽[45]。況當事人國籍之改變，要非一朝一夕可蹴，其有違背法律妥定性之虞者，誠屬理論之爭，實也不無相當之理由。

此外尚有一點應予一提者，即上述結婚時、離婚事由發生時及離婚訴訟時之本國法，倘有變更之情形，此時究應以各「該時」之本國法抑各該本國法之現行法為準？實用時不無疑問，唯鑒於法律之一般適用原則[46]，及法文著重之點，實在何時之國籍，而不重在其時之法律，故如該國法律嗣後變更者，即應適用變更後之現行法，而不適用已廢止之法。

2.住所地法主義

採此主義者，以為個人之身分，能力及權利與其家園（home）或家庭（family）之所在地不可分，故關於離婚之準據法即應適用與當事人關係最密切之住所地法[47]。西元一八八三以前的德國舊民法，即以夫婦共同住所地法為離婚之準據法[48]。

近代各國國際私法制度中，以住所地法為屬人法者當推英、美，蓋英，美為一國數法之國，本國以內，民法未嘗統一，究應以何者為一人的本國法，不易取捨，故採住所地法主義。唯關於屬人法事項之離婚，兩國皆採法庭地法，而非住所地法主義。

(三)折衷主義

所謂折衷主義，即關於離婚之準據法併用法庭地法及當事人本國法。採此主義者以為離婚事項固影響當事人之身分，但也涉及法庭地之公序良俗，故應於法庭地法及當事人之本國法同認有離婚原因者，始准其離婚。採此種立法例者有德國、瑞典、瑞士、希臘、日本及

---

44) 參照德國民法施行法第十七條一項；海牙公約第一條、第二條；我國涉外民事法律適用法第十四條、第十五條。

45) 請參閱我涉外民事法律適用法草說明；第十四條之說明。

46) 即所謂新法改變舊法原則，與法律不溯既往原則不同。請參閱鄭玉波教授著：法學緒論（民國六十年）第四二頁至第四五頁。

47) 關於以住所地法主義為當事人之屬人法，其理論上之根據不外下列四端：1.住所乃個人生活之中心地，一切法律關係，莫不與住所相連。2.一人既於某地設置住所，即有服從該地法律之意。3.以住所地法為屬人法，有對於本國人及外國人一視同仁之結果。且不若本國法主義之須查考一人之國籍，故對於無國籍人或雙重國籍人，即不生適用法律之困難。4.一人住所何在，不難知悉，非若國籍之可以隱蔽偽造。

48) 請參閱何者：國際私法第二三二頁。

西元一九〇二年海牙離婚及分居公約[49]，我國舊國際私法及現行之涉外民事法律適用法也採之[50]。

採折衷主義之國家，關於離婚效力之規定，則多不採折衷主義，而僅適用當事人之本國法[51]，此蓋以爲離婚之效力，係屬離婚之附隨效果，而離婚原因事實，則攸關夫妻身份關係存否問題，兩者相較，前者之重要性自不如後者，故一旦依當事人本國法及法庭地法准其離婚後，關於效力之規定，僅單獨適用當事人之本國法[52]。

此外，採折衷主義之立法例中，有不問當事人之一造是否爲內國人，悉採折衷主義，如日本[53]；有規定於當事人皆爲外國人時，始採取折衷主義，如配偶之一方爲內國人者，則適用內國法，即採取保護主義者，如我國[54]。

折衷主義因兼採當事人本國法及法庭地法主義，故關於法庭地法主義之弊端，似均可見於折衷主義，而無待乎深論。至採保護主義者，似也值得商榷。一則離婚事項固與公序良俗相關，但是否卽得逕認此類公序係屬國際私法上之公序問題。已不無疑問[55]；況一國爲維持內國公序，排斥本應適用之外國法，多有公序良俗條款或保留條款之規定，其旣足以達成維護內國公益之使命，實無再單獨設此例外規定之必要。二則此種保護主義，容易發生跛行婚（limping marriage）[56]，影響涉外身分關係之安定不能謂小。故以維持內國公益爲理由，而另採保護主義者，似欠妥善。

二、我國國際私法對離婚所規定之準據法

我國舊國際私法，關於離婚準據法之規定極爲簡單[57]。現行國際私法——涉外民事法律適用法[58]，將離婚原因之準據法與離婚效力之準據法，各設專條規定。茲就後者兩條文，分別分析說明於後[59]：

(一)離婚原因之準據法

1.原則

涉外民事法律適用法第十四條規定：「離婚，依起訴時夫之本國法及中華民國法律，均認其事實爲離婚原因者，

---

49) 請參閱 1 Rabel, pp. 460-461
50) 請參照我國法律適用條例第十一條；涉外民事法律適用法第十四條。
51) 例如德國民法施行法第十七條、智利民法第一二〇條、埃瓜多爾民法第一一六條、烏拉圭民法第一〇三條、日本法第十六條、我國涉外民事法律適用法第十五條一項。
52) 參閱我涉外民事法律適用法草案說明：第十五條之說明。
53) 參閱日本法例第十六條。
54) 參閱我涉外民事法律適用法第十四條但書。
55) 請參閱蘇遠成教授著：國際私法（民國五八年）第三二二頁。
56) 所謂跛行婚，係指在一國有效而在他國無效之婚姻。
57) 我國舊國際私法，係指民國七年公布施行之法律適用條例，都七章二七條。其關於離婚之準據法規定於第十一條，該條曰：「離婚，依其事實發生時夫之本國法及中國法均認其事實爲離婚原因者，得宣告之。」
58) 涉外民事法律適用法，係於民國四二年公布施行，共三一條。
59) 本文以下所要提到之各種立法主義，如折衷主義、保護主義等，關於其優劣，因在前文時已有批評，故在此部份不重複說明。

— 41 —

得宣告之[60]。」依本條之規定，可知我國關於離婚原因之規定，原則上係採折衷主義，即累積適用夫之本國法及我國法，均認其事實為離婚原因者，始准其離婚。如一方之法律認某事實不為離婚之原因者，即不得為離婚之准許。唯適用時應注意者，同一之離婚事實，依兩國法律雖不屬於同一之離婚原因，要無碍離婚之准許。例如甲國法律僅規定夫妻之一方受他方不堪同居之虐待者。得為離婚原因，而我國法律且規定通姦亦為離婚原因，如配偶之通姦亦得視為不堪同居之虐待者[61]，則似此同一離婚事實（配偶與人通姦），雖甲國法與我國法不認為同一離婚原因，仍不碍離婚之允許。

我國所採之當事人本國法及法庭地法之折衷主義，係以夫之本國法為準，與妻之國籍無關（但妻具有我國國籍者，則屬例外）；再夫之國籍倘有變更情形，則以起訴時之國籍為準，即採變更主義。

2.例外

涉外民事法律適用法第十四條但書規定：「但配偶之一造為中華民國國民者，依中華民國法律。」此項但書之規定即為我國對離婚原因準據法之例外規定，於配偶之一造為中國人時，不論其是否具有我國及外國之双重國籍，亦不問其中國之國籍係先於、同時或後於其外國國籍之取得，為保護內國人法益起見，即不再採折衷主義，而係以我國親屬法為當事人離婚原因之唯一準據法[62]。換言之，於有例外情形時，我國國際私法即以保護主義代折衷主義，以中國法代夫之本國法及中國法之累積適用。

關於離婚原因之準據法，除有涉外民事法律適用法第十四條但書之情形，我國法院應專一適用我國實體法為離婚準據法外，遇有下述情形之一，由於適用其他法條之結果，我國法院也應專一適用我國法為離婚之準據法。

(1)於離婚訴訟時，夫在我國有住所，而其本國法係以夫之住所地法為離婚準據法，則我國法院由於適用涉外民事法律適用法第二九條之結果，遂以我國

60) 行政院於民國四一年致送立法院之涉外民事法律適用法草案說明書，對於第十四條之說明如下：「原條例第十一條對於離婚所應適用之法律，規定應以事實發生時之法律為準，唯按歐洲德國、波蘭等立法先例，均認為離婚原則上應適用當事人現時之本國法，頗可取法。蓋離婚事項與公序良俗有關，各國多設強制規定，尤以離婚之原因為然。此等重要事項，設不顧及當事人現時之本國法，揆諸法理，即欠允洽，故本項改訂依起訴時為準。至於離婚之原因，仍本原條例之精神，規定以夫之本國法及中國法均所允許者，方得宣告離婚，惟配偶之一方為中國人時，即不必兼備兩國法律所定之原因，如依中國法合於離婚條件，無背於內國公益，自無不許其離婚之理，故又增設但書之規定。」

61) 於此應注意者，內國法院解釋外國法時，應依該外國法院所採之解釋原則，而不得以內國法院解釋內國法之原則為根據。參閱 Wolff, Private International Law (2nd ed. 1950) p. 215

62) 按國籍法為國內法、故凡依我國國籍法，具有我國國籍者，即為中國人，配偶之一造為中國人時，不論其是否具有內、外國之雙重國籍，依涉民第十四條但書之規定，我國法院即應適用中國法為離婚之準據法，毋庸適用涉民第二六條。

法為唯一應適用之法律[63]。

(2)於離婚訴訟時，夫無國籍，自無本國法可資適用，唯如其在我國設有住所，或有多數住所而其中之一在我國，或無住所而在我國有居所者，則我國法院由於適用涉外民事法律適用法第二七條之結果，自祗能以我國法為唯一應適用之法律。

(3)由於夫之本國法所定離婚原因之規定，違反我國之公序良俗，我國法院依涉外民事法律適用法第二五條之規定，不能予以適用，因而遂適用我國法為離婚原因之唯一準據法[64]。

3.適用範圍

涉外民事法律適用法第十四條，雖僅規定離婚原因之準據法，唯在依離婚原因准許離婚之前，尚有其他與准許離婚有密切關係之問題，如離婚准許與否之問題、准許離婚之機關問題，離婚方法等問題等；此外尚有與離婚性質相類似之分居制度等，是否均在本條適用範圍之內？適用時不無疑義[65]，茲僅從適用離婚原因準據法之原則上討論，遇有例外情形時，自可比照得知，唯是時卽不問外國法如何規定。

(1)准許離婚與否之問題：依涉外民事法律適用法第十四條適用夫之本國法及中國法時，必兩國法律均准許離婚，始有是否合乎兩國所定離婚原因問題之存在，故離婚之許否，似應屬離婚準據法之適用範圍。唯夫之本國法如禁止離婚，其自無離婚原因之規定；倘如其有離婚原因之規定，自必有許可離婚之制度，由是可知，准許離婚與否之問題，似僅在理論上屬於涉民第十四條適用之範圍，在實用時，如夫之本國法無離婚原因之規定，法院自必為駁回離婚之裁判，要無就准許離婚與否之問題，單獨發生準據法之適用問題。

(2)准許離婚之機關：在採裁判離婚制之國家，關於離婚究應由何種機關受理裁判，各國法制未能一致。有僅規定

63) 此係指直接（或一等）反致。關於反致，請參閱阮毅成教授著：外國法適用的「移送」問題，載學術季刊第一卷第三期第八四頁；洪力生教授著：國際私法上反致說之研究，載法學雜誌第二卷第四期；Griswold, *Renvoi Revisited*, 51 Harv. L. Rev. 1165 (1938): Morris, *Renvoi*, 64 L. Q. Rev. 264 (1948); Pagenstecher, *Renvoi in the United States: A Proposal*, 29 Tulane L. Rev. 379 (1955)

64) 此係指公序良俗條款之適用。按內國法官依國際私法之規定而適用外國法時，並非漫無限制。就一般國家所採之原則而言，外國法有損害內國之公安或公益時，卽不予以適用。蓋內國立法者允許適用外國法，原在維護國際交往之安全與公平。其中內外國交往之安全與公平，尤應重視；因此，倘外國法之內容有害內國之公安或公益時，自不許再加適用，而多數國家立法例於此時，卽採內國法代用說。關於本問題，請參閱翟楚教授著：國際私法綱要(民國四八年)第二二〇頁至二二九頁；洪應灶教授著：國際私法（民國五七年)第二九頁至四六頁；馬著：國際私法總論第一八九頁至一九八頁； Lorenzen, *Territoriality, Public policy and the Conflict of Laws,* 33 yale L. J. 736 (1924); Note, *The Public Policy Concept in the Conflict of Laws,* 33 Col. L. Rev. 508 (1933); Nussbaum, *Public Policy and the Political Crisis in the Conflict of Laws,* 49 yale L. J. 1027 (1940)

65) 我國實務上關於離婚准許與否之問題、離婚之方法，均認為在涉民第十四條適用範圍內。請參照民國四六年二月二三日臺灣臺北地方法院調解。

唯法院始得爲裁判者，如德國、法國、義大利、荷蘭、瑞典、阿根廷、智利等國[66]；有承認除法院裁判外，其他國家機關亦得准許之，如行政處分或國家元首之特許是，此爲丹麥、挪威等國所採[67]；此外尚有承認宗敎法院或身分官吏有此權限者[68]。故關於離婚究應由何種機關受理裁判之問題，自亦屬離婚準據法之適用範圍，因此關於准許離婚之機關，必夫之本國法及我國法均認其有此權限者，始得受理裁判。依此解釋，如夫之本國法不承認法院有准許離婚之權限者，我國法院卽不得爲離婚之准許，此種解釋是否允當，不無疑義[69]。補救之道，似應從寬解釋准許離婚之機關，故夫之本國法與我國法所規定離婚機關之名稱，雖非一致，如兩者機關之本質，並無顯著差異時，我國法院卽仍應受理該涉外離婚案件[70]。例如依夫之本國法，離婚由行政機關准許，在我國行政機雖無爲裁判離婚之權限，但如外國之行政機關准許離婚，亦視離婚原因之存否而定時，則在性質上，卽與法院之裁判離婚，並無不同，故於此情形，自應

解爲由我國法院所爲之離婚，並不違背該外國法之規定。於其他情形[71]，亦然。

(3)離婚之方法：關於離婚之方法，各國立法例，有僅承認裁判離婚者，有兼採協議離婚者，已均見前述，於玆不贅[72]。然婚姻關係之解消，究應依據何種方法，此亦爲離婚準據法之適用範圍。故我國法院不得依據起訴時夫之本國法所否認之離婚態樣，以准許當事人離婚；反之，如夫之本國法所承認之離婚態樣，而爲我國法律所不承認者，亦不得爲之。例如夫之本國法不承認協議離婚，則該外國人夫不得在我國依夫妻協議離婚是。

(4)分居：分居者，謂依判決或合意，免除夫妻同居義務之制度，各國法制，殊不一致[73]。且上述分居制度與事實上分居又不同[74]。事實上分居，僅有暫時拒絕同居之效力，而分居制度則承認定期或不定期的免除同居之義務。我國民法未定有分居制度，唯第一○○一條規定「夫妻互負同居之義務，但有不能同居之正當理由者，不在此限」，可認

66) 參閱 1 Rabel, p. 419
67) 同前註。
68) 同前註。
69) 按離婚究應由何種機關受理准許等問題，在性質上不僅應受訴訟地法律之限制；且如必認夫之本國法不承認法院有准許離婚之權限者，我國法院卽不得爲離婚之准許，則夫之本國以外之第三個，卽因未設有夫之本國法律所設之離婚機關，而致不能爲離婚之准許涉外之離婚事件卽迫得非在夫之本國爲之不可。故如採文中之解釋，似非適當。
70) 請參閱蘇遠成敎授著：國際私法（民國六十年）第三二四頁。
71) 例如外國係由國王、宗敎機關等爲離婚之准許機關是。
72) 請參閱本文壹、引言。
73) 例如有僅許判決別居而禁止合意別居者，如法國（法民第三○七條）、瑞士（瑞民一四三條、一四六條）；有兼許合意別居及判決別居者，如英國離婚法、葡萄牙婚姻法、巴西婚姻法、義大利民法。
74) 請參閱史著：親屬法論第四六九頁、四七○頁。

為係承認事實上之分居[75]，即有正當理由得拒絕同居，換言之，只可認為當事人得請求消極確認其有拒絕同居權之訴，而無形成之效力，法院不得定期或不定期的令為分居[76]。

關於分居之準據法，我涉外民事法律適用法並無明文規定，適用時，自應依同法第三十條所規定之法理予以補充[77]。謹按分居，原在救濟失和之婚姻，緩衝離婚所帶來之苛刻，故就性質上言，與離婚類似。在國際私法上，關於分居之管轄權、準據法及其適用範圍等，自應類推援用離婚之規定解決[78]，故關於分居原因準據法之原則，也應採折

衷主義。倘夫之本國法承認分居制度，依夫之本國法又有分居之原因，如依我國法律也有分居原因時[79]，婚姻當事人雖不得在我國請求裁判分居或協議分居[80]，但要不礙無責配偶之得拒絕同居，即承認當事人得請求消極確認其有拒絕同居權之訴[81]。

㈡離婚效力之準據法

1.原則

涉外民事法律適用法第十五條第一項規定：「離婚之效力，依夫之本國法。」故關於離婚效力之準據法，我國係以夫之本國法為準據法，而不兼採我國法[82]。至於夫之國籍有變更時，應依何

---

75) 同前註第四七○至四七二頁；羅鼎教授著：親屬法綱要（民國三五年）第一五七頁以下。

76) 同前註。

77) 涉民第三十條規定：「涉外民事，本法未規定者，適用其他法律之規定；其他法律無規定者；依法理。」我國其他法律既無關於分居準據法之規定，則唯有依法理補充之。

78) 此種依法理補充法規之完全欠缺，學說上所採之辦法有二：一為國內法說，謂遇有法規完全欠缺規定時，應專一適用國內法律予以補全。一為類推適用說，謂遇有法規完全欠缺規定時，應先研析該涉外案件之性質，判定其類同一具有明文規定之涉外法律關係，並以該法律關係之準據法為應適用之法律。一般皆採後一學說。關於法規欠缺及其補全之問題，請參閱劉甲一教授著：國際私法（民國六十年）第八三頁至八五頁。

79) 依解釋例及判例，下列情形為有分居原因：為不堪同居之虐待（十八年上字第二一二九號），妻受夫家屬之虐待（十八年上字第二六四一號），妻受姑之虐待（二九年上字第二五四號），夫之納妾（二一年院字第七七○號、二三年上字第一○六一號、四一年臺上字第九二一號），離婚原因（二一年院字第七七○號），夫與人通姦（二一年院字第七七○號。

80) 因我國法律僅承認事實上之分居，而無分居制度。唯有反對說，見戴著：中國親屬法第一九四頁。

81) 因夫之本國法既承認分居制度，則無不承認事實上分居之理，且採此種解釋對外人有利，即其仍得享有分居之實。

82) 涉外民事法律適用法草案說明：第十五條說明稱：「本條係新增。按離婚之效力，涉及離婚子女之監護教養、夫妻一方賠償之請求、贍養費之給與、姓氏之變更等問題，與前條所定關於離婚之原因事實問題，係屬截然兩事，故增設專條，規定其應適用之法律，以資依據。又按離婚之效力，係屬離婚之附隨效果，以視離婚原因事實，攸關夫妻身分關係存否問題，其重要性自屬稍遜，故不必兼顧夫之本國法及中國法，僅比照關於婚姻效力之原則，規定為單獨適用夫之本國法。至於中國人為外國人妻，而未喪失中國國籍，或外國人為中國人之贅夫者，其離婚之效力，均依中國法，藉免用法紛歧，兼示保護內國人法益之意。」

— 45 —

時期之本國法以決定離婚之效力，涉外民事法律適用法第十五條，並未若同法第十四條有明確之規定，適用時難無疑義。雖然依起訴時夫之本國法。易爲夫所利用，即藉變更連結因素之方法，以求得有利於己法律之適用，而侵害妻之利益，唯鑒於兩條文既然並列，且同爲離婚之準據法，則對於第十五條本國法時期之解釋，自不應異於有明文規定之第十四條，況僅就第十五條言，既只言夫之本國法，自宜解釋爲起訴時之本國法方妥。

2. 例外

涉外民事法律適用法第十五條第二項規定：「爲外國人妻未喪失中國國籍，或外國人爲中國人之贅夫者，其離婚之效力，依中國法。」本項之規定，顯係採保護主義，遇有上述情形之一，即不適用夫之本國法，而以我國法爲離婚效力之準據法。唯於此應注意者，不問外國人之妻，或外國贅夫之妻，是否單獨具有我國國籍，抑有外國國籍，有內外國双重國籍時，也不問其中國國籍係同時，先於抑後於外國國籍之取得，均應適用我國親屬法以決定離婚之效力。

除上述情形外，倘適用第十五條第一項，而有直接反致、夫無國籍而有住所於我國，或適用夫之本國法有違反我國善良風俗等情形時，自亦應適用我國法爲離婚效力之準據法[83]。

3. 適用範圍

離婚發生解消婚姻關係之效果，其效力係向將來發生，各國法制之規定，要無差異。唯附隨離婚而生之一切身分上及財產上之效果，是否均應依離婚效力之準據法，則不無爭議，茲分別說明檢討於後：

(1)妻本姓之恢復問題：離婚後，妻應恢復婚姻前之本姓，抑得保留離婚前之夫姓，此問題究應依何種準據法決定，現有兩說[84]，一派以爲此問題應屬於離婚效力準據法之適用範圍；一派則認爲姓氏之決定，關係人之身分，爲人格權之問題，故應依其人之屬人法——妻之本國法決定。謹按姓氏之決定，固應依其人之屬人法，但妻冠夫姓與否，既屬婚姻之效力[85]，則妻本姓恢復問題，乃婚姻關係解消後所生之問題，與單純姓氏之決定問題不同，故應適用離婚效力之準據法，而在涉民第十五條適用範圍內。

(2)夫妻間扶養義務問題：夫妻經離婚解消婚姻關係後，彼此間是否仍有扶養義務，以及扶養之程度等問題，究應適用何種準據法，亦有兩說[86]。一派以爲應屬於離婚效力準據法適用範圍，一派則認爲此問題亦屬一般之扶養義務問題，應依扶養義務人之本國法決定。謹按一般之扶養問題，係以當事人間有親屬或家屬關係之存在爲前題[87]，而離婚

---

83) 請參照本文離婚原因準據法 2.例外，相關部份之說明。
84) 請參閱蘇著：國際私法第三二五頁。
85) 參閱我國民法第一〇〇〇條。
86) 同註84第三二六頁。
87) 參閱我國民法第一〇二六條、第一一一四條。

後當事人身分關係既已解消，若仍有扶養義務之存在，當非一般扶養務之準據法所可支配，而應屬離婚效力準據法適用範圍，故也有涉民第十五條之適用。

(3)裁判離婚時之損害賠償問題：夫妻之一方，因裁判離婚而受有損害者，得否向有過失之他方請求賠償問題，究應適用何種準據法，學說有二[88]，一派以為此乃離婚效果之一種，自應依離婚效力之準據法；一派則認為此種損害賠償請求權，係由有責配偶之不法行為所構成，自應依侵權行為之準據法決定。謹按本問題，似應分別情形而定，倘婚姻當事人因故意，過失違反貞操義務、同居義務、或扶養義務者，則對配偶之權利，自有所侵害，被害配偶，自得本於侵權行為之法理，而請求損害賠償[89]，此時所適用之法律，自應為侵權行為之準據法[90]；唯於有責配偶，雖不具備侵權行為之要件，但其行為仍有違法性時，被害配偶以離婚為直接原因而成立之損害賠償請求權，則應屬於離婚效力準據法之適用範圍。例如配偶因被處徒刑、或因虐待對方之直系尊親屬，而判決離婚時，緣此等原因，事實上非直接對他造配偶而為，但對方因此不能繼續婚姻關係，故亦可謂為有違法性，從而

基於法律之特別規定，亦得請求損害賠償[91]。

(4)共同子女之監護問題：配偶離婚後，對子女之監護責任，究應誰屬，固為附隨父母離婚而生之效果，且為離婚對親子關係之影響；自應適用離婚效力之準據法。但監護人指定後，關於監護人與被監護人間之法律關係，則屬監護問題，而應適用監護關係之準據法[92]。

(5)夫妻財產制之消滅及再婚之限制等問題：此等問題雖屬離婚效果之一種，唯其與夫妻財產制及婚姻成立等事項，關係更為密切，固不宜適用離婚效力之準據法[93]，而應分別情形，依與各該事項更密切法律關係之準據法決定為當，換言之即分別適用夫妻財產制及婚姻成立之準據法[94]。

叁、離婚之管轄權

離婚影響人之身分，除協議離婚外，在採裁判離婚制之國家，並非當事人具備法定離婚原因，當然就發生離婚效果，而須經法院或其他公家機關之參與，經其審理准許後，始能發生解消婚姻之效力，故國際私法上，處理裁判離婚事件，並發生應由何國法院管轄，即所謂國際離婚管轄權之分配問題[95]。

---

88) 同註84第三二六頁。
89) 參閱我國民法第一八四條、法民第一三八二條、第一三八三條、德民第八二三條、第八二六條、瑞債第四一條日民第七○九條。
90) 參閱我涉外民事法律適用法第九條。
91) 參閱我國民法第一○五六條。
92) 參閱我涉外民事法律適用第二十條。
93) 參閱蘇著：國際私法第三二六頁。
94) 參閱我涉外民事法律適用法第十三條、第十一條一項。
95) 按國際私法乃至國際民事訴訟法上之裁判管轄權問題，係指就某涉外民事事件，究竟何國法院有其管轄權，並非指就涉外民事事件，究竟在國內之何種法院或何地方法院有管轄權之問題。

影響人身分關係之離婚訴訟，因與一定地域之民族傳統、風俗習慣、倫理道德等要素，最有密切關係，故各國遂以屬人法之連結因素——國籍或住所為基礎，而制定其離婚管轄權，以下擬就離婚管轄權之立法主義及我國關於離婚管轄權之規定，分別加以分析、說明。

一、離婚管轄權之立法主義

綜觀各國法制，關於離婚管轄權之規定，不外三種立法主義：㈠本國法院管轄主義；㈡住所地國法院管轄主義；㈢折衷主義。茲分從法國、德國、英國、美國立法例上印證說明。

㈠本國法院管轄主義

採此主義者，凡兩造均為外國人之離婚，原則上由其本國法院管轄，離婚當事人之一造為內國人者，則內國也有管轄權，唯採此立法法主義，仍不無例外之便宜規定。

1.法國之法制

依據拿破崙法典第十四及第十五兩條之規定[96]，法國法院遂解釋於離婚（或分居）當事人之一造為法國人時，即行使離婚管轄權。如離婚當事人兩造均為外國人時，法國法院認為原則上應由其本國法院管轄，法國法院並無管轄權[97]。但此原則已有下列之例外[98]：

(1)外國籍之當事人居住於法國，在其本國無住所，如當事人之本國法院認為無管轄權時，法國法院為使當事人離婚訴權不致無從實行起見，乃例外地行使管轄權。

(2)法國女子雖因婚姻而取得外國國籍，仍得在法國法院，對其外國籍之夫起訴，請求離婚。其已喪失法國國籍之女子，如經判決准予離婚，依法國國籍法即得回復法國國籍。

(3)法國與外國所訂之條約，認許法國法院對於外國人之離婚有管轄權者，則法國法院對條約國人民之離婚，即有管轄權。如一八六九年六月十五日之法、瑞條約，一八九九年七月八日之法、

---

96) 法國民法第十四條規定：「外國人在法國與法國人成立契約者，縱然不在法國居住，法院亦得傳喚，使之履行義務。即外國人在外國與法國人訂立契約，而負有義務，法國法院仍得管轄其訴訟。」；同法第十五條規定：「法國人在外國與外國人訂約而負有義務者，法國法院得受理其訴訟。」

97) 此種不管轄主義之理論，得扼要述之如下：1.訴訟管轄。乃國家對國民之一種義務，內國法院只是為內國人民而設，故對外國人間之訴訟，不應受理。2.外國人在內國多無住所，既無住所，則在內國法院應由那一個法院管轄，無從確定，故不應予以管轄。3.受理外國人之訴訟，難免要適用外國法律，但內國法官對於外國法律未必熟諳，故不宜受理。

與上述不管轄主義相對立者，有所謂管轄主義，其理論上之根據如下：1.外國人既在內國，即在內國發生許多利害關係，基於人道的觀念，不應置其於法院管轄之外。2.裁判管轄是一種社會責任，凡在內國之人，不問國籍，均應予以管轄。3.外國人在內國必須受內國法律的管轄既受內國法律管轄，自應受內國法院管轄。4.內國法院管轄外國人的訴訟，不一定常適用外國法律，且適用外國國法時，也有共同之準則，可資依循。故不能以內國法官不諳外國法為理由，拒絕管轄外國人間之訴訟。5.外國人在內國有住所，已是一種普通現象。既有住所，即應由法院管轄。即無住所之外國人，如有居所，亦應視同住所，予以管轄。關於本問題請參照何著：國際私法第二九八頁至三〇一頁。

98) 關於此例外離婚管轄權之行使，請參考洪著：國際私法第一四〇頁、第一四一頁。

比條約是。

(4)被告承認法國法院有管轄權時，法國法院對於離婚亦有管轄權。

2.德國之法制

依據德國民事訴訟法第六〇六條之規定，德國法院對德國籍夫婦之離婚訴訟有管轄權，至其住所是否在德國則非所問；妻雖非德國人，如夫具有德國國籍者，亦同；倘德國籍之夫喪失德國籍後，妻仍保留德國國籍時，德國法院仍有離婚訴訟之管轄權。故德國顯係採本國法院管轄主義，唯也有下述之例外：

(1)夫妻兩造均係外國人，且夫之住所設在德國時，德國法院依夫之本國法認有管轄權者，例外承認德國之法院，即當事人之住所地國法院，亦有管轄權[99]。德國民事訴訟法所以以夫之本國法承認夫之住所地國法院有管轄權，為對外國籍夫婦行使離婚管轄權之條件者，蓋在避免夫之本國有不承認德國法院所宣告之離婚，以減少跛行婚所發生之弊端。

(2)德國籍夫婦有住所或居所於外國，倘該外國法院承認德國法院判決時，則德國法院基於相互原則 (reciprocity)，也承認該國法院對德國籍夫婦之離婚判決[100]，換言之，在相互原則之條件下，德國法院承認德籍夫婦之住所地國法院，有離婚訴訟之管轄權。此一例外規定，顯係方便遠適域之德國人，使其不必

返回德國法院起訴，以節省勞費，唯為保證德國法院判決效力起見，又以相互原則為條件。

(二)住所地法院管轄主義

此主義為英、美判例所採，在當事人在內國有住所者，內國法院即有離婚訴訟之管轄權，其理由謂婚姻既屬身分問題，則不問其成立或解除，與當事人以生活中心之住所地國之利益最有關係，故離婚當由住所地法院管轄。唯各國關於配偶住所之規定有採單一制者，有准許各別設定住所者，因之關於管轄權之規定，也非無差異之處。

1.英國之法制

關於英國以當事人住所地法院為管轄離婚訴訟之原則，係於西元一八九五年，由 Le Mesurier v. Le Mesurier[101]一案所確定。依該判例，起訴時夫之住所地法院，為唯一享有離婚訴訟管轄權之法院，故如夫之住所地在英國，英國法院縱對外國人也享有管轄權；夫之住所地倘不在英國，則英國法院即使對英國籍夫婦也無離婚訴訟之管轄權[102]。

夫之住所地是否在英國，與英國法院是否享有離婚訴訟管轄權，既有密切關係，然究應以何時之住所地為依據？依 Travers v. Holley[103]，必須當事人起訴時夫之住所地在英國始可。否則若以審理或判決時為準，則易為夫所利用，於妻提起訴訟後，藉變更住所，以打

99) 請參閱 Kuhn, Comparative Commentories on Private International Law. (1937) p. 172；洪著第一四一頁。
100) 請參閱德國民事訴訟法第三二八條；Kuhn, p. 173
101) (1895) A.C. 517, 540 (P.C.)
102) 請參閱 Cheshire, p. 366
103) (1953) p. 246

消妻之訴訟。

依英國法妻係以夫之住所為住所，故每案中祇間起訴時夫之住所是否在英國即可，其他皆可不問。故當事人是否為英國人、其居所、原來住所是否在英國，皆與英國法是否享有管轄權無涉，[104]，即使當事人自願接受英國法院管轄，英國法院也不因此取得管轄權。

如前所述，婚姻關係存續中，妻係以夫之住所為住所，此一情形，即使在裁判分居後亦然[105]。故在英國普通法下，除非夫之住所在英國，妻即無法在英國法院訴請離婚。故如英國女人在英國嫁與住所在外國之人，倘其夫移情別戀時，其即不得在英國法院訴請離婚，妻唯一之救濟途徑，即為遠赴夫之住所地法院以請求離婚，唯夫之住所地國可能

無離婚之規定，或者其對離婚原因之規定較嚴，凡此均足以剝奪妻之離婚請求權利，而造成不公平之現象。

英國法官對配偶一造之此種處境，咸表同情[106]，並主張用下列方法之一，加以救濟[107]：其一、在夫未曾應訴以證明其住所設定在外國時，則以其住所仍在英國看待：其二、妻得獨立設定住所於英國此種主張雖曾一度為英國判例採納[108]，然旋又被推翻[109]。

唯其後由於立法及司法之革新，英國法院在下列情形下，仍得行使離婚管轄權：

(1)夫遺棄妻或被英國遞解出境時，雖其現在住所不在英國，妻仍得向英國法院提起離婚之訴，唯必須夫在遺棄妻或被遞解出境前，住所係設在英國[110]。

---

104) 請參閱 *Le Mesurier v. Le Mesuaier,* (1895) A.C. 517; *Harriman v. Harriman,* (1909) p. 123; *Hyman v. Hyman,*(1929) p. 31; *Wilson v. Wilson* (1872), L.R. 2 P.&D. 435

105) 請參閱 Cheshire, p. 367

106) 請參閱 *Niboget v. Niboget* (1878), 4 P.D. 14; *Bater v. Bater,* (1906) p. 209; *Ogden v. Ogden,* (1908) p. 46

107) 例如法官 Barnes 於 *Bater v. Bater* 於一案中曾言 "In a case such as this it is said that the wife could maintain a suit in this country against a husband who has separated and gone to America and become domiciled there; and there are many cases in which that has been allowed in undefended cases. I am not at the present moment aware .... how that matter would be treated if the case were really put on the domicile of the husband abroad. But in many of the undefended cases what happens is, that the wife is deserted in England. The husband goes to America, nothing is heard about him, and the court, in order to do justice, either acts upon the view that the husband has not come forward to prove another domicile, when he deserted his wife in this country; or, as some has thought, that a woman may be treated as having been left in a separate domicile of her own, and, to do justice, she is not bound to follow the husband all over the world from place to place, and so may get relief in this country."

108) 請參閱 *Stathatos v. Stathatos,* (1913) p. 46; *Montaigu v. Montaigu,* (1913) p. 154

109) 請參閱 *H v. H* (1928) p. 206; *Herd v. Herd* (1936) p. 205

110) 請參閱英國 Matrimonial causes Act, 1950, s. 18 (1); Matrimonial Causes Act 1965, s. 40 (1)

(2)妻現居於英國且在提起離婚訴訟前三年均居住在英國，則夫之住所縱不在英國，妻亦得在英國提起離婚之訴[111]。

(3)當事人婚姻經其共同住所地之外國法院裁判無效，女方恢復未婚之狀態時，如英國法院仍認其婚姻有效時，妻得在英國法院提起離婚之訴[112]。

(4)夫失踪前之住所如在英國，則法院即視其住所繼續在英國，蓋同於一般被告未應訴之案件，住所之變更，由主張變更之當事人負責，否則即視現在住所繼續存在[113]。

2.美國之法則

美國各州法權獨立，唯自第十九世紀初葉起，各州相繼承認妻得單獨設立住所[114]。英國法制採取單一住所制，就離婚成立及效力而言，固無何疑問，但却不便於妻，已如前述；美國法制承認妻得單獨設立住所，雖平等方便兩造當事人，但仍然產生不少之問題，茲就其演變擇要分析、檢討重要判例於後：

(1)Williams v. North Carolina[115]，本案為美國聯邦最高法院於一九四二年所判決，乃關於離婚管轄權之一個重要判例。案情如下：一對男女久住於北卡州 (North Carolina)，相偕至內華達州 (Nevada)，居住該地六週，滿足內州關於設定住所期間後，各自對其配偶提起離婚之訴，並得勝訴判決。缺席配偶既未在內州獲得訴訟之通知，也未出庭辯論，故兩案中均無抗辯。該對男女遂即結婚，重返北卡州時，不意以重婚罪名遭起訴。地方法院判其有罪，並為該州最高法院所確認。法院對陪審團之訓諭中雖未提及內州住所，但有「各離婚判決如非建立在內州之送達或離婚被告之出庭，則本案被告即應有罪。」美國最高法院則認為，如果被告曾在內州設立住所，則內州離婚判決應予尊重，而北卡州法院之訓諭並未否定有設定住所之可能，故撤銷原判發回更審。

更審時，關於被告是否曾在內州設定住所，曾加辯論，法院訓諭：「如當事人提起離婚訴訟時在內州有住所，則離婚判決有效；內州離婚判決提及當事人在內州有住所，可做為當事人曾在內州設定住所部份證據，唯非絕對。」陪

---

111) 同前註。並請參閱 Dicey & Morris, The Conflict of Laws, (8th ed 1967) pp. 295-301

112) 請參閱 *De Massa v. De Massa*, (1939): All E. R. 150 N.; *Galene v. Galene*, (1939) p. 237

113) 請參閱 *Hopkins v. Hopkins*, (1951) p. 116

114) 請參閱 *Tolen v. Tolen*, 2 Blackf. 407 (Ind. 1831); *Handing v. Alden*, 9 Greenl. 140 (Me. 1832); *Cheever v. Wilson*, 9 Wall. 108, 124 (U.S. 1869); Parks, The Domicil of a Married Woman, 8 Minn. L. Rev. 28 (1923); Sestement, Conflict of Lawo, second, secs. 27-29 (Tentative Draft No. 2, 1954); Weintraub, *An Inquiry into the Utility of Domicile as a Concept in Conflict Analysis*, 63 Mich. L. Rev. 961 (1965); Restatement, Conflict of Laws, Second § 21. (Proposed Official Draft, Part 1, 1967)

115) 317 U.S. 287 (1942)

審團再認定被告有罪，聯邦最高法院予以確認，並指出：「請求離婚者在內州無住所，故內州判決不應獲承認，內州法院就當事人一造辯論，所為在內州有住所之認定，非確定的，依憲法充分信任條款(full faith and credit)，不能強令他州法院加以承認[116]。」

(2)Sherrer v. Sherrer[117]，本案中妻離開其痲州 (Massachusetts) 之家庭，携帶兩子前往佛州 (Florida)。其在佛州找到工作，又送子女入學，逐後再通知遠在痲州之夫，表示其無意北返。居住三月後，妻即提起離婚之訴。夫聘佛州律師出庭，否認妻在佛州之住所，並主張對子女之監護權。唯審判時，夫之律師既未反詰妻住所之問題，又未提出任何否認之證據。法院判准離婚，夫未上訴。妻逐別嫁，與新夫共在佛州工作一段短時間後，即重返痲州。前夫提起訴訟，請求痲州法院判定佛州離婚判決無效、妻再婚不成立、其有正當理由與妻分居、並請法院宣告其為其財產之唯一所有人。痲州法院判決前夫勝訴，並稱憲法充分信任條款並未排除對佛州法院所認定之住所重做審查。

聯邦最高法院將痲州判決撤銷，同時指出：當前夫到庭應訴時，彼既有充分機會以爭執所有問題，其未爭執者，仍受既判力之拘束；而佛州法院有權決定其有否管轄權，當全體當事人皆到庭時，其決定即屬確定，應受痲州法院之尊重。

(3)Estin v. Estin[118]，本案當事人於紐約州結婚並居於該地。其後妻在紐約法院獲得分居之裁判，並令夫負扶養義務，夫曾出庭。夫後移往內華達州，並在該地得到離婚之判決，判決未提及贍養費之問題。夫依賴離婚判決而停止支付分居中扶養義務。妻旋起訴要求繼續支付，夫則抗辯離婚判決已停止其此項義務，該判決於紐約應受承認。紐約法院判令其支付扶養費。此判決為聯邦最高法院所確認，該法院並指出：夫在內州既有住所，則離婚判決應屬有效，唯該州法院對妻既無屬人管轄權，其又未在該州受訴訟之通知，也未出庭，故內州法院無權決定贍養費等財產權利[119]。

(4)Johnson v. Muelberger[120]，本案為夫與第一位妻所生子女與夫第三位妻間糾紛，所涉及之管轄權問題。第二位妻於佛州對夫獲得離婚判決，唯其並未滿足該州法律所定九十天居住之要求，但夫曾出庭辯論，彼有機會但未爭執管轄權問題。夫旋再婚，唯不久去世。第三位妻逐在紐約州法院主張繼承，夫與第一位妻所生子女出而反對，彼等非佛州離婚判決之當事人，但主張該判決無效，蓋第二位妻並未滿足佛州有關取

---

116) 請參閱 *William v. North Carolina*, 325 U.S. 226 (1945) 334 U.S. 343 (1948)
117) 334 U.S. 343 (1948).
118) 334 U.S. 541 (1948).
119) 倘妻參加離婚訴訟程序，則其前此依扶養命令所享之權利，即因此而消滅，縱該問題在離婚判決未提及亦然。請參閱 *Lynn v. Lynn*, 302 N.Y. 193, 97 N.E.2d 748 (1951)
120) 340 U.S. 581 (1951)

得住所之規定。聯邦最高法院拒絕子女之主張，維持紐約州法院所判第三位妻勝訴之判決，其見解如下：依應適用佛州之法律，關於旣判力及判決對關係人及當事人效力之規定，子女在佛州應受佛州判決之拘束；而在憲法充分信任條款下，紐約法院應給予該判決在佛州所應有之效果。

綜合上述判例[121]，對於美國離婚管轄權，可得如下之結論：

第一、非當事人住所地法院所爲離婚判決，對未出庭也不屬於該管法院管轄權下之缺席配偶無拘束力。此原則可防止配偶之一造，於非住所地法院獲得有效的片面離婚判決。

第二、請求離婚配偶住所地法院所爲離婚判決有效，且此判決應受他州法院之承認。唯不在該州法院管轄權下之缺席配偶，在他州得爭執住所問題，他州法院亦得就該離婚判決之住所問題，做單獨之決定。

第三、倘缺席配偶因出庭（訴訟代理人代理亦可）、提出答辯狀等參加離婚訴訟程序時，則離婚判決有拘束力亦有效，必須爲他州法院所承認。唯此非在於承認該爲離婚判決之法院就該事件有管轄權，乃在於認爲參加配偶應受旣

判力之拘束，不得就管轄權問題，再事爭執，此一原則並認爲也適用於其他利害關係人，如當事人子女是。

第四、離婚管轄權與基於婚姻而生扶養義務管轄權不同。婚姻當事人任一造之住所地法院有離婚管轄權，其他州基於充分信任條款，即不得再認爲彼等爲夫妻；唯此判決並不當然終止因婚姻而生之扶養義務，他州法院除非認爲該離婚被告受該爲離婚判決法院管轄外[122]，得視此項扶養義務繼續存在。

㈢折衷主義

離婚管轄權之折衷主義者，乃謂離婚訴訟得由當事人本國法院或其住所地法院管轄。採此主義者，可以西元一九〇二年海牙離婚分居公約爲代表[123]。依該公約第五條規定：「離婚或別居之請求，得向下列法院爲之：1.依夫婦本國法規定之管轄法院，2.夫婦住所地之法院。夫婦之住所不同時，則以被告之住所地法院管轄。倘婦被夫遺棄，或離婚之原因發生後，夫變更住所，則妻得向夫婦之最後共同住所地法院爲之。」茲簡單分析於下：

夫婦本國法規定之管轄法院，也不外爲當事人本國法院或住所地法院管轄

---

121) 並請參閱下列判例及論文：*Rice v. Rice*, 336 U.S. 674 (1948); *Boxer v. Boxer*, 12 Misc. 2d 205, 177 N.Y.S. 2d 85 (Sup. Ct. 1958); *Cook v. Cook*, 342 U.S. 126, 72 S. Ct. 157 (1951); Rheinstein, *Domicile as Jurisdictional Basis of Divorce Decrees*, 23 Conn. Bar. J. 280 (1949); Sumner, *Full Faith and Credit for Divorce Decrees*, 9 Vand L. Rev. 1 (1955); Leflar, American Conflict of Laws (1968) p. 542

122) 倘爲離婚判決之法院乃離婚被告之住所地法院，或者其曾參加該離婚訴訟程序，則該法院對該被告有管轄權，

123) 本公約於一九〇二年簽訂，一九〇四年生效，迄一九五四年止，尙在匈、義、盧、荷、波、葡、羅等七國有效。

。如規定由本國法院管轄，則不論當事人本國法院抑當事人住所地法院都有離婚訴訟之管轄權；如規定由住所地法院管轄，則當事人住所地法院卽成爲唯一之管轄法院，當事人國籍不同時則如何？理論上配偶雙方本國法所規定之管轄法院，都應有離婚管轄權。由當事人住所地法院管轄時，夫婦住所不同，則以被告住所地法院管轄之，符合以原就被之原則；遇有婦被夫遺棄，或離婚原因發生後，夫變更住所之情形，爲避免被告（夫）選擇有利於己之法庭，以保障妻之利益，故又規定妻得向夫婦之最後共同住所地法院提起離婚之訴。

倘就上述關於離婚管轄權之三種立法主義加以比較，吾人似可得到下列簡單之結論：

第一、本國法院管轄主義，不僅對在內國有住所之外國人不公，卽對遠適異域之內國人，也徒增往返之繁累，增加不必要之負擔，有違訴訟經濟之原則。故在採本國法院管轄之國家中，無不設例外規定，以資補救[124]。

第二、住所地法院管轄主義，不分內、外國人，而以當事人在內國有無住所，做爲離婚管轄權行使之條件，似較符合平等保護內、外國人之旨，且也不致有調查證據不便，增加當事人負擔之虞。唯在採夫婦單一住所制之國家，則不無違背男女平等保護之義務，易生不公平之現象，故採此種法制者，亦不得不設例外規定，以保護妻，俾調和雙方當事人之利益[125]；其在採夫婦各得單獨設定住所之國家，雖承認一方住所地法院皆有離婚管轄權，從表面上觀察，似符平等保護男女當事人之宗旨，但實際上於缺席判決之情形，不僅影響判決效力之安定，且常使身分關係不能確定，影響離婚配偶乃至其他利害關係人之利益，不能謂小[126]。

第三、折衷主義，因係兼採兩種立法例，故關於兩種立法主義之優劣點，均可適用於折衷主義，而無待贅言。唯於此擬提出者，卽有關海牙公約中之住所確定問題，依該公約第五條規定，夫婦住所地之法院，有離婚管轄權，唯如夫婦住所地不同時，換言之夫婦之本國法如承認夫婦各得單獨設定住所時，則以被告之住所地法院管轄，此種以原就被原則，係保護被告之利益，雖值得取法；唯在採夫婦單一住所制之國家，則無所用其極。此外，該條後段之規定，妻得向夫婦之最後共同住所地法院提起離婚訴訟，究指夫婦住所不同時之情形，抑包括夫婦單一住所制之情形在內，辭意已嫌曖昧；況關於適用條件，係以婦被夫遺棄，或離婚原因發生後，夫變更住所時，妻得向夫婦之最後共同住所地法院爲之[127]，其不採男女平等原則，已違反時代潮流，且易生不公平之現

---

124) 請參照本文前述法、德法制。
125) 請參照本文前述英國法制。
126) 請參照本文前述美國法制。
127) 請參照洪著：第一四二頁。

象[128]。

根據以上簡單分析，可見各國關於離婚管轄權之規定，無一妥善，此實因各國基於國情、習慣與傳統，不願輕易改絃更張，僅願在既有法則上，設例外規定，以資救濟。

二、我國之法制

關於離婚管轄權，我國法律之有明文規定者，似僅見於民事訴訟法第五六八條。該條共有三項其規定要旨如下：

「離婚之訴，專屬夫妻之住所地或夫、妻死亡時住所地之法院管轄。但訴之原因事實發生於夫或妻之居所地者，得由各該居所地之法院管轄。

夫妻之住所地法院不能行使職權或在中華民國無住所或其住所不明者，準用第一條第一項後段及第二項之規定。

夫或妻為中華民國人，不能依前兩項規定定管轄之法院者，由中央政府所在地之法院管轄之。」

本條似僅在規定離婚事件在我國國內，究應由何一地方法院管轄，即所謂國內管轄權之一種而已，並不包括離婚事件在國際上應屬何國法院管轄之國際管轄權，蓋理論上國內管轄權與國際管轄權之評價，並非完全全一致。

由於我國其他法律並無關於涉外離婚管轄權之規定，故適用時只有援用民事訴訟法第五六八條，以為實證法上之根據，但若因此而主張我國係採住所地法院管轄主義，似欠妥善。依本人見解，無論從理論上抑實證法上分析探究，我國關於涉外離婚管轄權，係採本國法院管轄主義[129]，而附以若干例外之規定。玆就所見，臚陳理由於下：

第一、我國係大陸法系國家，關於屬人法之連結因素，又係以國籍為準，故關於涉外離婚管轄權之規定，依理應同於德、法諸國，而以國籍為決定管轄權行使之基準。

第二、關於屬人法事項之禁治產宣告，死亡宣告，我涉外民事法律適用法皆明文承認，外國人住、居所地之我國法院僅有例外管轄權[130]，其反面解釋無疑承認當事人本國法院有原則管轄權[131]。則同屬屬人法事項之離婚管轄權，似也應採同一之管轄原則方妥。

第三、民事訴訟法第五六八條第三項之規定：「夫或妻為中華民國人，不能依前兩項規定定管轄之法院者，由中央政府所在地之法院管轄。」即夫或妻一造為中國人，而在我國無住所或居所者，我國法院尚有離婚管轄權，從而類推解釋當事人之本國法院有其離婚管轄權，自非不當。

---

128) 例如妻為有責配偶，夫請求離婚時，夫即不得向夫婦之最後共同住所地法院為之，而必須向被告之住所地法院為之。

129) 請參照劉甲一教授著：國際私法（民國六十年）第二三九頁、第二四〇頁。

130) 請參照涉外民事法律適用法第三條、第四條。

131) 請參照涉外民事法律適用法草案說明。其第三條及第四條之說明中，均明白承認：禁治產之宣告。死亡之宣告，原則上應由其本國法院管轄，惟例外亦得由其居住國法院管轄，本項規定即係例外等語。

第四、其主張我國關於涉外離婚管轄權，係採住所地法院管轄為原則者，無非以我民事訴訟法第五六八條第一項為根據。唯按該條項乃規定國內離婚管轄權之分配，而一般涉外離婚事件，應先依據國際管轄權之分配原則，必中國之法院有其一般管轄權者，始有適用國內管轄權之分配原則，即適用民事訴訟法之餘地；否則如直接適用，必貽不可彌補之錯誤。例如德籍夫與美籍妻，因在我國無住所或住所不明，夫有居所於我國，則依民事訴訟法第五六八條第二項之規定，我國法院（夫居所地法院）即有離婚訴訟之管轄權，其不當殊甚[132]，無待贅言。

由上述可知，就現行法言，我國關於離婚管轄權，應解釋為採取本國法院管轄主義，唯鑒於離婚訴訟如絕對由當事人本國法院管轄，易造成對內、外國人之不公平與不便利，故若干之例外應予承認，例如承認夫婦共同住所地法院、離婚事由發生前被告住所地法院有權管轄是。總之，關於涉外之離婚管轄權問題，我國法律規定實欠明白，除有待判例加以解釋補充外，立法機關於修正民事訴訟法時，重新釐定國際管轄權與國內管轄權之分際，就涉外離婚管轄權問題，做具體明確之規定，實屬必要。

肆、外國離婚判決之承認

法院判決為一國司法權之實施，而司法權之行使除條約另有規定者外，僅限於內國領域以內，故法院判決當無域外效力，不能強制他國加以承認。唯現今國際交通日益發達，各國人民之交往因而頻繁，涉外法律關係亦愈複雜。若一國之離婚判決在外國不能發生效力，不僅影響當事人之權益，即其他利害關係人之利益也必受到侵害。故現今各國對於外國法院判決多在有條件下加以承認。

承認外國離婚判決，與該為判決之法院是否具有離婚管轄權有密切關係[133]；而所謂為判決之法院是否具有離婚管轄權，乃從承認國之法律立場上加以裁判。關於各國對於離婚管轄權之規定，於前已有分析，故關於各國對外國離婚判決之承認，也可自其反面規定中窺知端倪。以下擬僅從分析英、美判例中，就英、美之慣例加以檢討，我國之法制及海牙承認外國離婚及分居公約，也將依次評介。

---

132) 居所之意義在我民法上無規定、唯一般皆指無久住之意思，而有暫住事實之處所。外國立法例雖也有以當事人居所為離婚管轄權行使之基礎者，但通常皆附有居住期間之限制。請參閱英國 Matrimonial Causes Act 1965, s. 40 (1) (b). 澳洲 Matrimonial Causes Act 1959, s. 24 (2) 美國阿拉斯加州 *Lauterbach v. Lauterbach* 392 p. 2d 24, 26 (Alas. 1964)

133) 承認外國離婚判決，除審查為判決之法院是否有離婚管轄權外，是否尚得審查其他事項，各國法制不一，茲以英國為例說明。依英國法律，下列事項均不為拒絕承認外國離婚判決之理由：1.承認則違反內國公共政策。2.程序上之缺點。3.當事人之詐欺。4.未於適當時期通知被告。5.外國法院為無國內管轄權之法院。請參見 Dicey and Morris, pp. 317-319. 故本文僅從管轄權之立場討論外國離婚判決之承認問題，其他條件則不與焉。

一、英國對於外國離婚判決之承認

迄西元一九五三年止，英國僅對當事人住所地之外國離婚判決加以承認。其非住所地法院之離婚判決，縱該婚姻關係係在英國成立，而當事人又為英國人；或者配偶係外國人，而婚姻又係在外國所成立，皆不能獲得英國法院之承認[134]。而被告住所地、本國法院，或者其自願接受之管轄法院，英國法院皆不認為其有離婚管轄權[135]，從而該等法院所為之離婚判決，自不為英國法院所承認。故當事人在英國因信賴此等判決而再婚，即可能受到重婚罪之訴追[136]。

依 Armitage v. A.-G.[137]，倘當事人住所地法院承認某一外國法院對當事人有離婚管轄權，則後一法院所為之判決，在英國即受到承認。蓋關於身分之問題應依住所地法，此離婚判決既為住所地法所承認，故在英國也應加以承認。

此外如前所述，英國為了保障被遺棄婦女，對離婚管轄權之行使已予擴張，即認婦過去在英國之住所地法院或其在英國連續三年之居所地法院亦有離婚管轄權[138]。則此項管轄權擴張之行使，是否也可適用於對外國判決之承認上？換言之，被遺棄婦女在其外國舊住所地法院，或其連續居住三年之外國居所地法院所為之裁判離婚，在英國應否承認。一九五三年 Travers v. Holley[139] 一案，加以承認，蓋為避免跛行婚及促進國際私法之統一，此種相互承認原則應予贊同，誠如 Hodson L. J. 法官所言：「任何使得英國有管轄權之情形，應同樣地也可適用於外國法院[140]。」

英國最近（一九六九年）關於承認外國離婚判決之發展，尤值重視。Indyka v. Indyka[141] 判例樹立了關於承認外國判決之新原則。本案案情如下：捷克籍之妻在捷克得到一缺席裁判離婚，其夫有住所於英國，捷克法院之離婚管轄權係建立在當事人國籍或居所上。當第二位妻在英國法院請求離婚時，夫主張再婚係無效，因依英國管轄權之原則，捷克法院無離婚管轄權，故其判決不應為英國法院所承認。英國貴族院承認捷克法院有離婚管轄權，其一致之見解以為，凡請求離婚者與為裁判離婚之

---

134) 請參閱 *Harvey v. Farnie* (1880), 5 P.D. 153; *Lankester v. Lankester* (1925) p. 114
135) 請參閱 *Armitage v. A.-G.* (1906) p. 135; *Papadopoulos v. Papadopoulos* (1930) p. 55.
136) 請參閱 *Green v. Green* (1893) p. 89; *Trial of Earl Russell* (1901) A. C. 446
137) (1906) p. 135 本案案情如下：某英國人嫁與美國人為妻，夫有住所於紐約州妻赴南達州 (**South Dakota**) 居住九十天後，在該地法院以夫遺棄為理由提起離婚之訴，並獲得勝訴之判決。遺棄在紐約雖不為離婚原因，但在上述情形下，紐約州承認他州之離婚判決，而紐約州乃夫住所地法院。
138) 參見註 (110) 及 (111)。
139) (1953) p. 246.
140) 同前註。
141) (1969) 1 A.C. 33

法院有真實與重要之牽連時（real and substantial connection），該判決即應為英國法院所承認。本判例修正了外國法院必須符合英國關於管轄權行使之原則，蓋誠如大法官 Morris 所言：「只以為我國的法律是合理與正當是危險的……沒有重要或根本的理由，可以主張我國關於管轄權的規定可施行於世界各國[142]。」本判例所樹立之原則，似可防止外國法院對管轄權所做無理主張之規定。適用此原則於實際案件時，固會增加不少困擾，但其能於個案中獲得公正結論，殆無疑義。

最後應予一提者，即英國法院對非司法離婚，例如依當事人協議，或依宗教法規所為之片面離婚等也予承認[143]，唯必須離婚配偶之住所地法承認此種離婚方式。此種離婚之承認實與離婚之身分理論一致，也與住所地在身分問題之重要性相吻合[144]，同時關於外國離婚原因之規定，即使與英國法不一致，也不影響其承認，則關於外國離婚方法之規定，自應採相同之態度。此種離婚方法是否在英國發生雖無關乎承認，唯必須依當事人住所地法加以承認而後可。

二、美國對於外國離婚判決之承認

關於美國對於離婚管轄權之規定[145]，於前已有說明，而憲法充份信任條款對承認州際間判決之影響，也有簡單敘述，故關於州際間離婚判決之承認於此不贅。在此擬提出討論者，乃美國對承認外國法院離婚判決所持之態度。唯應注意者，美國雖有上百萬之人民僑居國外，而外國人民移往美國者又佔美國人口很大比例，但此類承認外國（墨西哥除外）離婚判決之案件，則不多見[146]。以下僅就少數有關承認外國離婚判決之判例，加以分析，以期發現美國對承認外國離婚判決所持之態度[147]。

1. Gould v. Gould[148]，本案中紐約州上訴法院[149]承認法國法院對美籍夫婦之離婚裁判。離婚理由為妻之通姦，此理由依紐約州法亦屬可成立裁判離婚。當事人均曾參加法國之訴訟。紐約州法

---

142) 同前註。

143) 參閱 Lee v. Lau (1964) 3 W.L.R. 750; Mandel v. Mandel (1955) V.L.R. 51; Khan v. Khan (1960) 21 D.L.R. (2d.) 171

144) 請參閱 Wolf, Private International Law (2nd. 1950) p. 347

145) 美國除阿肯色州（Arkansas）外，皆以住所（一般皆有居住之限制）為離婚管轄權行使之主要基礎。請參閱 Reese & Green, *That Elusive Word, 'Residence'*, 6 Vand. L Rev. 561 (1953) ;Ark. Stat. Anno. § 34-1208. (1947)

146) 此類案件所以不多，可能有下述幾點原因：1.當事人在美國再婚時，外國離婚判決是否有效之問題很少提出。2.居留在本國之離婚配偶，很少會懷疑在本國有效之判決，在美國會不被承認，故不會前往美國加以爭執。

147) 依照 *Hilton v. Guyot*, 159 U.S. 113 (1895)，美國在有限的幾種情形下承認外國法院財產上之判決，倘外國法院也承認美國法院判決的話，換言之，即採取相互原則（reciprocity）。但對影響身分關係之外國法院判決，則不採之。

148) 235 N.Y. 14, 138 N.E. 490 (1923)

149) 紐約州法院名稱與其他州不同。其上訴法院（Court of Appeals)實係該州之最高法院，而其最高法院（Supreme Court）則係該州之地方法院。

院指出，夫住所設在紐約，但其過去曾連續五年與其妻居住於法國，且法國法院係適用紐約州法為離婚之準據法。至於法國法院是否有離婚管轄權一點，紐約州法院則言：「就本案之案情以觀，承認法國法院判決不致牴觸本州之政策。雖然當事人住所地法院不在法國，本州非必須承認該法院之判決；但承認既符禮讓之原則，又不牴觸本州之公共政策，本州自不被禁止承認[150]。」

2. Rosenstiel v. Rosenstiel and Wood v. Wood[151]，此兩案件之事實如下：離婚請求者為紐約州住民，前往墨西哥，請求該地法庭裁判離婚，被告則委任當地律師代表出庭，承認原告所主張之管轄權及離婚原因事實。前一案中原告尚曾在政府登記姓名，並呈報法院，以表示其設定住所事；後一案中原告連此虛偽設定住所之動作皆未表示。然紐約州上訴法院仍承認此兩判決，蓋以為此種判決與國內內華達州之離婚判決，就影響紐約州之公共利益及當事人婚姻關係言並無懸殊，既承認後者之效力，則對前者自不應例外。

3. Scott v. Scott[152]，本案中加州 (California) 最高法院承認一墨西哥離婚判決，蓋由於事實審法庭認定原告乃善意之墨西哥住民。本案中值得注意的是 Traynor 法官所發表之贊同意見，他徵引 Gould v. Gould 及其他英國判例就僅對當事人住所地法院之判決始予承認之正確合理性，表示懷疑看法。他認為依加州法律[153]，如果外國法院之判決依該判決國法律是有效的，則加州即應予以承認，除非其違反正當法律程序。他說：「沒有理由將住所或善意居所讀進此條例中。當事人身分究為已婚抑未婚，應可合理確定地加以探求。除非外國法院之有效判決牴觸我們的公共秩序，否則即應加以承認[154]。」

由上述判例中似可窺見加州及紐約州法律對外國法院所持之態度，Gould 判例所採之標準，近似英國 Indyka 所採真實及重要之牽連原則，而 Trayor 法官所謂外國判決僅於違反加州公共秩序時方不加以承認，也不外指外國法院對當事人婚姻身分顯然欠缺正當利益，或當事人有規避內國法律之企圖等情形[155]，至於 Rosenstiel 及 Wood 兩判例，則似將外國離婚判決與美國其他州法院所為之離婚裁判同視，換言之，即將憲法中僅適用於各州間之充份信任條款，也適用於國際間之判決。

唯於此應注意者，加、紐兩州不能

150) 見註 (148)。
151) 16 N.Y. 2d 64, 209 N.E. 2d 709, 262 N.Y.S. 2d 86 (1965)
152) 51 Cal. 2d 249, 331 p. 2d 641 (1958)
153) 請參照 "A final judgment of any other tribunal of a foreign country having jurisdiction, according to the laws of such country, to pronounce the judgment, shall have the same effect as in the country where rendered, and also the same effect as final judgment as rendered in this state." Cal. Civ. Proc. § 1915 (1955)
154) 請參見註 (152)。
155) 同註 (152)。

表代美國其他各州之態度，其他各州就關於承認墨西哥離婚判決言，所持承認之標準較嚴[156]。但由於加、紐兩州人口最多，訴訟最多，且分居最易和外人接近之東西兩海岸，故此兩州之慣例，似最值吾人重視與注意。

三、我國之法制

對於外國法院判決之承認，我國規定於民事訴訟法第四○二條。外國離婚判決既為判決之一種，自在該條適用範圍內。第四○二條規定：「外國法院之確定判決，有左列各款情形之一者，不認其效力。

㈠依中華民國之法律，外國法院無管轄權者。

㈡敗訴之一造，為中華民國人而未應訴者，但開始訴訟所需之通知或命令已在該國送達本人，或依中華民國法律上之協助送達者，不在此限。

㈢外國法院之判決有背公共秩序或善良風俗者。

㈣無國際相互之承認者。」

關於本條之詳細分析，本文擬予省略[157]，於此準備提出討論者，乃與離婚判決最有關係之第一款、第四款及其他附隨問題。

外國法院之離婚判決，欲為我國法院承認，必須該外國法院就該涉外事件有管轄權；而其有無離婚管轄權，並非以該為判決國之法律為準，而係以我國法律為斷。此與一般國家就承認外國法院離婚判決，關於管轄權有無所採之認定標準，並無不同。唯如前所述，我國關於涉外離婚管轄權之規定，欠缺明白，實用時難免不會發生問題。如採本文前所主張，就現行法言，我國關於涉外離婚管轄權之規定，應解釋為採取本國法院管轄主義，而輔以若干住所地法院管轄之例外，則在承認外國法院離婚判決之尺度上，尚不致失之過嚴或過寬。此外，倘離婚配偶具有我國及外國之雙重國籍，該外國法院所為本國法院管轄之離婚判決，我國法院不得以當事人具有我國國籍，而認為我國法院有專屬管轄，而否認該外國法院之管轄權，蓋關於國籍之授與，乃一國主權之行使，屬於一國之內國管轄問題，從而當事人本國法院所為之本國法院管轄之判決，既不牴觸我國所採之管轄原則[158]，故應認為該外國法院有管轄權。於配偶之一造具有內、外國雙重國籍之情形亦同；而我涉外民事法律適用法第二六條[159]所採之內國國籍優先主義，乃解決法律適用時所發生之問題，並非在於否定當事人之外國國籍。

156) 美國多數州就墨西哥法院對美國配偶所為之離婚判決，不予承認，不論一造抑兩造均到庭之訴訟，蓋以其非當事人之善意住所。而紐約州於上述情形則加以承認。請參閱 Cheatham et al., Conflict of Laws, p. 871 (5 th ed. 1964)

157) 本條之詳細分析，應讓諸民事訴訟法或國際私法之著作、或關於外國法院判決之專論。

158) 如前所述，我國係以本國法院管轄為原則。

159) 該條規定：「依本法應適用當事人本國法，而當事人有多數國籍時，其先後取得者依其最後取得之國籍，定其本國法，同時取得者，依其關係最切之國之法。但依中華民國國籍法應認為中華民國國民者，依中華民國法律。」

再者，英、美兩國關於承認外國離婚判決，所採認定外國法院有無管轄權之新趨勢，即所謂由剛性轉趨彈性之規定─為離婚判決之法院與離婚當事人有無「眞實及重要之牽連」原則，似頗值吾人借鏡。蓋如適用得當，不僅可避免跛行婚，且可促進正義。

其次擬討論者，即第四款所規定之相互原則。此款係指爲判決之外國法院，若不承認我國法院之確定判決者，我國亦不認該外國法院判決之效力，至於彼此承認之條件，雖不必盡求相同，但關於重要之原則，則不宜相去太遠[160]。

此相互原則是否應適用於有關身分問題之離婚判決，尚非無商榷之餘地。按關於相互承認之原則，其趣旨雖不外源自國際間相互主義之觀念，以維持內外國利害之均衡，但實際上有關財產權之外國判決之承認，須有相互承認之要件者，係因承認該外國判決，常影響在我國之財產，且執行時也須我國司法機關予以協助，始能達其目的。但關於身分關係之外國判決則不然，蓋其直接發生法律關係變更之實體法上之效果，其判決毋庸執行，即無庸請求承認國加以積極之協助，從而無相互承認之必要[161]。英國、美國之立法例[162]，即不以相互原則，適用於外國離婚判決，足供吾國參考。唯我國實例上仍認爲承認外國離婚判決，須以相互承認爲其要件[163]。

最後擬提出討論者，即關於外國判決之承認，應否審查該判決所適用之準據法問題。我國民事訴訟法第四〇二條既明文規定承認外國判決之消極條件，則不在該列舉內之條件，在承認外國法院判決時，似毋須再加以考慮；唯也有主張外國法院判決，除無民事訴訟法第四〇二條各款所定之情形外，尚須有依據我國國際私法所定之準據法爲之者，始得加以承認。其理由蓋以爲在國際私法上，就某法律關之準據法既有明定，則如再承認適用不同準據法之外國判決，兩者所採之原則互相牴觸，即發生矛盾[164]。依愚意，即使增加此一要件，

---

160) 例如某外國承認我國法院之判決，須爲實質上之審查者，則與毋須審查實質上要件之我國法制，即大相懸殊，難謂該國與我國之間有相互之承認。

161) 請參閱蘇著：第一五〇至一五二頁。

162) 請參閱本文前述。各該國法制之有關說明。

163) 司法行政部四十七年八月二十三日臺(47)公參字第四五九九號函覆外交部，謂：「我國旅德華僑與其德籍妻離婚，既因目前西德與我國尙無外交關係。因之並無是項相互承認之協議，則依民事訴訟法第四〇一條（即現行民事訴訟法第四〇二條）規定，西德法院所爲確定判決，我國當難承認其效力…」。（司法專刊第九〇期），唯司法行政部以中、德無外交關係，即謂無國際間相互之承認，似不無誤會。按此種相互之承認，有國際上條約之協議固可，即僅以該國之成文法、習慣法或實際上之慣例承認者，亦無不可。請參閱蘇著：第一四九頁。

164) 例如義大利民法禁止離婚，英國則承認離婚，其準據法採法庭地法主義。設如英國法院就在英國設有住所之義籍夫妻爲離婚判決者，該英國法院之判決，倘無我民事訴訟法第四〇二條所定限制承認之要件，我國法院自應承認該判決，而其夫妻之本國法縱禁止離婚亦非所問。但關於離婚，我國係採本國法主義，而承認之結果，則與上開我國國際私法之原則牴觸，致生矛盾及不合理之現象。

一部份外國判決，仍可藉反致條款而獲得承認[165]，但此承認要件實無增添必要，理由有三：其一、準據法之適用乃關乎權利取得問題，而外國法院判決之承認乃關乎既得權重問題，於後者但問為判決之法院有無管轄權，至於其適用何種準據法則可不問，否則兩問題何以區別，而權利取得問題將無由已時；其二、此一承認要件，無異強使外國法院應採取與我相同之準據法之立法主義，否則其判決即難為我國法院承認，此不僅有違內、外國人平等保護之旨，更有強調內國法律優越之嫌；其三、倘有內國人藉變更連結因素，自外國法院取得離婚判決者，於其有詐欺內國法之情形時，內國法院既可以規避法律之概念，否認其效力，實不必以其不適用內國國際私法所定之準據法，而拒絕承認。蓋適用前一原則，而拒絕承認外國法院判決效力，乃係對付內國人詐欺內國之意圖；適用後一原則時，則係對外國法院不適用我國國際私法所規定準據法之制裁，兩原則對外國法院利弊得失之影響，自不言而喻。最後本人願引用美國大法官 Cardozo 名言，做為此部份論文

之結束。他說：「當事人依外國法取得之權利，我們不應因我們不給予相同權利之一事實，遂加否認。我們不應太狹窄地說，一個問題的任何種解決方法都是錯誤，祇因其與我們解決方法不一致之故[166]。」

四、關於承認離婚及分居之海牙公約

關於承認離婚及分居之海牙公約[167]，乃海牙國際私法會議[168]於西元一九六八年第十一屆大會時所通過之公約草案。其前身即為一九〇二年之海牙離婚公約[169]，此新公約草案即在求取而代之，故其制定之原則，即在盡量調和大陸法系與英美法系對於國籍與住所之偏愛。本公約草案共三一條[170]，依第二七條第一項之規定，本公約於第三個批准國寄存批准書後之第六十天，即開始生效。以下擬就公約之重要條款，加以分析[171]：

(一)公約適用之範圍及對象

本公約僅適用於締約國間之離婚宣告(decrees)[172]，故非締約國之宣告及聯邦國各邦間之宣告關係，則不適用之。而所謂離婚宣告，不僅指司法判決，即其他凡依宣告國所定之程序且在該國有

---

165) 例如在上舉例中如義國關於離婚之準據法採住所地法主義，則我國仍應承認英國之判決蓋關於離婚我國雖採本國法主義，但適用本國法，並包括其國際私法，故也係適用英國法請參閱我涉外民事法律適用法第二九條。
166) *Loucks v. Standard Oil Co. of New York*, 224 N.Y. 99, 120 N.E. 198 (1918)
167) 本公約英文名稱是：Convention on the Recognition of Divorces and Separations
168) 關於海牙國際私法會議，請參閱拙著：「論侵權行為之準據法」之有關部份載政大法學評論第一八二頁（民國六十年）
169) 關於一九〇二年海牙離婚公約，請參閱 I Rabel, pp. 33, 34
170) 本公約英文本載於 8 International Legal Materials 31 (1969)
171) 本公約不僅適用於離婚之承認，也適用於分居之承認，唯以下於分析時，則僅提及離婚。
172) 參閱公約第一條第一項。

效之宣告[173]，例如依宗教儀式之離婚裁判、當事人協意之離婚，似均應在適用之列。

本公約僅適用於離婚之宣告，其他與離婚有關之問題，如婚姻之無效及撤銷，則不及之。而所謂對締約國離婚宣告之承認，也僅限於解消婚姻關係而得再婚部份，其他附帶命令如關於配偶之扶養及子女之監護，也非屬於本公約之適用範圍[174]。此種立法，無非在避免不明白規定適用範圍時，易滋解釋之分歧；且縮小適用範圍，也有助於各國早日之批准。

㈡公約關於離婚管轄權之規定

公約第二條乃關鍵性之條文。除致力於協調大陸法系及英美法系，關於離婚管轄權行使之基礎外，並力求避免當事人任擇法庭（forum shopping），同時對於被告之保護，也已注意。當事人國籍及習慣居所被用為管轄權有無決定之標準，在以住所為離婚管轄權行使基礎之國家，則住所即視為習慣居所，唯有例外[175]。此種連結因素之選擇，一方面表示大會對概念含糊之住所之排斥[176]，一方面為了表示尊重英美法系的傳統，在該等國家內，仍得以住所代習慣居所。

依第二條規定，下列國家有離婚管轄權，其所為之離婚宣告，應受其他締約國之承認：

1. 請求離婚者之習慣居所地國。唯尚須符合下列條件之一：其一、開始離婚程序前，此習慣居所已繼續不斷達一年以上者；其二、該國為配偶最後共同習慣居所地國。

2. 請求離婚者之本國。唯尚須符合下列條件之一：其一，請求離婚者有習慣居所於本國；其二、請求離婚者曾無間斷地居住本國一年，而其部份期間，係在開始離婚程序前二年之內。此外，如符合下列兩條件者，請求離婚之本國也有管轄權：其一、開始離婚程序時，請求人在本國；其二、開始離婚程序時，配偶最後共同居所地國無離婚之規定。

3. 配偶共同之本國。

4. 被請求離婚者之習慣居所地國。

此種離婚管轄權之規定，雖非完美無垃疵，但究較採本國法院或住所地國法院管轄主義，以當事人任一方為內國人或在內國有住所，即主張有離婚管轄權者，為公平合理。其可避免跛行婚、防止逃避法律及促進離婚宣告之安定，似可預卜。

此外，於此應一提者，本公約並不禁止締約國適用更有利於承認外國離婚宣告之法律[177]，以求擴大承認外國離婚宣告之基礎。

---

173) 同右註。
174) 參閱公約第一條第二項。
175) 參閱公約第三條。
176) 請參閱 Anton, *The Recognition of Divorces and Legal Separations*, 18 Int'l & Comp. L. Q. 638 (1969)
177) 參閱公約第十七條，

㈢公約關於離婚準據法之規定

本公約與一九○二年海牙離婚分居公約不同，即對離婚準據法無規定[178]，而任由締約國自行規定。此蓋由於離婚之準據法以及有關離婚原因之規定，複雜多樣，倘制定統一之準據法，即難獲得各國之批准。唯本公約從承認外國離婚之觀點上，對離婚原因及離婚準據法，也有間接之限制，此即：

1.離婚之事實，縱依請求承認國法律不爲離婚原因，也不得拒絕承認[179]。

2.宣告國所適用之法律，縱非請求承認國所規定之離婚準據法，也不得拒絕承認[180]。

3.締約國依本公約必須承認之離婚宣告，不得以其他國家法律不承認該離婚宣告爲理由，排除任一造離婚配偶之再婚[181]。

㈣公約關於拒絕承認外國離婚宣告之規定

除離婚宣告國，依本公約無離婚管轄權，締約國不負承認之義務外，有下列列舉情形之一時，請求承認國也得不承認外國之離婚宣告：

1.被請求離婚者未於適當時期受合法之傳喚[182]。

2.離婚配偶之本國法禁止離婚，而當事人又不具有其他准許離婚國之國籍[183]。

3.該離婚宣告與請求承認國前此所爲或所承認之當事人間婚姻身分之決定相牴觸[184]。

4.倘承認顯然違反請求承認國之公共政策者[185]。

除以上所述外，本公約並允許締約國爲幾種保留[186]，於配偶之一造或雙方與請求承認國有國籍或習慣居所之連繫時，得拒絕承認某些特殊情形下之外國離婚宣告。凡此規定，無非在謀妥協各國之利益，希望本公約能早日生效。

伍、結　　論

離婚既係基於人爲之事實，而使婚姻關係消滅的原因之一，故對離婚當事人言，誠屬不幸；然其更不幸者，乃在國際私法上對當事人，或其他利害關係人、在身分關係、財產權利乃至刑事責任上所帶來之困擾。

如本論文所指出，國際私法上離婚問題，主要者包括下列三項：此即離婚準據法之問題、離婚管轄權之問題及離婚之承認問題。三者雖各自獨立，但獨

---

178) 請參閱一九○二年海牙離婚公約第一條、第二條及第三條，關於準據法係採本國法及法庭地法之折衷主義，或僅採本國法主義。
179 參閱公約第六條第二項第一款。
180) 同右註第二款。
181) 參閱公約第十一條。
182) 參閱公約第八條。
183) 參閱公約第七條。
184) 參閱公約第九條。
185) 參閱公約第十條。
186) 參閱公約第十九條、第二十條、第二一條。

立中仍相互牽連，更且息息相關。舉例言之，離婚準據法之適用及離婚管轄權之行使，固屬一國主權之任意規定，但在對外關係上，他國往往以自己有關準據法之規定及管轄權行使之標準，做為承認或否認外國離婚判決之準繩。而關於離婚準據法之立法主義，各國所適用者固不一致；其關於離婚管轄權行使之基礎，各國所採之標準亦復不同，致使離婚判決之涉外效力，更不確定，影響內、外國人之權益，不能謂小。

國際間有鑒於茲，乃期統一離婚之準據法及離婚之管轄權，俾判決之涉外效力也可因此而獲得解決，於是乃有西元一九〇二年之海牙離婚公約[187]。由於當時海牙國際私法會議之會員國多為大陸法系國家[188]，自始即未顧及英美法系之利益，且其規定也嫌籠統[189]，故初雖獲得不少國家之批准，但歷年來許多批准國又紛紛廢棄[190]。海牙國際私法會議有鑒於離婚問題在國際私法上之重要性，遂於一九六五年開始草擬承認離婚及分居之公約，而終於一九六八年第十一屆大會時獲得通過。此一公約有二特點：一、為自統一離婚管轄權之規定上，以確保離婚宣告之涉外效力，不似其前身——一九〇二年海牙離婚公約，自統一準據法及管轄權兩方面著手。故本公約在未來批准生效上所遭遇之阻力，自必減少；二、關於離婚管轄權之規定，盡力兼顧兩大法系之利益，對於被請求離婚者權益之維護及防止當事人任擇法庭之弊端，均已注意，其未來必可獲得兩大法系之國家之批准、加入，似可預期。

我國雖非海牙國際私法會議之會員國[191]，但依此承認離婚及分居公約第二八條之規定，歡迎其他國家之加入。鑒於加入此一國際公約，不僅可使我國涉外離婚管轄權之行使，獲一明確有力之依據，更可使我國離婚宣告之涉外效力，臻於確定而穩固，對保障內、外國人之利益，及促進國際之禮讓，將有極人之裨益。因此本人主張我國應早日加入此一國際公約，使國際私法上繁雜之離婚問題，能獲得部份之解決[192]。

187) 關於一九〇二年海牙離婚公約請參閱 I Rabel, pp. 33, 34
188) 例如荷、奧、匈、德、俄、法、瑞士、比、義、西、葡、丹、盧、羅馬尼亞等國。
189) 請參照該公約第一條至第五條。
190) 同註 (187)。
191) 海牙國際私法會議，現共有會員國二七個。其名單如下——奧、比、巴西、加、捷、丹、芬、法、德、希、愛爾蘭、以、義、日、盧、荷、挪、葡、西、瑞典、瑞士、土、埃、英、美、南、阿根廷。
192) 按此公約對離婚宣告之承認，僅限於解消婚姻關係而得再婚部份，其他如配偶之扶養及子女之監護，均不屬本公約之適用範圍。此外本公約對離婚準據法，也無統一之規定。

契 約 準 據 法 之 研 究

壹、引　　論

法律上所謂契約（contract）有廣狹二義，廣義契約乃泛指以發生私法上效果為目的之一切合意[1]，不但債法上有之，即物權法、親屬法、繼承法上亦有契約之觀念[2]；至狹義契約，則專指以發生債法上效果為目的之合意，故也稱債權契約[3]。本論文「契約準據法之研究」，乃針對後一意義之契約——債之契約，於其含有涉外成分（foreign elements）時[4]，就應適用之法律（

applicable law）[5] 所做之研究。

按債之發生[6]，其原因或出於法律行為，或出於法律行為以外之其他法律事實[7]。其由於法律行為者，當然以契約為主，唯法律行為除契約外，尚有單獨行為，例如代理權之授與行為等是。本論文雖以討論發生債之關係之契約，所應適用之準據法為主要對象，但其以單獨行為發生債之關係者，自也有其適用[8]。

近世交通日繁，貿易益盛，各國人民往來與時俱增，相互接觸關係也日趨

---

1) 德國民法採取此說，規定契約於民法總則編，以為適用於民法全部之通則。請參照德國民法第一○五條以下。
2) 例如以物權變動為目的之合意（如以所有權之移轉或抵押權之設定為目的），以及以其他身分關係之成立或變更為目的之合意（如婚姻、收養、兩願離婚等是）。
3) 法國民法（法民第一一○○條以下）、奧國民法（奧民奧民第八六○條）、日本民法（日民第五二一條以下）及瑞士債務法（瑞債第一條以下）之所謂契約，概從狹義。
4) 所謂涉外成分，係指法律關係之主體、客體或權利之變動，有一牽涉到外國人或外國地者之謂。
5) 「應適用之法律」，係指依照一國國際私法之規定，就特定涉外法律關係所適用之內外國法律而言，亦稱準據法。此準據法係以特定法律關係與當事人或某地域之牽連關係為基礎，而抽象的予以規定，例如我涉外民事法律適用法第十條一項「關於物權依物之所在地法。」即為其例。應適用之法律究為內國法律？抑或外國法律，則須就涉外法律關係之具體事實，決定牽連因素之歸屬，而後始可知之。前例如「物之所在地」為德國，則「物之所在地法」即為德國法。
6) 債之發生，有原始的發生與繼受的發生之別，前者乃乃指客觀上新發生一種債之關係之謂；後者乃就存法律關係，其主體有所變更之謂（如債權之讓與或債務之承擔），此之所謂債之發之發生，雖係指前者而言，但後者在國際私法上之問題亦頗複雜。請參照涉外民事法律適用法草案說明：第七條之說明；本刊第一七一至一七四頁之論述。
7) 所謂法律行為以外之其他法律事實，就我民法而言，係指無因管理（混合的事實行為）、侵權行為（違法行為）、不當得利（行為以外之事實）。請參閱鄭玉波教授著：民法債編總論（民國五十九年五版）第十八至十九頁。
8) 參閱涉外民事法律適用法草案說明：第六條一項之說明。

複雜，其中尤以法律行爲發生債之關係爲然，一旦發生問題引起糾紛[9]，而涉訟於法院時[10]，法庭地固適用其國際私法，以決定應適用何國之民、商法，以爲裁判依據，唯法律爲社會環境之反映，亦爲國民精神之表現，各國之社會狀態及國民之精神，旣不能盡同，則其法律之內容，自亦不能一致[11]。從而一國有關契約準據法之規定，可說直接決定涉外案件應適用何國之法律，影響當事人權益不能謂小。本論文之作，卽在探究關於契約準據法之各種立法主義，批評其利弊，明其得失；同時對於我國契

約準據法之適用範圍，也擬詳加討論，以期對於條文之適用及修正，能有所助益。

貳、契約方式之準據法

關於契約之成立除需具備法律行爲之一般成立要件外[12]，是否尚須依一定方式爲之[13]，契約可分爲要式契約與不要式契約。所謂要式契約，卽契約之成立，須依一定之方式；所謂不要式契約，卽契約之成立，不須一定之方式者。又縱屬非要式契約，當事人約定，須依一定方式爲之，亦無不可，此卽所謂約

9) 例如：(1)中國人與日本人在東京訂立買賣汽車之契約，因物有瑕疵，中國人主張解除契約，而賣方日人則認爲買方僅得請求減少價金，不得解除契約，因而發生爭執是。

(2)德國人與泰國人在曼谷訂立承攬契約，德國人受領由定作人泰人所供給之材料，因不可抗力而毀損、滅失者，承攬人主張不負責任，因而發生爭執者。

(3)中國人託美國籍輪船公司運送貨物一批赴美，該批貨物因包皮有易見之瑕疵而毀損時，運送人表示不負賠償責任，因而引起爭執是。

10) 當事人私權之紛爭未必皆涉訟於法院，其有採非强制的亦非自治的解決方法者，例如商務仲裁是（參照商務仲裁條例第一條），卽使涉訟於法院，也有採自治的解決方法以息爭者，例如調解及訴訟上之和解是。本文所謂之涉訟於法院，係指依强制的解決方法，卽依判決程序以解決當事人間之紛爭而言。

11) 玆僅比較我國與英美法有關契約之規定一二於后，以見其異：

(1)行爲人不知有懸賞廣告而完成該行爲者，依我國民法第一六四條一項後段規定，行爲人仍取得報酬請求權，但在英美法則不然。請參閱 Broadnax v. Ledbetter, 99 S. W. 1111, 100 Tex. 375 (1907); Vitty v. Eley, 51 App. Div. 44, 64 N. Y. S. 397 (1900); Williams v. Carwardine, 4 B. A. 621, 110 Eng. Rep. 590 (K. B. 1833).

(2)要約發生拘束力後，依我國法要約人在承諾期間內不得撤回其要約（參照我國民法第一五四、一五七、一五八條及第一六二條之反面解釋，但第一六二條之情形應屬例外）；但在英美法，要約人在相對人未爲承諾前，原則上得隨時撤回其要約。請參閱：Boston & Maine Railroad v. Bartlett, 3 Cush. 224 (Mass. 1849); Minneapolis & St. L. Ry. Co. v. Columbus Rolling-Mill Co., 119 U. S. 149; 7 S. Ct. 168 (1886).

(3)要約人於爲要約之意思表示後死亡，依我國民法第九十五條第二項，其意思表示不因之失其效力；但在英美法則不然。請參閱 Jordan v. Dobbins, 122 Mass. 168, 23 Am. Rep. 305 (1877).

12) 所謂法律行爲之一般成立要件，係指當事人、標的及意思表示三者。

13) 所謂方式，係指契約之外形上的意思表示，例如締結契約需否訂立書面；如需訂立書面，要否經公證人之認許等是。

定方式之要式契約。依我國民法規定，契約不須方式者，以當事人之合意爲已足[14]；契約須依法定方式者，如不依法定方式，其契約原則上爲無效[15]；契約須依約定方式者，在該方式未完成前，則推定其契約爲不成立[16]。唯各國法律關於何種契約應爲要式契約、其方式之種類如何，以及不具備法定方式或約定方式之契約，應發生何種法律效果等問題之規定，不可能絕對相同，則於涉外契約案件上，究應適用何國法律，以爲決定此等問題之依據，遂卽發生衝突，故本文首先擬對契約方式之準據法，加以探究。

一、契約方式準據法之立法主義

各國國際私法對契約方式所採之準據法，要分爲兩種主義：㈠行爲地法主義；㈡行爲地法與本案準據法選擇適用主義。茲分述如下：

㈠行爲地法主義

關於契約之方式，自西元第十四世紀法則區別說 (statute theory)[17] 創始以來，卽主張關於法律行爲之方式，依行爲地法。此種主張實係適用「場所支配行爲」(Locus Regit Actum) 法諺之結果。關於契約之方式，何以應以訂約地法爲準據法，學者間雖有不同之解釋理由[18]，但其中實以着眼於公平與便利之說，最能令人折服。依此說謂內、外國人在外國爲法律行爲者有之，在內國爲契約之簽訂者亦有之，於此情形，若必强當事人依其本國法或住所地法所規定之契約方式，以成立契約，則於當事人異其國籍時，契約勢難成立，對當

14) 參閱我國民法第一五三條。
15) 參照我國民法第七三條。
16) 參照我國民法第一六六條。
17) 法則區別說爲羅馬法後期註釋家巴塔路斯 (Bartolus) 所首創。彼在當時爲一代碩儒，頗受學者之崇拜，稱之爲法律之光。巴氏主張將法則區分爲人之法則與物之法則，不僅異其規律對象，且異其適用範圍。自巴氏以後主張法則區別說者，代代有人在，唯其學說之內容，則並不盡同。關於法則區別說之詳細內容，請參閱馬漢寶教授著：國際私法總論（民國六十年）第二二八至二三七頁；翟楚教授著：國際私法綱要（民國四十八年）第二三至二八頁。
18) 學者間所採之解釋理由，約有下述各說，茲簡述於後：⑴法則區別說：此說謂法律關係之發生，可分爲屬人、屬物、屬行爲三種，各異其所支配之法律，凡發生法律行爲問題時，則不論其爲方式問題或實質問題，均應依行爲地法；⑵主權說：此說謂法律爲一國主權運用之結果，故凡在行爲地國爲法律行爲者，不得不服從其地之主權，故方式必須依行爲地法；⑶意思服從說：此說謂當事人於行爲地國爲法律行爲時，卽得推定其有服從行爲地國法律之意思，法律行爲之方式依行爲地國法，卽所以服從當事人之意思；⑷各國默認說：此說謂法律行爲方式依行爲地法之原則，已爲各國法律所共取，且行之甚久，是無異以此爲國際通則，故凡依行爲地法之一切法律行爲方式，各國莫不一致認其效力；⑸證明便利說：此說以爲法律行爲之方式，原爲確定當事人之意思表示，並爲日後有所證明，而證明最便利者，莫如行爲地法；⑹便利說：謂當今內外國人交往頻繁，爲當事人便利計，其行爲之方式，勢不能一一依其本國法之規定，場所支配行爲之原則，卽由此而用。關於以上各種學說及對其批評，請參閱洪應灶教授著：國際私法（民國五十七年）第一一八至一一九頁。

事人言誠屬不便；且當事人於某地訂立契約，似亦應享有自由以接受當地律師所建議之當地法律所規定之契約方式，方屬公平合理[19]。行為地法主義在過去雖為各國奉為金科玉律，但現今採用行為地法主義以為契約方式之絕對準據法者，則僅有荷蘭、西班牙及中南美州之阿根庭、智利、哥倫比亞、古巴、瓜地馬拉、宏都拉斯等國[20]。

(二)行為地法與本案準據法選擇適用主義[21]

關於契約方式依行為地法，固有其適用之理由，已如上述，然倘以行為地法為唯一應適用之準據法，則有時反而導致不便利與不公允，蓋行為地出於偶然，與契約無實質牽連關係時固所在多有，而行為地不確定或難以確定時也非絕無，舉例言之，兩中國人在韓國簽訂一表演契約，表演地點在臺灣，倘僅因該兩人往漢城參加亞洲影展偶然相遇於該地，逐於該地簽約，則此簽約地純出偶然，與契約實質內容毫無關聯，此時若以訂約地法為關於此涉外契約之方式唯一應適用之準據法，則顯然有失公允與合理；再者，如兩日本人在國家密集之西歐地區，乘夜快火車旅行時訂立契約，則簽約地究為何國亦難確定。抑有

進者，契約實質要件——契約成立要件及效力之規定，倘適用另一準據法，何獨契約方式要件，必適用契約訂約地法。往昔所以以行為地法為契約方式唯一之準據法，實因彼時行為地法也為契約實質要件準據法之故[22]，現今契約實質要件之準據法，既已多改採當事人意思自治原則 (the doctrine of autonomy of the parties)[23]，則關於契約方式之準據法，實無必要仍堅持以行為地法主義為強制之規定，此特別於契約之方式要件及實質要件，依後者之準據法均可成立，但如分別適用不同之準據法，則前者難以成立之情形，最難令人滿意。故現今立法例多採行為地法與本案準據法之選擇適用主義，如奧國、比利時、德國、義大利、日本、挪威、波蘭、瑞士、瑞典等國立法例及法國、英國、之判例是[24]。

所謂行為地法與本案準據法之選擇適用主義，乃指關於契約之方式要件，可就契約之訂約地法及契約實質要件之準據法，選擇其中之一而予適用，適用其中之一若契約不能成立，仍可適用另一準據法，必須兩者中任何一種準據法，均不合契約方式之成立要件者，該契約方不能成立。

---

19) 請參閱 Dicey & Morris, *The Conflict of Laws* (8th ed. 1967), p. 750.
20) 請參閱 2 Rabel, *The Conflict of Laws, A Comparative Study* (1958), p. 486.
21) 關於契約方式各國所採之準據法，除本文所述行為地法與本案準據法選擇適用主義外，尚有行為地法與法庭地法選擇適用主義及行為地法與本國法選擇適用主義，唯其重要性均遠遜於前者，故本文略而不論。關於後兩種立法主義，請參閱劉甲一教授著：國際私法（民國六十年）第一九二頁。
22) 請參閱馬著：第一〇一、一〇二頁。
23) 關於當事人意思自治原則，請參閱本文參、契約實質之準據法。
24) 請參閱 2 Rabel, p. 488.

採用選擇適用主義，可使涉外契約之方式要件易於有效成立，且以契約實質要件準據法兼為契約方式要件選擇適用之準據法，也較符合理論，此蓋因法律行為之方式與實質，表裏相依，關係密切，實不宜分割適用不同之準據法[25]，且在通常情形下，法律行為方式要件，依照其實質要件所應適用之法律，也較便於行為人及訴訟繫屬之法庭。

二、契約方式準據法之確定

關於契約方式準據法之立法主義，有行為地法主義及行為地法與本案準據法選擇適用主義，已如上述。除本案準據法擬在本文參討論，故關於其準據法確定問題也擬在該處合併研究外，於此準備探究者乃關於行為地法主義之確定問題。按各國國際私法關於契約方式之準據法，不論係採取何一立法主義，倘適用行為地法為契約方式之準據法時，則此一準據法之適用，有待行為「地」之確定。如成立契約之各個法律行為——要約與承諾，均發生在同一國家或法域[26]，此時決定該契約之法律行為地尚非難事；唯如其不在同一國家或法域發生時則如何？此際欲確定契約行為地

，則不無困難。按債之契約，必須雙方當事人意思表示一致始能成立[27]，設兩造當事人於不同法域為意思表示，所謂「隔地契約」，即發生不同之行為地，例如在美國加州之某美國人，向在臺北之某中國人為締結買賣腳踏車契約之要約，經後者為承諾之意思表示者，該買賣契約之行為地有中國及美國加州兩地等是。於此情形，究應以其中何一法域為行為地，不易決定，學者之見解亦異，約可分為下列數說[28]，茲分別說明檢討於後，以供實用時之參考，至於我國法制上之有關規定，則擬另段論及之。

㈠行為完成地說

採此說者以為契約雖由要約與承諾兩個意思表示之合致而成立，但要約僅係以締結契約為目的，而喚起相對人承諾之一種意思表示，其本身尚非完成契約之行為，故要約地不得視為行為地。而承諾既係答復要約之同意的意思表示，同時契約也因要約相對人之承諾而成立，故承諾乃完成契約之行為，從而承諾地才應視為行為地。

行為完成地說以為承諾乃完成契約之行為，故以承諾地為行為地，用為解決隔地契約行為地之問題，雖屬簡明易

---

25) 參閱涉外民事法律適用法草案說明：第五條第一項之說明。

26) 法域 (territorial legal unit) 者，即於特定土地領域內有其獨自法律之謂。英美法上以「法域」代替國際私法上之國家。例如美國之各州，英國之蘇格蘭、愛爾蘭、英吉利是，因各地法律互異，自成法域，亦即各成為國際私法上之國家。

27) 參照我國民法第一五三條。
　　瑞債　第一條：契約之締結以當事人雙方意思表示之合致為必要。
　　德民　第一五四條一項：就契約所有之點，當事人未經合意，而依當事人一方或雙方之意思表示，關於此點須經合意，而有疑義時，推定其契約不成立。此時關於個個之點之合意，雖於書面記載之，亦不生效力。

20) 關於其中部份學說之說明，請參閱劉甲一教授著：國際私法（民國六十年）第一九四、一九五頁。

行,但理論上實不無瑕疵,蓋嚴格言之,承諾地僅得視為作成承諾意思表示地,至於其是否也屬完成契約行為地,則端視該承諾意思表示於何時在何地發生效力而定,故如對承諾意思表示之發生效力,係採發信主義者[29],承諾地雖仍可視為完成契約之行為地;但如對承諾意思表示之發生效力時期採達到主義者[30],則於該承諾之意思表示達到要約人時始發生效力,換言之,此時承諾發生效力之地——契約完成地,實係要約人為要約意思表示地。

行為完成地說之理論固不甚妥洽,即採後者辦法從純理論上以認定行為完成地,也又因法庭地對非對話意思表示之生效時期所採之立法主義,究係發信主義抑達到主義而得不同之結果,不無違背選法安定之原則。

㈡一方行為地說

採此說者以為契約既係由要約與承諾兩個意思表示合致而成立,而要約與承諾本身亦各自為一種法律行為,則為各個意思表示地,自可視為各該法律行為之行為地,從而關於要約之方式應依要約之行為地法、承諾之方式應依承諾之行為地法。

一方行為地說將原為單一概念之契約,分裂而成各個部分,而就此各個部分以確定其方式之準據法,不僅忽略契約為整體行為之概念[31],且其所確定之各個行為地,僅能稱為要約或承諾之行為地,而非契約之行為地,故此說實不可採。

㈢雙方行為地說

採此說者以為契約雖係由要約與承諾兩部份所構成,但契約一經成立,則其本身為一整體之行為,故關於其方式要件,不得將整體分裂,而就各個部份為分別觀察,而必須就整體為全部之衡量,衡量之標準即累積適用要約與承諾兩地之法律,以觀其是否符合兩地法律所規定之方式要件。由於重疊適用兩種準據法,必使法律行為方式尤難成立。

按關於某種涉外事項,採準據法累積適用方式,大多由於該事項與國內公益有重要關係,俾藉前後重複適用兩種準據法,以限制該涉外法律關係之成立,以維持內國公益;唯法律行為發生債之關係,既與內國公益無直接重大之影響,此由各國多於其民法上採意思自由原則[32],於其國際私法上採當事人自治

29) 所謂發信主義,係指表意人已將其意思表示置於其自己實力支配範圍以外時,應即生效是。英、美判例採之。請參閱 Adams v. Lindsell, 1 Barnewall & Alderson 681 (1818); American Law Institute's *Restatement of Contracts*(1932), § 64; Corbin, *Contracts* (1950-1964), § 78; Williston, *Contracts* (3d ed. by Jaeger 1957), § 81; Morrison v. Thoelke, 155 So. 2d 889 (Fla. Dist. Ct. App. 1963).

30) 所謂達到主義,係指意思表示達到於相對人之時,為其生效之時。我國民法第九五條一項採之。德民第一三〇條亦同。

31) 契約固由於要約與承諾而成立,但契約一經成立,要約與承諾各個法律行為即歸消滅,所存者僅契約一整體之概念耳。

32) 此由於債權無排他性,其成立、內容,縱委諸當事人之自由意思決定,也不致有侵害第三人利益之虞,因而債權之主要發生原因之契約,即有所謂契約自由原則之確立,各國多採之。

原則可得佐證[33]。因是之故，雙方行為地說所主張之要約地與承諾地並為行為地，契約之方式應累積適用兩地之法律，顯非允當。

持雙方行為地說者，鑒於其主張事實上窒礙難行，遂加以修正[34]，即僅以兩行為地中，規定契約方式較嚴之一方法律為應適用之法律，他方之法律雖亦為行為地法，但因其規定之契約方式較寬，而被較嚴之一方所吸收，故不適用耳。例如要約地國法律規定某特定債之契約應經公證機關之公證，而承諾地國法律只規定該契約應為書面，就此例言，要約地法律關於契約方式之規定較嚴，故即以該國法律為應適用之法律。

修正後之雙方行為地說，雖仍承認要約地與承諾地皆為行為地，但僅適用規定方式較嚴之一方法律，比較前此累積適用兩地法律，就法律適用觀點言，誠屬進步，唯方式在法律行為上之重要性已今不如昔，況現今立法趨勢，已將行為地法主義由絕對強行性改為相對任意性[35]，而準據法選擇適用主義目的之一，即在策使契約易於成立，從而雙方行為地說實不如承認雙方行為地皆為契約行為地[36]，並就兩者中選擇可促使法律行為成立之一方法律為行為地法，用以為契約方式之準據法而加以適用為當。

(四)要約地說

採此說者雖不否認發要約通知地，在通常情形下僅係做成要約法律行為之行為地，而非完成債之契約之行為地，但要約不論係對特定人抑不特定人為之，其行為地常屬確定，而相對人為承諾時，幾無不知要約通知地者，其既自願與要約人締約，則以要約通知地法為契約方式準據法自無不當，此外，要約乃契約成立之前提，又為構成契約不可缺之部分，為適用法律簡便計，遂主張以要約通知地視為契約行為地，以解決法律適用時所發生之問題。蒙特維地奧公約 (Montevideo Treaties)[37] 及我國國際私法[38]，對確定契約實質要件準據法──行為地法均採之。此種主張未嘗不可做為確定契約方式準據法──行為地法之法理上依據。

(五)承諾地說

關於隔地契約，主張以承諾地為契約訂立地者，為英美法系國家之見解，蓋英、美法系國家對非對話之意思表示，係採發信主義[39]，詳言之，要約相對人將其承諾之意思表示置於自己實力支配範圍以外，而藉通常可傳達意思表示之方法而為傳達時，契約即為生效，而不問該承諾之通知是否到達要約人或要

---

33) 請參照我國涉外民事法律適用法第六條一項；日本法例第七條。
34) 請參閱註二八劉著：第一九四、一九五頁。
35) 請參閱本文前述契約方式準據法之立法主義。
36) 承認雙方行為地皆為契約行為地，從純理論上言雖不甚妥洽，但此地之主張與一方行為地說不同，請注意。
37) 參閱該公約第三七條。
38) 參照我國涉外民事法律適用法第第六條二項。
39) 請參閱註二九。

約人是否知悉該承諾之通知。以承諾地法爲契約行爲地法，就英、美等國家而言，確係符合其契約之理論，且就法律適用言，也有簡單明確之利。

以上各說，除一方行爲地說外，似均言之成理，有簡單明確之利，不失爲確定契約行爲地之辦法，在無國際條約統一各國規定前，各國自得任擇一種以爲適用之準則；唯如前所述，方式在法律行爲上之重要性，既已今不如昔，爲利於契約之成立起見，似以採雙方行爲地說爲妥，以可促使法律行爲成立之任一方法律爲行爲地法。

三、我國國際私法關於契約方式準據法之規定

我國現行涉外民事法律適用法第五條第一項規定[40]：「法律行爲之方式，依該行爲所應適用之法律，但依行爲地法所定之方式者，亦爲有效。」，及舊法律適用條例[41]第二六條第一項之規定：「法律行爲之方式，除有特別規定外，依行爲地法，但適用規定行爲效力之法律所定之方式，亦爲有效。」均係有關契約方式準據法之規定，皆採行爲地法及本案準據法選擇適用主義，符合國際私法發展之趨勢，允屬進步。關於此種準據法選擇適用主義之意義及評論，

已見前述，於茲不贅。以下擬就下列問題再加申論：

(一)現行國際私法與法律適用條例關於契約方式規定之比較

涉外民事法律適用法與法律適用條例，關於契約方式之準據法，雖均採行爲地法與本案準據法選擇適用主義，卽以行爲地法爲任意之規定，但其制定之精神則有差異。蓋後者係以契約方式準據法依行爲地法爲原則，而以本案準據法爲契約方式準據法之補充規定；但現行國際私法則反是，乃規定契約方式準據法，以依本案準據法爲原則，而以行爲地法主義爲補充。兩者相較，自以現行法之規定爲妥當，此蓋因法律行爲之方式與實質，表裡相依，關係密切，在通常情形下，法律行爲之方式，依照其實質所應適用之法律，匪特較便於行爲人，且按諸法理，也本應如是；至於行爲之方式依照行爲地法，按場所支配行爲之原則，雖未始不可認爲有效，要屬例外情形，只可列爲補充規定[42]。

唯應注意者，此種準據法原則與補充規定之採擇，在立法精神與理論上固有其批評之處，但其屬於同一類準據法選擇適用主義則一，因此就適用結果言，要無差異；就立法目的言，也均在於促使契約方式之易於成立。

---

40) 同條第二項規定：「物權之法律行爲，其方式依物之所在地法。」係對本條第一項之特別規定，因不在本文論述範圍之內，故從略。至同條第三項之規定：「行使或保全票據上權利之法律行爲，其方式依行爲地法」。雖也係就法律行爲發生債之關係而爲規定，但票據行爲極其特殊，其成立之實質要件及效力，是否均在涉民第六條適用範圍內，頗值研究，故本文關於票據行爲暫不論述，是第五條第三項之規定也從略。

41) 法律適用條例係於民國七年八月六日公佈施行。該條例因係北京政府時代所制定，故北伐成功國民政府奠都南京後，由國府於民國十六年八月十二日命令暫准援用，以迄現行法——涉外民事法律適用法於民國四十二年六月六日公佈施行時爲止。

42) 請參閱涉外民事法律適用法草案說明：第六條之說明。

— 74 —

所謂本案準據法，亦卽法條中所稱
「該行爲所應適用之法律」，亦卽指法
律行爲之實質要件所應適用之法律而言
。唯契約實質要件之準據法，可分成立
與效力之準據法，雖兩者大都適用同一
之法律[43]，然如兩者之準據法各異時[44]
，究應適用何一準據法，不無疑義。由
於契約之方式與其成立要件關係最切，
似應解釋爲由成立之準據法來解決爲妥
[45]。

㈡行爲地之確定

涉外民事法律適用法關於契約方式
之準據法，係採本案準據法與行爲地法
選擇適用主義，與日本[46]及德國等[47]立
法例同，已如上述。唯如涉外案件在我
國法院提起，而以行爲地法爲契約方式
準據法時，倘如行爲地不同，卽所謂隔
地契約，則應如何確定行爲地？涉外民
事法律適用法第五條固無規定，卽在實
務上也鮮先例可循，則在實用時究應採
取何種態度，不無疑問。而涉外民事法
律適用法第六條第二項所謂：「……行
爲地不同者，以發要約通知地爲行爲地
……」，雖係就契約實質要件準據法之
規定，可否做爲我國法院解決方式行爲
地之實證法上之依據？似不無討論之餘
地。

法律行爲之準據法原分有方式及實
質兩部份，應不容混淆，故關於契約實
質準據法之行爲地法，當不能逕行適用
於第五條所規定契約方式之行爲地法。
唯鑒於我國民法關於非對話人爲意思表
示之生效，係採達到主義[48]，則於隔地
契約，要約相對人承諾之通知，於到達
要約人時始發生效力，換言之，契約係
於要約地，因要約與承諾之意思表示一
致而成立，因此若衡諸此種見解，以發
要約通知地爲契約訂立地，非無理由，
且更與我契約法之規定遙相呼應，從而
涉外民事法律適用法第六條第二項之規
定，於確定契約方式之行爲地，似亦可
準用。不過，由於方式在法律行爲上之
重要性已形減少，爲促使契約易於有效
成立見起，究不如按諸法理，採雙方行
爲地說，以可使契約方式有效成立之任
一方法律爲行爲地法爲宜。

㈢契約方式違反準據法規定時之效果

當事人依一定方式或不依任何方式
所做成之契約，依我國國際私法所指定
之契約方式準據法之規定，無礙其成立
，固無問題，唯如當事人約定契約應依
一定方式完成，而準據法國對不遵約定

---

43) 請參閱我國涉外民事法律適用法第六條第一項；日本法例第七條。
44) 在美國，關於契約成立之實質要件及效力，常異其準據法之規定，除參考本文（參）有
    關部份外，請參閱 Stumberg, *Principles of Conflict of Laws* (3rd ed. 1963), pp.
    225-241, 246。唯美國法學院（American Law Institute）之國際私法新編（*Restate-
    ment, Conflict of Laws*, Second, Tentative Draft No. 6, 1960）則一反其舊例，
    就契約成立之實質要件及效力，不加區分，而適用同一之準據法。請參閱該新編 §§
    346-346D.
45) 請參閱 Stumberg, pp. 243-245.
46) 請參照日本法例第八條。
47) 請參照德國民法施行法第十一條。
48) 請參照我國民法第九十五條、第九十六條。

方式契約之效果無規定；或者當事人依某種方式簽訂契約，準據法國法律未有明文規定該契約應採何種方式成立；乃至於當事人做成之契約，其方式違反準據法國之法律等情形時則應如何？實用時易滋疑義，茲分別檢討於後：

1. 當事人不依約定方式訂立契約，而準據法國法律對不遵約定方式之契約之效果無規定。

當事人約定契約須依某種方式做成，而確係依該方式簽訂者，縱準據法國法律對不遵守約定方式契約之效果無規定，於此情形下，當然不生問題；即如當事人雖未依照約定方式簽約，但不加以爭執，此時無異當事人合意免除約定之方式，自亦不生問題；唯如契約未依約定方式做成，而當事人又爭執其效力時，則應如何？

當事人既約定契約須依一定方式完成，則該一定方式之履行，在當事人心目中自有其作用，職是之故，此時應不得以準據法國法律對此無規定，遂推定該準據法國不承認約定方式之存在，從而否認該約定方式之效力，而應以準據法國法律對此規定係不備，因而應依該準據法國法規補充方法加以補充[49]，以確定不遵約定方式契約，在該國次位順序法規上究應生如何之效果。

2. 當事人依或不依某種方式訂立契約，而準據法國法律對此契約之方式無明文規定。

當事人於成立契約時，既未約定應採何種方式，而任意完成其契約者，已具見其對契約方式之漠視；而準據法國又未規定該契約之方式要件，也足資證明其不重視此種契約之締約方式，則於此情形，遂認為準據法國之法律規定其為不要式行為，承認該契約有效成立，而不採其他迂迴解釋方法，似非違背法律適用及解釋之一般原則。

3. 當事人所締結之契約，其方式違反準據法國法律之規定。

關於契約方式之準據法，我國係採本案準據法及行為地法選擇適用主義，故如依本案準據法國法律，不合契約方式要件，契約不能有效成立，例如無效，仍可適用行為地法律；倘依行為地國法律，該契約之方式可有效成立，自無問題；唯依後者之規定，契約方式亦不能有效成立而係無效時，該契約即不能生效，也無問題；但是若依兩者法律，雖契約均不能完全有效成立，但其效果不同時，例如一為無效，一為得撤銷，此時則應如何？學說上雖有行為地法說及本案準據法說[50]，但基於準據法選擇適用主義之立法精神，及比照契約方式

49）請參照我國民法第一條。

瑞債 第一條：關於文字上，或解釋上，本法已有規定之法律問題，一概適用本法。本法未規定者，裁判官依習慣法；無習慣法者，依自居於立法者地位時，所應行制定之法規裁判之。

前項情形，審判官應準據確定之學說及先例。

日裁判事務須知 第三條：民事之裁判，有成文法者依成文法；無成文法者，依習慣；無習慣者，應推考條理裁判之。

50）行為地法說乃着眼於法律行為之方式與行為地之關係密切，因而主張應依行為地法以決定不遵契約方式之效果；本案準據法說則認為本案準據法乃基本之準據法，故應依此基本之準據法，以確定不遵守契約方式之效果。

之成立要件，既係適用準據法之一如不成立，仍可適用他一準據法之情形以觀，則關於違背準據法之效果，實也應採同一之解釋爲宜。申言之，即就兩準據法中選擇有利於契約方式成立之一方規定，以決定契約方式違背法律規定之效果。例如當事人未依任何方式締結一契約，本案準據法國法律對該契約採書面方式，對不遵守法定方式之契約，規定其爲無效；而行爲地國法律也規定該契約須依書面方式訂立，但對違背法定方式之契約，則規定爲行爲後三個月內得撤銷，於此情形，即應以行爲地國法律以決定其違背法定方式之效果，俾該契約仍有因除斥期間之經過，而確定的有效之可能。

叁、契約實質之準據法

契約的實質，應包括契約成立之實質要件[51]及因契約成立而生債之效力兩部份。所謂契約成立之實質要件，係指當事人有行爲能力、契約內容適當及意思表示健全與合致[52]；而所謂因契約成立而生債之效力，則指基於債權債務關係所生法律上之力，包括債務人之給付義務、債務人之注意義務、債務人之不給付、債權人之受領遲延及債權人對債

之保全等是[53]。各國國際私法多將行爲能力與契約其他實質部份分別規定，而異其準據法之適用[54]。由於本文主要目的係以我國涉外民事法律適用法第六條所規定事項爲討論範圍，且行爲能力準據法問題之本身也頗複雜，故擬他日單獨撰文研討，而於此則加省略。因此本文所稱契約實質之準據法，係指行爲能力除外之契約成立實質要件之準據法，以及因契約而生債之效力之準據法而言。各國立法例大多以同一準據法適用於此兩部份[55]，本文爲簡明計，以契約實質準據法一詞加以涵蓋。

一、契約實質準據法之立法主義

關於契約實質準據法之立法主義，各國立法例可大別爲兩類。其一、非意思主義；其二、意思主義。所謂非意思主義也稱客觀主義，乃指由契約而生之債，與其他涉外法律關係同，本質上應與特定當事人或特定法域有一定之牽連關係，故其準據法應由一國立法或司法機關予以特定，而不容許當事人以自由意思加以決定。在非意思主義下，由於各國對涉外契約側重點不同，所選定之連結因素遂異，因之又有契約訂約地法

---

51) 契約爲法律行爲之一種，法律行爲之實質要件，雖通常區分爲成立要件及生效要件，但在國際私法上似無庸作此分別，故本文中所稱契約成立要件，即包含其生效要件，或逕指其生效要件而言，亦無不可。

52) 此皆係實體法上之問題，請參閱各國民法巨著，本文不擬詳論。

53) 此等事項以及債之移轉、債之消滅等問題，是否均屬契約效力準據法適用範圍，仍不無疑問，本文擬於討論我國契約準據法適用範圍時，再加研究。

54) 請參照我國涉外民事法律適用法第一條、第六條；日本法例第三條、第七條；德國民法施行法第七條、第十條。

55) 請參照我國涉外民事法律適用法第六條；日本法例第七條；德國民法施行法第十條。

主義、契約履行地法主義、債務人本國法主義、當事人共同本國法主義及法庭地法主義等。所謂意思主義也稱主觀主義，乃指由契約而生之債，在契約自由原則下，具有高度人爲性及技術性，難以從客觀上以認定其與特定法域具有某種牽連關係，因此其準據法不宜由一國做硬性之規定，而應尊重當事人之意思，由當事人以自由意思以選擇其所適用之準據法。在意思主義下，又可分爲絕對主義與相對主義，所謂絕對主義，卽以當事人意思所擇定之法律爲唯一應適用於契約之準據法，至相對主義者，則於當事人意思不明時，一國仍制定若干硬性標準，如當事人共同本國法、行爲地法……等，以爲涉外契約之債應適用準據法之依據。本文於詮釋、分析、批評契約實質準據法各種立法主義時，不從客觀主義與主觀主義之分類上立論，而係以構成契約各種準據法之連結因素爲基礎，而由此一一加以分析、說明。

(一)契約訂約地法主義

採此主義者，係以契約訂約地爲連結因素，契約訂約地法爲有關契約實質之準據法。其理論上之根據，係以訂約地國有權力創設契約[56]，故在該國創始之契約，契約當事人之權義卽依據該國法律，而在他國則應以既得權加以承認；倘在該國並未創始契約，卽無契約關係之可言，自無從受他國之認可。且當

事人於某地爲法律行爲，亦可推知其有接受該地法律管轄之意思[57]，因此以契約訂約地爲契約實質之準據法，自係吻合理論。

此外，主張契約訂約地法主義者，以爲其尚有實際上之便利[58]，卽訂約地常屬單一而確定，適用法律時自有簡單明確之利，不致因訴訟地不同，而異其法律之適用；且訂約地法之內容，理應爲雙方當事人所熟悉或易知[59]，因此以其爲決定當事人相互間權義關係之準繩，自也屬公平合理。

唯反對契約訂約地法爲契約實質準據法者，則以訂約地常屬偶然[60]，與契約實質內容無重大牽連關係時，尤所在多有，因此實無從以認定當事人有接受該法域管轄之意思；如以此與契約無實質牽連之法域之法律，以決定當事人間債務關係之成立與效力，實難公允。例如營業地在臺北之二中國商人，因參加環球旅行團而相晤，在飛機飛臨日本上空或在美夏威夷休息時，談妥買賣而簽約是。此契約訂約地與契約當事人、標的、履行地等，可說無一牽連，如以該地法律爲契約準據法，自屬不當。

至訂約地常屬確定之說，也非無可議，此不僅契約係由要約與承諾兩部份構成，在隔地契約，關於如何確定契約締約地，學說上已有爭議（請參照本文前述，於此不贅）；且卽令如美國立法

56) 請參閱洪著：國際私法，第一一二頁。
57) 同註（五六）。
58) 請參閱 Goodrich, *Conflict of Laws* (1927), p. 321.
59) 同註（五六）。
60) 請參閱 Lorenzen, *Validity and Effects of Contracts in the Conflict of Laws*, 30 Yale L. J. 565 (1921); 31 Yale L. J. 53 (1921).

例[61]，就非對話為意思表示，係採發信主義，以要約相對人發承諾通知地，視為契約訂立地，不過，要約地與承諾地仍常轉換，蓋本為要約地者，因相對人拒絕原要約而為新要約，遂有轉變為承諾地之可能，似此訂約地之不能確定，而繫於偶然之事實以決定契約之成立地，致頗受學者之貲議[62]。

主張契約訂立地法為契約實質準據法者，可遠溯至西元第十五世紀之法則區別學家[63]，當時所謂場所支配行為之原則，即兼指契約之方式與實質。在美國贊成以訂約地法為契約實質之準據法者，則有西元一九三四年之國際私法新編[64]，以及國際私法學者比爾（Beale）[65]、顧瑞奇（Goodrich）[66]、麥耐爾（Minor）[67] 等。

㈡契約履行地法主義

採此主義者，係以契約履行地為連結因素，契約履行地法為契約實質之準據法。其理論上之根據，係以履行乃契約最終目的[68]，故契約履行地應為當事人債權債務關係之重心，而最為當事人所留意，不若契約訂約地之常出於偶然而不易確定，且履行地為最易發生爭執之地[69]，訴訟大都興起於履行地，以該地法律為契約之準據法，實也屬方便訴訟繫屬地之法官。

唯契約之履行乃契約有效成立後所發生之問題，因此以履行地法為決定契約效力之準據法，固非不妥，倘用以為契約成立實質要件之準據法，似不免有倒果為因之誤[70]；而履行地大多屬法庭地之說，似也有忽視當事人權益，而徒知便利法庭地之法官。此外，如契約中僅指明一地為契約履行地，實用時固無不便，唯如履行地有多處，或如在雙務契約，雙方當事人之履行地不同時，甚或契約中並未指明履行地時，則此時關於履行地法之適用，即不免發生困難，而不得不又轉採訂約地法，以濟其窮。一九四〇年蒙特維地奧公約[71]，即曾明文揭示，當事人於訂約時不能確定履行地者，即以訂約地法為契約之準據法，

----

61) 同註（二九）。
62) 請參閱 Stumberg, pp. 231-232; Lorenzen, 註六〇所引論文。
63) 請參閱馬著：國際私法總論，第一〇一、一〇二頁。
64) 請參閱 American Law Institute, *Restatement of Conflict of Laws* (1934), Sec. 332.
65) 請參閱 Beale, *What Law Governs the Validity of a Contract*, 23 Harv. L. Rev. 1. (1910).
66) 同註（五八）。
67) 請參閱 Minor, *Conflict of Laws* (1901), pp. 401 et seq.
68) 請參閱馬著：國際私法總論，第一〇四頁。
69) 請參閱何適教授著：國際私法（民國五十九年）第二七五頁。
70) 請參閱洪著：國際私法，第一一一頁。
71) 蒙特維地奧公約 (Montevideo Treaties)，係南美各國於西元一八八八年─一八八九年間集會於烏拉圭首都蒙特維地奧，討論統一國際私法事項，並曾締結國際民法與國際商法兩項條約。嗣於一九四〇年又曾加以若干修正。以訂約地法代履行地法之規定，請參照該公約第四十條。

可資證明。

主張契約與履行地關係最密切者，厥為德意志學派之大師薩維尼(Savigny)[72]，彼倡法律關係本據說，以為契約之本據(seat)在其履行地，故應以履行地法為契約之準據法。智利、尼加拉瓜、西班牙、蒙特維地奧公約均採契約履行地法主義[73]。而美國若干州[74]也以履行地法做為契約成立實質要件之準據法，其大多數州[75]，則以之為契約效力之準據法。

(三)契約訂約地法與履行地法選擇適用主義

主張選擇適用主義者，乃着眼於維持契約之有效成立，此一選擇適用主義，在美國多適用於高利貸之契約(usuary)。例如約定利率百分之十的滙票在紐約(New York)做成，在德州(Texas)付款。此一滙票依紐約州實體法應屬無效，但依後者法律則不然。如法庭地法院關於契約成立採訂約地法[76]，此滙票即歸無效；如採履行地法[77]，則此契約即可維持。唯美國多數州之判例[78]，雖於他種契約案件，適用他種契約準據法之立法主義，但在此類契約案件，則適用訂約地法與履行地法選擇適用主義。其適用之理由，誠如愛阿華(Iowa)州法院所云[79]：「……乃對於交易、貿易之一種讓步，以促使當事人締約意思之實現，……法律不應推定當事人行為荒謬或不誠實，而應認定當事人係以善意為行為，並期望締約之意思

---

72) 沙氏為國際私法之革新家，於西元一八四九年著有現代羅馬法系統論(*System of Modern Roman Law*)一書，共有八卷。其第八卷研究法律場所之效力，而解釋法律衝突之問題，其意謂：同一之法律關係，應歸於同一之解釋，不必拘泥於內外國法之區別。故關於法律衝突，係基於法律關係之性質，而定孰應適用之法域，不應以適用外國法為國際間禮讓之表示。沙氏因倡「法律關係本據說」，其意略謂：一切法律關係各有一定之本據，而其本據則因法律關係之性質而有不同，故國際私法對於此等法律關係，即以其本據地之法律為應適用之法律。例如能力之本據在其住所，故應適用住所地法；物之本據在其所在地，故應適用所在地法；契約之本據在其履行地，故應適用履行地法。

73) 請參閱 2 Rabel, p. 465.

74) 請參閱 Freeman's Bank v. Ruckman, 57 Va. 126 (1860); Pratt v. Sloan 41 Ga. App. 150, 153 S. E. 275 (1930); Western Union Tel. Co. v. Eubanks, 100 Kg. s91, 38 S. W. 1068 (1897); York Metal & Alloy Co. v. Cyclops Steel Co., 280 Pa. 585, 124 A. 752 (1924)。唯值得注意者，依比爾教授於一九二八年所作統計，美國各州採當事人意思自治原則者佔最多數，其次為採履行地法主義，請參閱 Beale, *Commentaries to the Restatement of Conflict of Laws*, No. 4 (1928) p. 22；但依其一九三五年巨著內所作統計，採訂約地法主義之州已顯著增加。請參閱 2 Beale, *The Conflict of Laws*, ch. 8 (1935) pp. 1172, 1173.

75) 請參閱 Stumberg, p. 246.

76) 請參閱 Akers v. Demond, 103 Mass. 318 (1869).

77) 請參閱 Bundy v. Commercial Credit Co., 200 N. C. 511, 157 S. E. 860 (1931).

78) 請參閱 Miller v. Tiffang, 1 Wall. 298, 17 L. Ed. 540 (1864); Americon Freebold Land Mortgage Co. v. Sewell, 92 Ala. 163, 6 So. 143 (1890); Smith v. Brokaw, 173 Ark. 609, 297 S. W. 1031 (1927); Muellea v. Ober, 172 Minn. 349, 215 N. W. 781 (1927); Davis v. Collins, 137 Mise. 396, 241 N. Y. S. 76 (1930).

79) 參見 Arnold v. Potter, 22 Iowa 194 (1867).

得以實現。」唯應注意者，此種選擇適用主義，僅能適用於有關契約之成立，而不能適用於有關契約之效力。

(四)債務人住所地法主義

採此立法主義者，係以契約債務人住所地為連結因素，債務人住所地法為契約之準據法，其理論上之根據，係以債務人乃經濟上之弱者，有關債之法律關係乃為維護債務人利益而設，而債務人住所地與債務關係最屬密切，其住所地法最能保護債務人之利益，故即以債務人住所地法為契約之準據法[80]。

唯有關契約之法律，乃規律債權人、債務人雙方之法律關係，雖立法精神上，各國法律不免偏袒債務人[81]，但契約法絕非獨為保護債務人利益而設，故以債務人住所地法為契約實質之準據法，其立論之基礎不免偏差，且也有違選法公平之原則[82]。此外，在雙務契約及連帶債務之情形，每有二以上之債務人，此際欲適用債務人住所地法，自非無困難。

(五)當事人共同本國法主義

以契約當事人共同本國法為契約實質之準據法，係以當事人共同國籍為連結因素，其理論上之根據不外以當事人共同本國法，乃當事人最熟悉之法律，且當事人通常理應受此一法律之支配，以之適用於契約，對雙方當事人言，自無不公平之可言[83]。

唯法律行為發生債之關係，究非屬人法事項[84]；且對久離故國者言之，尤難言其對本國法最為熟悉，故當事人於外國為法律行為，若仍須受其本國法之適用，似非適當。

(六)債務人本國法主義

此一立法主義，係以契約債務人之國籍為連結因素，債務人本國法為契約實質之準據法。其適用之理由，係以為唯債務人所屬國始有命債務人為給付之權限[85]，因之該債務關係即應由債務人之本國法解決。

此說立論之誤，乃在於強調唯債務人本國始有命債務人為給付之權限，殊不知凡對債務人或其財產享有事實上管

---

80) 此一立法主義為德國國際私法學者巴爾 (Bar) 所主張。見洪著：國際私法第一一二頁。謹按巴爾生於一八三六年，死於一九一三年。主張根據國際交往之必要，探求各國法律關係之真相，就事物之性質而定其適用之準則。

81) 例如各國民法中常規定最高賠償額之限制、消滅時效制度、過失責任從輕酌定原則等是。

82) 請參閱劉著：國際私法，第六九頁。

83) 德國、義大利、法國等均有此種判例。請參照何著：國際私法，第二七六頁。

84) 所謂屬人法事項，係指受屬人法管轄之事項而言，其範圍如何，各國法制並不一致。如從廣義解釋，則舉凡有關個人身分能力之問題、親屬之關係、以及繼承之問題均屬之。而所謂屬人法，則係指與個人關係永固之國家之法律，包含本國法與住所地法。

85) 此說往昔為德國學者齊特爾曼 (Zitelmann) 所倡。見蘇遠成教授著：國際私法 (民國六十年) 第二一九頁。謹按齊特爾曼為十九世紀末葉德國學者，主張依各種權利性質之中心，分別定其應適用之法律。凡受屬人主權保護之權利，依屬人法，即本國法；受屬地主權保護之權利，依屬地法；其不受兩者保護之權利，則依主張權利地法，即依主張其權利時領土所屬國之法律，例如無體財產權等是。

領力之國家[86]，均有權命債務人履行其契約上之債務，要不限於其所屬國也。故此說在實證法上鮮少影響力。

(七)法庭地法主義

贊成以法庭地法為契約之準據法者，蓋以為當事人既選擇法庭地法院起訴，則可推知當事人有自願服從該地法律之意思，且法庭地之法官對內國法律最為熟悉，以之為契約準據法，不僅可以實現當事人意思，且也屬方便法庭地之法官[87]。

此種立法主義，不僅在實證法上甚少實例[88]，且理論上尤為不妥，蓋對當事人紛爭有管轄權之法域每有多處[89]，倘以法庭地法為準據法者，原告自易趨利避害，任意選擇有利於己之法庭地起訴，不僅就同一案件言判決難期一致，且也有鼓勵任擇法庭（forum shopping）之弊，更無從認定被告有自願服從該

地法律之意思。此外可批評者，乃以法庭地法為契約準據法，也不免有擴大內國法適用領域之嫌，殊違國際私法上內、外國法平等適用之原則，至於便利法庭地法官之說，尤屬違背國際私法制定之理由[90]，更不可採。

(八)當事人意思自治原則

法律行為發生債之關係，而以當事人意思決定應適用之法律者，係以當事人意思為連結因素。此一契約之準據法，在學術上可稱之為當事人意思自治原則 (the doctrine of autonomy of the parties)[91]。其理論上之根據與民法上契約自由原則同，均係建立在自由放任主義思想上[92]。唯國際私法上當事人意思自治原則，與民法上契約自由原則，在本質上則廻異[93]。

在國際私法上應否承認契約當事人得以合意指定應適用之法律，學說上雖

---

86) 請參照我國民事訴訟法第一條、第三條；強制執行法第四條。
87) 瑞士蓋呂松司（Grisons）州有此立法例。見洪著：國際私法，第一一一頁。
88) 同註八七。
89) 此蓋由於各國關於管轄權之規定大多相同。有依與被告有一定關係（例如住所、居所等）而定之人的審判籍，有依與訴訟標的法律關係之關係（例如標的物所在地、履行地等）而定之物的審判籍。如審判籍分在不同法域時，則各該法域均有管轄權。
90) 外國學者每以公平 (fairness) 正義 (justice) 與需要 (necessity) 來說明國際私法制定之理由。關於其詳，請參閱 Cheatham et al., *Conflict of Laws* (5 th ed. 1964), pp. 385-388; Goodrich, *Handbook of the Conflict of Laws* (3 rd. ed. 1949), pp. 7-8.
91) 此一原則，通常被認為是十六世紀法國學者 Charles Dumoulin (1500-66) 所創。請參閱馬著：國際私法總論，第一一五頁。按 Dumoulin 曾被譽為國際私法學上一大天才。彼主張限制屬地法之適用，而儘量擴張屬人法之支配範圍。對契約實質問題，則認為應依當事人的意思以定其應適用之法律。在當事人意思不明時，亦應推究其默示之意思。
92) 請參閱 *Lectures on the Conflict of Laws and International Contracts* (Univ. of Michigan, 1951), pp. 6-8 (Graveson).
93) 兩者差異，約有如次數端：
    (1)在契約自由原則下，當事人決定契約之內容及方式；在當事人自治原則下，當事人決定契約之準據法。
    (2)在契約自由原則下，當事人於不違反民法上強制、禁止法規及公序良俗之範圍內，即

有肯定與否定論之爭[94]，但各國實證法
上[95] 大都採用當事人意思自治原則，其

採用之重要理由可歸納於下：
第一、基於契約自由原則，各國有

93)續 使依外國之舊法所規定方式及契約條款所訂立之契約，仍屬有效；在當事人意思自治
原則下，契約方式及其內容欲發生效力，必須不違反當事人意思所指定準據法國之現
行法律。
(3)在契約自由原則下，當事人所決定之契約方式及內容，即使違反外國之強行法規或公
序良俗，仍屬有效；在當事人意思自治原則下，倘若契約之方式及條款違反當事人指
定準據法國之強行法規時，則應屬無效。

94) 持否定論之學者如美國聯邦法院法官 Learned Hand ，請參見 E. Gerli & Co. v.
Cunard S. S. Co., 48 F. 2d 115 (2d Cir. 1931); 美國教授 Cheatham ，請參閱
Review By Cheatham of Rabel, *The Conflict of Laws: A Comparative Study*
(1947), 48 Col. L. Rev. 1267-69 (1948)；美國教授 Beale，請參閱 2 Beale, *Conflict
of Laws* (1935), p. 1079。彼等主張可歸納於下：
a. 國家乃法律唯一之制定者，倘許當事人合意選定法律，無異使契約當事人居於立法者
之地位。
b. 對於契約原應適用之法律內之強行規定，不免有逃避之嫌。
c. 當事人以自由意思指定其準據法，則必須有審究該指定行為有效與否之法律存在，倘
此等審究指定行為有效與否之法律，係屬當事人所擇定之準據法，其結果則難免發生
循環論斷。
持肯定論之學者則居多數，例如美國之 Rheinstein ，請參閱 Review By Rheinstein
of Falconbridge, *Essays on the Conflict of Laws* (1947), 15 U. of Chi. L. Rev.
478-487 (1948) ； Hessel E. Yntema ，請參閱 Yntema, *'Autonomy' in Choice of
Law*, 1 Am. J. Comp. L. 341 (1952); Ernest Rabel ，請參閱 2 Rabel, The
Conflict of Laws: A Comparative Study (1958), p. 408；英國之學者如 J. A. V.
Dicey, J. H. C. Morris ，請參閱 Dicey & Morris, *The Conflict of Laws*, 8th ed.
1967), p. 689; G. C. Cheshire, 請參閱 Cheshire, *Private International Law* (5th
ed. 1957), p. 205。彼等反駁之主張可歸納於下：
a. 唯內國國際私法採用當事人意思自治原則時，內國法官始許當事人以合意選擇準據法
，故所謂允許當事人意思自治，即係使其居於立法者之地位，並不正確。
b. 採用當事人意思自治原則，雖然會發生當事人對原應適用之法律內之強行規定，有故
意逃避之慮，但當事人仍應受其合意選定法律之強行法之拘束，何況有關契約之法律
，多為任意法。
c. 以當事人合意選定之法律，決定當事人合意本身有效與否，並無不妥。

95) 請參閱我國涉外民事法律適用法第六條一項；日本法例第七條一項；泰國國際私法第十
三條一項；希臘民法第二十五條；奧地利民法第三十六條、第三十七條；德國、法國、
比利時等國國際私法，請參閱 2 Rabel, p. 368；美國為聯邦國，依 Beale 教授一九一
〇年所做統計，對契約案件採當事人意思自治原則之州，總數居第二位，請參閱 Beale,
What Law Governs the Validity of a Contract, 23 Harv L. Rev. 79, 194 (1910)
；英國之判例則皆採之，請參閱 Lord Wright: "It is now well settled that by
English law the Proper law of the contract is the law which the parties
intended to apply"., Vita Food Products Int. v. Unus Shipping Co., (1939) A.
C. 277, 289；為大多數拉丁美洲國家所批准之布氏法典 (Bustamante Code) ，其第
一六六條亦採當事人意思自治原則，雖一九四〇年之蒙特維地奧公約 (Treaty of
Montevideo) 之附加議定書第五條廢止當事人意思自治原則，但依學者就該兩法律合
併解釋之結果，認為無論在法律上抑實際上，當事人自治原則仍為拉丁美洲國家之國際
私法上之一原則。請參閱 International Contracts: *Choice of Law and Language*
(1962 Parker School of Foreign and Comparative Law), p. 54 (Folsom).

關契約之法律大多爲任意法，與其他法律關係[96]多屬強行法者不同，因此通常可說契約法與任何國家，並無多大直接利害關係，所以允許當事人合意選擇其願意適用之法律並不致違反一國立國基礎及政策；且事實上各國國際私法中又多有保留條款之規定，足以節制當事人合意選定之有害內國公安之外國法律。

第二、涉外契約之當事人，對相互間將來可能發生之糾紛或訴訟，究竟應依據何國法律處理或解決，利害關係深刻，而思能預先確知，以爲了解彼此間權義關係之標準，此種當事人正當期待利益之保護[97]，可說是各國採取當事人意思自治原則之一有力原因。

第三、採用當事人意思自治原則，可協助法院解決涉外案件上頗爲複雜之法律適用問題[98]；且當事人既確知相互

間權義應受何國法律支配，也比較容易避免訴訟，而有助於案件之減少[99]。

第四、承認當事人意思自治原則，就法律適用言，有單純、明確之利[100]，對當事人言，也符合選法公平之旨。此外，倘各國均採用當事人意思自治原則，就同一案件言，較各國均採用其他相同準據法立法主義[101]，更易於達成判決一致之國際私法學的理想。

以下擬區分下列兩種情形，就當事人意思自治原則之運用，進一步加以探討與批評。

1. 當事人未明白選定契約準據法時

涉外契約中，當事人未明文選定準據法時，在採當事人意思自治原則立法主義下，應如何確定契約之準據法，學者見解[102]及各國實例[103]，並未完全一致。有強調當事人推定意思者 (presumed

96) 例如親屬、繼承、物權、侵權行爲、不當得利等法律關係。
97) 請參閱 Review By Rheinstein of Falconbridge, *Essays on the Conflict of Laws* (1947), 15 U. of Chi. L. Rev. 485-87 (1948).
98) 請參閱 Siegelman v. Cunand White Star, Ltd., (2nd Cir. 1955). 221 F. 2d 189.
99) 同前註。
100) 承認當事人意思自治原則，就法律適用言，有單純、明確之利，以及前述第二、第三點理由，均係指當事人明示意思而言。
101) 例如各國雖均採用訂約地法主義，但如要約地與承諾地不同時，即可能適用不同之法律。
102) 例如英國 Dicey 及 Westlake 之見解即異，前者主張可稱之爲主觀說或當事人假設意思說，此可於下列一段話中見之："The term 'Proper law of a Contract' means the law, or laws, by which the parties intended, or may fairly be presumed to have intended, the contract to be governed." Dicey, *The Conflict of Laws*, (7th ed. 1958), Rule 148；而後者主張可稱之爲客觀說或最重要牽連說，此可於下列一段話中見之："In these circumstances it may be said that the law by which to determine the intrinsic validity and effects of a contract will be selected in England on substantial considerations, the preference being given to the country with which the transaction has the most real connection, and not to the law of the place of contract as such." Westlake, *Private International Law* (7th ed. 1925) p. 302；唯應注意者前者之見解已略加修正，請參閱 Dicey & Morris, *The Conflict of Laws* (8th ed. 1967), p. 691，其 Rule 127: the term "Proper law of a Contract" means the system of law by which the parties intended the

intention)，以爲法院之任務，即在從契約之條款、周遭之環境，以推定當事人如果知道有選擇法律問題時，所可能（would have been）選擇之法律[104]。依此種主張，法院事實上乃自契約中發現一默示條款，以代表當事人共同意思。另一派學者則主張，法院必須爲當事人決定，當其熟思遠慮此等問題後，所應（ought to have）選擇的準據法[105]。依此種解釋，法院乃將雙方當事人視爲一般合理商人，就面對當前契約的內容及訂約時周遭環境，所應具有之意思，作爲當事人的意思[106]。兩說實際運用之區別，雖不顯著[107]，但採取前說，理論上常有捉襟見肘之時，蓋雙方當事人可能各有其以爲應適用之法律，而對

於契約之準據法，根本無所合意。例如原告訴訟代理人强調原告意思，自始至終指向甲國法，絕不致於同意被告所提之乙國法；而被告訴訟代理人也同樣力辯，被告從無意接受甲國法爲契約之準據法。此時無論法院如何決定，要難在理論上得到滿意的結果。

基於上述，兩說中實以後一學說——即所謂最重要牽連主義說爲優。此種最重要牽連主義，乃强調當事人意思不明，即無所謂推定當事人的意思，此時法院之任務，乃在審究契約之成立環境、其內容及用語，以及各種連結因素，以求發見與契約牽連關係最大的國家，該國即應視爲契約之自然本據，該國之法律即應爲契約之準據法。按契約往

---

102) 續contract to be governed, or, where their intention is neither expressed nor to be inferred from the circumstances, the system of law with which the transaction has its clostest and most real connection.

103) 實例上，在當事人意思不明時，上述兩種確定契約準據法之方式，往往爲同一法域之法院所兼採。請參閱 R. H. Graveson, *The Conflict of Laws* (6th ed. 1969), p. 427 有關英國法院之判例。

104) 參見 Lord Atkin 在 Rex v. International Trustee, (1937) A. C. 529 所言 "If no intention be expressed, the intention will be presumed by the court from terms of the contract and the relevant surrounding circumstances."

105) 參見 Lord Bowen 在 Facobs v. Credit Lyonnais, (1884) 12 Q. B. D. 589 所言：
"What is to be the law by which the contract is to be governed, must always be a mather of construction of the contract itself, as read by the light of the subject-mather and of the surrounding circumstances."

106) 參見 Lord Singleton 在 The Assunzione, (1954) p. 175 所言："Then the court has to determine for the parties what is the proper law which, as just and reasonable persons they ought to have intended if they had thought about the question when they made the contract. That, I believe, is the duty upon us, and in seeking to determine the question we must have regard to the terms of the contract, the situation of the parties, and generally all the surrounding facts."

107) 蓋「主觀說所謂探求當事人可能具有之意思，事實上往往亦不外對雙方當事人，視爲一般合理商人，然後以此種合理商人，面對當前契約內容及訂約時周圍的環境，所可能具有之意思，作爲當事人意思，換言之，法官在運用此一程序，以確定當事人意思中或有之準據法時，其不能不考慮與契約有關之種種事實，至爲明顯。」請參閱馬著：國際私法總論，第一三六頁。

往與數國有某種程度之牽連關係，各該牽連關係國家，就該契約，均可有所權利主張；而契約中也可能具有某些特質，例如採用某國法律之特殊用語，或條款中規定貨款應按履行地之通貨支付等是。法院審查各種牽連關係及契約內容、用語後，於大多數案件即可發現契約之最重要牽連國家，亦即契約之本據或重心，法院即以該國法為契約之準據法，此時在當事人意思自治原則下，當事人適用該國法律之意思，實係法院所賦予之意思。

在此應予一提者，即在最重要牽連說，由法院賦予當事人意思下，各種推定（presumptions）或非絕對性規則或推理（prima facie rules or inferences）之地位問題。按在若干法制下，例如英國，常有視某種事實，例如契約之訂約地、履行地、或運輸契約之船旗國等，為決定契約準據法之標準，雖各種推定或推理，均可為其他較強之事實所推翻，但其用為裁判之起點之事實則毋庸否認。但在最重要牽連說下，契約之每一條款、有關契約成立及履行之各種情形，乃至於可能導致契約本據之種種事實，均屬相關聯者，換言之，沒有一項事實有絕對性。因此，倘以各種推定為出發點，不僅最後常會發現推定錯誤，

且更重要者，此種推定最易使法院忽略其他關聯事實，導致不正確之結論。契約本應就整體觀察，故此種推定或推理，與其做為法院判案之起點或輔助，再探求有無其他反駁之事實，加以推翻，實不如開始決定契約準據法時，不適用各種推定或推理，而僅於法院審查各種事實，無從合理決定契約之本據時，再加以適用，似更符合最重要牽連主義之本義。

以上係就當事人未明白選定契約準據法時，在採絕對主義之意思主義下，一國如何決定契約準據法之分析與評論；至採相對主義立法例之國家雖也應適用上述程序以確定契約之準據法，唯如當事人意思仍不明時，則制定若干硬性的一般規則，不過其適用之機會，似乎微乎其微[108]。

2.當事人明白選定契約之準據法時

當事人就契約之成立及效力，明白選定應適用之法律時[109]，在採當事人意思自治原則之立法例下，除選定之法律，違背法庭地公序良俗外，從文義上解釋，似均應加以承認；唯實際上就當事人可能選擇外國法之範圍，仍有理論上之爭執，一派[110]以為當事人明白選定之準據法，必須與契約間存有真實的關係或牽連，而不得任意選擇與契約無絲毫牽連國家之法律，為應適用之法律。其

---

108) 請參閱本文有關我國法制之說明。
109) 介於當事人明白選定契約準據法與未明白選定契約準據法之間，尚有所謂當事人默示選擇準據法者，例如當事人同意某國法院管轄由契約所生之一切爭執；當事人締有仲裁條款，仲裁舉行地；適用某國法律專用術語（如英國之 "Queen's Enemies"）；契約中規定適用某國通貨支付；則於通常情形，如無其他有力反證，各該國法律均可視為當事人默示意思所選擇之準據法。請參閱 Dicey & Morris, pp. 705-707.
110) 此派學者應以法國 Batiffol 教授為代表，以下所述有關限制說之理論，即為彼之見解。本文係引自馬漢寶教授著：國際私法總論，第一一九頁。

理由約言之有二：其一、外國法律與契約間有某種牽連關係，如為契約訂約地、履行地、當事人本國、當事人住所地等，乃為適用該外國法之基本原因，倘如與契約有眞實牽連國家之法律，無適用於該契約之權義，當事人合意選定之法律，何以得主張適用於該契約？其二、當事人如得協意選定一種與契約無眞實牽連關係國家的法律為契約之準據法時，則對於原與契約有眞實牽連關係國家的強行法，不免有逃避之嫌。另一派學者[111]主張則反是，以為當事人應有完全之選法自由，其理由蓋以為國際性契約複雜多變、內容不一，如必限定當事人僅得於與契約有眞實牽連關係國家中加以選擇，不僅在理論上難以自圓其說，且實際上當事人指定與該契約無牽連關係國家之法律，也難謂絕無必要，蓋該國法可能就雙方當事人利害關係言，係屬中立法，或者乃雙方當事人共同熟悉之法律，或者該被選定之法律，乃屬最進步之法律。此外，贊成當事人應

有選法絕對自由者，復着眼於選法便利原則，以為當事人選擇準據法若加限制，當事人或將難於達成明白之協議，徒增法庭地法院確定準據法之負擔。

其實國際性債之契約，通常可說與任何國家並無多大利害關係，此由各國契約法多為任意性之規定，卽可知之，因此，所謂當事人選擇與契約無關聯國家的法律，卽生逃避與契約有眞實牽連關係國家的法律，實屬誇大之詞；且當事人意思自治原則之制定，原在避免各國國際私法規則之牴觸，以減少法院確定準據法時之困擾，並促進判決一致之理想，故如對當事人選法自由加以限制，似有打消上述優點之可能。至於無關聯國家之法律，何以得適用於契約，正與有關聯國家的法律得適用於契約關係上同，乃基於內國立法之規定，而非基於對某國之禮讓，明乎此，可知何以各國實例多趨向於自由說[112]。

以上已就當事人意思自治原則在國際私法上之運用，詳為論述。最後擬簡

111) 推崇當事人意思自主原則，而主張當事人選擇法律應有完全之自由者，當以原籍奧國之美國 Rabel 教授最具權威。請參閱 2 Rabel, p. 408.

112) 例如英國之判例是。請參見下列判例：Rex v. International Trustee, (1937) A. C. 529; Vita Food Products Inc. v. Unus Shipping Co., (1939) A. C. 277. 在此擬附帶一提英國法院對有關海運契約準據法所持態度。按大多數 海牙規則（Hague Rules），以為規律海上運送人權義之依據。英國於一九二四年制定海上貨運條例，卽包含海牙規則，適用於所有自英國港口裝載之運送，而不問海運契約之準據法或運送船舶之國籍。唯如貨物係由其他採納海牙規則國家之港口裝載運送，當事人可否選擇未採海牙規則國家法律，因而排除海牙規則之適用？英國 Privy Council 於上述 Vita Food Products Inc. 一案持肯定說，而 Court of Appeals 於一九三二年在 The Torni p. 77 (C. A.) 一案雖否認之，但其在一九四一年 Ocean Steamship Co. v. Queensland State Wheat Board 1 K. B. 402 (C. A.) 判例中則建議加以承認。由此可知，英國上訴法院對當事人合意選擇非海牙規則國家法律為貨物運契約準據法者，將予承認，卽使該採納海牙規則貨物裝載國法律附有下列：「當事人應認爲係依貨物裝運國法締約，任何相反規定，概視爲不法、無效。」之條款時亦然。換言之，於上述海運契約，英國又採當事人意思自治原則，對選擇之範圍不加限制。不過此種國際私法上之邏輯，於此則有破壞統一商法之必要之可能，是否適當，值得商榷。

— 87 —

單一提者，即當事人合意選擇的法律，係指某國有關契約之實體法而言[113]，包括其強行法與任意法在內；又所謂以某國法為準據法，係指該法現行有效之規定[114]，而非該法在當事人訂約時所具之內容，此與採用外國法為契約之條款時異[115]，蓋於後者情形，恆以訂約時之外國法為準，而不受其後該法廢止、變更之影響。

二、我國國際私法所規定之契約實質準據法

我國國際私法，係指民國四十二年公布施行之涉外民事法律適用法[116]，其第一條規定法律行為能力之準據法、第五條規定法律行為方式準據法，至第六條則係就法律行為發生債之關係之準據法，所為之規定。按法律行為發生債之關係，主要即指契約而言，故該條所稱法律行為發生債之關係者，其成立要件及效力之準據法，亦即本文所指之契約實質準據法。以下擬分兩項，就我國契約實質準據法之規定及適用範圍，詳加分析、評論。

(一)準據法之規定

涉外民事法律適用法第六條，共分三項，其規定如後：

「法律行為發生債之關係者，其成立要件及效力，依當事人意思定其應適用之法律。

當事人意思不明時，同國籍者依其本國法，國籍不同者依行為地法，行為地不同者以發要約通知地為行為地，如相對人於承諾時不知其發要約通知地者，以要約人之住所地視為行為地。

前項行為地如兼跨二國以上或不屬於任何國家時，依履行地法。」

由條文可知，關於契約實質準據法，我國係採意思主義中之相對主義，與大多數歐陸國家[117]及日本立法例同[118]。其中第一項，即為當事人意思自治原則之採用。適用時究應如何決定當事人意思？由於在我國尚無司法判解以為依據，本人認為應比照前述當事人自治原則時所分兩種情形，分別以論。換言之，在當事人無明示意思時，尚不得視為意思不明，仍應由法院適用最重要牽連主義，審查一切與契約有關之各種牽連事實，包括契約之條款、用語，及各種與契約有關之連結因素，就面對締約時周遭環境，以一個合理商人所應選擇適用法律之意思，做為當事人之意思，以定契約之準據法，姑不論其名稱為何——當事人默示意思、推定意思、抑法院所賦予之意思，採取此種解釋，不僅符合

---

113) 請參閱 Dicey. 695；馬著：國際私法總論，第一四九頁。
114) 請參閱 Dicey, pp. 702-703; Cheshire, pp. 220-221.
115) 同前註。
116) 涉外民事法律適用法共三十一條；其前身為民國七年制定之法律適用條例，都二十七條。
117) 請參閱 *International Contracts* (Parker School of Foreign & Comparative Law 1962) (Hecke) p. 47.
118) 請參照日本法例第七條。

外國之實例[119]、學者之見解[120]，且也屬貫澈當事人意思自治原則之立法本意[121]，對當事人言，要比法院逕行適用第二項之硬行法則爲公平合理。

唯於此應特別一提者，即法院於審查一切與契約有關之各種牽連事實，以決定契約之最重要牽連法域時，究應重視質之分析說、抑量之比較說？茲舉例說明，若某種契約與甲國有五種牽連事實，與乙國僅有兩種牽連關係，如採量的比較說，則一合理商人自應有選擇甲國法爲契約準據法之意思，但如採質之分析說時結果則不盡然，而須視各個牽連事實在決定牽連關係時之份量。故如中國人與日本人在東京以英文簽訂一項買賣貨物契約，履行地也在日本，倘契約中明訂因契約所生一切爭端由中國法院管轄，雖契約與日本有當事人一方之本國、訂約地國、履行地國等牽連事實，與中國僅有兩項牽連事實，亦應適用我國法爲契約的準據法，蓋合意由中國法院管轄之一項事實，從牽連關係之質上分析，較其他牽連事實份量爲重。本人以爲原則上應採質之分析，但如契約與數法域牽連關係之份量相同時，則再採量的比較方法，似較公平、合理，至

於何種牽連事實，從質上分析，較其他事實牽連份量爲重，則須參照各國實例及學者之見解以認定之。

當事人於契約中明文規定契約應適用之法律時[122]，自爲當事人意思之明白表示，雖當事人合意所選擇之法律，與契約無實質牽連關係，但參考本文前述理由及外國實例，以及涉外民事法律適用法法文用語、草案立法理由說明等綜合以觀，我國法院亦應以採取自由說爲妥。唯於此有一問題者，即當事人於訂約時，雖未曾於契約中或契約外，明白表示應適用之法律，當事人可否在訂約後乃至訴訟時，合意表示契約之準據法？本人以爲法律既承認當事人意思自治原則，允許當事人協議選擇其願適用之法律，即所以期望減輕法院確定契約準據法時之負擔，及公平保障雙方當事人權益，故關於當事人合意選擇準據法之「時」，似無嚴格限定之必要，就法文用語言，實也應做如此解釋。唯遇有下述情形之一時則不然，即仍應視當事人無明白表示契約之準據法，而由法院審查一切情形，以決定當事人意思之所在。此兩種情形爲：其一、一方用不正當方法，强行或誘使對方合意時；其二、

---

119) 請參閱本文前述有關當事人意思自治原則之說明。
120) 關於外國學者之見解亦請參閱本文前述有關當事人意思自治原則之說明。至我國學者也都認爲應探求當事人默示或推定之意思。請參閱馬著：國際私法總論，第一四〇頁；蘇遠成教授著：國際私法（民國五十八年）第二二四頁。
121) 請參閱涉外民事法律適用法草案說明——第六條之說明。
122) 近年來，外國廠商與我國公私營事業間之投資契約，其訂立可謂多經法律專家或律師之協助，故常明文規定契約之準據法。例如美國氰胺公司投資與我國臺灣糖業公司合作，成立臺灣氰胺公司時，雙方當事人合意，關於投資契約適用中國法律。又如美國莫比石油公司及聯合化學公司投資與我國石油公司合作，成立慕華化學工業股份有限公司時，雙方當事人合意，關於投資契約適用美國紐約州法律是。請參閱馬漢寶教授著：「外國人投資之法律適用問題」，載法學叢刊第二十七期（民國五十一年）。

— 89 —

契約涉及到第三人權益時。

關於第二項，乃規定當事人意思不明時，法律所規定之硬性規則。按各國立法例，雖多數規定在當事人意思不明時，應卽適用法律行為地之法律，然單純適用行為地法，亦不免有窒礙之處，蓋外國人間之法律行為發生債之關係，係因旅經某地，而偶然為之者，不乏其例，其主觀上甚或不知行為地法為何物，若強以行為地法為準，實難期公允，故本項規定於當事人意思不明時，應盡先適用其本國法，萬一當事人之國籍又不相同，各該當事人之本國法可能發生差異，始適用行為地法以為決定[123]。

本項後段規定行為地不同云云，係專指契約行為地而言，蓋法律行為發生債之關係者，不外單獨行為與契約行為兩種，在單獨行為祇須有單獨之意思表示，其行為卽告成立，不致發生行為地不同之情形。至於契約，必待行為人兩方之意思表示一致，始告成立。設行為人處於不同之法域，而隔地訂約，其行為地不同，卽生問題，故本項後段乃有另定行為地標準之必要[124]。

關於第三項之規定，乃因近代國際交通發達，舟車迅捷，無遠弗屆，當事人之法律行為，往往兼跨數國地區，始行完畢，或其行為發生於無主地域者，

亦屢見不尠，何者為其行為地，頗成問題，本項特規定依債務履行地法，以濟其窮[125]。

綜合上述分析說明以觀，我國法律關於契約實質準據法之規定，實較他國成文法之規定為詳盡，但依照本人看法，由於各國對國際私法研究之逐漸重視，法律常識之愈漸普及，不僅未來涉外契約內當事人明文選定契約準據法之情形會愈來愈多[126]；且在當事人無明白選定契約準據法時，尚不得認為當事人意思不明，而仍須由法院審查一切情形，以合理商人觀點，決定當事人應有之意思，則所謂當事人意思不明之情形，殆難想像，故第六條第二項、第三項適用之機會，似乎不多。

(二)準據法之適用範圍

契約之債之準據法，依我涉外民事法律適用法第六條第一項之規定，應依當事人意思決定，若當事人意不明（包括明示及應有之意思）時，則應依同條第二項、第三項之規定，以定其法律關係之準據法，已如上述。其因此決定之準據法，適用範圍如何？法文以其成立要件及效力一詞加以概括。唯因契約而生債之關係，牽涉問題繁多，該等問題是否均在契約準據法適用範圍內，抑應另依法理加以適當解釋補充，於實用上

---

123) 參照涉外民事法律適用法草案說明——第六條第二項之說明，並請參閱本文前述當事人共同本國法主義、行為地法主義之有關說明。

124) 按民國七年之法律適用條例第二十三條，於要約地與承諾地不同之情形（第四項）以外，又於第三項規定謂：「行為地不同者，以發通知之地為行為地」，其意似謂除契約以外，其他發生債之關係之法律行為，尚有不同行為地之情形，唯按諸實際，此種情形殊不可能，該項之設，近於贅文，故予刪除。

125) 請參照涉外民事法律適用法草案說明——第六條第三項之說明。並請參閱本文前述契約履行地法主義。

126) 請參閱註（一二二）。

極關重要，茲擇要分別說明、檢討於後
：

1.契約之成立要件

例如有關要約之要件、效力、消滅
，承諾之要件、遲到、撤回等問題，均
屬契約準據法適用範圍；該準據法並適
用於有關意思表示之錯誤、眞意保留、
虛僞表示、詐欺、脅迫等成立要件及其
效果等問題[127]。

契約標的之是否適法、可能、確定
等問題，既影響契約之成立，故亦屬契
約準據法之適用範圍，因此依契約準據
法，某契約係屬不法而無效時，該債權
人自不得在我國法院有所請求，依我國
實體法是否合法，則非所問，此外，該
契約縱依契約成立地法係屬適法，也屬
無關。唯如依契約履行地法或訂約地法
，某契約係爲不法，依契約準據法則屬
合法時應如何？雖英國法院對此問題別
有見解[128]，但依我國法律則應解釋爲對
契約成立不生影響；至債務人行爲違反
上述法域强行法規，對契約本身究生如
何影響，既屬契約關係之效力問題，自
宜由契約準據法解決爲當。

2.債之效力

涉外契約依契約準據法有效成立後
，則該準據法決定契約條款及當事人爲
履行契約所爲行爲之效果[129]。申言之，
當事人在契約下究發生如何之權利義務
關係，均在契約準據法適用範圍內，例
如債權人得否請求債務人爲給付，於債
務人有給付不能、給付拒絕、不完全給
付、給付遲延等情形時，債權人享有何
種權利以資救濟？解除權、終止權、同
時履行抗辯權、聲請强制執行權、抑損
害賠償請求權。如屬後者，則其賠償之
範圍及方法等諸問題，亦均屬契約準據
法之適用範圍。此外，債務履行須債權
人協助者，若債權人不予協力，是否構
成債權人遲延，及究應發生如何之效果
，亦同。

契約可否附以定金、違約金，以及
其種類、效力等問題，也均應由契約準
據法決定。因不可歸責於雙方當事人之
事由，致一方當事人不能給付者，他方
當事人得否免除對待給付，所謂危險負
擔之問題，亦同。

於此應特別一提者，即關於債之保
全問題。按債務人之總財產爲債權效力
之最後保障，故對於債務人總財產之保
全，各國法律上[130]多賦予債權人以代位
權與撤銷權，俾對第三人發揮其效力。

---

127) 關於此處及下文所提到之民法上各種專門用語，除有特別需要外本論文不擬一一詮釋，
　　 請參考有關我國民法之各種專門著作。
128) 所謂契約之標的須合法之問題，英國之學說有謂契約之準據法以外，尚須考慮契約之訂
　　 約地法及履行地法，如依其中之一法律，債務人之行爲非爲合法者，契約卽視爲無效。
　　 請參閱 Dicey, *The Conflict of Laws* (5th 1932), Exception 2 to Rule 160；唯
　　 上引巨著最近一版則加修正，僅於依履行地法律，債務人行爲非爲合法者，契約則視爲
　　 無效。請參閱 Dicey & Morris, *The Conflict of Laws* (8th ed. 1967), Exception
　　 to Rule 132 並請參閱 Vita Food Products Inc. v. Uhus Shipping Co. Ltd. (1939)
　　 A. C. 277 (P. C.).
129) 請參閱 Graveson, *The Conflict of Laws* (6th ed. 1969), p. 442.
130) 請參照法國民法第一一六六條、第一一六七條；日本民法第四二三條、第四二四條。

則於國際私法上關於契約債權人有無代位權與撤銷權、其行使之條件及方法，以及效力等問題，是否也屬契約準據法適用範圍，頗滋疑問，茲分別檢討於後。

(1)代位權：乃以自己之名義行使債務人權利之權利。故債權人所行使權利之客體，乃其債務人對第三人之權利，例如債務人對第三人有基於契約債務不履行或侵權行為而生之損害賠償請求權、保險金請求權等是。關於此一權利之準據法，要不外下述三種主張[131]：

甲、法庭地法說：以為代位權之行使，即屬強制執行之預備程序，具有訴訟法上之性質，故應依訴訟地法解決。其實代位權乃實體法上之權利，不僅因其規定於民法債編效力中，且就其性質而論，也與訴訟法上之權利如強制執行權不同，蓋一係以保全債務人財產為目的，一係以直接受滿足之清償為目的，故此說不妥。

乙、契約準據法說：以為代位權既屬實體法上之權利，且為債之效力之一部，因此關於債權人有無此一權利，及其行使要件、效力等，自應依規律此一基本法律關係之準據法加以決定。唯代位權行使之主體，固為原基本法律關係之債權人，但代位權之客體，却屬債務人對第三人之權利，倘以支配此一法律關係之準據法，做為變更另一法律關係之依據，不免對該第三人權益稍有逾越之嫌。

丙、契約準據法與債務人權利準據法累積適用說。

此說以為代位權乃由債權人債權所產生，雖應適用原債權準據法；但同時代位權行使之客體，則屬債務人對第三人之權利，為兼顧該第三人之利益，必須該代位權也為規律債務人權利之準據法所允許始可，因此主張代位權之有無、行使條件及效力等問題，應累積適用契約準據法與債務人權利準據法。此說較適當。

(2)撤銷權：乃債權人撤銷債務人所為有害債權之行為之權利。故契約債權人所行使權利之客體，乃債務人以財產為標的之法律行為，其為單獨行為抑契約，則非所問，例如契約債務人對第三人所為之債務免除、財產贈與或買賣等是。關於此一權利之準據法，也不外下述三種主張[132]：

甲、法庭地法說：以為債權人之行使撤銷權，即在撤銷債務人所為行為，由第三人取回擔保之財產，是乃對於已成立之法律關係，加以破壞，使債務人與第三人間發生本不應有之事態，其影響極大，而須於審判上為之，故應屬於訴訟法上之權利，自應以法庭地法為應適用之法律。唯撤銷權係規定於民法債編債之效力中，民法為實體法，故其應為實體法上之權利，至債權人行使撤銷權雖應聲請法院為之，然此係行使撤銷權之方法，究難謂之程序法上之權利，故此說不妥。

乙、契約準據法說：以為撤銷權既屬實體法上之權利，且其係由債權關

131) 請參閱蘇遠成教授著：國際私法（民國五十八年）第二五三至第二五四頁。
132) 同註（一三一）。

係所生，即屬債權關係之效力之一，故關於其有無、行使要件、效力等，自應由規律此一基本法律關係之準據法加以決定。唯撤銷權行使之主體，雖爲原契約關係之債權人，但撤銷權行使之客體，却屬債務人之行爲，姑不論其爲單獨行爲（債務免除）抑契約（財產贈與），無不涉及到第三人之權利，倘以支配原法律關係之準據法，做爲變動另一法律關係之依據，對第三人言不免有保護不週之嫌。

丙、契約準據法與債務人行爲準據法累積適用說。

此說以爲撤銷權乃契約債權人之債權所生，即屬原契約關係之效力之一，自應適用原債權之準據法；同時撤銷權行使之客體，乃屬債務人之行爲，又涉及到第三人之利益，爲保障該第三人既得權益，則撤銷權之行使，必須爲債務人行爲之準據法所承認始可，因此主張撤銷權之有無、行使條件、效力等問題，應累積適用契約準據法與債務人行爲

準據法。此說較適當。

債之保全雖屬債之效力，但按諸實際，要非完全在涉外民事法律適用法第六條之適用範圍內。根據上述分析，關於其準據法，似應依照同法第三十條[133]，依法理而爲補充解釋，方屬允當。

3.債之移轉

債之關係仍保持其同一，僅變更債之主體者，謂之債之移轉，可分爲債權讓與及債務承擔兩種。至債之移轉原因，通常可分爲二：一爲基於法律之規定[134]；一爲基於當事人間之契約[135]。關於債之移轉之許否、生效要件及效力，雖不應屬於法律行爲發生債之效力之範圍，但兩者關係密切，蓋後者乃債之移轉行使客體之一，而我涉外民事法律適用法也於第七條規定：「債權之讓與，對第三人之效力，依原債權之成立及效力所適用之法律。」可見兩者牽連之一斑；再者，我涉外民事法律適用法對於債務承擔契約當事人間及對第三人間之法律關係，以及債權讓與契約當事人間之

---

133) 涉外民事法律適用法第三十條規定：「涉外民事，本法未規定者，適用其他法律之規定，其他法律無規定者，依法理。」並請參閱涉外民事法律適用法草案說明：第三十條之說明。該條說明云：

「——我國關於涉外民事之法律適用法則，雖特設單行法規，然於各項原則，非能包括靡遺，其有關規定，散見於民法及其他民事法規中者爲數不少，——再按近世國際交通發達，內外國人接觸頻繁，訟案隨之而增，其爭訟之點，甚多爲現行法律所不及料，而未加規定，其有賴於法官，本其所具經驗，臨案審斷，殆爲勢所必然，本條後段特設補充規定，凡涉外民事法律所未規定，應依法理以謀解決，揆其旨趣，蓋與民法第一條之規定，遙相呼應者也，——。」

又關於法規欠缺及其補全問題，請參閱劉甲一教授著：國際私法（民國六十年）第八十三頁。

134) 玆就債權讓與爲例言之。所謂基於法律規定之債權讓與，係指債權於法律所定一定事實發生之時，即當然移轉者而言。例如連帶債務人清償債務時之代位及保證人清償債務時之代位是（參照民法第二八一條第二項、第三一二條、第七四九條）。

135) 玆就債權讓與爲例言之。所謂基於契約之債權讓與，係指以契約移轉債權者而言，基於契約之債權讓與，以債權人與第三人間訂立契約爲已足，不以債務人之協助爲必要，又此之所謂債權讓與，必依契約爲之，單獨行爲則無讓與債權之可能。

法律關係所應適用之準據法，均無規定，似嫌簡陋，適用時難無疑義，爰從因契約而發生債之移轉問題上，就相互間之法律關係及應適用之法律，加以分析、研究：

(1)債權讓與：債權讓與者，以債權讓與為標的之契約，直接發生移轉債權之效果，故為處分行為[136]，具有準物權之性質。雖債權讓與行為成立前，必須另有其原因行為，如因贈與、買賣行為而讓與債權，但兩者法律關係各別，其準據法也無庸必須相同。此外，債權之讓與，既係以移轉債權為標的，故債權讓與前，亦必須另有發生其客體之原因行為[137]，於本文則應指因契約而生之債權。因此債權讓與行為與其客體發生之原因行為之法律關係亦各別，唯其準據法是否可無庸一致？舉例言之，甲、乙間有一債之契約，當事人合意以甲國法為準據法，不久，甲以自己對乙之債權，為無償讓給與丙之意思表示，經丙允受，甲、丙遂做成移轉債權之契約。關於甲、丙間贈與契約，既屬法律行為發生債之關係，自應依涉外民事法律適用法第六條以定其準據法，應無問題；至

甲、丙間債權移轉契約對第三人包括對債務人乙之效力，依同法第七條仍適用甲國法——即原債權準據法；但支配甲、丙間債之移轉法律關係之準據法，却無規定，適用時究應以何國法為其準據法？要不外下述三種主張：

甲、當事人意思自治說：以為債之讓與，其本身也為法律行為之一種，關於其成立及效力在讓與人與受讓人間，自應有涉民第六條之適用[138]，即由當事人合意選擇其準據法。唯債權之讓與並非單純之債權行為，也非原始之債，而係以原債權之內容為標的，與原債權有密切關係，因此如採當事人意思自治說，難免會發生甲、丙間債權移轉關係與原債權關係，以及乙、丙間債權關係，不受同一法律支配之現象，易使法律衝突矛盾[139]，似非適當。

乙、原債權成立地法說：以為債權讓與契約與其原因行為之關係，在性質上似同物權行為與其原因之債權契約，故債權之讓與，應屬準物權行為[140]，因此應有涉民第十條第二項之適用[141]，即以其為標的之權利——原契約權利之成立地法為其準據法。此說雖非全無見

---

136) 請參閱梅仲協教授著：民法要義（民國五十九年）第二〇八頁。
137) 此原因行為不以因契約而生之債權為限，因其他法律事實所生之債權亦包括之，如因侵權行為、不當得利等原因所生之債權是。唯應注意者，某些債權或由於債權之性質、當事人間之特約不得讓與、或由於法律明文規定禁止其讓與者，自不得為債權讓與之客體。
138) 請參閱涉外民事法律適用法草案說明：第七條之說明。該條說明云：「債權之讓與，其本身亦係法律行為之一種，關於其成立及效力在讓與人與受讓人間，固應受本草案第六條之支配，——。」
139) 如採當事人意思自治說，則讓與人與受讓人選擇中國法為準據法，原契約債權得為讓與之標的；但依原契約債權準據法，倘該債權不得為讓與者是。
140) 請參閱鄭玉波教授著：民法債編總論（民國五十九年）第四六四、四六五頁。
141) 該條項之規定如下：「關於以權利為標的之物權，依權利之成立地法。——」

地，但如原契約成立地法並非該契約債權之準據法時，亦難免會發生甲、丙與乙、丙間法律關係，不受同一法律支配之情形，而兩者關係之密切又已如上述，故此說也非妥當。

丙、原債權準據法說：以爲債權讓與，卽係以原債權之內容爲標的，僅主體有所變更，故與原債權關係密切，所以主張應依原債權之準據法解決[142]，此外，如採此說，則甲乙間乙、丙間以及甲丙間之法律關係，均可由同一法律支配，就法律適用言，要屬簡單明確，而對債務人之保護，則更屬週密[143]。

(2)債務承擔：債務承擔者，以債務之承擔爲標的之契約。債務承擔一經成立，則債務卽行移轉，無須另有移轉行爲，易言之，債務承擔契約並非僅發生將來承擔債務之債務，乃現實的爲債務之移轉，與物權契約相類似，故爲準物權行爲[144]。債務承擔前，必有其原因行爲，此原因通常多存在於承擔人與舊債務人間[145]（如贈與、貸於信用），但兩者法律關係各別，準據法自也無庸強其

一致。然債務承擔，係以移轉債務爲標的，故債務承擔前，亦必須另有發生其客體——債務之原因行爲[146]，於本文則應指契約債務，因此債務承擔行爲與其客體原因行爲之法律行爲亦有別，然其準據法是否也應區別？關於債務承擔契約當事人間法律關係應適用之法律，學說上也不外爲甲、當事人意思自治說；乙、原債務成立地法說；丙、原債務準據法說。關於上述三說之意義、適用根據，可比照本文於有關債權讓與時所做之說明。三說中應以原債務準據法說爲適當。

以上已就債之移轉在國際私法上所生問題，加以分析評論，我國國際私法除對債權讓與對第三人效力之準據法，規定於第七條外，其餘如債務承擔對當事人及第三人之法律關係、債權讓與及於當事人間法律關係之準據法，均無規定，實爲立法之疏漏，適用時似應以法規欠缺爲理由，依涉外民事法律適用法第三十條之法理[147]予以補充，依本人見解，上述法律關係之成立及效力均以採

142) 此種見解爲德國、日本之通說。請參閱蘇著：國際私法，第二五六頁。
143) 唯此僅係指指名債權之讓與而言。至指示債權，如民法第七〇一條以下所規定之指示證券，及倉單（民法六一八條）、提單（民法六二八條）、載貨證券（海商法一〇四條），及指示式票據等，及無記名債權，如民法第七一九條以下所規定之無記名證券、無記名之票據、公司債票等，因其爲證券債權，該證券所表彰之權利與證券之占有有不可分離之關係，其證券之交付卽視同其表彰權利之轉讓，與指名債權之轉讓方法不同，故其讓與行爲之成立要件及效力，以及對第三人之效力，應適用讓與行爲當時之證券所在地法（lex cartae sitae）。關於本問題，請參閱蘇著：國際私法，第二五六頁。
144) 請參閱鄭著：民法債編總論，第四八一頁。
145) 此原因存在於承擔人與債權人之間亦有之（如承擔人對於債權人曾有債務承擔之約束）。
146) 此原因行爲不以因契約而生之債務爲限，其因侵權行爲或不當得利而生之債務亦包括之。
147) 請參閱註（一三三）。唯如將條文修正時，本人建議取消第七條，而將第八條及第九條依次前移一條，而於新的第九條規定：「債之移轉，其成立及效力，依原債權關係準據法。」蓋債之移轉不限於因契約而生之債，故也。

原債權關係準據法說為適當。

4.契約之解釋

契約之成立及效力既適用契約之準據法，則有關契約條款之意義，自也應受該準據法解釋法則之拘束[148]，否則無從使契約之準據法發揮其應有之作用。例如裝載（to ship）一詞，在英國其意為裝載於船（to place on board），但於美國則常指裝載於火車（to load on a train）。似此情形，當事人究竟何指，必須依照契約準據法國所樹立之解釋法則，予以探求。唯對上述原則有一重要例外，此即契約如約定以契約準據法國以外之貨幣為支付工具者，則有關該貨幣本身之問題，如貨幣之單位、種類、本位制度等問題，通常非由契約準據法，而依該貨幣所屬國法（lex monetae）來解決[149]。

但應注意者，下列由貨幣所生之問題，則不由貨幣所屬國法解決，而仍應受契約準據法或其他法律之支配，此即：

(1)外國金錢債務之轉換問題：因契約而生之金錢債務，係以某國貨幣表示者，債務人得否以給付同額之其他外國貨幣而免除其責任，例如當事人約定債務人應於紐約給付壹千元港幣，債務人得否改為給付同額之美金而免除其責任。此問題因非貨幣本身之問題，實關係履行之方法，依理似宜由履行地法解決為妥[150]；但關於滙率問題，因涉及契約之實質內容，則仍應受契約準據法之支配[151]。例如指定美國法為契約準據法之美元金錢債務，其履行地在法國，雖就債務人得否給付法郎以免責，應由法國法決定，但債務人究應給付多少法郎──即滙率問題，仍受美國法之適用。

(2)增額評價問題：因契約而生之金錢債務，如約定以某國貨幣支付，唯屆履行期時，該國貨幣幣值暴跌，貨幣購買力劇烈下落，此時，債務人得否仍以原債額清償，而免除責任[152]，抑應將舊債務增額或根據誠實信用之法理以資補救[153]。此問題因非貨幣本身之問題，而關係債務之內容，故應屬契約準據法之適用範圍[154]。

(3)金約款（Gold Clauses）：自西元一九一四年以來，國際間貨幣幣值變動頻繁且劇，當事人於金錢借貸契約中，常採用金約款，俾防止債權人因貨幣貶值而受之損失。此種約款大致有二[155]：其一為金幣約款（Gold Coin Clause）。此種條款係指當事人約定債務應以金幣給付。唯此種條款常因契約履行地

148）請參閱 Graveson, p. 443.

149）請參閱 Dicey & Morris, Rule 133; Graveson, p. 443.

150）請參閱 Dicey & Morris, Rule 153.

151）同註（一五〇）

152）倘債務人於給付時給付同額之有強制流通力之法定貨貨，即可免除其責任，其因貨幣貶值而生之損失，歸由債權人負擔，此稱之名目主義原則（Principle of Nominalism）。請參閱 Dicey & Morris, Rule 149; Cheshire, p. 249.

153）此稱之增額評價制（System of Revalorization）。

154）請參閱 Dicey & Morris, Rule 150; Cheshire, p. 251.

155）請參閱 Dicey & Morris, Rule 151; Cheshire, p. 251.

法採用不兌現紙幣制，而使債權人無法請求給付金幣，致其保障落空；其二為金價值約款 (Gold Value Clause)。此種約款並非指當事人約定債務應以金幣或金給付，而係約定債務人應以含有訂約時或其他特定時間之相同金幣價值之通貨為給付。由於金約款所規定者，已非履行之方式，實係債務之實質[156]，故關於涉外契約得否附有金約款，如得附有時，則該約款究係金幣約款抑金價值約款，以及其效力如何等問題，均應由契約債權準據法解決為宜[157]。

除以上所述外，於此擬一提者，即有關延期支付命令 (Moratoria)[158] 與外匯管理法規 (Exchange Control Legislation)[159] 所生之法律適用問題。按此兩種法律，雖屬公法上、行政上之規定，具有屬地性，故在該法規施行區域內，不問金錢債務之準據法為何，應均有其適用[160]；唯在國際私法上，債務人得否援引某外國之延期支付命令或外匯管理法規，而拒絕債務之履行？因其依關契

約之效力，故應由契約之準據法解決。但就一般情形而言，此種法律如屬於契約準據法或契約債務履行地國法時[161]，則內國法院即應予以考慮，至於不履行究生何種效果，則仍屬契約準據法之適用範圍。

以上已就契約之解釋及貨幣之債在國際私法上所生之問題，參照外國實例及學者之見解，加以分析說明。我國涉外民事法律適用法第六條對此等問題之適用，均無規定，似嫌簡單，實用時益滋疑義。本人以為上述分析說明，尚屬法理並重，並無違背我國國際私法明文規定或立法精神處，除他日修正該法時，似可加以參考吸收外，現今實務上，應可分別情形[162]，或就第六條為解釋適用之依據，或就第三十條依法理予以補充運用。

5.債之消滅

因契約而生債之關係之消滅，係指債權債務客觀的失其存在之謂。以我民法而言，關於債之消滅係採列舉規定，

156) 請參閱 Cheshire, pp. 251-552.
157) 同註（一五五）。
158) 所謂延期支付之命令，係指在內亂、外患及遭遇嚴重經濟危機期間，一國基於政治或經濟上之理由所頒佈延長債務清償期間之命令。
159) 所謂外匯管理法規，係指一國為防止資金外流，確保內國外匯，所制定之外匯管理、限制外匯需要之法規而言。
160) 我國政府曾經依國家總動員法於民國四十年四月九日以臺40（財）檢字第二八七號訓令所發有關金融措施規定辦法，禁止外國貨幣之買賣、轉讓、質押等。唯當事人依臺灣銀行原幣存款辦法（行政院外貿會五十年四月五日公佈施行），將美元或港幣向臺灣銀行國外部設戶存儲，或依外幣貸款不以約定幣別清償及申請結匯辦法（行政院外貿會五十三年八月二十日公佈施行），向外國貸款而約定須以原幣清償之情形時，則當事人即可請求臺灣銀行給付存儲之原幣，或結匯以外幣清償。
161) 對於外匯管理法規，英國學說即採此種見解，請參閱 Dicey & Morris, Rule 155；但對於延期支付命令，英國法院僅於其屬契約準據法時，始予適用，如為履行地國法時，則不加以適用。請參閱 Dicey & Morris, p. 779.
162) 即就本文前述中，如係適用契約準據法者，可以第六條為解釋適用之依據；如係適用履行地法者，則應就第三十條依法理予以補充適用。

而以清償、提存、抵銷、混同、免除五者為債之消滅原因[163]；其實債權消滅之原因，於此五者以外，不一而足，舉其較重要者，如解除條件之成就[164]、終期之屆滿[165]、法律行為之撤銷[166]、給付不能[167]、契約之解除[168]等均足以使債之關係消滅。債之消滅，既影響契約債務之實質，故關於何種事項為債之消滅原因、各種債之消滅原因之要件，以及其效力如何等問題，自應由契約債權準據法決定。例如甲、乙成立一契約債務，約定適用法國法，倘甲主張某種行為相當於清償而消滅債務時，則內國法院卽應依法國法以決定其主張之當否。

關於債務履行之方法，如清償之日期、時間、度量衡之單位等，通常非依契約之準據法，而另由契約履行地法解決[169]；但法院於決定當事人契約債務是否因清償或其他事實而消滅時，則其所關切者並非債務人如何履行契約之問題，而係其是否履行或免於履行之問題，因後者關係契約之實質，故一國法院應不適用履行地法，而適用契約之準據法[170]。例如當事人成立一債之契約，合意

選擇中國法為準據法，並規定債務人應於履行期之通常營業時間於巴黎交付貨物，則關於何謂通常營業時間，卽應由法國法解決，但中國法則應決定債務人是否因給付不能而使債務消滅等問題。

綜上所述，關於債之消滅問題，既影響契約當事人之實質義務，故應屬契約準據法之適用範圍，而有涉外民事法律適用法第六條之適用。唯下列兩種事項，性質特殊，擬分別加以討論：

(1)抵銷：乃二人互負債務而其給付種類相同，並均屆清償期時，各得使其債務與他方債務之對等額，同歸消滅之一方的意思表示[171]。例如甲對乙負有一千元之存款債務，乙對甲負有五百元之貸款債務，若均屆清償期時，甲或乙任何一方均得單獨表示抵銷，於是雙方債務卽同時消滅五百元，結果只有甲尚欠乙五百元。唯各國有關抵銷之要件、行使之方法、抵銷之禁止以及抵銷之效力等規定，未必盡同，雖抵銷為契約債務（就本文而言）消滅原因之一，依前所述，自應適用契約債權準據法；但他方債權未必係基於契約而生[172]，其由於契

163) 請參照我國民法債編通則第六節。
164) 請參照民法第九九條第二項。
165) 請參照民法第一〇二條第二項。
166) 請參照民法第一一四條第一項。
167) 請參照民法第二二五條第一項。
168) 請參照民法第二五四條以下。
169) 請參閱 Dicey & Morris, p. 776.
170) 請參閱 Dicey & Morris, Rule 134; Cheshire, p. 246; Graveson, p. 442.
171) 請參照我國民法第三三四條；法民第一二九〇條；德民第三八七條；瑞債第一二〇條一項；日民第五〇五條。
172) 債權之發生不以基於契約者為限，其由於侵權行為、不當得利、無因管理、代理權之授與，均足以發生債權債務之關係。因本文係以討論契約為目的，故均就契約而生之債為立論之基礎。

約而生者，準據法也可能不同，因此關於抵銷如專一適用一方契約債權準據法，對他方債權人之保護似嫌不週，且抵銷係使兩債權同歸消滅之制度，影響於兩債權之法律關係，故解釋上似應累積適用雙方債權準據法為妥。我國國際私法對抵銷無特別規定，上述見解似可供實用時之參考。

(2)消滅時效：係指權利不行使所造成之無權利狀態，繼續達一定期間時，致使債權消滅之一種法律事實[173]。消滅時效制度，係為避免舉證之困難、保護債務人，以及對權利人不行使權利之一種消極限制，以維持社會之新秩序，且通常係規定於民法上，故應視為實體法上之制度，因此關於消滅時效之期間、中斷、不完成及該等效力問題，自應由契約準據法解決。但在英、美法系國家，則視其為訴訟法之制度，故適用法庭地法，蓋以該制度之作用，係因一定時期之經過，而拒絕當事人利用法庭之故[174]。

唯就我國法律而言，消滅時效並非債之消滅原因，因依我民法第一四四條之規定，我國係採抗辯權發生主義，不唯債權本身不消滅[175]，即其訴權也不消滅[176]，僅債務人發生拒絕履行抗辯權而已。不過，由於消滅時效之問題，影響當事人契約上之義務，要屬契約債務效力之一環，故仍應有該契約準據法之適用。

肆、結　論

今日國際交通發達，商務振興，各國人民交往益趨頻繁，因此其由於契約而生之涉外法律關係，不僅會數量上愈為增多，且於內容上也必更為複雜，各國法律之衝突自所難免[177]。世界各國基於公平、正義之要求，均制定國際私法，以解決涉外案件之法律適用問題；而對於契約之準據法，復又根據一國政策及立法者學識經驗，而為不同之選擇。關於契約準據法之立法主義，於本論中已分從契約之方式及契約之實質，詳予

173) 請參照瑞債第一二七條；日民第一六七條。
174) 請參閱 Cheshire, p. 246; Stumberg, p. 145.
175) 消滅時效完成後，債權本身歸於消滅者，稱之為債權消滅主義，日本民法第一六七條採此主義。
176) 消滅時效完成後，債權本身並不消滅，僅關於實行該債權之訴權，歸於消滅，此稱之為訴權消滅主義。法國民法第二二六二條採之。
177) 雖然各國法律之衝突，有所難免，但各國政府及學者，仍力求加以避免，其努力之方向，或自統一各國國際私法着手，或以統一各國實體法為手段。統一國際私法，可使同一案件，不論於何國起訴，恆得相同判決；但對不同案件，則因其未能排除各國實體法規定之歧異，致仍不能達到判決一致之理想，是其缺點。至統一各國實體法之規定，則可達到法律適用安定之目的及判決一致之理想。關於統一前者之例，請參閱歷屆海牙國際私法會議（自西元一八九三年至一九七二年）所締結之各種公約。關於各公約之名稱，請參閱拙著：「論侵權行為之準據法」，載政大法學評論第七期（民國六十一年）第一八三、一八四頁。至於統一後者之例，請參閱一九六四年海牙「統一國際商品買賣法公約」(Convention relating to a Uniform Law on the International Sale of Goods)。關於此公約，請參閱工澤鑑教授著：「一九六四年海牙統一國際商品買賣法比較研究緒論」，載臺大法學論叢第一卷二期（民國六十一年）第四○五頁以下。

分析、評論。由於契約之本據，不似其他法律關係之易於確定，但其內容則非其他法律關係之多為強行性規定之可比，因此各國立法多採當事人意思自治原則，允許契約當事人以合意選擇應適用之法律，以為裁判之依據，如此不僅便利訴訟地之法官，且對當事人言，也屬符合其正當期待之利益，職是之故，各國國際私法多採之[178]，即最近國際間所簽訂有關契約準據法之條約，亦莫不皆然，如西元一九五一年海牙國際私法會議（Hague Conference on Private International Law）所簽訂之「國際商品買賣之法律適用公約」[179]，及一九七二年歐洲經濟組織（European Economic Community）所簽訂之「關於契約及非契約債務之法律適用公約」等[180]。

我國涉外民事法律適用法，對於契約準據法之規定，亦係採當事人意思自治原則，允屬進步。如本論中之說明，

178) 除請參閱註（九五）外，茲再以美國法學院（American Law Institute）所編之第二次國際私法新編（*Restatement, Conflict of Laws*, Second）（1968）為例，說明美國對契約準據法最新發展之趨勢。按此最新修正之國際私法新編與一九三四年原國際私法新編，就契約準據法部份言，有下列重大之不同：(1)舊法關於契約成立要件準據法採締約地法主義，但新法則改採最重要牽連主義；(2)舊法不承認當事人意思自治原則，但新法則加以承認，並以之為最重要牽連國家之法律；(3)舊法區分契約之成立及契約之履行，前者採締約地法主義，後者則適用履行地法主義，但新法則不予區分，原則上一律適用最重要牽連國之法律；(4)舊法對契約種類不加區分，適用同一之準據法，但新法則對特殊性質之契約，另定其應適用之法律。

179) 此公約英文名稱為 Convention on the Law Applicable to International Sales of Goods，係第七屆海牙國際私法會議所簽訂，現在比、丹、芬、法、義、挪、瑞典等國有效。全公約共十二條。茲將要簡介如下：(1)本公約僅適用於國際間商品買賣，但不包括證券、輪船、飛機等物之買賣（第一條）；(2)以當事人合意選擇之法律為應適用之法律，不包括該國之國際私法；且準據法之指定必須明文或可自契約條款中顯然確定（第二條）；(3)當事人意思不明時，則適用出賣人習慣居所地法，唯如出賣人係於買受人習慣居所地國接受訂單時，則適於後者之習慣居所地國法，至在交易所或公共拍賣之買賣，則適用交易所在地法或拍賣舉行地法（第三條）；(4)除當事人有明文規定外，關於商品檢查之方式、期間、通知及拒絕接受商品時所採之措施等，適用商品檢查地法；(5)本公約不適用於當事人行為能力、契約之方式、所有權之移轉以及對第三人之效力。

180) 本公約英文名稱為 Convention on the Law Applicable to Contractual and Non-Contractual Obligations，係由歐洲共同市場會員國荷、比、盧、德、法、義，以及新加入之英國、愛爾蘭、丹麥等國所共同草擬，現尚未生效。全公約共三十六條。茲就有關契約準據法部份，擇要簡單介紹於下：(1)本公約僅適用於國際性契約債務，對有關身分、能力、票據、仲裁協議……等不適用（第一條）；(2)契約適用當事人合意選擇的法律……（第二條）；(3)當事人得於訂約時或其後合意選擇應適用之法律，並得隨時予以變更，唯變更時不得影響第三人之權利（第三條）；(4)當事人無明示或默示意思時，適用與契約最具牽連關係國家之法律，所謂最具牽連關係國係指：（a）當事人履行契約之特徵，係在其締約時習慣居所地者，即指其習慣居所地國；（b）當事人履行契約特徵之專業活動，係在其締約時主要營業所在地者，即指其主要營業所在地國；（c）當事人履行契約之特徵，係在其次要營業所在地者，即指該次要營業所在地國；（d）如表現特徵之履行、習慣居所地、營業所在地無從決定，或者就一切情況以觀，契約與他國更具牽連關係時，則上述規定不予適用（第四條）。此外，該公約對特殊性契約之準據法，則另有規定（第五條、第六條）。

於當事人有明白合意選擇契約準據法時固無論；於當事人無明示合意時，則端賴法官憑其良知、學識與經驗，藉訟爭當事人或其訴訟代理人之言詞辯論，以求發見當事人默示或應有之意思。此或許不便於慣於適用剛性規則之我國法官，但與適用硬性規定，則不免有抹殺個別契約之特質與目的，致對當事人有失公允相較，自屬利多於弊，應為我司法實務上所採納。

最後，就我契約準據法適用範圍言，則我涉外民事法律適用法之規定，似嫌簡單籠統[181]，除有待判例之解釋補充外，更期望於立法之修正，俾使解決涉外法律關係之法律適用規則，能益臻完善，而內、外國人之權益，更能獲得公平、合理之保障，以促進國際貿易之發展。

---

181) 如前所述，因契約而生債之關係時，契約之種類繁多，如票據債務、勞工契約等，是否均有涉民第六條之適用，其規定已嫌簡單；而對於涉及第三人利益之問題，像保全、債之移轉等，其規定尤嫌不足。

論商品製作人責任之準據法

壹、引論

　　產業革命後，企業發達，商品推陳出新，人民生活日趨文明，但商品對於人類附帶之損害，亦日益加多，舉例言之，汽車、航空器等高速度交通工具的發明，固使人類來往便捷，節省時間，但若製作上稍有疏忽，其瑕疵之產品，極易致人於死傷；罐頭食品之發明，雖使人類對食物之儲藏與食用，倍覺方便，但若生產一有大意，其有缺點之商品，每為人類帶來損害者是。關於因商品瑕疵所致人類生命、健康、財產之損害，受害人得否直接向商品製作人請求損

害賠償，每因當事人間法律關係之不同而異。在商品製作人為出賣人，受害人為直接買受人之情形，受害人要得依契約債務不履行或侵權行為的法理加以救濟[1]，但若受害人非直接買受人而係間接買受人，如商品之最後買受人，或者為與買受人有一定關係之第三人，如買受人之親友，乃至於與買受人無關係之第三人，如旁觀者時，此等人得否直接向商品製作人請求損害賠償，即不無疑問，縱令其得向商品製作人請求賠償，其根據之法理為何？應具備的要件怎樣？各國法律規定要難盡同[2]，唯此種實體法上之問題，本文除於後段略為敍

---

1) 由侵權行為及債務不履行所生之損害賠償責任，合稱為民事責任。損害賠償之債依法律
   規定而發生者，就中以由侵權行為及債務不履行為主要。請參考下述各國立法例：
   我國民法第一八四條；第二二七條。
   日本民法第七〇九條；第四一五條。
   法國民法第一三八二、一三八三條；第一一四六條。
   德國民法第八二三、八二六條；第二七六條。
   瑞士債務法第四一條；第九七條。
2) 法律為社會之反映，亦為國民精神　　　，各國社會之狀態及國民之精神既不能盡同，
   則其法律之內容自亦不能一致，而各國法律之互異，正所以形成國際私法之發展。

述外，不擬詳論[3]。本論文所欲詳加探討者，乃對於涉外案件上關於商品製作人責任應適用何國法律的問題，亦即商品製作人責任之準據法問題[4]。

在對商品製作人責任準據法進行研究之前，擬簡單從美國法律就商品製作人對第三人（包括間接買受人、與買受人有關係之第三人及無關係之第三人）損害賠償責任之演進略爲說明，一則可用以奠定研究本文之實體法上基礎，再則也可由此推論各國法律關於商品製作人責任規定之大概。

關於商品製作人對第三人損害賠償責任，其演進略如下述：

一、商品製作人對契約相對人以外之第三人之損害，不論係關於消極不作爲（nonfeasance）抑不法方法行爲（misfeasance）所致，均不負損害賠償責任。蓋當事人間既無契約相對關係，則商品製作人對其便不負任何注意義務，既無義務，自無違反義務之可言，從而自不負任何賠償責任。見 Winterbott-om v. Wright,[5]。

二、訂約人明知物有缺點易致危險，但故意表示其安全可靠，致第三人因使用而受害時，則受害人得以欺騙（deceit）爲依據，直接向商品製作人請求損害賠償Kuelling V. Roderick Lean Mfg. Co.[6]。

三、訂約人明知物有缺點，故意加以掩飾，縱使出賣時未積極表示其安全可靠，但其明知危險之存在，而不告知，則第三人因使用而受害時，商品製造人即因詐欺（fraud）而應負損害賠償責任 Lewis v. Terry[7]。

四、訂約人提供給契約相對人在訂約人土地上工作之鷹架，次承攬人之受僱人於工作時，因該工作物倒塌而致傷害，法院以該受僱人係受邀而使用該工作物爲依據，認爲訂約人應對受害人直接負損害賠償責任。Devlin v. Smith

五、訂約人將有毒性之甲藥品，因過失誤加標籤爲無毒性之乙藥物出售給相對人，第三人因食用而中毒。法院認

3）關於商品製作人責任，請參閱下述論文：
Kessler, *Products Liability*, 76 Yale L. J. 887 (1967); Noel, *Manufactures' Liability for Negligence*, 33 Tenn. L. Rev. 444 (1966); Cowan, *Some Policy Bases of Products Liability*, 17 Stan. L. Rev. 1977 (1965); James, *Products Liability*, 34 Tex. L. Rev. 44 (1955); Wilson, *Products Liability*, 43 Cal. L. Rev. 614 (1955).

4）應適用之法律，係指依照一國國際私法之規定，就特定涉外法律關係所適用之內外國法律而言，亦稱準據法。此準據法係以特定法律關係與當事人或某地域之牽連關係爲基礎，而抽象的予以規定，例如我涉外民事法律適用法第十條第一項規定：「關於物權依物之所在地法。」即爲其例。應適用之法律究爲內國法律抑外國法律，則須就涉外法律關係之具體事實，決定牽連因素之歸屬，而後始可知之。前例如物之所在地爲德國，則物之所在地法即爲德國法。

5）10 M. & W. 109 (Ct. of Exchequer 1842).

6）183 N. Y. 78, 75 N. E. 1038 (1905).

7）111 Cal. 39, 43 p. 398 (1896).

8）89 N.Y. 470, 42 Am. Rep. 311 (1882).

定訂約人應負損害賠償責任，其理論根據爲訂約人所出售者係對人類生命與健康有固有危險性者，構成對第三人不負責任之例外。Thomas v. Winchester[9]

六、所謂固有危險性之物品，一般係指目的在保存、破壞或影響人類生命或健康者，包括食物、飲料、藥品、武器及爆炸物等。故若商品製作人有過失，所製造之產品有缺點，因該缺點致生損害於第三人時，第三人均得直接請求其負損害賠償之責。Huset v. J. I. Case Threshing Machine Co.[10]

七、西元一九一六年紐約州上訴法院的著名判例 Macpherson v. Buick Motor Co.[11]，更進一步確定並擴大了商品製作人對第三人之責任。該判例大要如下：本案被告爲汽車製造廠商，彼將汽車出售給零售商，後者再出售給原告，當原告駕駛汽車時，汽車突然崩潰，原告被擲出車外，因之受傷。汽車肇事的原因，乃因某一車輪由瑕疵木材所製造，車輪並非被告製造，證據顯示，此一缺點可由合理檢查而發現，而汽車製造廠並未作此檢查。問題之爭點在於被告是否僅對直接買受人負有注意謹慎之義務。依該判例，商品製作人對第三人所負之過失責任，不限於固有危險性之物品，如有毒物、爆炸物及其他類似物，而應包括凡依照物之性質，如製作時有過失，即含有合理可能性使人類生

命遭受危險時，該物即爲危險物，其性質足以警告可能之結果，如果除此危險性之外，同時又可預期該危險物將由直接買受人以外之人使用且不加檢驗時，則不論契約關係之有無，危險物製作人即負小心製作之義務，倘有過失，爲義務之違反，即須對受害人負損害賠償之責。

八、商品製作人對有缺陷商品所致他人之損害負無過失責任：

美國多數州就有缺陷食物、飲料所致之損害，課製造人以無過失責任[12]。此處無過失責任，係指倘如原告可以證明其所受之損害，係由被告所製造有缺陷之物品所招致，同時此一缺陷並非脫離被告控制後所造成，原告即可自被告處獲得損害賠償，而毋庸證明該缺陷係由被告過失所促成。

目前美國對商品製作人責任採無過失主義之州日漸增加，且不限於食物製造人，而廣泛包括其他機械工具，汽車製造人等。誠如依利諾州最高法院，在一九六五年所言[13]：「公共政策乃課食物製造人對消費者損害負無過失責任之主要因素……而其贊成之具體理由則不外：①存在於人類生命與健康的公共利益要求法律給予最大保障，以對抗不潔食物之出售；②製造人藉包裝、刊登廣告以引誘，邀請使用其產品，無異表示該產品之安全性與適當性，因此既經引誘

9) 6 N. Y. 397, 57 Am. Dec. 455 (1852).
10) 120 F. 865 (8 Cir. 1903).
11) 217 N. Y. 382, 111 N. E. 1050 (1916).
12) 請參閱 Prosser, *The Assault Upon the Citadel* (Strict Liability to the Consumer), 69 Yale L. J. 1110 (1960).
13) 請參見 Suzada v. White Motor Co., 210 N. E. 2d 182 (Ill. 1965).

使用，如因使用而引起損害，法律自應課以損害賠償責任；③此種因使用不潔食物所引致之損害，自應由製造危險及將產品出售獲利益之人負擔。而以上理由，無庸贅述，也顯然適用於機動車輛以及其他商品，只要該產品之缺陷足以對利用者造成不合理的危險。」且依該院見解，此種無過失責任，乃侵權行為上之無過失責任，故不以當事人間有契約相對關係為必要。

唯須注意者，法律雖課商品製作人以無過失責任，但其並非保險人，因此原告必須證明其損害係由該商品狀況所招致，該狀況為極不合理之危險，且該狀況於脫離製作人控制時即已存在[14]。

九、美國法學院 (American Law Institute) 一九六四年侵權行為法新編第四〇二節A之規定[15]：共分兩項：

(1)凡人所出賣之任何商品，若其缺點對於利用者或消費者，或其財產具有不合理的危險性，則就後者物質上之損害應負賠償責任，唯尚須符合下列二要件：

a.出賣人必須為以出賣該項商品為營業之人；及

b.該項商品預期以出售時之狀況交與使用者或消費者，

(2)前項之規定縱在下述情形仍有適用：

a.出售者在準備與出售該產品上已盡其一切可能注意義務。

b.使用者或消費者，非自出賣人處購買該商品或未曾與出賣人成立任何種契約。

依據上述，可知美國侵權行為法新編就商品製作人責任，亦係採無過失責任，且不以直接買受人所受之損害為限，即其他第三人（不包括利用人、使用人以外之第三人）也包括在內，因該有缺陷商品所致之損害，亦負賠償之責。又所謂出賣人，不僅包括商品製作人，批發商、零售商，即構成該商品一部之製作人，如該一部為有瑕疵之部分，該構成部分之製作人也應負責。

十、統一商法典[16]——第二章第三一八節為第三人利益之明示或默示擔保之規定。

「出賣人明示或默示之擔保及於買受人之親屬、家屬或家中客人，唯必須合理期待該等人可能使用、消費或受該

---

14) 同註13）。

15) 關於商品製作人責任之迅速發展，可由第四〇二節A款演變而知。按原始的侵權行為法新編（Restatement of the Law of Torts）並無無過失責任條款之規定。但一九六一年四月臨時草案第六號建議制定一新節款—四〇二節A款，承認課供人類消費之食品出賣人以無過失責任。西元一九六二年四月臨時草案第七號則擴大了該節款之適用範圍，而包含了接近身體使用的商品。而臨時草案第十號則提議適用於一切商品，擴張範圍並及於財產之損害及身體之傷害。請參閱註（13）。

16) 統一商法典係由美國法學院（American Law Institute）及全國統一州法委員會議（National Conference of Commissioners On Uniform State Laws）聯合成立編輯委員會議所草擬，由前者所公布，並受到美國律師公會（American Bar Association）之贊成。目前除路易士安那州（Louisiana）外，其他四十九州及哥倫比亞特區（District of Columbia）維金列島（Virgin Islands）均已採納。

物之影響，且該等人係因出賣人違反其擔保而受損害者。出賣人不得排除或限制本節之適用。」

適用右節規定時應注意之事項如下：

①本節之規定並非指出賣人不得排除或否認擔保之發生，也非指出賣人不得限制買受人及其受益人之救濟；買賣契約中所規定之擔保之排除、修正、或違背擔保時救濟之限制，也同樣適用擔保之受益人。故本節乃禁止出賣人排除其與買受人所定各種擔保也適用於受益人之規定。[17]

②本節之目的乃給予買受人親屬、家屬、賓客、買受人於買賣契約中所取得之相同擔保，免除契約相互關係之障礙。此目的之達成，並非基於權利代位之法理，也非基於出賣人之擔保出賣物具有爲特定目的之適應性，而係基於其擔保出售物具有護售性及符合於該物使用之通常目的。由於本節之規定，則上述擔保受益人，即可以違反擔保之理由，直接請求出賣人負責。[18]

③本節明文包括買受人親屬、家屬、賓客爲受益人，至其他第三人是否亦爲受益人，本節不予規定，本節也無意擴大或限制判例之發展，故就出賣人對於買受人之擔保，而於後者再出售時，是否及於此一系列之銷售連鎖，並無規定。[19]

由上述可知，統一商法典第二章第三一八節之規定，僅不過將出賣人對買受人之瑕疵擔保義務，加以有限度的擴張，並及於買受人之一定關係人，免除普通法上契約相對性之要求。但統一商法並不禁止採納本法之各州，以判例法將出賣人之擔保義務擴及於其他第三人[20]，而各州自亦得採納前述伊利諾州或侵權行爲法新編所採之侵權行爲之無過失責任。

貳、商品製作人責任之準據法

商品製作人因商品瑕疵，致加損害於買受人或第三人時，受害人究應依據何種法理以請求損害賠償一契約債務不履行抑侵權行爲一更有進者，倘此種依同一之法律事實，於同一當事人間具備二個以上之法律要件，成立有同一目的之二個以上請求權之狀態，究應解釋爲法條競合[21]，而認爲債務不履行責任具

17）請參閱 Uniformm Commerial Code, (1962 Official Text) Section 2-318, Comment 1.

18）同註（17）Comment 2.

19）同註（17）Comment 3.

20）同註（19）。

21）法條競合說者，乃謂債務不履行乃侵權行爲之特別形態，因而侵權行爲之規定爲一般規定，而債務不履行之規定乃特別規定，故同一事實可發生兩個請求權時，依特別法優於普通法之原則，祇能承認債務不履行賠償請求權之存在，亦即債權人祇得行使債務不履行之請求權，而不得行使侵權行爲之請求權。請參照史尚寬敎授著：債法總論（上册，民國五十年）第二一九、二二二頁；鄭玉波敎授著：民法債編總論（民國五十九年）第三〇一－三〇三頁。

有特殊性，應排除侵權行爲法之適用，抑解釋爲請求權競合[22]，而認爲如無特別規定，有請求權之當事人得擇一行使之？此皆屬於法律關係之定性問題[23]，依通說應依法庭地法解決之[24]，至法庭地法之規定如何，則各國法制未必盡同，唯此乃一國實體法之問題，本文除於論及我國國際私法對商品製作人責任準據法時略爲提及外，於此則加省略。以下擬分三項分別研究：一、美國國際私法對商品製作人責任準據法之規定；二、我國國際私法對商品製作人責任準據法之規定；三、西元一九七二年海牙商品製作人責任之法律適用公約。

一、美國之法制

(一)第一次國際私法新編(Restatement, Conflict of Laws, 1934)

美國爲一聯邦國家，各州法權自主，故理論上不僅各州實體法規定不同，即其國際私法亦然。唯一般而言，在關於商品製作人之無過失責任發生以前，關於其責任之準據法，各州在適用時尙很少發生問題。蓋受害人如爲買受人，則其得依據契約債務不履行之法理，以請求出賣人爲損害賠償，則此時應適用之法律一般而言乃契約之訂約地法[25]；受害人非直接買受人時，則其得依據過失主義之原則，請求商品製作人爲損害賠償，而過失行爲乃爲一種侵權行爲，故美國大多數州所適用之準據法則爲侵權行爲地法。所謂「侵權行爲地」，依第一次美國國際私法新編之解釋則爲：「構成行爲人負侵權行爲責任之最後事實發生地」[26]。因此在商品製作人責任之訴訟中，侵權行爲地即指損害發生地，而非指有瑕疵之商品製造地[27]。

唯自商品製作人無過失責任主義蔓延以來，其採第一次國際私法新編之各州，就處理此類涉外案件即趨於複雜，蓋無過失責任究應視爲屬於侵權行爲抑

---

22) 請求權競合說者，乃謂同一事實發生兩種請求權者，該兩請求權可以倂存，債權人不妨擇一行使，其中一請求權若因已達目的而消滅者，則另一請求權亦隨之消滅，但其中一請求權因達到目的以外之原因（如消滅時效）而消滅時，則他一請求權（時效期間較長者）仍猶存續。請參照史著：第二一九－二二二頁；鄭著：第三〇一－一三〇三頁。

23) 按定性者，即關於法律關係之性質，及其法律名詞之命意，究應依何種法律而確定之謂。關於定性問題，請參閱下列論文：施啓揚教授著：「國際私法上定性問題的歷史發展及其解決方法」，載法學叢刊第十二卷第四期（民國五十六年）第二一頁。
Bland, *Classification Reclassified*, 6 Int. & Comp. L. Q. 10 (1957); Morse, *Characterization: Shadow or Substance*, 49 Col. L. Rev. 1027 (1949); Pascal, *Characterization as an Approach to the Conflict of Laws*, 2 La. L. Rev. 715 (1940).

24) 解決定性問題的學說甚多，請參閱註（23）各論文。所謂依法庭地法解決，係指內國法院對於受理案件之法律關係應依內國法—即法庭地法而確定其性質之所屬。此蓋由於一國之國際私法，與其內國法同屬一個法制而不可分，國際私法上之一般概念多係倣照內國法上之概念，因此其涵義範圍自亦應從內國法之概念。

25) 參見 American Law Institute's Restatement of Conflict of Laws §332(1934).

26) 參見 American Law Institute's Restatement of Conflict of Laws § 377.

27) 請參閱 Schultz v. Tecumseh Prods., 310 F. 2d 426 (6th Cir. 1962).

契約之範疇，尚不明確[28]。如將商品製作人所負之無過失責任定性為侵權行為，則法院當然適用損害發生地法（侵權行為地法）；唯如將其定性為契約，則採第一次國際私法新編之州，即適用締約地法。

第一次國際私法新編關於侵權行為或契約準據法之理論基礎為既得權說（vested rights）[29]。依此學說以為侵權行為地法或締約地法給予當事人損害賠償之請求，頗類似於一種財產權。原告在某州起訴時即攜帶此一經由侵權行為地法或契約訂約地法所賦予之權利。法庭地法院不過是被請求支持此一存在之權利而已。一如紐約州法院所云：「原告持有一些權利，我們不過協助其取得而已」[30]。採用侵權行為地法或締約地法雖有其他之適用理由，但美國國際私法新編之所以採用，則係因其認為法律無可避免地必須與主權領域相連接之故。

關於既得權說或屬地主義，在美國雖為不少學者所摒棄[31]，但仍有不少州繼續沿用侵權行為地法或締約地法[32]。

第一次國際私法新編所採法律適用規則雖有不可否認易於適用、簡單與便利的優點，唯該地常為偶然，與當事人間法律關係常無實質重大之牽連。因此以侵權行為地法或締約地法為準據法時，不僅不能促進該州立法之目的，且同時常損及有更重要牽連法域之正當立法政策[33]。職是之故，美國一些州在不拒絕第一次國際私法新編原則之下，努力避免不合理結果的產生，而試圖以種種藉口以法庭地法代替行為地法之適用。舉例來說，法院可堅持不方便的外國法係有關程序的，因此以法庭地法加以取代[34]，蓋關於法庭地法院應適用自己的程序法，乃國際私法學家一致公認之原則[35]。又例如採過失主義的州或可堅持他州所採之無過失責任乃程序法上之革新，允許被害人對商品製作人直接訴訟，以省略必須的中間訴訟，因此法庭地法法院得拒絕適用行為地法，而仍以過失責任代之。除此以外，法院或基於公共政策理由，作為拒絕適用行為地法之藉口。例如在 Kilberg v. Northeast Airlines, Inc. 一案中[36]，紐約州上訴法院

28) 此蓋由於擔保（warranty）最初雖淵源於侵權行為之訴訟，但其他也長久以來即與買賣法相關聯之故。請參閱 Ames, *The History of Assumpsit*, 2 Harv. L. Rev. 1 (1888).。

29) 請參閱 Cheatham, *American Theories of Conflict of Laws*: Their Role and Utility, 58 Harv. L. Rev. 361 (1945).

30) 參見 Loucks v. Standand Oil Co., 224 N.Y. 99, 120 N.E. 198. (1918).

31) 請參閱 Currie, The *Disinterested Third State*, 28 Law & Contemp. Prob. 754 (1963).

32) 請參閱 Cheatham et al., Conflict of Laws, Chapters 8, 10 (1964).

33) 請參閱 Babcock v. Jackson, 12 N.Y. 2d 473, 191 N.E. 2d 279 (1963); Auten v. Auten, 308 N.Y. 155, 124 N.E. 2d 99 (1954).

34) 請參閱 Grant v. McAuliffe, 41 Cal. 2d 859, 264 p. 2d 944 (1953)

35) 請參閱 Beale, The Conflict of Laws (1935) §1. 40. 168.

36) 9 N.Y. 2d 34, 172 N.E. 2d 526, 211 N.Y.S. 2d 133 (1961).

對主營業所在紐約州的航空公司，因航空器在麻州失事致紐約州的乘客於死，准許就損害爲全部之賠償，即置麻州關於賠償有限責任於不顧。該法院援引紐約州反對對人類生命價值的專擅限額而宣稱：「現代化條件使得本州旅客因航空器飛行各州，而時受不同州法律的支配爲不公平及不規則。因此，基於同一理由法院自亦可主張允許飛機製造人逃避本州無過失責任，僅因該有瑕疵飛機並未於紐約州墜毀而係於飛入一探過失責任州之領域上空時失事爲不公平」[37]。

(二)**第二次國際私法新編（Restatement, Conflict of Laws Second, 1972）**

美國法學院所編訂的第二次國際私法新編，原則上廢棄了第一次國際私法新編所採的行爲地法主義，而改採一種較具彈性之國際私法規則，即所謂最重要牽連說。該新編第三七九節規定：「與事件及當事人最具牽連關係之州決定侵權行爲當事人之權利與義務。」同樣的用語併見於規定契約準據法之第三三二節。此種新的國際私法規則，以較具彈性之最重要牽連主義，取代剛性之行爲地法主義，似更符合國際私法上選擇案件準據法之原則—以與案件關係最密切國家之法律爲案件之準據法，此種確定準據法之方式，無疑可以避免適用偶然無關係法域的法律。

唯須注意者，在適用最重要牽連說時，法院固應考慮與案件之各種牽連關係，例如（以侵權行爲爲例）損害造成地、行爲作成地、當事人之住所、國籍、法人成立地、營業地、當事人某種關係（如主客關係）成立地等，以決定孰爲最重要牽連之法域，但更重要者厥爲如何決定每一牽連因素之重要性，俾進而決定孰爲最重要牽連法域之問題。該新編則指出應考慮爭執之問題（issues）、侵權行爲之性質以及利害關係國侵權行爲法之目的等，申言之，關係國法律內容之分析與立法目的之探究，最有助於解決何國爲就法律之適用，爲最具利害關係國。因於分析關係國法律後，常能發見關係國法律並無衝突，換言之，僅有一國因適用其法律，其政策得以促進，而他國並無利益喪失之處，此時即應適用該國法爲案件之準據法[38]；唯如分析關係國法律後，如有二以上國家之法律均會因適用其法律，其立法政策得以促進，此種眞實利益衝突之案件，可說是採最重要牽連主義，關係國利害分析辦法最感棘手的問題。不過，遇有關係法域利害衝突之案件，在採剛性法則之立法例下，於適用法律時，雖然不會遭遇困難，但其擇一而適用，係於無分析比較利害關係國法律下而爲之，難謂公允合理；但在採關係國利害分析辦法下，其擇一而捨他，係於分析比較牽連關係及關係國法律制定目的後，盡可能的發現合理基礎以爲選擇法律之根據，以避免武斷、失平而求符合正義及當事人合理期待，此種關係國利害分析辦法或稱之功能的分析辦法，自較剛性法則

37）同註（36）。

38）此種情形可稱之謂「虛僞之衝突」（false conflict），請參閱 Traynor, *Is This Conflict Really Necessary?* 37 Texas L. Rev. 657 (1959).

合理、公平、進步。且更重要者，採取最重要牽連主義，在確定商品製作人責任準據法時，將可有效減少將商品製作人定性為侵權行為抑契約之爭論，蓋無論給予何種名稱，其準據法要不因之而異，均係經關係國利害分析或功能的分析後，所確定應適用之法律。

由於目前在美國關於商品製作人責任，已非商品製作人對第三人是否負責的問題，而係所負者究為無過失抑為過失責任之問題，因此擬提出三個典型的商品製作人責任的問題，並試為分析說明適用最重要牽連主義時，如何確定準據法。

第一例：

1.事實

某部汽車由製作人在甲州製作，製作人（公司）係在甲州設立，其主要營業所也在甲州。該部汽車在甲州賣於乙州之零售商，零售商在乙州將該車售於有住所於乙州之買受人。其後不久，買受人之妻在丙州駕駛時，因該車結構上之瑕疵而車身裂碎，買受人之妻因而受傷。依甲州、乙州之法律，該車均可依據違反默示擔保或無過失侵權責任，直接向商品製作人請求損害賠償；但依丙州法律，因兩者無契約相對關係，以及妻無法證明製作人製作上有過失，則其不能由商品製作人獲得賠償。

2.分析

丙州─妻受損害之地，就否認妻損害賠償實無利害關係可言。丙州法律在保護商品製作人，使其對第三人僅負過失責任，此種法律制定目的，可能在於促進在丙州之商業活動並保護丙州公司免於負無過失責任。唯本案製作人並非丙州公司，該製作人在丙州之商業活動也不致因本案中適用丙州法律而受到鼓舞。其營業活動係在甲州與乙州。反之，妻在丙州時如當地醫生施以醫療或妻在丙州成為丙州公共負擔時，丙州可因妻得到賠償而獲利益；乙州就適用乙州法律以賠償妻之損害則有堅強利益，蓋此舉可減輕乙州居民（妻親友）之經濟上負擔以及乙州納稅者之負擔，如其成為乙州公共負擔的話。且適用乙州法律，妻得到賠償，也屬對乙州醫藥償權人有利，蓋彼等為妻由丙州返回居住地乙州後，醫療休養時最可能提供服務者。除此之外，因甲州法律與乙州法律相同，則甲州要不因丙州法律拒絕賠償而有何利益。至甲州就妻可獲得損害賠償有何積極利益可言，則請見第二例。

綜上分析，三牽連國法律的衝突實係虛偽的衝突。蓋丙州拒絕損害賠償的立法目的無一因於本案中適用丙州法律而獲促進。因此無論本案於何州法院起訴，也不論其起訴根據法理是契約抑侵權行為，丙州法律皆不應適用。

第二例：

1.事實

某部汽車在甲州製造，製作人（公司）係在甲州設立，其主要營業所也在甲州。該車在甲州出賣於乙州之零售商，在乙州時零售商出賣於在乙州有住所之買受人。其後不久，買受人之妻在乙州駕駛時，汽車因設計上之缺點而碎裂，妻因而受傷。依乙州法律，妻無論基於違反默示擔保抑無過失侵權責任均可直接向商品製作人請求賠償，唯依甲州

法律，因其無契約相互關係及妻無法證明製作人有過失，卽無從請求製作人負損害賠償責任。

2.分析

本案顯爲一眞正牽連國法律衝突。蓋甲州就適用該州法律以減輕製作人責任，以達到保護甲州製作人及促進製作人及其他製作人在甲州之營業活動，自屬有利害關係，然在另一方面，乙州就適用乙州法律俾使乙州居民得到賠償，自屬利害攸關。唯此種眞實衝突，無論妻在何地提起訴訟及不論依據契約抑侵權行爲，仍以適用乙州法律爲當。蓋商品製作人以其產品作全國性的銷售，應可預見其在乙州所負之責任，因此商品製作人實不得以其在乙州銷售、營業獲利之事實，就其產品在乙州所招致之損害，主張不依乙州法律負責。誠如伊利諾州法院所云[39]：「就受損害消費者之救濟完全依靠製作人、批發商、中盤商、零售商在錯綜複雜之買賣法下所作之運送協議，基本來講是不合理也不公平的，蓋該等人間所作的種種安排，完全非消費者所可知悉。」

解決此種眞實衝突而傾向於適用乙州法律課製作人以賠償責任，可藉損害賠償費用，或者更確切的說，責任保險所支出費用以分配受害人之損失，實爲商品製作人營業費用支出的一種。此種對人身損害所作的分配過程而非損害集中辦法，實爲商品製作人責任法目前發展的趨勢。抑有進者，就外州製作人與本州製作人營業競爭角度觀察，於本案中實也應適用乙州法律，否則甲州製作人將較乙州製作人處於有利之競爭地位。

第三例

1.事實

某部汽車在甲州製造，製作人（公司）係在甲州設立，其主要營業所也在甲州。該汽車在甲州出賣於乙州之零售商，在乙州時零售商出賣於乙州有住所之買受人，其後不久，買受人之妻在乙州駕駛時，汽車因設計上之缺點而碎裂，妻因而受傷。依甲州法律，受害人可直接向商品製作人依照默示擔保或無過失侵權責任請求損害賠償，依乙州法律，因當事人欠缺契約相互關係及妻不能證明製作上之過失，則受害人無從向商品製作請求賠償。

2.分析

此種眞實衝突之案例，究應如何適用法律，卽就願意廢除傳統準據法，傾向於採最重要牽連說者間，意見仍然分歧。舉例來說，美國法官 Friendly 在 George v. Douglas Aircraft Co.[40] 一案，卽曾指出消費者（使用者）住所地、商品購買地及受損害地之法律未能提供損害賠償之救濟，則受害人可能因致損害之商品係於他州製造之一事實而受較大保護。且於此種情形下，適用甲州法律而使商品製作人負損害賠償責任

39）請參見 Hardman v. Helene Curtis Indus., 48 Ill. App. 2d 42, 198 N.E. 2d 681 (1964).

40）332 F. 2d 73 (2d Cir.), Cert. denied 379 U.S. 904, 85 S. Ct. 193, 13 L. Ed. 2d 177 (1964).

，則將使甲州商品製作人於乙州處於較不利之競爭地位（例如提高製作人責任保險率）。唯 Ehregwerg 教授則贊成適用甲州法而使受害人獲得賠償，蓋此種情形應爲該商品製作人所可預見且得藉保險以分散責任[41]。

唯進一步分析，吾人看出乙州法律於此種情形下雖表示其無意使受害人向商品製作人請求賠償之政策，然而，吾人很難看出乙州究有何種充分之利益阻止受害人依甲州法律獲得賠償。乙州鼓勵他州製作人在乙州活動之利益似也微不足道，蓋製作人生產活動大部分集中於甲州。因是之故，於本案中乙州適用乙州法律之利益，充其量也不過是：乙州獎勵製作人在乙州從事營業活動，其方法則爲告知各商品製作人，除非其有過失或契約上有特別規定，否則就商品所致他人損害即不負賠償之責。

甲州就課製作人以無過失責任究有何利益？首先甲州可能係藉此以警告甲州商品製造人在製作時應盡最大注意，以預防對人造成損害；其次，此種立法也可能促進產品銷售量有利於製作人，因此同時希望製作人應就商品所造成之損害負擔主要責任。

故於此種類型之案件，採功能分析後，就應適用甲州抑乙州法律，則應視甲州所以如此規定甲州商品製作人責任是否具有上述兩種或其中之一之立法理

由，倘若回答是肯定的，則甲州、乙州或他州法院應無疑問地適用甲州法律予被告以損害賠償，而不致有害及乙州的立法政策。

二、我國之法制

對於涉外法律關係決定內、外國法律孰應適用之法則—國際私法，在我國法典上稱爲涉外民事法律適用法[42]，該法係於民國四十二年公佈施行，全文僅三十一條。其中前二十四條，係有關涉外法律關係準據法之規定，依民法法典所規定事項之順序爲簡單扼要之命題，施行以來，由於鮮少實例，故其實際效果如何，難做定論，唯其規定簡陋則屬不爭之事實，是其內容猶待於學者研究闡發，判例解釋補充之處寧不在少。以下擬分下列數項，就有關商品製作人責任之涉外法律關係，如在我國法院涉訟時[43]，有關法律適用之事項加以分析說明。

㈠訟爭問題之定性

商品製作人就商品瑕疵所招致之損害，所應負之責任爲損害賠償責任，其債務則爲損害賠償債務。按損害賠償債務，依其發生情形係原始的抑轉變的爲標準，原可分爲兩類：其一、原始的損害賠償之債，即自始以損害賠償爲標的之債，例如由侵權行爲所生者是；其二、轉變的損害賠償之債，即原屬一般債

---

41) 請參閱 Ehrenzweig, Conflict of Laws (1962) p. 591.

42) 此一法規之前身爲民國七年八月六日公佈施行之「法律適用條例」，該條例係北京政府時代所制定，北伐成功國民政府奠都南京後，於民國十六年八月十二日以命令暫准援用，以迄現行法規公佈施行時爲止。

43) 涉外案件在我國法院涉訟，必須我國法院有管轄權，始能爲實質上之審理。以下於討論各問題時，均係假定我國法院有管轄權。

權，後以某種原因始轉變爲損害賠償之債，如因契約債務不履行所生者是。而商品製作人所負之損害賠償債務，除每因請求人（受害人）之不同而異外，亦因各國法律規定而有別。抑有進者，同一瑕疵商品所造成之損害，在同一當事人間同時發生上述兩種損害賠償債務者亦有之，則此時二者關係如何？當事人得否任意行使？此乃請求權競合之問題。此等問題屬各國實體法之規定，但在國際私法上，也有其重要性，蓋此等問題可稱之爲訟爭問題的定性問題，所謂訟爭問題的定性，即將法院所審理的案件，確定其性質而劃歸於適當的法類，此項訟爭問題之定性，須先爲確定，否則本案之適用法則，將無由確定。由此可見訟爭問題的定性影響案件所應適用之準據法法律，關係重大。

1.定性的準則

定性問題應如何解決，也就是定性應依那一個有關國家或其他國家的法規來解決，學說上雖有不少主張，但實務上各國對於定性以法庭地法說爲準，已見前述[44]，故本文僅對法庭地法說略作介紹、批評，至其他學說以及關於定性所生各種問題，則擬省略。

法庭地法說（lex. fori），爲德國（Kahm）及法國巴丹（M. Bartin）所主張[45]，按巴氏曾於西元一八九七年發表一篇關於定性問題之論文，引起當時學界普遍之注意，巴氏認爲內國法院關於受理案件之法律關係，應依內國法，即法庭地法而確定其性質之所屬。巴氏係從國家主權的理論出發，認爲適用外國法等於放棄自己國家的主權，因此決定放棄多少主權以適用外國法，這只能由審理案件的國家依自己的法律來決定，而不能由外國法來決定，否則自己就非一家之主。[46]

適用法庭地法以爲定性之準則，對法庭地法院言最屬自然便利，是其優點，但其最大弊端則是未能正確決定某種法律關係在準據法國法規中之性質及其地位，尤其是在法庭地法欠缺外國法規的制度時，更無法解決定性問題，所以依法庭地來定性就易發生竄改所應適用的外國法的結果。

訟爭問題定性既依法庭地法，則關於商品製作人責任，究係基於侵權行爲抑契約不履行而生，受訴法院卽應依法庭地實體法以爲判斷，俾確定其性質而劃歸於適當之法類。此項訟爭問題之定性，須先爲確定，否則本案準據法，將無法決定。因訴爭問題的定性，攸關準據法的適用，有程序法的性質，故不能任憑當事人主張，而應由法院針對事實，依職權以爲判斷。

2.商品製作人責任之定性

44）請參閱註（23）

45）Kahn 與 Bartin 都是十九世紀末，二十世紀初的法學家，他們對於國際私法具有濃厚的國家法，實證法的觀念。他們將衝突法規視爲單純的內國法規，將法律視爲成文的實證法。所以他們認爲定性也祇有依法庭地法的標準來解決。

46）請參閱施啓揚敎授著：「國際私法上定性問題的歷史發展及其解決方法」，載法學叢刊第十二卷第四期（民國五十六年）第二一頁。

定性旣依法庭地法，則如涉外商品製作人責任在我國法院發生，而我國法院又有管轄權時，卽應以我國民法之有關規定以爲判斷損害賠償請求權性質之歸屬，按我國民法就契約債務不履行所生損害賠償請求權與基於侵權行爲所生損害賠償請求權，二者成立要件與法律效果之規定均有顯著之差異[47]。唯我國法院於認定當事人請求權性質時，似無庸就當事人以訴主張之權利或法律關係，依據我國民法各請求權成立要件爲詳細之裁判，蓋我國法尙非案件之準據法，而僅爲確定當事人間法律關係之性質所應適用之法律。否則，卽不無以法庭地法爲案件準據法之嫌疑，舉例來說，原告根據侵權行爲法理請求商品製作人爲損害賠償，我國法院不能以原告不能舉證證明被告有故意過失，因而否認其爲侵權行爲，從而剝奪當事人依案件準據法以爲判斷其請求權是否成立之利益，顯不妥當，然則我國法院究應如何定性？本人以爲因商品瑕疵致生損害於他人時，所謂「他人」，就其與商品製作人關係言，不外爲下列幾種人：其一、直接買受人；其二、間接買受人；其三、與買受人有一定關係之人，例如其代理人、受僱人、使用人、家屬、親屬、客人；其四、其他第三人，例如旁觀者。因此就涉外商品製作人責任之案件在我國法院起訴時，依我實體法之規定，視請求權人[48]爲何人應可確定請求權究屬契約債務不履行抑侵權行爲。

就我國法律規定而言，其根據契約債務不履行的法理請求損害賠償時，必須當事人間有買賣（不以此爲限）契約關係之存在爲前提，否則請求人無從行使契約法所賦予之損害賠償救濟方法。依此原則以觀，則除商品製作人之直接買受人得根據契約債務不履行之法理請求損害賠償外，其他之人只能以侵權行爲爲原因而主張。故我國法院於確定請求權性質之歸屬時，此不失爲一可行辦法。唯如將來我國法律修改，或者最高法院於適用法律時，採取積極進步創新之精神，補充、闡釋、擴展法條之解釋，而主張契約債務不履行之損害賠償請求權之行使，不以形式上有契約關係之存在爲前提，或者解釋與直接或間接買受人有一定關係之人，也均得行使契約法上救濟方法時，則自當別論。

3.請求權競合時之解決

一事實只發生債務不履行之損害賠償請求權者有之（如金錢債務之給付遲延），祇發生侵權行爲之損害賠償請求權者有之(如擊毀他人汽車)，但同一事實同時發生上述兩種請求權者亦有之，如航空運送人因過失致航空機失事，旅客受傷，一面爲契約債務不履行，發生債務不履行之損害賠償請求權，一面亦爲不法侵害他人身體，發生侵權行爲之損害賠償請求權，上述情形，於商品製作人責任亦同樣可能發生。發生一個請求權者，無論有利與不利，祇好就該請求權行使，如爲涉外事件時，法院亦只

47）請參閱王澤鑑敎授著：「最高法院六十年度十則民事判決之檢討」，載台大法學論叢第二卷第二期（民國六十二年）第四一五一四一六頁。

48）唯在債權讓與之場合，則應以讓與人與商品製作人之關係爲準。

有就請求權之性質，以決定其準據法，別無問題。但如發生兩個請求權時，例如有瑕疵商品致直接買受人受損害時，則兩請求權可否併存，而任由權利人擇一行使？不但學者間見解不一[49]，卽我國最高法院判決也先後矛盾[50]。倘其為涉外案件，而依我法庭地法定性之結果，同時具有債務不履行之損害賠償請求權與侵權行為之損害賠償請求權時，則有關準據法之問題，應如何解決，適用時易滋疑義。茲扼要檢討如下：

按請求權競合說[50A]，其缺點在乎有置法律規定或當事人契約於不顧之嫌。蓋債務人不履行之責任，多有依法律規定，或當事人之特約而減輕之時，此時如許可債權人主張侵權行為之責任，則法律之規定或當事人之特約卽屬毫無意義。其優點則為對被害人保護較為週到，法律保護之功能得以發揮。而法條競合說[50B]，其優點在於使法律之特別規定或當事人之特別約定得以發揮其效力，使特別之規定不致成為有名無實，立法政策得以貫徹，但其缺點在乎同一事實，如發生債務不履行與侵權行為，而異其被害人時，難免產生不公平的現象，例如因承租人之輕過失，致房屋失火，並延燒鄰家時，承租人對鄰人固應負侵權行為之責任，但對出租人則不必負責（依我民法四三四條規定，若非重大過失，則可免債務不履行之責任，而依此法條競合說，又不能發生侵權行為之損害賠償請求權），豈能謂平？唯近來學者有傾向於主張有限制的請求權競合說者[51]，卽原則上雖承認請求權之競合，被害人得擇一行使其請求權，其中一請求權若因已達目的而消滅者，則另一請求權亦隨之消滅（因有同一目的一損害賠償），但其中之一請求因達到目的以外之原因而消滅時，則他一請求權仍猶存續，唯若所選擇行使者，係普通性質之侵權行為請求權時，則應受法律特別規定使債務人負擔較輕義務或當

49）同一行為構成侵權行為及債務不履行時，兩者關係如何？學說有三，卽請求權競合說、法規競合說及請求權規範競合說。關於此三種學說請參閱註（47）王著：第四一六—四二〇頁，註（21）、註（22）。
50）我最高法院於下述判例採請求權競合說：
　　四十八年台上字第一一七九號判例。
　　五十二年台上字第一八八號判例。
　　五十五年台上字第二二八號判例。
　　五十六年台上字第三〇六四號判例。
　　我最高法院於下述判決（例）採法條競合說
　　二十二年上字第一三一一號判例。
　　四十三年台上字第七五二號判例。
　　六十年台上字第一六一一號判決。
　　六十一年臺上字第二〇〇號判決。
50A）請參閱註（22）關於請求權競合說之意義。
50B）請參閱註（21）關於法條競合說之意義。
51）請參閱日本學者田中誠二著：商事法研究第二卷第二五二頁。本文係引自吳昭瑩著：「海陸空貨物運送人責任之比較研究」，政大碩士論文(民國六十三年)第十九、二十頁。

事人間有特約之契約法上之限制，俾貫徹立法目的及平衡双方當事人之利益，此說頗有見地。

本人原則上雖亦贊同採取有限制請求權競合說，不過在國際私法上本人毋寧仍主張請求權競合說，其理由有三：第一、著眼於用法單純與便利。蓋若採有限制競合說，則其以侵權行爲起訴者，其準據法雖爲甲國侵權行爲法，但同時可能尚須受乙國契約準據法之限制，適用法律之複雜，調查法律之困難，已可想見，況如我國關於侵權行爲成立與效力之準據已採以法庭地法限制侵權行爲地法立法例，現如再使之受契約準據法之影響，更屬治絲益亂；第二、採有限制請求權競合說，似屬於法無據，蓋我涉外民事法律適用法就第六條及第九條分別規定契約案件準據法及侵權行爲案件準據法，則如以採此種實體法上理論，適用於國際私法上，似有改變法律適用條文規定之嫌。第三、卽使在採法條競合說者[52]，亦有主張侵害人身權時，應例外承認請求權競合說，而於商品製作人責任之訴訟，於多數場合，已非商品瑕疵本身之損害，而爲侵害使用人，消費者健康、生命權之侵害。

以上已將請求權競合問題，略述其梗概於上，吾人不難發現此一問題，實由於法庭地法院對於訟爭問題依法庭地法律初步定性之結果，爲了避免就同一訴訟標的，適用不同法域之不同性質法律，本人因此主張仍採請求權競合說。唯就訟爭問題定性所引起請求權競合及準據法適用等問題，可因省略此一初步定性程序而避免，卽於商品製作人責任訴訟時，法院不問其性質之何屬，直接決定其準據法，於適用本案準據法時，始再發生請求權競合問題，此時無論本案準據法就請求權競合採何主張，其適用之法律要不出該國實體法之領域範圍以外，此海牙國際私法公約所採之辦法。[53]

㈡準據法之適用

關於訟爭問題定性，旣採法庭地之我國法律，而於定性後發生請求權競合問題時，又以採請求權競合說之主張爲宜，則關於商品製作人責任準據法之適用，要不出契約準據法或侵權行爲準據法之範疇，玆就該兩法律關係所應適用之準據法，略述如下：

1.侵權行爲準據法[54]

我涉外民事法律適用法第九條規定：「關於由侵權行爲而生之債，依侵權行爲地法。但中華民國法律不認爲侵權行爲者，不適用之。侵權行爲之損害賠償及其他處分之請求，以中華民國法律認許者爲限。」此種規定係以侵權行爲地法爲準據法，而使其受法庭地法限制

---

52) 請參閱王伯琦教授著：「契約責任與侵權責任之競合」，載大陸雜誌第十一卷第四期（民國四十四年）第一〇八頁。

53) 關於海牙國際私法公約，請參閱本文三、一九七二年海牙商品製作人責任之準據法公約。

54) 關於侵行爲準據法之詳情，詳請參閱拙著：「論侵權行爲之準據法」，載政大法學評論第七期（民國六十一年）第一六一—一九二頁。

之不附條件之併用主義。申言之，關於涉外侵權行為之成立及其效力，固以侵權行為地之法律，為裁判之準據法，但也祗能於法庭地法所認許之限度內，始被適用。換言之，必兩地法律均認為侵權行為者，侵權行為始得依侵權行為地法，認為成立。依侵權行為地法，非侵權行為者，固非侵權行為；即依侵權行為地法，認為係侵權行為，而依我國法非侵權行為者，侵權行為也不成立。關於侵權行為效力亦然，故凡逾越我國法所認許之損害賠償及其他處分之請求，包括其請求權之當事人，請求權之範圍，損害賠償之方法及金額等一切有關侵權行為效力之規定，也均不為我國法所承認。

2.契約之準據法[55]

契約之準據法，雖可分為契約方式之準據法與契約實質之準據法，唯商品之買賣通常為不要式契約，故方式準據法之討論於此即不具重要性，故略而不論。以下擬僅就契約實質準據法加以說明。涉外民事法律適用法第六條，共分三項，其規定如後：

「法律行為發生債之關係者，其成立要件及效力，依當事人意思定其應適用之法律。

當事人意思不明時，同國籍者依其本國法，國籍不同者依行為地法，行為地不同者以發要約通知地為行為地，如相對人於承諾時不知其發要約通知地者，以要約人之住所地視為行為地。

前項行為地如兼跨二國以上或不屬於任何國家時，依履行地法。」

其中第一項，即為當事人意思自治原則之採用。適用時究應如何決定當事人意思？由於在我國尚無司法判解以為依據，本人認為在當事人無明示意思時，尚不得視為意思不明，仍應由法院適用最重要牽連主義，審查一切與契約有關之各種牽連事實，包括契約之條款、用語，及各種與契約有關之連結因素，就面對締約時周遭環境，以一個合理商人所應選擇適用法律之意思，做為當事人之意思，以定契約之準據法，姑不論其名稱為何—當事人默示意思、推定意思、抑法院所賦予之意思，採取此種解釋，不僅符合外國的實例、學者之見解，且也屬貫澈當事人意思自治原則之立法本意，對當事人言，要比法院逕行適用第二項之硬性法則為公平合理。

關於第二項，乃規定當事人意思不明時，法律所規定之硬性規則。按各國立法例，雖多數規定於當事人意思不明時，應即適用法律行為地之法律，然單純適用行為地法，亦不免有窒礙之處，蓋外國人間之法律行為發生債之關係，係因旅經某地，而偶然為之者，不乏其例，其主觀上甚或不知行為地法為何物，若強以行為地法為準，實難期公允，故本項規定於當事人意思不明時，應盡先適用其本國法，萬一當事人之國籍又不同，各該當事人之本國法可能發生差異，始適用行為地法以為決定。

55）關於契約準據法之詳情，請參閱拙著：「契約準據法之研究」，載政大法學評論第九期（民國六十二年）第一四五一一七九頁。

本項規定行為地不同云云，係專指契約行為地而言，蓋法律行為發生債之關係者，不外單獨行為與契約行為兩種，在單獨行為只須有單獨之意思表示，其行為即告成立，不致發生行為地不同之情形。至於契約，必待行為人兩方之意思表示一致，始告成立。設行為人處於不同之法域，而隔地訂約，其行為地不同，即生問題，故本項後段乃有另定行為地標準之必要。

關於第三項之規定，乃因近代交通發達，舟車迅捷，無遠弗屆，當事人之法律行為，往往兼跨數國地區，始行完畢，或其行為發生於無主地域者，亦屢見不鮮，何者為其行為地法。頗成問題，本項特規定依債務履行地法，以濟其窮。

三、一九七二年海牙商品製作人責任之準據法公約

國際私法為國內法，如各國不採同一法律適用原則，則即使就同一案件言，亦因受訴法院之不同，而得不同之判決，此不僅影響當事人權益，且易發生原告任擇法庭之弊。是以自十九世紀以來，國際間曾舉行多次會議[56]，謀將各國國際私法原則作劃一共同之規定，其

中較重要者，一為泛美會議，一為海牙會議。唯兩者會議辦法不同，蓋泛美會議以締結一國際條約，包括國際私法之一切原則，此為事實上所難實現；至海牙會議，則以一原則締結一條約，贊成者共同遵行之，否則與會各國仍得任意不受拘束，故凡會議一次，必有批准之條約。且海牙會議已成為一永久性之組織，定期集會，自西元一九〇二年第一次海牙會議舉行以來，迄一九七二年舉行第十二屆會議，已歷時七十年，共簽訂之條約已有二十八個[57]之多，其中不乏已批准生效者。

按第十二屆海牙國際私法會議，係於一九七二年十月舉行，共通過三個公約草案[58]，其中之一商品製作人責任準據法公約 (Convention on the law Applicable to Products Liability)[59]，為國際間為統一商品製作人責任所應適用之法律所作的努力，亦為本文所予評介的對象。該公約共計二十二條。依合約第二十條之規定，須於第三個批准國，送交批准書後之第三個月之第一日起生效。茲分以下幾項，擇要加以評介。

(一)公約之適用範圍[60]
本公約適用於因商品招致損害時，

---

56) 關於國際間歷次舉行之國際私法會議之名稱及其簡介，請參閱馬漢寶教授著：國際私法總論（民國六十年）第三六一四一頁；洪應灶教授著：國際私法（民國五十七年）第十七一十九頁；劉甲一教授著：國際私法（民國六十年）第三四一四十頁。
57) 關於歷屆海牙國際私法會議所簽訂條約之名稱及其狀態，請參閱拙著：「論侵權行為之準據法」，載政大法學評論第七期（民國六十一年）第一八三、一八四頁。
58) 此三個公約草案即商品製作人責任之準據法公約；2.死亡人財產之國際管理公約；3.關於扶養義務判決之承認及執行公約。
59) 本公約英文本見 21 Am. J. Comp. L. 150 (1973).
60) 請參考公約第一條、第二條、第三條。

關於決定商品製作人及其他人損害賠償責任所應適用法律之公約。故本公約乃一有關商品製作人責任之準據法公約，而非規定商品製作人權義之實體法上規定。茲進一步分析說明如下：

1.所謂因商品招致之損害，不以因商品本身瑕疵所致之損害為限，其他如因對商品說明錯誤，未就商品品質、特性，使用方法為適當告知所致之損害也包括在內。

2.所謂商品（product），包括天然的及工業的商品，不問其是否新的抑製造的，亦不問其是否動產抑不動產，故商品乙詞含意廣泛。

3.所謂損害係指對人身之傷害或對財產之損害及經濟上損失而言；商品本身之損害及所失利益（consequential economic loss）除與其他損害相結合者外，則非此之所謂損害，因之即無本公約之適用。

4.本公約之適用不限於商品製作人之責任，即其他人之責任，例如零件製造人，天然物之生產者、商品供給者（批發商、零售商），乃至於修理者，倉庫管理人等，凡一切與銷售商品有關之人，皆有其適用，同時本公約也適用於上述之人之代理人或受雇人之責任。故本公約適用範圍極廣。

5.本公約所稱之人，係指法人及自然人兩者而言。

唯應注意者，商品所有權或使用權之受讓人，對讓與人應負責之事由受有損害時，並不當然適用本公約。蓋本公約之適用，以因商品招致之損害為前提，故如非商品所致之損害，縱當事人間有商品所有權或使用權讓與之事實，亦無本公約之適用（公約第一條第二項）。

最後必須一提者，即本公約不因訴訟案件之性質而影響其適用（公約第一條第三項），故原告不論以侵權行為抑契約債務不履行為依據，所為之損害賠償請求，只要其符合公約適用條件，即有本公約之適用，此種規定，可省略受訴法院初步定性之困擾，而定性依法庭地法之最大缺點[61] 也得以廻避，至商品製作人之責任基礎究竟為何？以及發生請求權競合時問題之解決，則為決定本案準據法以後之問題，此種立法頗值吾人注意。

㈡公約關於準據法之規定

第一優先順序

關於商品製作人責任之準據法，依公約第五條以適用直接受害人習慣居所地國法為第一優先順序，唯該國尚須符合下列條件之一：此即1.該國為應負損害賠償責任者之主要營業所在地國；或2.為直接被害人取得商品之所在地國。

直接被害人與其習慣居所地法之關係可說最為密切，蓋其通常即受該法之適用與保障，故關於商品製作人責任之準據法，亦以適用該法為最適當；雖然如此，此種僅因一種牽連關係，即適用直接被害人之習慣居所地法，似不無

61）依法庭地法定性，其最大的弊端是未能正確決定某種法律制度在該外國法規中的性質及地位。尤其在法庭地法欠缺外國法規的制度時，更無法解決定性問題。所以依法庭地法定性就易發生竄改所應適用的外國法的結果。

擴大屬人法之領域，且對商品製作人言亦有失公平之處，故公約規定必須該國亦為請求負損害賠償責任者之主要營業所在地國或直接被害人取得商品所在國方可，此時據以連繫涉外案件與準據法之基礎有二（直接被害人習慣居所地及被請求負損害賠償責任之主要營業所在地或直接被害人習慣居所地及締約地），則其適用，即具有堅強之理由，也不致有失公平。

第二優先順序

關於商品製作人責任之準據法，如不具備適用直接被害人習慣居所地法之條件，則依公約第四條規定，應適用之法律則為損害造成地國法，唯該國尚須符合下列條件之一：此即1.為直接被害人習慣居所地國；2.為被請求負損害賠償責任者之主要營業所在地國；3.為直接被害人取得商品所在地國。

損害造成地國與直接被害人利害攸關，對該國公安自有影響，此不僅因損害既在該國發生，且被害人通常可能在損害造成國接受醫療，其是否應受賠償，俾有力量支付費用，與該國關係可說最為密切，故即以損害造成地國法為準據法，唯此種僅因一種牽連關係，遂適用該國法為案件準據法，也不無忽略其他法域之利益，故公約明定，損害造成地國必須同時具有上述三種情形之一，此時既有兩種牽連關係，則適用損害造成地國法，即屬合理與必須。

第三及第四順序之準據法

關於商品製作人責任之準據法，如因不具備公約第五條、第四條之要件，致不能適用直接被害人習慣居所地國法，或損害發生地法時，此時則應以何國法為案件準據法？依公約第六條之規定，原告得主張適用損害造成地國法——第三順序之準據法，唯如原告不如是主張時，則應適用之法律即為被請求負損害賠償責任者之主要營業所在地國法——第四順序。

於上述情形，因無一國具有二種重要牽連關係，但法院又不能不確定應適用之法律，遂不得不就各有牽連法域之法律加以選擇，所選擇者即為損害造成地法與被請求負損害賠償責任之主要營業所在地法，同時此兩法律適用順序，則委諸原告加以選擇，俾符合一般國家有關商品製作人責任之法律，強調保護消費者之意旨，唯如原告不選擇適用損害造成地國法時，則關於商品製作人責任之準據法，即為被請求負損害賠償責任者之主要營業所在地國法。適用該法對商品製作人應屬有利，可見公約就準據法之選擇對當事人双方之利益已兼籌並顧，不唯寧是，依公約第七條之規定，於依第四、五、六條應適用損害造成地國法，或直接被害人習慣居所地國法時，倘如被請求負損害賠償責任者，能證明其無從合理預見該商品或其同型商品得藉商業交易，在上述國家可以購得時，為保護被請求負損害賠償責任者免適用不能預見之法律，上述直接被害人習慣居所地國法，或損害造成地國法仍不得適用，則此時唯一應適用之法律即為第四順序之準據法——被請求負損害賠償責任者之主要營業所在地國法。

以上已就公約關於準據法之規定加以評釋，於此，有應附帶一提者，有下

列四事，即1.不論應適用之準據法為何國法，均應考慮商品進入市場地國之有關行為與安全之規則（公約第九條）。2.依本公約所應適用之法律，僅得以適用該法有違法庭地公共秩序為理由而加以拒絕（公約第十條）。3.此外，依公約第十一條規定，應適用之法律，縱使非締約國之法律，亦無礙其適用，換言之，本公約不採相互原則，俾擴大公約之適用機會。4.最後應一提者，即所謂依公約應適用之法律，係指該國實體法而言，明文排除反致[62]之適用。

(三)準據法適用之範圍

依商品製作人責任之準據法公約第八條之規定，應適用之法律決定下列各項問題[63]：

1.損害賠償責任成立之基礎及範圍。包括損害賠償究係基於侵權行為抑契約債務不履行而發生，其成立應具之要件為何，損害賠償應負責之範圍如何等問題屬之。

2.損害賠償責任免除之理由，責任之限制及責任區分。何種情形下為債務人免負損害賠償責任之事由，以及債務人負損害賠償責任時，究負無限抑有限責任；在債務人有多數時，其責任究為連帶的抑可分的等問題。

3.對於何種損害始負賠償的問題。按損害有財產的損害與精神的損害，義務人是否均須負賠償責任，亦屬準據法所應決定之事項。

4.損害賠償的方法及範圍。損害賠償的方法一般言之，不外恢復原狀及金錢賠償兩種。兩種究以何者為原則、何者為例外，以及賠償範圍如何？是否包括債權人所受之損害及所失之利益，有無過失相抵或損益同銷之適用等屬之。

5.損害賠償請求權可否讓與或繼承之問題。損害賠償請求權亦屬債權，原則上應有移轉性，唯損害有財產的損害，亦有非財產的損害，是否均得移轉，有何限制？此等問題亦為準據法所應決定者。

6.何人得主張損害賠償請求權之問題。

7.本人對代理人行為或雇用人對受僱人行為所負之責任。

8.就準據法有關損害賠償責任法律之舉證負擔問題。

9.消滅時效及除斥期間，包括有關期間起算、中斷、停止等問題之法則。

唯應注意者，以上所舉九點不得視

62）所謂反致（renvoi），即指於某種涉外法律關係，依內國國際私法之規定，應適用某外國之法律，而依該外國國際私法之規定，卻應適用內國法或他國法時，即以內國法或他國法代替該外國法之適用是也。今公約明文規定應適用之法律為一國之實體法（internal law)不包括其國際私法，因而無反致適用之餘地。
關於反致請參考下列論文：
Dean, *The Conflict of Conflict of Laws*, 3 Stanford L. Rev. 388 (1951);
Pagenstecher, *Renvoi in the United States*: A Proposal, 29 Tulane L. Rev. 379 (1955); Knauth, *Renvoi and Other Conficts Problems in Transportation Law*, 49 Col. L. Rev. 1 (1949); Griswold, *Renvoi Revisited*, 51 Harv. L. Rev. 1165 (1938).

63）以下於闡釋準據法適用範圍，所用之法律專門名詞及用語，不一一舉例及註釋，請參考有關各國民法之巨著。

為列舉規定，而僅應視爲例示規定，故其他未列舉事項，如解釋上非屬程序法上問題[64]，應也包括在準據法適用範圍內，此由公約第八條用「特別是下列問題」一語[65]即可知之。

四關於聯邦國家之適用

聯邦國係由各邦所組成，各邦法權自主，各有其關於商品製作人責任之法律。聯邦國於批准、加簽時，得宣布本公約適用於所屬各邦、一邦或某些邦（公約第十四條）外，唯依本公約選擇案件準據法時，則各邦均視爲獨立的國家（公約第十二條）。故各邦之法律均被適用之可能，而不論其是否公約效力所及之邦。

於此應予一提者，即公約第十三條有關保護聯邦國之規定。該條云：「聯邦國得不適用本公約，如單一國於相同情形下，依公約第四條、第五條而不適用他國法時。」茲舉一例以說明之，設原告於紐約州有習慣居住地，於加州購得德國製造之汽車，而於猶他州因汽車瑕疵而受有損害時，茲假設被告可以合理預見該車或同類型之車藉商業交易得於紐約州及加州購買，但其不能合理預見該類車可在猶他州購得。則此時如無第十三條之規定，美國法院即必須適用德國法，此蓋因紐約州及加州不具有二以上之牽連關係，而猶他州法則因被告證明不能合理預見，致不能適用。但在

另一方面，如上述事實皆發生在單一國家中，例如法國，則所適用之法律，依本公約之規定，必爲法國法。此種結果自屬對聯邦國不利，故特設第十三條之規定，於上述單一國不適用他國法時，聯邦國即可不受本公約之拘束，而得自由選擇其應適用之法律。

叁、結論

綜合以上所述，吾人不難發現有關商品製作人責任之法律，各國規定之紛歧[66]。而商品製作人責任之國際私法方面所生問題，則不外有關其準據法之規定，而該問題又可細分爲二：其一、如何規定一各方面斟酌盡善之準據法；其二、如何避免訟爭問題之定性，俾減少判決歧異現象之產生。

按傳統上對商品製作人責任之準據法，要不外視訴訟當事人之法律關係，或依契約之準據法，或依侵權行爲之準據法以解決涉外案件之法律適用問題，此不僅會發生定性的問額，致同一案件每因受訴法院之不同，而給予不同之定性，致適用不同之準據法，即使予以相同之定性，而傳統上侵權行爲或契約準據法之規定亦非盡如人意[67]。職是之故，改革之聲，甚囂塵上，分析各方就準據法所提補救辦法，不外二種：一種可以美國學者所主張之最重要牽連說爲例，以爲關於某些性質之法律關係之準據

64）按各國立法例上關於訴訟程序問題，幾一致以法庭地法爲準。請參閱 Beale, A Treatise on the Conflict of Laws (1935) §§ 140, 168.

65）The law applicable under this Convention shall determine, in Particular

66）此可參照本文前述美國法上有關商品製作人責任之演進。

67）請參閱註（55）、註（56）所舉兩文。

法之規定，不宜由立法機關做硬性規定，而應藉司法程序，於具體案件中，由法院斟酌事實，審查一切連接因素，而為各案選定關係最密切之法律，以作為應適用之準據法；第二種可以海牙商品製作人責任準據法公約為例說明，以為關於準據法之規定，必須由立法機關遴選一、二種或數連接因素為基礎。抽象制定普遍適用於一切案件，而不可採彈性立法，任由法官自由裁量。如就上述兩種修正辦法而論，則第一種辦法雖可使商品製作人之責任準據法之適用更合理、公允，但其缺點亦復不少[68]。至第二種修正辦法，因僅以受害人習慣居所地、損害發生地、應負損害賠償責任者主要營業所在地、受害人取得商品地等四種連結因素為考究之對象，考慮之因素不算太廣，而所適用之準據法則為受害人習慣居所地法、損害發生地法、被請求負損害賠償責任者之主要營業地法，均屬易於確定，法官不致有無所適從之苦，也無濫用裁量權之可能，而當事人既可預見所應適用之法律，權義關係比較分明，和解自較容易達成，而有疏減訟源之利；此外從公平合理言，亦有其足稱道者，蓋被害人與其住所地之關係，可說較任何地方均為密切，以其住所地為法應適用之法律，不僅最能促進該法域制定該法律之目的，且亦最能達到保護被害人之目的，唯為顧及加害人

之利益，故同時該法域尚須為他種重要牽連因素之所在地始可；唯如不符合適用被害人習慣居所地法之要件時，則再依第四條或第六條適用損害發生地法，或第六條、第七條適用被請求負損害賠償責任之主要營業所在地法，蓋一般而言，被請求負損害賠償責任者主要營業所在地法，對加害人（被告）較為有利，而損害發生地法與雙方當事人利害關係言，可說處於中立地位，從法律保護被害人之一貫立場言，自應優先於前者而適用，何況損害對損害發生地公益也不無影響，則其優先適用，非無理由。唯應注意者，於依第四條而適用損害發生地法時，該法域必須同時亦為他種連結因素之所在地，而依第六條適用時，則勿庸具備此兩種以上連結因素併存一地之要件。故兩種修正辦法相較，似以後者為優。

此外，特別值得稱道者，即以上所述兩種對商品製作人責任準據法修正辦法，也附帶解決了訟爭問題依法庭地法定性之困擾，減少同一案件判決歧異之發生。蓋於採上述準據法之國家，於商品製作人責任發生訟爭時，不必問其係侵權行為抑契約債務不履行，即可確定應適用之法律，本案之準據法既經確定，則究應適用契約法抑侵權行為法，當然應依本案準據法決定，則似此一方面避免初步定性之困難，他方面使定性依

68）關於其缺點，可扼要說明如下：1.於涉外案件選擇準據法時極為重要之特質，例如單純、確實，易於適用，結果預見可能等，於此類修正辦法中均難加以維持，且國際私法學理想之一——判決一致之目標，必較難實現。2.一般法官格於種種限制，並非均精於國際私法之技術，除非法律有簡單具體之指示，法官實際上很難自所有連接因素乃至分析關係法律中，以確定個案最適當之準據法。3.此類立法例賦與法官以較多之自由，法官如以此為憑藉而擴張內國法之適用，實也不無弊害。

本案準據法陷於循環論說之批評不攻而自破[69]，實屬一舉兩得之良法，他山之石可以攻錯，值得吾人借鏡。

最後，本人願指出者，我國雖非海牙國際私法會議之會員國，但依此商品製作人責任之準據法公約第十八條之規定，於本公約依法生效後，歡迎其他國家之加入[70]。鑒於加入此一公約，可使在我國法院訟爭之涉外商品製作人責任之準據法問題，獲一徹底解決，對保障內、外國人權益，促進判決一致之國際私法崇高理想，都將有極大裨益。因此，本人主張我國應早加入此一國際公約，使國際私法上繁雜之商品製作人責任之準據法問題，獲一妥善合理的解決。

---

69) 按批評定性依本案準據法者，每以訟爭問題之定性，不能依法律關係之準據法，而必須依法庭地法，此因為在訟爭問題未經定性前，法律關係既無從確立，其準據法自無由確知；而本案之準據法必須依訟爭問題之定性而確定，則訟爭問題之定性又何能依本案準據法而為之？殊不知有關商品製作人責任準據法之新立法例，省略初步定性，直接即可確定本案準據法，則有關訟爭問題依本案準據法定性，即非不可，也無陷於循環論法之謬誤。

70) 所謂其他國家，也非無一定資格之限制。依該條之規定，限於第十二屆會議後新加入之海牙國際私法會議會員國，或者聯合國之會員國，或者聯合國特別機構之會員，或者為國際法院規約之當事國。

關於票據上一些國際私法問題之研究

壹、引　論

關於票據之種類，各國立法例，頗不一致。有採分離主義者[1]，如德、法二國之票據法，僅以滙票及本票稱為票據，而不認支票為票據，西元一九三○年及一九三一年之日內瓦統一條約[2]，亦仿比例，故基於該統一條約所制定之德、法現行法，亦依此主義；有採包括主義者[3]，如英、美法系之票據法，則認支票亦為票據之一種，與滙票、本票並之規定。我國票據法，從英美立法例，亦認支票為票據，而與滙票及本票，並為一法。此種立法例之分歧，除沿革上原因外，另由於重視兩者之經濟上效用各異，或法律上性質之類似等不同立場而來。此係就票據法立法形式言，若就其實質規定言，則過去所謂之世界票據法三大法系，其內容規定，亦有差異[4]，茲舉二例說明之。例如在法國法系，

---

1) 請參閱陳世榮教授著：票據法總則詮解（民國八十二年）第二十六至第二十七頁；劉鴻坤教授著：最新修正票據法釋義（民國六十二年）第四至第五頁。
2) 所謂日內瓦統一條約，係指國際聯盟（League of Nations）所制定之統一滙票及本票法（Uniform Law on Bills of Exchange and Promissory Notes）及統一支票法（Uniform Law on Cheques）
3) 同註一。
4) 請參閱陳著：第二十七頁；劉著：第四頁、第五頁。

其票據關係與實質關係，並不截然劃分，尤其資金關係竟成為票據關係之一，票據之移轉，可生資金之移轉；德國法系則不然，票據關係與基礎關係，完全脫離，亦即票據成為不要因證券；至於英國法系，雖認為票據關係與實質關係，發生牽連，但經過若干解釋，在實際上非常接近德國法系。其次，在德國法系，採取嚴格的形式主義，如規定多數票據要件，並以記載「票據文句」為必要，而其他二法系則不然，法國法系雖以記載指示文句為必要，但票據文句則可不記載，而英國法系則無論指示文句或票據文句，均非必要，且其對其他之規定，亦非常自由，例如附利息之票據，分期付款之票據，均被承認。

由於票據具有滙兌的效用與支付的效用，其使用不限於一國之內，於國際間亦輾轉流通，故極易引起涉外票據問題之爭端，影響到國際金融與國際貿易，因而自十九世紀後期以來，即有票據法之統一運動[5]，其結果雖將過去票據法之三大法系，演變成今日之二大法系——統一法系與英美法系，但各國票據法規定之歧異，於此可見一斑。

今日國際貿易鼎盛，票據流通日廣，在甲國發行之票據，於乙國承兌，在丙國轉讓，而又於丁國付款之情形，洵屬平常[6]，偶有此類案件涉訟時，一國法院必須決定，與票據發生牽連之各該當事人之權義，究應依何國法律為裁判之依據，國際私法上涉外法律關係之準據法問題，於焉發生。本文之目的，即在從收集資料中，分析研討英美及大陸法系國家，對票據上一些國際私法問題解決之規定，再進而檢討我國國際私法上之有關條文，俾能有助於司法實務上對此等問題之審理，以及立法上對涉外民事法律適用法之修正。

貳、票據上各種問題之準據法之研討

一、票據行為能力之準據法

票據行為是使票據上法律關係發生，變更的法律行為，票據行為雖因票據種類的不同，而有差異[7]，但行為人必須有行為能力，也就是要有票據行為能力則一。

---

5) 荷蘭政府於一九一○年及一九一二年於海牙召集票據法統一會議，決議「滙票及本票統一規則」，凡八十條，「票據法統一特約」，凡三十一條，及「支票法統一規則草案」，凡三十四條，海牙會議有三十餘國參加，惟未經各國政府批准，旋因第一次世界大戰爆發，票據法之統一運動，亦因而中斷。大戰結束後，票據法統一問題，舊事重提，由國際聯盟理事會主持，先於一九三○年在日內瓦召開會議，參加者三十一國，制定新統一票據法七十八條，並議訂三種公約，即統一滙票本票法公約，解決滙票本票法律抵觸事項公約，及滙票本票印花稅法公約。第二次會議係於一九三一年在日內瓦召開，制定統一支票法五十七條，並議決統一支票法公約，解決支票法律抵觸事須公約及支票印花稅公約。關於本問題，請參閱陳著：第二十八頁、第二十六頁，劉著：第十二頁、第十三頁。
6) 關於票據法上各專有名詞之意義，本文不一一說明，請自行參閱有關票據法之著作。
7) 例如在滙票，有發票、背書、承兌、參加承兌，及保證五種；在本票有發票、背書、見票、保證四種；在支票有發票、背書、保付三種。

票據行爲因行爲人爲無行爲能力人或限制行爲能力人時，對票據行爲究發生如何之效果，固一問題，而其前提，卽何人爲無行爲能力、何人爲限制行爲能力，尤爲先決問題，關於此等問題發生時，究以何國法律爲應適用之法律，茲研討如下：

㈠立法主義

1.本國法主義[8]

此爲歐陸諸國法例所採[9]。此主義謂人之能力，應依當事人之本國法，蓋因以本國法定人之能力，最爲適合，且人之能力，亦不致隨時發生變動，因人之能力，與一國之國土、氣候、人種、文化等，大有關係，惟本國法，乃斟酌本國之國土、人種、氣候、文化等而定者，故惟以本國法定人之能力，始能適合。如採屬地法主義，則當事人所在國之法律，未必與本國法相同，旣不相同，則未必合當事人之國民特性。且人之能力，因移地而發生變動，亦不合於法理，如取住所地法主義或行爲地法主義，則能力之變動，必更加多；此蓋由於現代交通頻繁，不論來至何國，皆可爲法律行爲，亦不論來至何國，皆可設置住所，故以行爲地法或住所地法，定人

之能力，則人之能力安能不時生變動乎？人之能力之有無，乃事實問題，斷不許因遷地之故，而發生變動。

例如法國法規定[10]，關於法國人之票據能力，不論其票據之成立地及付款地在何處，統依法國法，對於外國人，亦依其本國法；德國一八四九年票據法第八十四條規定：「外國人之票據能力，依其所屬國法，但依其所屬國法爲無能力，依德國法爲有能力時，就其在德國所爲之票據，仍認爲有能力。」皆原則上以本國法爲票據能力之準據法。

2.行爲地法主義[11]

此爲英美判例[12]及義大利法[13]所採用。此主義認爲人之能力，應依行爲地法。蓋因吾人日常交易之際，斷不能向相對人，一一問其屬於何國，住於何地，若欲問其本國或住所地之法律，尤爲困難之事，欲避此種不便，惟有依場所支配行爲之原則，凡關於能力問題，悉依行爲地法決定。

惟行爲地有時不易判明，且多出於偶然，且能力之有無，本應以智識發展之程度爲準，原屬事實問題，無能力者，斷不能因往外國，變爲有能力，有能力者，亦不能因往外國，變爲無能力。

---

8) 關於採用本國法主義之理由，請參閱洪應灶教授著：國際私法（民國五十七年）第九十五頁；馬漢寶教授著：國際私法總論（民國五十七年）第五十四頁、第五十五頁。

9) 請參閱法國民法第三條，德國一八四九年票據法第八十四條，一八七六年匈牙利法律第九十五條及一八八一年瑞士債權法第八二二條。

10) 請參閱法國民法第三條。

11) 關於採用行爲地法主義之理由，請參閱洪著：第九十六頁；馬著：第一〇二頁、第一〇三頁。

12) 請參閱 Male v. Roberts, 3 Esp. 163 (1800); Milliken v. Pratt, 125 Mass. 374 (1877)

13) 請參閱義大利商法第五十八條。

況行為地究指締約地抑履行地，有時亦不無疑問，故卽在英、美國家，均已改採最重要牽連主義[14]，卽以與契約有最密切關係之法域之法律，為票據行為能力之準據法，此一最重要牽連之法域，雖通常亦多為締約地或履行地，但適用時則富彈性。

㈡日內瓦國際私法公約之規定

國際聯盟 (The League of Nations) 理事會於西元一九三〇年及一九三一年，召集兩次日內瓦會議，先後制定了「解決滙票本票法律牴觸事項公約[15]」及「解決支票法律牴觸事項公約[16]」。有關票據能力準據法之規定，二公約皆規定於第二條，鑒於此二條文完全相同，茲僅就「解決滙票本票法律牴觸事項公約」之規定加以研討。

該公約第二條規定如下：

「滙票或本票當事人之行為能力，依其本國法。如其本國法規定就此事項適用其他法律時，適用其他法律。

依前項應適用之法律，當事人欠缺行為能力，但依簽名地法律為有能力時，仍受拘束。

締約國對由其本國人因滙票、支票所締契約之效力，得拒絕承認，如該契約在其他締約國，除非因適用本條前項規定則無效時。」

由於參加日內瓦會議之國家，主要者仍為大陸法系國家，故關於票據行為能力之準據法，原則上仍採本國法主義，惟也有下述例外：

第一、因適用反致[17]之例外

本條第一項所謂「滙票或本票當事人之行為能力，依其本國法」，係包括其國際私法，故依當事人本國國際私法之規定，關於票據行為能力應適用內國法或其他國法時，法庭地國卽應以內國法或他國法，代替當事人本國法之適用。就條文用語可知，本公約所採之反致，僅及於直接反至及轉據反致，間接反致與重複反致[18]，則不與焉。

第二、因保護交易安全之例外

票據行為能力，依當事人本國法，此日內瓦國際私法公約之原則，其例外之二，則為同條第二項之簽名地法。此因國際交通之發達，內外國人民間之票據行為，日見頻繁，當事人之本國法，倘須一一予以詳細之調查，則必大有碍於交易之迅速。是以為保護交易安全

---

14) 請參閱 Dicey & Morris, The Conflict of Laws (9th ed. 1973) pp. 765-766; Cheshire, Private International Law (9th ed. 1974) p. 258; Ehrenzweig on Conflict of Laws, §178 (1962); Goodrich, Handbook of the Conflict of Laws §108 (1964).

15) 其英文名稱為 Geneva Convention of June 7, 1930, for the Settlement of Certain Conflict of Laws in Connection with Bills of Exchange and Promissory Notes.

16) 其英文名稱為 Geneva Convention of March 19, 1931, for the Settlement of Certain Conflict of Laws in Connection with Cheques, 關於上述兩公約，載於 League of Nations Documents, C. 360, M. 151, 1930 II; 294 M. 137, 1931 II B.; Hudson, International Legislation, Vol. 5, 1929-1931, pp. 550 and 915.

17) 關於反致問題之詳細探討，請參閱 Lorenzen, "The Renvoi Doctrine in the Conflict of Laws," 27 Yale L. J. 509 (1918)；拙著：「反致條款與決判一致」，政大法學評論第十四期 (民國六十五年) 第十七至四十八頁。

18) 關於反致之種類，請參閱註十七拙著：第二十三、第二十四頁。

起見，票據當事人所爲之票據行爲，依其本國法，雖係欠缺行爲能力，但依簽名地國法，爲有能力時，仍受拘束。此種例外規定，端在保護交易之安全，至雙方當事人究皆屬爲外國人，抑僅一方係外國人，則非所問。惟對當事人爲內國人時，尙須注意第三項之規定。

關於本條項之適用，下列諸點，似應注意：其一、條文中所謂「依前項應適用之法律」，係指當事人本國法或其本國國際私法所指定之法律，其中本國法，係指爲票據行爲當時之本國法而言。因此，當事人於法律行爲以前變更國籍之場合，若依其舊本國法爲無行爲能力，而依新本國法爲有行爲能力時，亦當依行爲時之新本國法，視爲有行爲能力，固無疑義。再若依舊本國法爲有行爲能力，依新本國爲無行爲能力者[19]，於理論上，亦應依行爲時之新本國法，視爲無行爲能力；其二、簽名地國不以內國（法庭地國）爲限，申言之，簽名地國若非本國，則簽名地國無論是在內國抑外國，均有本項之適用。是本項之規定，較一般國家適用行爲地法，係專以保護內國交易安全爲意旨者不同[20]；其三、當事人依其本國法爲無行爲能力或僅有限制行爲能力，而依簽名地國法有行爲能力者，固視爲有行爲能力。若

外國人依其本國法及簽名地國法律，均無行爲能力者，即視爲無行爲能力，固亦不待言。惟依本國法爲無行爲能力，而依簽名地國法律爲僅有限制行爲能力，或其本國法所規定之限制行爲能力之範圍，乃至其程度，較簽名地國法律所規定之內容爲廣之場合，自此例外規定之意旨而言，解釋上似仍應適用簽名地國法，而以簽名地國法所規定之內容爲準。例如某人所爲之票據行爲，依其本國法，因行爲能力欠缺，係屬無效，然依簽名地國法，則僅視爲得撤銷之情形，即應視爲得撤銷之票據行爲。

公約第二條第三項之規定，係爲保護內國人而設之規定，即排除簽名地國法，而仍適用當事人之本國法，惟此項規定之適用，並非强制，而由當事人本國任意取捨。

關於票據行爲能力之準據法，本國法主義與行爲地法主義本各有利弊，難定優劣；日內瓦國際私法公約第二條之規定，雖然原則上是採取本國法主義，但對於行爲地法之適用，已大加調和，即規定二種適用本國法之例外情形，一方面適用反致，一方面適用行爲地法——且不以行爲地在內國爲限，此種立法規定，頗具匠心。倘若英美法系國家，能稍作讓步，簽署此一公約，則對於判

---

19) 於此情形，究視其人爲有行爲能力抑無行爲能力？各國立法例不一，有以爲在此場合，對於本國法原則，不能適用，應設例外之規定，認其仍然保持固有能力。我國以前之法律適用條例第五條第三項即規定：「有能力之外國人，取得中國國籍，依中國法爲無能力時，仍保持其固有之能力。」
設此種例外規定之理由，有基於既得權說者，有基於正義說者，亦基於默認說者，惟均乏依據，故即在我現行法也已刪去此種規定。關於本問題，請參閱洪著：第九十八、九十九頁。

20) 請參閱我國涉外民事法律適用法第 條第二項；日本法例第三條第二項；德國民法施行法第七條第二項。

決一致之國際私法學理想，就票據方面言，必大有裨益。

二、票據行為方式之準據法

發票、背書、承兌、參加承兌及保證等，各票據債務人之行為，學理上稱為票據行為，其中發票行為乃創造票據之原始行為，故特稱之為基本票據行為，其餘票據行為，則稱為附屬票據行為。附屬票據行為之有效成立，係以基本票據行為之有效成立及存在為前提，而各種票據行為之有效成立，不問係基本票據行為抑附屬票據行為，其本身亦應具備法定之方式，故附屬票據行為不特各應具備其法定方式，而且基本票據行為之發票，如因欠缺法定方式而無效者，其他之附屬票據行為，雖具備法定方式，亦為無效[21]。

所謂票據行為應具備法定之方式，係指票據行為無論其種類如何，均須於證券上為之，由行為人簽名於該證券上，並具備法定之方式而言。此種方式，各國固因票據之種類不同，所規定之方式要件亦有不同，且對欠缺某一方式要件時，其法律效果，亦有相異之規定[22]，因此於涉外票據案件發生時，受訴法院究應以何國法律為決定此一票據行為方式要件之準據法，立法例上有不同之規定。茲檢討如下：

(一)立法主義

1.行為地法主義

關於法律行為之方式，自西元第十四世紀法則區別說[23] (Statute Theory) 創始以來，即主張關於法律行為之方式，依行為地法。此種主張實係適用「場所支配行為」(Locus Regit Actum) 法諺之結果。依此主義，則所謂場所支配行為之原則，有絕對的強行之性質，凡為法律行為，其方式必不可不依行為地法；苟依行為地法所定之方式，則所為之法律行為，在任何地方皆為有效。關於法律行為之方式，何以應以行為地法為惟一之準據法，學者間雖有不同之解釋理由[24]，但其中實以着眼於公平與便利之說，最能令人折服。此說謂內、外國人在外國為法律行為者有之，在內國為契約之簽訂者有之，於此情形，若必強當事人依其本國法或住所地法所規定之契約方式，以成立契約，則於當事人異其國籍時，契約勢難成立，對當事人言誠屬不便；且當事人於某地訂立契約，似也應享有自由，以接受當地律師所建議之當地法律所規定之法律行為方

---

21) 請參閱施文森教授著：票據法論 (民國六十七年) 第十七頁。
22) 玆以我國票據法為例說明。例如票據行為中之滙票發票行為所須記載之事項，可分(1)絕對必要記載事項：如不為記載，該票據行為即歸無效，如表明其為滙票之文字，一定之金額，無條件支付之委託，發票年月日，發票人簽名；②相對必要記載事項：如不為記載時，票據法另設補充規定，並不使票據無效，如受款人之姓名或商號、發票地、付款人之姓名或商號、付款地、到日期等。參照我國票據法第二十四條。
23) 關於法則區別說，請參閱馬著：第二二八頁至第二三七頁；翟楚教授著：國際私法綱要 (民國四十八年) 第二十二頁至第二十六頁。
24) 例如法則區別說、主權說、意思服從說、各國默認說、證明方便說、便利說等。關於其詳，請參閱洪著：第一一八頁至第一一九頁。

— 132 —

式，方屬公平合理。行爲地法主義在過去雖爲各國奉爲金科玉律，但絕對採用，有時不免窒礙難行，故現今採用行爲地法主義者，有日漸減少之趨勢。

2. 行爲地法與當事人本國法選擇適用主義

此主義謂法律行爲之方式，原則上適用行爲地法，惟當事人同國籍者，則依其本國法所爲之方式，亦爲有效。其所以僅限同國籍人得適用本國法，而異國籍人不得適用之者，蓋此例外之設立，所以便利當事人之行爲，異國籍人間之法律行爲，若亦依各該本國法，則其本國法規定衝突時，將無從解決；又既爲同國籍人間之法律行爲，何以不絕對採用本國法，而仍與行爲地法爲選擇之適用？此蓋由於絕對採用本國法主義，又不能適合便利當事人行動之意旨，蓋如本國法，對於某法律行爲採取公證制度，須有公證人到場，始生效力，然如行爲地國無公證制度時，則該法律行爲難於有效舉行，其窒礙交易之便利，無可諱言，且當事人僑居異邦，對於本國之方式，未必能記憶洞悉，一遇法律行爲，卽欲委諸律師辦理，而所在國之律師，亦未必知當事人之本國法律，故不便殊甚，此所以絕對採用行爲地法，固非盡善，而絕對採用本國法，亦非所當，因而有行爲地法與當事人本國法選擇適用主義之倡行。

3. 行爲地法與本案準據法選擇適用主義

關於法律行爲之方式依行爲地法，固有其適用之理由，已如上述，然倘以行爲地法爲惟一應適用之準據法，有時反而導致不便利與不公允，蓋行爲地出於偶然，與法律行爲無實質牽連關係時，固所在多有，而行爲地不確定或難以確定之時，也非絕無，且法律行爲之實質要件，倘另適用一準據法，何獨其方式要件，必適用法律行爲之行爲地法。往昔所以以行爲地法爲契約方式之唯一之準據法，實因彼時行爲地法也爲契約實質要件準據法之故。現今法律行爲實質要件之準據法，旣已多所變更[25]，則關於契約方式之準據法，實無必要仍堅持以行爲地法主義爲強行規定，此特別見於法律行爲方式要件及實質要件，依後者之準據法均可成立，但如分別適用不同之準據法，則前者難以有效之情形，最難令人滿意。

所謂行爲地法與本案準據法之選擇適用主義，乃指關於契約之方式要件，可就該法律行爲之行爲地法及該法律行爲實質要件之準據法，選擇其中之一而予適用，適用其中之一若該法律行爲不能有效成立，仍可適用另一準據法，必須二者中任何一種準據法，均不合該法律行爲方式之成立要件者，該法律行爲方不能有效成立。

25) 關於法律行爲（主要指契約）實質要件準據法之立法主義，主要者有契約訂約地法主義，契約履行地法主義，訂約地法與履行地法選擇適用主義，債務人住所地法主義，當事人共同本國法主義，債務人本國法主義，法庭地法主義，及當事人意思自治原則。關於本問題，請參閱拙著：「契約準據法之研究」，政大法學評論第九期（民國六十二年）第一四五頁至第一七九頁。

在此種以行為地法為任意規定之立法主義下，又可細分為二類：

(1)以行為地法為法律行為方式準據法之原則，而以本案準據法為補充規定[26]。

(2)以本案準據法為法律行為方式準據法之原則，而以行為地法為補充規定[27]。

二種立法例相比較，自以後者之規定為妥當，此蓋因法律行為之方式與實質，表裡相依，關係密切，在通常情形下，法律行為之方式，依照其實質所應適用之法律，匪特較便於行為人，且按諸法理，也本應如是；至於行為之方式依照行為地法，按照場所支配行為之原則，雖未始不可認為有效，要屬例外情形，只可列為補充規定。唯應注意者，此種準據法原則與補充規定之探擇，在立法精神與理論上，固有其批評之處，但其屬於同一類準據法選擇適用主義則一，因此就適用結果言，要無差異；就立法目的言，也均在於促使契約方式之易於成立。

(二)日內瓦國際私法公約之規定

關於票據行為方式要件之準據法，在「解決匯票本票法律牴觸事項公約」，則規定於第三條；在「解決支票法律牴觸事項公約」，則規定於第四條，兩條皆各有三項，除第一項之規定略有差異外，餘皆相同，茲就前一公約之規定，加以研討。

該公約第三條規定如下：

「匯票或本票票據行為之方式，依該行為之簽字地國法。

如匯票或本票之票據行為，依前項之規定並非有效，但依後一行為地所屬國法為適法者，則後行為不因前行為之不適法而權於無效。

締約國得規定其本國人在外國所為之票據行為，以其行為符合其本國法律規定之方式為限，對其領域內其他本國人為有效。」

本條第一項所規定者，為票據行為方式之準據法。按發票、背書、承兌、參加承兌及保證等票據行為，各國法律均有一定方式要件之要求，欠缺某種要件時，即生一定之法律效果，已見前述。於涉外票據關係上，各個票據行為方式要件所應適用之法律，依本條項之規定，即為各行為之簽名地國法。例如匯票發票人於甲國為簽發匯票之行為，則甲國法即為簽名地國法，亦即決定發票行為方式要件所應適用之法律；匯票執票人於乙國為背書，則乙國法即為背書行為方式所應適用之法律。

本條第二項所規定者，乃偏重於實體法上之規定。按票據行為有獨立性[28]。同一票據上每有多數票據行為之存在

---

26) 例如我國民國七年制定之法律適用條例第二十六條第一項之規定。

27) 例如我國四十二年制定之涉外民事法律適用法第五條第一項之規定。

28) 所謂獨立性，係指在同一票據上所為之各個票據行為，係各自獨立生效，一行為的無效，不影響他行為的效力。我國票據法第八條規定：「票據上雖有無行為能力人之簽名，不影響其他簽名者之權利義務。」例如一個票據而有二個發票人共同簽名時，其中之一人因行為能力之欠缺而無效，他一人之發票行為仍屬有效，亦即仍須獨自負發票人之責任。

，各依票據上所載文義分別獨立，一行為之無效，不影響他行為之效力；其所以如此規定者，一方面固由於確保票據之流通安全，另方面實由於票據行為，互不相干，各應依票據所載文義負責之理論上當然之結果。惟茲所謂一行為之無效，不影響他行為之效力，僅指該行為實質上之無效而言，若該行為於形式上無效時，則以之為前提之其他行為，仍不能不隨之而無效，例如發票因欠缺要件（如欠缺無條件支付之委託）而無效，則背書、保證、承兌等於該票據上所為其他票據行為，皆不能獨立生效[29]。惟公約第二條第二項有變更此種規定之效力，即於前行為欠缺方式要件時，亦欲維持後行為之效力，即擴張票據行為獨立性之範疇。申言之，依本條之規定，在先之票據行為方式，因依其準據法而非有效時，如依後一票行為之準據法為適法時，則後行為不因前行為之不適法而擯於無效（後行為依其本身應適用之法律為有效，自屬必備之要件）。例如發票、承兌票據行為之方式，各依其準據法而非有效，但依背書行為之準據法均為有效時，且背書行為之方式，依其準據法，亦為有效，則背書票據行為之方式獨立有效，即不受發票、承兌行為無效之影響。此種立法之目的，顯然係為保障執票人之權利，以加強票據流通之功能。

本條第三項係對第一項之補充規定。第一項係對票據行為方式準據法之原則規定，即以行為人簽名地國為票據行為方式之準據法，第三項則係對票據行為方式準據法，兼採本國法主義，惟此本國僅以內國為限，並不擴及於其他外國。例如發票人與受款人均為甲國人，發票人於乙國簽發滙票，依乙國法因其欠缺一定之方式要件（如發票年月日）而無效，但依甲國法有效時，則發票行為仍然有效。

綜觀日內瓦國際和法公約第三條，其對票據行為方式準據法之規定，實具有下列二項特色：

其一、兼採行為地法與當事人本國法（僅以內國法為限）主義；

其二、在有條件下，擴大了票據行為獨立性之原則。

此種立法，對促使票據行為方式之有效成立，不無助益，對執票人權利之保障，予以加強，於涉外票據關係上，有促進交易敏活及交易安全的功能。

此外，「解決支票法律牴觸事項公約」第四條，亦為有關支票行為方式準據法之規定，除下述外，餘與「解決滙票、本票牴觸事項公約」第三條相同。其不同處乃在於第四條第一項，關於支票行為方式準據法之原則規定，係採取行為地法（簽名地法）與付款地法選擇適用主義，其更有助於支票行為方式要件之有效成立，自不待言。

三、票據主債務人義務之準據法

票據為完全的有價證券，其權利的發生、行使與移轉，須全部依票據為之

29）請參閱施著：第十七頁；陳著：第二〇〇頁。

。票據上權利於行爲人簽名於票據上並將票據交付於相對人時，即行發生[30]。所謂票據上權利，係指票據所表彰之金錢債權，亦即爲達成票據之目的，票據所賦與執票人之權利。其種類可分爲二：一爲對主債務人之權利，稱爲付款請求權，一爲對擔保義務人之權利，稱爲追索權或償還請求權。票據關係之構成，一方面爲票據上之權利，一方面爲票據上之義務，二者乃一事之兩面，均本於票據行爲而發生。茲從債務人方面立論。

滙票承兌人及本票發票人對執票人所負之債務，乃主債務，即執票人於到期日當然得直接對其請求支付票款，並非俟執票人先對擔保付款責任之償還義務人，爲請求償還而無結果時始負責任。關於票據主債務之準據法茲探討如下：

(一)立法主義

票據行爲爲法律行爲之一種，關於法律行爲債務人之準據法，立法主義甚多[31]，雖也多適於票據關係，但關於票據主債務人義務之準據法，實以下列二主義爲有力之學說：

1.履行地法主義

履行地法主義，亦稱付款地法主義，爲德國法院及學者 Story[32]、Savigny[33] 等所主張。後者曾謂：「不論何種之債，必有二種可見之現象，爲吾人之指導。此即債之發生及債之履行是也。債之發生，往往出於偶然，非當事人所能預見，而債之履行，則爲當事人之最後目的，故履行地能使當事人不確定之期望而一變爲確定的目的，是債之本據，當在履行地。」票據爲債之一種，票據之目的，在於支付，當事人之期望，亦在支付，故票據當事人間之權利義務，不可不依付款地法。

2.締約地法主義

締約地法主義，亦稱行爲地法主義[34]。採此主義者以爲締約地國有權力創設法律行爲，故在該國創設之法律行爲，當事人之權義，即依據該國法律，而在他國則應以既得權加以承認；且當事人於某地爲法律行爲，亦可推知其有接

---

30) 惟若票據作成後，託人保管，而受託人違背委託，將票據轉讓與善意第三人；或發票人作成票據後，因遺失或被盜，或其他非基於發票人之意思而爲第三人善意取得時，依據我票據法第十四條規定，發票人對於善意執票人仍應負票據上之責任。於此情形，縱未交付，票據權利亦已發生。

31) 請參閱註二十五。

32) Story 爲美國法官，於一八三四年著法律衝突論 (Commentaries on the Conflict of Laws)，其所持之原則有下列三點：①基於主權觀念，一國對於領域內之人及物有絕對支配權；②基於國家平等之觀念，一國法律之效力，不能支配其領域外之人及物；③基於國際禮讓之觀念，外國之法律倘不反於內國之政策及利益者，得適用之。

33) Savigny 爲德國學者，於一八四九年著有現代羅馬法系統論（System of Modern Roman Law）乙書，其第八卷研究法律場所之效力，而解釋法律衝突之問題。其意略謂，關於法律衝突之解決，應基於各種法律關係之性質，而定其應適用之法律，而不應以適用外國法爲國際禮讓解。因倡法律關係本據說。

34) 請參閱 Beale, "What Law Governs the Validity of a Contract," 23 Harv. L. Rev. 1 (1910)

受該地法律管轄之意思。以行為地法為票據債務之準據法，也較為便利，且就事實而論，當今國際交易頻繁，無時不需要票據為媒介，倘所為之票據行為，不依行為地法，則對票據流通必有妨碍，也影響交易之安全，故票據主債務人義務之準據法，不可不依締約地法。

以上二種立法主義相比較，實以付款地法作為票據主債務人義務之準據法為理想，茲申述理由如下：

票據為流通證券，本質上具有迅速及容易轉讓的特性，票據到期日前，可能已輾轉經過許多人手中，且流通於許多國家。基於公平以及便利的考量，應該便本票發票人、滙票承兌人的基礎義務（票據主債務）在付款之前維持不變。換言之，票據主債務人之義務，不論何時，應受單一法律之規範，且不受以後票據不斷轉讓之影響。

確定及預見可能為票據債務關係準據法中的重要價值，該準據法應為一剛性且簡單之規則，基於此種理由，在選擇其準據法時，應僅考慮一種連接因素。而付款地之重要性已如前述，故付款地法應為主債務人義務應適用之法律[35]，此一準據法對票據被背書人或其後之持票人言，符合公平之旨，蓋如票據上載有付款地時，彼等於受讓票據時，即可一目了然，彼等對主債人關係所應適用之法律。

於此有一問題者，即如票據上未載有付款地時則如何？有些立法例[36]不論票據是否載有付款地，均以應為付款之地之法律為準據法；另有些立法例[37]，則以本票發票人或滙票承兌人交付票據地法為準據法。採用前者之理由，在於特別重視付款地之重要性，故認為票據上縱未有付款地之記載，票據被背書人或其後之執票人，於收受票據時，亦應注意調查何地為付款地；採用後者之理由，則以為本票發票人或滙票承兌人交付票據之行為，乃使其負擔票據債務之最後步驟，其重要性實不亞於付款地，現票據上既未載有付款地，自應適用該交付地法為票據主債人義務之準據法。

關於票據主債務人義務之準據法，除英國採締約地法外[38]，美國[39]、日本[40]、以及德國[41] 日內瓦國際私法公約等

35) 請參閱 Lorenzen, The Conflict of Laws Celating to Bills and Notes (1919) p. 105; Harper, Taintor, Carnahan and Brown, Cases and Materials on Conflict of Laws (1950) p. 449; Stum-berg, "Commercial Paper and the Conflict of Laws," 6 Vand. L. Rev. 489, 493 (1953)

36) 請參閱日內瓦「解決滙票本票法律牴觸事項公約」第四條第一項。

37) 例如美國之判例 Strawberry Point Bank v. Lee, 117 Mich. 122, 75 N. W. 444 (1898); Reddick v. Jones, 28 N.C. 107 (1845); American Law Institute, Restatement of the Law, Second, Conflict of Laws (1971) § 214 (2)

38) 請參閱 Dicey and Morris, The Conflict of Laws (9th ed. 1973) pp. 850, 851.; Cheshire, Private International Law (9th ed. 1974) pp. 258, 259.

39) 請參閱 Youngstown Sheet and Tube Co. v. Westcott, 147 F. Supd. 829 (W. D. Okl. 1957); De Bose v. Los Angeles Teachers Credit Union, 129 A. 101, 700 (Mun. Ct. App. D.C. 1957); McCornick & Co. v. Tolonie Bros., 46 Idaho 544, 269 Pac. 96 (1928); Commencial Credit Corp. v. Boyko, 103 N. J. L. 620, 137 Atl. 534 (1927).

40) 請參閱日本票據法第九十條第一項。

41) 請參閱德國票據法第九十三條第一項。

[42]，均採付款地法。

㈡準據法適用之範圍

以上所述之準據法，雖爲票據主債務人義務所應適用之法律，惟其適用範圍如何，各國法律規定未必相同，一般而言，下述事項，均在此準據法適用之範疇中：

1.人的抗辯是否限制

票據對主債務人是否具有流通性（negotiability），換言之，主債務人可否以自己與發票或執票人前手間所存抗辯事由[43]，對抗執票人？例如甲賣汽車一部與乙，乙無現款，乃由甲簽發一滙票，以甲自己爲受款人，由乙承兌。倘A自己提示該滙票向乙請求付款，若甲之汽車尚未交付時，乙固可拒絕付款，但甲若不自己請求付款，而將該滙票轉讓與丙，若丙向乙請求付款時，乙可否以甲未交汽車爲理由，而拒絕付款？本問題卽繫於該票據是否具有流通性，而由該準據法決定。

2.票據是否為提示證券

票據主債務人是否以執票人對其提示，爲其負責的前提要件，以及在何種情形下，此一前提得以免除等問題，均在準據法適用之範疇中。但須注意者，有關提示之時間、方法，則不在此準據法適用範圍中[44]。

3.主債務人債務之消滅

主債務人所負之票據債務，爲最後之票據債務，惟關於在何種情形下主債務人之義務，始爲消滅，依此準據法決定之。例如主債務人善意付款給權利有瑕疵之執票人，其債務是否消滅？又如票據上記載向甲和乙付款，當甲於到期日提示票據，請求付款，主債務人向甲付款後，其對乙之債務是否消滅？以及於票據到期日時，主債務人以同額票據支付，而執票人接受時，則原票據債務是否消滅等問題，均依此準據法——票據付款地法。

4.延期付款法令[45]之適用

---

42) 請參閱「解決滙票本票法律抵觸事項公約」第四條第一項。

43) 抗辯有物的抗辯與人的抗辯。所謂物的抗辯，一般係指基於票據本身所爲之抗辯而言，例如發票人未簽名，任何人均得主張其無效是；所謂人的抗辯，一般係指請求人與被請求人間基於特有之關係所爲之抗辯而言，例如票據債務人對於票據權利人有債權時，得主張抵銷。物的抗辯不加限制，因爲物的抗辯事由，係存於票據本身由表面上容易查知，不至於使接受票據之人，遭受到不測之損害。但人之抗辯旣不存於票據本身，當然在外部無法查知，在民法上雖然不加限制（參照民法第二九九條一項），但在票據法上却加以限制，例如我國票據法第十三條之規定：「票據債務人不得以自己與發票人或執票人前手間所存抗辯事由，對抗執票人，但執票人取得票據出於惡意者，不在此限。」卽爲其例。但書之規定，學者又稱之爲惡意抗辯，蓋票據債務人固不得以自己與發票人與執票人前手間，所存抗辯事由，對抗執票人，但執票人取得票據，係出於惡意者，自不受法律之保護，票據債務人仍得以其事由對抗此非善意之執票人。

44) 請參閱本文第十六頁。

45) 在戰爭、革命或嚴重之經濟危機之期間，基於政治上或經濟上之理由，國家屢屢頒佈延期債務清償期間之命令（moratorium statutes）。此種延期支付之命令，在性質上，具有屬地性，故在其命令之施行區域內，不問債務之準據法爲何，均有適用。但在國際私法上，債務人得否援引外國之延期支付命令，而拒絕債務之履行，則有關該債務之實質內容，應由該債務之準據法解決。請參閱 Lorenzen, "Moratory Legislation Relating to Bills and Notes and the Conflict of Laws," 28 Yale L. J. 324 (1919)

票據到期日，執票人提示票據時，主債務人卽應爲付款，以履行票據債務，而消滅票據關係，惟有時基於特殊狀況，法律允許債務人延期清償，在涉外票據債務上，惟票據付款地之法律，允許主債務人延期付款，主債務人始能享有付款之利益。

四、票據從債務人義務之準據法

滙票發票人、背書人或參加承兌人，以及本票背書人，支票發票人、背書人等，此等人對執票人所負之債務爲從債務，卽執票人原則上非先行使全票據上權利之行爲，不得向此等債務人請求償還票據上之債務。申言之，票據從債務人之付款義務，係由於本票發票人或滙票承兌人，或支票付款人，未能履行付款義務時而產生。關於票據從債務人義務之準據法，茲探討如下：

㈠立法主義

關於票據從債務人對票據權利人之義務，主要之立法主義，有下列數種：

1. 簽字地國法

票據爲文義證券，在票據上簽名者依票上所載文義負責，故無論係滙票之發票行爲、背書行爲或承兌行爲，乃至於本票、支票之背書行爲，各該行爲當事人均必須簽名於票上，始成爲票據債務人，而有對票據權利人負責之可能。此等票據從債務人於某地簽名於票上時，不僅有受該地法律支配其權利義務關係之意思，且以該地法律規範其權利義務，也屬公平合理，不致負預見不能之危險。日內瓦國際私法公約[46] 採之。

2. 交付地國法

票據係流通證券，本質上具有迅速轉讓之特性，在票據到期日前，可能轉讓於多數人手中，且流通至各地，而牽涉許多人，惟票據從債務係各個獨立，於各當事人簽各於票上並將票據交付時，票據債務卽行成立，申言之，交付係各個票據行爲成立之最後步驟[47]，以票據交付地國法作爲票據從債務人義務之準據法，不僅對各該債務人言爲公平合理，且也符合法理。美國判例多採之[48]，此外英國票據法在解釋上亦係如此[49]。

3. 付款地國法

票據具有支付之效用，當事人之期

---

46) 請參閱日內瓦解決「滙票本票法律抵觸事項公約」第四條第二項；解決支票法律抵觸事項公約」第五條。

47) 請參閱施文森教授著：票據法論（民國六十七年）第二十二頁；賴源河教授著：商事法（民國六十八年）第一八〇頁。

48) 請參閱 Coulter v. Stewast, 93 Ariz. 242, 379 p. 2d. 910 (1963); Hyatt v. Bank of Kentucky, 71 Ky. (8 Bush) 193 (1871); Mackintosh v. Gibbs, 79 N. J. L. 40, 74 Atl. 708 (1909); Guernsey v. Imperial Bank of Canada, 188 Fed. 300 (8th cir. 1911) 此外學者亦多贊成之。請參閱：Bailey, "Conflict of Laws in the Law of Bank Checks," 80 Banking L. J. 404 (1963); 2 Beale, Conflict of Laws § 336 (1935); Morris, "Some Conflict of Laws Problems Relating to Nogotiable Instruments," 66 W. Va. L. Rev. 91 (1964)

49) 請參閱 Dicey & Morris, p. 851.

望，在於支付，執票人之權利在付款地可以實現，且爭訟、保全措施，也常在付款地發生，強制執行也常在該地提出，付款地也常記載於票據上，非若簽名地或交付地之未曾記載，易生爭執，故就權利人與義務人雙方利益言，以票據付款地法作為票據次債務人義務之準據法[50]、似無不當。

(二)準據法適用之範圍

關於票據從債務人義務之準據法，適用範圍甚廣，諸如該等票據行為之發生、性質、權利行使之要件、及消滅之原因等發生爭執時，均有其適用，下列問題不過其例示耳：

1.人的抗辯是否限制

票據對次債務人是否具有流通性，換言之，次債務人可否以自己與直接受讓人間所存抗弁事由，例如詐欺、脅迫或無兌價，來對抗執票人？

2.票據之提示是否必要

票據次債務人之債務，是否以執票人提示票據，為其負責的前提要件，以及在何種情形下，此一前提要件得以免除等問題，均在此準據法適用之範疇中，但須注意者，有關提示之時間，方法，則不在此準據法適用範圍中。

3.延期付款法令之適用

票據次債務人之付款義務，通常在主債務人拒絕付款時，於執票人合法作成拒絕付款證書及通知後產生，關於次債務人可否延期付款，應以此準據法國之延期付款法令為準；又此準據法也決定，對於已到期之票據，主債人因依其應適用法律之延期支付法令而不履行債務時，次債務人是否免除付款之責任。

4.從債務人債務之消滅

從債務人義務之準據法，亦決定在何種情況下從債務人之債務消滅。依照此一法律，通常票據主債務人義務消滅時，從債務人之義務當然消滅，故於有此種情形，關於支配票據主債務人義務之法律，即應先予適用，如主債務人之債務消滅，從債務人之債務自動消滅；惟有時雖主債務人債務仍保存在，從債務人之債務也為消滅，此種情形，即應由此準據法決定，例如執票人未為提示或未作成拒絕證書，或同意對主債務人延期付款時，次債務人能否免責？即應由規範從債務人義務之準據法決定。

五、有關票據權利取得之準據法

票據為完全的有價證券，且為所謂設權證券[51]，故在票據證券作成之前，自無所謂票據上權利發生之餘地，自亦無權利取得問題，故票據權利必在票據作成之後。一般權權利之取得分原始取得繼受取得二種，票據權利之取得亦然。在繼受取得，通常指自正當處分權之人，依背書或交付程序而讓票據，因而

50）日內瓦「解決支票法律牴觸事項公約」，除於第五條規定「支票上債務之承擔地國（行為地）法決定該等債務之效力」，係採行為地法外，其第七條就支票上大部份問題，均採付款地國法。此等問題多與支票債務人相涉。

51）所謂設權證券，係指票據上之權利，因票據之作成而發生；無票據，即無票據上之權利。故票據非證明業已存在之權利，而係創設一種權利。

享有票據所有權之情形，但依票據法之特別規定[52]，票據保證人因履行保證債務，參加付款人因付款及被追索人因償還，亦均取得票據上權利；在原始取得，則指發票及善意取得[53]而言，前者固無論，後者通常係指自無處分權之人受讓票據，於受讓當時並無惡意或重大過失，因而取得票據之所有權而言。關於票據權利利取得之準據法，一般均採票據所在地國法，茲探討如下：

㈠立法主義

1.票據所在地法

票據不論其為記名票據，或指示票據，或無記名票據，其讓與，在性質上，不同於記名債權之讓與。蓋票據所表彰之權利與票據之占有有不可分離之關係，其票據之交付即視同其表彰權利之轉讓，故毋庸以普通債權之轉讓方法[54]轉讓之，因此關於票據權利之取得問題，應依讓與行為當時之票據所在地法（Lex Cartaesitae），其對第三人之效力亦同。申言之，關於票據權利取得之準據法，應適用一般動產權利取得之準據法，即物之所在地法。英[55]、美判例[56]採之[57]。

㈡適用範圍

關於票據權利取得之準據法，一般而言，適用於下列情況[58]：

1.當執票人請求付款時，義務人主張其未取得票據權利或非善意持有人，而為拒絕履行債務之抗辯。

例一：

票上簽名之偽造（背書）後，於甲國交付於善意執票人，則甲國法即為決定執票人是否取得票據權利所應適用之法律。

例二：

---

52) 請參閱我國票據法第六十四條、第八十四條、第九十六條第四項。

53) 票據上權利之善意取得，依照我國票據法之規定，須具備下列四要件：
　①須自無權利人受讓票據：如從有正當處分權人之手受讓票據，則縱使執票人受讓票據係出於惡意或詐欺，亦僅發生票據債務人得以與發票人或執票人之前手間所存抗辯事由，對抗執票人之問題，要不生不得享有票據上權利之問題。
　②須受讓時無惡意或重大過失：受讓人於受讓票據時是否有惡意或重大過失，應由票據債務人負舉證之責。
　③須依票據法規定之轉讓方法而受讓：依票據法之規定，票據上權利之移轉依背書或交付為之。至於讓與人是否基於原權利人之意思而取得票據之占有，在所不問。
　④須給付相當之兌價：兌價相當與否，以客觀之事實決定之。
　參照我國票據法第十四條。

54) 請參照我國民法第二九七條。

55) 請參閱 Koechlin et Cie. v. Kestenbaum Bros. (1927) I K. B. 889; Embiricos v. Anglo-Austrian Bank (1905) I K. B. 677; Alcock v. Smith (1892) 1 Ch. 238

56) 請參閱 United States v. Guaranty Trust Co., 293 U.S. 340 (1934); Weissman v. Banque de Bruxelles, 254 N. Y. 488, 173 N. E. 835 (1930); Coral Gables, Inc. v. Marks, 191 Ark. 467, 86 S. W. 2d 911 (1935); A.L.I., Restatement of the Law, Conflict of Laws, 2d. (1971) § 216.

57) 日內瓦有關票據之國際私法公約對此問題未作規定。

58) 請參閱 Falconbridge, Conflict of Laws 856 (2d ed. 1954); Leflar, American Conflicts Law 384 (1968); Lorenzen, Conflict of Laws Relating to Bills and Notes 135-142 (1919)

發票人於甲國發行一張以甲國爲付款地之本票，並交付於受款人，受款人之代理人以代表受款人之意思，以自己名義背書於乙國交付於執票人。如依甲國法，該種背書不能使執票人取得票據權利，但乙國法之規定則反是，則關於執票人是否取得票據權利，卽應依乙國法。

2.義務人之付款，被主張依規範其義務之法律，不能因此而免責，蓋其付款係向無票據權利人或非善意執票人爲之。

3.當二人或二以上之人，主張票據權利而提起占有票據的訴訟。

六、有關其他票據問題之準據法

關於因票據行爲所生當事人間之權利義務，如票據行爲之成立、性質、範圍、行使之要件及消滅之原因等，應適用之準據法，已如以上各節所述。於茲擬研究者，乃有關票據權利之保全與行使等一些細節問題，卽有關契約履行之一些非票據行爲，如有關票據之提示、付款、拒絕證書以及拒絕的通知等細節問題，此等票據法上之行爲所應適用之準據法及其範圍爲何，茲探討如下：

㈠立法主義

1.付款地法主義

關於票據權利之保全與行使等行爲如票據之提示、付款、拒絕證書之作成及拒絕通知等細節問題，應依票據付款地法，此不僅由於付款地單一確定，適用法律簡便，且付款票據之最終目的，爲票據關係之重心，而應爲當事人所留意，故不論各該行爲之種類如何，均依付款地法。

2.行爲地法主義

關於票據之提示、付款、拒絕證書之作成及拒絕通知等細節問題，與各該行爲地關係最爲密切，同時當事人受當地法律之引導，也屬極自然之事，對當事人雙方言，也屬公平。

票據付款地雖爲票據之重心，但有關行使與保全票據權利等行爲之細節，是否必須依付款地法，卽有疑問，蓋此等細節辦法，極爲繁瑣，如各該行爲地與付款地不一致時，如必强當事人依付款地法，則有欠公允，故二種立法主義相較，毋寧以行爲地法主義爲可採[59]。

㈡準據法適用之範圍

關於行使與保全票據權利等之行爲細節所應適用之準據法，其適用範圍，包括下列諸問題：

1.付款是否必須在星期日或其他法定假日爲之；

2.債務人所可享有之恩惠日之期間；

3.提示之時間與方式；

4.拒絕證書作成之時間與方式；

5.爲拒絕通知之時間與方式；

惟應注意者，關於是否有必要爲提示與作成拒絕證書，是否有必要送達拒絕通知，以及應在何國爲提示等，則因影響票據權利之實體，而不屬履行細節之範疇，而應依各票據義務人本身之準

---

59) 日內瓦「解決滙票本票法律牴觸事項公約」，暨「解決支票法律牴觸事項公約」均採之。參照各該公約第八條。

據法定之[60]。

此外，應特別一提者，即關於票據喪失之問題。按票據之喪失，不僅指物質上滅失，即票據之遺失被盜也都包括在內，此種情形，依各國票據法之規定[61]，執票人並不當然喪失票據上的權利，祗是因不持有票據，而無法行使權利而已，為維持公平，均設有救濟手段，俾保障票據權利人之利益。在國際私法上，關於票據喪失之救濟程序，究應適用何國法律，亦一問題。因為票據之喪失，影響票據付款之請求，而依照付款地所定救濟程序，最能保護權利人而實現其付款請求權，故與付款地之關係，最為密切，因此多以票據付款地為準據法[62]。

叁、我國國際私法關於票據問題準據法之適用

我國國際私法制定的時日有限[63]，適用的時間不長，而且其本身的規定又

極簡略，涉外私法事件經由法院裁判者也少，因此關於涉外票據案件，如在我國法院涉訟，我國涉外民事法律適用法能否適用無礙，頗令人懷疑。本節擬就前節所述票據上所生國際私法問題，逐一就我國法律之適用，加以研究，期能發現問題，未雨綢繆[64]。

一、票據行為能力之準據法

票據行為既然是法律行為之一種，則票據行為人必須有行為能力。關於票據行為能力準據法問題，我涉外民事法律適用法第一條[65]有關行為能力準據法之規定，自有其適用。該條原則上係採取當事人本國主義，例外則採取行為地法主義，以保護內國交易之安全。從保護欠缺行為能力人本身利益計，我國關於行為能力準據法採本國法主義，確有其理由；況又採納行為地法主義之精神，修正本國法主義，對內國交易之安全，已加注意。此種立法例適用於一般法

美國 A.L.I., Restatement of the Law, 2d, Conflict of Laws (1971) §217 亦採之。

60) 美國 A.L.I. Restatement of the Law, 2d, Conflict of Laws (1971) § 217 Comment 參照。

61) 請參照我國票據法第十八條、第十九條；日本民法施行法第五十七條，日舊商法二八一條，德舊票據法第七十三條，瑞士債務法第七九一條以下，英國票據法六十九條。

62) 日內瓦「解決滙票本票法律牴觸事項公約」第九條，「解決支票法律牴觸事項公約」第七條一項八款；日本票據法第九十四條，日本支票法第八十四款，德支票法第六十五條八款。

63) 民國七年我國雖有「法律適用條例」之制定，惟因各國在華多享有領事裁判權，致無適用之條件。現行國際私法「涉外民事法律適用法」係民國四十二年制定。

64) 關於我國國際私法上各個有關條文之詳細研究分析，則不屬本篇論文之範疇，擬從簡。請參閱其他有關著作。

65) 涉外民事法律第一條規定：「人之行為，依其本國法。外國人依其本國法無行為能力或僅有限制行為能力，而依中華民國法律有行為能力者，就其在中華民國之法律行為，視為有行為能力。關於親屬法或繼承法之法律行為，或就在外國不動產所為之法律行為，不適用前項規定。」

律行為,似可達成保護交易安全之目的;惟鑒於票據流通日廣,無遠弗屆,又特具國際性、交易性,若專以保護內國交易安全為目的,似已不足配合當前貿易之需要,而有礙於交易之進行,故從保護涉外交易安全來考慮行為能力問題,我國涉外民事法律適用法,例外所採之行為地法主義,實不宜限制僅以在我國所為之票據行為始有其適用。

二、票據行為方式之準據法

票據行為是使票據上法律關係發生,變更之法律行為,票據行為雖因票據種類之不同而有差異,但無論何種票據行為,都要在票據上有所表示,而且記載事項也都有一定,故票據行為為要式行為。關於票據行為方式準據法之規定,我涉外民事法律適用法第五條第一項[66']規定法律行為方式準據法,票據行為係法律行為之一種,故關於票據行為方式準據法,自有該條項之適用。

按涉外民事法律適用法第五條第一項,係採取本案準據法與行為地法選擇適用主義[67],即關於票據行為方式要件,可依該票據行為實質要件之準據法及票據行為地法,選擇其中之一而予適用,適用其中之一,若票據行為不能成立,仍可適用另一準據法,必該票據行為之方式要件,均不符任一種準據法之規定,該票據行為方能不能成立。

涉外民事法律適用法第五條第一項之規定,允屬進步之立法例,此不僅因其規定可使涉外法律行為易於成立,且也符合理論。惟此僅係就一般法律行為之方式要件而言,適用於涉外票據行為方式要件,恐尚有不足。蓋同一票據上每有多數票據行為存在,票據行為雖有獨立原則,但於前提票據行為(如發票行為)形式上無效時,則以之為前提之其他行為,仍不能不隨之而無效,似此情形,不免影響交易之安全,亦妨礙票據之流通,故關於票據行為方式要件之準據法,不如另增加條文,以擴大票據行為獨立原則之適用,例如規定:「票據行為依其方式要件準據法係無效,但依後一票據行為地法為有效,則後一票據行為不因前行為之無效而罹於無效」。俾保護執票人,而助長票據之流通。

三、票據主債務人義務之準據法

滙票之承兌人與本票之發票人,為票據主債務人,其所負債務,乃票據所表彰之金錢債務,權利人則為票據受款人、被背書人或其他票據執有人。按票據債務係屬債的關係之一種,且為以法律行為所發生之債務,故關於該承兌行為與發票行為之成立、性質、範圍、權利之行使及消滅原因等發生爭執時,即有適用主債務人義務之準據法,加以解決之必要。

---

66) 涉外民事法律適用法第五條第一項規定:「法律行為之方式,依該行為所應適用之法律,但依行為地法所定之方式者,亦為有效。物權之法律行為其方式依物之所在地法。」

67) 關於此種立法主義,請參閱拙著:「契約準據法之研究」,政大法學評論第九期(民國六十二年)第一四八頁。

票據債務乃爲以法律行爲所發生之債務，我涉外民事法律適用法對票據債務之準據法，無特別規定，自只有適用涉外民事法律適用法第六條[68]，有關以法律行爲發生債之關係準據法之一般性的規定。按第六條共分三項，第一項採取當事人意思自主原則，解釋上當事人默示意思也包括在內；第二項乃規定方當事人意思不明時，法律所規定之硬性規則；當事人共同本國法、行爲地法等；第三項則規定以履行地法以濟適用準據法之窮。

以涉外民事法律適用法第六條爲解決票據主債務人義務之準據法，在票據行爲直接當事人間，如本票發票人與受款人間，尙無問題，惟票據輾轉流通，在非直接票據行爲當事人間，如受款人背書轉讓與被背書人，而被背書人對本票發票人行使票據付款請求權時，卽難免有難於適用之感，此時固可適用涉外民事法律適用法第七條[69]，卽原債權之準據法，但在票據債務上難免有左列不當之點：

第一、票據貴在迅速流通，票據權利的移轉，其方法極爲簡便，與普通債權的讓與必須通知債務人者[70]不同，當事人於授受票據時，對原債權當事人間所合意適用之法律，無暇也難於得知，故以規範原債權人之準據法，作爲規範執票人對原債務人間法律關係之準據法，對執票人言，卽難免有失公允，違背適用法律之預期性及確定性。

第二、若原票據關係當事人關於合意適用之法律，意思不明，而因同國籍故，而適用其共同本國法時，則對票據權利受讓人——執票人言，也屬不公平，蓋票據輾轉背書轉讓，其最後之執票人，對原票據關係當事人——例如滙票承兌人與受款人——特別是後者，國籍之何屬，根本無從知悉，若强以該當事人之本國法，作爲應適用之法律，卽爲欠當。

第三、原票據關係當事人之合意爲何、國籍何屬，調查非易，若必傳喚原債務人，不僅曠時廢日，也有違訴訟經濟之原則。

票據主債務人義務之準據法，一方面應保持不變，卽不因債權人之變更而受影響；另方面也應考慮票據權利人之利益，卽應使其自票據上得知一旦涉訟時，所應適用之法律爲何，俾不使其對應適用之法律，負預見不能之危險。基於以上之考慮，以票據付款地法作爲應適用之法律，毋寧係符合上述要求，而

---

68) 涉外民事法律適用法第六條規定：「法律行爲發生債之關係者，其成立要件及效力，依當事人意思定其應適用之法律。
當事人意思不明時，同國籍者依其本國法，國籍不同者依行爲地法，行爲地不同者以發要約通知地爲行爲地，如相對於承諾時不知其發要約通知地者，以要約人之住所地視爲行爲地。
前項行爲地，如兼跨二國以上或不屬於任何國家時，依履行地法。」
69) 涉外民事法律適用法第七條規定：
「債權之讓與，對於第三人之效力，依原債權之成立及效力所適用之法律。」
70) 請參閱我國民法第一九七條一項，法民第一八九○條，瑞債第一六七條，日民第四六七條。

公平合理，此由於票據上通常多記載付款地，若未記載，法律也有擬制之規定，而且票據之終極目的爲付款，票據受讓人於受讓表據時，對付款地何在，理應特別注意。綜上所知，我國國際私法對支配票據主債務人義務之準據法，似有重新立法之必要。

四、票據從債務人義務之
準據法

　　滙票發票人、背書人、本票之背書人以及支票之發票人、背書人等，均爲票據之從債務人，其所負之債務，亦爲票據所表彰之金錢債務，權利人則爲執票人，此之執票人或爲最後之執票人，或爲已爲淸償之被追索人，此等人對從債務人之權利，稱爲追索權或償還請求權。票據從債務人所負之義務，雖爲第二次之義務，但亦爲票據債務，而且是以法律行爲所發生之債務，故於因該發票行爲或背書行爲等之成立、性質、範圍、權利行使之要件及消滅之原因等發生爭執時，即有適用從債務人義務準據法，加以解決之必要。

　　票據從債務既爲以法律行爲所發生之債務，故在我國國際私法上，自只有適用涉外民事法律適用法第六條。以第六條爲解決票據行爲直接當事人間權利義務關係，尚無問題，如執票人對其直接前手（背書人）行使追索權時；惟票據輾轉流通，且通常執票人得不依負擔債務之先後，對於從債務人中之一人或數人或全體行使追索權[71]，此時在非直接當事人間涉訟時，自無第六條之適用，而應適用涉外民事法律適用法第七條。第七條所規定之法律爲原債權成立及效力所應適用之法律。以上於討論票據主債務人義務準據法時，對適用涉外民事法律適用法第七條所生缺失之批評，在此自同樣有其適用，茲不贅。

　　對票據從債務人義務準據法之選擇，若爲使不論對何一從債務人行使權利，其準據法劃一，自仍以適用票據付款地法爲適當，且付款地爲票據債務之重心，通常又於票據上爲記載，符合準據法預示性、確定性之要求；但鑒於票據行爲獨立之原則，各個票據行爲成立要件及效力所應適用之法律，似不必強其一致，及爲特別保護債務人之利益，並使票據權利人對其直接前手行使權利時，對應適用之法律，也不致負預見不能之危險，似又以票據交付地法爲準據法較爲適當。總之，關於票據從債務人義務之準據法，我國國際私法似有考慮重新修正之必要。

五、票據權利取得之
準據法

　　票據上的權利簡稱爲票據權利，就是以直接實現票據金額之支付爲目的，而須依票據始能行使之權利；而票據則是表彰金錢債權的一種典型的有價證券。申言之，即該金錢債權的發生，必須作成證券，其權利的移轉，必須交付證券，其權利的行使，則須提示證券。票據權利雖爲債權的一種，但與一般債權

---

71) 請參閱我國票據法第九十六條第二項。

不同，即權利人必須占有證券，始能取得該金錢債權；證券之交付，即視同其表彰權利之轉讓。故票據權利的移轉或取得，類似於一般動產所有權之取得；票據法上又有善意取得制度，本爲物權法的一種制度，故關於當事人是否票據權利人或是否善意持有人發生爭端時，即有適用票據權利移轉之準據法——移轉時票據所在地法，加以解決之必要。

關於票據權利移轉之準據法，我涉外民事法律適用法雖無特別規定，但如前所述，票據所表彰之權利，與票據之占有有不可分離之關係。且票據之交付即視同其表彰權利之轉讓，故取得票據所有權者，原則上即取得票據權利。因而關於票據權利移轉之準據法，在我國國際私法上，解釋上似應適用涉外民事法律適用法第十條第一項——物權依物之所在地法。而此之所謂所在地法，應指票據行爲人交付票據於權利人時，該票據之所在地法。對票據移轉當事人言——甲背書交付乙之情形，適用交付時，該票據所在地法，對當事人言固無不公平之處而無論，即對非移轉當事人言，亦應有其適用，例如甲背書轉讓於乙，乙復背書轉讓於丙，如內對甲行使權利，甲主張丙未取得票據權利或非善意持有人時，即應依乙將票據交付丙時，該票據之所在地法，而非甲將票據交付於乙時之票據所在地法。此由於對丙而言，前者之所在地法，應爲其最易考慮

之法律，對甲言，票據既經其背書，則票據可能流通各地，也應爲其所預知[72]。

六、有關票據上其他問題之準據法

有關票據權利之行使與保全問題，按票據權利之行使者，乃票據權利人請求票據債務人履行票據債務之行爲，例如行使付款請求權以請求付款，行使追索權以請求償還是。票據權利之保全者，乃防止票據權利喪失之行爲，例如中斷時效以保全付款請求權及追索權，遵期提示、作成拒絕證書及拒絕之通知，以保全追索權等是。票據權利之行使，同時亦多爲票據權利之保全，故兩者常併稱。其中有關消滅時效之期間與效力、需否提示、或作成拒絕證書、或爲拒絕通知，因涉及權利之實體，應依規範各該債務人義務之準據法決定之似較適當[73]。其他關於票據之提示、付款、拒絕證書及拒絕通知等有關契約履行細節問題，例如付款是否必須在星期日或其他法定假日爲之，寬限期或恩惠日之期間，作成拒絕證書及拒絕通知之時間與方式，此等問題屬於履行細節問題，於涉外票據問題涉訟時，究應適用何國法律決定，亦一問題。

上述問題如在我國法院審理時，我國涉外民事法律適用法第五條第二項雖可適用，但在範疇上，似不能盡加涵蓋

---

72) 請參閱 Lorenzen, Conflict of Laws Relating to Bills and Notes, 135-142 (1919); Morris, "Some Conflict of Laws Problems Relating to Negotiable Instruments," 66 W. Va. L. Rev. 91 (1964)

73) 請參閱証六十。

。按該條項之規定：「行使或保全票據上權利之法律行爲，其方式依行爲地法。」僅爲同法第五條第一項有關法律行爲方式要件準據法之特別規定，其立法理由則爲「行使或保全票據上權利之法律行爲，與行爲地之法律有特別關係，其方式應專依行爲地法，……」[74] 實則因此等細節問題，與各該行爲地之關係最爲密切，當事人最可能考慮到該地之法律故。惟上述提示、付款、拒絕證書、拒絕通知等細節，所涉及之問題，有非僅屬於方式問題者[75]，有是否屬於法律行爲[76]，而尚有爭執者，因此能否以此準據法來解決上述問題，實大有疑問。分析第五條第二項，在立法上實有下述缺失，而猶待補救：

第一、該條僅言行使或保全票據上權利之法律行爲之方式，則其他有關票據履行細節問題，自不在適用之列，如恩惠日、作成拒絕證書之期間等，致使該條項之作用不彰。

第二、該條項之適用，限制於行使或保全票據上權利之法律行爲，惟如前所述，提示、付款、作成拒絕證書，及爲付款之通知，在性質上究屬何種行爲——法律行爲抑準法律行爲、意思通知，容或有爭執，實不如簡稱行爲，涵蓋事項較廣爲妥[77]。

基於上述，茲建議他日修改涉外民事法律適用法時，制定如下之條文：「行使或保全票據上權利之行爲細節問題，依各該行爲地法。」

肆、結　論

自十九世紀以來，由於交通的發達、產物的興盛，不僅國際貿易突飛猛進，就是人民出國觀光旅遊者，也與日俱增。由於票據多具有滙兌、支付及信用的作用，加以票據又可依背書或僅交付轉讓、携帶便利、轉讓方便，使用者稱便，此外，凡在票據上簽名者，又連帶負保證之責，加强了票據的信用，故在國際上票據之使用日廣、流通日遠，已成爲國際交易上不可或缺之媒介。

惟票據關係錯綜複雜，不僅發票、背書、承兌、保證、參加承兌等票據行爲如此，卽其他有關票據關係之發生、變更或消滅之行爲，例如付款、參加付款、本票之見票、支票之保付等，亦復如是。由於各國法律規定不同，極易引起票據法律關係之爭執，妨碍國際貿易之正常運作，也影響票據使用之推廣。雖各國均有國際私法之制定，可爲解決涉外票據案件之依據，由於各國規定不同，判決歧異之現象無從消失，容易發生當事人任擇法庭之弊端，影響票據關係人權益不能謂小。國際間有鑒於茲，乃多次召集國際會議，期望從治本、治標雙方面入手，以解決此一棘手問題，最後終由國際聯盟於西元一九三〇年及

---

74) 請參閱涉外民事法律適用法草案說明書：第五條之說明。
75) 例如提示。
76) 例如拒絕通知。
77) 我國前「法律適用條例」第二十六條第二項卽規定：「以行使或保全票據上權利爲目的之行爲，其方式不適用前項但書之規定。」

一九三一年，先後制定了有關票據之統一及法律牴觸公約，已見引論中所述。

上述兩次國際會議，我國均未派員參加，也未加簽於公約。不過我國票據法制定時，曾參考日內瓦統一法，乃至德、日、英、美等國法例者甚夥[78]；惟令人費解者，關於票據之國際私法問題，我國涉外民事法律適用法，幾乎付之闕如，既未參考日內瓦有關票據之法律牴觸公約，也未吸收德、日票據法上有關國際私法之規定。鑒於我國涉外民事法律適用法，關於票據關係之準據法，規定過於簡單，勉強適用，容易產生不公平之現象，有違正義之原則，今後允宜加強研究並積極立法，以充實涉外民事法律適用法之規定，俾保障當事人正當權益，促進涉外票據關係之正常發展，而本文前述票據上各種問題準據法之修正建議，或不無參考之價值。

---

78) 民國十八年立法院商法起草委員會於提出票據法草案所附說明書中曾提及：「……故本草案之編訂，係參考吾國票據法第二次第四次兩草案，及工商部送院審議之草案，復取材於德、日、英、美之成法，……」引目陳世榮教授著：票據法總則詮解（民國六十三年）第四十七頁。

論國際私法上代理關係之準據法

壹、引　　論

代理者,代理人於代理權限內,以本人(被代理人)名義,向第三人為意思表示,或由第三人受意思表示,而直接對本人發生效力之行為[1]。古代法律崇尚簡明,且在採取家族制度之當時社會組織形態下,惟家長始為權利主體,家屬及奴隸之活動,被認為係家長手足之延長,自不以代理觀念為必要,故古代羅馬法,未設一般的代理制度[2]。

然商業活動漸形頻繁,社會關係日趨復雜,交易範圍愈為擴大,若事事必躬親為之,必諸多不便;反之,若吾人得利用他人才能,代替吾人處理社會生活關係,而使其法律效果歸屬於本人,則必可擴張經濟活動領域,增進經濟活動效益,是自西元第十七世紀以後,代理逐漸發展成為獨立的制度。

關於代理之立法例,各國法律頗不相同,有委任與代理混而不分,如法國民法(第三編第十三章)及泰國民法(第三編第十五章)是。有將代理與委任析而為二,以委任為各個契約關係,而

---

1) 請參閱下列各國立法例:
　1.中國民法第一〇三條:
　　「代理人於代理權限內,以本人名義所為之意思表示,直接對本人發生效力。
　　前項規定,於應向本人為意思表示,而向其代理人為之者,準用之。」
　2.法國民法第一九八條:
　　「本人授與受任人以權利者,受任人與他人所生契約之義務,應歸本人負擔。」
　　受任人為本人授權以外之行為,本人除明認或默認外,不必負擔。」
　3.德國民法第一六四條:
　　「代理人於其代理權範圍內,以本人名義所為之意思表示,直接為本人之利益或不利益,發生效力。其意思表示係明示以本人名義,或依其情事,可知其所為係以本人之名義,並不因之而有區別。
　　以他人名義所為之意思不明者,則法律視其為代理人自己之行為。第一項之規定,於應向他人為意思表示,而向其代理人為之者準用之。」
2) 請參照史尚寬教授著:民法總論(民國五十九年臺初版)第四五九、四六〇頁;鄭玉波教授著:民法總則(民國五十一年修訂版)第二八四頁。

以代理規定於債之發生章契約節者，如瑞士債務法（瑞債第一編第一章第一節及第二章第十三節）。亦有將委任與代理分爲二事，列委任於債務，列代理於總則者，如德國民法（債務編第七章第十節及總則編第三章第五節）及日本民法（債權編第二章第十節，總則編第四章第三節）是。而我國立法例尤爲特殊，一方面將委任（債編第二章第十節）與代理分別規定，而另方面又將代理制度分列二處（代理之一般法則，規定於總則編；代理權之授與，共同代理及無權代理之一部份，則規定於債編）。

惟以上僅係有關代理立法體制之差異，就其實際內容言，各國民法有關代理之規定，區別甚大，茲舉數例以明之。

第一、隱名代理是否承認

代理通常須以本人名義爲之，即表示依其行爲取得權利負擔義務之人爲本人，故若係以本人名義爲之，縱使事實上無爲本人謀利益之意思，甚且濫用代理權而爲自己圖謀一定利益，亦不失其爲代理行爲，此稱之謂顯名主義。與此相對者，則爲隱名代理，隱名代理者，代理人所爲之意思表示，縱未明示爲本人爲之，如相對人明知或可得而知其係爲本人爲法律行爲，亦直接對於本人發生效力之代理。隱名代理在商行爲上，甚爲顯著，蓋商事利敏捷，重信用，交易往來，成爲主顧，有不必每次行爲，均須明示本人之名義。關於隱名代理，設有明文規定者，如德國、日本及瑞士等國[3]。我國法律未設明文之規定[4]。

第二、複代理是否承認

代理人爲處理其權限內之事務之全部或一部，以代理人自己名義，所選任之本人之代理人，稱之爲複代理人。關於複代理人，各國法律有未設明文規定者，如德國民法及瑞士債務法是[5]。反之，在法國民法及日本民法則設有複代理人之規定[6]。我民法係從德、瑞立法例，不但無關於複代理人之規定，且於委任僱傭等契約[7]，設有禁止之明文。

第三、狹義無權代理代理人責任之內容

無權代理人對於相對人負責之內容如何，各國法律不同，有明定無權代理人應負履行或損害賠償之義務，而任相對人之選擇者，如德國民法及日本民法[8]。有明定無權代理人應負損害賠償之

---

3) 請參照德商第三四四條、日商第二六六條、德民第一六四條第一項但書、日民第一○○條、瑞債第三十二條第二項。

4) 惟大理院民國七年上字第三五一號判例：「代理人未明示本人名義而爲意思表示者，應視爲該代理人所自爲，惟相對人明知其有代理權，或可得而知者，不在此限。」

5) 德、瑞民法不但未設複代理人之規定，且於委任契約設有禁止明文。請參照德民第六四四條、瑞債第三九八條第三項。

6) 尤以日本民法規定爲最詳，請參照日本民法第一○四至一○七條）。

7) 請參閱我國民法第五三七條、第四八四條。

8) 請參照德民第一七九條第一項、日民第一一七條第一項。

義務者，如法國民法及瑞士債務法[9]。我國民法則從法瑞立法例，明定無權代理人應負損害賠償之責任[10]。

由上所述，可知各國關於代理之規定，仍有差別，在國際貿易鼎盛，代理制度發達之今日，外國代理人爲內國廠商（本人）與第三人爲法律行爲，或內國代理人爲外國廠商（本人）與第三人爲法律行爲，可說是日益普遍。其因此所引起之涉外案件，即發生應適用何國法律爲其準據法之問題。且由於代理行爲所引起之效果，常構成三面關係，即本人與代理人，本人與第三人以及第三人與代理人。各種關係應適用之法律，未必一致，致使準據法之確定，益形困擾。各國雖有統一代理制度之努力[11]，尚乏成效；而促使代理準據法之統一運動，則稍顯曙光。本文專從國際私法觀點，探討代理關係之準據法問題，以比較之方法，分析各國立法例，並批評其利弊得失，探究其可能發生之問題及解決之途徑。最後，則擬對海牙國際私法會議（Hague Conference on Private International Law）於西元一九七八年所通過之有關代理關係之準據法公約（Convention on the Law Applicable to Agency），加以分析說明，以明統一法發展之趨向，藉供立法者之參考。

貳、代理關係準據法之立法主義

代理關係可以發生三種準據法問題，申言之，即須確定(1)本人與代理人；(2)本人與第三人；以及(3)代理人與第三人間權利義務，究應以何國法律爲應適用之法律問題。此處所討論者，僅限於代理人代理本人爲契約之訂立、變更或消滅[12]。以下擬就三種關係，分別討論其準據法如下：

一、本人與代理人關係之準據法

本人與代理人間關係，一般而言，係基於契約關係而建立[13]，故規範契約關係之準據法，即爲確定本人與代理人間權利義務之準據法。此一準據法之適用範圍，包括代理人權限之範圍，代理人得請求報酬之數額，何種情形下，本人或代理人得終止代理關係，此種代理關係是否因本人死亡或受禁治產宣告而消滅，以及在無權代理時，代理人對本

---

9) 請參照法民第一一二〇條、瑞債第三十九條。

10) 請參照我國民法第一一〇條。

11) 羅馬學院（Rome Institute）於一九六一年曾起草有關代理之立法，並迭經修正，惟迄未完成立法程序。請參閱Eorsi, "Two Problems of the Codification of the Law of Agency," in: Fabricius, ed., Law and International Trade, p. 83 (1973)

12) 如代理人爲侵權行爲時，雖本人（僱佣人）有時要負轉嫁責任（vicarious liability），但其屬於侵權行爲之範疇，本文不擬討論。關於侵權行爲之準據法問題，請參閱拙著：「論侵權行爲之準據法」，載政大法學評論第七期（民國六十一年）第一六一至一九二頁。

13) 此係就本人與代理人間基本法律關係而言，至代理權授與行爲之本質如何，則學說不一：有採委任契約說者，有採無名契約說者，也有採單獨行爲說者。本文不擬詳論其差異。

人所負之責任問題等。

契約之準據法，現今一般國家所採者，厥為當事人意思自治原則[14]，即允許當事人得以合意選擇應適用之法律。當事人合意所選擇之法律，即為規範本人與代理人間權利義務之準據法。此種立法例為英國、法國、瑞士、德國、美國等多數國家所採[15]。此外，由國際法協會（International Law Association）所起草之有關代理之二個國際公約草案[16]，也規定了本人與代理人間權利義務，由當事人合意所選擇之法律決定。

在採當事人意思自治之國家，於通常情形，雖適用當事人合意所選擇之法律，但有下述情形之一時，則可能例外地拒絕適用。

第一、當事人合意，係由一造當事人以詐欺、脅迫，或其他不正方法獲得。此種例外，旨在保護當事人意思表示之自由，其以此種不正當方法干涉相對人自由意思，因比獲得之合意，即非真正之合意，故加以排斥。

第二、當事人合意所選擇之法律，與契約無真實牽連關係。此問題所涉及者，實為當事人意思自主之範圍，即當

事人可否無限制地指定其準據法。在採限制說者，認為當事人僅得於與契約有牽連關係國家之法律中，以自由意思選擇其準據法，例如美國人與中國人在日本締結買賣契約，而約定契約於法國履行，與該買賣契約有牽連關係之法律，則有美國法、中國法、日本法及法國法等四國法律，即當事人僅得於此四國法律中選擇其準據法，此說為一九二六年波蘭國際私法所採[17]。

惟在理論上既採當事人意思自治原則，而許當事人以自由意思決定其準據法，則難再限制當事人不得指定與該契約無關之法律，否則，即難自圓其說。而事實上，當事人指定與該契約無關之法律，有時亦難謂無其必要，例如當事人合意所選擇之法律，雖與契約無真實牽連關係，但卻為雙方所熟悉且認為公平進步之法律，其合意既無不當，似不應加以排斥。故此一例外，尚非無爭論之餘地。

第三、當事人合意所選擇之法律，違背在無當事人合意時，依法庭地國際私法硬性規則，所應適用之契約準據法之公序良俗。此種例外為美國一些判例所採[18]，並受到學者之支持[19]。

---

14) 關於當事人意思自治原則，請參閱拙著：「契約準據法之研究」，載政大法學評論第九期（民國六十二年）第一六〇至第一六六頁。

15) 關於英國見 Dicey & Morris, The Conflict of Laws (8 th ed. 1967) 849, Rule 147; 關於法國見 Cass. Civ. (Seet. Soc.) 1 Jnly 1964, Rev. Crit. d.i.p. 1966, 47; 關於瑞士見 BG 7 March 1950, BGE 77 II 45; 關於德國見Reithmann (- Marting), Internationales Vertragsrecht No. 426 (1972) p. 329; 關於美國見 American Law Institute, Restatement of The Law Second, Conflict of Laws (1971) §§ 291, 187.

16) Copenhagen Draft 193 art. 3; Lucerne Draft 309, 312 art. 3.

17) 請參閱 Wolff, Private Interanational Law, (1950) p. 420-421.

18) 請參閱 Fricke V. Isbrandtsen Co., 151 F. Supp. 465 (S. D. N. Y. 1957)

19) 請參閱 Rheimstein, Book Review, 15 U. Chi. L. Rev. 476 (1948)

惟對契約準據法，各國雖多規定數種準據法，但其間有先後適用之順序，有先順序準據法存在時，例如當事人合意所選擇之法律，後次序準據法——例如締約地法，即不得適用，現主張以先次序準據法違背後次序準據法國之公序良俗，而排斥優先適用之準據法，似非適當。本人以爲，只有在當事人合意所選擇之法律，違背法庭地之公序良俗時[20]，始可排斥當事人之合意，蓋法庭地法官不得因適用外國法，而害及內國之公安，乃國際私法上一大原則，理應遵守，即使契約之準據法，爲當事人合意所選擇之法律時，也不應例外。

在當事人對契約準據法無合意時，關於應適用之法律，各國立法例頗不一致，判例及學說也甚分歧，茲就下列數國之規定，分別說明：

㈠美　國

在當事人無合意時，美國判例法所適用之準據法，差別極大。有採取本人與代理人關係契約之成立地法[21]，有採取代理人爲代理行爲地法[22]，也有採取當事人間關係之重心地法者[23]。第二次國際私法新編則贊成適用最重要牽連關係地法[24]。申言之，美國法院對規範本人與代理人契約關係，所重視者爲該契約之訂約地及代理人爲代理行爲地，若二者不在同一法域時，後者尤受重視。惟有時與契約有關之牽連關係，多數係集中於某地而非代理人爲代理行爲地時，則即因採用重心地說或最重要牽連關係說，而適用該地之法律，而排斥代理人爲代理行爲地法爲規範內部關係之準據法。

㈡英　國

英國法對規律本人與代理人權利義務關係之法律，原則上係採取契約訂約地法[25]，惟如本人與代理人居住於不同國家時，則有時也適用代理人爲代理行爲地法[26]。此外學者間對內部關係也有主張適用本人營業地法或代理人行爲地法者[27]。

㈢法　國

規範本人與代理人內部關係之法律，在當事人無合意選擇應適用法律時，一般係適用代理人營業地法[28]，至於代理人行爲地法，在何種程度內不相關聯

20) 請參閱我國涉外民事法律適用法第二十五條；義國民法總則第十二條；西班牙民法第八條第一項；德國民法施行法第三十條；日本法例第三十條。
21) 請參閱 Louis Schlesinger Co. V. Kresge Foundation, 2 50 F. Supp. 763 (D. N. J. 1966)
22) 請參閱 Matarese V. Calise, 305 A. 2d 112 (R. I. 1973)
23) 請參閱 Leisure Group, Inc. V. Edwin F. Armstrong & Co. 404 F. 2d 618 (8 th Cir. 1968); Tyrone V. Kelley, 99 Cal. Retr. 290 (1972).
24) 請參閱其第二九一節。
25) 請參閱 Dicey & Morris, Conflict of Laws, Rule 167 (9 th ed. 1973); Cheshire & North, Private International Law, 242 (9 th ed. 1974)
26) 請參閱 Cheshire & North，同註二十五。
27) 同註二十五。
28) 請參閱 Ripert, Droit Commercial No 371 et ocq. pp. 220 et seq. (9 th ed. 1977)

，則極不明確。前者——營業地法，係指代理人通常爲營業之所在地法，較爲固定，後者——代理人行爲地法，則指代理人就特定案件，代理本人與第三人爲法律行爲地法。

四德　國

在當事人無合意選擇應適用之法律時，本人與代理人間契約，則適用當事人假設意思所指定之法律[29]，此一法律，即是契約之重心地法。依照多數見解，契約之重心地法，在無特殊情況下，即被視爲是代理人營業地法。

在多數情形下，代理人營業地與代理人行爲地相一致，蓋通常代理人在其活動地域，設立營業所。故當代理人在數個法域爲行爲，而僅於其中一地有營業所時，則即適用後者之法律。惟應强調者，德國所適用者爲重心地法，故在特殊事實情況下，所適用之準據法，即非一定爲代理人營業地法。茲擧一例說明。德國某公司與義大利經紀人締結契約，後者不久後於義大利找到雇客，該經紀人即請求佣金。當事人所爭執者，爲關於義大利法之適用，依義國法律該請求權已因時效完成而消滅。最高法院指出，重心地通常存在於代理人營業地，此特別於代理人即在該地爲行爲時，惟與商業代理人不同者，經紀人非經常繼續爲本人爲行爲，且亦無爲行爲之義務，故經紀人之營業地，僅爲考慮重心

地之一個因素，而非主要因素。最後，該法院不認爲該經紀人在義大利有營業地之事實，爲具有決定性，反而以德國法爲內部關係契約之準據法[30]。

㈤其他國家

依照波蘭一九六五年制定，一九六六年七月一日生效的國際私法第二十七條第一項規定，本人與代理人間契約，在當事人未合意選擇應適用法律時，則適用契約成立時代理人住所地法。另一方面，依照捷克一九六三年有關國際私法的法律，則適用該契約成立時，本人住所地法。

二、本人與第三人關係之準據法

在本人應就代理人與第三人所締契約負責時，法庭地理應確認本人與代理人關係密切，課其負契約責任爲公平、合理。此一認定，極爲必需，蓋如當事人間關係泛泛時，本人與代理人間關係，即不應主張存在。

一般而言，在本人應就代理人與第三人所締契約負責時，有二個前提要件[31]，必須滿足，其一、代理人有權拘束本人；其二、代理人與第三人所締契約（以下稱之爲主要契約）爲有效。關於主要契約準據法，此處不擬具論，惟應一提者，主此要契約之準據法，與就代理人是否有權拘束本人所應適用之法律

---

29) 請參閱 Stumpf, Internationales Handelsvertretenrecht pt. 1, pp. 14 et seq. (5 th ed. 1977)

30) 請參閱 BGH, 1977 RIW/AWD 294

31) 請參閱 Reese & Flerch, "Agency and Vicarious Liability in Conflict of Laws," 60 Col. L. R. 767-773 (1960)

，未必一致。以下僅就前一前提要件詳論如下。

關於代理人是否有權拘束本人，在發生訴訟時，兩種利益似乎產生衝突。本人可能希望確認代理人為無權代理，則其即不受代理人行為之拘束，以及第三人可能希望對本人言，該主要契約已有效成立。在國際私法上，兩種立法主義被視為對第三人有利，其一為主要契約之準據法，其二為代理人締結該主要契約行為地法。就從保護本人利益言，則認為適用此種非本人可以預見之法律，對本人言極不公平，而主張採取本人住所地法，或者以規範內部關係——本人與代理人間關係之準據法為規範其與第三人間權義之準據法。

除以下擬就上述立法主義，分別說明檢討外，於此有應一提者，即此種準據法所決定之事項，通常包括代理人是否享有代理權或表見代理權，代理權之範圍限制如何，該代理權可否撤回，以及是否已有效撤回等問題。

㈠本人住所地法主義或內部關係準據法

關於規範本人與第三人間關係，也即代理人是否有權拘束本人之問題，最古老之解決方法，厥為適用本人之住所地法，其理由則在於認為對本人最為有利。此一立法主義顯係為保護本人，蓋本人對本人之住所地法，不僅知之最稔

，且也必最符合其利益，適用其他法律，有使本人負預見不能之危險。此一立法主義，在十九世紀末期為各國普遍所採用。德國學者Von Bar，曾有專論贊成此一主張[32]。 此外，一些學者以為[33]，代理與能力關係密切，蓋代理係擴張個人能力以從事法律活動，行為能力問題既然適用當事人屬人法，則有關代理也應適用本人之屬人法——特別是其住所地法。

一種新型式的代理，即由國家機構為代理人，從事國際交易行為，此在東西方貿易關係上，極為重要。例如蘇聯學者即主張[34]，此等代理人權限之範圍，必須受該企業（被代理人）本國法之支配。

受到法國民法影響之國家，對於代理之自治性質，最近始加以明白認許，許多學者贊成就本人與第三人間關係，適用規範內部關係——本人與代理人間之準據法。此種見解為盧森堡最高法院所採[35]。

㈡主要契約之準據法

由代理人與第三人所締結之主要契約，其準據法或為當事人明示合意所選擇之法律，或者符合當事人之期望。因此，此一法律被認為對第三人有利，此一法律即應決定代理人是否有權拘束本人。同時，就便利原則言，此一問題——代理人是否有權拘束本人，也應被

---

32) 請參閱 Von Bar, Theorie und Praxis des internationalen Privatrechts (1889) II 69.
33) 請參閱 Kegel. Internationales Privatrecht (1964) 218
34) 請參閱 Filipescu, Drept international Privat (1964) 118-119
35) 請參閱 Supeme Court of Luxembourg 30, July 1920, Pas. Lux. II (1920) 1

視爲主要契約效力之附隨物，而應受同一法律之適用[36]。

法國學者Batiffol將代理人權限與代理內部關係連接，但却認爲此種內部關係附屬於主要契約，而包括於主要契約中，因此他認爲此三種關係——代理人權限、內部關係及主要契約，均應受同一法律之支配，此一準據法，即爲代理與主要契約之履行地法[37]。

另一探主要契約之準據法爲規範外部關係之準據法者，則以代理爲主要契約之附屬品爲依據，此見於一九四〇年三月十九日簽訂之有關國際私法部份之蒙特維多條約 (The Treaty of Montevideo) 第四十一條。

㈢代理人行爲地法

爲保護第三人利益，適用該第三人與代理人締結契約地之法律，經常被提及[38]，惟於多數情形下，此種解決辦法之結果，並不異於上述討論之辦法。除關於行爲地法之實際涵義，尙有保留，以及關於在何種條件下，始適用此一法律外，代理人行爲地法，可說是最強有力之作爲規範外部關係之準據法。

國際間不少有關代理之條約，均採用此代理人行爲地法，爲決定本人與第三人間關係之準據法。例如 Benelux uniform Law relating to Private Intermational Law 第十八條一項；以及由國際法協會所起草之公約草案，如 Copenhagen draft 第七條及 Lucerne Draft第八條等是。

茲再就此一立法主義下之下列問題，分別研究討論如下：

1. 行爲地之意義

第一個問題要決定者，厥爲代理人行爲地如何確定。二種不同含義可用以解釋此一連接因素。其一、代理人所爲某一特定行爲之地方；其二、代理人行使活動或被要求行使活動之國家。

前者之定義似最爲適當，且特別於授權於數國爲行爲時，此一定義最爲有效。惟於欠缺其他指示時，法律用語上之動詞之時間可能極爲重要。法條所用動詞如爲現在式 (carries out, acts)，即不明確，蓋其並不排除代理人通常爲行爲或有義務爲行爲地國。若所採者爲完成式或過去式 (has carried out, acted)，則卽指特定行爲。此外，法條用語爲國家 (country) 或地方 (place) 會產生進一步之差別，蓋地方所表示者，爲一國內之某一特定區域，而非指整個之國家。因此所提及者若爲特定地方時，自排除較廣活動範圍之考慮。前述由國際法協會所起草之兩個公約草案[39]，所採用語即爲完成式或過

---

36) 請參閱 Dicey & Morries, Conflict of Laws, Rule 168 (9 th ed. 1973)

37) 請參閱 Batiffol, 2Droit international prive No. 603 n. 43 (1976)

38) 例如 美國學者 Story 將代理權的活動，區分爲三個階段：①代理權的授與；②代理權範圍、限制、解釋；③代理權的消滅。彼主張第一階段及第三階段，應適用本人授權地法，而第二階段則適用代理人行爲地法。請參閱 Story, Commentaries on the Conflict of Laws (1857) 450

39) 請參閱 Copenhagen Draft第七條及Lucerne Draft第八條。其用語爲 "Where the act of agency has been carried out"

去式，以及地方，即所以欲避免用現在式或國家，在解釋上所可能帶來之困擾。

上述第一個問題，如解釋爲代理人爲特定行爲地爲可採，另一個問題隨即發生，此涉及代理人所爲特定行爲之性質，及必須確定該地之需要。即如當事人非在同一地方爲契約之締結，而係藉電話或通信等方式在不同地方爲法律行爲時，如何確定行爲地之問題？

關於此一問題，有二種不同之回答。其一、將代理人行爲地法與主要契約之準據法相提並論。因此所謂代理人代理行爲，實即指主要契約之締約地。其二、則爲代理人以電話、通信方式爲法律行爲時，其發話地、發信地或發電報地。

實際上，第二種解釋，並不考慮主要契約作成地法，而僅係以代理人爲代理行爲時，偶然所在地法，作爲代理人行爲地法。此第二種解決方法，學者 Rabel 曾有明白解釋如下：「代理人所爲對主要契約表示（宣佈或寄發）同意地之法律，應爲代理人行爲地法。」[40]

2.行爲地法適用之情況

關於行爲地法適用之情況，亦有不同之意見。有將本人授權與代理人權限範疇發生爭執之案件，加以區別者；有要求保護本人，反對代理人濫用權限，必須成爲問題者。任何依賴行爲地法者，均視行爲地與代理人活動領域範圍相一致。

迄今關於本問題最好之結論，厥爲美國法學院（American Law Institute）所主編的第二次國際私法新編。首先必須指出的，第一次國際私法新編第三四三節至三四五節，係依照學者 Beale 之因果原則論[41]。依照 Beale 所竭力主張之領域論，當代理人在本人住所地以外行爲時，則該一行爲地享有立法管轄權，而得課本人義務，惟必須本人曾指示代理人在該領域爲行爲。

基於此種因果關係原則，第一次國際私法新編第三四三節，就代理人是否被授權代理本人爲行爲之問題，適用規範內部關係之法律；至於代理人與第三人爲行爲地之法律，則決定代理人是否具備表見代理之要件，以及在代理人爲有權代理或表見代理時，本人之責任範圍等問題。

因此，第一次國際私法新編之解決方法，所依賴之標準，與區別代理權之存在及其範圍，極爲接近。第二次國際私法新編代理章，則着重代理人爲代理行爲地國法[42]，同時此一法律，即爲規範本人與第三人關係之準據法，惟也必

---

40) 請參閱 Rabel, 3 Conflict of Laws, A Comparative Study (1964) 167
41) 請參閱 Beale, 2 A Treaties on the Conflict of Laws (1935/1936) 5. 1193.
42) 請參閱其第二九二節第二項規定之：The Principal will be held bound by the agent's action if he would so be bound under the local law of the state where the agent dealt with the third person, provided at least that the principal had authorized the agent to act on his behalf in that state or had led the third person resonably to believe that the agent had such authority.

須本人曾授權代理人於該地爲行爲，或曾導致第三人合理地相信該代理人有此權利。

有關本規則之評論，雖非完全明確，比較詳細的討論則見於第二次國際私法新編報告人Reese 之論文[43]，其於結論中指出，適用行爲地法，須符合下述二個條件：其一、法庭必須確認本人與代理人間之關係，使本人就代理人行爲負責，爲公平合理；其二、本人與代理人爲行爲地之關係，有充份之密切，而使適用該行爲地法爲公平合理。

至於此二條件是否已經具備，則由受訴法庭加以認定。換言之，法庭在適用行爲地法以前，先把上述二條件，看做先決問題[44]，而加以解決。

許多學者[45] 贊同在相類似情況下，適用行爲地法。例如Wolff將行爲地法視爲授與之代理權爲活動地國法，亦即代理人有權或必須在該地行使代理權地國法[46]。 Gutteridge 也認爲，如代理人未被授權在外國爲法律行爲時，本人不應該受到該地法律之支配[47]。 Rabel 則指出：適用行爲地法之眞實原因，乃

基於客觀之便利，惟必須本人預期代理人在該國活動[48]。

在德國，Raape建議截然劃分本人住所地法與代理人行爲地法之適用。前者適用於本人曾否授權與代理人之問題，後者則決定代理權之範圍[49]。

另一些大陸派學者，對適當適用本人屬人法之情況，未予提及，但認爲僅於本人預期代理人應於某國爲行爲時，行爲地法才能予以適用[50]。另一些見解，則以爲行爲地法，乃代理人契約上應爲行爲地國法[51]。

此外，Falconbridge 認爲，本人有義務在授權行爲中，表示代理權之範圍及限制，如果本人未予限制時，則無論代理人於何地爲行爲，其即應受代理人代理行爲地國法之適用[52]。

3.行爲地法之範圍

許多學者常感困惑地認爲，本人可能受到外國法效力之拘束，而無機會表示自己的意思。惟可爭論者，此種危險或不存在，或僅屬理論。判決提供了不少證據，多是關於代理人權限範圍或其終止之訴訟，而本人與代理人關係之存

43）請參閱註三十一論文第四一三頁。
44）關於先決問題或稱附隨問題，請參閱拙著：「國際私法上定性問題之研究」註解第四十四，載政大法學評論第十期（民國六十年）第一九一頁
45）請參閱 Wolff, private International Law (1950) s 424; Falconbridge, Essays on the Conflict of Laws (1947) 369; Lorenzen, Cases and materials on the Conflict of Laws (1951) 525; Kuhn, Comparative Commentaries on Private International Law (1937) 277; Stumberg, Princpiles of Conflict of Laws (1963) 425-428.
46）請參閱 Wolff, s. 424.
47）請參閱 Gutleridge, 2 in Ann. Inst. Dr. Int. 43 (1950) 120-121.
48）請參閱 Rabel, 3 Conflict of Laws (1964) 153, 161.
49）請參閱 Raape, Internationales Privatrecht (1961) 466-467.
50）請參閱 Nial, Internationell Formogenthetsratt (1953) 66
51）請參閱 Michaeli, Internationales Privatrecht (1947) 301
52）請參閱註四十五 Falconbridge, p. 369

在，在本人與第三人爭執中，則很少成為問題。此外，若果我們考慮這些判決，則代理觀念本身提供了適當的回答。行為地法係在代理的基礎上適用於本人與第三人間之關係。代理的觀念，包括本人之承認，構成國際私法適用規則之積極事實。如果此一事實欠缺，則案件即完全不在國際私法代理規則適用範疇中。

換言之，第三人不能依賴行為地法——實施授權地國法之運用，若欠缺本人企圖授權代理人以任務之事實時。問題乃在於發現該一事實，是否產生法律問題。此一問題極不單純。此可由英國 Chatenay V. the Brazilian Submarine Telegraph Co. Ltd. [53] 一案反對意見中窺知。委任狀係在巴西交付，而於英國為法律行為，唯一發生爭執者乃代理權範圍問題。Lord Esher M. 及 Lord Lindley L. J. 二位法官同意此一問題應由英國法解決。然而他們也想到授權行為發生地。Lord Esher 認為，英國國際私法上有效力之事實，必須依巴西法律探求，而Lindley L.J. 更明確區別事實問題（即本人是否表示授權代理人之意願），以及法律問題（即此種意願之法律效果如何）。後一問題必須由英國法決定。法律問題可能因有效之事實而引起之可能性，不能完全消除。行為地法之範圍，可能受先決法律問題之限制，其一、授權行為是默示，其二、當本人同意之效力發生爭執時。

當代理人無法證明正式授權，而依賴默示授權時，多數學者贊成適用本人住所地法，以決定默示意願之存在與範圍[54]。而依照Von Caemmerer，則認為應適用行為地法，以決定默示權力是否授與[55]。此二種解決方法似可加以妥協。蓋如本人住所地法不將其行為看做代理權之默示授與時，行為地法仍非不得將其行為看做表見代理權之授與。

關於本人指定代理人之事實，不容否認時，其同意是否有效，仍可爭執，例如本人未成年，或其同意具有他項瑕疵。此類爭執，在代理訴訟上，並非多見，且其準據法也非適用行為地法，而應受國際私法上有關契約準據法之支配——行為能力適用屬人法，而關於契約效力之法律，適用於有關意思表示之瑕疵問題。

當本人指定代理人意願確定後，則有關代理人是否有權負擔國際性債務，或於本人住所地以外國家為法律行為等問題，必須看做為事實問題。如代理人權限未加以限制適用領域時，則本人即可能依代理人為行為地之法律，對第三人負責。另一方面，如本人企圖避免依代理任意選擇為行為地法律之支配，則其必須明文書面限制代理人之權力[56]。

關於本人與第三人間關係之準據法，以上已就各種主要立法主義，分別加以說明評論，以下擬再從下列數國之實際運用上，分別扼要說明：

53) (1891) I. R. B. 79 (C. A.)
54) 請參照註四十九 Raape, 466-467
55) 請參閱 Von Caemmerer, "Die Vollmacht für schuldrechtliche im deutschen internationalen privatrecht," 24 Rabels, 210 (1959)
56) 請參閱 Rigaux, Droit international prive (1968) 236, 238

㈠美　國

美國第一次國際私法新編第三四二——三四五節，就代理人權力與本人關係及代理人行為效果及於本人與第三人關係上，加以區別。前者屬於內部關係，應受內部關係準據法之支配，後者即外部關係之準據法，則為代理人授權為行為或表見授權為行為地之法律。而第二次國際私法新編於第二九二節規定外部關係之準據法。其二項規定如下：

第一項：「本人是否就代理人以其名義與第三人所為行為負責，由就該特定問題，依照第六節所述原則，與當事人及交易有最重要牽連關係地之法律決定。」

第二項：「依代理人與第三人為行為地之法律，本人應負責時，本人即應就代理人行為負責，惟必須本人曾授權代理人在該地為行為，或導致第三人合理相信代理人有此權限。」

由上述可知，在最重要牽連關係下，受訴法庭在決定本人是否受代理人行為之拘束，必須考慮之問題有二：其一、就本人與代理人關係言，使本人就代理人行為負責，是否合理；其二、就應適用之法律（最重要牽連關係地之法律）言，本人與該地是否有一合理之關係。

至於本人曾授權代理人於某地為行為時，則本人與該地自有一個合理關係；本人雖未授權代理人於某地為行為，但如其導致第三人合理地相信，代理人被授權於該地為行為時，本人與該地自也有一合理之關係。

㈡英　國

英國法律就代理外部關係之準據法，一般而言，均係適用主要契約（代理人與第三人所締契約）之準據法[57]。早期判例並未說明代理人行為地與主要契約之區別，而明白表示贊成行為地。惟這些判例所顯示之事實，均係代理人行為地與主要契約之準據法是一致的。因此之故 Cheshire即認為行為地乃決定主要契約準據法之速記術[58]。惟如代理人行為地與主要契約準據法並非一致時，英國法院明白表示，規範外部關係之法律，為主要契約之準據法[59]。

㈢法　國

在法國委任與代理不分，關於本人與第三人間關係，所應適用之法律，可以 Batiffol主張為代表[60]。彼強調委任之目的，在於締結本人與第三人間之契約，所以委任實際上即在為主契約作準備。委任包括代理權應受國際私法上規範契約之準據法之適用——契約履行地法。由代理人與第三人所締結契約，在通常情形下，契約履行地即為代理人行為地。故代理人行為地與主要契約應適用之法律一致。惟在例外情形，主要契約不在代理人行為地時，由於重視主契約，故仍以主契約之準據法作為決定代理權所應適用之法律。蓋委任包括代理

---

57) 請參閱 Dicey & Morries, Conflict of Laws, Rule 168 (9 th ed. 1973).
58) 請參閱 Cheshire & North, Private International Law 243 (9 th ed. 1974).
59) 請參閱 Maspons V. Mildred (1882) 9 Q. B. D. 530 (C. A.)
60) 請參閱 Batiffol, 2 Droit international prive No. 603 n. 43 (p. 285) (1976)

，即在經由代理人，產生主契約。因此在對外關係上，即本人與第三人關係，也由主契約準據法之支配。

四德 國

德國法嚴格區分委任與代理，前者為代理內部關係之所由發生，後者則涉及本人與第三人間之關係——即本人是否就代理人行為負責之問題。

一般而言，關於外部關係，即代理人是否有權拘束本人，在德國所適用之法律，為代理權產生效果地之法律。如代理人無固定營業所，而僅係偶為代理之情形，則以代理人為代理行為地法，為應適用之法律。就有營業所在地之獨立代理人言，如其在營業所在地國為行為，則應適用之準據法為代理人營所業在地法。

然而，如代理人行為地與所營業在地不一致時，究應適用何地法律，則見解頗為分歧。Raape贊成適用代理人行為地法[62]；Rabel原則上也贊成行為地法，惟主張有一例外，此即代理人在其營業所在地以外地域為行為，而第三人明知或可得而知本人並未如此授意時，則適用本人住所地法[63]；Makarov則贊成適用代理權授與地法[64]； Von Caemmerer 主張採用代理人營業地法

[65]。迄今為止，德國法院尚未曾審理過代理人行為地與其營業地分在不同法域之案件，故法院態度如何，尚不明確。

五其 他 國 家

瑞士聯邦法院也贊成適用代理人行為地法，惟其最近之判例，則對行為地規則加以限制，即僅用以決定代理人權限之範圍，至於本人曾否授權給代理人之問題，則適用本人住所地法[66]。 西班牙一九七四年的法律規定：本人與代理人得合意選擇決定代理人代理權存在及範圍之法律，此種規定雖對本人有益，但不免犧牲交易之安全。

關於本人與第三人間之關係，所應適用之法律，以上已分別從其主要立法主義及主要國家立法例，加以分析說明，以下擬再就一些特殊問題及特殊形態的代理，所發生的問題，加以分析討論：

㈠代理人所締契約

一些契約不能經由代理人締結，如關於國際私法之此種問題發生時，一般均視為不屬於代理法律之範圍。多數學者[67]認為，此一問題應由主要契約之準據法決定。由代理人所締婚姻，即為此類問題之顯著例示。

㈡授權方式

61) 請參閱 Rabel, "Vertretungsmacht für obligatorische Rechtsgeschäfte," 3 RobelsZ 814 (1929)
62) 請參閱註四十九 Raape, 503 n. 78.
63) 請參閱註六十一 Rabel, 835.
64) 請參閱 Makarov, "Die Vollmacht im internationalen Privatrecht," in: 2 Scritti di diritto internagionale in onore di Tomaso Perassi, 39 et seq., 61 (1954).
65) 請參閱註五十五 Von Caemmerer, 207.
66) 請參閱 BG 15 May 1902, BGE 88 II 191; 26 June 1962, BGE 88 II 195.
67) 請參閱 Rabel, 836; Raape, 503; von Caemmerer, 217.

關於代理權之授與，是否需要特定方式，各國法律極少規定，因此無庸詳述其準據法問題。依照對行為地法之傳統解釋，授與代理權者，可在授權行為地法，規範本人與代理人間內部關係之準據法、主要契約之準據法以及代理人行為地法加以選擇[68]。

惟下述由授權方式所發生之困難，必須加以考慮。依照許多國家之私法，授權方式必須依照主契約之方式。如授權行為地國對授權行為與主要契約，均不要求特定方式，而主契約之準據法以及代理人行為地之法律，均規定授權行為須依照主契約準據法所規定方式時，則究應適用何一法律，頗不易解決。

兩種解決方法曾被提出[69]。其一、主契約準據法對主契約所規定之方式，也用以決定授權之方式。其二、代理人行為地法。

㈢代理權之不可撤回性

大多數國家法律規定，代理權原則上是可以撤回的[70]。依照德國民法第一六八條：除非本人與代理人間契約另有規定外，代理權得撤回。其他國家也有承認不可撤回之代理者[71]。倘若授權行為不可撤回，一個困難的國際私法即會發生。在多數案例中，代理的性質即因此受到修正。代理權不可撤回，即表示代理人對主要契約享有既得利益。而一個不可撤回之代理，於本人與代理人

間，常隱藏他種法律關係，例如買賣、債之移轉。

關於本人與代理人間有關代理權是否可撤回之爭執，應適用規範內部關係之法律。

當相同問題在本人與第三人間發生時，則應適用代理人為行為地法，以決定代理權是否不可撤回，以及當事人可否以契約取代此一法律。在 Simfra AG V. Simfra, Ltd. [72]乙案，英國法院就在英國為行為之代理權，適用英國法之結果，認為已合法撤回，而不探另造當事人之辯論——依規範本人與代理人內部關係之德國法，為不可撤回之代理。

㈣複代理人之選任

在本人與代理人間，則適用規範內部關係之法律，以決定代理人得否選任複代理人；至於本人與第三人間，則依複代理人為行為地法，以決定代理人選任複代理人，是否被允許[73]。

㈤本人之承認

當某人以他人代理人身分為行為，而實際上未獲代理權或逾越代理權時，其所為行為仍能因本人之承認，而對本人發生效力。此一問題不在代理之範疇之內，因此不適用代理行為地法。較好之見解，是把經承認之行為，視為獨立之活動，在本人與第三人間，適用規範主契約之準據法，以決定本人是否已承

68）請參閱 Von Caemmerer, 212; Makarov, 45
69）請參閱註四十 Rabel, 168.
70）請參閱我國民法第一〇八條第二項；德民第一六八條；瑞債第三十五條。
71）例如比利時民法第二〇〇四條。
72）請參照 (1939) 2 All E. R. 675 at 682 (K. B.).
73）請參閱 Von Caemmerer, 215; Rigaux, Statut, 253-255

認，以及承認之效果[74]。將承認與某人以他人代理人身分為行為地之法律連接，究覺薄弱。

㈥表見代理

表見代理之構成，並不依賴本人之任何特別意思。祇要本人之行為，經合理解釋，足以招致第三人相信，本人已授權代理人以其名義為行為，即可成立。

代理人為行為地法，決定本人行為是否構成表見代理及其限制等問題[75]。

㈦常設代理人

代理人規則地代理本人所有或某一範圍內之事項。此種情形，常見於國際貿易中甲國企業經由固定代理人在乙國活動。

就選擇法律言，此種情形有二項特點，值得吾人注意。其一、在本人與代理人間關係，即使通常贊成適用本人屬人法者，也認為在常設代理人之情形，應構成例外，而適用代理人之屬人法。其二、關於行為地確定之困難，於此同樣發生。行為地法是否與代理人營業地國一致？抑為代理人實際上與第三人簽訂契約地之法律？前一解決方法為Rabel所贊同[76]，其稱：「如代理人代理一外國本人，在其固定營業所為行為時，則該地法律應予適用。」至後一見

解，則為通說，似也應同樣適用於常設代理人。

㈧船長之代理權

船長之行為是否拘束船東，通常由船旗國法決定，此構成適用行為地法之一重大例外。

許多重要的國際公約、國內法均贊成採用船旗國法，作為決定船長行為是否拘束船東之問題。 例如 Código Bustamente 第二七九條及二九六條、the Treaty of Monterideo of 19 March 1940 on International Maritime Law 第三十二條、the British Merchant Shipping Act, 1894 第二六五節。而 the Código Bustamente第二八二條並以之作為決定飛機機長之行為，是否拘束飛機所有人之問題。此外，在美國[77]、英國[78]、比利時[79]、法國[80]、德國[81]等均有判例支持此一準據法原則。

㈨有關土地之買賣

依照美國第二次國際私法新編第二三二節規定：「有關代理人移轉土地或設定負擔之權利，適用物之所在地法」。因此，在此種情形下，行為地法係由土地所在地法代表，而非由代理人實施行為地法代表。此種區別，在德國曾因Reichsgericht 一個判決[82]——於行為

---

74) 請參閱 Von Caemmerer, 217; Rigaux, Statut 256-257.
75) 請參閱美國第一次國際私法新編第三四四節。
76) 請參閱註四十 Rabel, 167.
77) 請參閱 Pope V. Nickerson, Fed. Cas. no. II 274 (1844)
78) 請參閱 Lloyd V. Guibert (1865), L. R. I. Q. B. 115 (Et. ct.)
79) 請參閱 Trib. comm. Antwerp 5 Feb. 1903, Jur. P. A. 1903. I. 296.
80) 請參閱 Cass. civ. 4 Nov. 1891, Clunet 1892, 183.
81) 請參閱 ROHG 5 March 1877, Entoch, XXII, 20.
82) 請參閱 RG 18 Oct. 1935, RGZ 149, 93.

地法與物之所在地法不一致，而適用後者之法律時，引起學術界之爭論。倘如物之所在地法要求，於移轉或設定負擔於土地時，必須符合涉及某種公共機關之方式，始得對抗第三人，則此種方式必須在土地所在國一公共機關前完成，因此土地所在地法也即行為地法。

㈠隱名代理

當代理人為行為時，未表示以本人名義為之，而自行負擔債務時，則即發生其行為是否也在本人與第三人間產生法律關係。在國際間，Maspons Y. Hermano V. Mildred, Goyeneche and Co.[83] 即為一典型例子。本案中，本人為一哈瓦那商人，其經由當地之代理人出售貨物，英國商人（第三人）從代理人處購買貨物，貨物在海上受到毀損，保險人對第三人為賠償，因該貨物價金尚未交付，本人遂向第三人要求賠償，第三人之抗辯為其係與代理人締結契約，價金自應交付與該代理人。應予一提者，就代理人之權利言，第三人則主張抵銷以消滅其債務。本案之問題，即在於由代理人與第三人所締結之契約，是否於第三人與隱名本人間產生法律關係。

關於法律適用問題，法院意見由Lindley L. J. 明白陳述：「對吾人言，西班牙法律應為考慮原告授與代理人之權利之性質及範圍之法律。就其他目的言，西班牙法則非重要。代理人與第三人所締契約，係由英國法而非西班牙

法支配。因此，在英國誰有權就契約提起訴訟或被訴，自也應由英國法決定。

由上例可知，本人與代理人間之關係，由西班牙法規範，而英國法則適用於主契約，此外，在本案之特殊情況下，隱名本人與第三人之關係，則視為主契約之部分。此案件曾導致一些學者引用本案，作為贊成採用一較普遍之國際私法規則——就對第三人言，代理人拘束本人之權利，應適用主契約之準據法。

在另一方面，一些有關代理之國際私法公約草案，則主張不分隱名代理與顯名代理，同一法律（行為地法）應予適用，此為 Benelux Uniform Law art. 18 par 2. 所採。由國際法協會所起草之 Lucerne Draft art. 2 亦同。而美國國際私法新編第二九二節，參照編者 Comment a 也應為同一之解釋。

三、代理人與第三人關係之準據法

倘如代理人表示其係代理本人為法律行為，在通常情形，其本身對第三人並不負責。惟如代理人行為構成侵權行為，則其必須依照侵權行為準據法之規定[84]，負其責任。惟有時基於本人與代理人之內部關係，例如僱傭、委任等關係，本人須負轉嫁責任，則此時行為人、被害人及僱傭人間之權義關係如何，應皆屬於侵權行為準據法適用之範疇，本

---

83) (1882), 9 Q. B. D. 530 (C. A.).
84) 關於國際私法上侵權行為之問題，請參閱拙著：「論侵權行為之準據法」，載政大法學評論第七期（民國六十一年）第一六一至一九二頁。

文擬從略。

最後必須討論者，乃代理人係無權代理或逾越代理權之情況。如經決定依規範本人與第三人關係之準據法，本人對第三人不負任何責任時，則規律無權代理人與第三人間關係，究應適用何國法律問題，於焉發生。依照多數國家立法例，第三人能夠對無權代理人提出請求，至無權代理人所負之責任，究為損害賠償責任，抑在有權代理下，本人應負之責任，則各國法制未必盡同[85]。

對於本問題之國際私法適用規則，學者間意見頗為分歧。有贊成適用無權代理人為代理行為地法[86]，有贊成採用主契約之準據法[87]，有主張以規範本人與第三人關係之法律為準據法[88]，也有主張適用該代理人之屬人法或該代理人之營業所在地法者[89]。

對第三人言，如其可根據主契約之準據法或該代理人為行為地法提出請求，則對第三人保障最為週密。惟在多數情形，上述各種不同之準據法，在實際上常為同一決律之適用。

叁、有關代理關係準據法之海牙公約

海牙國際私法會議（Hague Conference on Private International Law）　第十三屆大會之有關代理準據法之專家委員會，於一九七七年六月六日至十六日在海牙集會，此一委員會之任務，在於完成有關代理準據法之公約。此一公約在一九七六年十月四日至二十三日召開之海牙第十三屆大會討論中，未能達成協議。此次專家委員會圓滿達成任務。

此一公約共五章，分別為公約之範圍、本人與代理人間關係、本人與第三人間關係、一般條款以及最後條款。以下擬分別加以扼要分析評述：

一、公約之範圍

第一章就公約之範圍加以定義。除了有不少必要且極需的例外（第三條參照），代理人及代理，祇要其間關係具有國際性，均非常廣泛地予以定義。因此，本公約適用於代理他人之各種代理活動。本公約不僅適用於商業代理，雖然此為其最主要之適用對象，也不排除偶為他人代理人，或其工作僅為接受及傳達提議或者從事談判功能之代理人，此外，本公約對隱名代理，同樣有其適用。（公約第一條參照。）

公約第二條則明文列舉，不在本公約適用範圍之事項：

---

85) 依德民第一七九條、日民第一一七條，第三人得依其選擇請求無權代理人履行，或為損害賠償；法民第一一二〇條、瑞債第三十九條、中國民法第一一〇條，規定無權代理人負損害賠償之責。

86) 請參閱註四十 Rabel, 142 n. 67.

87) 請參閱 Raape, 503; Dicey & Mories, 856, 857

88) 請參閱 Soergel and Siebert, Bürgerliches Gesetzbuch VII (1970) Introductory note 208 to the Introductory Law of the CC art. 7.

89) 請參閱 Frankenstein, 1 Internationales Privatrecht (1926) 591.

㈠當事人行為能力；

㈡方式要件；

㈢親屬法、婚姻財產制或繼承法中之法定代理；

㈣基於司法或準司法機關判決所生代理，或受該等機關直接控制之代理；

㈤關於司法程序上之代理；

㈥以船長身分從事活動之代理；

以上明文列舉事項，既不在本公約適用範圍，則當然適用締約國各自國際私法，此對締結公約，以達成對同一案件，適用同一準據法，以求判決一致之締約理想（參照本公約前言），自不無影響。

本公約對代理人因侵權行為所造成之本人轉嫁責任，並未明文排除。此種侵權行為責任，在大陸法系國家非代理之部分，惟在普通法系國家則可能。因此，當公約之準據法，就對外關係指向普通法國家時——例如美國，一種可能的解釋為本人對第三人之責任，也包含代理人之侵權行為責任。

惟於詳細研究第一條之文字，上述解釋應不被接受，方屬正確。該條文稱：「acts …… on behalf of another person……in dealing with a third party 顯然係指具有代理性質之代理人活動而言，而不應包括不具代理性質之代理人不法行為。

二、本人與代理人間關係

按大陸法系國家，如德國、義大利、瑞士等國，視代理權之授與為一抽象之行為，因之，本人與代理人間關係，即非國際私法上代理之一部。反之，其間之契約關係，則由一般契約法規範，而適用契約之準據法。其結果為內部關係問題，即不應屬於公約之範疇，雖然內部關係在許多國家，特別是英、美法系國家，構成代理法中獨立且完整之一部。此外，內部關係問題，如薪水、損害及其他賠償，在訴訟時經常發生爭執，其較代理上之其他問題，似更需要統一的適用法則。由於各國實體法規定之不同，使得統一法之制定，增加困難，但本公約仍對全部關係，所應適用之法律，加以規範。

依公約第五條之規定，本人與代理人間關係，由該當事人合意所選擇之法律，加以支配。即採當事人意思自主原則，惟此項合意，雖不限於明示合意，但必須自契約條款以及周遭環境中得到合理之確定，方屬相當。

如當事人無合意時，則應適用之法律為代理人營業所在地法，如代理人無營業所時，則為其習慣居所地法。（第六條第一項參照）。此種立法，顯係偏重保護代理人。惟也不無例外，此即同條第二項之規定，以代理人行為地法優先適用，惟必須符合本人營業所係在該行為地國，或如本人無營業所時，其習慣居所係在該國之條件，始能優先於代理人營業所在地法之適用。蓋於此種情形，當事人與行為地國，既有二以上之牽連關係，自應較代理人營業所在地法優先適用。

如本人或代理人有二以上之營業所時，則前二項所指之營業所，均係指與代理關係有最密切關係之營業所而言。

（第三項）。

另一影響內部關係準據法重要條文，為公約第八條。該條列舉第五條及第六條應適用法律，所包含之某些特殊事項。本條之重要性不僅在於其所包含的，更重要的可能為其所未提及的。其第一項規定：「代理關係之成立與效力、當事人權義、履行之條件，不履行之效果，以及這些義務的消滅。」第二項更進一步加以規定，它包含 1.代理人代理權之存在及範圍、代理權之變更與消滅，以及濫用或逾越代理權之效果；2.代理人指定其他代理人為複代理人之權利；3.代理人與自己為契約之權利；4.不競業條款及 del credere clause」；5.顧客津貼；6.得請求賠償之損害種類。

三、與第三人之關係

調和外部關係上當事人利益之衝突、厥為專家委員會最艱巨之任務。選擇以本人為主要或絕對之連結因素，未能承認，在意定代理領域中，本人既基於自由意思利用代理人之結果，自應承擔商業上預見不能之危險。反之，首先即應適用代理人行為地法，或者主要契約之準據法，也有未能提供易於確定之連結因素，以及未能提供在國際代理特殊領域中發展特殊連結因素之缺點。在他方面，必須再予強調者，即本公約主要適用於國際代理。尋求一不偏不倚之中間線，佔據了此特別委員會工作時之大部時間，其結果，雖非盡善盡美，但却有值得讚揚之成就。

外部關係準據法係根據德國、瑞士

代表之提議[90]，而研擬完成。作為開始點，它包含了代理人營業地及代理人行為地。公約第十一條第一項規定：「就本人與第三人間關係，代理人代理權之存在及範圍，以及代理人行使或意圖行使代理權之效果，適用代理人為相關行為時之營業所在地法。「第二項則係根據瑞典及日本代表建議之結果，對此基本準據法，作了重大修正。第二項係以代理人行為地法取代其營業地法，惟必須符合下列條件之一：a本人營業所，如無營業所時，其習慣居所係在該行為地國，而且代理人係以本人名義為行為；b第三人之營業所，如無營業所時，其習慣居所係在該行為地國；c代理人係在交易中心或拍賣市場為行為；d代理人無營業所。第三項則規定：「當事人有二以上營業所時，本條所指營業所，係指與代理人所為相關行為，最有密切關係之營業所。」

一般而言，第十一條二、三兩項，接近美國國際私法之原則，以及最符合第三人應受充份保障之要求。

第十二條就受僱代理人無自己營業所之情形，規定了第十一條二項D之例外，在此，極可能之情形為第三人知悉本人與代理人間之僱傭關係，因此對適用行為地法以提供其保障，也就較不感需要。公約遂轉而重視本人，以其為對第三人關係上之主要行為人，因此，公約規定適用本人營業所在地法，也即受僱人之所屬地法。換一種說法，本人營業地在此情形下，即為受僱代理人之營業地。這種解決方法，就此類案件，於

90）請參閱海牙國際私法會議 Working Doc. No. 7 (1977)

適用於內部關係準據法時，似也應加以採用。

第十一條第二項代理人行為地規則，也受到限制。此即當代理人與第三人在不同國家以「書信、電報、傳真、電話或其他類似方法聯絡時」，不適用代理人行為地法，蓋此時該地或屬偶然，與交易無重大關係，難以為第三人所預見，且有時也不易確定，故公約仍以第十一條第一項主要準據法——代理人營業所在地法為應適用之法律，惟如代理人無營業所時，則以其習慣居所地法代之。應特別注意者，第十三條為第十一條第二項之例外，而第十二條適用於受僱代理人對外關係之準據法，則不受影響。將受僱代理人排除不予適用，以及第十三條款以代理人與第三人在不同國家聯絡為前提要件，減少了第十三條對第十一條第二項一般行為地規則削弱的範圍。此種例外，實屬必要。前者，為本人提供了某種程度之保障；後者，則因應付不確定之事實情況，一種單純統一的規則，自屬需要。

第十四條規定：「就第十一條範圍內之問題，如本人或第三人有書面指定應適用法律，且為他方明白接受時，則就此等問題，該指定法律，應予適用，而排除第十一條之規定。」此條規定，顯係承認當事人意思自主原則，而予簡化對外關係準據法之適用。

第十五條在對外關係——亦屬非常重要。它將上述應適用之準據法，擴張及於「由於代理人行使代理權、逾越代理權或無代理等事實，所發生於代理人及第三人間之關係。」

第十五條之規定，實際超出了外部關係之範圍，它關涉到代理人與第三人間之關係，即當無代理權，在本人與第三人間不因代理人行為產生契約關係之情形。雖有代表建議，不應將代理人與第三人關係，列入本公約，蓋其性質有時屬於侵權行為，或代理人與第三人間契約問題，此種建議不為大多數會員國所接受，彼等不願將此等問題拖延不決，惟鑒於本公約所採準據法，均頗富彈性，尤其是第十一條之規定，故反對意見顯然喪失其力量。

四、一般條款及最後條款

公約第十六條規定：「在適用本公約時，和案情最有密切關係國家之強行法規得予採用，惟必須依該國法律，不論其國際私法所規定之應適用法律為何，此等法規均應適用時。」

此種新的規定，在對內關係上，平等適用於本人與代理人，即在承認一個事實，特別是在國際貿易上，代理人並非較弱之一造；在對外關係上，則適用於準據法上。因此，本條影響到當事人能力——在第五條及第十四條下——藉選擇法律條款，以逃避強行規則之適用，同時，也在本公約第五條（內部關係），以及第十一條至第十三條與第十五條（外部關係）準據法律條款裏，增加了考慮的因素。後一方面，更增加了本公約準據法的彈性，特別是因為法庭是否適用本條款，仍有自由裁量之餘地。

本公約公共政策之例外（第十七條），與其他海牙公約相同，均採取嚴格主義，即僅在其「顯然違反法庭地公序

良俗時，得不予適用。」公約第十八條則允許締約國，於批准或加簽本公約時，對某些列舉之代理，藉保留予以排除適用。」至於本公約第十九條至第廿八條，則包含了本公約一些一般及最後條款對聯邦國家、批准及加簽，以及退出之適用，此種條款之規定，亦常見於其他海牙公約，茲不贅述。

肆、結　　論

關於代理在國際私法上所生問題，厥為準據法之確定及適用問題。由於代理行為所涉及者，往往為一三面關係——本人與代理人、本人與第三人以及第三人與代理人。此三面關係雖皆與代理行為有關，但每一種關係，又均有其不同之法律基礎，故各個關係之準據法，並非一致；且由於各個當事人利害關係不同，各國對其準據法之選擇所側重者，也有不同，有偏重保護本人之利益，有偏重保護代理人或第三人之利益者，致各國關於代理準據法之規定，頗為分歧。在今日國際貿易發達，代理制度盛行之時代，此種現象，實有積極謀求補救之必要，而且為使判決一致及當事人能預見所應適用之法律，統一並重新制定代理關係之準據法，也屬刻不容緩之事。

海牙國際私法會議所制定之關於「代理關係之準據法公約」，頗能適應當前環境之需要，為一極合時宜之國際性立法。該公約所規定之準據法，一方面不似硬性規則之一成不變，然也不失其預見性及確定性，而仍保持硬性規則之優點；另方面則頗富彈性，不致於太過剛性而形僵化。此種以多種連接因素為基礎所制定之準據法，能兼顧各方面的利益，不失為一進步之立法。此一公約若能為多數國家所批准或加簽，則對今後代理在國際私法上所生問題之解決，必大有裨益。

反顧我國涉外民事法律適用法，對代理關係之準據法，並無明文規定。雖在此種關係中，本人與代理人間為一契約關係，代理人代理本人與第三人所簽訂者，亦為一契約，而在代理人為無權代理時，與第三人所簽訂者，亦為一不完全有效之契約，似可全部適用我涉外民事法律適用法第六條，以為解決此三面關係之依據，實則不無疑問；況我涉外民事法律適用法第六條，對代理人營業地、代理人國籍或住所地，均未列為選擇準據法時，所應考慮之因素，是否能符合公平正義，尤其令人持疑。

為了使代理關係在國際私法上所生問題，在我國能有一明確之準據法適用依據，我國自宜參加海牙會議所通過之有關「代理關係之準據法公約」，否則，亦宜參考該公約之規定，自行於涉外民事法律適用法上增加條文，俾配合當前國際社會貿易發展之實際，使法律能跟隨時代之進步而進步。

國際私法上收養問題之比較研究

壹、引　論

收養，亦稱收養關係，係指收養者與被收養者之間，以發生親子關係爲目的之要式的法律行爲。考收養制度之存在，有以家族利益爲目的者，即爲家族法上血統之繼續而收養，惟家長始有收養權，羅馬法上之收養制度，即爲此類型之代表；有以養父母之利益爲目的者，即爲慰藉晚景養兒防老之目的而收養，設有嚴格之形式要件，拿破崙法典制定以來，迄於第一次世界大戰法國民法之收養制度爲此類型之代表；有以養子女之利益爲目的，即爲照顧無依或貧苦之兒童而爲之收養，其形成以第一次世界大戰及第二次世界大戰爲契機，各國紛紛大事改革[1]。　例如法國於一九二三年、一九五八年、一九六六年，皆曾加以修正；英國一變其向來法律上不承認養子之立場，而於一九二六年頒行收養法，並於一九五八年、一九六八年，先後予以增補修正；德國民法亦於一九二五年、一九七六年，大事改正；蘇俄雖於一九一八年之親屬法典廢止養子制度，旋於一九二六年再重新制定爲子女利益之收養。此皆由於大戰後之社會，產生多數孤兒及非婚生子女，爲給與此等無依靠之子女以家庭及父母，實爲新收養法之理想。此一時期收養之特色，即一方面簡化收養之形式要件，他方面爲確保子女之幸福，而行公法之監督，即採行許可主義[2]。

---

1) 請參閱趙鳳喈教授著：民法親屬編（民國三十四年）第一六〇頁；史尙寬教授著：親屬法論（民國五十三年）第五二三頁；戴炎輝教授著：中國親屬法（民國五十一年）第二四一頁至第二四二頁；陳棋炎教授著：民法親屬（民國五十九年）第二一六頁至第二一八頁。

2) 關於各國收養制度晚近之發展，請參閱林菊枝教授著：「中、日、德收養制度之比較研究」，載政大法學評論第二十期（民國六十八年）第五十一至八十四頁；林菊枝教授著：「論西德之新收養法」，載政大法學評論第十九期（民國六十八年）第一至二十一頁。

各國法律對收養制度，規定不一，有採不認許收養制度者，如巴拉圭、瓜地馬拉、葡萄牙、保加利亞等國[3]。但大多數國家則採取收養制度[4]，唯在採收養制度之國家，關於收養成立之要件及收養之效力，其規定並不一致，如一、關於收養者年齡及其與被收養者年齡間隔問題；二、收養是否須與配偶共同爲之之問題；三、已有子女者可否再收養子女之問題；四、收養之形式要件問題；五、收養之效力問題。因此，在涉外收養關係上，其應適用之法律爲何，即形成了國際私法上收養準據法之問題。本篇論文除討論收養準據法問題外，並就其他相關聯問題，如公證、承認、國籍等問題，一併論及。此外，關於海牙國際私法會議於西元一九六四年簽訂的有關收養之準據法公約，亦擬加以評介，俾了解國際私法統一運動目前發展之趨向。

貳、有關收養準據法之立法主義

收養之成立要件，可分爲實質要件與形式要件二種，就我國民法而言，前者之規定如收養者之年齡，應長於被收養者二十歲以上（民法一〇七三條），有配偶者須共同收養子女（民法一〇七

四條），有配偶者被收養時須得其配偶之同意（民法一〇七六條），一人不得同時爲二人之養子女（民法一〇七五條）等要件；後者如收養子女應以書面爲之，但被收養者未滿七歲而無法定代理人時，不在此限。收養子女應聲請法院認可（民法第一〇七九條）。

關於收養之成立要件，不論實質或形式之要件，各國規定不一，究應適用何國法律？即應適用何種準據法？可分爲下列幾種主義：

一、當事人之意思兼行爲地法主義[5]

認爲收養關係之成立，須當事人雙方之合意，且須以書面爲之，故其性質應認爲一種契約。依其爲契約之性質，應適用關於契約成立之準據法，即當事人有合一之意思表示時，依其意思表示；無意思表示時，依行爲地法。

然而如以契約之性質，解釋身分法上之收養，其不當之處如下：

㈠按契約爲當事人之合意行爲，而收養之成立，則發生養父母與養子女之身分關係，成立家庭關係；故收養之法律關係，應認爲身分之法律關係。

㈡如以收養須由當事人同意一點而言，似與一般契約之成立要件無異，但就收養之性質及其所生之關係視之，則

---

3) 請參閱 Wolff, Private International Law (2nd. ed., 1950) p. 400; Rabel, I. The Conflict of Laws: A Comparative Study (2nd. ed., 1958) p. 677.

4) 例如中、美、英、法、德、日、韓、瑞士、奧地利等國。

5) 請參閱洪力生教授著：「論國際私法上收養之成立及效力」，法學叢刊第四十期（民國五十年）第二十三頁。

與普通契約不同。何況收養棄兒，固無所謂雙方之合意。

㈢契約成立之準據法，於當事人之意思不明時，所以採用行爲地法者，其用意無非爲使交易之安全與迅速。而收養之成立，與行爲地法之關係則不盡然，故此主義之主張，實有未妥。

二、當事人之本國法主義：

認爲收養之法律關係，係屬身分之法律關係，故應適用當事人之本國法。此主義又可分爲三種：㈠收養者之本國法主義，㈡被收養者之本國法主義，㈢收養者與被收養者各該本國法主義。試分述如下：

㈠收養者之本國法主義：

此說爲大陸法系之德國、波蘭、義大利所採[6]，以收養者之本國法爲收養成立之準據法。其理由以爲收養成立之後，養親（收養者）即得行使親權，而養子女（被收養者）又加入養親之家族。故影響收養者之權義關係甚大，爲保護收養者之利益計，則應採收養者之本國法主義。如德國民法施行法第二二條規定：養子之收養，如養親於收養時爲德國人者，依德國法。養親爲外國人而子爲德國人者，如未依德國法得養子及其親屬之同意者，其收養爲無效。此乃偏採收養者之本國法主義，除被收養者（養子）爲德國人外，則不適用被收養者之本國法，而一概適用收養者本國法

。其他採行此主義者，尚有瑞士、奧地利、丹麥等國[7]。

㈡被收養者之本國法主義：

認爲收養關係，在於消滅被收養者之本生父母親子身分，而成立無血統關係之父子身分，故爲保護被收養者之利益，應採被收養者本國法法主義。此說爲蘇聯所採。也爲法國所採[8]，雖其國際私法無明文規定，但依少數判例係兼採收養人與被收養人之本國法說，而依多數判例乃採被收養人之本國法說，自應適用被收養人之本國法來決定收養之成立要件[9]。

此說之缺點，收養成立之後，與收養雙方當事人之關係，係以拘束收養者之法律關係爲主，而且影響其一生，若僅以被收養者之本國法爲準據法，則與而後發生效力之法律，相互脫節。

㈢收養者與被收養者各該本國法主義：

此乃前二者之折衷主張，認爲養父母與養子女之身分關係，係由收養而生，然而在決定收養是否有效成立之際，養父母與養子女之身分未必發生，而收養之結果，影響收養者與被收養者雙方之權利義務，法律爲持平起見，雙方當事人應立於平等之地位，故收養之成立，亦應依各該收養者與被收養者之本國法。而且實務上苟不採當事人各該本國法，難免發生困難；如依收養者之本國法雖已具備收養之成立要件，而依被收

---

6) 請參閱 Rabel, pp. 686-688

7) 同註六。

8) 請參閱蘇遠成教授著：國際私法（民國六十一年）第三四二頁。

9) 請參閱蘇遠成教授著：「國際私法實例之研究」，法令月刊第十六卷第十期（民國五十四年）第二頁。

養者之本國法，仍欠缺收養之要件者，則其收養在被收養者之本國不能爲有效成立。故欲收養之較易實現，且顧及身分未確定時雙方當事人之平等地位，實應適用各該收養者與被收養者之本國法，較爲妥當。

至於收養者與被收養者之各該本國法，究應如何適用，其主義有三：

1.累積適用主義：謂法律行爲之成立，須完全符合雙方當事人之本國法規定，始能成立。若符合一方之成立要件，而不符合另一方之成立要件，則法律行爲不能成立。依此說而論，收養之成立，必須完全具備收養者與被收養者之本國法規定，故對於收養之要件與被收養之要件，雙方當事國法皆須一一考慮，惟其完全具備，始爲成立，此說又稱爲併用主義或併行適用主義。採此主義者，如瑞典、挪威、芬蘭等[10]。

2.重疊適用主義：以法律行爲之雙方成立要件，如具備共同相同者，法律行爲成立；若於相同之成立要件中，有所欠缺者，法律行爲不成立。於收養之關係上，凡收養者之本國法與被收養者之本國法，以其共同相同者之成立要件爲要件，如完全具備，收養關係即爲成立。

3.分別適用主義：以法律行爲之成立，各以其當事人之本國法，論其行爲成立，若雙方皆爲成立者，則法律行爲成立。對於收養之成立而言，收養者須具備收養者本國法之收養成立要件，而被收養者須具備其本國法之被收養要件，若雙方皆爲具備，則收養成立。採行此說者，如我國、日本、希臘、布氏法典等是[11]。外國收養法中收養者成立要件，如有一項特殊限制，即有婚生子女及其他直系血親卑親屬者，不得爲收養。我國無此規定，故於國人爲收養者之身份，而上述各國人爲被收養者之身分時，即不用考慮此要件。

現行法涉外民事法律適用法第一八條第一項：「收養之成立及終止，依各該收養者被收養者之本國法。」此一規定乃爲兼顧雙方當事人之利益，仿照日本法例第一九條第一項規定：「收養之要件，依各該當事人之本國法。」，均同爲分別適用主義。

在養父母不同國籍之情形時，共同收養子女時，則應如何？此一問題，主張不一。有以養父爲家長，主張僅適用養父之本國法者；有以養父母既異其國籍，自應適用養父母各該本國法者，以符男女平等之原則。依實際上而言，養父養母同一家庭，且妻從夫之國籍[12]，故應適用養父之本國法。如養父爲贅夫，則適用養母之本國法[13]。

三、當事人之住所地法主義

英美法系採當事人住所地法主義，

---

10) 請參閱 Wolff, p. 400.

11) 請參閱我國涉外民事法律適用法第十八條；日本法例第十九條第一項；希臘國際私法第二十三條；布氏法典 (Code Bustamente) 第七十三條。

12) 請參閱我國國籍法第二條第一款。

13) 依民法一〇〇〇條、第一〇〇二條之法理，類推適用國籍法第二條第一款之規定。

其情形有三：

(一)被收養者之住所地法：

此法爲少數美國判例[14]與第一次國際私法新編所採[15]，其後爲上訴法院廢棄，不加採納[16]。

(二)依收養者與被收養者之住所地法[17]：

認爲收養是改變雙方當事人之身分，因此惟有兼採雙方當事人本國法始能最適當保護其利益，與其本生父母之權利。然而此法未嘗考慮收養之事實，在大多數案件中，皆是有利於被收養者。

(三)依收養者之住所地法：

認爲請求一個英國之收養裁定時，收養者之住所爲管轄權之主要因素，而且新生之親子關係，乃依收養者之住所地法所有效作成。此外，英國人之收養，須依其住所地法爲之，始爲英國承認[18]。並且採行此說，尙有其實務上之優點，避免調查被收養者住所之困難，例如被收養者爲一流浪兒，或戰後災難之遷徙者，其住所根本無從確定。

試擧數例，說明此主義之運用：

1. A有住所設於蘇格蘭，而居住於英格蘭，希望收養住所設於德國，而居所在英國之小孩C。雖然A之年齡未超過C二十歲以上，然而此案英國有管轄權，依收養者之住所地法，法院爲同意收養之裁定[19]。

2. H設住所於紐約，依紐約法收養一個小孩，此收養將爲英國承認[20]。

3. W住所設在英國，暫時居住在美國麻州，依照魁北克法律收養C，此收養關係，不爲英國承認[21]。

四、法庭地法及收養人或被收養人本國法同時適用主義

一九六四年簽訂的海牙收養公約[22]，以及英國一九六八年的收養法[23]，都採用法庭地法及收養人或被收養人本國法同時適用主義。卽關於收養之成立要件，原則上係適用法庭地之實體法律，但就某些特殊事項，例如有關禁止收養事項或者同意、磋商，却反適用收養人或被收養人之本國法律。

五、法庭地法主義

關於收養之成立要件，依法庭地自己之實體法爲認定之依據，謂之法庭地法主義。採此主義之代表者爲美國[24]。

---

14) 請參閱 Dicey & Morris, The Conflict of Laws (8th ed. 1976) p. 463
15) 同註十四。
16) 同註十四。
17) 同註十四。此項爲理論上之假定，非實際上之立法例。
18) 請參閱 Dicey & Morries, p. 461, Rule 68
19) 請參閱 Dicey & Morries, p. 459.
20) 請參閱 Re Hetcher (1949) Ch. 473.
21) 請參閱 Re Wilson (1954) Ch. 733.
22) 請參閱本文附錄海牙收養公約第四條、第五條。
23) 請參閱英國收養法 section 3 (1), (3).
24) American Law Institute, Restatement of the Law, Second, Conflict of Laws 2d (1971) §289, A court applies its own local law in determining whether to

在美國，收養須經法院以裁判方式為之，其所適用之收養成立之準據法，即為法庭地法。惟須注意者，在美國原則上僅收養者或被收養者之住所地法院有其管轄權，故就其適用法律結果言，實與採當事人住所地法無異。

叁、我國國際私法關於收養準據法之規定

我國國際私法關於收養之準據法，係規定於涉外民事法律適用法第十八條。該條規定如下：

「收養之成立及終止，依各該收養者被收養者之本國法。

收養之效力，依收養者之本國法。」

茲就我國國際私法關於收養之準據法，分下列數項，分別說明討論：

一、有關準據法適用應注意之事項

㈠第十八條僅規定收養成立及終止之實質要件之準據法，至其方式要件應適用何國法律，本條既未如婚姻之成立要件，於第十一條[25]有明文規定，當然仍適用涉外民事法律適用法第五條[26]，一般法律行為方式要件之準據法，即本案準據法與行為地法選擇適用主義。

㈡至收養之實質要件，例如養父母與養子女須否間隔一定年齡，各該當事人有無一定年齡之限制，須否輩分相當，是否僅得為一人之養子女，有配偶時是否須與配偶共同為收養，以及收養之許否等問題，均屬收養成立之準據法適用範圍，依第十八條適用收養者被收養者各該本國法之結果，則收養人之成立要件依收養人之本國法，被收養人之成立要件，則依被收養人之本國法，此種準據法適用方式雖為分別適用，而非累積適用，然如一方當事人之本國法有不採取收養制度者，雖他方當事人之本國法採取收養，收養亦難於有效成立。

㈢收養亦係法律行為，因此雙方當事人必須有行為能力始可，關於何人有行為能力，及其限制喪失等問題，雖也屬收養之成立要件，而影響收養關係之成立，但不在第十八條準據法適用範圍，而應依涉外民事法律適用法第一條定

(續) grant an adoption; §78, A state has power to exercise judicial jurisdiction if (a) it is the state of donicile of either the adopted child or the adoptive parent, and (b) the adoptive parent and either the adopted child or the person having legal custody of the child are subjeet to its personal jurisdiction.

25) 涉外民事法適用法第十一條規定：
「婚姻成立之要件，依各該當事人之本國法。但結婚之方式依當事人一方之本國法，或依舉行地法者，亦為有效。
結婚之方式，當事人一方為中華民國國民，並在中華民國舉行者，依中華民國法律。」
26) 涉外民事法律適用法第五條規定：
「法律行為之方式，依該行為所應適用之法律，但依行為地法所定之方式者，亦為有效……」。

其準據法[27]。

㈣收養關係之成立，在有些國家之法律，尚須經法院或其他公家機關之判決、裁定或認可，始得有效成立，除少數說主張應認爲是收養成立之方式要件外，多數說則認爲是實質要件之一種[28]，而有第十八條之適用，而應依各該當事人本國法決定。

唯我國法律對收養關係之成立，並無如此之規定，倘收養者或被收養者之一方本國法有此種規定時，則涉外收養關係能否在我國有效成立，即屬疑問，遑論其在外國之效力若何。鑒於晚近各國收養法之發展，多傾向於國家監督主義，以保護養子女之利益，且其在國際私法上亦有上述之重大作用，爲使涉外收養關係能在我國有效成立，並獲得他國之承認，某種形式之國家監督干涉，似應爲我國民法所採取。

㈤收養關係，既係以人爲方法而成立，自得以人爲方法終止之，此即終止收養關係是。關於收養關係終止之准否、採協議終止抑裁判終止，以及終止是否須具備法定之原因等，即屬收養關係終止準據法適用之範圍，依涉外民事法律適用法第十八條規定，亦係依各該收養人被收養人之本國法解決。

㈥收養關係之成立，須具備一定之

實質要件及形式要件，如有所欠缺時，究爲無效，抑屬撤銷，各國法律規定未必一致。我國民法對於收養無效及撤銷之原因，也無明文規定，但解釋上則以下列情事爲收養無效之原因，如當事人間無收養之意思，養子女同時爲二人所收養，收養契約不具備形式要件，收養者之年齡非長於被收養者二十歲以上；下列情事爲收養撤銷之原因，如有配偶之人被收養時，未得其配偶之同意，收養有被詐欺或被脅迫等情形。

收養無效或撤銷之原因，究應適用何國法律，我涉外民事法律適用法無明文規定，雖收養無效或撤銷，與收養之終止，同爲收養關係消滅之原因，但收養無效或撤銷之原因，在收養當時即已存在，而收養終止之原因事實，通常係發生於收養之後，彼此性質不同，因此，在我國涉外民事法律適用法上，在解釋時應類推適用收養成立之準據法，而非收養終止之準據法，雖收養成立及終止之準據法，在我國爲相同，且均屬第十八條之規定——即依各該當事人之本國法，但在理論上卻應加以區別。

㈦關於收養之效力，係指收養關係成立後，在收養關係存續中，基於親子關係而生之各種法律效果，例如養子女是否取得養親之國籍[29]，是否改從養親

---

27) 涉外民事法律適用法第一條規定：
「人之行爲能力，依其本國法。
外國人依其本國法無行爲能力或僅有限制行爲能力，而依中華民國法律有行爲能力者，就其在中華民國之法律行爲視爲有行爲能力。
關於親屬法或繼承法之法律行爲，或就在外國不動產所爲之法律行爲，不適用前項規定。」

28) 請參閱 Cheshire, Private International Law (9th ed. 1978) p 420.

29) 收養成立以後，被收養者即成爲收養者（養親）之家屬；而被收養者是否因而取得收養者之國籍？各國國籍法對此規定不一：如美國國籍法第三二三條即規定；凡（轉下頁）

之姓氏等問題，關於其應適用之法律為何，在學說及實例上雖有不同之立法主義[30]，但我國涉外民事法律適用法第十八條第二項所明定者，乃依收養人之本國法。於此，有二項問題發生：

其一、所謂依收養人之本國法，則究指如何時期之收養人之本國法？該條雖無明文規定，但養父母子女間，既由收養而確定其親子關係及其他之效果，倘於收養後，任由收養人變更國籍以改變其效力，則非保護子女利益之道，況且確定收養關係成立之準據法，解釋上既採不變更主義[31]，而以收養成立時之本國法為依據，則關於其效力之準據法也應解釋為依收養成立當時之本國法為宜。

（接前頁）經具有美國國籍之養父母、養父或養母收養之非美國國籍子女，如該被收養之子女無美國國籍法第三一三條、第三一四條、第三一五條、第三一八條所規定得成為美國公民之消極要件者（凡加入共產黨或其他組織鼓吹或企圖以武力或其他不合憲法手段推翻美國政府者、或逃避兵役等違法行為者，均無資格歸化為美國公民），得由養父母或養父或養母申請歸化為美國公民。依美國國籍法之規定，如美國公民收養非美國國籍之子女，尚須經申請歸化之手續，該養子女始取得美國國籍。又如日本現行國籍法（昭和二十七年修正）第五條規定：外國人為日本人之養子者，亦須經申請歸化之手續，始取得日本國籍。但一九五〇年英國收養條例第十六條第一項規定：凡英國國籍之養父母或養父收養非英國國籍之幼兒為養子女，該養子女自頒發收養命令之日起，取得英國國籍。

我國國籍法第二條第一項第四款規定：外國人為中國人之養子者，取得中華民國國籍。又依民國二十五年司法院院字第一五五二號解釋：「外國人經為其父或母之中國人所認知，或為中國人所收養者，依國籍法第二條第二款至四款所定，取得中華民國國籍，不俟報部備案，始生效力，與同條第一款為中國人妻者相同（參閱二十三年院字第一一一一號解釋）。又外國人於為中國人之養子時，所已取得之中國國籍，無論已否備案，均不因收養關係之終止而當然喪失。」依此解釋，外國人為中國人之養子者，取得中華民國國籍，不俟報部備案，始生效力；亦不須經申請歸化之手續，即可取得中華民國國籍。

30) 一般言之，有下列五種主張：

一、適用收養人之本國法：此說認為被收養人既已成為收養人家屬之一員，是無異已接受此家庭所歸屬之法律，故應適用收養人之本國法。

二、適用被收養人之本國法：此說認為收養行為，應以被收養人之利益為前提，故應適用被收養人之本國法。

三、適用收養人及被收養人雙方之本國法：此說以為應力求兼顧雙方當事人之利益。故如收養人之本國法如遇被收養人之本國法衝突時，即不能適用。

四、依習慣及判例定其適用之法律：此說以為原則上雖應適用當事人之屬人法，但如雙方屬人法發生衝突時，則應依習慣及判例定其適用之法律。

五、必要時適用法庭地法：此說以為適用當事人之屬人法，原則上雖無疑問，但如當事人之屬人法均與法庭地法衝突時，由於公序之理由，則應適用法庭地法。

以上各項主張，係引自何適教授著：國際私法（民國五十九年）第二五一頁至第二五三頁。

31) 此項解釋係參考涉外民事法律適用法第十七條之規定。

第十七條規定：

「非婚生子女認領之成立要件，依各該認領人被認領人認領時之本國法。認領之效力，依認領人之本國法。」

其二、若夫妻共同收養，而異其國籍時，依第十八條第二項規定，若適用夫妻雙方不同之本國法時，必發生適用上之困難。關於本問題，既不能適用涉外民事法律適用法第二十六條之規定[32]，加以解決，則究應如何處理？在學理上可有二種不同之主張。第一種可主張本項既規定，依收養者之本國法，而不明定依養父之本國法，則即應依收養者（養父母）各該本國法；第二種可主張，就一般言，養父與養母同一家庭，且夫妻同籍又爲常態，原不應發生異國籍情形，即使在極少有之情形，養父母異國籍時，而依妻從夫之原則，亦以僅依養父之本國法爲宜，否則，如養父母本國法規定不同時，必將無法解決收養效力問題。二者相較，似以採後一種主張爲宜。

㈧關於收養之成立及終止、收養之無效或撤銷，乃至於收養之效力，我國國際私法原則上均採當事人本國法主義，因此，在適用法法律時，應注意同法第二十九條[33]有關反致之規定，以避免外國法適用之錯誤。

㈨收養之效力，是否包括養子對養親之遺產，如何繼承問題，亦爲頗值研究之問題，按各國國際私法除規定收養效力之準據法外，對於繼承之準據法，則另外規定[34]。按繼承原不限養子對養親遺產之繼承，養親對養子遺產，乃至於養子女對養親其他親屬，以及對其本生親屬間，均可能發生繼承問題，故關於當事人是否有繼承權、應繼分多寡、繼承之順序等問題，自應適用繼承之準據法，雖養子女對養親遺產之繼承，也不應有所例外，但繼承人與被繼承人間，有無一定之親屬關係或其性質如何，則爲繼承之先決問題，自應由各該法律關係，如婚姻、認領、收養等準據法解決。

二、關於涉外收養案件經法院公證之效力

我國民法對於收養成立之要件，規定甚爲簡單，然而法國與德國之法律規定，收養應經公證之手續，及司法機關之認許，如德國民法第一七四一條第二款規定「收養契約應經主管決院之認可；同法第一七五〇條規定「收養契約應由雙方，同時在法院或公證人面前訂定之[35]。又如法國民法第三四三條、第三四四條、第三六二條至第三六四條等條

32) 涉外民事法律適用法第二十六條，係解決一人有重國籍時，適用當事人本國法所生之問題。

33) 關於反致，請參閱拙著：「反致條款與判決一致」，政大法學評論第十四期（民國六十五年）第十七頁至第四十八頁。

34) 例如日本法例於第十九條規定收養之準據法、第二十五條規定繼承之準據法；德國民法施行法於第二十二條規定收養之準據法，第二十四條至第二十六條規定繼承之準據法；奧地利一九七八年國際私法於第二十六節規定收養之準據法，第二十八節規定繼承之準據法。

35) 本文所引係德國民法之舊條文。現西德已於一九七七年制定新收養法。新收養法摒棄過去之契約制，改採宣告制，即收養關係之成立，應由收養人提出聲請並由法院宣告後始成立。收養之聲請應應向管轄之法院提出，並由監護法院爲收養之裁定宣告之。收養之聲請應以公證方式爲之，請參閱林菊枝教授著：「論西德之新收養法」，政大法學評論第十九期（民國六十八年）第一頁至第二十一頁。

規定「收養者之年齡須長於被收養者十五歲以上，並須有正當動機及有利於養子女，始得爲之；此外，收養須在法院或公證人之前，作成收養契約，並經法院以裁判認許之，收養始能合法成立。

法國及德國諸國民法之規定，係國家藉法院之認許權力，以審查收養契約之成立。故在法國等國收養子女，須經法院之許可始能有效成立。苟有非法國國籍之子女，未有正當之動機，被法國人收養爲子女，法國法院或將認爲不具「正當動機」之要件，而不予認許。

至於我國之公證效力，與德、法諸國之經法院以裁判認許，兩者效力是否相同？設有法國國籍之子女，在中國被中國籍之父母收養，依被收養者之法國民法規定，收養須經公證及法院認許，而此種認許，應由我國法院爲之，抑應由法國法院爲之？關於此問題，我國無明文規定。如援引民事訴訟法第五八三條類推解釋爲專屬於收養者之住所地國法院管轄，且爲顧及被收養者將來在收養人之住所地國生活，法國採行被收養者之本國法主義，故此類收養應經法院認許。然而由法院以判決認許之制度，我國並無類似制度之存在。倘我國以無類似之制度存在爲由，拒絕涉外之收養關係成立，似非所宜。如當事人之本國法，以法院之認許爲其成立要件，且無反致之情形者，竟在我國無法成立涉外之收養關係，未免妨害於國際上之私法生活之安全，是以依據條理來解釋，亦

須設法補救之。

實務上，在我國成立之涉外收養，一般採行法院公證。然此類公證[36]，究屬當事人之本國法所要求之國家機關認許，非無疑問。以法律性質言之，我國法院公證人之公證，僅就涉外之收養契約予以一種公力證明，而爲加強證據力之一種手段而已，此程序自與當事人之本國法所要求之認許，本質上兩者有所差異。如由法院公證人以公證之手續來解決，顯屬不當。故遇着須經法院認許之收養事件，依目前明文之規定，我國欠缺法院認許之程序規定，爲使涉外案件之收養易於成立起見，似應由法院成立一種簡易判決，予以收養成立之形成判決，俾保護被收養人，並符合雙方當事國之成立要件，而易爲外國所承認[36-1]。

此外，在我國成立之涉外收養事件，通常，當事人均依我國親屬法之規定締結收養契約，並據我國公證法第四條第三款之規定，聲請我國法院予以公證。對於此類非訟事件，我國法院均認我國法院有其管轄權，關於收養成立之準據法，爲收養人美國人部分，並未適用其本國法——美國法，而逕依法庭地法（在實例中也即被收養人之本國法）即中國法來判斷收養行爲是否成立。我國法院處理此類收養事件，亦無言及美國國際私法係採法庭地法主義，而應援引反致之規定，爲收養人之收養成立要件部分，也應依中國法決定，雖其適用法律結果相同，但適用法律過程難謂無誤。

36）參照民國五十一年臺北地院公字第一九二六號、第一九二八號、第一九八七號、第二〇四〇號公證（此類公證案件，收養人均爲駐臺之美國籍軍人或其家屬，被收養人均爲中國籍之未成年人。）

36-1）關於涉外收養案件經法院公證之效力，已因親屬篇於民國七十四年六月總統令修正及增訂之結果，改採法院認可主義後，大部分僅有法制史上參考之意義矣。

且於養親或養子女之本國國際私法，採本國法主義之場合，則無援引涉外民事法律適用法第二十九條，而適用我國法——法庭地法之餘地，但於此種情形，實例上[37]亦與處理上述情形相同，依法庭地法——中國法解決。就適用涉外收養成立之準據法言，顯然違背涉外民事法律適用法第十八條之規定。

三、對於我國所採收養成 立準據法之批評

我國涉外民事法律適用法第十八條第一項，對收養準據法所採者，乃收養者與被收養人各該本國法主義。採行此種立法主義，主要係基於當事人雙方平等立場而言，分別適用雙方之本國法，其目的在保護被收養人之福利與權利，使收養者不易擅自為之，而侵害到被收養人；唯就目前我國民法規定情形以觀，我國收養之成立要件較寬，例如雙方年齡間隔較小，有婚生子女亦得收養他人為子女等，故一旦遇到國際間之收養，除對採收養者本國法立法主義之國家外，往往因被收養國之嚴格要件，致使涉外收養關係，無法成立，似非適宜。本人以為關於收養之準據法，實以採收養者本國法主義為妥，茲條陳其理由於後：

㈠雖然現行法立法目的，在於強調保護被收養人之利益，唯恐遭受收養者之侵害，然而事實上，收養契約之訂定，皆為被收養者之利益而定。其不法原

因之收養，實屬例外之少數，何況採行國家之認許制度與事後之監督，始為解決此不法收養之主要方法，與其因準據法之採行本國法，而事先加以成立要件之審核，究竟無補於收養後之侵害事實。況且同在內國之收養，亦無法免除不法收養之發生，由是可知保護被收養者之利益，不在於成立要件之審核為決定要素，而在於事後之監督與保留終止收養之規定，以防收養者事先故意製造符合收養成立要件之條件，而事後行侵害之實。

㈡就收養之目的而言，原則上皆為發生合法之收養效力，如取得親子關係，獲得繼承權，共同生活等目的，故依收養之效力而言，被收養者於收養之後，其生活範圍皆以收養者之家庭、社會、國家為中心，而與其本生父母之關係已失去其意義，故收養應以收養者之本國法為重心，論其是否成立，而後一貫以此法決定其效力。

㈢收養之成立，皆為當事人雙方之合意，而非出於法律之強行規定。因而若有雙方當事人，事實上已有收養之合意，且合乎其發生主要法律關係之所在國法——收養者之本國法，除顯然違反公序良俗或強行規定外，實不應強行以法律限制其成立，甚至以其未來生活甚少牽連之被收養者之本國法，而妨害其有效之成立，其不當之處，至為顯明。故為被收養者之利益起見，關於涉外案件之收養，應以收養者本國法為其準據法

---

37) 參照民國五十一年臺北地院公字第一三七二號公證及新竹地院第七九號公證。（此案件收養人為日本人，被收養人為中國籍之未成年人。日本法例第十九條，也採當事人本國法主義，我國法院自無援引反致，適用中國法之餘地）。

，以免收養之不能有效成立。

（四）有關收養關係成立的要件，有些當然可以明顯看出，到底是屬於收養人之要件，抑被收養人之要件，但是有些規定則與兩者都有關係，或者很難看出與那一方當事人較有關連。此外採收養者與被收養者各該本國法主義，此一準據法雖強調各別適用，但實際上在兩個被所謂各別適用的法律中，往往是規定較嚴的一方法律，才發生決定性之影響。

（五）鑒於我國是大陸法系國家，不可能根本廢棄本國法主義[38]，且參照最新修訂的數國國際私法[39]，仍原則上採收養人本國法主義，足證其實有採取之價值。

（六）茲再以各準據法之適用關係，說明採行收養者本國法之優點：

以下對現行法之規定，以前者稱之；對採收養者之本國法，以後者稱之。

1.中國人收養外國人之情形：

依前者（目前之制度）而言，除中國人收養德國人（採收養者之本國法），依中國法而成立外，餘者皆因欠缺認許制度、年齡之限制不同，婚生子女之規定等因素，而無法有效成立。尤其對不承認收養制度之國家而言，中國人收養其國民，將是無法成立。

依後者而言，採養親之中國法規定，皆能有效成立，無上述疑慮與困難，而且對於收養「無收養制度國家」之國民，亦能有效成立。

2.外國人收養中國人之情形：

(1)與採住所地法國之關係：如加拿大人收養中國人

如該外國人於中國有住所，依前者而言，援引反致之結果，雙方皆適用中國法之規定。依後者而言，依反致之結果，亦適用中國法之規定。

如該外國人於中國無住所，則依前者，適用加拿大法及中國法；依後者適用加拿大法。

(2)與採收養人之本國法之關係：如德人收養中國人依前者而言：收

---

38) 本國法主義最受批評之點，即是對遠離故國之內國人，其與本國之關係遠不如其與住所地國來得密切。惟此點若因將來修改民法，採行法院裁判之制度，配以管轄上之要件（如限於向收養人或被收養人住所地法院聲請），則非不可以補救本國法主義之缺點。

39) 例如奧地利一九七八年制定、一九七九年生效之國際私法第二十六條第一項，原則上卽採收養之成立及終止，依收養人本國法。其英文譯文如下：
§26. (1) The prerequisites for adoption and for the termination of an adoptive relationship shall be judged according to the personal status law of each of the adoptive parents. If the personal status law of the child requires his consent or that of a third party with whom the child has a legal family relationship, that law shall also be determinative to that extent.
一九七五年制定、一九七六年生效之東德國際私法，第二十三條第一項，原則上亦採收養、其效力及撤銷，依收養人本國法。其英文譯文如下：
§23 (1) Adoption, its effects, and the revocation there of are governed by the law of the state of which the adoptive parent is a national at the time of the adoption or revocation. If a child is adopted jointly by a married couple and the spouses have different nationalities, the law of the German Democratic Republic shall be applied.

養者適用收養者之本國法，被收養者適用中國法；依後者而言：雙方皆適用收養者之本國法。

於此情形，似乎舊法擴大內國法之適用，較爲有利。實則不然，依上述之幾點理由，可知適用收養者之本國法，並無侵害內國之出養子之危險。而且我國之收養成立要件，較德國爲寬，故事實上適用德國法之結果，並不致於侵害我國法律之規定。若我國法律規定較嚴時，因當事人已有合意收養之事實，又何必以法律限制之，違反人情，妨礙其成立，故採用後者—收養國法，並無不妥之處。

(3)與採收養人被收養人之各該本國法之關係：如日本人收養中國人。

依前者而言，收養者依日本法，被收養者依中國法。

依後者而言，則依日本法。

(4)與採被收養者之本國法之關係：如法國人收養中國人，依前者而言：對收養者而言，依反致之規定，適用中國法；對被收養者而言，依中國法之規定。依後者而言：依反致之結果，亦適用中國法。

(5)與不承認收養制度之國家之關係：

依前者而言：收養無法成立。

依後者而言：收養亦無法成立。

肆、涉外收養之承認與旣得權之尊重

在外國合法成立之收養關係，在內國法院是否承認？若然，則承認之標準爲何？此爲涉外收養之承認問題。按任何法律衝突問題，其應解決之點有二：一爲取得權利問題，卽權利之取得、變更喪失之準據法問題；另一卽旣得權問題，卽權利在管轄法域依法取得之後，在他國之效力若何，應爲規定之問題。前者之例，如住居中國之日本人與英國人，欲在中國結婚，究應適用何國法律，以在中國取得合法之婚姻，此爲權利之取得問題；茲設此日本人與英國人已在日本結婚，欲知其在中國，該婚姻是否爲中國法院所承認，此乃權利之尊重問題。於此應注意者，卽取得權利問題與旣得權利問題，有先後之次序，卽前者問題之發生先於後者問題，此爲一定不移之次序。蓋因權利未取得以前，固無所謂旣得權；及已取得，乃發生國際效力問題。二問題發生，固有先後之次序，而其性質不同，亦顯而易見。蓋旣得權問題不復關於選擇一適用之法律，以取得某種權利之問題，乃規定一種已取得之權利在他國究生何種效力之問題。故有人稱之爲旣得權利之承認問題 (recognition of acquired rights) ；也有人稱之爲「權利之輸入問題」（importation of the rights)，意謂一種權利產生於甲國後，移入乙國時，究發生何種效力也。

就收養言亦同。其可能發生之問題，必不外乎權利取得問題與旣得權問題。中國人在中國收養一日本人，究應適用何國法律，以在中國取得合法之收養，此爲權利取得問題，應依照我國涉外民事法律適用法第十八條，以定其準據法，若合乎該應適用法律之成立要件時

，則收養關係在中國卽合法存在；同樣地，若一德國人在德國收養一中國人，在我國是否受到承認，則爲既得權問題。

在甲國合法取得之權利，例如結婚、離婚、認領、收養等身分行爲，在乙國是否承認，則爲既得權問題，此問題有時固單獨發生，例如單獨就收養是否已合法成立發生爭執是；有時則因是某問題之附隨問題而發生，例如因繼承問題涉訟，關於請求繼承人是否養子女而發生爭執是。一國法院處理此類問題，若仍以權利取得問題視之，適用內國國際私法上所規定之準據法，作爲判斷該權利（法律關係）是否已發生、變更或消滅之依據，則極可能侵害當事人已合法取得之權利，而違背尊重既得權之原則。例如甲國夫婦有住所於丙國而於乙國離婚，現因離婚是否有效在丙國發生爭執，設甲丙二國關於離婚採本國法主義，乙國採住所地法主義，依甲國法律該離婚不合法，但依乙國法律，則爲合法之離婚，現該離婚在丙國發生有效無效爭執，如丙國以權利取得問題處理，依其國際私法適用甲國法，則該離婚爲無效；若丙國以既得權問題處理，適用權利取得地國法律，卽乙國法律，則離婚爲有效。

雖尊重既得權問題，早已受到國際私法學者之重視，也有不少之理論[40]，然除關於外國法院判決之承認外，論其

適用條件[41]，似仍不出權利取得問題之範疇，殊爲可惜。按既得權云者，卽凡在合法管轄之法域依法取得之權利，而在各國均認其有效成立之謂。既得權之尊重，可保持涉外私法生活之安定，乃彼此有利之事。以下就涉外收養之承認，擬分二項，表示個人之淺見。

一、涉外收養係依據法院判決而成立者

此種涉外收養若在我國法院發生承認與否之問題，自應依照民事訴訟法第四〇二條，以定其承認與否之條件。民事訴訟法第四〇二條規定：

「外國法院之確定判決，有左列四款情形之一者，不認其效力：

㈠依中華民國之法律，外國法院無管轄權者。

㈡敗訴之一造爲中華民國國人而未應訴者。但開始訴訟所需之通知或命令已在該國送達本人或依中華民國法律上之協助送達者，不在此限。

㈢外國法院之判決，有背公共秩序或善良風俗者。

㈣無國際相互之承認者。

二、涉外收養非係依據法院判決而成立者

涉外收養非係依據外國法院判決而成立者，此時若在我國法院發生承認與否之問題時，依據學理，本人以爲似可

---

40) 請參閱何適教授著：國際私法（民國五十九年）第一八一頁至第一八九頁；阮毅成教授著：國際私法論（民國五十九年）第九十六頁至第一一〇頁。
41) 同註四十。卽關於既得權成立條件之一，須依內國國際私法認爲出於管法律者一申言之，凡在乙國取得權利，欲甲國承認其爲有效，須不違反甲國國際私法之規定。

依據下述條件[42]，作爲承認與否之標準：

㈠須該收養依取得權利地國法律認爲合法取得者

所謂取得權利地國，卽指收養關係作成地國，而所謂取得權利地國法律，則因該涉外收養在取得權利地國，究爲內國收養抑涉外收養而異，如在該國爲內國收養，則上述法律，卽指取得權利地國之實體法；如在該國爲涉外收養時，則指該國國際私法所指定之準據法。蓋既得權既爲權利取得後之效力承認問題，苟其權利非依取得權利地國之法律，已合法取得者，則其效力自無爲他國所承認之問題。

㈡須該收養無背於我國之公序良俗

一國的公共秩序有不可違力，此於法律衝突時選擇法律之時，固如此，而於尊重既得權時，亦莫不然。故若一涉外收養依據權利取得地國法律，雖已合法取得權利，然其內容及行使，若違反我國公序良俗時，則自無承認之必要。例如該涉外收養係晚輩親屬收養尊輩親屬者是。

㈢須該收養非屬於規避法律之結果

所謂規避法律，卽指當事人故意藉變更連結因素之歸屬關係，以逃避原應適用之內國法，而適用原不應適用之外國法，以從新的隸屬關係中取得利益之行爲。例如我國人不合我國收養法成立要件，而於取得某外國國籍後，依該國法完成收養，倘該收養嗣後因收養是否已有效成立，發生既得權尊重問題時，若我國法院認該收養係屬於規避法律[43]之結果時，自不應予以承認。

㈣須有相互間之承認

卽必甲國承認當事人在我國合法取得之權利，我國始承認當事人在甲國取得之權利，此種相互承認，或以國際條約、或以成文法規，均無不可，卽僅以習慣法或實際上之慣例承認者，亦應視爲已有承認。

伍、有關收養之海牙國際私法公約

海牙國際私法會議於西元一九六四年所簽訂之有關「收養命令之管轄權、準據法及承認之公約」，係對於「國際收養」加以規律。所謂國際收養，係指至少一方之收養當事人，爲與授與收養國以外之其他國家，因習慣居所或國籍之關係而相牽連。關於此類國際收養，有二項主要問題，使得國際法律協調，成爲可期待之事。其一、缺少一致之方法，以促使甲國之福利機關及法院，可以參與在乙國作成之收養，以保證該收養之成立，係爲子女之利益；其二、關

---

42) 此純係個人淺見，與一般著作之看法不同。若加以採用，雖可以涉外民事法律適用法第三十條爲依據，然究不如從修改法律，明文加以規定爲宜。

43) 規避法律又稱竊法舞弊、選法詐欺。關於該問題請參閱馬漢寶教授著：國際私法總論（民國五十七年）第二一九頁至二二四頁；何　適教授著：第一九一頁至一九八頁；劉甲一教授著：國際私法（民國六十年）第一四三頁至一五〇頁。

於國際收養之國際承認問題。海牙公約之最初草案[44]於一九六二年由海牙會議之常設局提出時，係針對此兩項問題而設計，原始草案包含了詳盡之程序法及實體法規則，它也廣泛地規定了一個應給予國際收養之效果。此種較具野心的設計，牽涉到任一準備參加公約之國家，必須對其國內法作大幅度的修正。由於各國對有關收養成立要件及其效力之規定，差異甚大，因此該草案未為一九六四年舉辦，而有二十三國代表出席之海牙第十屆會議[45]所接受。由於必須妥協，因此之故，會議能產生結果時，勢必嚴格限制其範圍。

職此之故，海牙公約被限制僅就上述之第二項問題，加以規定——即有關涉外收養之國際承認問題。至前述之在各國有關機關間產生一密切合作之制度，以處理國際收養問題，則被證明在國際公約中，作詳盡之解決規定，難以被接受。因此本公約僅於第六條規定：收養如是為子女之最大利益，應予核准，同時核准收養之機關，應透過適當的地方機關團體，就各當事人作詳盡之調查，……。」因此關於收養之事先適當調查工作，則委之於法庭地之主動，而非經由國際統一之程序規則處理，此亦係遵守公約之規則，每一國家之法院，就程序事項適用法庭地法。因此，在本

公約下，由有管轄權法院所作之收養命令，在其他締約國，即不得以子女利益未受充份保護為理由，加以拒絕承認，蓋法庭地法院關於子女利益之決定，係屬終局之決定。

海牙公約之詳密規定，企圖在公約締約國間建立一種對其他締約國所作之國際收養之承認制度。本公約官方名稱為「關於收養命令之管轄權、準據法及承認之公約」，惟其有關管轄及準據法之規定，僅能視為是有關承認之附隨規定。此蓋由於公約之基本原則之一是它不是排它的。換言之，各國遇到符合公約適用範圍之收養聲請時，既可依照有關公約管轄及準據法之規定，核准公約上之收養，也可依照其國內法有關管轄及準據法之規定，核准國內法上之收養。公約中有關管轄之規則，祇不過是規定締約國在遇到收養命令時必須加以承認時，最低程度之管轄要件而已，同樣地，公約中有關準據法之規定，也只不過是締約國對必須承認之收養案件，就當事人屬人法之最低限度之尊敬而已。鑒於管轄及準據法僅為承認問題之各方面，故海牙公約實係有關承認之公約，而應由此角度，加以觀察。

關於公約之限制，重要者有三項。其一、公約僅對單一養親或配偶雙方對未滿十八歲之未婚子女之收養，加以規

44) 請參閱 Lipstein, "Adoption in Private International Law: Reflections on the Scope and the Limits of a Convention" (1963) 12 I.C.L.Q. 835, 846-848.

45) 關於第十屆海牙國際私法會議，請參閱
Graveson, "The Tenth Session of the Hague Confesence on Private International Law" (1965) 14 I.C.L.Q. 528; Hay; "The United States and International Unification of Law: The Tenth Session of the Hague Conference" (1965) Univ. of Ill. Law Forum 835-842.

定[46]；其二、本公約僅對涉外收養，加以規定，故純內國之收養，即收養者或配偶及被收養者共同習慣居住於一國，且又同為該國之國民者，則公約特別予以除外[47]；其三、更為重要之限制，也為與公約最初草案不同者，即本公約對承認國應給與收養之附隨效力，未曾提及。故承認之實際內容，則由各國自行決定，此顯然由於在一個由二十三個會員國集會之大會上，各個國家對其國內收養各有不同效果之規定，對此問題，自難希望獲得全體一致之結論。

公約對於公約收養之效力，未作任何之規定，實為公約最大之缺失，此蓋由於制定公約所包含各種規則之目的，原在於擔保在一國完成之收養，收養當事人應了解在其他締約國中其關係為若何，而事實上，此種關係因當事人在不同國家居住或因該關係在不同國家發生爭執時，即會發生變化。故有了公約收養，雖可改進被收養者或收養者之權利，却不能保障他們，殊為可惜。

關於公約所建立促進涉外收養之承認制度，可扼要述之如下：

公約之條款規定公約之締約國，在作成涉外收養時，必須 1.注意收養命令之作成，係為子女之最大利益[48]； 2.適用相同規則以決定其作成收養命令之管轄權[49]； 3.適用相同之準據法規則於某些問題[50]，但其內國法於所有其他問題[51]； 4.案件中涉外因素（指當事人習慣居所或國籍）牽連到其他締約國時[52]，始可作成收養命令； 5.各國對於其他締約國依上述條件所作之收養命令，必須無條件地予以承認[53]； 6.各國在一些條件之限制下[54]，得對在其他國家作成之收養命令，宣布無效或加以撤銷。茲對上述六項，再分別詳細分析如下：

一、為子女之最大利益

公約中規定，收養命令之作成，必須係為子女之最大利益，見於公約第六條，於以上已加說明，惟誠如在前所述，此一要件不受請求承認國法院之審查，除非其欲援用公約第十五條所稱之公序良俗條款。

二、管　　轄

在本公約下，為收養命令之管轄權，得基於下述二種理由之一而取得：收養者或收養配偶之習慣居所；或者收養者或收養配偶之國籍[55]（當配偶欲收養

---

46) 請參閱附錄該公約第一條。
47) 請參閱公約第二條。(b)
48) 請參閱公約第六條。
49) 請參閱公約第三條。
50) 請參閱公約第五、第四條(2)。
51) 請參閱公約第四條(1)。
52) 請參閱公約第一條。
53) 請參閱公約第八條(1)。
54) 請參閱公約第七條。
55) 請參閱公約第三條。

時，必須其共同習慣居所或共同國籍在法庭地時，該國始取得管轄權；配偶若無共同之習慣居所或共同之國籍時，則不能在本公約下為收養）[56]，因此，可能有二個國家對某人或某配偶，有作成收養命令之協同管轄權，而聲請人自得就最有利之國內法，加以選擇之聲請。公約對習慣居所未曾予以定義，但對無國籍之人，則有條款加以規定[57]，而以其習慣居所地之國籍代之，至對有複數法域之某國家，也於公約第十一條加以規定。但公約對雙重國籍之問題，則未加以解決。

三、準　　據　　法

公約中準據法之規定，在使法院不適用其內國法—除公約中規定之準據法外，不得適用其他之準據法[58]。此準據法在兩方面規定。其一、如收養者或收養配偶之本國法，就某種情況下之收養，有條文禁止收養，且經該國依第十三條宣佈為禁止之收養，則此準據法必須適用[59]。公約中所使用之禁止乙詞，此名詞特殊之限制，極易使人誤解。事實上，得由締約宣佈之禁止事項之名單，極為概括，因此一個作此宣佈之國家，常能迫使其他國家，除有無合意一點外，實質上全部適用其內國法有關收養之條件，惟此必須收養者或收養配偶為其國民。公約第十三條所得宣佈之禁止收

養，有如下述：

　　1.養親有子孫；

　　2.未婚者聲請收養；

　　3.收養者與被收養者間有血統關係；

　　4.被收養者前曾為他人收養；

　　5.收養者與被收養者必須保持一定年齡差距之要件；

　　6.收養者或被收養者之年齡。

　　7.被收養者未與收養者一同居住；

外國法有關禁止收養之規定，並非在所有案件下取代法庭地國之有關規定，而係與其累積適用，換言之，除非符合法庭地及收養者本國法有關收養之條件，一國即不得為收養之命令。

適用收養者本國法，當然只有在一國法院係根據習慣居所地取得管轄權之情形，始會發生，蓋收養者本國法院管轄時，當然適用其內國法。一件雖小但卻有疑問之事應予注意。倘如收養配偶無共同國籍，其各別具有不同之外國籍，或一為外國人，一為法庭地內國人，此時是否仍適用其各別本國法之禁止規定，公約則未提及，似為疏漏。

第二部份之準據法係關於同意與磋商之法律。於此，法院必須適用被收養者（子女）之本國法[60]，且非累積適用，而係代替法庭地法之適用。此處提到的同意及磋商，係指兒童與其家庭，或者與兒童在法律上有牽連之其他人士；

---

56) 請參閱公約第二條(a)。
57) 請參閱公約第十條。
58) 法院原則上係適用法庭地法，在遇有公約所規定例外情形時，則不適用法庭地法，而適用其所規定之準據法。請參閱公約第四條(1)。
59) 請參閱公約第四條(2)。
60) 請參閱公約第五條(1)。

至收養者家庭或配偶之同意，則受法庭地法律之支配[61]。惟應注意者，此處適用被收養者本國法之規定，與適用收養者本國法禁止規定之情形不同，即於後者，必須其本國依公約作成宣佈，管轄法庭方才加以適用，而於前者，公約則未作如此規定。雖公約也曾規定：「為了適用第五條（有關同意及磋商），每一締約國應通知荷蘭外務部有關其同意與磋商之內國法。」此項通知之重要性如何，則不甚清楚；公約第五條以明確之用語規定：「法院應適用兒童本國法有關同意與磋商之規定。」因此，前項通知似非適用兒童本國法之前提要件。

四、與其他締約國之連繫因素

有關公約收養最後且最重要之限制，厥為所有關本案之連繫因素──收養者與被收養者之習慣居所及國籍，必須與公約之其他國家相牽連[62]，否則，即不得為收養命令。此一要件規定於公約，係由於收養者習慣居所之國籍國之主管機關，以及被收養者習慣居所及國籍國之主管機關，在收養程序中，均擔當若干角色，即使收養實際上係在另一國作成時亦然。此一要件之功效，在於對公約之範圍，增加另一嚴重限制。舉例言之，如公約僅有三個締約國，則該三國之國民，無論居住於此三國之何一國家，僅得收養居住此三國任一國家之三

國之兒童。

五、承　　認

依本公約所為之收養，其他締約必須予以承認[63]，惟其附隨效果可能因國而異，依公約作成之收養，僅得基於二項理由，加以拒絕，其一、核准收養之法院無管轄權；其二、違背公序良俗[64]。所謂無管轄權，可指二種情形，一為有關國籍與習慣居所之條件，在本案中不完全符合，一為核准收養之法院，並非該國所宣佈對公約收養享有管轄權之法院。惟此種對承認收養之例外規定，其實際效果並非顯著，此由於法院對管轄權行使基礎之事實認定，包括國籍及習慣居所之認定，對請求承認國法院有拘束力。

六、無效與撤銷

公序良俗條款之內涵，則委由各國自行決定。此種承認收養之例外規定，自然希望是在極端不公平之案件下，才予適用，否則公約對公約收養所給予之確定性，即會喪失。

公約中之收養命令一經作成，即為有效。惟有時在作成之收養以外之國家，可能被宣佈無效或加以撤銷。無論是無效抑撤銷，二者皆表示收養關係之終止。廣義言之，二者之區別在於，無效係對收養命令不法之救濟（例如養親低於最低年齡之規定，或者一個必須之同

---

61) 請參閱公約第四條(1)。
62) 請參閱公約第一條。
63) 請參閱公約第八條(1)。
64) 請參閱公約第(1)及第十五條。

意未曾獲得）；而撤銷則指收養之始為合法，其後因其他事實之發生，而使得收養終止（例如被收養者有嚴重不良之行為，或者當事人有合意終止收養）。

公約設計三個法院有權宣佈收養無效或加以撤銷；核准收養地國之法院；聲請宣佈無效時，收養者習慣居所地國法院[65]；以及該時被收養者之習慣居所地國法院。收養無效之主要理由是，作成收養命令之法院誤用其內國法，或者誤用了依公約準據法所應適用的外國法，且此種適用法律之錯誤，即為各該國法收養無效之理由[66]。至撤銷收養之理由[67]，則限於提出撤銷地國國內法之理由，若有二以上之法院有管轄權，則當事人得選擇對撤銷最為有利法律之國家提起。

無效與撤銷，可視為對涉外收養應予確定性原則之一項侵犯，雖然其侵犯尚不致過份。撤銷在當事人間完全厭倦其關係時，似乎為可能，於此情形，自無理由支持收養命令。於無效之情形，允許外國法院審查准許收養國適用其本國法之情形，似為荒謬，但是很難想像重要之聲請無效在實際上進行之情形，此特別於由各締約國自行決定聲請之消滅時效期間為然。

七、評　　論

本公約自一九六四年簽訂迄今，各國對其興趣不高，僅有三國參加[68]。由於公約規定每一案件之連接因素，必須與其他公約國相牽連，因而符合條件之收養，即因而減少，不僅其適用範圍受此種限制，而且公約對能夠利用此制所能提供之利益，也因國而異，此由於公約對收養並無一致之效果規定，以及在某些國家因被適用公序良俗條款而受影響。在一些情形，此種不確定之情形，甚至見諸於文字，蓋依公約第二十二條規定，締約國對公約得作保留，即對習慣居住於其國內之兒童所作之收養，得拒絕承認，倘如外國法院係以收養者之國籍為管轄權行使之基礎，而該兒童却異其國籍。

海牙公約之實際價值，不僅令人生疑，即其某些條文之理論基礎，也令人生疑。茲簡單申論如下。

廣義言之，各個國家對收養實有二種不同之態度，大陸法系國家視收養基本上為一契約，縱使其須受公家機關之核准亦然，在此理論下，收養行為乃有關當事人私權之行使；另一方面如英國，則視收養非當事人之行為，而為國家之行為，其構成步驟，即為法院之命令，此二種區分，在國際私法上有其重要意義[69]。倘如對收養之契約理論，增加另一項主張，個人有關其屬人法事項之私權，應受其屬人法之支配—如當事人本國法，其結果為收養子女或被收養之

---

65) 請參閱公約第七條(1)。
66) 請參閱公約第七條(2)。
67) 請參閱公約第七條(3)。
68) 奧地利、英國、瑞士。
69) 請參閱 Wolff, Private International Law (2nd ed., 1950) p. 100.

權利，即當然應受該當事人本國法之決定，換言之，契約理論也附帶了準據法之規定；在另一方面，如果收養並非當事人意思下私權之行使，而是經由法院以實施國家之社會政策，則邏輯上自無需適用外國法，以反映外國之社會政策。在國家行為理論下之收養，自當然排除準據法適用問題，而強調當事人與法庭地國間之充份牽連關係，俾使得國家從事改變當事人個人關係之行為為正當。此種即為管轄而非準據法適用之方法。而此種管轄方法為英美法系國家所採。

關於收養在大陸法系及英美法系國家國際私法上之區別，自非如此明顯[70]。惟兩種理論之派別，確係存在，而海牙公約即為二派妥協下之產物。收養者習慣居所地國法院有作成收養命令之管轄權，符合公家機關必須與當事人有真實牽連之理論；然而，公約也給予國籍法院同時管轄權，縱使該國與收養者或兒童無真實之牽連。惟一必要之牽連是該國必須認該當事人為其國民。此外，兩種理論之調和並見於其他條件，例如根據習慣居所地取得管轄權之法院，應適用其內國法（採用管轄理論－法院有管轄權即適用法庭地法），但是關於禁止事項及同意與磋商，該法院却又要適用當事人本國法。

陸、結論

收養係以人為方法所創設之親子關係，因此法律對於收養之要件、方式等，皆以法律加以規定，俾維持法的秩序，以完成收養所欲達成之社會目的。晚近各國對於收養法，多有修改，其重點在於公力干涉，以保護被收養人之利益。

至收養在國際私法上所生之問題，主要者一為收養關係之準據法問題；一為涉外收養之承認問題。前者，各國基於對收養之不同考慮，採用之立法主義頗夥；後者，各國多不區別權利取得問題與既得權問題，即使加以區別，也每以內國際私法為依歸，必以該權利須依內國國際私法認為出於該管法律者，始加以承認，致使既得權之承認，有名無實，與對於權利取得問題之適用法律，並無不同，致使涉外收養在權利取得地以外之國家，地位極不確定，影響涉外私法生活之安定，至深且鉅。

本文除已就收養準據法之立法主義，詳予分類介紹外，對我國涉外民事法律適用法之規定，更特予置力，並建議改採收養人本國法主義。至關於涉外收養之承認問題，更從既得權尊重原則上立論，期能建立一完整體系，將權利取得問題與既得權問題，加以區別，俾使當事人在有管轄權法域合法取得之權利，能獲得保障，減少私權之紛爭，而使涉外私法生活，得以安定。

惟國際間仍未擺脫各國法權自主之原則，對於既得權尊重，仍限於外國判決之層次，為維護收養之國際效力，捨簽訂國際條約，釐訂其承認條件，似別無他途可循，此海牙國際私法會議有關

---

70) 請參閱 Rabel, I The Conflict of Laws. A Comparative Study (2nd ed., 1958) pp. 691-682.

收養之公約，所由發生，可惜其規定，仍有種種缺失，效果不佳，迄一九七四年止，參加者僅不過只有奧地利、瑞士、及英國而已。

最後本人願意指出，收養與其他身分關係同，在各國有關之實體法未統一前，惟賴各國善意並自制，始能維持涉外私法生活之安定。維持之道，除以條約方式就各有關國際私法之問題，加以規定外，如能進一步從尊重既得權之原則上着手，相信對維持身分關係之國際效力，必大有裨益。

反致條款與判決一致

壹、引　論

任何涉外法律關係案件[1]，一國法院應為解決事項之順序，不外下列四點：第一、該國法院對本案件是否有管轄權[2]；第二、倘法院就先決問題——管

---

1) 所謂涉外法律關係案件，係指在內國法院起訴，而其法律關係涉及到外國人、外國地、或既涉及外國人復涉及外國地之案件，換言之，案件之含有涉外成分(foreign elements)者是也。

2) 國際私法案件中所應解決者，為法域管轄之所屬，而非法院管轄之所屬，蓋法院管轄之所屬乃為內國之法制，非國際私法所應討論。在我國，關於國際私法上法域管轄權問題，除涉外民事法律適用法第三及第四條有所指示外，迨無規定，適用時似應援引民事訴訟法關於法院管轄之原則，而推定關於法域管轄權之原則。關於管轄權問題，請參閱下列論文：

　① Falk, "International Jurisdiction: Horizontal and Vertical Conceptions of the Legal Order," 32 *Temp. L. Q.* 295 (1959);

　② Rheinstein, "The Constitutional Bases of Jurisdiction," 22 *U. of Chi. L. Rev.* 775 (1955);

　③ Smit, "The Terms Jurisdiction and Competence in Comparative Law," 10 *Am. J. Comp. L.* 164 (1961);

　④ Ehrenzweig and Louisell, *Jurisdiction in a Nutshell-State and Federal* (1964).

轄權，已認定合法享有時，則次一步驟即在決定繫爭問題之法律性質[3]。 其爲不履行契約之問題[4]，抑侵權行爲之問題[5]等是。 法院非經決定繫爭問題之性質，無從依其國際私法以確定應適用之法律；第三、法院就訟爭問題定性後，次一步驟即在選定案件之準據法[6]，以爲解決繫爭法律問題之依據，在此階段，法院依案件之性質，適用其國際私法，即可求得應適用之法律；第四，適用該案件之準據法[7]。 法院最後之任務，即在依所選擇之法律——準據法，以解決當事人間之爭端。唯此最後階段有問題者，即如所選擇之法律爲法庭地法時，法院固毫無疑問的適用其民商實體法，以爲裁判之根據，如案件爲侵權行爲

3) 此即國際私法上之定性問題 (The Problem of Characterization)。申言之，關於法律關係之性質，及其法律名詞之命意，究應依何種法律以確定之問題。按關於涉外法律關係，各國國際私法之規定，縱屬一致，但如其法律名詞之命意，或其法律關係之性質，各不相同時，仍難有統一之判決。例如契約之方式，在甲國如認爲有關訴訟之程序，則適用法庭地法，在乙國如認爲有關行爲之方式，則適用行爲地法，雖甲、乙兩國國際私法均規定訴訟程序依法庭地法、行爲方式依行爲地法，但因對此同一法律行爲而有不同之命意，即難有相同之判決，此定性問題之所由發生。關於定性問題，請參閱下述論文：

① Pascal, "Characterization as an Approach to the Conflict of Laws," 2 *La. L. Rev.* 715 (1940);

② Falconbridge, "Characterization in the Conflict of Laws," 53 *L. Q. Rev.* 235 (1937);

③ Lorenzen, "The Theory of Qualifications and Conflict of Laws," 20 *Col. L. Rev.* 247 (1920).

4) 關於國際私法上契約之準據法問題，請參閱拙著：「契約準據法之研究」，政大法學評論第九期（民國六十二年）第一四五～一七九頁。

5) 關於國際私法上侵權行爲之準據法問題，請參閱拙著：「論侵權行爲之準據法」，政大法學評論第七期（民國六十一年）第一六一～一九二頁。

6) 所謂準據法，係指就特定涉外法律關係，依一國國際私法所指定應適用之法律。按照目前各國實際情形所示，爲確定應適用之法律而言之連結，其方式有三種：其一爲屬人連結，其二爲屬地連結，其三爲選擇連結。各種連結因素 (connecting factors) 即依此連結方式而確定其準據法。至一國國際私法，何以就某種涉外法律關係，選擇適用某種準據法，則係基於其立法原則及政策之考慮。關於本問題，請參閱下列論文：

① Cheatham and Reese, "Choice of the Applicable Law," 52 *Col. L. Rev.* 959 (1952);

② Goodrich, "Yielding Place to New," 50 *Col. L. Rev.* 881 (1950);

③ Baxter, "Choice of Law and the Federal System," 16 *Stan. L. Rev.* 1 (1963);

7) 法庭地法院於適用案件準據法時，涉及到外國法之證明、調查等問題。關於本問題，請參閱下列論文：

① Nussbaum, "Proving the Law of Foreign Countries," 3 *Am. J. of Comp. L.* 60 (1954);

② Nussbaum, "The Problem of Proving Foreign Law," 50. *Yale L. J.* 1018 (1941);

③ Schlesinger, *Comparative Law* (2d ed. 1959), pp. 38-41, 88-109.

，則適用法庭地有關侵權行爲之法律，如爲離婚案件[8]，則適用有關離婚之法律；唯如所選定之準據法爲外國法時，則情形卽可能複雜，蓋此外國「法」，究竟係指該外國之實體法抑指其全體法律——包含其國際私法？此外國法之曖昧用語，導致了國際私法上反致問題之發生[9]。

本論文擬對反致問題作一有系統之研究。首先自歷史發展上，說明反致之淵源，分析反致之種類，探討其理論之基礎及價值，其次，則從比較法的立場上，觀察重要國家對反致實際運用之成例，進而分析海牙反致公約，說明統一法之現狀，再其次則爲對我國國際私法上反致條款之剖析、討論，最後在結論中則指出反致條款未來發展之趨勢。

貳、反致條款之剖析

反致者，謂於某種涉外法律關係，依內國國際私法之規定，應適用某外國之法律，而依該外國國際私法之規定，卻應適用內國法或他國法時，卽以內國法或他國法代替該外國法之適用。此種法律適用程序稱爲反致。反致理論雖早

見於西元第十七世紀之法國判例[10]，但遲至十九世紀初期，始逐漸擴大爲英國、法國法院之判例所採用。茲分下列各項，分別說明討論。

一、反致之淵源——二個 重要判例之檢討

(一)英國——柯利爾案 (Collier V. Rivaz)[11]

1.事實

某英國人，依英國法其死亡時之住所地在比利時。生前做成了七項有關遺囑的文件——一個遺囑及六個附加書。遺囑及其中兩個附加書，係依照比利時民法所規定之方式而制定，其餘四個附加書，並未依照比利時法所規定之方式，但是合乎英國一八三七年遺囑法所定之形式。依照比利時法，該立遺囑人從未在比利時設定住所，蓋其並未自比國政府獲得必須之允許。本案之問題乃此等遺囑文件能否在英國允受檢證。

英國法官 (Sir Herbert Jenner) 在判決中首先指出，他必須一如比利時法官一樣來判決本案，然後卽同意對該遺囑及兩個附加書之檢證，因此等文件

---

8) 關於國際私法上離婚之準據法、管轄權及離婚判決之承認等問題，請參閱拙著：「國際私法上離婚問題之比較研究」，政大法學評論第八期（民國六十二年）第二五七～二八九頁。

9) 反致一詞，係譯自法語 (Renvoi)。國內學者有譯稱「反據」「反定」「送還」與「移送」者，不一而足。惟按法語原文所示，含有「廻翔」之意義，無論其譯名如何，要不出此範圍，本人從通譯——反致。

10) 反致理論嚆矢於十七世紀之法國判例，卽一六五二年法國羅安 (Rouan) 地方之最高法院，根據另一法國法域之國際私法規定，反致適用諾曼地 (Normandie) 法律。參見 Wolff, *Private International Law* (2d ed. 1950), p. 189.

11) (1841) 2 Curt. 855. 關於本案請參閱 Dicey & Morris, *The Conflict of Laws* (9th ed. 1973), pp. 54-55.

合乎立遺囑人死亡時住所地法——比利時法所規定之形式要件。至於另四個附加書之檢證，則受到反對，蓋其雖依照英國法所定之方式，但不符合比利時法所定之形式要件。唯比利時國際私法規定，在比利時未設有住所之外國人，其所立遺囑之方式要件依當事人本國法，英國法院遂因此而適用英國法，而許可其他四個附加書之檢證。

2.評論

柯利爾案可視為英國第一個有關反致之案件，茲評論如下：

第一、一國法院就某涉外案件，選定準據法時，法院必須決定該選定之「法」，究係其實體法（不採反致）抑其國際私法（採納反致），而不得謂同時指向該兩種法律。英國法院於本案中，就遺囑及兩個附加書適用比利時民法，但就另四個附加書卻依比國國際私法規定反致適用英國法。其適用法律，可說違背國際私法適用法律之基本原則，因此大大削弱了本案之權威性。

第二、英國法院此種輪流交互式地選擇適用法律，用於決定遺囑形式效力時雖尚屬可行，但卻不能用於做為決定遺囑實質效力所採之辦法，蓋於後者，法院必須決定所選擇者，究為外國之實體法抑國際私法，而不得謂兼指兩者，因此時法院所要決定者，為立遺囑者是否有處分之權力，其是否未立遺囑而死，誰為其最近親屬等問題，申言之，吾人雖可同意遺囑方式要件依立遺囑人住所地之實體法或其國際私法所指定之另

一國實體法，即可有效成立，但却不能苟同依住所地實體法為有權繼承者，來分享依住所地國際私法所指定之另一國實體法有繼承權之遺產。

第三、法院於本案中就同一問題——遺囑文件之方式要件，分別適用比利時民法及其國際私法所指定之英國法，且聲稱：「本院於此為裁判時，必須考慮到在此特殊情況下，一如在比國為裁判。」法官雖為如此之聲明，但其於適用比國國際私法時，並未提及比國法院是否也採反致，從而有依英國國際私法再適用比國實體法之可能。

第四、其實詳細分析，英國法院於本案中所以採用反致，以維持部分附加書之形式效力，主要是基於下列三點理由：

其一、當時英國國際私法規定遺囑方式應依遺囑人最後住所地法，太過剛性，無其他準據法可以適用[12]。

其二、歐州大陸國家（多為英國人經常居住的地方）對遺囑方式準據法之規定，極富彈性，遺囑方式要件無論是依立遺囑人本國法抑遺囑作成地法為有效成立時均可。

其三、法院對於立遺囑人最後願望之表示，有意欲維持之偏見。

基於上述三點原因，法院於本案中一部採用反致，一部不採用反致，其欲維持遺囑成立之苦心極為明顯，換言之，其採用反致，係在緩和英國國際私法對遺囑方式要件準據法之嚴格，初非基於其他理論上之原因，或為擴大內國法

---

12) 英國法律之此種規定，現已為其一八六一年遺囑法及一九六三年遺囑法所修正。參見 Dicey & Morris, p. 54, note 11.

之適用，或爲求判決之一致。

（二）法國——福哥案（L'affaire Forgo）[13]

1.事實

福哥爲一私生子，爲德國巴法利亞邦（Bavaria）人，五歲前往法國，在法國只有習慣上的住所，於六十八歲時未立遺囑死於法國，遺留許多動產，於法國法院發生繼承事件，依法國國際私法，凡屬動產繼承，均依死亡者的住所地法。福哥雖然在法國有習慣上的住所，但其住所並非依法獲得法國政府的許可設立，不能視爲法律上的住所，因此他的住所地仍只能謂係在德國巴邦。依巴法利亞邦民法，旁系親屬有權繼承，但依法國拿破崙法典，私生子旁系親屬無權繼承，財產應歸屬國庫。法國法院於本案中適用巴邦法律——福哥住所地法時，若以該邦之民法爲法國國際私法制度上所謂之住所地法，則遺產由福哥旁系親屬繼承；唯法國最高法院於本案中解釋住所地法時，係指其國際私法，而依巴邦國際私法，動產繼承固仍須依死亡者事實上的住所地法。福哥既有事實住所於法國多年，法國法院遂反致適用法國法，其結果福哥之旁系親屬不得繼承，其遺產遂因無人繼承而歸法國國庫。

2.評論

從福哥案可以看出一國採用反致與否，對案件結果所生之影響。因爲法國法院如不採用反致，依其國際私法而直接適用巴邦有關繼承的法律時，則因巴邦法律明定於無直系血親卑親屬時，私生子之繼承人應爲其同胞兄弟姐妹，而福哥之遺產勢必全部歸屬巴邦之福哥親屬；但本案中法國法院採用反致，而適用巴邦國際私法的結果，最後竟適用法國的繼承法，因法國法律不承認私生子之同胞兄弟姐妹有繼承權，是以福哥遺產遂判歸法國國庫。本案值得批評者有以下各點：

第一、法國法院採用反致，顯然係爲擴大內國法之適用，並因適用內國法而獲利益。蓋巴邦繼承法規定如何，固已爲法國法院所詳知，故其適用法國法，並非基於法國法爲法院所熟悉，外國法爲法院所陌生之理由。是其採用反致，因而適用法國繼承法，不外是基於使法國國庫獲利之一原因。

第二、依法國國際私法，凡屬動產繼承，均依死亡者住所地法。法國法院本可據此直接適用拿破崙法典，蓋福哥在法國設有習慣上的住所已逾數十年，但法國法院因其住所並未獲得法國政府之許可，不能視爲法律上的住所，遂不得直接適用法國民法，而改採迂廻之手段，採用反致，以達間接適用法國法的目的。法國法院不就個案因其性質特殊（長久習慣住所），而擴張解釋法定住所之含義，却就個案創下了適用反致之普遍原則，引起後世久遠之爭論，其是否明智，實令人懷疑。

13) Estate of Forgo, Cour de Cassation, Civ., June 24, 1878, Sirey, Rec. Gen. (1878) 429. 關於本案請參閱 Ehrenzweig, *A Treatise on The Conflict of Laws* (1962), p. 335.

第三、法國法院於本案中採用反致，顯係違背當事人正當期待利益。如法國法院不採反致，福哥之遺產，本應依巴邦繼承法，由其同胞兄弟姐妹繼承，今因採取反致，改適用法國民法，以致於判歸法國國庫。就此遺產兩種不同歸屬而言，何者應為福哥之意思，亦卽採取何種歸屬，方屬符合被繼承人正當期待利益。顯然地，福哥在法國有習慣住所多年，而未正式申請在法國設定法律上的住所，不正足以解釋他的意思，就是要使其遺產依巴邦法律來處置，以期有利於他的旁系親屬，換言之，其遺產由其同胞兄弟繼承，乃是符合福哥之正當期待利益。法國法院之判決實是違反了當事人之意思。

第四、法國法院於本案中適用外國法，而解釋指其國際私法，反致適用法國法判決，唯一可引為正當理由者，乃為求判決之一致。同一訴訟，如在不同法域起訴，倘能適用同一法律，而得相同判決，最足保護當事人利益，不僅符合正義的要求，且尤足防止當事人任擇法庭之弊。本案如在巴邦法院起訴，依其國際私法規定，應適用被繼承人事實上住所地法——法國法；今在法國法院起訴，依法國國際私法，應適用被繼承人法定住所地法——巴邦的法律，則同一案件在不同法域起訴，因適用不同法律裁判，判決發生歧異。但今法國法院解釋巴邦法係指其國際私法，再反致適用法國繼承法來裁判，如此同一案件縱在不同法域起訴，也因適用同一法律——

法國民法，而得相同判決。若以此為採反致之理由，極為正大合理，可惜判決中竟未提及，不能不使人引為憾事。

從以上兩個重要判例上可以得知，英國及法國法院最初採用反致，可說是極其偶然，係針對個案而為，其目的則無非是想對此兩案，藉採用反致以適用某特定法律（在此兩案中均為法庭地法），達成法官所欲達成之判決結果罷了。

二、反致之分類

自上述英、法判例後，各國國際私法上陸續採用反致者為數不少，例如德國一九〇〇年民法施行法第二十七條、匈牙利一八九四年法律第一〇六條、波蘭一九二六年國際私法第三十六條、日本一八九八年法例第二十九條、以及我國涉外民事法律適用法第二十九條等是。以下擬對反致之種類，參照各國立法例，從理論上予以分類，並予以分析評論。

(一) 一部反致與全部反致[14]

反致以依法庭地國際私法適用外國法時，究竟僅指該外國國際私法中有關法律關係準據法之規定，抑亦包含其反致條款為準，可分一部反致（partial renvoi）與全部反致（total renvoi）。前者又可稱之為單純反致（single renvoi），後者又可稱之為雙重反致（double renvoi）。

1. 一部反致

法庭地國際私法，就某涉外法律關

---

14) 關於一部反致與全部反致，請參閱 Dicey & Morris, pp. 52-54.

係採一部反致者,其於依內國國際私法適用某外國法時,僅適用該外國國際私法對該涉外法律關係所指定之準據法,而不問也不適用該外國國際私法上有關反致之規定。故如該外國國際私法指定應適用法庭地法或第三國法時,法庭地法院卽以法庭地法或第三國法,代替某外國法之適用,以解決該涉外法律關係。換言之,採一部反致時,僅需證明某外國國際私法對該涉外法律關係準據法之規定,而不必證明某外國國際私法上對反致之規定。

2.全部反致

法庭地國就某涉外法律關係,採全部反致者,其於依內國國際私法適用某外國法時,不僅適用該外國國際私法對該涉外法律關係所指定之準據法,且也須適用該外國國際私法上有關反致之規定,故如該外國國際私法,指定應適用法庭地國法或第三國法時,法庭地法院於適用前尚須調查該外國國際私法是否採取反致,以決定所適用之法庭地法或第三國法,究竟應指其國際私法抑實體法。換言之,採全部反致時,除須證明某外國國際私法對該涉外法律關係準據法之規定外,尚須證明該外國國際私法上有關反致之規定。

(二)直接反致、轉據反致、間接反致、重複反致[15]

反致以法庭地法院依某外國國際私法之規定,最後所適用者,究爲內國法、第三國法、抑經由第三國法再適用內國法,或經由內國法再適用外國法爲區別標準,可分直接反致(一等反致)、轉據反致(二等反致)、間接反致及重複反致四種。

1.直接反致

對於某涉外法律關係,依法庭地國際私法之規定,應適用某外國法,而依該外國國際私法規定,須適用法庭地法時,受訴法院卽以內國法爲審判該案件所應適用之法律。此種法律適用程序,稱爲直接反致。例如有住所於中國之甲國人,因行爲能力涉訟於我國法院,依我國涉外民事法律適用法第一條第一項之規定,應適用其本國法,卽甲國法,同時依涉外民事法律適用第二十九條,適用甲國法時,係指甲國國際私法,如甲國國際私法規定行爲能力適用住所地法,住所既在中國,住所地法卽中國法,於此中國法院卽應以中國法代替甲國法之適用。

2.轉據反致

對於某涉外法律關係,依法庭地國際私法之規定,應適用某外國法,而依該外國國際私法,須適用第三國法時,受訴法院卽應以第三國法代替某外國法,以爲審判該案件所應適用之法律。此種法律適用程序,稱爲轉據反致。例如有住所於乙國之甲國人死於中國,並於中國法院發生動產繼承問題,依我國涉外民事法律適用第二十二條規定,應適用被繼承人死亡時之本國法——卽甲國

15) 關於此種反致之分類,請參閱馬漢寶教授著:國際私法總論(民國五十七年)第二〇〇頁;劉甲一教授著:國際私法(民國六十年)第一二四至第一二七頁;何適教授著:國際私法(民國五十九年)第一六九~一七〇頁。

法，同時依涉外民事法律適用法第二十九條，適用甲國法時，係指其國際私法，如甲國國際私法規定適用被繼承人死亡時之住所地法，住所既在乙國，住所地法卽乙國法，於此中國法院卽應以乙國法代替甲國法之適用。

3.間接反致

對於某種涉外法律關係，依法庭地國際私法之規定，應適用某外國法，而依該外國國際私法，應適用第三國法律，而依該第三國國際私法，却應適用法庭地法，受訴法院卽應以內國法爲審判該案件所應適用之法律，此種法律適用程序，稱爲間接反致。例如有住所在乙國之甲國人，死於甲國，關於其在中國所有之不動產繼承問題，發生訴訟於我國法院，依我國涉外民事法律適用法第二十二條及第二十九條之規定，該案之審判，應依被繼承人死亡時之本國法——卽甲國法，如甲國國際私法規定應適用被繼承人最後住所地法——卽乙國法，但如乙國國際私法規定不動產繼承適用不動產所在地法——卽中國法，則我國法院卽應以我國法爲審判該案件所應適用之法律。

4.重複反致

此種法律適用程序，乃對於直接反致或間接反致，再追加一段適用程序，經此追加程序，進而適用某外國法律。例如對前述直接或間接反致之例示，再追加由中國法律（國際私法）至甲國法一段，最後法庭地法院遂適用甲國法爲審判該案件所應適用之法律，卽構成了重複反致[16]。

對上述反致之詳細檢討，除有待後述外，於此應注意者，於法庭地國採一部反致時，固易發生直接反致及轉據反致，於法庭地國採取全部反致時，若該外國國際私法不採反致，固仍可能發生直接反致及轉據反致，但對於間接反致或重複反致之發生，則必須法庭地國採取全部反致，否則卽不可能造成間接反致或重複反致。

(三)僅就某種（或某幾種）連接因素爲基礎所成立之準據法始採用反致，與基於一切連接因素爲基礎所成立之準據法均適用反致

一國國際私法採用反致時，得限定就某種連接因素爲基礎所成之準據法始予適用，例如規定於適用以國籍爲基礎所成立之本國法，始適用該外國之國際私法是[17]；一國國際私法也得不予限定，而概括規定於適用外國法時，卽適用該外國之國際私法，例如依其國際私法規定應適用外國法時，則不論該外國法究竟以何種連結因素爲基礎所構成，以住所爲基礎所成立之住所地法抑以物之所在地爲基礎所成立之物之所在地法等是，均非所問。反致適用之範圍，在前者自較窄，在後者則較廣，而反致適用的機會自亦以後者爲較多。

---

16) 關於重複反致，其發生須受下列條件之限制，始有可能。其一、法庭地國際私法必須採全部反致；其二、於依外國國際私法反致適用內國時，仍不限制其適用內國實體法；其三、於再依內國國際私法規定適用外國時，則必須限制其適用該外國之實體法，俾免造成循環不已之現象。

17) 請參照我國法律適用條例（已廢止）第四條；涉外民事法律適用法第二十九條。

(四)僅就特種法律關係所成立之案件始採用反致,與基於一切法律關係所成立之案件均適用反致

此一反致分類之標準,與前述者㈢不同。前一分類標準係以準據法為根據,此則以涉外法律關係為依歸。涉外法律關係種類龐雜,皆足以引起國際的法律衝突。一國國際私法制度,既對這些衝突,定有選擇適用法律的標準,而又以所選擇的他國法中的國際私法,與內國所選擇的不同,乃捨棄內國原所選擇的法律,改依該外國所定的標準。依其是否對一切涉外法律關係均捨棄內國原所選擇的法律,抑僅對某幾種涉外法律關係方始如此[18],反致可為上述兩種分類。

三、反致之檢討

反致條款應否採納,因學者意見及各國立法例不一[18a],至今尚為國際私法學上一爭論之問題,贊成者固不乏人,

但反對者尤夥,茲臚列雙方重要理由於后,並加以評述。

(一)贊成採用反致條款之理由

學者中贊成適用反致條款者,如英國之 Dicey[19] 及 Westlake[20],美國之 Griswold[21] 及 Rabel[22],法國之 Weiss,德國之 Bar 及 Schnell 等[23]。茲將彼等重要論據,說明如下:

1.採用反致條款可使各國法院對同一涉外案件得相同判決。

謂適用反致條款,可使同一涉外案件,不論繫屬於何國法院,因適用相同法律,而可得同一判決,而判決一致乃國際私法學之理想,抑有進者,其因判決一致之達成,更可獲得以下幾點實益,其一,避免當事人任擇法庭;其二,足以增加判決的執行效力;其三,對他國一種禮讓的表示。譬如甲國以滿二十一歲為成年,中國以滿廿歲為成年,假若有二十歲已滿二十一歲未滿之甲國人,於中國有住所,在我國因行為能力涉

---

18) 請參照 American Law Institute, *Restatement Second, Conflict of Laws* (1971), Section 8. Rule in questions of Title to Land or Divorce. (1) All questions of title to land are decided in accordance with the law of state where the land is, including the Conflict of Laws rules of that state. (2) All questions concerning the validity of a decree of divorce are decided in accordance with the law of the domicile of the parties, including the Conflict of Laws rules of that state.

18a) 其明文採取反致條款者如德國民法施行法第二十七條, 波蘭國際私法第三十六條,日本法例第二十九條等。其明文禁止反致者,如一九四二年義大利,一九四六年希臘,一九四二年巴西,一九四八年埃及,一九四九年敍利亞等國之國際私法是。

19) 請參閱 Dicey, *Dicey's Conflict of Laws*, (7th ed. 1958) pp. 64-84.

20) 請參閱 Westlake, *Private International Law* (5th ed. 1912).

21) 請參閱 Griswold, "Renvoi Revisited," 51 *Harv. L. Rev.* 1165 (1938).

22) 請參閱 1 Rabel, *The Conflict of Laws*, A Comparative Study, (2d ed. 1958) pp. 75-90.

23) 關於法國、德國學者之見解,請參照洪應灶教授著:國際私法 (民國五十七年) 第五十一頁;何適教授著:國際私法 (民國五十九年) 第一七五~一七六頁。

訟時，依涉外民事法律適用法第一條規定，應適用其本國法——即甲國法，但如甲國國際私法規定，行為能力問題依當事人住所地法，則此甲國人的行為能力問題，在中國法院起訴，中國法院依據甲國法解決，在甲國法院起訴，甲國法院依據中國法解決，二國的判決，必定歧異。但如我國採用反致（如涉外民事法律適用法第二十九條之規定），則在我國法院起訴時，因適用甲國國際私法之結果，因而也適用當事人住所地法——即中國法，兩國法院就同一案件，所適用的法律既然同一，判決自然應相同。

反致能使各國對同一案件判決一致，在某種情況下固毋庸否認，但在上例中，若有關各國皆採反致，則對同一案件，仍無法得相同判決[24]。例如上例中，於甲國法院起訴，甲國國際私法也採反致時，則甲國法院最後所適用者仍為甲國法。其結果，同一案件在兩國法院之判決，仍未能一致。

2.採用反致條款可擴大內國法之適用

各國立法例或判例之採用反致者，實皆以此為主要用意。例如德國民法施行法之理由書，對於其第二十七條（反致條款），曾列舉兩點立法理由[25]：其一為減少本國法主義與住所地法主義之衝突；其二為使內國法有擴大管轄領域之機會。而前述之英國柯利爾案及法國福哥案，可說皆係因欲適用內國法而採反致。

因採用反致條款而擴大內國法適用之領域，可有下列兩點實益：第一為貫徹內國實體法所欲達成之政策。如上述英國判例中，因適用英國法之結果，英國法院對遺囑形式要件之法律規定，即得以貫徹；上述法國判例中適用法國法，則法國法對私生子繼承人之規定，即得以推行。第二為內國法乃內國（法庭地國）法官所最熟悉之法律，因適用反致，而結果適用內國法，可避免調查及證明外國法之煩瑣與流弊。

適用反致條款，有時固可擴充內國法適用之領域，唯若以此為論據，實與國際私法制定之理由不能相容，蓋一國國際私法，所以規定應適用某外國法，乃因適用該外國法較為妥適，今若以反致之故，而以內國法代替該外國法，則有失國際私法適用外國法之本旨。其次，此一適用反致之理由，僅可用於直接反致及間接反致，而不能適用於轉據反致及重複反致。

3.採用反致條款可保外國法律的完整

對於涉外法律關係，依一國國際私法應適用外國法時，此之外國法，當然是指該外國的一切法律，即認為該外國之實體法與國際私法是整體不可分的，其結果，則依該外國國際私法規定，更適用他國法時，亦為理所當然。此種主張之理論基礎，可稱之為總括指定說或全體法之指向[26]。

---

24) 關於反致與判決一致之問題，請參閱本文叁、反致條款與判決一致。
25) 參照洪應灶教授著：國際私法（民國五十七年）第五二頁。
26) 請參閱馬著：第二〇三頁；劉著：第一二一至一二四頁；蘇遠成教授著：國際私法（民國六十年）第五十七頁、五十八頁。

支持此種見解者，每以一國有關法律衝突之規定，常列入民商法典內[27]，因而有整個全部不可分割之論調。唯條文雖列在同一法典，其性質則不必盡同，性質既異，則法律自無不可分割適用之理由；且各國國際私法之規定，未必皆列入民商法典內[28]，凡此情形，足以否認外國法律不可分說之理論；況適用外國法之目的，在於解決涉外法律關係之實質，而非為劃定法律適用之範圍，故以外國法不可分為理由，而主張應採反致者，實非適當。

4.採用反致條款可作為國際禮讓之表示

此說以為國際私法係分配各國立法管轄權。對某涉外法律關係，依內國國際私法適用外國法時，如該外國就該法律關係不欲適用其本國實體法，即等於該外國自己放棄其本國法之管轄，依據國家主權間應相互尊重禮讓之學說[29]，法庭地法院應不得違背該外國之本意，而適用其本國法。例如就某涉外案件，依法庭地甲國國際私法，應適用乙外國法，如乙國國際私法規定適用甲國法或丙國法時，即謂乙國自己放棄其本國法之管轄，法庭地國基於尊重外國主權及禮讓之旨，不得違背乙國意思，而以乙

國法為裁判之依據，而應以甲國法或丙國法代替之。

此一論據值得商榷的，乃國際私法並非規律國家主權相互間關係之法律，其理至明；且如依乙外國法而適用甲國法或丙國法時，若甲、丙二國就該法律關係，皆不欲適用其本國法時，則究將尊重何國意思？此外，國際禮讓僅可為一時之政略，不能為立法之基礎，故此說亦無何重要價值。

5.採用反致條款可得更合理之結果

對涉外法律關係，依內國國際私法適用外國法時，原期其適用恰當，而採用反致條款，將可使所得結果更為合理。例如甲國國際私法，就身分能力事項採本國法主義，在該國固認為必如此方為合理，唯若當事人之本國認為依住所地法方為合理時，則最初認為本國法為合理者，便值得重新考慮，二者間究以何者為當？吾人似難否認，就該當事人權義言，當事人本國所決定者，實比較由他國所決定者更為正確，為達到更合理之判決結果，內國法院自以捨此就彼為宜。

此一主張的理論基礎，為本國法優

<hr>

27) 一八〇四年之法國民法，係以羅馬法為模範，於民法法典首端，設前加篇，其第三條記載國際私法性之規定。其他國家頗多倣傚者，或將國際私法性條文置於民法前加篇，或置於總則之中，例如一八一一年之奧地利民法、一八六七年之葡萄牙民法、一八七一年之阿根廷民法、一八八八年之西班牙民法、一九三六年之秘魯民法、一九四〇年之希臘民法以及一九四八年埃及民法等均是。

28) 其規定於單行法中之立法例頗多，例如日本一八九八年之法例、波蘭一九二六年及捷克一九四八年之國際私法，乃至於我國於民國七年所制定之法律適用條例，民國四十二年制定之涉外民事法律適用法等均採單行法之體制。

29) 關於禮讓說，請參閱翟楚教授著：國際私法綱要（民國四十八年），第四十八頁。

先說[30]，倡導者為德國學者Frankenstein，其立論要旨為一人的本國法，原為其首要關係的法律，住所地法則為其次要關係的法律，但若其本國以後者為主要，自必有其獨到之見地，他國以尊重之為是，俾適用法律能得更合理的結果。

上述主張非無理由，唯應注意者，此種國際私法之二重構造，何以承認本國法為其基礎，已難充份解釋，抑且在國際私法上，本國法及住所地法，本均立於平等地位，強分規律主要關係與次要關係的法律，也屬牽強。此外，此種見解就適用範圍言，也有限制，卽僅能適用於以國籍為連接因素所成立之準據法，而不能用以支持以其他連結因素為基礎所成立之準據法，卽使該應適用的法律，偶然地與當事人本國法相競合時亦然。

(二)反對採用反致條款之理由

反致條款雖因英、法判例之援用，德國、波蘭、日本等國國際私法之採用，而頗形普遍，但世界上不採反致條款之國也多，且自十九世紀以迄今日，

反對之理論也有增無減。學者中反對適用反致條款者，在美國有 Beale[31]、Lorenzen[32] 等，在英國有 Cheshire[33]、Morris[34]，在法國有 Bartin、Pillet，在德國有 Kahn[35] 等。彼等學者對贊成採用反致條款論據之反駁，已見上述，於茲不贅外，以下擬就其他獨立反對主張，評述於後：

1. 採用反致條款有陷於循環論法之謬誤

此種主張認為適用反致條款之結果，必不能確定其應適用之法律。蓋如甲國國際私法，就某涉外法律關係，規定適用乙國法，而乙國國際私法規定適用甲國法時，則雙方互相反致，循環不已，將無由發現應適用之準據法[36]。因此以為內國國際私法規定適用外國法時，應僅指該外國法之實體法（民商法），而不包括該外國之國際私法。

上述反對理由，也有值得商榷之處。第一、內國國際私法雖採反致條款，但如所採者僅為一部反致時，則上述循環不已之謬誤，根本不會發生，蓋在一部反致時，內國法院適用外國法時，僅

---

30) 本國法優先說由 Frankenstein 所首創，並由 Weiss、Fiore 等學者所繼受。依此說，當事人之本國具有牴觸法規優先制定權。若法院地國之牴觸法規所指定之準據法，與當事人本國之牴觸法所指定者，互不相同，因而發生牴觸時，應依本國牴觸法規之規定，適用其所指定之法律為應適用之法律。關於此學說，請參閱劉著：第一二一、一二二頁；蘇著：第五十九、六十頁。

31) 請參閱 I Beale, *A Treatise on the Conflict of Laws* (1935) §7.3, pp. 56-57.

32) 請參閱 Lorenzen, "The Renvoi Dortrine in the Conflict of Laws," 27 *Yale L.J.* 509 (1918); Lorenzen, "The Renvoi Theory & The Application of Foreign Law," 10 *Col. L. Rey.* 190 (1910).

33) 請參閱 Cheshire, *Private International Law* (9th 1974), p. 63.

34) 請參閱 Dicey & Morris, *The Conflict of Laws* (9th 1973), p. 66.

35) 關於德、法學者，參照洪應灶教授著：國際私法（民國五十七年），第五十三頁；何適教授著：國際私法（民國五十九年），第一七五～一七六頁。

36) 對於此種結果，學者曾有譏之為國際網球戲、乒乓球戲或邏輯面鏡者。

適用該外國國際私法上有關準據法之規定，而不適用其反致條款，既不適用該外國之反致規定，則無論依該外國國際私法，應適用內國法抑第三國法時，自僅指內國或第三國之實體法而言。此外，即令內國國際私法上所採者為全部反致，於適用外國法時，也包含其反致條款，但如一國於其國際私法上明文規定，於依外國國際私法反致適用內國法時，即適用內國實體法，不再反致出去，則循環不已之後果，自屬可以避免。

2.採用反致條款有損內國主權

謂因適用反致條款之結果，依某外國國際私而適用內國法或第三國，不啻內國法院為外國法之遵守，有損內國之主權，蓋決定法律適用的範圍，本來是屬於國家主權的運用，一國主權所規定的法律適用標準，具有絕對強行性，斷不能因為他國法律而生變動。譬如一國的國際私法，決定人之行為能力依其本國法，便不應再將法律適用的標準，因外國法規定之不同（如採本國法或住所地法），而異其適用，置本國的主權於不顧。一國立法者就涉外法律關係，選定法律適用的標準，本是表現國家主權的行為，若一旦與外國法律所淵源的外國主權接觸，便行退卻，自有礙內國法之尊嚴。

唯上述見解有應商榷者，一國國際私法對某涉外法律關係，決定採用某一立法主義，如本國法主義，同時又規定，如當事人本國國際私法規定不同時，可限制內國所採本國法主義之適用，此種規定，固為一國立法權限以內之事，殊未可厚非，且於此情形，亦不能即指

為係受外國國際私法之支配，要無損內國主權之可言。此外，一國法院既有內國反致條款之明文，則內國法院適用外國國際私法所指示之法律，即所以為適用內國法之結果。

3.採用反致條款適用時實際不便

一國法官分內的職務，為適用內國法，最多再益之以本國國際私法所選擇的外國實體法，今如採用反致，則一國法官又須適用外國的國際私法，實予內國司法人員過重的義務，實際上諸多不便；而且承認反致，內國法官於適用外國法時，必須研究該國有關定性及公序良俗的意義，方足以符合如在該國適用外國法的一般情形。凡此均足以說明適用反致，實屬不便。

一國國際私法應否採用反致，實際上是否不便，固為應考慮因素之一，但絕非最重要之因素。適用反致，倘對當事人言更符合正義公平之嚆矢、更符合一國制定國際私法之理由，則對內國法官縱屬實際不便，亦無礙於反致之採用，反之，適用反致，如對當事人言並不符合公平正義之理想，也不能達成一國制定國際私法學之目的，則縱屬便利，也不應採用。

4.採用反致條款有否定內國國際私法原則妥當性之嫌

一國國際私法就涉外法律關係，所以不皆適用內國法，主要係著眼於規律涉外生活關係的法律，應盡量求其普遍調和，求其妥當適用於國際社會為目的。內國國際私法所採之法則——指定之準據法，即為內國立法者斟酌盡善，擇其適宜者採用，亦最符合上述目的及理

想，今如承認反致條款，則為否認內國國際私法原則之妥當性，並為對內國所制定之國際私法欠缺信心之表示。

上述反對理由，不從一國主權上着眼，而係以內國國際私法規定之妥當性為依據，實較適用反致條款，則有損內國主權之說為有力。唯一國國際私法所採之準據法，究否妥適，原無絕對標準。某種立法主義在甲國認為適宜者，乙國未必認為適宜，倘一國就某些有爭議之準據法，不堅持自己所採主義之妥當性，為求達成其他更崇高目的，譬如判決一致，適用法律更合理等，因而適用反致，似難指為有否定內國國際私法原則妥當性之嫌。

5.採用反致條款有違法律的安定性

法律的適用，應力求安定，一在維持法律的尊嚴，一在確保當事人權益，對內國法的適用，固應如此，對外國法的適用亦然。故一國就涉外法律關係，既經選擇某項法律後，務必力求其安定而少變動，但於國際私法上如適用反致條款，則有與此種企求相反之效果。例如就某種涉外法律關係，內國國際私法雖規定應適用某外國法（如當事人本國法），但因反致條款之適用，於不同案件，即可能分別適用內國法（如當事人本國採住所地法，住所地在內國時）、第三國法（如住所在第三國時），使原所選擇的法律（當事人本國法），沒有必得適用的把握，而須視外國國際私法之規定，方能確定適用何國法律，實不安定之至。

此種反對適用反致條款之理由，極有見地。誠然，於一國不採反致時，就

同一涉外法律關係於不同案件，其所適用的法律，也未必相同，但此種不同，僅為具體的不同，而非抽象的不同；但適用反致時，則同一涉外法律關係於不同案件，一國所適用的法律，不僅為具體的不一致，且也為抽象的不一致。在具體的不一致，並不影響適用法律的安定性，但在抽象的不一致時則否。茲舉例說明如下：

一國就婚姻的效力採夫之本國法主義，則其對有管轄權之涉外婚姻效力案件，固皆適用。雖夫之本國法，隨個案夫之國籍不同，而異其法律之適用，但此僅為具體的不同，抽象應適用的法律則一——夫之本國法；但如採用反致條款，則又須視夫之本國國際私法之規定，而又異其抽象準據法之適用。例如夫之本國國際私法規定適用夫之住所地法或婚姻舉行地法者是。申言之，同一類涉外法律關係，一國法院所適用的法律，有時為夫之本國法，有時為夫之住所地法，有時為婚姻舉行地法，似此變動不一，而無一定之準則，自屬有違法律的安定性。

綜觀贊成採用反致條款及反對採用反致條款者雙方之意見，實難謂為誰是誰非，蓋各有其相當理由，此或由於國際私法發展較遲，迄今尚未能十分成熟，有待澄清的問題自然很多。唯就個人意見，贊成論者，除各國法院對於同一案件，得有統一判決——如能證明確實，可作為適用反致之強有力之依據外，實別無他種採用之價值；而反對論者之意見中，則不無可取之處。茲於另章單獨檢討反致條款與判決一致之關係，俾

— 208 —

對反致條款之取捨，能有深一層之認識。

叁、反致條款與判決一致

國際私法乃因應環境的需要而產生，其制定之理由乃為了公平、正義與需要[37]。蓋各國法律（實體法）乃其國民精神的表現，社會環境的產物，各國社會狀態及國民精神既不能盡同，則其制定之法律，自亦不能一致。各國法律既不能相同，對於牽連數國之涉外案件，究應適用何國法律，此國際私法之所由發生，唯此僅能解決法律衝突問題，達到選擇法律適用之目的；就同一涉外案件，往往數國皆有管轄權，因各國對選擇適用法律之標準不同，則同一案件，若在不同法域起訴，易產生判決歧異之結果，似此對當事人言最為不公平，也違反了正義之原則，此種現象，固可藉國際條約[38]解決，但各國利害關係不同，短期內難以完全實現。贊成適用反致條款者，認為採用反致條款，可協助達成判決一致之國際私法學理想。倘若適用反致條款，果真可達成判決一致，縱反對者理由言之鑿鑿，反致條款必也屹立不動。因此本文擬對反致條款與判決一致之關係，再為探究。

涉外法律關係種類繁多，各國國際私法對每一種涉外法律關係所採之立法主義，亦頗複雜多樣[39]，茲為說明直接反致及轉據反致，並為分析研究便利計，茲選擇身分能力事項適用最廣，衝突最易之所謂屬人法兩大原則[40]，加以論列。

一、直接反致與判決一致

在直接反致，僅涉及二國，而二個國家茲假定就繼承事件採用本國法主義及住所地法主義之組合情形，不外下列數種：

第一、二國均採本國法主義；
第二、二國均採住所地法主義；
第三、一國採本國法主義，另一國採住所地法主義。

茲假定二國就繼承案件皆有管轄權，就上述三種情形，分別論述適用反致與判決一致之關係如下：

---

37) 請參閱 Cheatham et al., *Conflict of Laws* (1964), p. 385.
38) 關於國際私法上的各種條約，請參閱馬著：第三十六～四十頁、劉著：第三十四～四十二頁、阮毅成教授：國際私法論（民國五十九年）第二十六～三十八頁。
39) 茲以契約之準據法為例，就有契約訂約地法主義、契約履行地法主義、訂約地法與履行地選擇適用主義、債務人住所在法主義、當事人共同本國法主義、債務人本國法主義、法庭地法主義以及當事人意思自治原則等。關於以上各種立法主義，請參閱拙著：「契約準據法之研究」，政大法學評論第九期（民國六十二年）第一四五～一七九頁。
40) 個人法律地位上的某些事項，應專受與其人有永久關係之國家之法律管轄，而不受其人偶然所在之國家之法律支配。此一與其人永保關係之國家之法律，即為其人之屬人法。至受此一法律管轄之事項，其範圍如何，各國法制並不一致。如從廣義解釋，則舉凡有關個人身分能力之問題，親屬之關係以及繼承之問題均屬之。至何為個人之屬人法，則有本國法主義與住所地法主義之分，此即屬人法兩大原則。關於本問題，請參閱馬著：第五十三～五十六頁。

(一)就第一種情形言

無論被繼承人係二國中何一國人，也無論被繼承人住所地在何國領域，也不論繼承事件在何國法院起訴，二國法院判決應屬相同，因均適用被繼承人死亡時本國法。判決既然相同，反致條款即無任何效益[41]。

(二)就第二種情形言

無論被繼承人係二國中何一國人，也不論被繼承人住所地在何國領域，也不論繼承事件在何國法院起訴，二國法院判決應屬相同，因均適用被繼承人死亡時住所地法。判決既然相同，反致條款即無任何效益[42]。

(三)就第三種情形言

其可能發生之情形，不外下列四種：

1. 本國採本國主義之被繼承人，在其本國有住所，則繼承事件無論在何國法院起訴，判決均相同。

2. 本國採本國法主義之被繼承人，在採住所地法主義之國家有住所，則繼承事件在不同法域起訴，判決即發生歧異。

3. 本國採住所地法主義之被繼承人，在其本國有住所，則繼承事件無論在何國法院起訴，判決均相同。

4. 本國採住所地法主義之被繼承人，在採本國法主義之國家有住所，則繼承事件在不同法域起訴，判決即發生歧異。

就上述第三種可能發生之四種變化，茲分析如下：1. 3.兩項（被繼承人在其本國有住所），繼承事件無論在何國法院起訴，判決均相同，因皆適用同一國家之法律。判決既然相同，反致條款即無任何效益[43]。被繼承人在其本國以外有住所之情形，採取反致，是否有助判決一致，茲檢討於下：

第一、在上述 2.之情形，無論一國或二國採取反致，對判決無所幫助，即歧異如故。

第二、在上述 4.之情形，如其中一國採反致，一國不採反致，則可因此適用相同法律，而達判決一致之要求。

二、轉據反致與判決一致

在轉據反致之情形，涉及三個國家，而三個國家茲假定就繼承事件採用本國法主義及住所地法主義之組合情形，不外下列四種：

第一、三個國家均採用本國法主義；

第二、三個國家均採用住所地法主義；

第三、二個國家採住所地法主義，一個國家採本國法主義；

第四、二個國家採本國法主義，一個國家採住所地法主義：

茲假定三個國家就繼承事件皆有管轄權，就其適用反致與判決一致之關係，分別論述於後：

---

41) 於此情形，一國或二國採取反致，仍有判決之一致。
42) 於此情形，一國或二國採取反致，仍有判決之一致。
43) 於此情形，一國或二國採取反致，仍有判決之一致。

(一)就第一種情形言

無論被繼承人是三國中何一國人，也無論被繼承人住所地在何國領域，也不論繼承事件在何國法院起訴，三個國家法院的判決應屬相同，因皆適用被繼承人死亡時本國法。判決相同，反致條款即無任何效益[44]。

(二)就第二種情形言

無論被繼承人係三國中何一國人，也無論被繼承人住所地在何國領域，也不論繼承事件在何國法院起訴，三個國家法院的判決應屬相同，因皆適用被繼承人死亡時住所地法。判決相同，反致條款即無任何效益[45]。

(三)就第三種情形言

其可能發生之情況，不外下列五種：

1. 本國採本國法主義之被繼承人，在其本國有住所，則繼承事件，無論在何國法院起訴，判決均相同。

2. 本國採本國法主義之被繼承人，在採住所地法主義之國家有住所，則繼承事件在採本國法主義或住所地法主義之國家起訴，判決即發生歧異。

3. 本國採住所地法主義之被繼承人，在其本國有住所，則繼承事件無論在何國法院起訴，判決均相同。

4. 本國採住所地法主義之被繼承人，在另一採住所地主義之國家有住所，則繼承事件在採本國法主義或住所地法主義之國家起訴，判決即發生歧異。

(四)就第四種情形言

其可能發生之情況，不外下列五種：

1. 本國採本國法主義之被繼承人，在其本國有住所，則繼承事件無論在何國法院起訴，判決均屬相同。

2. 本國採本國法主義之被繼承人，在採住所地法主義之國家有住所，則繼承事件在採本國法主義或住所地法主義之國家起訴，判決即發生歧異。

3. 本國採住所地法主義之被繼承人，在其本國有住所，則繼承事件無論在何國法院起訴，判決均屬相同。

4. 本國採本國法主義之被繼承人，在採本國法主義之另一國家有住所，則繼承事件在採本國法主義或住所地法主義之國家起訴，判決即發生歧異。

5. 本國採住所地法主義之被繼承人，在採本國法主義之國家有住所，則繼承事件在採住所地法主義或本國法主義之國家起訴，判決即發生歧異。

就上述三、四兩種各可能發生之五種變化，茲分析於下：(1)(3)兩項（被繼承人在其本國有住所），繼承事件無論在何國法院起訴，判決均相同，因均適用同一國家之法律。判決相同，反致條款即無任何效益[46]。被繼承人在其本國以外有住所之情形（上述(2)(4)(5)），採

---

44) 於此情形，一國或二以上之國家採取反致，仍有判決之一致。
45) 於此情形，一國或二以上之國家採取反致，仍有判決之一致。
46) 於此情形，一國或二以上之國家採取反致，仍有判決之一致。

取反致，是否有助判決一致，茲分析於後：

第一、在上述②之情形，無論一國或數國採取反致，對判決毫無影響，即判決歧異之情形，依然如故。

第二、在上述④之情形，如採本國法主義之國家（或採住所地法主義之國家）或採本國法主義及採住所地法主義之國家均採反致，則可達成判決一致之理想。

第三、在上述⑤之情形，如採本國法主義之國家或採住所地法主義之國家採反致，則可均適用相同法律，而達判決一致之理想。

綜合以上分析討論，我們似可發現，在以上所假設之極為單純之法律適用衝突中，反致條款與判決一致之關係如下：

就涉及二國之情形言。在可能發生之三類衝突中，其中兩類，無庸採用反致，而不礙判決一致，至第三類衝突，就其可能變化之四種情形，有兩種情形也無庸採取反致，而有判決一致理想之達成。至另二種情形，其中之一，無論一國或兩國採取反致，對判決歧異一無幫助。至最後一種情形，採取反致，雖可協助達成判決一致，但受一定條件之限制，即必須一國採反致，一國不採反致，否則判決歧異必然如故。

就涉及三國之情形言。在可能發生之四種衝突中，其中兩類，無庸採用反致，而不礙判決一致。至於另兩類衝突，在可能發生之各五種情形中，也各有兩種情形，無庸採取反致，而有判決一致。至於所餘另三種情形，其中之一，無論一國或數國採取反致，對判決一致之達成，均無幫助，至於另兩種情形，若僅本國法主義之國家採反致（第三類情形），或者僅住所地法主義之國家採反致（第四類情形），則有判決一致之實現。

從上述結論中，我們似可斷言，反致條款與判決一致之關係，極為薄弱，對協助達成判決一致之國際私法學理想，可說是功效不彰，僅就其可促使判決一致數種情形言，也都有一定條件之限制，要非一個國家所可左右。基於此，本人實不贊成於國際私法中採用反致條款[47]。

肆、反致條款在比較法制上之觀察

關於反致條款之一般問題，以上已分從歷史上、理論上詳予說明討論。在本章中則擬區別國內法及國際公約兩方面，再就採用反致之實際情形——特別是其判例，加以觀察，以明反致條款在比較法制上之現狀。

---

47) 其實影響判決一致之原因，實不僅限於各國對某一涉外法律關係，所採立法主義之不同，其他如定性標準之不同，國籍或住所衝突解決方法不同等，在在均影響判決一致。此外，就同一涉外法律關係，在不同法域涉訟，因適用不同法律，理論上固然可生判決歧異之結果，但實際上則未必絕對如此，蓋各國實體法無不係以普遍之正義、公平理念為根據，其內容縱或有出入，但也不致項項規定不同，是所謂因適用不同法律，即得不同結果，要屬誇大之詞，故吾人又何必庸人自擾，以功效不大之反致條款，徒造混亂。

一、國 內 法

(一)法 國

1. Veuve Hermann v. Soulié [48]

本案事實為某美國婦女，居住於法國，期望在該國設定住所，後死於巴黎，遺留有動產。依當時之法國法律，外國人在未獲得法國政府授權下，不能在法國設定法律上的住所。在本案中，該美籍婦女並未取得此種授權。法國國際私法規定，被繼承人住所地法——美國路易斯安那州法，規範其動產之分配，然法國法院於適用路州法律時，係兼指其國際私法，而路州國際私法對動產繼承，係採被繼承人事實上住所地法。被繼承人事實住所既在法國，法國法院遂因而適用法國民法以為該遺產分配之依據。本案所採者為直接反致。

2. Machain Cueto v. Lopp [49]

本案事實為某阿根廷婦女，在美國紐約與其阿籍夫獲准離婚後，即與一美國人在紐約結婚。其後因該婚姻是否有效問題，涉訟於法國法院。法國法院於本案中認該婚姻有效，其理由為依妻之本國法（國際私法）——阿根廷地法，阿國公民身分問題，應適用當事人住所地法，而依當事人住所地法——紐約州

法律，該離婚及第二次婚姻均為有效。本案所採者為轉據反致。

3. Patino v. Patino [50]

本案事實為兩個玻利維亞人，在西班牙結婚，其後在法國法院請求離婚，法國法院判決應適用玻利維亞法，包含其國際私法，而依玻國國際私法，離婚適用婚姻舉行地法，而依西班牙法律，該離婚為不應准許，法國法院遂予駁回離婚之請求。本案所採者亦為轉據反致。

4. Cau v. Grosel [51]

本案事實某南斯拉夫人與其法籍妻，在埃及離婚，現在法國法院發生承認該離婚判決之問題。關於離婚，依法國國際私法，應適用當事人住所地法[52]——埃及法，而依埃及國際私法之規定，應適用夫之本國法——南斯拉夫法，依南斯拉夫法律，該離婚應准許。法國法院因而承認該離婚判決。本案所採者也為轉據反致。

(二)美 國

1. Matter of Talmadge [53]

本案事實為某美國紐約人，在法國有住所，死於法國。其遺囑中有許多遺贈的規定，其中一份為以十元贈與其兄弟，其餘之財產則贈與其叔母及一堂兄

---

48) Cass. Mar. 1, 1910; Rev. 1910, 870; Clunet 1910, 888. 法國關於反致未設明文規定，其有關反致，係依判例而定。本文中所舉法國判例，係參照 Delaume, *American French Private International Law* (1961), pp. 90-95.

49) Trib. Civ. Seine July 11, 1918, Clunet 1919, 286; Rev. 1919, 513.

50) Trib. Civ. Seine June 18, 1950, Rev. 1951, 648.

51) Trib. Civ. Seine Oct. 22, 1956, Rev. 1958, 117.

52) 依照法國國際私法，關於離婚之準據法，如夫妻同籍者，適用其本國法，如夫妻異籍者，適用其共同住所地法。參照 Delaume, pp. 100-103.

53) 109 Misc. 696, 181 N. Y. S. 336 (1919).

— 213 —

弟。該堂兄弟先於立遺囑人死亡。本案之問題，則為該遺囑究應依法國法抑紐約州法解釋。如依前者，則先死之受遺贈人所應得之部份，應歸屬於另一受贈人——叔母；但依紐約州法，則該遺囑人之兄弟，就該部份財產，應依未立遺囑之規定，繼承該部份遺產。

依照紐約州死亡人財產法第四十七節，關於遺囑之解釋應適用遺囑人住所地法——法國法，但當事人之一造力主依法國法律規定，本案應適用遺囑人本國法——紐約州法，此種主張，顯係主張採用反致。但紐約州法院宣稱：「所謂適用遺囑人住所地法——法國法，係指法國之實體法，而非指其國際私法。」故法院於本案中拒絕適用反致，所有剩餘財產遂歸屬於遺囑人之叔母。美國法院多數判例，皆持此種態度。唯有例外見後述。

2. In Re Schneider's Estate [54]

本案事實為某祖籍瑞士，後歸化為美國之人，在紐約州有住所，死後留有財產，其中包括在瑞士之不動產。其遺囑中處分財產之方式，抵觸瑞士民法。瑞士法律對法定繼承人有特留分之保障，該一權利不得以遺囑行為加以剝奪。本案之爭點即為遺囑人是否有自由處分其財產之權利。

紐約州法院首先說明，唯不動產所在地法院始有權管轄有關不動產之各項問題，唯本案中座落在瑞士之不動產已經變賣，其賣得之價金現寄存在紐約，故紐約州法院有權審理該不動產歸屬問

題。法院遂即聲明，本案中該筆價金是否應依遺囑之規定，歸屬於不動產之受遺贈人，繫於該筆遺贈是否有效，而該不動產遺贈是否有效，應適用不動產所地法。法院旋解釋何謂不動產所在地法。究指該不動產所在地之實體法抑包含其國際私法之問題。法院以為不動產所在地法及執法機關，享有排他的管轄，因此凡不為該所在地法認許的權利，即無從在該地行使權利，反之，凡為該地法律包含其國際私法所認可的權利，即可在該地獲得承認並予執行。因之法院在決定土地所有權歸屬時，即應探求如本案件在不動產所在地法院提起時，該法院所應適用的法律。瑞士國際私法採繼承統一主義，對外國人遺產之分配，適用其住所地法，本案遺囑人之住所地在紐約州，紐約州法院遂反致適用紐約州法。本案所採者為直接反致。

3. Richards v. U. S. [55]

本案為一航空機失事，被害人之法定繼承人，依照美國聯邦侵權行為請求法 (Federal Tort Claims Act)，在奧克拉荷馬州聯邦地方法院起訴，請求美國政府賠償。失事地點在密蘇里州，該州法律 (Wrongful Death Statute)，對賠償額有限制之規定；飛機係自奧州起飛，原告爭執美國政府有過失，因其疏於在奧州執行適當檢查業務，因此主張被害人應依奧州法律獲得賠償，該州法律對賠償額並無限制。

聯邦侵權行為請求法規定：「美國依作為或不作為地法律負損害賠償責任

54) 96 N. Y. S. 2d 652 (Surr. Ct. 1950).
55) 369 U. S. 1 (1962).

。」，美國聯邦最高法院解釋，所謂作為或不作為地法，係指該州的全部法律，包含其國際私法。不作為地在奧州，而依該州國際私法（判例）規定：因過失致死之損害賠償案件依損害結果發生地法。美國聯邦法院遂反致適用密州的法律，包含其有限賠償之規定。本案所採者為轉據反致。

（三）英　國

1. In re Annesley [56]

英國籍之遺囑人，在法國有住所，於一九二四年死亡時，年八十歲。以遺囑將其所有動產處分，而未遺留給其兩個女兒。其後，在英國法院發生訟爭。此處分行為，如依英國法，概為有效，如依法國法，則限制其祇能處分三分之一的財產。英國法院依遺囑人住所地法——法國法，但依法國國際私法包含其反致規定，則應適用遺囑人本國法——英國法，而英國國際私法則指定適用法國法。其結果，英國法院遂適用法國之實體法。本案中英國法院所採者為重複反致，其理論依據為全部反致說。

2. In re Ross [57]

本案中立遺囑人為英國人，在義大利設有住所，以遺囑將其所有財產處分，而排除其子女為受益人。此種自由處分財產，依英國法為正當，依義大利法則不可，遺囑人之子應繼受二分之一的遺產。遺囑人在義大利有土地，在英國及義大利遺有動產。

就動產繼承言，英國法院適用遺囑人住所地法——義大利法，而依義大利國際私法，則適用遺囑人本國法——即英國法，英國法院遂適用英國法為裁判。就不動產繼承言，英國法院適用不動產所在地法——義大利法，而依義大利國際私法，不動產繼承也適用被繼承人本國法，英國法院遂適用英國法，判決子之請求敗訴。此一結果一如本案之在義大利審理無異。唯本案中法院所採者為直接反致。

3. In re Askew [58]

本案事實為英國籍夫與其妻分居時曾有協議，如夫再婚時，則夫可撤銷部分信託，而指定其後婚所生子女為受益人。在西元一九一一年前夫已在德國設定住所，而於是年自德國法院取得離婚判決，遂於柏林與某女結婚。唯在其未離婚前，夫已與某女在瑞士生一女。西元一九一三年夫依照與前妻之協議，行使撤銷權，並指定該女為受益人。因而在英國法院發生訟爭。

本案之爭執點，在於夫之重新指定其女為受益人是否有效的問題。而依法官 Maugham 之見解，認為該指定是否有效，繫於該女是否婚生女。此問題，依英國法，則否認其有婚生子女之身分，依德國法，則承認其已取得婚生子女之地位。英國法院依英國國際私法之規定，應適用住所地法——德國法，但德國國際私法採本國法主義，應適用英國

---

56) (1926) Ch. 692. 本文所引英國判例，係參照 Dicey & Morris, *The Conflict of Laws* (9th. 1973), pp. 51-69.

57) (1930) 1 Ch. 337.

58) (1930) 2 Ch. 259.

法，因英國法院採全部反致，於適用德國法時，不僅指其法律衝突之條款，且包含其反致條款（德國採部份反致），因而適用英國國際私法之結果，最後所適用者仍為德國實體法，法院遂判決該女為婚生子女，而承認重新指定該女為受益人為合法。法院於本案中所採者為重複反致，所根據者也為全部反致之理論。

4. In the Estate of Fuld (No 3)[59]

立遺囑人原為德國人，後遷居於加拿大之 Ontario，並取得加拿大國籍，死於住所地德國。其遺囑及第二附加書，係在英國做成，依英國法該方式為有效。至另三個遺囑附加書，係在德國做成，依英國國際私法，關於遺囑方式要件應適用住所地法——德國法。其中兩個附加書之方式如依德國法為無效，但依英國法或加拿大法則有效。

英國法院於本案適用德國國際私法，而依德國民法施行法之規定，法律行為之方式適用該行為所應適用的法律，即當事人（遺囑人）之本國法—Ontario法，而依後者國際私法，仍適用住所地法，故英國法院最後適用者為德國實體法，因而判決該兩附加書為無效。本案

中法院所採者為轉據反致。其理論依據也為全部反致說。

從以上所述三國判例中可以得知，法國及美國採反致之判例，其所採者為一部反致[60]，故反致之形態，限於直接反致或轉據反致；英國採反致之判例，皆以全部反致[61]為根據，故直接、轉據及重複反致之形態雜陳。

二、國 際 公 約

關於規律本國法與住所地法間衝突之公約[62]。

國際私法之目的，原在解決內外國法律之衝突，但各國之國際私法，既為其立法者所自由制定，則此種法規本身彼此間即已呈衝突之狀態，此所以對同一事件之解決，仍不免因地而異，距判決一致之國際私法學理想，尚大有距離，因此，各國學者自十九世紀以來，多有倡導統一國際私法原則之議，求藉多邊條約，以達成統一國際私法之目的[63]。唯國際間所簽之各種多邊條約，除本節中擬詳論之「關於規律本國法與住所地法間衝突之公約」（反致公約）外，其餘明文採用反致者，有關於婚姻之一

---

59) (1968) p. 675.
60) 關於一部反致，見本文貳、反致條款之剖析第22—23頁。
61) 關於全部反致，見本文貳、反致條款之剖析。第23頁。全部反致除稱之為「雙重反致」，又可稱之「外國法院說」（Foreign Court Theory）——卽法庭地法院應與準據法國法院立於同一立場，而適用準據法國法律，因而與該外國法官為相同判決。
62) 本公約英文名稱為 Convention To Determine Conflicts Between The National Law And the Law of Domicile，為一九五一年第七屆海牙國際私法會議之產物。
63) 國際間最重要之國際私法會議為海牙國際私法會議（Hague Conference on Private International Law），歷年來所所制定之條約案頗多，且不乏已生效者。關於海牙國際私法會議及其所簽訂之條約，請參閱拙著：「論侵權行為之準據法」，政大法學評論第七期（民國六十一年），第一八二～一八四頁。

九〇二年海牙國際私法條約[64]，關於票據之一九三〇年及一九三一年日內瓦公約[65] 等少數例外，其餘大多數有關國際私法之公約[66]，多排除反致之適用。以下擬分數項，對反致公約加以評介。

(一)應適用之法律

1. 公約第一條：

「當事人住所地國規定適用本國法，其本國規定適用住所地法時，締約國應適用其住所地之實體法。」

2. 公約第二條：

「當事人住所地國及其本國，均規定適用住所地法時，締約國應適用其住所地之實體法。」

3. 公約第三條：

「當事人住所地國及其本國，均規定適用本國法，締約國應適用其本國之實體法。」

(二)本公約之性質

1. 依本公約第四條規定，締約國就某涉外案件適用本國法或住所地法時，卽必須適用當事人本國及住事地國之國際私法，故本公約採用反致。此種反致為一部反致而非全部反致，蓋其規定適用外國法時，僅規定適用該外國國際私法上有關準據法之規定，並不包含其反致條款。因其採用一部反致，故祇能發生直接反致或轉據反致之類型，而不致發生間接反致及重複反致。

2. 本公約僅試圖解決本國法及住所地法之衝突，至其他適用法律之衝突，則不在本公約適用範圍內，如本國法及物之所在法之衝突是。此外，本公約僅在於解決消極衝突，至對於積極衝突之解決——本國法規定適用本國法及住所地法規定適用住所地法之情形，則未有何規律。

(三)本公約之適用條件

1. 法庭地國必須為本公約之締約國。（參照公約一一三條）。非締約國自無適用本公約之義務，至法庭地國是否卽為當事人本國或住所地國，則非所問。

2. 就某涉外案件，依法庭地國際私法規定，應適用當事人住所地法或本國法（參照公約第四條）。本公約對涉外案件之種類，並無限制，唯一般而言，各國國際私法不以本國決規定，卽以住所地規定者，恒以屬人法事項居多。

3. 當事人之住所地國或其本國，必須為本公約之締約國（參照公約第七條）。

---

64) 該公約第一條規定：「婚姻之權利，依當事人各該本國法；但其本國法明定為應依他國之法律者，不在此限。」

65) 日內瓦統一滙票本票法第九十一條規定：「關於票據行為能力適用本國法；但依本國法之規定，應適用其他國之法律者，則適用其他國家法律。」日內瓦統一支票法第六十條之規定亦同。

66) 例如一九六八年第十一屆海牙國際私法會議所簽訂之關於交通事故之法律適用公約第三條、一九七二年第十二屆所簽訂之商品製作人責任之準據法公約第四～六條。關於前一公約請參閱拙著：「論侵權行為之準據法」，政大法學評論第七期（民國六十一年），第一八二～一八九頁；後一公約請參閱拙著：「論商品製作人責任之準據法」，政大法學評論第十期（民國六十三年），第一一七～一二一頁。

(四)評 論

本公約之目的，乃在解決本國法主義及住所地法主義之衝突，使其在締約國間，於具備本公約適用條件時，採取反致，並規定其適用一定之法律，因而案件若在不同締約國起訴，即可因適用本公約，而有同一之判決，立法意旨甚佳。依本公約第十條第一項，本公約於第五個國家批准書寄存後第六十日起生效，但迄一九七一年止，本公約尚未生效[67]。

出席第七屆海牙國際私法會議之各國，何以不加批准，理由如何，雖難臆測，但一般而言，本公約下列各點，實不無欠妥之處，茲試分析於下：

1.本公約並非單純規定採本國法主義之國家或採住所地法主義之國採取反致，而係規定在本公約適用條件下，同時適用當事人本國及其住所地國之國際私法。故就適用法律言，較爲複雜，也異於一般國家國際私法通常適用法律之原則。

2.依公約第一條之規定，「如當事人本國規定適用住所地法，而住所地國規定適用本國法時，締約國即應適用住所地法」。本條無疑是支持國籍原則者，對支持住所地原則者，所做的一項重大讓步，自不易爲採本國法主義的國家所接受。

3.依公約第五條之規定，「就本公約言，住所係指當事人之習慣居所地，但以他人之住所爲住所或以官府所在地

爲住所之情形除外」。此種住所之定義，與一些國家所採者不同，因此使得此等國家，裹足不前，譬如英國卽是一例。英國國際私法委員會，鑒於修正有關住所之法律困難，因此已不再建議英國政府，在本公約現在形式下參加本公約[68]。

4.本公約第七條規定，「當事人住所地國或本國若非本公約締約國，締約國卽無義務適用本公約」，此種規定大大限制本公約適用之機會，減少締約目的之達成。晚近所簽訂之海牙國際私法公約[69]，多已廢止此種相互原則之適用。

5.本公約第八條第一項規定，「締約國於簽字，批准或加簽時，得提出保留，就某些事項，排除本公約有關國際私法之適用」，此種保留之權利，似將削弱本公約之價值，況且，依同條第二項之規定，「利用前項所規定之權利之國家，就其保留之事項，不得主張其他締約國之適用本公約」。是則此一條文之存在，將使本公約之目的難以實現。

伍、我國國際私法上所規定之反致條款

中華民國成立後，政府先後制定之國際私法有二：其一爲民國七年公布施行之法律適用條例，都七章二十七條；其二爲民國四十二年公布施行之涉外民事法律適用法，都三十一條。兩種法律

---

67) 批准國有荷蘭、比利時,簽字國有法國、西班牙及盧森堡。參照 Cheshire, p. 75, note 1.
68) 參照 Dicey & Morris, pp. 66-67.
69) 請參閱註⑹所擧之二公約。

均採用了反致條款[70]，唯其規定不同。前者已經廢止，茲就我國現行有效之國際私法——涉外民事法律適用法，僅就其中所規定之反致條款，詳予分析評論如下：

一、涉外民事法律適用法上反致條款之結構

涉外民事法律適用法第二十九條所規定者，即為反致條款，其內容如下：

「依本法適用當事人本國法時，如依其本國法就該法律關係須其他法律而定者，應適用該其他法律，依該其他法律更應適用其他法律者，亦同，但依該其他法律應適用中國法者，適用中國法。」

上述反致條款共分三段，以明文之方式，就所採反致之種類為概括規定，其所採者為直接、轉據及間接反致，而不及於重複反致。茲分析如下：

㈠第一段：「依本法適用當事人本國法時，如依其本國法就該法律關係須依其他法律而定者，應適用該其他法律」。

此處所謂「本國法」，係指當事人本國之國際私法，此處之「該其他法律」，在具體案件，如所適用者為第三國實體法時，即為轉據反致，如所適用者為中華民國法律時，則為直接反致。

㈡第二段：「……依該其他法律更應適用其他法律者，亦同」。

此處所謂「該其他法律」，係指上述之第三國國際私法，此處之「其他法律」，在具體案件，如所適用者為第三國實體法，固為轉據反致，如所適用者為第四國實體法，亦為轉據反致，如所適用者為當事人本國之實體法，亦然。

㈢第三段：「……但依該其他法律應適用中國法者，適用中國法。」

此處所謂「該其他法律」，也係指上述之第三國國際私法，在具體案件，如指定適用中國法時，即適用中國之實體法，故為間接反致之依據，而排除重複反致之適用。

二、涉外民事法律適用法上反致條款之適用

我國法院於適用涉外民事法律適用法第二十九條反致條款時，應特別注意下列數點：

㈠須依涉外民事法律適用法，就某涉外法律關係，適用當事人本國法時，始可反致。

依我國國際私法規定，僅於適用以國籍為連結因素所成立之準據法時，始可適用反致。若係適用以其他連結因素為基礎所成立之準據法，如侵權行為地法（涉民九）、物之所在地法（涉民十）或當事人合意所選定之法律（涉民六Ⅰ），縱其與當事人本國法偶然一致時，也無反致之適用。

我國為大陸法系國家，關於屬人法事項，均採本國法主義，故皆有反致之適用，例如就行為能力（涉民一）、禁

70）法律適用條例第四條規定：「依本條例適用當事人本國法時，如依其本國法應適用中國法者，依中國法。」

治產宣告（涉民三Ⅱ）、婚姻成立之要件（涉民十一Ⅰ）、婚姻之效力（涉民十二）、夫妻財產制（涉民十三Ⅰ）、離婚之原因（涉民十四）、離婚之效力（涉民十五Ⅰ）、親子關係（涉民十六－十九）、監護（涉民二十）、扶養（涉民二十一）、繼承（涉民二十二－二十三）、遺囑（涉民二十四）。此外，此處所指之本國法，非以法律有明文規定者為限，如解釋上應適用本國法之情形，亦應包括在內。如涉外婚約、分居等法律關係，我涉外民事法律適用法皆未規定，如依法規欠缺補全之辦法[71]，在解釋上認為應適用當事人本國法時，應也有反致之適用。

（二）適用當事人本國法，如依其本國法須適用其他法律時，該其他法律（第三國法或中國法），不限於為當事人住所地法，方始有反致之適用。

唯於我國有學者[72]認為，須當事人之本國法以住所地法為屬人法，方始採反致，其理由蓋以為反致之作用，在於調和本國法主義與住所地法主義之衝突，故只有於當事人本國法，係以住所地法為屬人法，始有採反致之必要。此種主張極有見地，唯就我現行法觀察，似非適當。理由如下：其一、涉外民事法

律適用法第二十九條，並無限制當事人本國法須以住所地法為屬人法，始採反致之明文；其二、參照涉外民事法律適用法草案說明書，對第二十九條之說明[73]，其中云：「……按其目的有二：㈠調和內外國間關於法律適用法則之衝突，㈡參照外國之法律適用法則，對於系爭之法律關係，選擇其最適當之準據法……」，由其所述兩目的以觀，似不應解釋唯當事人本國法係以住所地法為屬人法，始有反致適用之條件。蓋於其他情形，內外國間非無關於法律適用法則衝突之可能，僅其衝突，不若本國法主義與住所地法主義衝突之普遍耳。例如關於不動產繼承，若當事人本國國際私法採不動產所在地法者是；其三、我國反致條款兼採間接反致，而間接反致之適用情形複雜，其適用範圍，則不能限於屬人法，蓋非從物之所在地法而反致之，則不易以法庭地之內國法，用以代當事人之本國法，並進而代第三國也。此點尤足證明本法實不以調和本國法與住所地法之衝突為限，因此限制本國法須採住所地法時，方始有反致之適用，即非適當。

㈢依第三國法律（國際私法）更應適用其他法律時，不論該其他法律為何

71）參照涉外民事法律適用法第三十條。
72）請參閱劉甲一教授著：國際私法（民國六十年）第一三二頁。
73）涉外民事法律適用法草案說明書第二十九條之說明如下：「本條規定反致法則，乃倣效歐陸各國之先例，按其目的有二：㈠調和內外國間關於法律適用法則之衝突，尤以屬人法則，在大陸法系諸國採本國法主義，而英美諸國則採住所地法主義，其結果往往同類案件，因繫屬法院之國界不同，而引律互異，是以歐陸諸國，恒就適用屬人法則之案件，從當事人本國國際私法之所反致者，適用內國法，藉以齊一法律之適用，㈡參照外國之法律適用法則，對於系爭之法律關係，選擇其最適當之準據法。基於上列兩種原因，近數多數國家之國際私法咸承認反致法則，我國原條例第四條亦然，唯其規定僅止於直接反致，本草案擬擴而充之，兼採轉致及間接反致，以求理論之貫澈。」

國法律——當事人本國法抑第四國法——我國法院卽應適用該國之實體法，不再反致出去，俾避免循環不已（如當事人本國與第三國間）或永無休止（如第四國又反致適用第五國法，餘類推）等情形發生。

（四）依外國法（國際私法）反致適用中國法時，卽不再反致出去，俾避免重複反致。此不唯於依第三國法反致適用中國法時，因反致條款第三段已有明文採取間接反致，固應如此，卽於依當事人本國法反致適用中國時，雖反致條款第一段無規定，在解釋上也應不再反致適用外國法，卽採直接反致[74]。

三、涉外民事法律適用法上反致條款適用之疑難

我國國際私法公布施行以來，爲時尚短，實務上迄未創立有價值之判例，而關於反致條款適用上之疑難問題，自未遑解答，茲提出數則疑難，加以研究，藉供參考。

（一）依涉外民事法律適用法第六條第二項，適用當事人共同本國法時，有無反致之適用。

涉外民事法律適用法第六條，係就法律行爲發生債之關係，就其成立要件及效力，所規定應適用之法律。其第一項係採當事人意思自治原則[75]，第二項規定：「當事人意思不明時，同國籍者，依其本國法，國籍不同者，依行爲地法，……」。

設若就上述涉外法律關係，當事人意思不明，而又有共同國籍，我國法院卽應以其本國法爲準據法，唯此時應否有同法第二十九條之適用，頗可爭議。茲試析論如下：

1.肯定有反致條款適用之理由

以爲我國反致條款適用之條件，係以應適用之法律爲準，與該涉外法律關係之種類無關。因此，凡適用以國籍爲連結因素所成立之準據法——本國法，卽應有反致條款之適用。而且我國國際私法之目的，旣在調和內外國關於法律適用之衝突，以及參照外國之法律適用法則，對於系爭之法律關係，選擇其最適當之準據法，因此在法律無明文禁止適用反致之情形下，自不宜遽加限制其適用之範圍[76]。

2.否定有反致條款適用之理由

認爲比較各國立法例，大多承認反致之立法例，係以屬人法事項爲範圍[77]，而罕及於其他。且於第六條第二項列

---

74) 請參閱註(70)及註(73)。

75) 關於當事人意思自治原則，請參閱拙著：「契約準據法之研究」，政大法學評論第九期（民國六十二年），第一六〇～一六六頁。

76) 劉甲一教授就本問題認爲有反致條款之適用，唯未列述理由。請參照劉著：第一三二頁。

77) 例如日本一八九八年法例第二十九條，規定關於身分問題，可採用反致辦法；匈牙利一八九四年法律第一〇八條、瑞典一九〇四年法律，關於結婚能力採用反致辦法；瑞士一八七四年聯邦法律，規定以婚姻問題爲適用反致之範圍；德國民法施行法第二十七條，關於反致之適用範圍，亦以婚姻能力繼承爲限，此外如一九〇二年關於婚姻之海牙公約第一條等是。

有準據法適用順序之情形，其在前順序之準據法——當事人合意所選擇之法律，與在後順序之準據法——行為地法，既均無反致條款之適用，如僅在其中之準據法有反致之適用，似違立法原則，蓋其均係就同一法律關係之同一事項所應適用之法律。再者，第六條第二項，所以不依照一般立法例，在當事人意思不明時，逕行適用行為地法，乃認為單純適用行為地法，亦不免有窒礙之處，而難期公允，故儘先適用當事人本國法[78]，此時若再採反致，勢必又依當事人本國國際私法適用行為地法，似此則立法目的何能實現，反貽畫蛇添足之譏，故不如認為於此情形，無反致條款之適用為妥。

二說各有理由，唯本人贊成否定說。我國國際私法雖不以法律關係之種類為決定適用反致之條件，但綜觀涉外民事法律適用法之以本國法為準據法者，實以屬人法事項為範疇，他如無因管理及不當得利（涉民八）、侵權行為（涉民九）、物權（涉民十）等法律關係，都不採屬人法原則，法律行為發生債之關係（契約）之第一順序之準據法亦然，由此持論契約之準據法不在反致適用之列，並不為過；況契約之採共同本國法為準據法者，乃我國立法者為矯正逕行適用行為地法之弊，倘因適用反致，

而又適用行為地法，則顯然係違背立法意旨，故本人贊成否定說。

㈡依涉外民事法律適用法應適用當事人本國法，當事人無國籍時，有無反致條款之適用。

涉外民事法律適用法第二十七條第一項規定：「依本法應適用當事人本國法，而當事人無國籍時依其住所地法，住所不明時，依其居所地法。」因此發生對無國籍人應為本國法之適用，而以住所地法或居所地法代替時，有無反致條款之適用問題。茲試析論如下：

1.肯定有反致條款適用之理由

認為第二十七條第一項，所以規定適用「住所地法」或「居所地法」之原因，實緣於本國法無法確定，故以之代替，故住所地法或居所地法實相當於本國法之法律，從而自應有涉外民事法律適用第二十九條之適用。

2.否定有反致條款適用之理由

認為對無國籍人為本國法適用之場合，若該無國籍人在中國有住所或居所，自適用中國法代替本國法，反致無從發生；若該無國籍人在外國有住所或居所，則無論該外國採本國法主義抑住所地法主義，要不外仍係適用該外國法，故無採反致之實益，從而否定對無國籍人有採反致之必要。

---

78) 參照涉外民事法律適用法草案說明書，其對第六條第二項之說明如下：「本項係規定當事人意思不明時，所應適用之準據法，按各國立法例，雖多數規定在當事人意思不明時，應即適用法律行為地之法律，然單純適用行為地法，亦不免有窒礙之處，蓋外國人間之法律行為發生債的關係，係因旅經某地，而偶然為之者，不乏其例，其主觀上甚或不知行為地法為何物，若徑以行為地法為準據，難期公允，故本項與原條例相同，規定於當事人意思不明時，應儘先適用其本國法，萬一當事人之國籍又不相同，各該當事人之本國法可能發生差異，始適用行為地法以為決定。」

— 222 —

二說各有理由，唯本人贊成肯定說[79]。從涉外民事法律適用法第二十九條立法理由上觀察，立法者顯然肯定反致之價值，有擴大適用之意思，對無國籍人之適用住所地法或居所地法，既係代替本國法，自仍有反致條款之適用，況且就屬人法事項，各國所規定之準據法，未必僅限於本國法或住所地法，例如對不動產繼承也有適用不動產所在地法者，是法律之衝突仍然存在，反致之發生非不可能。

㈢依涉外民事法律適用法應適用當事人本國法，如其國內各地方法律不同時，有無反致條款之適用。

涉外民事法律適用法第二十八條規定：「依本法適用當事人本國法時，如其國內各地方法律不同者，依其國內住所地法，國內住所不明者，依其首都所在地法。」於上述情形，在以國內住所地法或首都所在地法，代替當事人本國法時，有無反致條款之適用，茲試析論如下：

1.肯定有反致條款適用之理由

涉外民事法律適用法，於一國數法之情形，所以規定適用當事人國內住所地法或首都所在地法之原因，實由於其本國法無法確定，故以之代替，因此，國內住所地法或首都所在地法，實相當於本國法，因而應有涉外民事法律適用法第二十九條之適用。

2.否定有反致條款適用之理由

依我國國際私法適用當事人本國法時，多係就屬人的法律關係為規定，在一國數法之法域，並無所謂本國法，其關於屬人法則，通常咸以住所地法為準，現我國際私法以其國內住所地法或首都所在地代替其本國法之適用，倘如採取反致，依該國國際私法仍適用其國內住所地法，則與不採反致無異；如依該國國際私法，應適用國外住所地法時，則有破壞我國所採貫澈本國法主義之精神[80]。故以不採反致為當。

二說各有理由，唯本人贊成肯定說。我國際私法採取反致之目的，在於調和內外國間關於法律適用法則之衝突，並不限於屬人法兩大原則，例如就繼承而言，若當事人本國法（國內住所地法）採取遺產所在地法主義，仍然發生適用法律之衝突。至於貫澈本國法主義之立論，似難成立，蓋於以當事人本國法為準據法時，如其本國法規定適用內國法或第三國時，內國法院尚放棄本國

79）採同說者有劉甲一教授，見劉著：第一三二頁；蘇遠成教授，見蘇著：第六十四頁。

80）請參閱涉外民事法律適用法草案說明書第二十八條之說明，其說明如下：「原條例第二條第三項規定當事人國內各地方法律不同者，以其所屬地方之法為其屬人法，但何者為所屬地方，往往不易確定，且外僑久居異國，往往祇有國籍，而無由確定其所屬地方，在適用該原則時，不無困難，本條爰參酌英美瑞士等國之法例，改為國內之住所地法，蓋因英美瑞士，均為有不同地方法律之國家，在其國內地方法發生衝突時，關於屬人法則，咸以住所地法為準。本條採同一標準，則外僑在中國涉訟者，縱回國後再經判決，引律仍無異，大可減少法律之衝突，至於國內住所不明者，適用其國都所在地之法，縱或當事人在第三國設有住所，亦非所問，如是仍可貫澈我國採本國法主義之精神。」

法之原則，則舉重以明輕，在以國內住所地法或首都所在地法，代替本國法適用之場合，自更無不可放棄之理。

四、涉外民事法律適用法上反致條款之評論

以上三節係針對我涉外民事法律適用法第二十九條，自就法言法之觀點，詳析其結構、適用時應注意之事項以及適用時可能發生之疑難問題，希對司法實務工作能有所幫助；本節則擬從學術之觀點、學理的立場上，對我國反致條款作客觀之評論，以供未來立法修正時之參考。本人之意見包含下列二點：

(一)我國國際私法上反致條款之規定欠缺比較法及實務之依據

民國四十二年之涉外民事法律適用法第二十九條，將民國七年之法律適用條例第四條所採之直接反致，擴大為直接、轉據及間接反致。唯參照前章所述各國立法例及判例，可知各國所採者，多為直接、轉據及重複反致，而少及於間接反致。而我國國際私法則廢重複反致而採間接反致，異於各國之成例。雖涉外民事法律適用法草案說明書中第二

十九條之說明[81]，頗似言之成理，其實一加印證，即難立足，蓋我國法上所規定之間接反致，乃武斷的適用內國法[82]，欠缺學理依據[83]，對調和內外國法關於法律適用法則之衝突，齊一法律之適用，可說毫無幫助，但其所引起之用法繁複、結果之難以預期，實難使人贊同[84]。

(二)我國國際私法上反致條款之規定欠缺理論之依據

比較各國立法例及判例，一國之採反致者，或以一部反致為依歸，如法、美、德、日等國；或採全部反致，如英國之判例，唯獨我國國際私法，却兼而採之。其實，在採一部反致時，學理上之依據或為總括指定說[85]，或為本國法優先說[86]等；其採全部反致者則為雙重反致說(外國法院說)[87]，兩者不可混淆。因在一部反致，於適用外國法時，僅適用該外國國際私法有關法律關係準據法之規定，故僅能發生直接或轉據反致；在全部反致於適用外國法時，則不僅適用外國國際私法上有關準據法之規定，且也適用其反致條款，其所發生之反致種類，即可能有直接、轉據、間接或重複等四種反致，唯法庭地之適用內國

---

81) 請參閱註 (73)。
82) 參照涉外民事法律適用法第二十九條第一段及第三段。
83) 參照本節(二)之說明。
84) 我採間接反致乃至於直接反致，唯一可做為依據之理由，乃求儘量擴大適用訴訟地法，蓋內國法為訴訟地法官所熟悉之法律，倘若適用外國法，則易遭受適用、解釋之困難。然此種儘量擴大適用內國法之態度，則與國際私法之本質與精神背馳，如將此種態度澈底實施，則與否定國際私法之存在，並無任何之差異。
85) 請參閱本文第26頁。
86) 請參閱註(30)。
87) 請參閱註(61)。

法（直接或間接反致），並非由內國法律武斷之規定，而係由於外國國際私法之指示所致。

我國國際私法第二十九條之規定，其第一段似採一部反致，但第二段及第三段却又採全部反致——不完全之全部反致[88]。故本法所採者實係拼湊兩者而成，一無學理之依據，即就實際效用言，一部反致之用法簡便，以及全部反致之欲調和內外國法律適用之衝突之優點，也就兩皆落空。

陸、結　論

反致之發生，必係於內外國國際私法對同一涉外法律關係所採之立法主義有異，始有依反致條款，以定其適用內國法或他國法，藉以求得判決一致，唯如前所論，在一部反致——就直接反致言，必有關之兩國中，只有一國採取反致，一國不採反致，反致始能發揮有限度之作用；就轉據反致言，必有關三國中，唯牽涉轉據之兩國，均採用同一立法主義，反致始能發揮有限度之作用。

就全部反致言，不僅適用困難[89]，且理論上有陷於惡性循環之可能[90]。

一國立法者對各種法律關係之準據法，經過熟思遠慮各種立法原則、權衡輕重各種政策，慎重研究討論後，既經擇其最適宜者而加以規定，自不宜因反致之規定，而輕易捨棄，置法律之安定性、妥當性於不顧[91]，實非適當，基於此本人主張反致條款不應被採取，最低限度也不應擴大其適用——如我國現行法規定是。

法律適用之衝突，既非某國之採取反致能夠避免，則其解決之途，唯條約是賴。其就條約之解決言，其方式有二，其一統一各種法律關係之準據法；其二締結反致公約，藉以解決某些衝突最易之立法主義——如本國法主義與住所地法主義。前者，各種國際私法會議已在努力推動[92]；後者，雖有「關於規律本國法與住所地法間衝突之公約」之簽署，但迄未生效以發揮其效用，故未來之修正，勢在必行。本人前章中對該公約之批評，或可做為修正時之參考。

---

88) 所以言我國係採不完全全部反致，乃因我國法院於依反致條款適用內國法時（直接及間接反致），係出自條文之明定，與全部反致一任外國國際私法之指示，有發生重複反致之可能者不同。但依我國法律於適用當事人本國法時，不僅指其國際私法上有關準據法之規定，且也包含了該國之反致條款，故又係採全部反致。

89) 採取全部反致，不僅須證明外國國際私法上有關準據法之規定，且須證明其有無採取反致，一部反致抑全部反致。而有關反致之法則，常由判例決定，而在大陸法系國家法院之判決，又非如普通法國家之判例，對以後之法院之判決有拘束力，故經常改變，證明非易。參閱 Dicey & Morris', p. 63.

90) 如外國法院也採全部反致時，即有陷於循環不已之現象。唯實際上此種情形，英國法院尚未遭遇，蓋在採反致之國家，所採者僅為一部反致。

91) 關於法律的妥當性與安定性，請參閱本文第二十九～三十頁。

92) 關於各種國際私法會議及其所簽之公約，請參閱何著：第十七～二十頁；馬著：第三十六～四十一頁；阮著：第二十六～四十頁；蘇著：第二十六～三十二頁。

總之，反致條款之能在某些條件限制下，使各國法院對同一案件，得到統一判決外，別無他種價值，故反致條款，非僅不能解決法律之衝突，且足以動搖國際私法之根本，應不爲立法者所採取[93]。

93) 一九〇〇年國際法學會 (The Institute of International Law) 對於反致曾有確定之議決，卽一國之國際私法所指示應適用之外國法，係指該外國之實質法，而非法律衝突之規定。旣不適用法律衝突之規定，自係拒絕反致。唯在其一九三二年會議上，則又決議對未成年人能力問題採用反致；在其一九六一年會議上關於反致問題報告人——Prof. Maridakis——前希臘司法部部長、希臘一九四六年民法起草人、雅典大學教授，又提出完全拒絕反致之決議草案，惜未爲大會採納，迄一九六三年，仍爭議不決。參閱 Comments, "Renvoi in the Institute of International Law", 12 *Am. J. Comp. L.* 544, 545 (1963); 一九六五年國際法學會在華沙所舉行之第五十二屆會議上，對反致問題仍未能獲得決議，國際法學會鑒於此問題仍有待澄清，遂決定解散負責反致問題之第二十三委員會，並建議計劃委員會研討是否有設立新委員會對本問題再作研究之必要。參閱 Briggs, "Institute De Droit International: The Warsaw Session, 1965", 60 *A. J. I. L.* 517-519 (1966).

國際私法上定性問題之研究

壹、引 論

一國國際私法之存在，就目前各國情勢以觀，實由於內外國民商法律之互異[1]。蓋各國法律苟一致相同，內外國法律差異無由存在，對於涉外民商案件，究應適用何國法律加以解決之問題，自無從發生，國際私法將無存在之必要。惟就各國現狀以觀，法律為社會之反映，亦為國民精神之表現，各國之社會狀態及國民之精神，既不能盡同，則其法律之內容，自亦不能一致[2]。 各國法

---

1) 關於國際私法發生之要件，一般而論，雖應具備下列要件，即①內外國人之交往；②外國人權利之保護；③內國法權之獨立；④內外國法律之互異。惟就現今各國發展而言，前三項要件，似已屬當然具備，而無待乎深論。關於本問題請參閱馬漢寶教授著：國際私法總論（民國六十一年）第五頁～第六頁；洪應灶教授著：國際私法（民國五十七年）第一頁～第四頁。

2) 茲舉下述兩例說明：
第一、消滅時效完成後，對於當事人間所發生之效力，各國立法例，頗不一致，大別之如下：①債權消滅主義。消滅時效完成後，債權本身歸於消滅。（參照日本民法第一六七條以下）；②訴權消滅主義。消滅時效完成後，債權本身並不消滅，僅關於實行該債權之訴權，歸於消滅。（參照法國民法第二二六二條）；③抗辯權發生主義。消滅時效完成後，不惟債權本身不消滅，即其訴權亦不消滅，僅債務人發生拒絕給付抗辯權而已。（參照德國民法第二二二條、我國民法第一四四條第一項。）
第二、關於非對話意思表示之生效時期，各國立法例也不一致，有如下述：①表示主義。即以意思表示外形具備之時，為其生效之時，亦即認為意思表示一經成立，應即生效是；②發信主義。認為表意人已將其意思表示置於其自己實力支配範圍以外時，應即生效是。（參照美國 Adams V. Lindsell, 1 Barnewall & Alderson 681 (1818); American Law Institute, Restatement of Contracts (1932), §64）；③到達主義。即以意思表示達到於相對人之時，為其生效之時。（參照德國民法第一三〇條、日本民法第九十七條、我國民法第九十五條第一項。）；④了解主義。即認為意思表示不已為相對人所了解時，始發生效力。

律既有差異，則對於涉外法律關係，究應適用何國法律，遂不得不確定適用之準則，以相調和，俾維持公平正義，因之各國均有國際私法之制定[3]。

惟各國國際私法亦不盡相同。雖然各國國際私法皆藉各種法律上概念（concept）或屬類（category）以及各種連結因素，以確定各種涉外法律關係所應適用之準據法，例如我國涉外民事法律適用法第一條第一項規定：「人之行為能力依其本國法。」；第六條第一項規定：「法律行為發生債之關係者，其成立要件及效力，依當事人意思定其應適用之法律。」；第十條第一項規定：「關於物權依物之所在地法。」在上述例子中，行為能力、法律行為發生債之關係、物權等，即為法律概念或屬類；而國籍、當事人意思、物之所在地等，則為連結因素；至當事人本國法、當事人合意所選擇之法律、物之所在地法等，則為準據法。在大多數涉外案件，當事人間之訟爭事實，符合某一特定屬類時，法庭地法院即適用該一特定適用法則，同時該適用法則所指定之連結因素也非曖昧不明，從而準據法之確定適用自非難事。惟有時其適用則非如此單純簡

明，蓋法庭地之國際私法與其他有事實牽連關係國家之國際私法，可能相互衝突，此時遂發生種種問題。

國際私法間之衝突，至少包括下述三種情形，其一，明顯的衝突。即兩適用法則表面上之衝突，例如關於屬人法事項之準據法[4]，大陸法系規定適用當事人本國法，英美法系多規定適用住所地法。此類衝突可能發生反致之問題[5]；其次，二以上之適用法則所援用之連結因素，表面上相同而實際上差異，因二國對此連結因素之解釋有別。例如二國之國際私法同規定：「動產繼承依被繼承人之住所地法」，惟住所在一國與另一國含義不同者是。此類衝突，究竟發生定性抑反致，或者是一特殊的問題，則尚有爭執[6]；再其次，則為一隱藏的衝突。此即法庭地與另一國雖有相同之適用法則，雖對該連結因素為相同含義之解釋，但因二國對訟爭問題為不同之定性，致不適用同一適用法則，因此判決歧異者是。例如法庭地視某訟爭事實為侵權行為之問題，而外國法院視其為契約上之問題，此時所發生之問題，即為定性問題[7]。詳言之，定性者，即在確定某一法律上概念或名詞之意義，俾

---

3) 關於國際私法制定之理由，請參閱下述論文：
   ① Rheinstein, "The Place of Wrong: A Study in the Method of Case Law," 19 Tulane L. Rev. 4, 17-25 (1944);
   ② Goodrich, "Public Policy in the Law of Conflicts," 36 W. Va. L. Q. 156-169 (1930)
4) 請參閱馬著，第五十三頁～五十七頁。
5) 關於反致（renvoi），請參閱拙著：「反致條款與判決一致」，載政大法學評論第十四期（民國六十五年）第十七～四十八頁。
6) 請參閱 Beckett, "Classification in Private International Law" 15 B.Y.I.L. 46, 61 (1934); Robertson, Characterisation in the Conflct of Laws, 105-106 (1940).
7) 定性乙詞，歐洲學者多用 Qualification，英美學者則多用 Characterisation 及 Classification。

選擇適當的適用法則，而加以正確的適用。蓋關於涉外法律關係，各國縱有相同之適用法則，惟由於對同一法律概念或名詞定性之差異，致各國判決仍難免於衝突，此爲國際私法之病態，研究定性問題之目的，即在剷除此種病態，而謀國際私法判決一致理想之實現。以下擬分下列各點對定性問題作一有系統之研究。

貳、定性問題之發現及定性之對象

定性問題曾被許多大陸及英美學者，看作爲國際私法上的一個基本問題。此一問題最初是由德國法學家康恩 Kahn 及法國學者巴丹 Bartin 各別獨立的於十九世紀末葉所發現的，這個問題於二十世紀初，才又分別由美國學者勞倫森 Lorenzen 及英國學者白克特 Beckett，各別介紹到美國及英國[8]。

西元一八九二年，康恩教授在其所著「法律衝突論」乙文中，首次以「潛在的法律衝突」乙詞，啓開了法律關係定性問題之討論；繼之，巴丹教授於一八九七年發表國際私法上之法律關係定性論乙書，對同一問題討論至爲詳盡。

國際私法法規，無不係由指定原因、連接因素及準據法三部份所構成。此種法規之結構，不能不利用一些法律概念或名詞。惟各國之法律，各有其屬類，也各有其特質，是同一法律名詞，在各國其意義不同；同一系爭事實，在各國其法律性質可能有異，因此，即使各國國際私法之適用條文（衝突法則）相同，但由於各自對名詞之意義及法律關係之性質，未能見解一致，則同一案件，涉訟於不同法院時，仍會適用不同之法律，致發生判決歧異之結果。故巴丹教授曾慨言之，即使各國國際私法規相同，同一案件涉訟於不同法院時，縱使拋開公序良俗條款及程序法則，判決仍難期其一致。其原因即在於各國對此涉外法律關係或連接因素定性之不同，茲再以下述實例或虛擬例題說明定性問題之所在及定性之對象：

一、某人自倫敦購票搭火車赴 Glasgow，而於蘇格蘭發生之車禍中受傷。被害人控訴鐵路局之訴因，如解釋爲違反契約，則受訴法院—英國即應適用契約之適當法（在本案中爲英國法）；如解釋爲侵權行爲，則應重複適用英國法及蘇格蘭法。[9]

根據上列事實，原告之請求權，究屬於契約問題抑侵權行爲問題，受訴法院必須先爲解決，否則國際私法之適用條文，固無從決定，而應適用之法律也無從發現。

二、某人於 Ontario 設有住所，未立遺囑死亡，遺留有設於 Victoria 土地上之抵押權。依英國國際私法，動產繼承被繼承人住所地法，而對不動產繼

8）請參閱施啓揚教授著：「國際私法上定性問題的歷史發展及其解決方法」，載法學叢刊第十二卷第四期（民國五十六年）第一～十三頁。

9）請參閱英國判例 Horn v. North British Ry. (1878) 5 R. 1055; Naftalin V.L.M. S. Ry., (1933) C. C. 259.

承，則依不動產所在地法。依英國法及 Ontario 法律，均視抵押權為不動產上之權利，但依 Victoria 法律，則視其為動產上之權利。關於何人得為繼承人及繼承之順序 Ontario 與 Victoria 規定不同時，則究應適用何一法律—英國法、Ontario 抑 Victoria，以決定此抵押權性質之歸屬？

在上述事實中，英國法院在未解決抵押權性質前，即無從決定應適用動產繼承之準據法或不動產繼承之準據法。

三、未滿二十一歲於法國有住所之法國人，在英國與有住所在英國之英國女子結婚，而未得其父母同意。而未成年人結婚應得父母同意，為法國民法所規定。英國及法國之國際私法皆規定，婚姻之形式要件依婚姻舉行地法，結婚能力依屬人法。惟兩國法律相異處乃在於，依英國法，本問題乃婚姻形式問題，但依法國法，則屬婚姻能力問題[10]。

在上例中，英國法院在未經決定本問題為婚姻形式或婚姻能力問題前，即無從決定應適用婚姻舉行地法—英國法或夫之屬人法—法國法。

四、就應適用德國法之契約案件於英國法院提起，依德國法，該案件已罹時效，依英國法則未逾其時效期間。惟英國國際私法規定，關於實質問題，應依德國法—契約之準據法，關於程序事項，則應依法庭地法—英國法。依英國法，消滅時效係程序法則，但依德國法，則視其為實體法則[11]。

在上例事實中，受訴法院所應決定者，乃消滅時效究應依德國法以認定其為實體法則，因而適用契約準據法—德國法，抑應依英國法以認定其為程序法則，而適用法庭地法—英國法。

五、要約係以郵遞方式，於倫敦發送，承諾也係以郵寄方式於柏林付郵。英國及德國之國際私法皆規定，契約之方式要件依締約地法，惟二者法律所不同者，在於依英國法，契約締約地在德國，依德國法律，契約係於英國締結。

在右述事實中，受訴法院所應解決者，乃有關締約地究應依何國法決定之問題，如依英國法律，則本案之準據法為德國法，如依德國法律，則本案所應適用之法律，即為英國法。

上述各實例所顯示之問題，即為定性問題。茲再扼要說明，以明定性之對象。在例一，法院所應定性者，乃確定當事人主張之事實，究應歸屬於契約抑侵權行為之何一概念中。在例二，法院所應定性者，則為確定該財產上之利益，究為動產上之權利抑不動產上之權利，而賦予適當之屬類。在例三及例四，法院必須定性者，則為確定法律條文之意義，究為形式抑實質，或為程序抑實體之問題。在例五，法院所必須定性者，則為確定連結因素之歸屬。

叁、定性之標準

定性問題既經發現，次一問題則為定性究應依何種法律解決，也即定性之標準問題，換言之，定性之標準者，即

---

10) 例請參閱 Ogden V. Ogden (1908) p. 46 (C.A.)
11) 請參閱 S. A. de Prayon V. Koppel (1933) 77 S. J. 800.

— 230 —

關於法律關係之性質，以及法律名詞之意義，究應依何種法律而確定。學者間對此問題，主張不一，茲舉其要者，說明如次，並從理論上及實際上，予以評論。

一、法庭地法説 (Lex Fori)

大多數歐陸學者，多追隨康恩及巴丹之後，主張定性程序之實施，應依法庭地法—即內國法院對受理案件之法律關係，應依內國法以確定其性質之所屬。[12] 假如法庭地必須確定外國法律或制度之含義或性質時，也必須探求相同或最近似之法庭地法律如何定性，亦即以後者之定性，適用於該外國法律制度或規則。贊成定性應採法庭地法說者之主要論據，乃以為如允許以外國法決定在何種情況下，該外國法應予適用，則法庭地法將喪失對適用自己國際私法之控制，而不再為其主宰；其次，因一國之國際私法與其內國法同屬一個法制而不可分，國際私法之一般概念多依倣照內國法之概念，故其涵義範圍自應依從內國法之概念。

批評法庭地法說者之主要理由，則如下述。第一、可能發生本應適用外國法而拒絕適用或本不應適用外國法而予以適用，致發生竄改所應適用外國法之結果；第二、在法庭地法欠缺外國法規的制度時，將無從解決定性問題，或顯然導致有失公平之結果；第三、採法庭地法說僅能解決法律適用問題，對判決一致之國際私法學理想，則無何助益。

二、本案準據法説 (Lex Causae)

首倡此說者為法國學者 Despagnet，彼於一八九八年發表論文，認為法庭地關於受理案件之法律關係，應依本案之準據法，即以該法律關係所應適用之法律，以確定案件之性質[13]。例如涉外民事法律適用法第一條規定：「人之行為能力依其本國法」，所受理之案件，是否有關當事人行為能力，也即能力之意義，應依其本國法確定。蓋如Woff[14]所稱：每一法律規則之定性，應依其所歸屬之法律制度為之。贊成此說者以為，就某種涉外法律關係，內國國際私法既經指定適用某外國法，如不適用該外國法作為定性之標準，則幾與不適用該外國法為準據法相同。

案件依本案準據法說定性，能正確依案件所應適用的國家的法律，來決定該法律關係在該國法規中的性質及地位，且其性質可不因受訴法庭地之不同，而發生不同之定性結果。

批評本案準據法說者，則有如下之理由：第一、此說有陷於循環論斷之弊。因為法院在審理案件時，究應適用何國法律為準據法，乃是定性後始能確定者；第二、案件如有二以上可能適用之

---

12) 關於法庭地法說，請參閱施著，第五～第七頁；Beckett, pp. 46-57; Robertson, pp. 25-38.
13) 關於本案準據法說，請參閱施著；第八～第九頁；Beckett, pp. 16,58; Robertson, pp. 27, 32.
14) 請參閱 Wolff, Private International Law, 154 (1950)

外國法時，法庭地採用其一而捨其他作爲定性之標準，若非出於武斷，也難爲合理之說明。

三、分析法理學及比較法說
(Analytical jurisprudence and comparatve law)

定性應採分析法理學及比較法說爲 Rabel[15] 及 Beckett[16] 所倡導。Rabel 認爲國際私法應建立起自己獨立的概念，在解釋國際私法的各種概念時，必須擺脫法庭地國法或準據法國法實體法的拘束，在國際私法享有獨立概念後，於解釋其有關規定時，始可自由充份的理解外國的法律現象。Beckett 以爲法律關係之性質，應依分析法理學及比較法學之原則而確定，蓋國際私法之規則，乃便利法官決定各種不同法系之內國法中之問題的法則，故此項規則，必須適於各種法系之規則及其制度之性質。定性僅爲在具體案件中國際私法規則之解釋或適用，故此項規則之概念，必須屬於絕對一般性質之概念。而此種概念係基於普遍適用之一般原則，故不能從任何一種法系之內國法得之，而必在分析法理學中求之。

批評此說之主要論據如下：第一、此種國際主義者之理論，概念模糊，且不切實際，蓋各國共通適用之一般原則，不僅現時爲數極少，且此種原則究何所指，其衡量尺度也不易建立一致之看法；第二、在遇到定性衝突的案件，無疑地將大量增加受訴法庭之負荷，其必須審究多數外國法之規定，以決定何種有衝突的定性，最符合分析法理學及比較法之定性標準；第三、比較法之研究，雖係最能發現各國實體法差異之方法，却非解決之途徑。舉例來說，比較法之研究雖可發現父母對未成年子女結婚之同意，某些國家視爲婚姻方式要件，某些國家視爲婚姻實質要件，又或如消滅時效問題，有些國家視其爲程序法，有些國家視其爲實體法，然則比較法又如何決定此類問題在某一案件中應如何定性呢？

四、初步及次步定性說
(Primary and secondary characterisation)

採此說者[17] 以爲定性問題可藉分辨初步定性及次步定性而解決，卽前者採法庭地法說，後者依本案準據法說。依照此一定性標準，初步定性係將訟爭問題分配於應歸屬之法類，或將有爭端之事實劃歸於適當之法類；而次步定性則爲劃定及適用準據法。二者區別之所在，卽初步定性在選擇準據法之前，次步定性在選定準據法之後。贊成此說者，實出於實際之便利，而非基於邏輯之必需。

---

15) 請參閱 Rabel, I The Conflict of Laws, A Comparative Study 54-66 (1958)
16) 請參閱 Beckett, pp. 58-60
17) 請參閱 Cormack, 14 So. Calf. L. Rev. 226 (1941); Robertson, Characterization in the Conflict of Laws (1940)。惟後者對初步定性採法庭地法，設有兩項例外，其一、財產權上之利益究屬動產抑不動產利益，應依財產所在地法；其二、如有二可能適用之外國法，其定性法則相同時，法庭地法院應適用該共同之定性規則。

批許此說者[18]之主要理由如下：第一、將定性分爲初步定性及次步定性，爲不實在，人爲化且易導致武斷之結果；第二、初步及次步定性之限界，其劃分標準難趨一致，卽於同一問題，不同學者卽將其分析到不同之定性範疇中[19]。

綜合以上各種有關定性標準以觀，實無一完善之學說。故現今各國實證法或判例仍多探法庭地法說[20]，此實由於實際上之便利，初非基於任何邏輯上之必要。而定性探法庭地法說，不僅會造成失平之結果，且對判決一致之理想，也生妨害，已如上述。

肆、定性之階段

關於定性之標準，已如上述，而一般所採者，仍爲法庭地法說。次一應研究之問題，則爲定性問題涉及之範圍——也卽定性之階段。綜合言之，定性之階段實包含下述三點：其一、訟爭問題

的定性；其二、連結因素的定性；其三、準據法適用範圍的定性，茲分別討論於下：

一、訟爭問題之定性

訟爭問題的定性，爲定性的第一階段。於此階段中，法院應確定當事人以訴所主張事實之法律性質，換言之受訴法院應將所審理案件，確定其性質，而劃歸於適當之法類。此項訟爭問題之定性，須先爲確定，否則本案國際私法之適用法則，將無由決定。試擧下例加以說明：

(一)繼承法與夫妻財產權法之爭論

某寡婦住於甲國向乙國法院訴爭其亡夫遺留在乙國之不動產。設乙國國際私法規定：1.不動產之繼承，依物之所在地法；2.夫妻財產權依住所地法。同時又假定乙國法律規定，寡婦無繼承權，而甲國法律則承認夫妻財產制[21]。

根據上列事實，該寡婦之請求權，

18) 請參閱 Nussbaum, Book Review of Robertson, 40 Col. L. Rev. 1467-1468 (1940); Lorenzen, The theory of qualification and the Conflict of Laws, 20 Col. L. Rev. 128-135 (1920); Marsh, Marital Porperty in the Conflit of Laws.

19) 例如關於父母之同意未成年子女結婚，Robertson 視之爲次步定性，參閱 Robentson, pp. 239-245；而 Cheshire 視之爲初步定性，參閱 Cheshire, Private International Law (2nd ed.)，惟其第三版時，已改採爲次步定性；關於詐欺條款及消滅時效，Robertson 視之爲次步定性，參閱 Robertson, pp. 248-259；Cormack 則之爲定性。參閱 Carmack, 14 So. Calif. L. Rev. 233 (1941)

20) 例如埃及民法第十條；Codigo Bustamante, art. 6 (1928); American Law Institute, Restatement of Law of Conflict of Law; 實務上我國法院也採法庭地法說。請參照臺灣臺北地方院四十五年度訴字第二四八號請求交還遺產事件民事判決。該案內容略以：「亞洲航空公司美籍工程師安諾德自殺死亡，亞洲公司代爲保管其遺產，而安諾德之妻及子女，向亞洲公司請求交還遺產。」判決理由中謂：「選定適用法則之前，必須就訴爭問題之性質，先予確定。訴爭問題之性質，究應如何確定，查各國國際私法，爲使內國法院不致適用不應適用之法則，均基於本國之固有定性制度，而採取法庭地法說，故本院亦採之。……」

21) 參閱 The Maltese Marriage Case (Anton V. Bartolus), Clunet, 1891, p. 1171

究屬於夫妻財產問題，抑或屬於繼承問題，乙國法院應先為解決，否則其國際私法之適用法則，必無由選定。該請求權經定性後，如屬於繼承，則依乙國法，如屬於夫妻財產制，則應依甲國法裁判。

(二)遺囑法與婚姻法之爭論

某婦於婚前立有遺囑，其夫為甲國人，結婚時住於甲國，隨後遷住於乙國，並死於乙國。設甲國法律規定，婚前成立之遺囑，因婚姻而撤銷，但是乙國法則否。訟爭於甲國，假定甲國國際私法規定：1.婚姻之效力，依結婚時夫之住所地法；2.遺囑之效力，依遺囑人死亡時之住所地法[22]。

根據上列事實，本案訟爭問題之定性，並非確定遺囑之應否撤銷問題，而係決定婚姻撤銷遺囑之法則，究為婚姻法之一部，抑為遺囑法之一部。其爭論經定性後，如屬於婚姻性質，則遺囑之撤銷問題，依甲國法，如屬於遺囑性質，則依乙國法。

二、連接因素之定性

訟爭問題之定性，經確定後，則其適當的連接因素究應如何確定，此為定性之第二步驟。例如受訴法院將訟爭問題定性為契約問題，因而應適用其有關

契約之國際私法適用法則——假定為契約依締約地法。則締約地乃為本案所應適用之準據法之連結因素，但成為問題者，即契約之成立，有依要約地，亦有依承諾地者，如要約地與承諾地不相同時，究應如何確定？此為國際私法上定性之第二步驟，蓋此問題未經解決前，則本案所經確定之國際私法適用法則，亦將無由適用，而應適用之某國法必無從確定。

在訟爭問題的定性，法官所要定性者，乃本案足以構成訴由之事實；而關於連結因素之確定，如確定契約締結於何地，此時法官所要定性者，乃本案與某一法域足以發生連繫之事實，而連結因素之確定，既涉及與連結因素有關之準據法之適用，故訟爭問題之定性，與連結因素之確定，實有不可分離之關係，訟爭問題之定性，一般既採法庭地法，則連結因素之確定，亦惟依法庭地法。他種連結因素如當事人意思、侵權行為地、物之所在地等，莫不皆然。

值得注意者，厥為有關住所之定性。按住所乃吾人生活關係之中心地，其意義及其得喪變更，各國法律規定不同[23]，則在適用以住所為連接因素之國際私法適用法則時，即難免發生應依何國法律以定住所之問題[24]。雖多數學者及法院，一向採用法庭地法說，即某人

22) 參閱 In re Martin V. Loustalon (1900) p. (C. A) 211
23) 就立法例言，我國民法總則第二十條規定：「以久住之意思住於一定之地域者，即為設定其住所於該地」；日本民法第二十一條規定：「各人生活之本據所在地，即為其住所」；法國民法第一○二條規定：「住所為私權執行所定之居所」；義大利民法第十二條規定：「民事上之住所者，為營利及其他業務上之中心點」。
24) 學說上，關於應依何國法律以定住所之問題，約有下述四說：
　(1)當事人意思說：係以個人之意思為標準，以決定其住所。
　(2)本國法說：即以當事人本國法以定其住所之有無。

之住所在何處，依法院地所在地國之法律爲準。惟採法庭地法說，用以確定當事人在受訴法院國有無住所，因甚適當，如用以爲確定當事人在外國有無住所，則不甚洽。蓋住所與國籍雷同，均在確定某人與某國政治、社會之關係，與其他連結因素之與某法域發生牽連關係，僅爲一時的、偶然的性質者不同，關於國籍之確定，既採領土法說（theory of territoriality），則關於住所之確定，如準用決定國籍之方法，似無不當，即在決定某人在某國是否有其住所，即應依該某國之法律爲準。在發生住所衝突時，則再依內國解決住所衝突之辦法加以解決[25]。

三、準據法適用範圍之定性

連接因素經確定後，即可發現應適用之法律爲何國法。例如某訟爭問題經受訴法院定性後，爲侵權行爲，則其國際私法上之適用法則——侵權行爲依侵權行爲地法，即爲應適用之法則，惟如行爲發生地與損害結果地不同時，受訴法院必須對此連結因素——侵權行爲地，再加以定性。如經確定甲國——損害結果地爲侵權行爲地時，即可確定應適用之法律爲甲國法。

惟法庭地法並未規定，所有關於侵權行爲之規定，皆依甲國法，其有關訴訟程序，則依法庭地法。因而在此階段所要定性者，乃何者爲有關訴訟之實體

，應依甲國法，何者爲有關訴訟之程序，應依法庭地法，此爲定性之第三步驟。申言之，準據法國之法律，屬於訴訟程序之性質者，則不爲法庭地之法院所適用；反之，準據法之法則，屬於訴訟實體之性質者，則爲法庭地法所適用，故準據法適用範圍之劃定，即將依法庭地法所應適用之外國法，定性爲訴訟程序之法則，抑爲訴訟實體之法則。惟問題之要點，即該項法則之定性，究應依本案之準據法，抑應依法庭地法。茲引下述兩例加以說明：

（一）設契約不履行之訴訟在甲國法院提起，依甲國國際私法規定，該契約應適用之法律爲乙國法。不論依甲國法或乙國法上消滅時效之規定，該案件（請求權）均已罹於時效。惟甲國法視時效法則爲實體規定，而乙國法則視之爲程序規定[26]：

1.法庭地法說。若爲貫徹定性之標準，就準據法適用範圍之定性，亦一如訟爭問題及連接因素之定性，而採法庭地法說，則甲國法既將時效法則定性爲實體規定，甲國法院自不得適用自己之時效規定；而應適用之乙國法實體規定中，根本無時效之規定，依乙國法其係屬於程序法問題。根據內國法官不得適用外國程序法之原則，甲國法院自亦不能適用乙國法有關時效之規定，兩國法律有關時效之規定，既均不能適用，其結果無異該請求權永不罹於時效。

---

(3)屬地法說（領土法）：即關於住所是否在某國存在，即依該某國之法律決定。

(4)法庭地法說：即依訴訟地之國際私法本身之立場或依訴訟地之實質法來決定當事人住所之有無。

25) 參照我國涉外民事法律適用法第二十七條第二項。

26) 西元一八八二年德國最高法院有關票據案件之事實。參閱馬著：第二一四頁。

2.本案準據法說。認為應適用之準據法，既經確定，則關於準據法適用範圍之定性，自應依本案之準據法。若採此說，則時效法則依乙國法係屬程序規定，自不為甲國法院所適用，而甲國程序法規中又無消滅時效之規定，致自己之時效規定，也不能適用。兩國消滅時效之法律既均不能適用，其結果無異該請求權永不罹於時效。

㈡設違背有關出賣土地口頭契約之案件，在甲國法院提起，依甲國國際私法之規定，本案應適用之法律為乙國法。甲、乙兩國皆有詐欺條款，規定有關土地上利益出售必須書面方為有效。依甲國法，詐欺條款為實體規定；依乙國法則視其為程序規定[27]：

1.法庭地法說。若關於準據法適用範圍之定性，採法庭地法說，則甲國法院不得適用自己之詐欺條款，而乙國法實體規定又無詐欺條款，而認其為程序規則，依內國法官不得適用外國程序法之原則，甲國法院自亦不能適用乙國之詐欺條款。兩國詐欺條款均不得適用，

其結果該口頭契約為有效。

2.本案準據法說。若關於準據法適用範圍之定性，採本案準據法說，則依乙國法，詐欺條款係屬程序規則，乙國之詐欺條款自不為甲國法院所適用，而甲國程序法規中又無詐欺條款，是自己之詐欺條款也不得適用。兩國之詐欺條款均不得適用，其口頭契約為有效。

就以上二例以觀，關於本案準據法適用範圍之定性，無論是採法庭地法說抑本案準據法說，其結論均甚荒謬。此雖係就特殊情況而言，一般情形下尚不致如此[28]，但此已不難概見本案準據法適用範圍定性標準之難覓。其實細加分析，在上述二案中所以會導致失平之結果，實由於受「內國法官不得適用外國程序法」說之影響。[29]

法庭地國對涉外法律關係，依其國際私法之規定，可能適用外國法，但此僅限於訴訟實體事項，關於訴訟程序事項，則恒適用法庭地法，此幾為國際私法學者一致之見解[30]。至訴訟程序規定所以應適用法庭地法，其理由不外下述[31]：

---

27) 西元一八八三年美國紐約州法院 Marie V. Garrison, 13 Abb. N. C. 210 之事實。

28) 例如採法庭地說，法庭地法院視消滅時效為程序規則而適用自己之規定是；或雖視消滅時效為實體規則，而準據法國法消滅時效也為實體規定，因而適用準據法國法消滅時效規定是。

29) 請參閱下述論文：
   (1) Cook, "Substance and Procedure in the Conflict of Laws," 42 Yale L. J. 333, 334 (1933)
   (2) Ailes, "Substance and Procedure in the Conflict of Laws," 39 Mich L. Rev. 392 (194);
   (3) Note, "Delimitation of Procedure in the Conflict of Laws," 47 Harv. L. Rev. 315 (1933)

30) 請參閱 Beale, Conflict of Laws §584.1 (1935); Stumberg, Conflict of Laws 134 et seq (2nd ed. 1951)

31) 請參閱 Ailes, "Substance and Procedure in the Conflict of Laws," 39 Mich L. Pev. 392, 416 (1941)

第一、程序規定為公法。一國法院不適用外國公法，又幾為共同之看法。

第二、適用外國程序法，將增加法庭地司法機關運作上不合理之負擔，而對內國律師言為猶然。

惟同一案件不論涉訟於何國，能適用同一法律，而得相同判決，乃國際私法學之理想，由此立論，若各國國際私法適用法則相同，則於適用某國法為案件準據法時，自以同時適用其實體法及程序法為理想，蓋可有助於判決一致，而避免原告任擇法庭之弊。雖基於前述二點理由，法庭地國不適用外國程序規則，而理想難於實現，但仔細研究所謂程序法則，實未嘗不可細分為二類[32]；其一、乃純粹關於證據法則及程序細節之規定，例如當事人書狀、送達、言詞辯論、證據調查、裁判等規定是；其二、乃可左右案件結果，影響當事人選擇

法庭，而其適用又不致增加內國法官實際上困難之程序規定，如消滅時效，詐欺條款、法律上推定等是。前一類別之程序法，關於其具有程序法之性質，事實上各國也無爭論，故無論何種情形，均仍適用法庭地法；至後一類別之程序規定，其是否當然具有程序法之性質，各國規定不一，則無妨適用外國法——案件之準據法。此一見解若獲採納，則在前舉二例中，無法可用之荒謬結果當不致重現，且大有裨益於判決一致之達成。

綜上所述，可見關於準據法適用範圍定性之困難，乃在於各國對程序規定認定之歧異及偏差，如能縮小「程序規則依法庭地法」適用之範疇，則其困難自可應刃而解[33]。倘果能如此，則於此階段，定性之標準究為法庭地法抑本案準據法，似已非重要之問題[34]。

32) 請參閱下述判例及論文：
   (1) Bourmas V. Atlantic Maritime Co., Ltd., 220 F. 2d 152 (2nd. Cir. 1955);
   (2) Lams V. F. H. S Mith Co., 36 Del. 477, 178 A. 651 (1935)
   (3) Heilman, The Conflict of Laws and the Statute of Frauds (1961)
   (4) Note, "The Statute of Frauds in the Conflict of Laws," 43 Cal. L. Rev. 295 (1955)
   (5) Lorenzen, "The Statute of Frauds and the Conflict of Laws," 32 Zale L. J. 311 (1923)

33) Morgan 教授對準據法適用範圍困難之解決，曾提出具體建議，與本文中拙見有異曲同工之效果，但其建議似更為劇烈。茲誌之如下，以供參考：
   "It is time to abandon both the notion and the expression that matters of procedure are governed by the law of the forum. It should be frankly stated that (1) the law of the locus is to be applied to all matters of substance except where its application will violate the public policy of the forum; and (2) the law of the locus is to be applied to all such matters of procedure as are likely to have a material influence upon the outcome of the litigation except where (a) its application will violate the public policy of the forum or (b) Weighty practical considerations demand the application of the law of the forum."
   參閱 Morgan, "Choice of Law Governing Proof," 58 Harv. L. Rev. 154, 195 (1944)

34) 如各國能依本文中所述分類，縮小程序法則依法庭地法適用之範疇，相信對準據法適用範圍定性所生之困難（無法可用等情形），必有所補正，且對於不同法域涉訴時，判決一致理想之達成，也必有所幫助。至於此階段，究以何者—法庭地法抑本案準據法，為定性之標準，固非重要，但於兩者間，實以採本案準據法說，更為有助於判決一致。

伍、定性問題之解決及發展

一、定性問題之解決

國際私法上定性問題之發生,根本上乃由於某種法律名詞之解釋,有關於數國法律,而該數國法律對此名詞各異其觀念所致,例如遺囑方式,有認爲屬於能力者,也有認爲屬於方式者[35];又如生存配偶對他方配偶之財產請求權,有視爲夫妻財產制之問題,有視之爲繼承之問題等[36]。似此,縱使對於各種涉外法律關係,各國國際私法規定之適用法則相同,但因各國對某些法律名詞之概念及意義爲不同之解釋,雖有定性之標準,但仍可能適用不同之適用法則,致判決一致之理想恐難於實現。明瞭法律涵義之衝突,乃定性問題產生之原因,則定性問題之根本解決,自在避免法律涵義之衝突,其方法得述之如下:

(一)國內立法之自治

即一國在制定國內法時,實應站在國際的觀點,即以國際社會爲基礎,從此觀點,比較各國法制,探求其異同,爲追求崇高理想,摒棄一己成見,把各種可能產生之法律涵義衝突[37],儘量擇其重要者,加以修正統一,以解決定性所帶來之困擾。

(二)國際條約之締結

此即藉不斷召集國際會議,由多數國家以談判、締約之方式,檢討各種法律涵義之衝突,進而互相讓步,以確定各種法律名詞之意義,俾爲各國共同信守。

如上述方法果能實現,法律涵義之衝突便可免除,倘各國國際私法之適用法則相同時,則各國法院對同一涉外案件,不論其所採之定性標準爲何,其適用之法律必然相同,判決一致之國際私法學理想,於焉實現[38]。

二、定性問題之發展

定性問題的解決,根本上係在避免各種法律名詞涵義之衝突,其解決方法,已如上述。惟上述解決方法偏重在實體法概念名詞分歧之解決,雖有一勞永逸之功效,但却非一步可及。關於定性

---

35) 例如甲乙兩國皆以行爲方式歸於行爲地法,但依甲國法,遺囑方式屬於形式問題,故當依行爲地法;而依乙國法,則屬於能力問題,其結果則不得不適用屬人法,故甲乙二國國際私法,關於行爲方式雖有同一之規定,但兩國對於行爲方式之意義各執一詞,而兩國法院之判決仍不能一致。

36) 請參照註㉑及本文第183頁。

37) 例如後死配偶對他方配偶的財產請求權是繼承法上的問題或夫妻財產法的問題?違背婚約是契約不履行或是侵權行爲?妻的扶養請求權應適用夫妻財產法的規定或夫妻身分法的規定?無人繼承的動產,國庫可依法定繼承人的資格或應依物權法上先占的原則取得動產所有權?禁止配偶間互爲贈與或訂立夥契約的規定,係婚姻一般效力、夫妻財產或契約法上的問題?

38) 應注意者,此處所言,僅在解決實體法上法律涵義之衝突,並非指各國實體法之統一,故如各國國際私法之適用法則相同時,僅能使同一案件在不同法域得相同判決。如係各國實體法之統一,則不同一案件,在不同法域,也可得相同判決。惟各國實體法之統一,比較法律涵義之統一爲尤難。

問題之最新發展，似從避免初步定性着手，即先確定應適用國之法律，然後再依該應適用國之法律——本案準據法，對涉外案件加以定性，俾確定應適用該國之何種性質之法律。此種方法一方面固可解決法律適用問題，他方面也有助於判決一致，頗值吾人注意。關於如何先確定涉外法律關係應適用國之法律，其方式得述者，有下列二種：

(一) 就涉外案件準據法之適用，不採剛性規則，而採較富彈性之最重要牽連關係說。

依照一國國際私法之規定，就特定涉外法律關係所適用之內外國法律，謂之準據法。此準據法係以特定法律關係與當事人或某地域之牽連關係爲基礎，而事前抽象的予以規定。此種剛性規則之制定——以某種牽連因素爲基礎而決定其準據法，而捨棄其他牽連因素，固然是出於政策上之種種考慮[39]，然總不外以被選中之牽連因素與該特定法律關

係之關係最爲密切之故。唯此種剛性規則缺點有二：其一、定性困撓之發生，影響判決之一致；其二、在具體案件，該應適用之法律，有時係出於偶然，與案件無實質重大牽連關係。

而較富彈性之最重要牽連關係說[40]，則認爲涉外案件通常皆涉及二以上之國家，二以上國家之法律，就該案之解決，若均有利害關係，則發生孰強孰弱之問題，此時則應就爭執之問題、案件之事實、事實間之關聯，以及當事人與關係國之關係，作個案之分析比較，然後再決定應適用何國之法律。此時本案應適用之法律旣經決定，則卽以其爲定性之標準，以決定適用該國何種性質之法律。

此種注重個案之分析比較，而不一成不變的適用硬性法規，如運用得當，並藉判例之累積參稽，就同一案件言，也有適用法律一致，並有避免初步定性——先確定法律關係之性質，所帶來之困擾；又因其案件準據法已經確定，再

---

39) 茲以我國涉外民事法律適用法第十八條爲例說明。該條規定：「收養之成立及終止，依各該收養者被收養者之本國法。收養之效力依收養者之本國法。」
　　同條立法理由說明謂：「本條係仿日本法例第十九條，其立法理由，蓋以收養之成立乃擬制血親關係之開始，而收養終止，又爲此種關係之消滅，性質重要，爲兼顧雙方利益，宜依當事人各該本國法，方屬允當，至在收養存續中，基於親子關係而生之各種法律效果，例如養子女是否取得養親之國籍，是否從養親之姓氏，以及對養親之遺產如何繼承等問題，均以養親爲主體，其應依照養親之本國法，亦屬理所當然。」
40) 請參閱下述論文及判例：
　　(1) Morris, "The Proper Law of a Tort." 64 Harv. L. Rev. 881 (1951);
　　(2) Childres, "Toward the Proper Law of the Tort," 40 Texas L. Rev. 336 (1962);
　　(3) Harper, "Policy Bases of the Conflict of Laws," 56 Yale L. J. 1155 (1947);
　　(4) Bowbs V. Zimmer Mfg. Co., 277 F. 2d 868 (7th Cir. 1960);
　　(5) W. H. Barber. Co. V. Hughes, 223 1nd. 570, 63 N. E. 2d 417 (1945);
　　(6) In re Rnippel, 7 Wis 2d 335, 96 N. W. 2d 514 (1959);
　　(7) Babcock V. Jackson, 12 N. Y. 2d 473, 191 N. E. 2d 279 (1963);
　　(8) Auten V. Auten, 308 N. Y. 155, 124 N. E. 2d 99 (1954)

依該國法律以確定法律關係之性質，標準一致，適用該國何種法律，當不致分歧，故有助於判決一致[41]。

(二)就特殊性質之案件，各國締結條約，以統一其準據法之適用。

國際私法為國內法，如各國不採同一法律適用原則，則即使就同一案件言，亦因受訴法院之不同，而得不同之判決，此不僅影響當事人權益，且易發生原告任擇法庭之弊；唯如前述，即使各國所採國際私法適用法則相同，又會因定性之問題，對同一案件，而適用不同之適用法則，結果仍不能適用相同之法律，致前述弊端仍不能免除。

國際間有鑒及此，乃選擇特殊性質、容易發生定性歧異，而又經常發生訟案之問題，締結條約，以統一其準據法之適用。茲以海牙國際私法會議[42]於西元一九七二年所通過之商品製作人責任準據法公約[43](Convention on the Law Applicable to Products Liability) 為例，加以簡單說明：

該公約係適用於因商品招致損害時，關於決定商品製作人及其他人損害賠償責任，所應適用之準據法公約。故第一、公約先就商品及損害等予以定義，俾確定公約之適用範圍；其次、則為規定商品製作人責任之準據法；再其次、則為規定準據法適用範圍。因此遇有商品製作人責任之案件發生時，締約國即可先確定應適用何國之法律，然後再依該國法以確定案件之性質，俾再確定應適用該國何種性質之法律，以解決當事人私權之糾紛。

依照上述，吾人似不難發現此種發展，實也附帶解決了訟爭問題定性時所帶來之困擾，減少同一案件判決歧異之發生。蓋於締約國內發生商品製作人責任之爭訟時，該國即可不必先確定其係侵權行為抑契約債務不履行，而即確定應適用之法律，本案之準據法既經確定，則究應適用該國之契約法抑侵權行為法，當然應依本案準據法決定，似此一方面避免初步定性所生之困難，他方面使定性依本案準據法說會陷於循環論斷之批評不攻而自破，更有進者，其大有助於判決一致之達成，也毋庸置疑，實值吾人借鏡。

---

41) 最重要牽連關係說，雖不失為解決定性問題之辦法，惟在學理及實務上，似仍不無可批評之處：①於涉外案件選擇適用法律時極為重要之特質，例如單純、確定、易於適用，結果預見可能，於此說則難以維持；②在適用最重要牽連關係說，以確定應適用法律前，是否仍須先就訟爭事實加以定性，仍不無爭執。如屬肯定，則初步定性仍未避免，僅能使個案適用法律，較為公平、合理；③一般法官格於種種限制，並非均精於國際私法之技術，除非法律有簡單具體之指示，法官實際上很難自所有連結因素乃至分析關係法律中，以確定個案最適當之準據法；④此說予法官以較多之自由，法官如以此為憑藉，而擴張內國法之適用，不僅產生弊害，且也無補於定性問題所帶來之困擾。

42) 關於海牙國際私法會議 (Hague Conference on Private International Law) 及其所簽訂之各種公約，請參閱拙著：「論侵權行為之準據法」，載政大法學評論第七期（民國六十一年）第一八三、一八四頁。

43) 關於本公約及其分析，請參閱拙著：「論商品製作人責任之準據法」，載政大法學評論第十期（民國六十三年）第一〇一至一二三頁。

陸、結　論

以上已就國際私法上之定性問題，分別自其發生、定性之對象、定性之標準、定性之階段、以及定性問題之解決及發展，加以分析說明與評論。吾人不難發現國際私法上定性問題之作用有二：其一、爲積極方面，在解決法律適用問題。即對特定涉外案件，決定內國國際私法上之適用法則，俾發現並適用內國或外國之實體法，以解決系爭之案件。就此作用言，則任一有關定性標準之學說，雖各有其理論及實際之缺失，然都不難達成此一作用；其二、爲消極方面，在避免影響判決之一致。即在假定各國國際私法適用法則相同前提下，不要因定性問題，而使同一案件在不同法院涉訟，不能適用同一之法律。就此作用言，上述傳統的定性標準學說，都未能達成使命，誠不無令人遺憾。

本人前述定性問題之解決，是從實體法上着眼，以消除法律名詞或概念之歧異，俾徹底解決國際私法上之定性問題。目前雖無若何顯著之成績，但各國若均能有此體認，相信終有成功之一日。至在定性問題之發展中所提，則係從國際私法本身着手，藉先確定應適用之法律，避免初步定性爲手段，以達成國際私法上定性問題之二項作用，一般而言，此種發展應受到國際私法學者之重視，而再予以研究、修正、改進，俾理論及體系日臻完美，以獲得各國之共鳴與採納。[44]

---

44) 與定性問題極爲近似之另一問題，乃所謂 incidental 或 preliminary question 一附隨問題。本問題係由德國法學家 Melchior 及 Wengler 在 1932~34 年所發現。所謂附隨問題，即指受訴法院在審理本案過程中，其他次要、附隨的含有涉外成分的問題也發生。例如某甲請求繼承死亡人之遺產，關於何人有繼承權，應繼分如何等，固適用法庭地國際私法有關繼承之準據法—假設爲被繼承人死亡時之本國法。但關於其是否配偶有爭執時，則此時關於其婚姻是否有效成立之問題，究應依法庭地之國際私法抑本案（繼承）準據法國法之國際私法，以決定婚姻問題之應適用法律，即爲附隨問題。

一般而言，附隨問題之發生，必須具備三要件。其一、本案（主要問題）應適用之法律爲外國法；其二、該問題可獨立發生，且也有其獨自之適用法則；其三、關於該問題應適用之法律，法庭地國之適用法則與本案準據法國之適用法則規定不同。

關於附隨問題，究應適用何國之國際私法，學者見解不同。有贊成適用本案準據法國之國際私法者，如Robertson, Wolff 等，有贊成適用法庭地國之國際私法者，如Raape, Nussbaum, Cormack 等。請參閱 Wolff, p. 206; Robertson, Chapter 6.

國際私法上附隨問題之研究

壹、引　論

國際私法之作用,係在爲涉外法律關係,決定其應適用之法律,俾受訴法院得據以解決當事人間之爭執[1]。惟一宗涉外案件有包含一項爭執問題者,有包含數項爭執問題者。故於同一案件中,法院往往適用數種不同之準據法[2],以解決不同一之問題。舉例言之,關於契約之案件,有關於當事人行爲能力者,有關於行爲能力以外之其他實質要件者,如標的之適當,意思表示之健全,

---

1) 國際私法之定義雖多,但大體上可歸於三類:即㈠強調法律衝突之解決者,如 Bar: "Private international law determines the applicability of the legal systems and the jurisdiction of the agencies-the courts and magistrates-of different states in private legal relations." Foelix: "The body of rules by which are judged the conflicts between the private law of different nations." Story: "The jurisprudence arising from the conflict of the laws of different nations in their actual application to modern commerce and intercourse. ㈡強調權利主體國籍之不同者,如 Fiore: "The science which establishes the principles for resolving conflicts of laws, and for regulating the mutual relations of the subjects of different states." ㈢強調立法管轄之範圍者,如 Savigny: "The local limitations of the authority of the rules of law." Bustamante: "The science which limits legislative capacity in space."
關於本問題,請參閱馬漢寶敎授著:國際私法總論(民國七十一年)第4頁。

2) 所謂準據法(applicable law),係指依一國國際私法,就某種涉外法律關係,所指定應適用之內外國法律。準據法之規定,各國有採單面立法形式者,即僅規定內國法適用之情形,而不及其他;有採雙面立法形式者,即對於某種涉外事件之準據法,不以規定其是否爲內國法爲限,而係以抽象方法,就某種涉外事件所應適用之法律,不分內外,統予指示。關於本問題,請參閱馬著,第53—56頁。

意思表示之合致等問題，有關於契約方式要件者。似此契約上不同之問題，一國之國際私法可能規定適用不同之準據法 3。則受訴法院應即分別其問題，適用不同之法律，以解決爭執之問題。

就上述例子，依我國涉外民事法律適用法，則行為能力應依第一條而適用當事人本國法。行為能力以外其他實質要件，則依第六條而適用當事人合意所選擇之法律。契約之方式，則依第五條而有選擇適用行為地法之可能。

此種就不同問題，而分別適用不同之準據法，在國際私法上，早已存在，外國有稱之 Dépecage，也有種之為 Picking and Choosing 者 4。

惟以上所述係就同一法律關係，因爭執問題之不同，而分別適用數種不同之準據法，至受訴法院於審理某一涉外法律關係過程中，也具有涉外成分 5 之其他法律關係亦偶然地發生，且為解決第一個法律關係之先決條件。此時倘第一個法律關係依法庭地國際私法應適用外國法時，則第二個（次要）法律關係究應依法庭地國際私法，抑應依規範該第一個法律關係國之國際私法，以定其準據法？在理論上及實務上，就會發生爭議。舉例言之，某於希臘有住所之希臘人，未立遺囑死亡，遺留動產於英國，依英國國際私法，繼承依被繼承人死亡時住所地法，即希臘法。而依希臘民法，死亡者之配偶有權繼承該遺產，其配偶因而於英國法院提起繼承訴訟。惟如關於其婚姻是否合乎形式要件發生爭執。例如，該婚姻係於英國舉行，依英國法完全合法（英國法為依英國國際私法所應適用之準據法──婚姻舉行地法），但依希臘法則為無效之婚姻（希臘法為依希臘國際私法所應適用之準據法──本國法），蓋其因希臘傳敎士未在場之故。於此情形，關於該配偶能否享有（繼承）該動產，究應適用英國國際私法抑希臘國際私法，即發生問題 6

---

3) 關於契約之準據法，請參閱拙著，「契約準據法之研究」，收錄於拙著，國際私法論叢（民國七十一年九月再版）第67—102頁。

4) 關於本問題，請參閱下述論文：
　①Reese, "Dépecage: A Common Phenomenon in Choice of Law," 73 Col. L. Rev. 58 (1973).
　②Wilde, "Dépecage in the Choice of Tort Law," 41 S. Calif. L. Rev. 329 (1968).
　③Cavers, The Choice of Law Process 40-43 (1965).
　④Cavers, "Contemporary Conflicts Law in American Perspective," 3 Recueil Des Cours 137-140 (1970).

5) 涉外成分 (foreign element)，簡單地加以分析，可有如下之幾類：
　①牽涉外國人者，即案件之當事人，其一方或雙方係外國人或無國籍人時。
　②牽涉外國地者，即構成案件之事實，有涉及外國地者。
　③牽涉外國人及外國地者，即案件之當事人中有外國人，而構成案件之事實中，又有牽涉外國地者。
　關於本問題，請參閱馬著，第2頁。

6) 參閱 Wolff, Private International Law (2nd ed. 1950) p. 206.

，而此問題，即一般所謂之附隨問題（incidental question）[7] 或先決問題（preliminary question）[8]。

貳、附隨問題之成立要件

附隨問題如上所言，係指受訴訟法院在審理本案過程中，其他次要、附隨的含有涉外成分的法律關係，也發生問題，關於其究應依何國（法庭地國抑本案準據法國）國際私法，以定其應適用之法律之問題。

此一問題，在一九三〇年以前，被視為與處理 Dépacage 相同，即依照法庭地國際私法以定其應用之法律[9]。其後陸續經過 Melchior、Wengler 之發現及 Robertson 引介此一問題至英美法國家，就解決先決問題之國際私法之究否應為法庭地國際私法抑本案（主要法律關係）準據法國之國際私法，提出疑義[10]。

在法庭地法與本案準據法，二者間作一選擇時，不僅發生技術性之問題，更產生實際之重要。假如適用法庭地國際私法，則構成先決問題或附隨問題之各個實體問題，將會在法庭地獲得一致之判決，而不問其係以主要法律關係抑以附隨之法律關係出現。倘如規範主要法律關係之準據法國之國際私法被適用，則法院所審理之構成先決問題或附隨問題之各別實體問題，將會因其係以主要法律關係抑附隨法律關係出現，而受到不同法規之適用。申言之，在前舉例中，婚姻是否有效成立之實體問題，係以主要問題出現時，受訴法院適用法庭地（英國）國際私法以定其準據法，在該實體問題係以附隨問題出現時，受訴法院適用本案準據法國（希臘）之國際私法，以定其應適用之法律。

附隨問題發現之重要性，已如上述，然則在涉外案件中，某項問題究應具備何種要件始能構成國際私法學上所謂之真正附隨問題？依照英國學者 Dicey 及 Morris 見解[11]，認為必需具備三項要件：

其一，主要問題依照英國（法庭地國）國際私法之規定，係以某外國法為準據法[12]。在前舉實例中，繼承係主要

---

7) 多數英國學者慣用 incidental question，蓋偏重於問題發生之先後，即惟有受訴法院就主要法律關係確定其應適用之法律後，方始有附隨問題發生之可能。

8) 歐州大陸學者慣用 preliminary question，蓋偏重於問題解決之先後，即惟有解決先決問題後，才能解決主要法律關係。

9) 參閱 Lipstein, Principles of the Conflict of Laws, National and International (1981) p. 107.

10) 參閱 Dicey and Morris, The Conflict of Laws (10th ed., 1980) p. 34.

11) 參閱 Dicey and Morris, p. 35.

12) 此係就真正附隨問題而言。惟有美國學者認為，就主要法律關係依法庭地國際私法適用法庭地法為準據法時，其他次要也含有涉外成分之法律關係發生時，也認為屬於附隨問題。請參閱 Von Mehren and Thautman, The Law of Multistate Problems (1965) p. 439.

問題，該法律關係依英國國際私法，係以希臘法爲準據法，符合第一要件。

其二，具有涉外因素之某次要問題在該案件中也發生。該項問題可以單獨發生，同時在國際私法上，也有獨立之適用條文[13]。在前舉例中，關於婚姻是是否有效之問題，即爲具有涉外成分之次要問題，也發生爭執。

在本案件中，此次要問題係因主要問題而發生，又爲主要問題而存在，二項問題相互依存，不可分開。但關於婚姻是否形式有效之問題，在一般案件中，並非不可單獨發生。而英國國際私法上對婚姻是否成立之問題，也有單獨之適用法則——婚姻舉行地法。

其三，英國（法庭地國）國際私法對次要問題所指定應適用之法律，與規範主要問題之國家之國際私法，就次要問題所指定應適用之法律不同。

在前舉實例中，英國國際法對婚姻是否有效成立所規定應適用之法律爲婚姻舉行地法——英國法。規範主要問題——繼承之準據法國爲希臘，而希臘國際私法就次要問題——婚姻成立，所指定應適用之法律爲當事人本國法——希臘法，故法庭地國際私法與本案準據法國國際私法，對於次要問題所指定應適用之法律不同，符合第三要件。因此此項次要問題，即爲國際私法上之附隨問題或先決問題[14]。

---

13) 在解釋上，此項問題似不限於一國法律有明文規定者爲限，即依一國法規欠缺及其補全之方法，予以補充時，也應認爲有本要件之構成。關於國際私法規定之欠缺，請參閱蘇遠成著，國際私法（民國六十七年）第50—53頁。

14) 上述三項要件具備時，附隨問題固將會發生，惟由於法庭地法及本案準據法是否①採取反致；②對附隨問題之定性不同；③對連接因素之定性不同；④有關法律適用準則之不同。故在下述七種情況下，均會有附隨問題之發生：

1. When there is a conflict of the choice-of-law rules governing an incidental question.
2. Where the choice-of-law rules on the incidental question are the same, but the forum applies *renvoi*, the *lex causae* does not.
3. Where the choice-of-law rules are the same but the connecting factors are characterised differently.
4. Where the choice-of-law rules of the forum and the transmitting state (a state selected as the *lex causae* and applying *renvoi*) are the same but the transmitting state applies, not its own choice-of-law rules, but the choice-of-law rules of the selected domestic system, which differ from the forum.
5. Where the choice-of-law rules of the forum and the finally selected domestic system are the same, but the transmitting state applies its own conflicts rule to the incidental question.
6. Where the choice-of-law rules of the forum and the country governing the main issue are the same but the characterisation of the incidental issue differs.
7. Where the choice-of-law rule of the forum and of the country governing the main issue are the same, but the *lex causae* would apply its domestic law to the incidental question.

關於本問題，請參閱 Gotlieb, "The Incidental Question in Anglo-American Conflict of Laws" (1955) 33 Can. Bar. R. 523.

附隨問題係因受訴法院審理涉外案件時，為審理主要問題之先決問題，故又稱為先決問題。其應具備之成立要件，已如上述。惟應注意者，並非所有涉外案件，都會發生附隨問題，茲再區別下述情況，予以說明：

1.在涉外案件中，僅有一項法律問題發生爭執。例如，在涉外繼承案件中，關於其準據法之適用，此時既無其他相關問題之發生，故僅由受訴法院依照其國際私法，以定該繼承所應適用之法律。至於是否包含該準據法國之國際私法，自需視法庭地國國際私法，是否採取反致而定[15]。

2.在涉外案件中，有多項法律問題發生爭執，但屬於同一法律關係。例如，在涉外契約案件中，關於當事人行為能力，契約方式要件及契約之實質要件、效力等。皆發生爭執。此時因其屬於同一法律關係之各個問題，有時在法律適用上，雖有先後之別，但無主從之分[16]。此問題屬於準據法分割適用問題，僅依照法庭地國國際私法，就各個問題，分別定其應適用之法律。至於是否包含各該準據法之國際私法，自也需視法庭地國國際私法是否採取反致而定。

3.在涉外案件中，有多項法律問題發生爭執，但分屬於不同之法律關係。例如，原告對死亡人之財產，部分依照夫妻財產制之規定主張權利，部分依照繼承之規定行使權利。此種法律問題，係屬同等重要，無分軒輊，且係各別獨立之法律關係，自也無所謂附隨問題，而係各自依照法庭地之國際私法，分別適用其應適用之準據法。至於是否包含各該準據法之國際私法，自也需視法庭地國國際私法是否採取反致而定。

4.在涉外案件中，有多項法律問題發生爭執，其中之一構成解決主要法律關係之先決問題，且此先決問題又符合前述三項要件時，此時始有附隨問題之發生。

此外，尚有所謂第二級附隨問題者（incidental question of the second degree）[17]。例如，在前舉例中，希臘國際私法視該婚姻為無效，並非因其依希臘法形式無效，而是該配偶第一次婚姻之解消，係不為希臘法所承認之離婚之故，而該離婚為英國法所承認為有效者。蓋於此例中，繼承係屬主要法律關係，婚姻之有效與否，乃構成該請求人是否有權繼承之先決問題；若婚姻之是否有效，繫於第一次離婚是否被承認有效，則該離婚是否被承認，就構成為決定婚姻有效之先決問題，也即屬於有無繼承之先「先決問題」，故謂之第二級附隨問題，其應具備之要件，與一般附隨問題無異。

---

15) 關於反致（renvoi），請參閱馬著，第215—223頁；蘇著，第54—65頁；拙著，「反致條款與判決一致」，收錄於拙著，國際私法論叢（民國七十一年再版）第195—226頁。

16) 此種準據法適用之方式，可謂之並行適用方式，即謂數種準據法就同一涉外案件，從法律關係之觀點，分別適用不同之法律。並行適用之準據法，在效力上互不牽連，亦互不影響，亦互無輔助之關係。如依一者不具備要件，繼依其他具備要件，該涉外法律關係，仍不成立。換言之，各自適用之結果合一而決定涉外法律關係之成立。

17) 參閱 Dicey & Morris, p. 34.

叁、附隨問題與反致

附隨問題之成立要件已如上述，於此應一提者，即此問題雖廣受學者之討論[18]，案例也有不少之數目[19]，但也有不少人士對此問題漠視。此固由於學者間用語分歧[20]，但若干觀念模糊，未能澄清，實有以致之。特別值得一提者，厥爲反致與附隨問題，二者間之關係如何，更爲莫衷一是，茲扼要說明二者間關係如下，俾有助於對附隨問題之了解。

一、時間上之關係

反致者，謂於某種涉外關係，依內國國際私法之規定，應適用某外國之法律，而依該外國國際私法之規定，却應適用內國法或他國法時，受訴法院卽以內國法或他國法代替該外國法之適用。此種法律適用程序，稱爲反致。故如法庭地國，就某一涉外法律關係採取反致，惟有在適用反致後，確定應適用之法律爲外國法，此時方有附隨問題發生之可能，如經適用反致，確定應適用之法律爲內國法，則附隨問題自無從發生。故在直接反致[21]、間接反致[22]時，因主要法律關係所應適用之法律爲內國法，故無眞正附隨問題之發生；惟如爲轉據反致[23]或重複反致[24]時，因主要法律關係所適用之法律爲外國法，此時方有發生附隨問題之可能。

二、觀念上之關係

---

18) 請參閱本文肆，附隨問題之解決，有關學者之著作。
19) 僅就英、美學者大作中所引述之案例，卽有百餘件之多。
20) 在學者著作中，除有適用 incidental question, preliminary question 外，尚有採用 partial question, subsequent question, dependent question, subsidiary question, threshold question, prejudicial question 等名稱不一而足。
21) 所謂直接反致，謂對於某涉外法律關係，依法庭地國際私法之規定，應適用某外國法，而依該外國國際私法之規定，須適用法庭地法時，受訴法院卽以內國法爲審判該案件所應適用之法律。此種法律適用程序，稱爲直接反致。
22) 所謂間接反致，謂對於某種涉外法律關係，依法庭地國際私法之規定，應適用某外國法，而依該外國國際私法，應適用第三國法律，而依該第三國國際私法，却應適用法庭地法，受訴法院卽應以內國法爲審判該案件所應適用之法律。此種法律適用程序，稱爲間接反致。
23) 所謂轉據反致，謂對於某涉外法律關係，依法庭地國際私法之規定，應適用某外國法，而依該外國國際私法，須適用第三國法時，受訴法院卽應以該第三國法代替某外國法之適用，此種法律適用程序，稱爲轉據反致。
24) 所謂重複反致，乃指對於直接反致或間接反致，再追加一段適用程序，經此追加程序，進而適用某外國法律，此種法律適用程序，稱爲重複反致。
於此應予一提者，卽於法庭地國探一部反致 (partial renvoi) 時，固易發生直接反致及轉據反致，於法庭地國採取全部反致 (total renvoi) 時，若該外國國際私法不採反致，固仍可能發生直接反致及轉據反致，但對於間接反致或重複反致之發生，則必須法庭地國採取全部反致，否則卽不可能造成間接反致或重複反致。關於反致，請參閱拙著，「反致條款與判決一致」，收錄於拙著，國際私法論叢（民國七十一年再版）第195—226頁。

— 248 —

一國法院就某些法律關係，適用反致，必有其法律政策之依據，其可能為促進內外國判決之一致、避免當事人任擇法庭，以及協助達成內國判決之域外效力等[25]。此種促使一國法院依外國國際私法以定案件應適用之法律之法律政策，在相類似案件中，往往即為促使一國法院依該外國國際私法以解決附隨問題之理由。

因附隨問題係因適用外國法後方發生，則促使選擇該外國法之政策上原因，必也同樣促使選擇該外國法以解決附隨問題之法律適用問題。

惟應區別者，此並非謂反致條款促使選擇外國法以解決附隨問題，而係謂促使一國法院採取反致之政策上理由使然。申言之，反致與附隨問題在觀念上若有相同之處，則係指他們適用之理由。

三、適用上之關係

一國法院不適用反致時，則採取反致條款之政策上之考慮，即不當然適用於對附隨問題之選擇法律。法院固可能受到相類似因素之影響（例如內外國判決之一致），但也可能受到其他因素之影響。其結論為就主要問題選擇外國法之理由，毫不適用於附隨問題。此所以許多學者贊成適用法庭地法，以解決附隨問題。

因此，如一國法院採用反致，則該國往往適用規範主要法律關係之國際私

法，以解決附隨問題。惟此時，仍有一些顯著區別應加分辨：

其一，若外國法庭（本案準據法國之法庭、或規範主要法律關係國之法庭），適用其國際私法之結果，又轉據適用第三國法時，則受訴法庭就附隨問題所適用之法律，即為該第三國法，而非規範主要法律關係國之實體法；其次，如規範主要法律關係國之法院，適用其國際私法之結果，係以其本國實體法為準據法，則受訴法院自以規範主要法律關係國之實體法作為解決附隨問題之準據法。換言之此時解決主要法律關係與解決附隨問題之準據法為一致；最後，如規範主要法律關係國之法院，適用其國際私法之結果，又回復由受訴法院之法律規範，則受訴法院就該附隨問題，自以法庭地之實體法為應適用之法律。

肆、附隨問題之解決

對附隨問題之解決，英、美法系學者間大致分成二種見解，其一，贊成適用法庭地之國際私法（法庭地國際私法說）；另一種則贊成適用規範主要法律關係國之國際私法（本案準據法國際私法說）。惟每種主張均有若干例外。而另有第三種主張，則認為無一定原則可循，而應視個案而定其應適用之法律。茲簡要介紹如後：

第一，贊成適用法庭地國際私法為原則，而有若干例外之學者，包括Cormack,[26]

---

25) 同註15。

26) 參閱 Cormack, "Renvoi, Characterization, Localisation and Preliminary Question in the Conflict of Laws" 14 So. Cal. Rev. 243 (1941).

Cramton, Currie and Kay,[27] Brainerd Currie,[28] Folconbridge,[29] Graveson,[30] Cheshire（舊版），[31] Diccy and Morris（舊版）。[32]

第二、贊成適用本案準據法國之國際私法為原則，而有若干例外之學者，包括 Anton,[33] Castel,[34] Lipstein,[35] Mann,[36] Robertson, Wolff.[38]

第三、贊成沒有共同原則可適用者，則有 Cheshire and North（新版），[39] Diccy and Morris（新版），[40] Gotlieb,[41] Von Mehren and Trautman.[42]

前述第一、第二二派學者之爭論，已持續數十年之久，被視為是二種觀念之爭論，即內國規範或判決之一致與國際判決之一致。前者強調法庭地實體判決之一致，後者則着重國際間判決之一致。茲分別扼要述之如下：

一、法庭地國際私法說

主張法庭地法者，基本上係關切在法庭地適用法律之不一致，會造成判決之歧異。例如同一涉外婚姻問題，在法庭地應適用同一國際私法上之條文，予以處理。如只因其主要問題與附隨問題之別，就適用不同國家之國際私法有關條文，是屬無意義之事。

蓋法庭地法官就某一法律關係予以定性後，選擇法條予以適用，如再以外國條文加以取代，或以外國之評斷代替內國之評斷，顯屬荒謬。由此可知，贊成適用法庭地法之學者，通常也不贊成反致之理論，蓋拒絕反致與拒絕就附隨問題適用外國國際私法，常相伴隨。此外，贊成此說者，也有主張附隨問題之發生與法庭地關係密切，其所包含之間

27) 參閱 Cramton, Currie and Kay, Conflict of Laws (2nd ed., 1975) pp. 393-398.
28) 參閱 Currie, Selected Essays on Conflict of Laws (1963) pp. 69-72.
29) 參閱 Falconbridge, Conflict of Laws (1947) pp. 165.
30) 參閱 Graveson, Conflict of Laws (1974) p. 79.
31) 參閱 Cheshire, Private International Law (3rd ed., 1947) p. 129.
32) 參閱 Dicey & Morris, Conflict of Laws (6th ed., 1949) p. 73.
33) 參閱 Anton, Private International Law (1967) pp. 67-72.
34) 參閱 Castel, Conflict of Laws (2nd., 1968) pp. 166-168.
35) 參閱 Lipstein, "Conflict of Laws, 1921-1971: The Way Ahead" (1972B) Camb. L. J. 67, 90-96.
36) 參閱 Mann, "Legitmation and Adoption in Private International Law" (1941) 57 L.Q.R. 128.
37) 參閱 Robertson, Characterization in the Conflict of Laws (1940) pp. 135.
38) 參閱 Wolff, Private International Law (2nd ed., 1950) p. 206.
39) 參閱 Cheshire, and North Private International Law (10th ed., 1979) p. 56.
40) 參閱 Dicey and Morris, Conflict of Laws (10th ed., 1980) p. 50.
41) 參閱 Gotlieb, "The Incidental question in Anglo-American Conflict of Laws" (1955) 33 Can. Bar. R. pp. 542-555.
42) 參閱 Von Mehren and Trautman, The Law of Multistate Problems (1965) pp. 493-494.

題如婚姻，離婚及其他身份問題，甚至於從政策考量上超越主要問題，吸收了主要問題，故應適用法庭地法，而非外國國際私法。

倘不適用法庭地法，無疑是疏忽法庭地之政策，而迫使本國及外國人之身份，受制於本案準據法國之國際私法。

總之，贊成法庭地法說者，其主要之論據，厥為法庭地之政策應屬優越，故法院應適法庭地之國際私法，而非外國之國際私法。誠如英國國際私法學者 Graveson 所言：

「每一個問題皆是一項獨立之法律問題，需要獨立的援用國際私法，在本項問題言，通常即為英國法[43]。」

此種解決方法，一般認為有一致性及單純性之優點，不論對主要問題是否適用反致，皆然。

Graveson 又說：

「只有對主要問題與附隨問題各別

處理，原始地獨立地，一貫地援用英國國際私法，始有可能獲致實際上之一致，不僅在內部上就法院所處理之特別問題然，且就整個英國國際私法制度上亦然[44]」。

另一美國國際私法學者 Ehrengweig 則認為[45]，附隨問題之概念一如反致，定性[46]與法庭地之公共政策[47]，皆為受訴法院用以將案件帶回受訴法院，而適用法庭地法則之發明。

二、本案準據法國際私法說

贊成採用本案準據法國之國際私法學者，則對上述見解，持相反看法。彼等認為，如果吾人強調法庭地實體結果一致之原則，必將犧牲國際判決之一致。採取一種原則而導致因訴訟地不同，而得不同之結果，無異鼓勵當事人任擇法庭，接納便利法庭[48]之概念。

此外，本案準據法說學者也辯稱，

43) 參閱 Graveson, Conflict of Laws (7th ed., 1974) p. 79.
44) 同註43，第79—80頁。
45) Ehrenzweig, Private International Law: A Comparative Treatise, General Part (1967) pp. 169-70.
46) 關於定性，請參閱馬著，第224—235頁；施啓揚著，「國際私法上定性問題的歷史發展及其解決方法」，載法學叢刊第十二卷第四期（民國56年）第1—13頁；拙著，「國際私法上定性問題之研究」，載政大法學評論第十六期（民國66年）第177—191頁。
47) 關於公共政策，請參閱下述論文：
①Lorenzen, "Territoriality, Public Policy and the Conflict of Laws," 33 Yale L. J. 736, 746 (1924);
②Nussbaum, "Public Policy and the Potitical Crisis in the Conflict of Laws," 49 Yale L. J. 1027 (1940);
③Note, "The Public Policy Concept in the Conflict of Laws," 33 Col. L. Rev. 508 (1933).
48) 關於任擇法庭或便利法庭之概念，請參閱下述論文：
①Blair, "The Doctrine of Forum Non Conveniens in Anglo-American Law," 29 Col. L. Rev. 1 (1929);
②Dainow, "The Inappropriate Forum," 29 Ill. T. Rev. 867 (1933);
③Trautman, "Forum Non Conveniens in Washington-A Dead Issue? 35 Wash. L. Rev. 88 (1960).

法院所面對之問題，並非某人是否為合法繼承人於抽象的含義中，而是就繼承座落於外國之一些財產權中，他是否為法定繼承人。彼等並指出，在英國法律中久已樹立之一項事實，即重婚就某些目的言（如關於子女之合法性），則予以承認，但就其他目的言（如同意妻子提起婚姻無效或離婚之訴），則不予以承認。

附隨問題之發生，係由於主要問題之存在，附隨問題完全係由於適用外國法之結果而產生。故如就附隨問題法庭地法官適用法庭地國際私法，而非該外國法院所應適用之法律。則其判決與該外國法院法官之判決，將產生不同之結果。

因此贊成本案準據法說者，認為唯有適用本案準據法國之國際私法，才能達成尊重已作之決定——即本案準據法為規範該爭執問題所應適用之法律。

主張此說者，更進一步認為該外國法律應加以適用，因為在實質上，該法域與本案是最具關連性之法域，附隨問題係由於對規範主要關係之外國法之解釋而發生。

因此之故，該國之政策，而非法庭地國之政策，應受特別之重視。

主張本案準據法說者，更進一步指出，對主要問題所適用者，既為外國法，而附隨問題又屬於主要法律關係之一部，且附屬於主要問題。法庭地之司法秩序與該附隨問題，實保有若干距離，

他被主要問題所分離，與附隨問題沒有直接關係。

惟主張此說者承認，倘使附隨問題與法庭地發生司法牽連關係時，則又另當別論。例如前婚姻或離婚判決係在法庭地作成，此時即屬適用本案準據法之例外，法庭地法國際私法而非外國之國之國際私法，應予以適用。

伍、附隨問題之案例

關於附隨問題之案例，在外國法院甚多，在我國法院則未曾一見。茲為求對附隨問題增多認識，並了解外國法院對附隨問題處理態度之一斑，爰舉數例如下[49]：

一、Schwebel v. Ungar[50]

有住所於匈牙利之某一對夫婦，為猶太人，他們決定移民到以色列，當其往以色列途中，於義大利採猶太方式離婚，此種離婚為匈牙利法(其住所地法)所不承認，但為以色列法所承認。其後當事人於以色列取得選擇住所，而該女方隨後又於加拿大（Toronto 省）與第二任丈夫舉行婚禮，旋其夫又向加拿大法院 Ontario 提起確認婚姻無效之訴，其根據為重婚之法理。

本案中，主要問題是該婦女之再婚能力，依照 Ontario 之國際私法，此問題應依以色列法（當事人住所地法），而此再婚能力之有無，又繫於該婦女前婚姻之離婚是否有效，此一問題即為本案之附隨問題。

49) 以下所舉案例，不過是常見於英、美法學著作中案例而已，並不表示所有案例均如所舉案例採取本案準據法國國際私法。
50) (1963) 42 D. L. R. (2d.) 622; (1964) 48 D. L. R. (2d) 644.

該離婚依 Ontario 國際私法（適用匈牙利法）不承認為有效，但依以色列法（本案準據法國）國際私法（適用以色列法）則承認有效。

加拿大最高法院，維持 Ontario 上訴法院之判決，認為該婦女第二次婚姻為有效。其理由為依照該婦女婚前住所地法（以色列法），該婦女擁有單身女子之身分。本案中，加拿大法院適用以色列國際私法，以決定附隨問題應適用之法律，即依照規範主要問題國之國際私法，而非法庭地之國際私法。

二、Meisenhelder v. Chicago N. W. Railway[51]

原告就其夫在 Illinois 州，因被告侵權行為而致死亡，於 Minnesota 州提起損害賠償之訴。就主要法律關係——侵權行為言，受訴法院依其國際私法適用侵權行為地法—Illinois 州法律，惟關於原告婚姻是否有效，雙方發生爭執，引發了本案之附隨問題。受訴法院最後援引本案準據法——侵權行為地之國際私法，否決了原告在 Kentucky 州與其堂兄所舉行之婚姻，蓋 Illinois 州有規避婚姻條例之故。如適用法庭地國際私法，則將承認在 Kentucky 州所成立之婚姻為有效。

三、Hague v. Hague[52]

有關繼承之案件於澳大利亞高等法院提起。關於繼承之準據法，澳洲法院依其國際私法，適用被繼承人之住所地法——印度法。惟關於請求人是否被繼承人之配偶，則有爭執。澳洲國際私法關於婚姻方式要件，依婚姻舉行地法。該婚姻係在 Western Australian 舉行，與 Western Australian 婚姻法要件不合，應屬無效。

但印度國際私法却規定適用當事人住所地法，即印度法承認該婚姻為有效。受訴法院就此附隨問題，最後適用規範主要法律關係（繼承）國之國際私法，以定該婚姻之準據法，因而認該婚姻為有效，原告有繼承權。

四、R. v. Brentwood Marriage Ragistrar[53]

某義大利人娶瑞士女子為妻，不久雙方於其共同住所地——瑞士離婚。離婚之後妻又再嫁，原夫則欲於英國與有住所於瑞士之西班牙女子結婚。但婚姻註冊員拒絕他們的婚姻，蓋依其見解認為其離婚效力有問題。

該義大利人遂於英國法院起訴，請求法院頒發命令，指示婚姻註冊員頒發證明，准予註冊，依瑞士法，婚姻能力依當事人本國法；而意大利法並不承認義大利人之離婚。本案中之主要問題，係該義大利人之再婚能力問題，依照英國國際私法，應適用當事人之住所地法，即瑞士法。而本案中之附隨問題則為該離婚之效力問題。該離婚之效力，依照英國國際私法，也應適用夫之住所地法——瑞士法。依瑞士法律，該離婚為有效；惟依照規範該再婚能力之國之國際私法——瑞士之國際私法，該離婚應

---

51) 170 Minn. 317, 213 N. W. 32 (1927).
52) (1962) 108 C. L. R. 230.
53) (1968) 2 Q. B. 956.

適用夫之本國法——意大利法。依義大利法律,則不承認意大利國籍人之離婚。英國法院於本案就附隨問題,適用了瑞士國際私法,因而認定該離婚為無效,妨碍了第二次婚姻之效力。

陸、結　論

國際私法係現代國際社會下之產物[54],亦為獨立主權國家之表徵[55]。一國涉外案件愈繁多,愈表現該國在國際社會中所居之地位,且亦愈激盪國際私法學之發達,二者互為因果。反觀我國早期閉關自守之政策,視四鄰為蠻夷之態度[56],致使國際私法難以紮根。及至門戶開放,又受到列強不平等條約之束縛[57],喪失獨立自主法權,國際私法學無從發達。

近三十年來,雖因涉外民事法律適用法之公布施行[58],內外國人交往頻繁,涉外法律關係日益增多,但國際私法始終未受到學術界及司法實務界之重視,殊深遺憾!即以附隨問題而言,法院判決及學者著述中,曾予一提者,實不多見[59]。

我國涉外民事法律適用法對附隨問題未嘗明文規定,法院又乏判例可資遵循。如前所述,涉外案件發生附隨問題

54) 任何社會生活關係所以能具有涉外成分,必待內國人與外國人互相往來,如此,始可發生人事上的與商業上的種種涉外關係,而內外國人間關係之增加,主要地可說有賴交通方便,其中以國際貿易為尤然。而國際交通便利,當已是十九世紀以後之事。職是之故,國際私法實乃現代國際社會之產物。請參閱馬著,第4—5頁。
55) 涉外案件所適用之法律,既必須由內國法院就內容不同之各國法律加以選擇與決定,則如內國之司法權遭受限制,對在內國之外國人不能行使管轄權及法律之適用,則國際私法亦難以建立,且亦無其需要。因此之故,國際私法之制定與適用,往往為一國法權獨立自主之表徵。請參閱馬著,第6頁。
56) 按內外國人之交往與外國人權利之保護,係屬國際私法發生要件之二,倘若欠缺此種條件,自難期望一國國際私法之紮根與發達。
57) 緣自清道光二十二年(西元1842年)鴉片戰後,我國與英國訂立南京條約(西元1843年)。除割地賠款,五口通商以外,並在通商章程第廿三條,明文規定英國在我國享有領事裁判權。次年,中法、中美條約,亦有相同之規定。咸豐九年(西元1856年),英法聯軍攻陷天津,續訂所謂天津條約,規定尤詳。至是,領事裁判權之範圍,大致確定如下:
　①凡同國籍之外國人民相互間之案件,不論民事刑事,均由其所屬國之領事依其本國法律審判。
　②凡有約國人民與第三國人民間之一切爭訟,均由被告所屬國之領事審理。
　③凡中國人民與外國人民間之案件,如被告為外國人民者,不論民事刑事,均由被告所屬國之領事,依其本國法律審判。
　非特如此,並創設所謂觀審、會審等制度,對於當時租界內中國人民為被告之案件,乃至純粹中國人民間之民刑訴訟,亦加干涉。於是,中國法院及法律非但不能管轄涉外案件,即對純粹內國案件亦難添加審理矣。請參閱馬著,第9—12頁。
58) 涉外民事法律適用法係於民國四十二年六月六日公布施行。在此之前,雖有民國七年之「法律適用條例」,但證諸當時環境,此一法規之制定,毋寧在表示我國收復司法權之決心,而未必為應付實際上之需要。
59) 參照藍瀛芳,「涉外繼承訴訟中之動的衝突與先決問題」,載於法學叢刊第二十八卷第四期(民國72年)第42—48頁;拙著,「國際私法上定性問題之研究」,載於政大法學評論第十六期(民國66年)第191頁。

之可能隨時存在，則在解決附隨問題時，究應採取何種態度？值得討論。本人以爲本文前述附隨問題所應具備之要件，可資參酌。至解決之方法，雖三種見解皆有可取，惟鑑於我國國際私法甚爲重視反致，於第二十九條有詳盡之規定，則由此推論，自以原則上採取本案準據法國際私法說爲適宜。抑且晚近之趨向，雖學者多贊成第三說[60]，即視個案情況而定，無一定原則可循，但由於我國爲成文法國家，法院適用法律偏向硬性規則，若每案皆視其情形以定應適用之法律，恐與我國適用法律之習慣不合，難以適應，實不如採本案準據法說爲原則。惟於貫徹法庭地國重要政策，或維持法庭地國對身分上已有之決定時，再以例外適用法庭地法說爲妥[61]。

至採取此種辦法之法律依據，則可依涉外民事法律適用法第三十條之規定：「涉外民事，本法未規定者，適用其他法律之規定，其他法律無規定者，依法理。」外國判例與學說，自可作爲法理，予以解釋援用。

60) 請參閱 Dicey and Morris, 見註40，第50頁；Cheshire and North, 見註39，第56頁。
61) 請參閱本文第10頁。

論國際管轄權衝突之防止

壹、引　　論

國際私法為近世文明之產物，其發生較他種法律為獨遲[1]。迨至本世紀，由於國際交通發達，商務振興，各國人民之交往因而頻繁，涉外之法律關係，遂亦趨複雜，蓋異國籍之人民有互相為婚姻者；有互締契約者；有病歿異邦，遺留財產者；有經商海外，購置財產者，凡此種種法律關係，含有涉外成分[2]，謂之涉外法律關係，其因而涉訟時，一國法院即有適用國際私法[3]以為解決

---

1) 國際私法，在歐美諸國，自十九世紀以降，始漸見發達，其誕生也其晚，迄今尚屬稚齡。以言我國，自德、奧、蘇聯撤回領事裁判權以後，國際私法始略見實用，而為時僅數十年。英、美諸國與我國簽訂平等條約，廢止領事裁判權，則屬民國三十二年之近事。是故國際私法，無論在歐美在中國，均為一新穎之學科。請參閱梅仲協教授著：國際私法新論（民國六十三年）第一頁。

2) 涉外成分 (foreign elements)，簡單地加以分析，可有如下幾類：

(1)牽涉外國人者──即案件之當事人，其一方或雙方係外國人或無國籍人時。例如美國人某甲死於中國，並於中國遺有財產；其妻為法國人，在中國法院請求繼承遺產時，與本案有關之國家國家有中、美、法三國，而本案之法律關係僅涉及外國人。

(2)牽涉外國地者──即構成案件之事實，有涉及外國地者。例如有住所於德國之中國人某甲，死於英國，有遺產在法國；其子某乙在中國法院請求繼承遺產時，與本案有關之國家，有中、德、英、法四國，而本案之法律關係僅涉及外國地。

(4)牽涉外國人及外國地者──即案件之當事人中有外國人，而構成案件之事實中，又牽涉外國地者。例如英國人某甲在日本時與中國女子某乙結婚，生子某丙於美國，後甲移往德國，死於中國，在諸國均有遺產；乙與丙在中國法院請求繼承遺產時，與此案有關之國家，有中、英、美、法、日五國，而此案之法律關係，既涉及外國人，復涉及外國地。

3) 國際私法者，對於涉外法律關係，就內外國之法域及法律，決定其孰應管轄及適用之法則。其發生之確期雖無可考，但其存在之背景，則不外下列四點：(1)內外國人之交往；(2)外國人之權利保護；(3)獨立自主之主權；(4)各國法律之互異。關於本問題，請參閱梅仲協教授著：國際私法新論（民國六十三年）第2─5頁；馬漢寶教授著：國際私法總論（民國五十七年）第5、6頁；何適教授著：國際私法（民國五十九年）第1至3頁；翟楚教授著：國際私法綱要（民國四十七年）第2─4頁。

之必要。

國際私法之案件雖如何複雜繁夥，而歸納之則不外二端：一為法域之管轄；一為法律之適用。蓋同一法律關係各國法律規定既不相同，則遇有含涉外成分之法律關係，究應適用何國民商法律，固一問題；而何國法院有其管轄權，尤為先決問題。國際私法上之管轄權，係指就某涉外案件究竟何國法院有其管轄權，與一國民事訴訟法上所規定就某案件歸內國何地方法院管轄，所謂土地管轄者[4] 不同；與依事件之種類或訴訟標的之價額高低而定之管轄，所謂事物管轄者[5] 亦異。國際私法上之管轄權，可稱之為一般的管轄權，或國際的管轄權；國內民事訴訟法上之管轄權，則稱之為特別的管轄權或國內的管轄權[6]。

關於國際管轄權之規定，本屬於一國立法權限，惟於國際私法上，因案件含有涉外成分，若一國管轄權之規定，不具合理基礎，極易引起國際爭執，且即使判決確定，也難為外國法院所承認，致不得於外國為强制執行[7]。

本文之目的，不在於一一說明比較各國對管轄權規定之立法例，而在於研究分析各國對有管轄權之案件，在如何條件下不予行使，俾避免管轄權之衝突。換言之，本文係在於研究檢討管轄權衝突之防止，說明英美國家法律之現狀，探討其問題，分析其利弊，指陳其發展，藉供吾國立法、司法之參稽。本人以為，在今日各國人民國際生活領域擴充，各國對國際管轄權主張擴張之際，各國管轄權之衝突，迨難所難免，惟如各國法院對有管轄權之案件，知所節制，有所選擇，發揮理性裁量，則國際管轄權法律上之衝突雖然存在，但在實際上將會防止減少，其對保障關係國人民

4) 土地管轄者，即將全國同級之各法院，劃定一定之界限，為其管轄區域。凡與該管轄區域有一定關係之事件，均分配由該法院處理之謂。例如我國臺灣臺北地方法院管轄之區域，為臺北市、臺北縣，凡被告住所在該區域內之事件，概劃歸該法院處理是。請參照姚瑞光教授著：民事訴訟法論（民國五十一年）第31頁。

5) 事物管轄者，乃指依訴訟事件之種類，或訴訟標的之價額高低，而定之管轄而言。德、日諸國，除地方法院外，尚設有初級法院或簡易法院，將訴訟標的價額額未逾若千金錢之事件及某種簡易輕微事件，劃歸初審法院或簡易法院辦理，是為事物管轄。我國現制，未倣德、日立法例，故無事物管轄之名稱，僅於民事訴訟法第四二七條規定，關於財產權之訴訟，其標的之金額或價額在二千元以下者，及一般認為簡易輕微或應速結之事件，應適用簡易程序而已。請參照姚著：第31頁。

6) 法國學者將國際私法上之裁判管轄權，稱之為一般的管轄權 (Compétence générale) 或國際的管轄權 (Competence internationale)；國內訴訟法上之裁判管轄權，稱之為特別的管轄權 (Comdétence spéciale) 或國內的管轄權 (Compétence interne)，而德國學者，將前者之法院，稱之為抽象的法院 (abstracts Gericht)，後者之法院，則稱之為具體的法院 (Konkretes Gericht)。至於英國學者，亦將前者謂之國際管轄權 (international jurisdiction)，後者謂之國內管轄權 (local jusisdiction)。參閱Wolff, Private International Law (1950) p. 52.

7) 請參閱我國民事訴訟法第四○二條第一項第一款；德國民事訴訟法第三二八條第一項第一款；Cheshire, Private International Law(1974) p. 632; Dicey & Morris, The Conflict of Laws (1973) p. 995.

權益，減少國家間之摩擦，當不無助益。以下於研究國際私法上管轄權衝突之防止前，擬就國際管轄權行使之基礎，略加檢討，俾為正文之研究，紮下基礎。

貳、國際管轄權行使之基礎

關於國際管轄權之規定，雖屬於一國主權制法之範疇，但在涉外案件上，若其管轄權之行使，不具有合理基礎時，極易引起他國之報復[3]，至其判決不能在外國為強制執行，猶不在話下。何謂國際管轄權行使之合理基礎？本難下一概括之定義，但一般而言，係指某國法院對某涉外案件主張有管轄權，係因該案件中之一定事實，與法庭地國有某種牽連關係，而法院審理該案件係屬合理，並不違反公平正義者，即得謂之有合理基礎。至所謂一定事實，則不外指

當事人之國籍、住所、居所、法律行為地、事實發生地、財產所在地、……等而言。茲根據此等牽連事實，參酌各國立法例，加以簡要的說明、評論。

一、國　　籍

國籍者[9]，乃個人隸屬於某一國家之關係，亦即表示其為國民之資格。由此關係，人民對國家享有特殊之權利，同時亦負有特殊之義務。準此，則涉外法律關係中有一為某國國民時，該國即對爭執之法律關係享有管轄權，似難謂不當。此特別見之於身分能力、繼承等訴訟，論者以為法域之管轄與適用之準據法有密切關係，大陸法系國家，關於上述涉外法律關係以本國法為屬人法，故主張由當事人本國法院管轄。例如禁治產宣告之訴、繼承、離婚及親子關係之訴等是，歐陸國家中如法、比、德、瑞士及西班牙等國多探之[10]。

---

8) 舉例言之，法國民法第十四條規定：“An alein, even not residing in France, may be summoned before French courts for the fulfillment of obligations contracted by him with a French person. He may be called before French courts for obligations contracted by him in a foreign country with French man." Code Civil art. 14 (1804)。依此規定，只須原告係法國人，法國法院即有管轄權，至於被告縱屬一在法國既無住所亦無居所，而現時又不在法國之外國人，亦不予理會，甚至當事人之主張所依據之事實與法國絲毫無關，亦非所問。法國法律此種對管轄權行使之規定，顯非合理，致招致其他國家之報復，因而於此等國家法律中規定：「凡當事人本國採取法國民法第十四條之規定時，即得以該條規定對抗該當事人。」例如奧國之法律 (Jurisdictionsnorm § 29 (d) (1854)); Jusisdictionsnorm §10₁ (1895)、義大利之法律 (Code of Civil Procedure (1865) art. 105 (3)); (Code of Civil Procedure (1940) ast. 4, Clause 4)，比利時之法律 (Law on Jurisdiction of March 25, 1876, arts. 52-54)、葡萄牙之法律 (Code of Civil Procedure (1939) ast. 65 (0))。

9) 國籍 (nationality) 之意義，學者所見不同。但一般地說，不外或從個人之法律地位着眼，或從個人與國家之關係着眼。如依前者，則國籍可指「自然人由於忠順關係而隸屬於某一國家之地位」；或「個人經與某一國家結連而具備之國民資格。個人因為具有此種「地位」或「資格」，即成為「國民」(national) 而得自國家享受一定之權利，並須對國家負擔一定之義務。因此，國籍從縱的方面看，即個人所以成為國家支配統治的客體之原因。從橫的方面看，即一國國民所以與他國國民有所區別之標誌。參閱馬著：第58頁。

10) 請參閱翟著：第192、193頁；何著：第229頁。

然依法律關係之準據法定審判之管轄，不僅將司法衝突與立法衝突混合為一，且於訴訟上也殊有未便，例如依大陸法系國家管轄原則，苟遠適異域之夫婦欲為離婚，必須回其本國法院訴訟，其不便殊甚，故宜承認住所地法院管轄為例外。

此外，若僅以原告之國籍為基礎，其本國法院卽主張對從未涉足於該國之外國被告有一般的管轄權，顯非適宜，而法國民法第十四條之普受譴責，厥因在此。法國民法第十四條規定：「外國人在法國與法國人成立契約者，縱然不在法國居住，法院亦得傳喚，使之履行義務。卽外國人在外國與法國人訂立契約，而負有義務，法國法院仍得管轄其訴訟[11]。」法國法律此種規定，顯然違背「被告應受較大保護之原則」，其過份擴張管轄權行使之基礎，要屬違反公平與正義，難謂合理。因此以原告之國籍作為管轄權行使之基礎之判決，難為外國法院所承認執行。

二、住　　所

住所[12] 乃個人生活關係之中心地，通常個人之一切法律關係，莫不與住所相連，況個人既於某地設置住所，卽有服從該地法律之意思，而實際上其也受該地法律之保護，因此，某人於某國有住所時，以該人為被告之一切訴訟，該國法院卽有管轄權。在英、美法系國家固無論[13]，卽在大陸法系國家，對於身分能力以外之其他訴訟，也莫不承認被告住所地國法院有一般的管轄權[14]。

三、被告在法庭地國內接受通知之送達

在英、美法系國家，最悠久之管轄權行使之基礎，厥為被告在法庭地國內接受通知之送達。蓋誠如美國聯邦最高法院法官 Holmes 所言：「管轄權之基礎乃實力……[15]。」

---

11) 請參閱註(8)。

12) 住所應具備以久住之意思而住於一定地域之兩要件，此羅馬法以來之基本思想。雖然此種基本思想，固為並世各國所同認，但揆諸實際，關於住所之法制及學說，尚未盡一致，舉例言之，法國民法（第一〇二條）及日本民法（第二十一條），皆認住所係生活本據之地域，意大利民法（第十六條），認為係業務及利害關係之中心所在地，西班牙民法（第四〇條），謂係常時居住之地。唯我國民法（第二〇條）及德國民法（第七條），均明定以久住之意思，住於一定之地域者，卽為設定其住所於該地。瑞士之居民住民法（第三條），亦明定以久住之意思為必要。英美一般學說，亦認住所係以久住之意思，而事實上所居住之地域也。綜上以觀，可知各國法制，關於住所之定義，大別之可分為二類，一則側重於生活之本據或業務中心之地域，一則側重於永久或常時居所所在之地域，其實二者之區別，祇在形式上之差異，言其實質，則攸同也。參閱梅著：第132、133頁。

13) 請參閱美國判例 Milliken v. Mezer, 311 U.S. 457, 61 S. Ct. 339 (1940); Allen v. Superior Court, 41 Cal. 2d 306, 259 p. 2d 905 (1953); Harvey v. Dougherty (1887) 56 L.T. 322; Hadad v. Bruce (1892) 8 T.L.R. 409 Rule of Supreme Court, Ord. 11, r, 1 (1) (C).

14) 請參閱蘇遠成教授著：國際私法（民國六十年）第128、129頁：Schlesinger, Comparative Law, (1959) pp. 213-214.

15) 參照 McDonald v. Mabee, 243 U. S. 90, 91, 37 S. Ct. 343 (1917)

被告現在一國境內，雖通常與其他連繫被告與法庭地之牽連關係同時存在，例如被告有住所於法庭地國，行為作成地於法庭地國等是，但單純被告於法庭地國時受到通知之送達，不論其在法庭地國是如何偶然或短暫，在過去乃至現在，仍為英、美[16]國家作為對被告一切訴訟[17]行使管轄權之基礎。

在英、美國家，以上述牽連事實作為一般管轄權行使之基礎，雖已知所限制[18]，但仍易導致失平，違反正義。在今日已不再探實力說，而以合理性、公平性作為解釋管轄權行使之基礎時，再以被告在法庭地短暫的存在，而主張對被告的一切訴訟有管轄權，實為不必要及不智，故即在美國，也備受學者之攻擊[19]。此外，以此種事實為管轄權行使根據所作成之判決，也難為外國法院所承認。

四、合　　意

各國法律為調和國際管轄權過於硬性之規定，避免造成失平之現象，及為謀雙方當事人之利益，多承認當事人得於糾紛發生以前或以後，以合意接受某國法域管轄[20]，其合意方式或以言詞或

---

16) 請參閱下述資料：
(1) American Law Institute, Restatement of Judgments (1942) § 15 Presence within the State "A Court may acquire jurisdiction over an individual by proper service of process upon him within the State, although he is only temporarily present within the State."
(2) American Law Institute, Restatement Second, Conflict of Laws §1 172 (Tent. Draft No. 4, 1957), to be read with §18 (Tent. Draft No. 3, 1956) Which provides that jurisdiction based on personal service is recognized, provided it is not found that the foreign court was a seriously inappropriate forum for the trial of the action.
(3) Dicey & Morris, The Conflict of Laws (1913) Rule 20 "The Court has jurisdiction to entertain an action in personam if, and subject to Rules 21 to 23 only if, the defendant is in England and served there with the writ in the manner prescribed by statute or statutory orders."
17) 所謂一切訴訟，在本文中也僅指英美法系之對人訴訟（action in personam）而言，即該訴訟係對某人提起，以強制其為某特定行為—例如清償債務、或不履行契約或侵權行為之損害賠償請求，或者請求履行契約；或強制其不為某特定行為者是。
18) 例如法院對被告之在法庭地接受通知送達，係基於原告之強制或詐欺所致者，則拒絕行使管轄權；此外也有些州為了司法行政上之利益，豁免境外當事人或證人就與所參加訴訟無關聯訴訟之通知送達。關於前者，請參閱 Klaiber v. Frank, 9 N. J. 1, 86 A. 2d 679 (1952); A.L.I., Restatement, Second, Conflict of Laws §82 (P.O.D. 1, 1967)；關於後者，請參閱 Chase Nat'l Bank v. Turner, 269 N. Y. 397, 199 N. E. 636 (1939), Shapiro & Son Curtain Corp. v. Glass, 348 F. 2d 460 (2d Cir. 2965); Lamb v. Schmitt, 285 U. S. 222, 52 S. Ct. 317 (1932).
19) 請參閱 Ehrenzweig, Conflict of Laws, (1962) pp. 102-104; Ehreng-weig, "Transient Rule of Personal Jurisdiction: The 'Power' Myth and Forum Conveniens," 65 Yale L. J. 289 (1956)
20) 請參閱下列美英判例：
National Equipment Rental, Ltd. v. Szukhent, 375 U. S. 311, 84 S. Ct. 411 (1964); New York Fire & Marine Underwriter, Inc. v. Colvin, 241 Ark. 1019, 411 S.W. 2d 657 (1967); Reversionary Interest Society Ltd. v. Locking (1928) W. N. 227; Boyle v. Sacker (1888) 39 Ch. D. 249 (C. A.).

以書面表示，無明示合意時，如被告對於無管轄權之法院無異議而進行訴訟時，即屬默示合意接受管轄。

依英、美判例，當事人於契約中協議由該契約所生之一切訴訟，應於甲國以仲裁方式解決，曾被解釋為合意接受甲國仲裁機構之管轄，以及接受甲國法院管轄以執行該判斷[21]。惟如契約中協議因該契約所生一切爭議，應適用甲國法時，則未被解釋為有接受甲國法院管轄之合意[22]。

前述當事人得以行為暗示接受管轄，通常係指被告到庭應訊，不抗弁法院無管轄權之情形，但此種被告默示合意，亦僅以其出庭時訴狀中所主張之訴由為限，至訴狀以後有變更時，則不得解釋為被告有接受新訴由事項管轄之合意[23]。惟在原告向某法域提起訴訟時，其接受該法域管轄之意思，則不限於訴狀內主張之事項，凡被告依法庭地法律，得以抵銷、反訴方式主張之訴由，原告都有接受管轄之合意[24]。

五、營業行為

外國公司在某國為營業行為，某國對之有管轄權[25]。蓋其在某國為商行為，獲取利益，某國既有保護之責，當有監督之權，庶幾內、外國人立於平等地位，以維國際貿易之利便。惟何謂營業行為？一般而言，係指「就決定法院管轄權之目的，任何外國公司進入本國，連續為相同之行為，其目的乃在於謀求經濟上利益，或者為完成某種目的，或為以上目的所為之單一行為，以企圖着手連續之行為者，即得謂之營業行為[26]。」通常一國法院就因該營業行為所生之訴由，即得對外國公司主張管轄權。惟依美國法學院（Amesican Law Institute）國際私法新編第四十七節(2)規定[27]，倘如外國公司之營業行為極為繼續、非常龐大時，則一國之管轄權，初不限於對外國公司在該國營業所生之訴由，換言之，營業行為不再視為管轄權之特別連繫基礎，而視為管轄權之普通連繫基礎。

六、單一之行為或結果

一國法院對當事人在該國境內所為行為，或對在境外所作成而在該國發生影響之行為，就其因此所生之訴訟，應

---

21) 請參閱 Gilbert v. Burnstine, 255 N. Y. 348, 174 N. E. 706 (1931); International Alltex Corp. v. Lawler Creations, Ltd., (1965) Irish R. 264 (H. Ct.).

22) 請參閱 Agrashell, Inc. v. Bernard Sirotta Co., 344 F. 2d 583 (2d Cir. 1965)

23) 請參閱 Chapman v. Chapman, 284 App. Div. S. 4, 132 N. Y. S. 2d 707 (1954)

24) 請參閱 Adam v. Saenger, 303 U. S. 59, 58 S. Ct. 454 (1938)

25) 請參閱 Hess v. Pawloski, 274 U. S. 352, 47 S. Ct. 632 (1927); International Shoe Co. v. State of Washington, 326 U. S. 310, 66 S. Ct. 154 (1945)

26) 請參閱 15 P. S. (Pa.) § 2011 (c)

27) 原文如下：
   "A state has power to exercise judicial jurisdiction over a foreign corporation which does business in the state with respect to causes of action that do not arise from the business done in the state if this business is so continuous and substantial as to make it reasonable for the state to exescise such jurisdiction."

有管轄權，實無庸置議[28]。此無論從行為或結果對該國治安、經濟影響本身言，抑從該國應為原告（被害人）提供救濟之利益觀點言，或從蒐集調查證據之便利，乃至於訴訟公平等因素言，皆為適宜。此種為訴訟原因之行為（或結果）或事實在某國發生，某國即對被告享有管轄權之情形，最常見於侵權行為、契約或其他事實行為。

七、財產所在地

關於物權，尤其是不動產之物上訴權，諸國法制大致相同，承認物之所在地國法院有管轄權[29]。物權之訴訟實含有屬地之性質，蓋所謂物權者，皆起自標的物之所在地，各國所以規定由不動產之所在地法院管轄，除便於調查證據外，尚有保持國家領土完整之意義存在。

惟以被告有財產在某國，某國法院遂主張對被告有對人的管轄權，該財產既不需先予扣押，始取得管轄權，而原告所可獲得之請求額，也不受該財產數額之限制，此種規定為大陸法系國家之通例。例如德國一八七七年民事訴訟法第二十三條、奧國一八九五年之法律[30]、日本[31]及我國[32]之法律皆然。由於在訴訟與地方財產間缺少程序上之連繫，其管轄權行使之基礎即有問題，故此種規定極可能為外國法院認為違反法律正當程序、正義或公共政策，其以此為行使管轄權依據所作成之判決，即難為外國法院所承認執行，甚至僅就該財產而言，亦然[33]。美國聯邦最高法院在 Pennoyes v. Neff[34] 乙案之立場，即為最佳之說明。

叁、國際管轄權衝突之防止

一國對國際管轄權之規定，在對內效力上，只要不違反其憲法及國際條約上之義務，立法機關得任意為之；至對外效上力，則其管轄權之規定是否具備管轄權行使之合理基礎，即極關緊要。惟應注意者，一國縱不受憲法或國際條約之限制，又具備管轄權行使之合理基礎，仍非不得對案件不予管轄。一國法院對案件之不管轄，有時係出自立法者

---

28) A.L.I. Restatement, Second Conflict of Laws §§ 36, 37: Reese & Galston, "Doing an Act or Causing Consequences as Bases of Jndicial Jurisdiction", 44 Iowa L. Rev. 249, 260 (1959).

29) 請參閱馬著：第172頁；翟著：第191、192頁；蘇著：第128頁。

30) Jurisdictionsnorm §99 (1895).

31) Code of Civil Procedure §17

32) 我國民事訴訟法第三條。

33) 請參閱 Goodrich, Conflict of Laws (1949) p. 172; Leflar, Conflict of Laws (1959) p. 43.

34) 95 U. S. 714 (1878)。該判例大要如下：在加州（California）有住所之債務人，在奧州（Oregon）有不動產，其債權人在奧州法院起訴，惟事先未先申請法院查封（attachment），該財產法院以公示送達方式通知被告，被告缺席，法院遂判決原告勝訴，將該不動產以拍賣方式執行。原債務人起訴請求返還不動產。聯邦最高法院判決：奧州法院無對人管轄權，故其判決以及以其為基礎之拍賣皆歸無效，該財產返還原所有人。

之有意，有時則爲其疏忽。然而，一國法院有時對有管轄權之事件[35]，仍有拒絕管轄之情形[36]。此種拒絕管轄之情形，若能各國廣爲採納，普遍施行，則在以條約協調國際管轄權衝突難以實現之今日[37]，實爲防止管轄權實際衝突之極佳途徑。茲參照英、美法例，分別說明檢討於后：

一、不便利法庭之原則
(Doctrine of Forum Non Conveniens)

受訴法院對某案件雖有國際管轄權，但若自認爲是一極不便利之法院，案件由其他有管轄權之法域管轄，最符合當事人及大衆利益的話，則在不便利法庭之原則下[38]，卽得拒絕管轄。似此，則國際管轄權法律上之衝突雖然存在，但實際上因某國行使不便利法庭之原則，實際上之衝突卽得以防止或減少衝突之可能性。

鑒於裁判管轄權有擴張行使基礎之趨勢，及爲避免管轄權行使之衝突，不便利法庭原則實可做爲一國法院在對管轄權行使上做明智決定之工具。在美國，有些法院雖然利用了此一原則[39]，但也有些法院拒絕援用[40]，其理由以爲援用不便利法庭原則，勢必更引起複雜之爭點，特別是對下級法院行使此一任意裁量權，當事人上訴時爲然，訴訟必因此拖延。吾人雖無從否認採納不便利法庭原則，將爲當事人帶來另外的爭點而須辯論，法院又須判斷，然採用此原則與否，應在於就對促進司法行政之效率及當事人之利益言，是否能產生利益。因此，就此而論，此一原則對緩和司法行政制度之不公平及避免國際管轄權實

---

35) 本文所指有管轄權之事件，係指法院對該事件具備管轄權行使之合理基礎，其制定法或普通法又有規定者而言；所謂對案件之不管轄，則係指法院對事件，雖具備行使管轄權之合理基礎，但其制定法或普通法，有意的或無意的漏未規定，法院致無行使管轄權之依據而言。

36) 卽指正文後述之三種情形而言：其一、不便利法庭之原則；其二、外國法院管轄條款；其三、同一事件已有訴訟繫屬之停止。

37) 藉條約之締結，固可以避免國際管轄權之衝突，例如規定，就數國均有管轄權之契約案件，原告除得被告同意外，應依 1.履行地國；2.締約地國；3.被告住所地國；4.被告可扣押財產所在地國之順序，以定管轄法院，有前順序之管轄法院時，原告卽不得向後順序之管轄法院起訴。唯迄目前爲止，國際間尙未有此種條約出現。

38) Gloag 及 Henderson 教授對此原則有如下之解釋，錄之以供參考：
The Court will not hold its hands unless there be, in the circumstances of the case, such hardship on the party setting up the plea as would amount to vexationsness or oppression if the coust persisted in exercising jurisdiction. The inconvenience, then, must be regarded as a condition sine gua non of success in putting forward a defense of forum non conveniens. For the general rule is that a couat possessing jurisdictson must exercise it unless the reasons to the contrary are clear and cogent" 請參閱氏著：Introduction To The Law of Scotland (1927) C. II, § 17.

39) 請參閱 Lau v. Chicago & N. W. Ry., 14 Wis 2d 329, 340, 111 N. W. 2d 158, 165 (1961)

40) 請參閱 Lansverk v. Studebaker-packard Corp., 54 Wash. 2d 124, 338 p. 2d 747 (1959)

際之衝突，似乎爲必須且適當。

適用不便利法庭原則之基本條件，厥爲另有便利法庭之存在[41]，原告得在其他法域取得充足救濟。唯於此有不同意見者，卽此另一法庭是否必須於原告起訴時，就必須存在，抑本無另有管轄權法院存在，但如起訴後被告同意接受其管轄卽可呢[42]？

一般而言，當原告起訴時，另無便利法庭，似不應絕對排除不便利法庭原則之適用，而應做爲考慮是否適用此一原則之一因素。當原告起訴時，另無有管轄權法庭存在，則顯然地原告提起訴訟，卽非爲羞辱及對被告製造不需要的困擾與花費。此時雖不應排除不便利法庭原則之適用，但法庭是否行使此一原則，勢必做更愼重之考慮，反之，若另有有管轄權法院存在時，常成爲導致法院行使此一原則之有力因素。

受訴法院除能確信原告在其他法院能獲得與受訴法院實質上之相同救濟外，不能以不便利法庭爲根據拒絕管轄[43]

。如被告爲多人時，所有被告均受另一法庭管轄始可。法庭也應考慮另一法庭所爲判決之效力，應一如其所爲之判決[44]。另一援用不便利法庭原則時較重要之考慮因素，則爲原告是否會因另一法庭適用不同於其所適用之法律而不利[45]。

原告選擇有管轄法院之權利，除有力之反對因素外，實不應受妨礙。譬如原告爲法庭地國之國民或住民時，則必須顯有對被告有極不便利之情形，始可打消原告之選擇。例如關鍵性事實發生在另一法域，傳喚遠地證人到庭作證之不便，以及缺少强制性程序的命令證人到庭等[46]，方足以傾向於駁回原告之訴。此外，訴訟之種種牽連事實集中於另一地，外國法之可能適用。調查、證明及適用外國法將增加當事人及法庭之訴訟負擔[47]。此一因素除涉及當事人私益考慮外，更引起法庭地之公共利益以保證不必要負擔與花費，不由法庭、法庭地納稅人負擔。此一公衆因素於法地

---

41) 請參閱 Gulf Oil Corp. v. Gilbert, 330 U. S. 501, 67 S. Ct. 839, 91 L. Ed. 1055 (1947)

42) 請參閱 Hill v. Upper Mississippi Towing Corp., 252 Minn. 165, 89 N. W. 2d 654 (1958);

43) 請參閱 Hoffman v. Blaski, 363 U. S. 335, 80 S. Ct. 1084, 4 L. Ed. 2d 1254 (1960). Varkonyi v. VARIG, 22 N. Y. 2d 333, 239 N. E. 2d 542 (1968)

44) 請參閱 Domingo v. Statle Marne Lines, 253 A 2d. 78 (Del. Super 1969)

45) 請參閱 Delaware, L. & W. R.R. v. Ashelman, 300 Pa. 291, 150 A. 475 (1930)

46) 請參閱 Gulf Oil Corp. v. Gilbert, 330 U. S. 501, 508, 67 S Ct 839 (1947); Reni v. New York Central R. R. 429 Pa. 235, 240 A 2d 372 (1968)

47) 請參閱 Gulf Oil Corp.v. Gilbert, 330 U. S. 501, 508, 67 S. Ct. 839 (1947); De Sairigne v. Gould, 339 U. S. 912 (1950) 後者大要如下：「原告爲居住在法國之婦女，向美國法院對居住在法國之美國公民提起關於違約之訴訟，請求損害賠償。此案中原告主張其依法國法律應有損害賠償請求權。而有關本案之證人均在法國，被告在法國父有財產，足以給付原告所請求之損害賠償，在此情形下，美國法院援用不便利法庭之原則，拒絕受理該訴訟。」

內國訴訟案件繁多，如不駁回原告涉外案件之請求，勢必造成訴訟遲延，而對其他案件之當事人為不公平時，為極重要之考慮是否援用不便利法庭原則之因素[43]。

二、外國法院管轄條款
(Foreign Jurisdiction Clauses)

當事人於訂立契約時協議：就當事人間所生一切爭議，應由某法域法院管轄，而不得在其他有管轄權之法域提起。上述條款是否為其他法域所執行，換言之，該其他法域之法院，是否對一造當事人違背該條款所提起之訴訟，拒絕審理。

外國法院管轄條款，至少應視為當事人有效的接受某法域之管轄[49]。因此，就該當事人間爭執，由當事人協議之法院所為之判決，縱該法院原無管轄權，也不應被其他法院「以為裁判之法院，對被告無管轄權作藉口，拒絕承認與執行」。此外，當事人一造違背該條款時，也可因此發生損害賠償之訴因[50]。唯無論如何，合意選擇法庭條款之主要目的，乃在於限制當事人間之訴訟，僅得於其合意之法域提起，因此，就實際言，除非其他管轄法域對違背該條款所

提之訴訟拒絕審理，外國法院管轄條款將無效益。

外國法院管轄條款，得就現在或未來之爭執而締結。一般而言，前者之情形，當事人既係為現在之爭執協議管轄法院，少有再違背協議，另行在其他法院起訴；縱使違背，其他法院也都拒絕審理[51]。至後一情形，則意見分歧。本文係以後一種類之外國法院管轄條款為討論之對象。

一般而言，合意選擇法庭條款在美國之效力，頗不確定。在多數實例中，美國之州法院對違背該條款所提起之訴訟，仍予審理。在另一方面，不少最近聯邦法院之判決，就被認定為公平合理之條款，則予以執行，而拒絕審理違反管轄條款所提起之訴訟。茲分述如下：

㈠認為合意選擇法庭條款為無效者

當事人以契約條款協議限制未來爭執，應在某法域提起者，並不能有效地剝奪原有管轄權法院之管轄，此為大多數判例所持之態度，且就這些判例觀察，契約之種類與此一規則之應否適用無關。茲引述下列判例，以見其見解之一斑：

1. De Gortor v. Banque de France [52]

---

48) 關於本問題，為進一步研究可參考下述論文：
　　① "The Doctrine of Forum Non Coveniens in Anglo-American Law, 29 Col. L. Rev. 1 (1929);
　　② "The Inappropriate Forum," 29 Ill. L. Rev. 867 (1934);
　　③ "Requirement of a Second Forum for Applcation of Forum Non Conveniens," 43 Minn. L. Rev. 1199 (1959)
49) 請參照 National Equipment Rental Ltd. v. Szukhent, 372 U. S. 974 (1964)
50) 請參照 Nute v. Hamilton Mut. Ins. Co., 72 Mass. (6 Grag) 174 (1856)
51) 請參閱 Annotation, 56 A. L. R. 2d (1957) 300, 304-306.
52) 176 Misc. 1062, 29 N.Y.S. 2d 842 (1941).

本案原告以被告違反保險契約為由，向紐約州法院提起賠償訴訟。被告以契約中當事人曾協議由法國法院排他地管轄當事人間就契約所生之爭端為理由，請求法院駁回原告之訴。法院拒絕了被告之請求。判決理由中指出：「不論當事人此種協議在其他法域之效力如何，其在紐約州則無任何效力。紐約州法院堅持之原則為：「契約當事人協議，就契約所生之未來爭端，排除紐約州法院管轄，而授權外國法院專屬管轄，以解決當事人之紛爭者，該協議為違反公共政策，應為無效。」

2. State ex. rel Kahn v. Tazwell [53]

紐約州保險人就在德國簽訂之保險契約中約定：唯德國法院有權管轄就契約所生之一切訴訟。本案原告向奧瑞岡（Oregon）州法院起訴，法院對現在該州境內之被告為適當送達，因而取得管轄權。被告請求駁回原告之訴。法院予以拒絕。法院說：「法律規定了法院的管轄權，此種管轄權既不得由當事人協商減少，亦不能協商增加。

3. Otero v. Banco De Sonora [54]

當事人於墨西哥簽訂之貨物買賣契約中協議：關於契約解釋或執行發生爭執時，當事人應接受墨西哥法院之管轄。原告違背此協議而在美國阿利桑那州法院起訴，被告請求駁回。法院判決中指出：「有關分配法院管轄權之規則，

係經考慮到一般之方便及便利之原則，由法律所制定，此種規則如允許當事人協議變更，勢必破壞法律調和性而干擾到上述之便利原則，因此應拒絕被告之請求。」

4. Gaither v. Charlotte Motor Car Co. [55]

本案中原告代理銷售被告公司之汽車，契約中訂有，當事人如有任何爭執，而控訴他造時，應於甲州法院起訴。原告忽視協該議，而向乙州法院起訴。法院判決中指出：當事人間協議無剝奪原告向乙州法院起訴之權利。第一、允許執行契約當事人在訴因未發生前限定起訴法院之協議，無疑是宣布一州有關裁判管轄權的法律為無效，而以當事人意思取代之；第二、此協議之實際效果無疑剝奪乙州法院對本案之管轄權，係屬違背乙州之公共政策。

(二)認為合意選擇法庭條款為有效者

一些較近之美國判例，對當事人就未來爭執，以契約條款限制訴訟應在某法域提起者，並不視為當然無效。這些判例似可代表一種看法，即關於外國法院管轄條款之執行力問題，不再以一不變的法則決定，而應就各案，依其事實加以考慮，俾能決定在各該事實、環境下，此種條款是否合理。茲簡介數則判例於後：

1. W. H. Muller & Co. v. Swedish American Line, Ltd. [56]

53) 125 Or. 528, 266 Pa 238, 59 ALR 1436 (1928)
54) 26 Ariz. 356, 225 p. 1112 (1924)
55) 182 NC 498, 109 SE 362 (1921)
56) 224 F 2d 806, 56 ALR 2d 295, (1955, CA 2d N. Y.)

一批貨物經委託瑞典輪船公司，由瑞典運往美國，運送途中，船貨均滅失，受貨人遂於美國聯邦地方法院起訴，被告——運送人則指出，載貨證券中之外國法院管轄條款規定，就該證券控訴運送人之訴訟，應向瑞典法院提起。聯邦法院接受了被告拒絕管轄之請求，以載貨證券上之該條款為有效而駁回了原告之訴。在上訴審，原告（上訴人）辯稱：執行該條款將抵觸公共政策。第二巡廻上訴法院拒絕了此一抗弁並指出：「企圖限制管轄法院之條款，僅於其顯無理由時方始無效。法院一方面承認當事人不能藉契約條款排除原有管轄權法院之管轄，換言之，外國法院管轄條款之存在，並不影響法院之管轄權，唯法院在另一面進一步指出，在適當行使其管轄權時，法院發現就各案之特殊情況而論，該條款並非不合理時，法院自得拒絕管轄，而執行該合意管轄條款。就本案而論，其合意管轄條款，即屬有理由，蓋裝載貨物之船舶係瑞典人所有，並於瑞典建造，船上之海員皆居住於瑞典，故關於船舶適航性之證據在瑞典也較易獲得，此外，當事人同意於載貨證券上加í此一條款，完全係出於自由意思，況且原告也未能證明瑞典法院不能公平合理地審理本案。」

2. Cerro De Pasco Copper Corp. v. Knut Knutsen, O.A.S.[57]

本案件為有關海上貨物運送之案件。在秘魯簽發之載貨證券中規定：任何請求，包括船舶無適航性之主張，應在挪威，依挪威法律解決，不得在其他國家法院提起。原告在紐約州聯邦地方法院起訴。法院拒絕審理。於上訴審中，第二巡廻上訴法院指出，該合意選擇法庭條款，依秘魯法及挪威法為有效，該條款足以使受訴法院行使任意裁量權，拒絕管轄為正當。唯法院同時指出，此一判決不得被指為否定於某些情況下拒絕管轄為不公平，法院又說：當事人協議管轄條款，事實上並未排斥聯邦法院之管轄權，因為法院於行使其任意裁量時，實際上已行使了管轄權。而地方法院認為其並非一適當法院之結論，係基於下述事實，被認為並未濫用其任意裁量權。第一、貨物並未在美國港口裝載；第二、船上所有貨物均係運往歐州；第三、船上海員皆不居住在美國，也無訪問美國之計劃；第四、原告並未主張其在挪威法院不能獲得有效之救濟。

(三)檢討與建議

以上二節已就美國判例對外國法院管轄條款之立場，加以介紹、說明。僅就上述否認當事人合意選擇外國法庭條款之效力上看，不難發現其否認之理由，難以令人折服，歸納之其理由包含下列各點：

第一、當事人不能以契約排除法院之管轄權；

第二、允許當事人合意改變訴訟地之規則，會破壞法律之衡平性，而導致不便利；

第三、選擇管轄法院條款乃違背公序良俗；

右述第三點理由，祇不過是陳述結論，而未嘗解釋，第二點理由，似是而

57) 187 F 2d 990 (2d Cir. 1951).

非，蓋一般而言，在管轄權發生競合時，事實上並無任何法則——包括國內法及國際法——決定訴訟應在某國法院提起，而不在另一法域提起；且當事人既有合意訴訟應在某地法院起訴，當不致對兩造或一造，造成絕對之不便利；況如眞正會對一造構成絕對不便利時，法院自非不可糾正，然武斷地說合意選擇外國法庭，卽會產生不便，要屬欠當。再就第一點言，當然當事人不能以契約排除法院之管轄權，唯法院對享有管轄權之案件，也並非當然必須行使，舉例言之，法院常以不便利法庭原則爲理由拒絕審理原有管轄權之案件，而法律也常明文規定調解、和解、仲裁優先法院之審理，則法院何以不得以訴訟未在當事人協議法庭提起而拒絕行使管轄權？

顯然地，上述理由不能眞實地說明法院對外國法院管轄條款何以持敵對態度。仔細分析判例，可以發現外國法院管轄條款被拒絕承認效力之實例，多存在於有關保險契約方面，蓋此類契約乃附合性契約，爲不具對等地位當事人間之產物[58]；而另一些判例則顯示，法院不願迫使其本國人或本地居民遠赴國外法院訴訟之結果[59]。無疑地，對於外國法院管轄條款之司法敵視態度，也有其歷史原因，此卽法院始初之厭惡仲裁條

款[60]，而此種厭惡，遂毫不思索的卽擴張及於外國法院管轄條款，此因二者之作用雷同，均有排斥法院管轄權之效果。

唯持平而論，在無充份證據顯示有不公平之情形下，今日實已無正當理由，以拒絕承認外國法院管轄條款之效力。茲臚陳淺見於下：

第一、各國國際私法，對契約案件多承認當事人有選法自由——卽所謂當事人意思自治原則[61]。外國法院管轄條款實係對選法自由之當然補充，蓋保證當事人合意選擇之法律，得以正確地適用，以解決當事人私權之糾紛，其最佳方法厥爲由該法域之法院管轄。

第二、就訴訟便利及公平言，當事人似也應享有事前選擇法庭之權利，以保證未來爭執應在雙方公認之適當法域提起；原告通常有多數選擇法庭之機會，被告則無，鑒之於被告應受最大保護之原則，以及避免原告濫擇法庭之弊端，承認當事人間合意選擇法庭條款爲有效，對雙方當事人言，似更符合公平、便利之旨。況當事人對訴訟法院既有合意，則對該法院應適用之準據法及程序法，應推定有所知悉，此對雙方言，自屬公平；抑有進知，應適用之法律，既可預知，自也易達成和解，避免訴訟。

---

58) 請參閱 Annotation, 56 A.L.R. 2d (1957) 300, 312-316.

59) 請參閱 Ehrenzweig, Conflict of Laws (1962) p. 150

60) 請參閱 Cardozo 法官在 Meacham v. J.F.C. R.R. Co 乙案贊同意見：“The jurisdiction of our courts is established by law, and it is not to be diminished, any more than it is to be inereased, by the convention of the parties” 211 N. Y. 346, 105 N. E. 653 (1914).

61) 請參閱拙著：「契約準據法之研究」，載政大法學評論第九期（民國六十二年）第160—166頁。

第三、原始厭惡外國法院管轄條款理由之一——厭惡仲裁條款，今已不存在[62]。現在多數法域均已承認仲裁條款之效力。咸認仲裁制度為解決私權紛爭之良好方法。

第四、由於各國法院對管轄權行使之基礎，有擴張適用之趨勢，對同一案件，往往數國法院都有管轄權，承認外國法院管轄條款，對於避免管轄權之實際衝突，防止管轄權之競合，實大有裨益。

從以上對判例的分析評論中，似可得到如下的一些結論，本人以為可供各國立法、司法者之參考：

第一、一國法院應承認當事人外國法院管轄條款之效力，故對一造當事人違背該條款而起訴之案件，原則上應拒絕審理。

第二、違背管轄條款而起訴之當事人（原告），應負有證明訴訟如在合意指定法域進行，會導致重大失平之結果，否則法院即應駁回原告之訴。

第三、法院在決定是否駁回或繼續審理時，契約成立及履行時之周遭環境及事實，應予考慮，例如：其一、合意選擇法庭條款之訂定，是否以詐欺或不正方法取得；其二、相關但非絕對的因素，雙方當事人是否立於平等的地位，是附合契約抑是經由自由磋商而締結的；其三、合意訴訟法院是否為一顯然不適當或不便利之法庭，例如有理由相信基於政治、宗教、種族或其他的原因，原告無從在選擇的法庭地獲得公平審判，或者勘為訴訟原因的事實，發生在遠離所選擇的法域，證人之傳喚及證據之調查均屬不便之情形是[63]。

---

62) 例如一九二一年之紐約仲裁法即規定「仲裁契約為有效、有執行力及不可撤回。」New York Arbitration Law, sec. 2 (1921)；美國仲裁法也規定「海商或涉及商業交易契約中之書面仲裁條款為有效、不可撤回及有執行力。」43 Stat 883 (1925), 9 U. S. C. A. sec. 1 (1926)；而國際條約方面之表現尤然，請參閱拙著：「聯合國外國仲裁判斷之承認及執行公約之研究」，載政大法學評論第十三期（民國六十五年）第93頁以下。

63) 一般而言，英國法院對外國法院管轄條款，也採承認態度，此可由其最近判例 The Eleftheris (1970) p. 94, at p. 100 見之。該案事實為，當事人約定就其爭端由希臘法院管轄，並約定適用希臘法。然原告在英國起訴。被告基於該合意管轄條款，請求法院停止訴訟。法官 Brandon 表示：「除存在強有力之理由外，鑒於支持該合意管轄條款，本案應予停止。」此外，Brandon 並列舉下列問題，以協助法院行使其停止訴訟之裁量權時之參考：

(1) In what country was the evidence on the issues most readily available?
Was some law other than the law of the forum applicable?
Did the foreign law differ materially from the law of the forum?
With which country were the parties connected?
Did the defendants genuinely desire trial in the foreign country or were they seeking procedural advantanges by trying to have the case heard by the foreign courts?
Would the plaintiff be prejudiced by suing in the foreign country by (a) losing security in the claim, (b) by being unable to enforce his judgment there, (c) by being prejudiced by the foreign periods of limitation or (d) by being unlikely to get a fair trial.

關於外國法院管轄條款之效力，以上已加以分析、評論，唯下列有關問題，仍應研究：

第一、當事人合意接受某法域管轄，雖通常為一國法域取得管轄權之原因，但如依照該國法律，就某些訴訟事項，不承認當事人得以合意定管轄法院者，例如有關專屬管轄之訴訟——不動產物權訴訟，離婚訴訟等是，或就一切訴訟，皆否認當事人得以合意定管轄法院，而當事人訂有選擇該法域管轄之條款時。

在上述情形，若一方當事人違反其合意，而另在他地起訴時，受訴法院自不應承認合意之效力。蓋於此種情形，在受訴法院與合意管轄法院間，事實上並未發生管轄權之競合，當事人之糾紛，在該合意管轄法院無從解決，故受訴法院如仍拒絕審理，自與一國設立法院，以解決人民私權糾紛及維持國家秩序之本旨有違。

第二、當事人合意定管轄法院之事項，是否僅限於契約，抑也可包括其他，例如侵權行為。

關於合意選擇法庭條款，雖通常多見於當事人所簽各種契約中，如保險、僱傭、運送、合夥等契約，但此似非謂當事人不得就其因侵權行為而生之爭執，單獨成立協議，以指定管轄法院，此觀諸國內民事訴訟法上之合意管轄[64]，僅以關於由一定法律關係而生之訴訟為限，初不限於契約關係，即為明證。

第三、合意選擇法庭條款，雖有默示選擇該管轄法域國法律，以解決當事人間紛爭（僅指契約而言）之意思，唯在當事人合意選擇契約之準據法時，則不被解釋為有選擇該國法院管轄之意思。

當事人合意選擇管轄法院時，雖通常也明文表示選擇該法域所在地法為契約應適用之法律，但即使無明示之意思，除有相反之證據外，一般也都推定該法域之法律為契約之準據法，但在相反之情形則不然，此可由下述判例得知：

Dunbee v. Gilman[65]，本案之事實為英國公司授權在 New South Wales 註冊之某澳州公司作為其在澳州及太平洋島嶼之獨家代理人及經銷商，在該契約中訂有：「本契約依英國法規律及解釋」，遂後雙方發生爭執，英國公司即在英國法院起訴，並獲勝訴判決，而欲在 N. S. W. 最高法院登記，俾便執行。該澳州公司並未應訴抗議管轄權，但對在 N. S. W. 登記英國判決事，則表示異議。依後者法律規定，英國法院判決雖可登記，取得執行名義，但如被告在為判決法院未營業，也未有住所（事務所），或者未合意由該法域管轄時，則不予登記。被告辯稱：上述契約中所舉條款，僅表示契約爭端應由英國法律解決，不得視為合意接受英國法院管轄。法官 Walsh 說：「該條款之用語，毫未表示當事人曾就訴訟應在何地法院提起，有過商議，它對訴訟管轄法院事，無一語道及。」因此拒絕登記該判決。

---

64) 參照我國民事訴訟法第二十四條。
65) (1968) N.S.W.R. 577.

第四、當事人合意選擇法庭條款，是否必須明白表示爲排他管轄法院，否則是否發生排他管轄之效果？

前已言之，外國法院管轄條款，並不影響原有管轄法院之管轄權，僅發生促使該法院行使裁量權以決定是否放棄管轄之效力。唯若當事人明定爲排他管轄時，法官如認定無重大不平之結果，自應尊重，拒絕管轄違反該條款所提起之訴訟；唯若當事人於契約中並未明定爲排他管轄時，是否應解釋爲當事人僅合意一適當法院管轄，並未排除其他法院管轄，從而有管轄權之法院，卽不應拒絕管轄，正反解釋都有可能[66]。爲愼重計，當事人自宜明定爲排他管轄，俾避免爭執[67]。

三、同一事件已有訴訟繫屬之停止

(Stay Because of Pending Action)

同一當事人間，就同一法律關係，已在另一法域起訴時，並不當然排斥在法庭地之訴訟[68]，只有在已有確定判決時，始有排斥之效力[69]。故同一訴訟已在其他法域提起，若仍許相同當事人在另一法域訟爭時，將使國際管轄管轄權衝突成爲實際，影響國際關係、個人權益，至深且鉅。在無國際公約就本問題統一其效果——例如「後一受訴法院不得受理」前，若同一訴訟已在其他法域提起之事實——能爲後一受訴法院考慮暫停訴訟之原因時，則對國際管轄權衝突之防止，自也大有裨益。至受訴法院在考慮是否暫停時，下列因素頗關重要，例如原告是否可在另一法庭中獲得全部救濟、暫停訴訟是否可緩和無意義的訴訟之重複，以及防止對被告之羞辱等。

此問題在英國特稱之爲 Lis alibi pendens[70]，英國法院就同一訴訟已在

---

66) 參閱 Austsian Lloyd Steamship Co. v. Gresham Life Assurance Society, (1903) 1 KB. 249

67) 關於外國法院管轄條款，爲進一步研究，可再參考下述論文：
   (1) Graupner, "Contractual Stipulations Conferring Exclusive Jurisdiction upon Foreign Courts in the Law of England and Scotland," 59 L.Q. Rev. 227 (1943);
   (2) Lenhoff, "The Parties Choice of Forum: Progation Agreement," 15 Rutg L. Rev. 414 (1961);
   (3) Bergman, "Contractual Restrictions on the Forum," 48 Calif. L. Rev. 438 (1960);
   (4) Johnson, "The Efficacy of Choice of Jurisdiction Clauses in International Contracts in English and Australian Law," 19 I.C.L. & 541 (1970);

68) 請參照 Insurance Co. v. Brune's Assignee, 96 U. S. 588, 24 L. Ed. 737 (1878); Kerr v. Willetts, 48 N. J. L. 78, 2 A. 782 (1886); Scott v. Demarest, 75 Misc. 289, 135 N. Y. S. 264 (City Ct. of N. Y. Trial Term, 1912).

69) 請參照 Scott v. Demarest, 75 Misc 289, 135 N. Y. S. 264 (City Ct. of N. Y., Trial Term, 1912)

70) 關於本問題，請參閱 Dicey & Morris, The Conflict of Laws (1973) pp. 215-220; Cheshire, Private International Law. (1974) pp. 119-123

外國法院起訴者，常被請求停止英國之訴訟、或禁止外國訴訟之進行。其態樣有二。其一、同一原告在英國及外國，對同一被告起訴；其二、在英國之原告乃在外國之被告，相反之情形亦然。前者可稱之為相同原告案件，後者可稱之為相反當事人案件。在此類案件中，法院通常被請求停止此一或另一訴訟。就適用於兩種情形之考慮言，雖屬類似，但其區別，實居重要性。就法院在相同原告案件採取干涉時，它對訴訟程序之先後順序頗為置重，法院多半是停止第二個訴訟之進行。除非在極例外情形，原告能證明其提起後一訴訟，確有正當理由，否則法院總是停止後一訴訟，此蓋由於被告極可能已採取步驟、增加負擔，準備迎接第一次訴訟。在相反當事人案件裡，起訴之時間先後，似無關重要。

在相反當事人案件，而非相同原告案件，法院傾向於允許英國而非外國訴訟程序進行，此蓋基於「利用國王法庭之權利，不應輕易拒絕[71]」。同時法院並表現藉加壓力於當事人之方式，而間接干涉外國訴訟程序；在相同原告之案件，原告既未顯示其對英國法院之偏好，則停止任一訴訟，其也就未便抱怨。茲再分類檢討說明，以供吾人之參考：

(一)、相反當事人案件

法院可能被請求停止（或限制）外國訴訟程序或停止英國訴訟。前者較普通，茲先述之。

1.限制外國訴訟程序

最初英國法院被認為無從限制在有管轄權外國法院起訴之案件[72]，其理由為英國法院無權對外國法院發禁止命令。唯禁止命令係對隸屬於英國管轄權，而在外國法院訴訟之一造而發。茲介紹二則判例，以見其揭示之原則：

Busby v. Munday[73]，本案係在英國法院提起，原告訴請撤銷因賭博所立負債字據；而有名 Cloves 者，購買了此一債權證書，在蘇格蘭法院起訴，請求付款。英國法院法官 Leach 頒布禁止命令，禁止其在蘇格蘭之訴訟，其所持之理由為此兩個訴訟包含了相同的問題，此問題應受英國法之支配，就解決本問題言，英國法院為一較便利之法庭，而證據在英國也較易獲得，英國法院也不受蘇格蘭判決之拘束，同時英國訴訟程序比較確定，此乃由於英國訴訟之原告訴訟時，就會產生返還欠據及撤銷之效果，此種救濟為蘇格蘭訴訟程序法所無。

Settlement Corporation v. Hochschild[74]，本案事實為 Hochschild 曾締約表示不提起任何害及某些信託之訴訟。然不久其即違背此協議，而在法國法院訴訟，此種訴訟可能導致附屬於信託股份之暫時扣押；在英國之訴訟程序不久也開始，原告請求停止法國之訴訟，但法官 Thomas 拒絕限制法國法院訴訟

---

71) 請參閱 St. Piesre v. South American Stores (1936) 1 K.B. 382, 389.
72) 請參閱 Lowe v. Baker (1665) Nels. 103.
73) (1021) 5 Mauld. 297.
74) (1966) Ch. 10

。其所持之理由爲暫時扣押乃設計保障財產之程序，並非不需要；至於當事人事前之協議，原告公司（英國訴訟）旣可在法國訴訟程序中援用，則對公司利盆自無不利之影響，因而拒絕頒布禁止命令。

從以上兩判例中，不難發現法院決定是否頒發禁止命令之考慮爲：兩訴訟程序中爭執點是否相同，此外準據法之因素，訴訟之便利，外國判決之承認問題以及救濟之是否充份等，除上述外，外國訴訟通常被限制，除非請求頒發禁止命令者（外國訴訟中之被告）能證明，若該訴訟繼續進行，其將遭受不測之危險。

2.停止英國訴訟

St. Pierre v. South American Stores[75]，本案中被告，乃智利訴訟程序之原告。所涉及者乃一西班牙文草成之智利土地租賃契約，應適用之法律爲智利法。被告請求停止英國法院之訴訟，法官加以拒絕，他說：「停止訴訟之眞正規則得說明如下：(1)如原告在英國之訴訟是適當提起，則平衡的便利並非充足理由，以剝奪原告在英國法院起訴之利盆。利用國王法庭之權利，不得輕易拒絕；(2)爲使停止訴訟正當，必須符合兩個條件，一爲積極，一爲消極：甲•被告必須使法院確信，繼續進行此訴訟，將會導致不公平，因此訴訟爲壓抑、煩擾，且在某種情形言，構成法庭之濫權；乙•停止訴訟不致對原告構成不公平。

(二)相同原告案件

對於相同原告案件，目前英國法院享有停止訴訟之權利[76]。如就同一訴因，同一被告爲同一原告，在兩個國家法院起訴時。英國法院得停止英國之訴訟程序、停止外國之訴訟程序，或要求原告作一抉擇[77]。因原告旣在英國法院起訴，則英國法院對之卽享有對人的管轄權，故英國法院命令其停止外國訴訟時，並不致於輕侮外國法院之權限。倘如原告違背命令繼續外國訴訟時，彼卽會受藐視法庭命令之懲罰。

英國法院雖享有停止訴訟之權利，但其行使與否，則爲另一問題。通常其行使此種裁量權時，極爲愼重。因此，被告僅證明有兩個訴訟程時，尙嫌不足[78]，蓋依法院之看法，就同一事件，提起兩個訴訟，並非當然令人煩擾的[79]。其所以如此愼重的理由，是由於二國法律之不同，停止任一訴訟，可能會剝奪原告依法應享之利盆。例如原告在某國有對人之救濟，在另一國僅有對物之救濟；或者在一國有對土地之救濟，但在另一國則無之情形是[80]；此外，如被告有數人時，某國所做之判決，在另一國不能對全體被告執行之情形。

被告請求停止訴訟時，法院通常不發布命令，除非被告以事實證明確有煩

---

75) (1936) 1 K. B. 382, 389.
76) 請參閱 McHenay v. Lewis (1882), 22 Ch. D. 397, 400.
77) 請參閱 The Christiansborg (1885), 10 P. D. 141, 152, 153.
78) 請參閱 Ionian Bank, Ltd. v. Couvreur, (1969) 2 All E. R. 651.
79) 請參閱 Cohen v. Rothfield, (1919), 1 K. B. 414.
80) 請參閱 McHenry v. Lewis, (1882). 22 Ch. D. 401.

擾，繼續進行兩個訴訟是壓抑或令人難堪的。唯如原告能表示一些實質利益，能自兩個訴訟產生時，被告將會發現說服法院頒發命令，乃極為不易之事。此外，被告也必須證明停止訴訟，不致對原告不公平，但法院必須就原否之利益及被告之不利益二者加以衡量[81]。

肆、結　論

關於涉外民事事件之裁判管轄權之規定，原為保障國際的私法生活之安定而設，然各國悉依據國內法之規定，而決定對一定之涉外事件有無管轄權。事實上，各國無不企圖賦予本國法院以較大之管轄權，唯在對外效力上，因受到他國是否承認其判決[82]及報復條款[83]之間接限制，而須自我節制，因此尚不致盲目擴張其管轄權，而必須以合理的基礎為主張行使管轄權之依據；此外，國際間也間有多邊條約之締結[84]，以釐定所謂管轄權行使之合理基礎，故就各國所主張的國際管轄權本身言，並非一嚴重的問題。然就同一案件，若管轄權行使之合理基礎——聯繫事實，分散在數

國[85]，該數國法院都享有國際管轄權之情形，則甚普遍，因此國際管轄權法律上之衝突時時存在，此對國際上私法生活之安定與國際秩序之維持，實不無妨礙。迄今為止，國際社會尚無有效之對策，也無條約之簽訂，以消彌此種衝突，已如前述[86]。本論中所提及之三種國家對國際管轄權自我節制之辦法，若能為各國普遍採納施行，對防止國際管轄權之衝突，當不無助益。其中不便利法庭原則及外國法院管轄條款，有防範國際管轄權實際衝突於事前之效果；同一事件已有訴訟繫屬之停止，則有消除國際管轄權實際衝突於事後之功能。三者適用時間雖異，作用則同，均為防止（或避免）國際管轄權衝突之方法。

當然，本論中所述三種防止國際管轄權衝突之方法，純恃各國自行節制，效果終屬有限，若能分別，就上述辦法締結條約，使各國信守，則防止國際管轄權衝突之效果，必定大為增加。目前，國際間已確認上述方法之可行，已有多邊條約[87]對外國法院管轄條款（選擇法庭）之效果，加以規定，即為明證。

---

81) 請參閱 The Atlantic Star, (1973) 2 W. L. R. 814.
82) 各國立法例對承認外國法院判決條件中，都有規定為判決之法院必須對該案件有國際管轄權。請參閱英國 The Foreign Judgments (Reciprocal Enforcement) Act 1933, s. 4 (2)（a）；我國民事訴訟法第四○二條第一項第一款。
83) 請參閱本論文第 91 頁。
84) 例如海牙國際私法會議（Hague Conference on Private International Law）於西元一九六六年所起草之「外國民商事件判決之承認與執行公約」（Draft Convention on the Recognition and Enforcement of Foreign Judgment In Civil and Commercial Matters）第十條之規定是。唯本公約迄未生效。
85) 例如就是某涉外契約案件，被告住所地在甲國，契約訂立地在乙國，契約履行地在丙國，而當事人又有合意由丁國法院管轄，則甲乙丙丁四國，就此同一案件，都可主張有國際管轄權之存在。
86) 請參閱本論文第 96 頁。
87) 例如海牙國際私法會議於一九六四年所起草之「選擇法院公約」（Convention on the Choice of Court），以及其於一九五六年所起草之「國際商品買賣合意管轄公約」。

希望不久的未來，能有多數國家加入該類公約外，更希望就其他二種辦法，也能簽訂公約，擴大防止國際管轄權衝突之效果，以安定國際的私生活，保障涉外法律關係當事人之權益。

至於我國法制，關於國際管轄權之規定，尚付闕如，僅在民事訴訟法上，設有特別管轄權之規定[88]，然此等管轄權，係以我國法院對涉外案件有國際管轄權為前提，因此，在適用時雖理論上不無缺失，但此不得謂我國對一切涉外案件，均無國際管轄權，在立法未做增訂補充前，除應就涉外法律關係本身之性質，參照涉外民事法律適用法之規定及其立法精神，另為特別解釋外，一般言應援引我民事訴訟法上關於特別管轄權之原則，而推論關於國際管轄權之原則[89]。就此而論，我國對各種涉外事件管轄權行使之基礎，與各國通行之原則，多相符合[90]，其結果為我國與外國之管轄權之衝突，也就可能發生。在無國際公約約束前，為維持國際私法生活之和諧，避免國際管轄權行使之衝突，前述三種國際管轄權衝突防止之辦法，我國亦宜參酌援用——或以法律補充[91]，或就現行法擴張解釋適用[92]。

續 (Convention on the Jurisdiction of the Selected Forum in the Case of International Sales of Goods)。此兩公約原則上均規定：當事人合意所選擇的法院有排他的管轄權，其他法院應拒絕管轄。唯此兩公約現尚未生效。

88) 請參照民事訴訟法第一編第一章第一節之規定。
89) 請參閱蘇著：第130、131頁；馬著：第172、173頁；翟著：第194、195頁。
90) 請參照本論文（貳）；蘇著：第130—140頁；劉甲一敎授著：國際私法（民國六十年）第310—321頁。
91) 例如就不便利法庭原則之適用。
92) 例如就外國法院管轄條款及同一事件已有訴訟繫屬之停止。請參照我國民事訴訟法第二十四條、第二四九條第一項第二款及第七款。

聯合國「外國仲裁判斷之承認及執行公約[1]」之研究

壹、引　　論

近年來，國際貿易雖日益擴張，但商業界日益不欲經由法院以解決國際商務糾紛。蓋在他國取得並執行法院判決，仍然是極為困難、浪費時間及花費繁多的一項工作。因此，商人視商務仲裁為迅速、簡單解決國際商務糾紛者日益增多[2]。

在過去的卅年中，特別是第二次世界大戰結束後，有一顯著的趨勢——即傾向於商務仲裁。據估計[3] 全世界共有一百二十個貿易協會(trade associations)及貨物交易所(commodity exchanges)提供對各種特定貨物商務糾紛仲裁之便利。而在世界四十多個國家中，也有商

---

1) 本公約英文名稱為 The Convention On the Recognition and Enforcement of Foreign Arbitral Awands，係由於聯合國國際商務仲裁會議 (The United Nations Conference On International Commercial Arbitration) 於西元一九五八年六月十日所制定。關於其制定經過及內容之分析，請參閱本文貳。

2) 此外，商務仲裁制也有緩和法庭擁擠及減輕納稅人負擔額外設施等利益。請參閱美國前商務部部長 Herbert Hoover 所言 "Not only does this trade machinery relieve the congestion in the courts, but it relieves the taxpayer from assessment for addition facilities. In other words, business taxes itself to pay the cost of keeping commencial peace." 參照 Year Book on Commencial Arbitration in the United States (1927) Foreword, vii.

3) 請參閱 Activities of Inter-Governmental and Non-Governmental Organizations in the Field of International Commercial Arbitration—Consolidated Report by the Secretany-General, U. N. document E/CONF. 26/4, 24 April 1958.

會及國家或國際仲裁團體所提供對各種商業糾紛的仲裁便利。

自西元一九五四年起，聯合國歐洲經濟委員會 (ECE) 屬下的仲裁工作小組即曾致力完成了一相當可觀的研究計劃[4] —— 歐洲經濟委員會轄區內仲裁各方面的問題。此一研究包括各國國內法及雙邊條約有關商務仲裁部分之編纂，以及出版手册介紹在仲裁方面極為活躍的國內、國際組織團體。上述工作小組在分析發生實際困難的各種問題後，目前正在考慮兩個計劃，以尋求可能的解決。一為起草一標準仲裁規則[5]，以備當事人對仲裁程序，選任仲裁人或者仲裁舉行地無法達成合意時，加以適用；一為起草歐洲公約[6]，以應付不為「聯合國外國仲裁判斷之承認及執行公約」

所包含的國際商務仲裁上所生之問題，而聯合國亞洲及遠東經濟委員會也已致力研究國際商務仲裁，並曾發表有關該區域內國家有關的仲裁立法及設備的報告書。

在國際間，有關仲裁的雙邊條約甚多。至於多邊條約則第一次世界大戰後最重要之發展厥為一九二三年簽訂有關仲裁條款之日內瓦議定書以及一九二七年簽訂有關外國仲裁判斷執行之日內瓦公約[7]。本文所擬研究分析討論之聯合國「外國仲裁判斷之承認及執行」公約，則為第二次世界大戰後之產物，其重要性超過以往之日內瓦條約。在目前國際貿易興盛、商務糾紛日增之情勢下，對此一公約作一有系統之研究，實為當務之急。

---

4) 請參閱 U. N. document Trade/Wp. 1/10。

5) 此一標準仲裁規則，已於西元一九六六年一月二十日制定，共分四章——通則、仲裁人、仲裁舉行地、及仲裁程序，都四十三條。

6) 此一歐洲公約 (European Convention on International Commercial Arbitration) 已於西元一九六一年四月二一日制定，都十條，本公約已於一九六四年一月七日生效。本公約全文請參照 United Nations, Treaty Series, Vol. 484, p. 349。

7) 前者英文名稱為 The Protocol on Arbitration Clauses. of September 24, 1923；後者英文名稱為 The Convention on the Execution of Foreign Arbitral Awards of September 26, 1927. 依 U. N. document E/AC. 42/2, Feb. 16, 1955 之統計，共32個國家批准了前一議定書，後者批准國則有26個國家。日內瓦公約備受批評之點約為下列幾點：

① the diversity of citizenship clause
② the exclusion, in the discretion of each government, of noncommencial matters
③ the Convention provision that the validity of the arbitral agreement must be determined under the law applicable there to, that is, the surrender of this question to the local conflicts rules.
④ the abandonment of the rules on the enforcement of foreign awards.

關於上述兩公約及其分析評論，請參閱 Lorenzen, *Commercial Arbitration—International and Interstate Aspects,* 43 Yale L. J. 716 (1934); Lorenzen, *Commercial Arbitration—Enforcement of Foreign Awards,* 45 Yale L. J. 39 (1935)

貳、聯合國「外國仲裁判斷之承認及執行公約」

一、制定之經過[8]

聯合國國際商務仲裁會議於西元一九五八年五月廿日至六月十日在美國紐約集會，簽訂了一個「外國仲裁判斷之承認及執行公約」。以往國際間有關商務仲裁之公約——西元一九二三年九月廿四日「有關仲裁條款之日內瓦議定書」，以及一九二七年九月廿六日「有關執行外國仲裁判斷之日內瓦公約」，均已不足適應當前世界貿易日增之情勢。因此聯合國經濟暨社會理事會在一九五四年四月六日，依第五二〇號決議，成立一臨時委員會，包含了八個委員國（澳、比、厄瓜多爾、埃、印度、瑞典、芬、英）之代表，着手研究由國際商會（International Chamber of Commerce）所草擬之公約。該委員會於徵詢各國政府關於該公約草案意見後，於一九五五年三月集會討論。最後，該委員會完成並另提出一公約草案及附隨報告書，經社理事會於一九五五年五月廿日依第五七〇號決議，將該「外國仲裁判斷之承認及執行公約」草案分致聯合國會員國及非會員國，徵求批評意見。另外，該草約也分送其他立於諮詢地位的非政府機關組織，且對國際商務仲裁深感興趣者。經社理事會鑒於各國有欲訂立公約之願望，遂於一九五六年五月三日，依六〇四號決議案，決定召集國際會議，以完成關於承認及執行外國仲裁判斷公約之簽訂，以及「在時間許可下，考慮其他可以促使仲裁為解決私法糾紛有效性的各種措施，並作成認為必需的建議」。聯合國秘書長於一九五八年四月二十四日公布一個綜合報告書，除說明政府間組織從事商務仲裁活動現狀外，並附有一在二月六日作成之備忘錄，包含來自各地對公約草案所提批評及建議之摘要。該備忘錄並特別提到一些重要問題，例如公約之適用範圍，執行仲裁判斷之程序及標準，對承認及執行仲裁判斷之司法控制，以及新多邊公約與其他條約或法律之關係。

出席此項會議者，共有四十五個國家，而海牙國際私法會議，統一私法的國際學院、國際商會、國際法學會、國際法律科學會均派有觀察員列席，並積極參與討論。此一會議，經由無數次全會及臨時工作會議，最後於六月十日通過了此一關於外國仲裁判斷之承認及執行公約十六條，屆至簽字日期——一九五八年十二月三十一日（公約第八條第一項），共有二十五個國家簽署，而加簽國時有增加。此公約已於一九五九年六月·七日生效[9]。到一九六四年止，共有三十三個國家批准或加簽[10]。

---

8) 關於本公約制定之經過請參閱 Notes, *"The United Nations Conference on International Commercial Arbitration"* 53 Am. J. Int L. 424 (1959)。

9) 請參照 Zubkowski, East Europeen Rules on the Validity of International Commercial Arbitration Agreements (1968) p. 255.

10) 同註 9。

二、適用之範圍

關於本公約適用之範圍，對象以及締約國可以提出保留之事項，公約第一條有明確規定。依公約第一條[11]第一項之規定，「本公約適用於在請求承認及執行仲裁判斷國以外之國家內所做之判斷，……，與請求承認及執行仲裁判斷國所不認為內國判斷之判斷」。此一定義包含領域觀念以及各國對內國判斷所下之特別定義。此非內國標準並非對領域標準所加之限制。本公約適用於執行國以外所做之判斷以及在執行國家所做之判斷但不為其視為內國判斷之判斷。本公約之適用，也不限於商務爭端，也無不同 公民籍之 條款 （diversity of citizenship）。本公約適用「由當事人間之糾紛所生之判斷，而不問其為自然人抑或法人」。故國與國間所生商務關係，似也包含在內。此外本公約也適用常設仲裁機構所為之判斷，故可包含共產國家貿易法庭（trade tribunal）所為之仲裁。

茲再進一步研析如下：

(一) 仲裁判斷

第一條第一項為公約中最引起爭論的條款之一。本公約係為簽訂承認並執行外國仲裁判斷而召集。但何謂外國判斷？就此基本問題，會議大約分為二派；其中之一方為西歐國家，另一方則為普通法、拉丁美洲及東歐[12] 諸國。

在臨時委員會之草案中，公約係適用於請求承認及執行國以國家所做之判斷。而義大利、西德、法國及土耳其國之代表則主張，此種以領域為區別之標準，亦為過去日內瓦公約所採用，不足以樹立判斷究竟為外國或內國判斷之標準。當事人國籍、爭議之客體，仲裁程序規定等，皆應做為考慮決定判斷國籍之因素，而仲裁舉行地之選擇，經常是

---

11) 公約第一條原文如下：

Article I
1. This Convention shall apply to the recognition and enforcement of arbitral awards made in the territory of a state other than the state where the recognition and enforcement of such awards are sought, and arising out of differences between persons, whether physical or legal. It shall also apply to arbitral awards not considered as domestic awards in the state where their recognition and enforcement are sought.
2. The term "arbitral awards" shall include not only awards made by arbitrators appointed for each case but also those made by permanent arbitral bodies to which the parties have submitted.
3. When signing, ratifying or acceding to this Convention, or notifying extension under Article X hereof, any state may on the basis of reciprocity declare that it will apply the Convention to the recognition and enforcement of awards made only in the territory of another Contracting State. It may also declare that it will apply the Convention only to differences arising out of legal relationships, whether contractual or not, which are considered as commercial under the national law of the state making such declaration.

12) 唯南斯拉夫宣稱支持西歐國家之立場，請參照 E/CONF. 26/SR.5, p. 12 (1958).

為方便之緣故，且尤甚者，當仲裁係藉通信方式做成時，則很可能無從決定判斷之成立地。在一些國家，例如法國及德國，仲裁判斷之國籍，係依應適用之程序法決定。因此一個在倫敦依德國法做成之仲裁判斷，在德國即視為內國判斷；而在巴黎依外國法做成之判斷，法國視為外國仲裁判斷[13]。因此有人主張，其採此種制度之國家不應受公約之拘束，而把在外國做成之判斷統視為外國判斷，縱使在這些國家裡可限制為內國判斷。為了解決此一難題，八個歐洲國[14]家提議，公約應適用承認及執行請求執行國所不視為內國判斷之仲裁判斷。

上述提議受英國、薩爾瓦多、阿根廷、美國、哥倫比亞、瓜地馬拉及日本之強硬反對。其理由謂在普通法國家，上述區別內、外國判斷之方法，不為其瞭解，而仲裁舉行地則為唯一決定判斷為外國判斷之標準。無疑義的領土標準亟為明顯，其他之標準則為含混，可做不同之解釋，而不能給商業界一明確之認識，究竟何種判斷始有本公約之適用。

此問題經交由十個國家組成之工作小組，此小組致力妥協上述相反意見，而建議公約應適用於請求執行國以外國家所做之判斷以及請求執行國不認為內國判斷之判斷。代表西歐集團立場的工作小組會員國遂在締約國得排除在域外所為某些種類判斷之適用本公約之諒解

下，同意此一解決辦法。特別地，德國企圖排除在外國做成之判斷，但為請求執行國視為內國之判斷；義大利企圖排除在外國做成之判斷，但當事人雙方或為請求承認國之國民或為其習慣居民，而爭議又與域外無合理之牽連[15]。會議最後決定不採取上述除外規定，而由工作小組所提之條文，終為大會接受，成為第一條第一項。由上述可知，工作小組之顯明目的在於發現一個妥協程式以限制領土原則之適用。但大會最後所採之行動卻恰巧相反。第一條第一項之文字似僅允許一種解釋，即除第三項另有規定外，本公約適用於所有在請求執行國以外國家所做之仲裁判斷，而不問任何一個判斷是否被該國（請求執行國）視為內國判斷；公約同樣也適用於請求執行國不視為內國之仲裁判斷，而不問該判斷是否是在該國（請求執行國）做成。

（二）自然人或法人間之爭議

本公約並未就其適用之爭議加以定義，唯從會議時討論之意旨及會議之名稱上均在於表示本公約主要係針對商業性質之爭端；唯在另一方面，從公約第一條第三項保留條款之規定上，會員國得限制本公約僅適用於因商業性質上所生爭議上看，又表示對不提出保留之國家，則本公約又適用於非商業性質之爭議。然則何種其他爭議應視為在本公約之適用範圍內？最足以強烈表示本會議

13) 請參閱 Habscheid, *"Unification in the Enforcement of Foreign Awards"* Int. Trade Arbitration (1958) p. 203.
14) 此八個國家為奧、比、西德、法、義、荷、瑞典、瑞士參照 E/CONF. 26/L.6 (1958).
15) 請參照 E/CONF. 26/L.11 E/CONF. 26/L.49 (1958).

目的者可見於「於其他辦法之決議」[16]
上。該決議中提到「本公約對增進以仲
裁解決私法爭端之效力會亦有貢獻」。
決議中此種及其他類似之用語足以支持
下述結論——除提出上述保留之國家外
，本公約適用於由私法爭端所生之各種
仲裁判斷，而不問該爭端是否屬於商業
性質。

本公約適用於「由當事人間之爭議
所生之仲裁判斷，而不問當事人為自然
人或法人」。此一用語究否包括公共團
體及國家，就國家貿易言亦甚為重要。上
述用辭初見於臨時委員會之初稿，在該
委員會之報告中[17] 曾解釋 公共企業 （
public enterprises) 與公用事業 (public
utilities) 在所從事私法活動之領域中，
也視為公約中所稱之法人。雖然就此點
未曾加以特別討論，唯會議中大家有一
共同的了解[18]，則為明確。此了解為一
個國家或其他共同團體，如協議就某種
私法性質之爭議交付仲裁時，則本公約
卽適用於承認及執行由該仲裁所做成之
判斷。由此推論言之，如仲裁程序中雙
方當事人雖均為國家或公共團體時，也
無顯然理由否認本公約之適用，唯此時
雙方之爭執必須限於私法上之交易，而
不得為國際公法上之事項。

（三）常設仲裁機構

公約第一條第二項規定由常設仲裁
機構所為之判斷，也有本公約之適用。
本句係由捷克所提議，主要目的在指存
在於共產國家中具有公共性質之常設仲
裁機關。唯有問題者，此種常設機構究
竟為眞正仲裁或更具法院之性質，行使
強制管轄權。捷克代表則表示係指前者
，蓋當事人享有自由以決定是否利用該
常設仲裁機構之服務[19]。

（四）保留

本公約之適用範圍雖亦為廣泛，唯
公約第一條第三項規定，任一國家得在
相互原則之基礎下宣佈本公約僅適用於
在其他締約國領域內所作成之判斷或者
本公約僅適用於依宣佈國內法認為係
屬於商業關係上所發生之爭議。此種可
能限制——排除在宣佈國領域所作之判
斷或者在非締約國領域所作之判斷以及
就非商業爭議所作之判斷——似並非重
要。此種條款之加入係為了某些國家之
利益，如比利時，因其商務仲裁法僅適
用於商業爭端，以及為了某些領域觀念
濃厚國家之利益。唯被認為重要者，則
為允許保留之原則。

以色列及一些國家主張無限制之保
留；日本及蘇俄則主張不得提出任何保
留。此兩種極端之主張均遭否定[20]。 在
妥協下，「在相互原則之基礎下」一語

16) 請參照 Resolution of the United Nations Conference on International Com-
merciation Arbitration 載於 Note, *"The United Nations Conference on In-
ternational Commercial Arbitration"*, 53 Am. J. Int. L. 425. (1959)
17) 請參照 U.N. doc. E/2704
18) 請參閱 Haight, Convention on the Recognition and Enforcement of Foreign
Arbitral Awards (1958).
19) 請參照 E/CONF. 26/SR. 8, p. 5.
20) 請參閱 Haight 13.

即添入第一條第三項前段。然而，此一
片語之效果並不明確。它可以解釋爲限
制本公約適用於領土判斷之權利係依其
他締約國也爲相互保留而決定。但其究
竟指何一國家？一個國家是否充份？或
者它也可解釋爲任一國家均得自由提出
保留，唯自己所拒絕執行之判斷，即犧
牲在他國請求執行該種判斷之權利。值
得注意的是，若採後一解釋，則會使該
一句子顯得多餘，蓋此種相互不執行原
則在公約第十四條[21]廣泛的相互條款已
有規定。

　　第二種保留——限於商業性爭議（
包含仲裁契約及仲裁判斷）一在文字上
並不受在「相互原則之基礎」上之限制
。因此，此種限制公約僅適用於商業性
爭議之權利是無條件的，此可由比利時
堅持加入此一條款，否則拒絕簽字之態
度上知之[22]。

　　出席會議的一些代表欲剝奪進一步

保留之意圖於會議最後決議書第十四節
表露無遺：

　　　　本會議決議，不妨碍第一條第三
　　　　項、第十條、第十一條及第十四
　　　　條規定下，「外國仲裁判斷之承
　　　　認及執行公約」不得提出其他保
　　　　留[23]。

　　唯此一意圖並非全體一致。舉例言
之，以色列代表則宣稱：「該代表團在
不妨害其依國際公法對允許保留所持態
度下，願意對本公約簽字。[24]」

三、仲裁契約

　　第二條[25]第一項規定：「締約國承
認當事人就現在或將來之爭議所簽訂交
付仲裁之書面契約，該爭議應由一定法
律關係而生，（不論其爲契約或否），
且得由仲裁解決之事項。」

　　本條款值得注意之點甚多，茲分別

---

21) 請參照註60。
22) 請參閱 Haight 16.
23) 請參照 U. N. doc. No. E/CONF. 26/9/Rev. 1, at 4 (1958).
24) 請參閱 Haight 17.
25) 本公約第二條原文如下：

Article II

1. Each Contracting State shall recognize an agreement in writing under
which the parties undertake to submit to arbitration all or any differences
which have arisen or which may arise between them in respect of a
defined legal relationship, whether contractual or not, concerning a subject
matter capable of settlement by arbitration.
2. The term "agreement in writing" shall include an arbitral clause in a
contract or an arbitration agreement, signed by the parties or contained
in an exchange of letters or telegrams.
3. The court of a Contracting State, when seized of an action in a matter
in respect of which the parties have made an agreement within the mean-
ing of this article, shall, at the request of one of the parties, refer the
parties to arbitration, unless it finds that the said agreement is null and
void, inoperative or incapable of being performed.

檢討如下：

本項對締約國必須承認之契約之種類並無規定，文句中也未表示所謂仲裁契約必須爲一具有涉外成分之契約。雖然德國代表曾不斷地堅持此仲裁契約必須與依本公約可以執行的仲裁判斷有關聯[26]，但大會制定本條時却無任何用語以將此仲裁契約與依第三條所包含之判斷相連接[27]。

此外，第一條及第三條中亟爲重要之用語「執行」，却不見於第二條。瑞典代表所提議之第二條第一項，目的即在於重新制定日內瓦議定書第一條要求締約國必須承認仲裁契約之效力[28]。會議中對經濟、社會委員會決議召集本次會議是否曾授權討論仲裁契約，曾有激辯。最後大會採納英國代表之意見，認爲一個關於仲裁判斷的公約，如無條文規定承認爲其基礎之仲裁契約之效力，則亟易喪失效果[29]。依上述條款之規定，締約國必須承認書面簽訂之仲裁契約，如果該事項爲適於仲裁者。

公約第二條第二項固鑒於現代完成交易之方法，故將電報之交換就公約言也視爲書面契約。此外，依第二條第三項之規定，如一造不遵守仲裁契約而另行提起訴訟時，他造得據以請求法院中止訴訟；除該仲裁契約有無效，失效或無從履行之情形外，法院應中止訴訟程序，並命令當事人進行仲裁。唯因第二條條文中並未就決定仲裁契約效力之準據法加以規定，實易引起爭執。依理論，當事人在契約書合意選擇的法律，應爲適用之法律，若無合意時，則法庭地法及其政策，或者契約之履行地法，或者爭議發生地法皆爲法庭所可能適用的法律。因公約並未提適用的領域，因此似可推論本條不僅對在國外成立之仲裁契約有其適用，卽對在請求承認國領域內所做之仲裁契約也有其適用。

依照公約第七條[30]第二項之規定，第二條不僅有取代西元一九二三年日內瓦仲裁議定書之效果，且其適用範圍也較前者廣泛，蓋後者之適用不限於當事人必須受不同締約國領域管轄之限制。

---

26) 請參閱 Haight 27.

27) 請參照美國代表團之下列發言：
"Its language is such as to extend the treaty rule to purely domestic contracts as well" U.S. Del. Rep. 19 (1958).

28) 日內瓦議定書第一條規定：
"Each of the Contracting States recognizes the validity of an agreement Whether relating to existing or future difference between parties subject to a contract agree to submit to arbitration all or any differences that may arise in connection with such contracts relating to commercial matters or to any other matter capable of settlement by arbitration, whether or not the arbitration is to take place in a country to whose jurisdiction none of the parties is subject".

29) 請參閱 Haight 25.

30) 請參照註。

四、外國仲裁判斷之執行

(一) 執行的程序及必須的文件

公約第三條[31] 規定締約國應承認仲裁判斷為有拘束力並依法庭地程序規則予以執行。法庭地國不得就承認或執行有本公約適用之外國仲裁判斷，課以實質上較承認或執行內國仲裁判斷為苛刻之條件或徵收更多之費用。本條約所規定者為公約所課締約國之基本責任。唯不幸的，其用語極不明確。會議中未明白表示其所指之判斷乃第一條所規定之判斷。蓋就第三條前段單獨觀察，其所規定者，乃締約國有義務承認並執行外國或內國判斷。不少代表意欲限制本條前段僅指第一條之判斷，最後經許多代表之發言，成為本段之解釋。

其次使本條之起草愈趨複雜之原因乃由於不少代表意欲創設一個國際統一的執行外國判斷之程序規則。此一目標雖可增進仲裁契約之可信性，但鑒於各國對仲裁態度之歧異，其成就自屬嫌早。比利時提出一相反建議，即當地程序不分內國或外國判斷，應一律適用。美國代表支持此一提議，並引證美國所簽

雙邊條約中採用「國民待遇」原則之成功為例證[32]。在另一方面，不少國家則指出該國執行外國判斷之程序異於執行內國判斷之程序。薩爾瓦多及瑞典宣稱該國法律規定外國判斷必須聲請法院，由其決定是否已符合一些相關的國際文件，但對內國判斷則許可簡易執行[33]。

比利時之提案既遭拒絕，締約國遂享有自由以樹立不同的程序用來承認並執行外國及內國判斷，唯一的限制則為不得課予「實質上較苛刻之條件」規則。締約國在此規則下，實際上並無太多任意裁量權，此乃由於由締約歷史中可知，任何超越一合理的方法的條件以確定某判斷是否有本公約之適用，即為實質上更為苛刻。

最後應予一提者，即在第三條下，對外國仲裁判斷應予何種效果之問題。在一些國家，內國及外國判斷均無執行力。然而公約中用語，依公約所定條件「承認……並認其有拘束力，同時應依照程序規則予以執行。」似應改變上述國家對外國判斷之法律。在一個沒有程序以執行內國判斷之國家，依照第三條之規定，即應訂立一些程序以執行外國判斷。唯在某些承認內國判斷之國家裡

---

31) 公約第三條原文如下：

Article III

Each Contracting State shall recognize arbitral awards as binding and enforce them in accordance with the rules of procedure of the territory where the award is relied upon, under the conditions laid down in the following articles. There shall not be imposed substantially more onerous conditions or higher fees or charges on the recognition or enforcement of arbitral awards to which this Convention applies than are imposed on the recognition or enforcement of domestic arbitral awards.

32) 請參照 U. N. doc. No. E/CONF. 26/SR. 10 at 3 (1958).

33) 請參閱 Haight 30-31.

，僅在其後之訴訟程序中給予反駁事實推定之效果，則第三條之效果即非顯著。顯然地，此種國家必須對外國判斷給予更多的拘束力，但是其必須符合的標準則未規定。何況公約僅禁止國家歧視外國判斷，而並未宣佈應予外國判斷以何種較好待遇。

依照日內瓦公約及臨時委員會之草案，請求執行仲裁判斷之當事人必須提出原始判斷或者經證明為確實之判斷副本。同時也必須提出關於執行的條件確已符合之文件證據。本公約第四條[34] 則予以簡化，省略文件證據，而僅要求提出原始判斷或經證明的副本以及仲裁契約，必要時並應提出譯本。

(二) 外國仲裁判斷承認及執行之拒絕

依照日內瓦公約，在執行程序中原告應證明執行的條件確已符合；在臨時委員會草案中，舉證責任已大部分轉移於被告身上；唯原告仍須向執行法院證明判斷為最終且有效的，且執行力在做成判斷國並未中止，但聯合國公約則徹底將舉證移轉，規定由被告負責證明為什麼判斷不應執行。此外本公約也將日內瓦公約執行條件自由化，蓋依日內瓦公約（第三條）[35]，法院如認為，除公約所定理由外，依仲裁舉行地法，另有其他理由以爭執判斷的效力，則該法院仍得拒絕執行，或停止程序之進行。因此被告不僅得以公約所定條件未滿足為理由，且得以未符合仲裁舉行地法為藉口以阻撓仲裁判斷之執行。然而依聯合國公約，法院則僅得以公約第五條、第六條所列理由之一為根據以拒絕執行。因此，日內瓦公約所開之方便之門遂為聯合國公約關閉。

---

34) 公約第四條原文如下：

Article IV

1. To obtain the recognition and enforcement mentioned in the preceding article, the party applying for recognition and enforcement shall, at the time of the application, supply:

    (a) the duly authenticated original award or a duly centified copy thereof;

    (b) the original agreement referred to in Article II or a duly certified copy thereof.

2. If the said award or agreement is not made in an official language of the country in which the award is relied upon, the party applying for recognition and enforcement of the award shall produce a translation of these documents into such language. The translation shall be certified by an official or sworn translator or by a diplomatic or consular agent.

35) 一九二七年日內瓦公約第三條規定如下：

"If the party against whom the award has been made proves that, under the law governing the arbitration procedure, there is a ground, other than the grounds referred to in Article 1 (a) and (b), and Article 2 (b) and (c), entitling him to contest the validity of the award in a Court of Law, the Court may, if it thinke fit, either refuse recognition or enforcement of the award or adjourn the consideration thereof, giving such party a reasonable time within which to have the award annulled by the competent tribunal."

本公約第五條[36] 列舉五點，法院得在被告請求下，拒絕承認及執行判斷之理由，以及另二點，法庭地國主管官署得主動拒絕承認及執行之理由。在此七點無效理由中表現出兩項重要原則：其一為關於執行判斷的司法最後控制；其二則為當事人自治原則。茲就第五條拒絕執行之理由詳加分析如下：

1. 仲裁契約之無效（第五條一項一款）

「第二條所提及之契約當事人，依照其應適用之法律係無行為能力，或者該契約依當事人所指定之法律，如無指定時，依照仲裁判斷做成地法，並非有效。」

對從未同意仲裁之當事人，自不應

---

36) 公約第五條原文規定如下：

Article V

1. Recognition and enforcement of the award may be refused, at the request of the party against whom it is invoked, only if that party furnishes to the competent authority where the recognition and enforcement is sought, proof that:

   (a) the parties to the agreement referred to in Article II were, under the law applicable to them, under some incapacity or the said agreement is not valid under the law to which the parties have subjected it or, failing any indication thereon, under the law of the country where the award was made; or

   (b) the party against whom the award is invoked was not given proper notice of the appointment of the arbitrator or of the arbitration proceedings or was otherwise unable to present his case; or

   (c) the award deals with a difference not contemplated by or not falling within the terms of the submission to arbitration, or it contains decisions on matters beyond the scope of the submission to arbitration, provided that, if the decisions on matters submitted to arbitration can be separated from those not so submitted, that part of the award which contains decisions on matters submitted to arbitration may be recognized and enforced; or

   (d) the composition of the arbitral authority or the arbitral procedure was not in accordance with the agreement of the parties, or, failing such agreement, was not in accordance with the law of the country where the arbitration took plack; or

   (e) the award has not yet become binding on the parties, or has been set aside or suspended by a competent authority of the country in which, or under the law of which, that award was made.

2. Recognition and enforcement of an arbitral award may also be refused if the competent authority in the country where recognition and enforcement is sought finds that:

   (a) the subject matter of the difference is not capable of settlement by arbitration under the law of that country; or

   (b) the recognition or enforcement of the award would be contrary to the public policy of that country.

對其執行仲裁判斷。本公約允許執行國家檢查仲裁契約之效力。唯僅得依當事人合意所選擇之法律下爲之[37]。如當事人未嘗合意選擇應適用之法律，則做成仲裁地之法律即應適用。然而關於當事人之締約能力則依「應適用之法律」。此一條款准許執行地國援用其國際私法以發現當事人能力所應適用之法律。本條款不同於公約第二條，並無規定必須爲書面契約。唯依推理之方式而言，本款所指之契約，似應同於第二條之規定，蓋其如非爲書面契約，則原告依第四條應向執行國家提出仲裁契約副本乙事即成爲亟難想像。

依照日內瓦公約之規定（第一條a），「仲裁判斷必須依仲裁契約爲之，仲裁契約依其應適用之法律必須爲有效」。然何謂應適用之法律爲一極難決定之問題。此一問題在臨時委員會草案中並未解決，但在大會中曾加討論。一些代表認爲應適用之法律應予明文規定，另一些代表則主張大會不應企圖決定此一在國際私法上極爲棘手的問題，而應由各國法院依其國際私法以爲解決。工作小組（working party）採納後者建議，並爲一九五八年六月三日的大會所採納[38]。但於九日，即會議結束之前一日，蘇俄代表重提此事，主張應適用之法律應予以限定。大會接納蘇俄之口頭建議，而將原文（a）款修正爲「仲裁契約或仲裁條款依當事人合意適用之法律

無效或者如無合意時，依判斷做成地法爲無效時，…………[39]」而至會議最後一日，荷蘭代表提出口頭建議，就上述文字略加修正，而爲大會接受，成爲本公約第五條第一項（a）款之後段。

本條款避免因適用執行地法院國際私法以決定應適用法律之困難，同時它也承認當事人意思自治原則，當事人得合意選擇契約應適用的法律，而不問仲裁舉行地，當事人國籍，或者其他因素。

關於當事人能力之規定，日內瓦公約〔第二條（c）〕以及臨時委員會之草案之規定，均爲如請求執行判斷之他造當事人爲法律上無行爲能力且未經適當代理時，執行得予拒絕。但本公約第五條（a）款前段，則省略了「無適當代理時」乙語。因此，如依文義解釋，第五條（a）前段之規定，法院係僅因一造當事人之爲無行爲能力，即拒絕執行，而不問其在仲裁程序中有無適當代理人。兩者相較，自以前者規定較爲適當。因此於適用本條款時，日內瓦公約及臨時委員會草案似應參照解釋。

2. 敗訴之一造未受適當之通知〔第五條一項（b）〕。

「請求執行判斷之他造當事人未受適當通知以任命仲裁人或仲裁程序之進行，或者因其他原因無從應訴時。」

本款係將正當程序之基本觀念納入

37）此卽國際私法上所謂之當事人意思自治原則。關於本問題，請參閱拙著：「契約準據法之研究」，政大法學評論（民國六十二年）第九期第145—179頁。
38）請參閱 E/CONF. 26/SR. 17, p. 16 (1958).
39）請參閱 E/CONF. 26/SR. 23, p. 15 (1958).

公約中。公約中所云：「……或不能應訴」乙語，係在荷蘭代表堅持下採納，荷蘭代表認為此一用語對處理因不可抗力或其他事變而致阻撓當事人應訴之情形，極為必需，或者其未受充分機會以應訴者亦然[40]。

3. 仲裁判斷與仲裁契約之爭議無關者〔第五條一項（c）〕

「仲裁判斷與仲裁契約標的之爭議無關者，或不符合適用仲裁契約之條件，或者其決定之事項超越仲裁契約之範圍，但是如其屬於交付仲裁事項之決定可自不屬於交付仲裁事項之決定中分離者，則其屬於交付仲裁事項之決定部分之判斷得予以承認及執行。」

本條款基本上乃是重申公約第五條一項（a）款之原則，即仲裁判斷不得對從未同意仲裁事項之人執行。大會對本款並無辯論，然對但書可分性則否。比利時及蘇俄代表建議取消但書，認為其將成為混亂的淵源。但印度代表之意見被接受。他說：「如果執行法院無權對該無關係的部分自剩餘判斷中分離，而僅因為細瑣事項超越仲裁契約之範圍，就必須拒絕執行全部判斷，則申請執行者就可能遭受不合理的困難。」[41]

4. 仲裁組織或仲裁程序不適當〔第五條一項（d）〕

「仲裁機關之組織或者仲裁程序未依照當事人之協議，或者無協議時，未依照仲裁舉行地國之法律。」

本條款對契約自治之問題，再引起激辯[42]。一派以國際商會及法國為首，主張契約自由，認為當事人得任意於任何國家法律之外指定仲裁程序。另一派以義大利、美國為代表，則堅持仲裁程序應完全依照仲裁判斷做成地之法律。雙方妥協的結果，卻發生兩種解釋。一方面對當事人可選擇的法律，既無限制的規定，即表示當事人有選擇仲裁程序之絕對自由。在另一方面，公約第五條一項（a）款則有仲裁契約必須依當事人合意選擇的法律為有效之規定。因此義大利代表之下列陳述，似極為有理。「該段之加入係基於當事人僅享有選擇適用該事項法律之認識，其結果，公約中條款不應解釋為當事人得忽視任何國家法律而決定一特別程序以適用於該案件。」[43]

5. 仲裁判斷無拘束力或已被撤銷或停止效力〔第五條一項（e）〕

「判斷對當事人尚未發生拘束力，或者該判斷已由判斷做成地國管轄官署或判斷做成所依據之法律之管轄官署所撤銷或停止效力。」

沒有人希望本公約要求在判斷做成

40) 請參閱 E/CONF. 26/SR. 23, p. 15 (1958).
41) 請參閱 E/CONF. 26/SR. 17, p. 9 (1958).
42) 請參閱 Haight 56-59.
43) 請參照 E/CONF. 26/SR. 17, p. 10 (1958).

地國及執行地國以司法程序確認判斷。但是同時，一個已為判斷做成地國之管轄官署撤銷之判斷，自不應為他國所執行。困難的問題乃是第一判斷並未被撤銷，但在判斷做成地國仍得藉上訴或其他程序加以審查時，其在執行地國之地位問題。大會拒絕接受判斷在做成地國必須是「最後且有效的」規定。但是，也不願意使判斷於做成即刻發生效力。

依臨時委員會之草案，判斷必須在判斷做成地國為「最終且有效的」。此一句子在大會時受到批評[44]，認為其含義不清以及顯然是要求判斷之「雙重執行判決」（double exequatur），即一在判斷做成地國，一在判斷執行地國。在大會時，工作小組提議以「拘束力」代替「最終且有效」。工作小組主席解釋說，在該用語下，判斷如尚可上訴即有停止之效果時，即不合於執行之條件[45]。但是，即使所有可能之救濟方法尚未用罄時，它也可以執行。他又補充說明，所以避免適用「有效」乙詞，係因該詞可能被解釋為判斷必須符合在做成地國有關執行的所有條件。

唯關於「拘束力」乙詞之正確含義在以後之會議中並未澄清[46]。英國代表認為該字係指沒有任何法律救濟以阻止執行的意思。土耳其代表則反對該字而認為判斷一經做成即有拘束。義大利代表則解釋說「拘束力」乙詞係指判斷不

再受通常救濟方法之適用。瓜地馬拉代表却持相反看法，認為除非所有普通及特殊的救濟方法均已用盡以及各種方式均已齊備，否則不得稱為有拘束力。在其後的會議裡，他補充說明他的代表團將「拘束力」乙詞解釋為「最終且可執行的」。從大會的辯論中似顯示出一致的見解，即不要求「雙重執行判決」。然而鑒於對拘束力乙詞之各種解釋，最後對此一用語之正確解釋似只好由法院於各個案件中提出解答。

另一重要問題是，此一條款並未列舉在何種理由下，判斷做成地國得撤銷判斷或中止判斷的效力。雖然，如果該種理由加以規定時，將會使在本公約下對判斷之執行更具信賴性。但是此種行動可能干涉到各國處理內國判斷之程序，而超出本會議討論之範圍。

6.爭議之事項不適於仲裁〔第五條二項（a）〕

「爭議之事項依請求承認執行仲裁判斷國法不能以仲裁方式解決者。」

此一理由及下述理由，在判斷請求執行之前，得由被告或管轄官署提出。

本條款僅係由日內瓦公約第一條(b)項規定繼受而來。法國代表反對本款列入公約內，其理由為內國仲裁性之標準不應被適用到國際仲裁判斷上[47]。德國代表附議，認為與當地重大政策發生劇

44) 請參照 E/CONF. 26/SR. 4, p. 7-9 (1958).
45) 請參照 E/CONF. 26/SR. 17, p. 3 (1958).
46) 請參照註45。
47) 請參閱 Haight 66.

— 290 —

烈衝突之事項，可由公序 良俗 條款處理[48]。唯最後本款仍為大會採納，執行地國得以有權依當地標準以決定爭端的仲裁性。基於本款之規定，原告卽得享有某種程度之「任擇法庭」之利益。

7.法庭地之公序良俗〔第五條二項(b)〕

「承認或執行判斷將抵觸執行地國之公序良俗。」

本款之規定似發生對公約效力最後決定權移轉予締約國之善意的效果。會議時唯一引起爭論者，厥為是否應在公序良俗之後增添「或者法律之基本原則」乙語[49]。倘若增加，則卽與日內瓦公約第一條 (e) 文字相同。實際上，本事項係就「公序良俗」乙語之範圍之爭論。大會最後決定不增添第二句，可視為欲將公序良俗做較廣義之解釋。

（三）外國仲裁判斷執行之暫停（第六條）[50]

「如當事人已經向第五條一項(e)所指之管轄官署提出撤銷判斷或停止判斷效力之申請時，則被請求執行之機構認為適當時得延期決定判斷之執行。同時，依請求執行判斷當事人之申請，也得命令他造當事人提供適當擔保。」

公約第六條是對第五條一項（e）款的一個合理的補充條款而將「雙重執行判決」問題的發生情況予以緩和[51]。不過，本條款純屬自由裁量的範圍。因此，執行地國享有自由以拒絕暫停（延緩）而執行該判斷。本公約對於嗣後判斷地國管轄官署所撤銷之情形未有規定。依理由而言，此時被告應依執行地國法之標準衡平原則以請求救濟及恢復原狀。

48）請參閱註47。
49）請參閱 Haight 67-71.
50）本公約第六條原文規定如下：

Article VI

If an application for the setting aside or suspension of the award has been made to a competent authority referred to in Article V (1) (e), the authority before which the award is sought to be relied upon may, if it considers it proper, adjourn the decision on the enforcement of the award and may also, on the application of the party claiming enforcement of the award, order the other party to give suitable security.

51）唯本條仍受到美國代表團的批評：

"The provision for the posting of security by the defendant, However, appear open to grave objection. Although it is permissive in character, it has the unusual and exceptionable effect of penalizing a defendant for seeking to defend his rights……"
請參閱 U.S. Del. Rep. 20.

五、對其他條約之效果

本公約第七條[52] 第一項對依一國法律或其他條約已取得或可取得的關於承認及執行仲裁判斷之權利未予置問。但是，對於日內瓦條約，則認爲與本公約過於近似，構成締約國義務之衝突而不應併存。第七條第二項因此規定：二個日內瓦公約在締約國之間開始受本公約拘束及有本公約適用事項時應停止其效力。基於上述，凡未加簽聯合國公約之日內瓦公約之會員國，仍負有依後者應

盡之條約上義務。此外，就第七條第二項用語上解釋，似乎規定聯合國仲裁公約之締約國於加簽時曾提出保留者，則就該保留之事項仍有日內瓦公約之適用，唯此種解釋似非締約國之意思。

六、有資格加入本公約之國家

本公約第八條[53] 及第九條[54] 爲對有資格成爲本公約締約國家的條件上的規定。波蘭政府代表雖曾提議本公約對所

---

52) 本公約第七條原文規定如下：

Article VII

1. The provisions of the present Convention shall not affect the validity of multilateral or bilateral agreements concerning the recognition and enforcement of arbitral awards entered into by the Contracting States nor deprive any interested party of any right he may have to avail himself of an arbitral award in the manner and to the extent allowed by the law or the treaties of the country where such award is sought to be relied upon.

2. The Geneva Protocol on Arbitration Clauses of 1923 and the Geneva Convention on the Execution of Foreign Arbitral Awards of 1927 shall cease to have effect between Contracting States on their becoming bound and to the extent that they become bound by this Convention.

53) 本公約第八條原文規定如下：

Article VIII

1. This Convention shall be open until 31 December 1958 for signature on behalf of any Member of the United Nations and also on behalf of any other state which is or hereafter becomes a member of any specialized agency of the United Nations, or which is or hereafter becomes a party to the Statute of the International Court of Justice, or any other state to which an invitation has been addressed by the General Assembly of the United Nations.

2. This Convention shall be ratified and the instrument of ratification shall be deposited with the Secretary-General of the United Nations.

54) 本公約第九條原文規定如下：

Article IX

1. This Convention shall be open for accession to all states referred to in Article VIII.

2. Accession shall be effected by the deposit of an instrument of accession with the Secretary-General of the United Nations.

有國家公開，毋庸有任何資格之限制，但此一提議為會議所拒絕[55]。因此本公約得依第八條批准或依第九條加簽之國家僅限於聯合國會員國，或已是或成為聯合國專門機構之會員國，或者已是或成為國際法院規約的當事國，或者曾受到聯合國大會邀請的國家。

七、殖民地條款

公約第十條[56]授權締約國將本公約擴張適用於在國際關係上其所負責之全部或任一部分的領域。此種宣佈得於批准或加簽本公約之同時為之，亦得於其後任何時期以通知聯合國秘書長之方式為之。至於對在簽字、批准或加簽時尚未有本公約適用的領域，締約國僅需考慮採取適當步驟以擴張本公約之適用，唯如基於憲法上的原因，則須受各領域所在地之同意。

八、聯邦條款

公約第十一條[57]規定，關於公約中屬於聯邦政府立法權限範圍的條款，則聯邦國家中聯邦政府應負的義務與單一國家之政府相同。唯關於公約中屬於各邦立法權限範圍的條款，在該聯邦憲法制度下，各邦無庸必須採取立法行動時，聯邦政府僅須將此等條文對其各邦為有利的推薦。同時，各聯邦締約國在請求下，必須提供聲明以表示本公約何一條款在聯邦制度下，已因立法或其他行動發生效力及其範圍。

---

55) 請參閱 E/CONF. 26/SR. 19, p. 3-4 (1958).

56) 本公約第十條原文規定如下：

Article X

1. Any state may, at the time of signature, ratification or accession, declare that this Convention shall extend to all or any of the territories for the international relations of which it is responsible. Such a declaration shall take effect when the Convention enters into force for the state concerned.

2. At any time thereafter any such extension shall be made by notification addressed to the Secretary-General of the United Nations and shall take effect as from the ninetieth day after the day of receipt by the Secretary-General of the United Nations of this notification, or as from the date of entry into force of the Convention for the state concerned, whichever is the later.

3. With respect to those territories to which this Convention is not extended at the time of signature, ratification or accession, each state concerned shall consider the possibility of taking the necessary step in order to extend the application of this Convention to such territories, subject, where necessary for constitutional reasons, to the consent of the governments of such territories.

57) 本公約第十一條原文規定如下：

Article XI

In the case of a federal or non-unitary state, the following provisions shall apply:

(a) With respect to those articles of this Convention that come within the legislative jurisdiction of the federal authority, the obligations of the federal government shall to this extent be the same as those of Contracting States which are not federal states;

蘇俄集團反對第十一條，認為該條使得聯邦政府享受特權以逃避本公約所課的一些責任[58]。 澳大利亞在另一面則提出，如果沒有該條之制定，則最樂觀的估計，澳大利亞也須在很長一段期間後始能批准，若做悲觀的看法，則根本無能批准[59]。 基於此必須的基礎下，大會最後通過了該條文。

令人困惑的相互原則問題與此條文之關係，大會中曾詳予討論。此際，尚無一般性之相互原則條款如公約中第十四條[60]之規定。但該一條文之需要性在聯邦條款中已經發覺，因是之故，大會對第十一條增加了第二項。該項規定：「聯邦或非單一國無權利用本公約以對抗其他國家，除非其本身也受本公約之適用。」

其後大會於第十四條制定了相互原則條款，因而對此特別相互原則條款從第十一條中刪除。

九、相互原則條款

大會遲至會議最後一日始於第十四條採納了相互原則條款。該條規定：

「締約國無權援用本公約以對抗其他締約國，除非其本身也必須適用本公約。」

本條之制定，給予每一締約國一防禦性的權利以利用其他國家對領域，聯邦或其他條款所做之保留。某國法庭就該國依本約所負之義務為限制性解釋之情形，似也應有本條，卽相互原則之適用。

參、結　論

商務仲裁與訴訟相較，固然是有迅速、專家判斷、費用低廉以及對選擇適

---

57) 續
    (b) With respect to those articles of this Convention that come within the legislative jurisdiction of constituent states or provinces which are not, under the constitutional system of the federation, bound to take legislative action, the federal government shall bring such articles with a favourable recommendation to the notice of the appropriate authorities of constituent states or provinces at the earliest possible moment;
    (c) A federal state party to this Convention shall, at the request of any other Contracting State transmitted through the Secretary-General of the United Nations, supply a statement of the law and practice of the federation and its constituent units in regard to any particular provision of this Convention, showing the extent to which effect has been given to that provision by legislative or other action.
58) 請參閱 E/CONF. 26/SR. 20, p. 5 (1958).
59) 請參閱 E/CONF. 26/SR. 20, p. 6 (1958).
60) 本公約第十四條原文規定如下：

Article XIV
A Contracting State shall not be entitled to avail itself of the present Convention against other Contracting States except to the extent that it is itself bound to apply the Convention.

用法律原則、商業慣例上較富彈性等優點，且對從事國際貿易者也有避免當地法院歧視外國人作用之發生。但是，由於各國對商務仲裁所持態度不同，法規規定互異，致使商務仲裁成效不彰。舉例來說，一些國家拒絕承認當事人約定仲裁在其他國家舉行之仲裁契約[61]；另一些國家對訴訟已在該國法院提起，而尚未有仲裁判斷宣佈之仲裁契約，則拒予執行[62]。此外，外國判斷在一國法院之命運，對尋求結果預知的商人來說，也不令人鼓舞。例如在某些國家裡，對外國判斷亟爲歧視，而規定對判斷乃至於爲其基礎的仲裁契約，須爲重新的審理[63]。很少國家將外國判斷與內國判斷同視。

上述商務仲裁所遭遇的困難，可說已爲聯合國「外國仲裁判斷之承認與執行公約」所解決。會議時絕大多數國家所關切的問題——仲裁程序之勝方在執行仲裁判斷時，不應遭受不可克服的阻礙，可說是已經絕大部分實現。就目前締約國數目日增之情勢以觀，亦足以說明該公約爲一進步，有效的公約，對促進商務仲裁之發展，解決民事糾紛之爭端，厥功甚偉。

唯現在應行注意的問題有二：其一乃如何使當事人接受仲裁的問題。仲裁程序一經開始，通常不會過分複雜地就可以完成。在多數情形下，仲裁程序之敗方常自動地滿足仲裁判斷[34]，此或由於其善意，或由於其商業名譽使然。唯對引誘當事人於契約中簽訂仲裁條款，尚無良方。此特別習見於政府或公共團體。一方面愈爲增加地從事商業交易行爲，而他方面却很不願意就其與私人間之爭端交付仲裁機構。其二，乃如何協議指定仲裁長或唯一仲裁人的問題[65]。當事人卽使於契約中訂有仲裁約款，但於該約款中如無特別指定選任仲裁人之方法時，則協議選任仲裁人卽成爲稽延仲裁程序開始之原因。爲使仲裁有效性更能改進起見，則對如何選擇所謂中性仲裁人之制度，也應予以規定。

鑒於仲裁制度有許多的優點，各國應捐棄一己之私益，妥協調和大家的利益，盡量批准或加簽聯合國「外國仲裁判斷之承認與執行公約」；此外，並應協助仲裁法律之流涌，在仲裁落後地區成立仲裁機構，公佈仲裁判斷，並鼓勵仲裁團體採納標準仲裁條款及仲裁程序規則。倘能如此，則商務仲裁之前途是極爲樂觀的。

---

61) 例如烏拉圭的法律。請參閱 2 Sanders, International Commercial Arbitration 75 (1960).
62) 例如義大利的法律。請參閱 2 Sanders, 349.
63) 菲律賓之法律卽如是。請參閱 Espego, *The Enforcement of American Awards in the Philippines*, 13 Arb. J. 150 (1958).
64) 據估計大約有百分之八十五的仲裁判斷是由當事人自願實現的。請參閱 Carabiber, *"Conditions at Development of International Commercial Arbitration,"* Int. Trade Arb. 163 (1958).
65) 請參閱我國商務仲裁條例第四條。

航空運送人對旅客損害賠償
責任之研究 (上)

壹、引　　論

運送營業亦稱運輸業，乃以運送旅客或物品爲目的，而收取運費之營業。此營業有專營物品之運送者，有專營旅客之運送者，亦有二者兼營者[1]。就物品之運送言，有調節物價、互通有無之作用；就旅客運送言，既可便利觀光、溝通文化、復可促進國際社會之繁榮共存。

運送以所經空間之不同，雖得分爲陸上運送、海上運送及空中運送[2]，但本文所擬研究者，乃有關經營空中運送之航空運送人 (air carriers)[3] 對旅客

---

1) 此係以運送標的之不同所爲之分類。所謂物品運送（亦稱貨物運送）即以運送動產爲標的之運送；所謂旅客運送乃以運送自然人爲標的之運送。以空運爲例，一般航空公司多兼營物品及旅客之運送，如華航、韓航、西北航空公司等是，其專營物品運送者如飛虎公司是。

2) 此係以運送所經空間之不同所爲之分類。所謂陸上運送即經由陸地（包括內河、湖泊）所爲之運送，民法第六二二條以下所規定者是；所謂海上運送，即經由海上及與海相通之水上所爲之運送，海商法所規定者是；所謂空中運送，即經由空中所爲之運送，民用航空法所規定之民用航空運輸業是也。唯應注意者，就我國法律而言，海商法及民用航空法有關海運及空運之規定，對民法言之，屬於一種特別規定，故應優先適用，但其無規定之事項，仍須適用民法上運送營業之規定，以爲補充。

3) 航空運送人者，謂以航空器運送物品或旅客爲營業，而受運費之人，其爲自然人或法人則非所問。所謂爲運送者，言與他人締結運送契約而擔任運送。故須爲他人運送者，始得謂爲運送人，若自備運送器具，運送自己貨物或人員者，雖所爲係運送行爲，但不得稱爲運送人。運送人必須爲運送，故僅供運送器具或運送人員而不同時爲運送者，此則爲租賃、僱傭、承攬等契約。再運送人苟約爲運送，其運送器具，無論自己所有，或租自他人，則非所問。

所負損害賠償責任之研究[4]。

按損害（damages）者，謂因某種事實之發生，其人之財產或其他之法益所受之不利益。損害一語應由兩方面觀察：自抽象方面觀察，抽象的所失之利益，固謂之損害；自具體方面觀察，具體的所受之損害，亦謂之損害[5]。又損害自其種類言之：可分為財產上的損害與非財產上的損害[6]。而損害賠償者，謂排除損害，使回復損害發生前之同一狀態，此稱之回復原狀主義。唯有時一旦發生損害以後，如欲排除損害，使其完全回復損害發生前之同一狀態，有時為不可能，故不得已乃使其回復損害發生前經濟上同一價格之狀態，此稱之金錢賠償主義。

損害賠償之債成立後，從權利方面立論，可稱為損害賠償債權。從義務方面立論，可稱為損害賠償債務。前者通常稱為損害賠償請求權，後者通常稱為損害賠償之責任。本文乃係從後者之立場，就航空運送人對旅客損害賠償之責任加以研究。

各國法律關於損害賠償之債之成立要件，未必盡同[7]；而航空運送又遲至二十世紀初葉始漸建立[8]，唯其發展極為迅速，所引起之法律問題，也頗複雜。蓋航空運送，不論其為客運抑貨運，往往含有涉外成分（foreign elements）[9]，故一旦損害發生，其構成之案件，已非單純之內國案件，而為涉外案件，有管轄權法院恆依該國國際私法以定應適用何國之法律，而為裁判之準據。唯各國法院對此類損害賠償案件，不僅會給予不同之定性[10]——侵權行為或契約債

---

4) 航空運送人對旅客所負損害賠償責任，廣義言之，應包括對旅客自身之責任及對於旅客行李之責任。前者係指航空運送人對於旅客因運送所受之傷亡及運送之遲延，所負之賠償責任；後者係指航空運送人對旅客行李喪失、毀損或遲延返還時之賠償責任。本文僅以前者之賠償責任為研究範圍。

5) 抽象的所失之利益，係指因損害事故之發生，賠償權利人財產應增加而未增加之額數，如應取得之報酬不能取得者是；具體的所受之損害，係指因損害事故之發生，賠償權利人現有財產所減少之額數，如醫療費用之支出是。

6) 財產上的損害，係指賠償權利人財產上所發生之損害，凡一切財產上不利之變動均屬之，它不但指財產之積極減少，亦包括財產之消極不增加在內；非財產上的損害，係指賠償權利人財產外所受之損害，亦即精神上的損害而言。

7) 法律為社會之反映，亦為國民精神之表現，各國社會之狀態及國民之精神既不能盡同，則其法律之規定自亦不能一致。關於損害賠償之債成立要件之差異，可由本文下述美國法及我國法規定上比較得知。

8) 蒙特高夫兄弟（brothers Montgolfier）在西元一七八三年所製造的熱氣球，可說是第一次升空的航空器，而西元一九〇三年十二月十七日由美國萊特兄弟(brothers Wright) 所發明的航空器，則為第一個由動力推動、由人駕駛的飛機。但遲至一九一九年三月二十二日第一個國際定期航線—巴黎至布魯塞耳，始行建立。請參閱 Shawcross & Beaumont, I On Air Law (1966) pp. 3-5。

9) 所謂涉外成分，係指法律關係之主體、客體或權利之變動，有一牽涉到外國人或外國地者之謂。

10) 按定性者，即關於法律關係之性質或法律名詞之意義，究應依何種法律而確定之謂。關於定性問題，請參閱下列論文：施啓揚教授著：「國際私法上定性問題的歷史發展及其解決方法」，載法學叢刊第十二卷第四期（民國五十六年）第二一頁；拙著：「論商品製作人責任之準據法」，政大法學評論第十期（民國六十三年）第一一一至第一一五頁。

務不履行；復會制定不同之準據法——侵權行為地法主義、締約地法主義、或履行地法主義等[11]，其用法之歧異，殆可想見，此尚係就同一原因事實所造成之損害賠償之債，在同一法域起訴之情形而言，倘在不同法域起訴，其可能造成不同之裁判，更屬易見。抑有進者，航空運送人損害賠償之責任，不僅關係當事人個人權益，其關係國家之經濟發展尤屬重大，故各國為期統一各國有關航空運送人損害賠償責任之法律，以免裁判之歧異；及為保障航空運輸業，俾維繫國家經濟命脈，乃有種種國際航空立法[12]。

本文之目的即在於從分析、討論有關國際公約中，以研究航空運送人對旅客損害賠償之責任，至我國與美國國內實體法之有關規定，及我國在無條約義務下，對涉外案件中航空運送人應負責任之法律適用問題，亦一併論及。

貳、國內法關於航空運送人對旅客損害賠償責任之規定

航空運送人者，乃以航空器運送旅客，而收取費用之人，倘航空器失事，致旅客死亡或傷害，航空運送人即有負民事責任之可能[13]。此民事責任即所謂賠償責任。關於損害賠償責任之基礎，歷來有兩種不同之立法主義：一為過失責任主義，羅馬法採之[14]。此主義適用於現代航空法上則為航空運送人苟無過失，旅客縱有損害，航空運送人亦不負損害賠償之責；另一為無過失責任主義，日耳曼古法採之[15]。此主義適用現代航空法則為旅客苟有損害，航空運送人縱無過失，航空運送人亦應負賠償之責。

採過失責任主義之理由，要不外乎(1)按諸社會常態，如已為普通人所為之

---

11) 關於上述準據法之立法主義，請分別參閱拙著：「論侵權行為之準據法」，政大法學評論第七期（民國六十一年）第一六一至一九二頁；「契約準據法之研究」，政大法學評論第九期（民國六十二年）第一四五至一七九頁。

12) 自西元一九一九年巴黎國際航空公約簽訂以來，有關國際航空的重要多邊條約為數甚多，唯本文所討論者，僅限於航空運送人對旅客損害賠償責任規定之國際公約，關於後者，請參閱本文參、國際公約對航空運送人損害賠償責任之規定。

13) 由侵權行為及債務不履行所生之損害賠償責任，合稱為民事責任。侵權行為及債務不履行雖均屬於違法行為，但侵權行為之規定乃着眼於侵害「權利之不可侵性」，債務不履行之規定係着眼於侵害「債權之充實性」。至兩者之效果則均發生損害賠償責任，亦即所謂民事責任。請參閱鄭玉波教授著：民法債編總論（民國五十九年）第一三二頁。

14) 過失責任者，乃因故意或過失加損害於他人者所應負之損害賠償責任，羅馬法採之。現今除蘇俄民法外，各國立法原則上多採之。請參閱史尚寬教授著：債法總論（民國五十八年）第一○四頁。

15) 無過失責任者，可細分為兩類：一為結果責任主義，即加害人縱無過失，但因其行為或其他情事，加損害於他人時，亦應負損害賠償責任，並無免責之規定；另一通常事變責任主義者，雖加害人無過失也應負損害賠償之責，但若其能證明因損害之發生，係由於不可抗力或其他特殊事故所致者，即可免責之主義也。本文於提到無過失責任主義，如無特別指明，則係指結果責任主義。

注意，卽可防止損害之發生，故以有無過失爲負責之標準，已足達預防損害之目的。(2)如不問有無過失，均須負責，則責任心重者，必將瞻顧不前，活動範圍徒受限制，於國家社會之進步，均無裨益；其責任觀念薄者，則因縱使注意，仍應負責，則何必多所忌憚，乃益加放縱，結果與社會之要求相反，故不如採過失責任主義，以發揮其效力。(3)在航空器失事之情形，航空運送人自己亦將人財兩失，苟不問其有無過失，一概須對旅客負責，未免過酷。

採無過失責任主義之理由則不外(1)航空器乃高速交通工具，屬於危險企業，此等企業之發達之結果，人類生活固因之日趨文明，但如飛機失事，其給人類帶來之損害也日益加多。此等損害既係由於上述之企業造成，則其賠償責任，自應由此等企業負擔方爲合理，因此等企業係由其帶有危險性之企業活動中收取利益，亦卽其收益係建築於予他人以某種必然的損害之上，故自其收益中，賠償他人之損害，而不問其有無過失，似並未違反公平正義之理念。(2)於航空器失事造成損害之情形，大都不能解爲運送人有過失，蓋雖以科學最高水準之技術，猶難預防大自然之一切危險，故如採過失責任主義，被害人將無從獲得救濟；如採結果責任主義，則運送人可使危險分散，蓋關於損害賠償問題，航空運送人可以預計於企業經費之中，而以票價之形態，轉嫁於一般利用航空

器之大衆。航空運送人既非最終之損害賠償義務人，故無不公平之處，而一般使用大衆，既因利用航空器而獲利益，則負擔此等轉嫁而來之損害，亦無失平之處。(3)卽令航空器失事，造成旅客傷亡，實由運送人之過失，然有過失一點，須由被害人舉證，而於航空器失事情形，有關之證物，往往於事故發生時已被破壞殆盡；至於人證，對於事故眞象之確定，有時幾不可能，於是損害賠償責任每因舉證困難卽無從加諸航空運送人之身，對遭受損害之旅客，不平殊甚；但如採結果責任主義，不僅可避免此種不公平，抑且可使航空運送人加強其責任心及注意力，間接有利於航空企業之研究發展，裨益社會大衆。

無過失責任主義係因應社會之需要而產生，故近代各國航空立法多採之，例如德國一九二一年航空交通法、瑞士一九四八年航空交通法、我國一九五三年民用航空法等皆是；唯國內法上不採結果責任主義而仍採過失責任主義者，仍大有其存在，舉其犖犖大國言之，美國是也。故本文於此擬先比較美國及我國之立法例，俾對兩種立法主義之實際運用能有一較深入之分析、了解。

一、美國法律之規定

美國普通法上（common law）對航空運送人損害賠償責任之成立旣採過

失責任主義[16]，故其責任之成立也須具備下列要件：(1)損害之發生[16A]：此為損害賠償之債之基本要件。就運送人對旅客損害賠償責任言，主要係指旅客之死亡或傷害。(2)須有發生損害之原因事實：基於侵權行為而生者，須有侵害權利之行為；基於債務不履行而生者，須有債務不履行之事實。(3)須損害與其原因事實有因果關係：運送人損害賠償之債之發生，以損害與原因事實有因果關係為必要，即須有原因與結果之聯絡。(4)須航空運送人有過失：美國普通法既採過失責任主義，故必須賠償義務人有可歸責之故意或過失始足當之。

唯本文於闡釋美國就航空運送人對旅客損害賠償責任之立法例時，則不就上述成立要件一一分析，而係擇其重要問題詳為評釋。

㈠航空運送人之注意義務

美國普通法對航空運送人損害賠償責任之成立，既採過失責任主義，故旅客必須證明運送人對發生損害之原因事實有故意、過失始可。於故意之情形固無論；至所謂過失，乃怠於注意之一種心理狀態。航空運送人應盡何種注意義務，否則即可認定其有過失、關係重大，茲就歸納判例所得，綜合說明於下：航空運送人非旅客安全之保險人[17]，故對旅客之死亡、傷害若無過失，不負賠償責任。因此，如航空運送人（包括其受僱人）於事故發生時，已盡其注意義務，則該意外事故之發生即可歸責於事變或不可抗力。唯於此有一例外，即如危險情事之發生係由於運送人過去過失所致者，則運送人仍難免責[18]。旅客造成傷害之事實，不得即推定運送人有過失。此外，應予一提者，即使運送人有過失，該過失與旅客之損害必須有因果關係而後可[19]。唯美國普通法區別航空運送人為普通運送人(common carrier)及契約運送人（private carrier）兩類，其注意義務不同，茲分述之：

1.普通運送人：

所謂普通運送人係指公開對外表示其從事運送旅客為目的而收取運費之人，故普通運送人主要特徵，即以無區別

16) 美國之法律對於航空運送人責任之規定，一如羅馬法，亦係由無過失責任而過失責任主義。此蓋由於早期航空飛行之新奇及危險，使得法院把它視為一種危險物。參見 Hotchkiss, A Treatise on Aviation Law (1938) p. 43.，而康州（Connecticut）及麻州（Massachusctts）早期立法例也均採近似無過失責任之賠償主義。參見。Connecticut Laws of 1911, Chap. 86, Sec. 11; Massachusetts Acts of 1913, Chap. 663, Sec. 6。唯自一九二二年統一航空州法及各州判例則相繼改採過失責任主義。請參閱 Hotchkiss, p. 44。

16A) 唯應注意者，英美法有所謂名義損害賠償。即被害人縱未能證明損害，法院仍判給小額賠償，如一分或一元是，俾侵權行為人不致因無損害而免除責任。此在下列不法行為尤見名義賠償之重要，如誹謗、誣告、直接侵害他人之身體安全或財產之占有等，亦有主張對於他人有明顯與故意之侵權行為，雖無法證明其侵害或侵害之權益範圍，仍得請求名義賠償。

17) 參見 Kimmel v. Pennsylvania Airlines & Transport Co. (F. DC. Dist. Col.) (1937); Thomas v. American Airwayo, Inc. (F. DC. Cal.) (1935)

18) 同註17。

19) Conklin v. Canadian Colonial Airwayo, Inc., 242 App. Div. 625 (1934)

地運送社會大衆的一種事業。

除少數例外，大多數判例均認爲航空運送人對旅客之安全應盡較高或最高的注意程度[20]。其應盡最高之注意程度不僅指對航空器之駕駛，也包括對設備、修護以及各部分之調整。航空運送人負有提供一安全且設備齊全之航空器、技術優良之駕駛員、及安全之起降場地。其應盡之注意義務，即使對正在上機乘客及離機乘客亦然。航空運送人亦有爲乘客提供一安全場所以離開飛機及安全出口以由飛機通往辦公室、洗手間、大門等義務。不過，法律並不要求運送人盡人類心智所可想像的一切注意、技術及謹愼[21]。航空運送人對不能合理預見的危險災難之發生並不負責[22]。

航空運送人旣不得依賴政府檢查以證明其已盡其最高之注意義務，也不因信賴飛機製造廠商之卓越信譽而企圖免責[23]。

運送人對旅客應盡之注意義務，不因該旅客係無償而有不同，故只要某人是一合法旅客，其是否購買機票則無不同[24]。

所謂最高注意程度，係對普通注意而言。普通注意者，即普通謹愼人在相同環境下所有之注意。最高注意程度者，乃指應盡人類所能盡之注意及遠慮。應盡普通注意義務者，固因其環境之不同，其注意程度也有高低之不同；但應盡最高注意程度者，則不問環境之差異而有異，蓋其所負已爲人類最高之注意及遠慮也。

2.契約運送人（或私人運送人）

所謂契約運送人係指運送人並未公開對外表示其準備承諾任何人對其所爲運送之要約，不過是在特殊情況下，才訂立單一的運送契約。故其每次所爲之運送只可說是分別單一的，且私人運送也非爲公共之便利及需要。因此，該運送人也可拒絕訂立運送契約[25]。

關於私人運送人對旅客之注意義務，美國各州判例較不一致。有些州判例認爲其與普通運送人所負注意義務相同。不過，大多數州的判例則持不同見解，以爲普通運送人應較私人運送人負較大注意義務。因此私人運送人對旅客所盡之注意義務即爲通常注意義務[26]。

㈡事件本身代人說明原則（**The Doctrine of Res Ipsa loquitur**）

---

20) 參見 Parsley v. Midcontinent Airlines, Inc. (F. DC. Minn.) (1949); Rainger v. American Airlines, Inc. (Cal. Super. Ct.) 1943; Annotations: 73 ALR 2d 358, § 4(a)。
21) 參見 Parely v. Midcontinent Airlines, Inc. (F. D. C. Minn.) (1949)
22) 參見 8 Am Jur. 2d, § 68
23) 同註22。
24) 參見 Annotation: 83 ALR 362
25) 參見 Arrow Aviation, Inc. v. Moore (6 Avi 17383) (U. S. C. A. 8C, 1959), 266 F. 2d. 488; Transport, Inc. v. Charter Company (2 Avi. 14448) (DC. Id. Alaska 1947) 72 F. Supp; Cushing v. White (Wash. 1918) 72 p. 229.
26) 參見 Berg v. Seitz (Kan Dist Ct.) (1931); Annotation: 73 ALR 2d 370, § 4(b); Arrow Aviation, Inc. v. Moore, 266 F. 2d 488 (1959)

英美普通法對航空運送人損害賠償責任，既採過失責任主義，因此，受害之旅客或其一定親屬欲得到賠償，必須證明運送人或其使用人有過失而後可。唯如前所述，在航空器失事情形有關之證物，往往於事故發生時已破壞殆盡，於是運送人損害賠償責任即每因受害人舉證之困難而無從令其負責。此對旅客言，實有失公平。爲調劑過失責任主義之嚴苛，普通法上 RIL 原則（事件本身代人說明）即被採用到航空法上。

按 RIL 原則實乃一證據法則[27]，基於此項法則之運用，法官或陪審團即得根據失事周遭情況，以推定運送人有無過失。唯舉證責任仍存於原告，也不發生舉證責任之轉換問題，故被告仍可保持緘默。唯如其提供解釋時，則法官或陪審團即應斟酌周遭環境（即所謂情況證據），依其解釋而加以合理推定。故此原則有緩和過失責任主義之嚴苛，對被害人極爲有利。但此原則適用時，必須原告能證明下列條件始可[28]：

第一、根據人類一般經驗，此失事如非航空器控制人有過失，其於通常情形下即不可能發生。

第二、航空器係絕對地在被告占有及控制之下。

第三、原告無從知悉失事發生之原因。

第四、被告對於控制及管理航空器所行使之注意，有絕對之認識，故其對於失事之原因亦較一般人知之爲稔。

唯於此有一問題，即原告一面提出證據，以期證明被告有過失，一方面可否仍援用 RIL 原則。一般而言，原告既準備提出有力證據，以證明被告特定過失，自然相對地使法院推定被告有過失力量削減；唯原告提出證據，係僅供法院參考，無意絕對證明失事之原因時，其請求援用 RIL 原則之權仍不喪失[29]。

㈢航空運送人之抗辯

航空器一旦失事，所造成之人財損害極爲龐大，倘當事人能證明損害之發生由於運送人之過失，或基於情況證據，RIL 原則之運用，法院推定運送人有過失，則所有損失勢必由運送人負擔。運送人雖可藉保險制度，分化危險責任，但其所必須負責之賠償，仍然可觀。故在英美普通法下，運送人仍有各種抗辯之主張，以期減輕或免除其賠償責任，茲就其各種抗辯一一檢討於後：

1.機票上限制或免除責任之約定：

機票上有限制或免除運送人賠償責任之約定，其約定爲無效。此爲美國各州一致之見解[30]。

唯有問題者，即運送人對免費載送

---

27) 參見 Parker v. Granger, 52 p. 2d 226 (Cal. 1935); Thomas v. American Airwayo, Inc., U. S. Av. R. p. 102 (1935)

28) 參見 Parker v. Granger, 52 p. 2d 226 (Cal. 1936)

29) 參見 Cohn v. United Air Lines, 17 F. Supp. 865 (D. C. Wyoming 1937); Cope v. Air Associates, Inc., 283 Ill. App. 40 (1935)

30) 參見 Conklin v. Canadian Colonial Airways, Inc., 194 N. E. 692 (N. Y. 1935); Curtiss-Wright Flying Service, Inc. v. Glose, 66 F 2d 710 (3d Cir. 1933), cort. denied 290 US. 696 (1933); Smith v. O'Donnell, 215 Cal. 714, 12 p. 2d 933 (1932)

之旅客，倘有對自己過失造成之損害，有免除或限制賠償之約定時，其約定是否有效？美國各州判例較不一致。但一般而言，仍認為該項約定為無效[31]，蓋其有違公共政策也。

2.承擔危險：

所謂承擔危險之抗辯，係指個人自願的、明白地承擔一項危險時，則不得就該項危險所造成之結果有所抱怨。此項抗辯有時固為有效、合法，例如駕駛員自願試飛一架飛機，倘飛機墜毀、駕駛員因而致死，則承擔危險之抗辯即足以拒絕賠償，蓋其完全明知此項試飛所存在之危險[32]。

唯旅客搭乘飛機可否認其承擔危險，因而對基於運送人過失所造成之損害也剝奪其損害賠償請求權？

美國判例一致的答覆是否定的[33]。茲引證紐約州法院在 Lopez V. Resort Airline, Inc.[34] 之說明：

「當旅客搭乘現代化商業飛機時，他是否自願同意承擔一項由飛機本身或操作所造成之可知危險？當然不。蓋飛機試驗飛航階段早已成為過去。飛機作為一種現代交通工具，早已公開表示其具有與火車、輪船、汽車相同之安全運輸性。各航空公司之廣告尤其強調此點。因此今日以此抗辯已顯無正當理由。」

3.與有過失：

就主要的飛機墜毀事件而言，旅客之與有過失，自不可能會發生問題。可成為問題者，即如遇到狂風時，飛機之振動跳躍致使旅客受到碰撞傷害，運送人因而主張旅客未接納勸告，牢牢扣緊安全腰帶。

此時倘旅客始終未扣緊安全腰帶，固足為運送人抗辯理由；惟如曾予扣牢，但不知因何鬆弛之情形，法院仍認定運送人抗辯理由不足，蓋其飛入暴風圈純為被告行為所致[35]。

4.不可抗力：

不可抗力者，係指由自然力所發生，而非人類所能左右之事故。其特性在於運送人縱使盡其最大注意義務，亦不能防止其發生。因此不可抗力得為抗辯之正當理由，而免除運送人對旅客之賠償責任。關於不可抗力，其成立要件有二：㈠ 其原因須脫離人為因素；㈡ 須運送人應用一切合理方法所不能防止。

---

31) 參見 Smith v. O'Donnell, 215 Cal. 714, 12 p. 2d 933 (1932)；但下列判例則承認其約定有效 Braughton v. United Airlines, 189 (F. Supp. 137 (Mo. 1960)

32) 參閱 Massey v. U. S., 198 F 2d 359 (4th Cir 1952); VeeBar Airpost, Inc. v. De Vries, 73 SD 356, 43 N Wad 369 (1950); Cohn v. United Airlines Transport Corp., 17 F Supp. 865 (D Wyo 1937).

33) 參見 Allison v. Standard Airlines, US Avi. Rep. (Cal. 1930); Law v. Transcontinental Air Transport, US Avi. Rep. (Pa. 1931); Stoll u. Curtiss-Wright Flying Service, US Avi. Rep. 148 (N. Y. 1930)

34) 參見 18 FRD 37 (SD N. Y. 1955)

35) 參見 Cudney v. Braniff Airways, Inc. & Luckhusst, 300 SW 2d 412 (Mo. 1957); Baldridge v. Wright Gas Co., Inc., 154 Ohio St. 452, 96 NE 2d 300 (1951); American Stores Co. v. Murray, 87 F 2d 894 (3rd Cir. 1937)

如狂風、暴雨、閃電、氣流、濃霧等皆屬之[36]。

唯應注意者，由於科學之進步，對於狂風、暴雨等之發生雖尚不能以人力控制，但其發生與否，已多為人力所可預測，故意外事故之發生，雖由於不可抗力，但運送人能避免而不避免時，仍難辭過失之責。

5.空中危險：

倘航空意外事件係由空中危險（risks and perils of the air）所致者，而該空中危險之發生係非運送人所能預見、或得避免，亦非其所可控制，此時運送人無過失之可言；或者過失非造成意外之原因，故無責任可言[37]。

6.推定死亡駕駛員已盡適當注意：

在意外事故死亡者，通常皆可從人類自保本能及求生慾望以避免痛苦與傷害，以推定其遇難時曾盡適當注意義務[38]。

因此在航空機失事案件中，倘被害人將失事歸諉於死亡駕駛員有過失時，航空公司即可主張死亡駕駛員已盡適當注意之推定。

唯此推定因有相反證據而消失[39]。

7.猝然緊急情況：

在飛機失事案件中，倘被害人主張駕駛員因某種作為或不作為而有過失時，則被告即可能主張緊急情況之存在，駕駛員無庸行使最佳之判斷。此一法律原則受到普遍之承認[40]。

例如在 Khourey V. American Airlines[41] 一案中。一個小飛機衝入一架美國航空公司客機，客機迅即降落，並倉促令旅客離機。某旅客依照空中服務員指示，從機艙後門沿繩索滑下，致雙手遭燙傷。空中服務員並無過失。蓋時機緊迫，無從深思故也。

唯應注意者，猝然緊急情況之產生如由於航空公司在先之過失所釀成之時，則猝然緊急情況即非一防禦抗辯[42]。

8.飛航人員之訓練與經驗：

航空公司在重大失事案件中，經常企圖以飛航人員優良訓練及經驗作為防禦武器。唯如原告指控者僅機械上之故障，則主張飛航人員優良經驗與訓練之

---

36) 參見 Johnson v. Western Air Express Corp., 14 P. 2d 688 (OK 1941); S Mall v. Transcontinental & Western Air, Inc. 216 P. 2d 36 (Cal. 1950); Green v. Banker's Indemnity Inc. Co., 84 F Supp. 504 (La 1949)

37) 同前註。

38) 參見 Morin v. Kreidt, 164 A. 799 (Pa. 1933); Rennekamp v. Meloby Co., 375 Pa, 620, 101 A 2d 664 (1954); Mrxwell v. Fink 58 NW 2d 415 (Wis. 1953); Chapman v. U. S., 194 F 2d 974 (Sth Cir. 1952)

39) 參見 Maxwell v. Fink, 58 N. W 2d 415 (Wis. 1953); Yoffee v. Pennsylvania Power & Light Co., 123 A 2d 636 (Pa. 1956)

40) 參見 Ward v. F. R. A. Operating Conp., 192 NE 585 (N. Y. 1934); Khourey v. American Airlines, Inc., 164 N. E. 2d 402 (Ohio 1960); Grey v. American Airlines, Inc., 227 F. 2d 282 (2d Cir. 1955)

41) 164 N. E. 2d 402 (Ohio 1960)

42) 參見註41。

防禦或證據，即屬不相關或不適當[43]。唯如原告所指控者為飛航人員訓練不足或不充份時，此種防禦固屬適切。但如果原告欲證明駕駛員在此一失事場合中有過失時，則依照一般證據法則，證明其背景訓練，或者其過去駕駛習慣或行為即屬無關，而不應採納為證據。唯如原告依賴 RIl 時，則被告之此一防禦即非不當，而應採納，俾藉以推翻由 RIL 所推定之過失[44]。

9.美國政府之管理：

通常於原告主張航空公司飛機維護上有過失時，則航空公司即主張其飛機受到美國政府之檢查以為防禦。唯此種主張通常並不為法院所接受，蓋法院認為普通運送人特別經營旅客運送者，不得依賴政府檢查以為盡責之藉口[45]。

10.潛在缺點：

航空機因真正潛在缺點而失事，招致旅客死傷時，航空公司並不負責[46]。唯問題在於何謂真正潛在缺點？此一問題目前益形重要，蓋新式飛機之產生，提供了速度快、載客多之機種，航空公司為了競爭，必須採用。新飛機雖經製造廠商及美國政府之嚴格檢查，唯鑒於其新式之設計，其潛在缺點尤不易於立即顯露。為了保障社會大眾，法院於決定該缺點是否應屬於潛在，無從發現時，恆課航空運送人最大之注意義務，俾保證飛機無潛在缺點之存在。此外，航空運送人不得因信賴飛機製造廠之卓著聲譽而逃避責任，另外應予一提者，即在運送人主張潛在缺點前，必須證明並無已知之測驗方法可發覺該缺點[47]。

11.對製造者之信賴：

航空運送人不得主張對製造者之優良聲譽之信賴而免除責任。誠如法院所云[48]，製造人之卓著信譽固屬很好，但却不應為大眾或法律接受為優異交通工具之代替品。吾人所要求並期望者並非製造者具有應有之能力，而係其確曾熟練地加以使用。倘如航空運送人可依賴製造商信譽而免責，則社會大眾尚有何安全之可言。此外，法院亦曾指出：交

43) 參見 United States v. Compania Cubana de Aviation, 224 F 2d 811 (5th Cir. 1955); Weaver v. Scofield, 198 SW 2d 240 (Mo. 1946)

44) 參見 Goodheart v. American Airlines, Inc. 1 NYS 2d 288 (2d Dep't 1937)

45) 參見 Trihey v. Transocean Airlines, Inc. 255 F 2d 824 (9th Cir. 1958); Parker v. Granger, 52 P. 2d 226 (1935)；茲摘錄一段以為參考 "Finally, the evidence of Government supervision of commercial aviation is immaterial insofar as it is designed to afford a shield or protection for the defendant. That supervision is intended only to assist commercial aviators in guarding against the dangers incidental to the hazardous business, not to relieve them of responsibility to the passengers they carry. That responsibility rests at all times upon the carriers, and·upon them alone." 加拿大判例 Nysted v. Wingo, Ltd., 3 DLR 336 (KB, Manitoba, Canada 1952)

46) 參見 State of Maryland to the use of Piper v. Benson Flying Service, 191 Md 240 (1948); Carrol v. Staten Island R. R., 58 N. Y. 126 (1874)

47) 參見 Birmingham v. Rochester City and B. R. R. 14 NY Supp. 13 (1891)

48) 參見 De Vito v. United Airlines & Douglas Aircraft Co., 98 F Supp. 88 (NY 1951)

通工具非航空運送人所製造並非重要，蓋運送人為利用之以運輸旅客，因是之故，運送人對運輸工具之各種缺點，無論是原始的，抑因長久使用而產生的，均應負責。此一結論實係由於運送人與旅客運送契約之性質使然。蓋契約之締結，即在安全運送，防止任何意外。此一契約不僅包括保證盡最大之技術及預見，以安全運送旅客。同時亦在保證同樣之最高技術及預見已用於選擇及製造所使用之交通工具[49]。

唯應注意者，航空運送人對製造商之依賴並不能免除其對旅客之責任，但並不影響其與製造商之權義關係。故如航空運送人對一製造商應發現之缺點而對旅客負責時，則其對製造商應有損害賠償之權利[50]。

二、我國法律之規定

我國民法第二編第二章第十六節規定運送營業，其中第三款所規定者，為旅客運送。所謂旅客運送乃以運送自然人為標的之運送。民法上之旅客運送，

雖不問陸、海、空之運送均有其適用。唯我國關於航空運送人之責任，另有特別法之制定[51]，此即民國四十二年五月三十日公佈施行之民用航空法。該法並於民國六十三年一月四日及七十三年十一月十九日修正施行。關於航空運送人損害賠償責任，應優先適用，民用航空法中無規定時，自仍有民法之適用。以下擬分下列問題，分別加以研究評論：

(一)**航空運送人責任主義：**

關於航空運送人對旅客損害賠償責任之主義，美國普通法類皆採取過失責任主義，但為緩和過失責任主義對旅客所帶來舉證上之困擾，故設有 RIL 原則以謀調劑緩和之。我國民用航空法則規定採取無過失責任主義中之結果責任[52]。民用航空法第六十七條規定：

「航空器失事，致人死亡或傷害，不論故意或過失，航空器所有人應負擔損害賠償責任。其因不可抗力所生之損害，亦應負責。」

稱航空器失事者，指自任何人員為飛航目的登上航空器時起，至所有人員

---

49) 參見註 47 所引判例。
50) 參見 American Airways, Inc. v. Ford Motor Co., 10 NYS 2d 816 (1939)
51) 此外關於海運，我國也有特別法即海商法。該法係於民國十八年公佈，二十年施行。民國五十一年並曾修正。全法都十章凡一百九十四條。
52) 此係就航空器失事致旅客死傷情形而言。至於非因航空器失事而旅客有死傷之情形，則民用航空法第六十九條另有規定，該條云：「乘客於航空器中或於上下航空器時，因意外事故致死亡或傷害者，航空器使用人或運送人應負賠償之責。但因可歸責於乘客之事由或因乘客有過失而發生者，得免除或減輕賠償。」例如某旅客於上下航空器時不慎跌傷，或於航空器中與他旅客互毆致生死亡或傷害等情形屬之，此時航空運送人不論有無過失雖均應賠償，但同條另有免除或減輕賠償責任之規定，此即(1)可歸責於乘客之事由；(2)或因乘客有過失而發生者。而以上兩者既為航空運送人之免除或減輕責任之要件，自應由航空運送人負舉證責任，倘不能舉證，即應負責。此種措施，旨在保護乘客，俾易於獲償。收乘客於非因航空器失事致有死傷之情形，航空運送人之責任，既非純粹的過失責任，亦非純粹的無過失責任，可以「中間責任」稱之。本文中係以第六十七條為論述範圍，至第六十九條之規定，則不及焉。

離開該航空器時止，因航空器之操作所發生之事故，直接對乘客造成死亡或傷害而言[53]。例如航空器起飛時，或飛行中，或降落時，故障墜毀，或發生爆炸，或碰撞山地或建築，燒燬、落海，或與他航空器碰撞互毀等均屬之[54]。

關於各國立法例採取無過失責任主義之理由，已具見前述，於此不贅。唯關於無過失責任主義理論之根據如何，似有於此簡單說明之必要。

1.報償責任說[55]：

即利之所在，損之所歸之主義也。申言之，於取得利益過程中，而予他人以損害者，自應由其利益中，加以賠償，方為合理。

唯依此說，則加害人祇能於其所收利益之限度內，負賠償責任，若其損害超過利益時，即無救濟之辦法。

2.危險責任說[56]：

此說認為危險物之所有人既自願使用其危險物，對社會帶來文明，但其對人類亦帶來損害。此等損害既係由危險物所造成，則其賠償責任自應由此等危險物之所有人或管理人負擔，方為合理。

採無過失責任主義，對於運送人言，所負賠償責任固屬嚴苛，蓋旅客一有損害之發生，運送人縱無過失，但因其行為或其他情事，加損害於他人時，亦應負損害賠償責任是也。因此學者有主張採過失責任主義者，其理由約言之有下述幾點：

第一、保險事業發達後，運送人已毋庸再負保險人之責任，而應由保險公司負之。

第二、若再強調運送人苛酷之責，勢必增高運費，反不利於旅客。

第三、運送事業係具高度危險性之企業，又有其維持保護之必要性，若採無過失責任主義，易使運送事業不易存在，反對國家經濟及社會大眾有損。

以上見解雖非無理由，但依本人看

53) 參閱民用航空法第二條第一項第十五款。
54) 按民用航空法第六十七條全文如下：「航空器失事，致人死亡或傷害，或毀損動產不動產時，不論故意或過失，航空器所有人應負損害賠償責任。其因不可抗力所生之損害，亦應負責。自航空器上落下或投下物品，致生損害時亦同。」故航空機失事或機上投落物件造成之損害，而有本條適用之情形，不外下列二種態樣：其一、致人之死亡或傷害。此之人當係指乘客，蓋每次航空機失事後，主要之賠償對象，均為死傷之旅客。惟本條僅云：「致人死亡或傷害」，自不僅限於乘客，故凡因航空機失事而致死傷之人，不論是機上乘客（或他機上乘客，例如於航空器空中互撞之情形）或地面上之人，或船上、水上之人、空中滑翔之人，均在本條範圍之內。其二、為對物之損害，包括動產不動產之毀損。此之動產不動產之毀損，包括機上乘客之行李、隨身物件、貨物（或他機上乘客行李等，例如於航空器中互撞之情形是。）或地面上第三人被毀損之植物、動物、房屋、田地、道路、船舶、航空機等均屬之。雖失事航空器自身之損害，乃航空運送人對保險公司之請求賠償問題，但於空中碰撞之場合，則互為對方所毀損之動產，亦有本條之適用。
本文以檢討航空運送人對旅客之損害賠償責任為目的，故上述損害態樣之詳細分析、研究，不在本文論述範圍之內，擬從略。
55) 請參閱鄭玉波教授著：民法債編總論（民國五十九年）第一三九、一四〇頁。
56) 同註55。

法也非無商榷批評之處，茲分述於下：

第一、旅客是否願意投保保險，純屬旅客之自由。人身無價，其不願投保者，旣尙承認其損害賠償請求權之存在；其願意投保者，又何能因此而剝奪其對運送人之損害賠償請求權？蓋旅客對保險人及運送人旣分別付出對價，其契約爲有償契約，則因損害之發生，其關係旣各別，自應分別由運送人及保險人負責，要不應因保險制度之存在，而運送人企圖免責。

第二、採無過失責任，固係加重運送人之責任，有致使其收益不足以賠償損害，而勢必增高運費之可能。但應注意者，運費之增高有其一定之限制，且每受國家公權力之干涉，且此係由社會大衆平均分攤，數額有限。但其因此所產生之實益則不可衡量。例如採無過失責任時勢必減少訴訟，對國家言，可減少法院之擁擠；就託運人言，可減少訴訟時間之浪費；就運送人言，也可減少大量之訴訟費用支出（因採過失責任，旅客欲證明運送人有過失，勢必要求鑑定，若一旦證明運送人有過失，則此種費用支出，依法應由運送人負擔，其他如律師費之支出等）。

第三、採無過失責任主義，旅客一有損害，運送人卽須負責賠償，而不問其有無過失。表面上觀察，似乎礙及運送企業之存在。但實際不然，蓋運送企業依法均應投保責任險，已將其危險分散，而其保險費之支出，早已預計於企業經費之中，而以票價之形態，轉嫁於一般使用公衆。一般公衆旣因運送企業之發達而獲其利益，則負擔此等轉嫁而來之損害，亦事所當然。運送人旣非實際上負擔損害賠償之人，則何影響其存在之理。

綜合上述，本人認爲我國法制上對航空運送人採無過失責任主義，誠屬進步之立法。

㈡運送人損害賠償責任之原因

依民用航空法第六十七條之規定，運送人對旅客損害賠償責任之原因，僅限於旅客之死亡或傷害[57]。則有問題者，卽運送人對運送之遲延，是否對旅客負責？民用航空法無明文規定，茲分別檢討於後：

1.旅客因航空器失事所受之死亡或傷害：

例如航空器因機械故障，致被迫緊急降落，旅客所受之死亡或傷害。此種情形，自包括於民用航空法第六十七條內。不問航空運送人有無過失，皆應

57）航空運送人依民用航空法第六十七條負無過失損害賠償責任之對象，不限於旅客之死亡或傷害，卽其他第三人之死亡或傷害亦包括之，請參照註54。唯有問題者，乃航空機上之航空人員是否包括在內？如駕駛員、通信員、機械員、服務員等（參照第二條第一項第四款）。謹按此等人員雖均事前與航空運送人訂有僱傭契約，其罹難殉職或受傷，皆有優厚之救卹辦法，但要不因而影響其有第六十七條之適用，蓋該條所稱「致人死傷」，並無其他限制，況法律所以使航空運送人負無過失責任，無非爲特別保護被害人，航空人員自不應因其係服務航空機上而異，故因航空機失事致航空人員死傷，航空運送人對之也負無過失賠償責任，僅其賠償數額，當事人間有特別契約者，依同法第七十一條之規定，依其契約。至運送人所爲承擔危險之抗弁，於現今航空機已成爲一普遍且安全之運輸工具時，應無適用之餘地。

負結果責任，而對旅客之損害負賠償責任[58]。

2. 運送之遲延：

運送遲延指未能準時到達之情形而言，不僅指途中之躭誤，即起飛遲延致未能於預定時間到達目的地之情形，亦包括在內。對於此種遲延而生之損害，航空運送人對旅客應否負賠償責任？我民用航空法無規定。同法第七十六條之一雖有「航空器失事之賠償責任……除依本法規定外，適用民法……之規定。」但運送遲延要非航空器失事之情形。因此，是否得因而排斥民法之適用，不無疑義。本人以為，第七十六條之一似僅能解釋為注意之規定。換言之，縱無第七十六條之一，關於航空器失事責任，民用航空法未規定時，也應有民法之適用，即於其他因旅客運送所生之問題亦然。蓋就旅客運送言，民用航空法乃特別法。民法上旅客運送之規定乃普通法。特別法雖應優先於普通法而適用，但特別法無規定者，自仍應有普通法之適用，此法律上要屬當然之解釋也。而民法第六五四條規定：「旅客運送人對於旅客因運送所受之傷害及運送之遲延，應負責任；但其傷害係因不可抗力或因旅客過失之所致者，不在此限。」因是運送人對運送遲延，自也須負責。

唯有問題者：民法第六五四條所規定運送人應負運送遲延責任，究係結果責任抑通常事變責任[59]？本人以為民法第六五四條但書，雖僅規定旅客因運送所受之傷害，如因不可抗力或旅客之過失所致者，旅客運送人不負責任'；而未規定運送遲延時是否亦適用。但解釋上如因不可抗力或旅客之過失所致者，航空運送人自亦得因之而免責。

以上係從民法立場上解釋第六五四條，說明旅客運送人對運送遲延應盡之責任乃通常事變責任，而非結果責任，唯對航空運送人言，關於運送遲延所生之賠償責任，究應依民用航空法第六十七條負無過失責任中之結果責任，抑依民法第六五四條但書而負無過失責任中之通常事變責任？本人以為結果責任對運送人不利，除法有明文規定外，似不應類推適用，況航空運送人對運送遲延所負責之依據，既係民法第六五四條，則其負責之基礎，自應依該條但書之規定，而不得分割適用不同之條文。故航空運送人對運送遲延之責任，僅係一種就通常事變所負之無過失責任。運送遲延，如係因不可抗力（如途遇颱風）或因旅客之過失所致者（如因等候某旅客致生遲延。）則旅客運送人對遲延所造成之損害，對該旅客不負責任。唯此兩種事項乃旅客運送人之免責要件，其舉證責任在乎旅客運送人。

㈢航空運送損害賠償之義務人

因航空器失事，致旅客死亡或傷害，或因運送遲延致旅客遭受損失，航空運送人應負賠償之責，已具見前述，然究竟誰為運送人？民用航空法第二條第一項第十一款規定：「稱民用航空運輸

58）至旅客非因航空機失事所受之死亡或傷害，運送人是否也負損害賠償責任，請參照註52之說明。
59）請參閱註15之說明。

業，指直接從事以航空器載運客貨、郵件而取得報酬之業務。」故直接從事以航空器載運乘客為業之人即為航空運送人，其為法人或自然人在所不問（參照民用航空法第六章）；其未依法向主管官署登記及核准發給民用航空運輸業許可證，雖應受刑罰之制裁（參照民用航空法第八十七條），但要不影響為航空運送人之身份。於通常情形，航空運送人多為航空器之所有人，也即航空運送損害賠償之義務人，此時固無問題，唯有時航空器所有人就該次航行，並非直接從事以航空器載運旅客之人，而係以租賃或借貸之方式，由第三人使用者，則此時究竟誰為損害賠償義務人，不無疑問。法律為保護被害人，加重航空器所有人責任起見，特規定由所有人與承租人或借用人負連帶責任[60]，故彼等均為航空運送人。

唯於航空器由承租人使用之場合，倘租賃已依法登記時，則除所有人有過失外，由承租人單獨負責[61]。此蓋由於租賃既依法登記，則運送人已明確，自應由承租人單獨對旅客負結果責任，僅於所有人有過失，（例如以未經檢查之飛機出租）時，始與承租人連帶負賠償責任。

此外，應附帶一提者，即損害之發生，由於航空人員或第三人故意或過失所致者[62]，雖航空運送人應對旅客負損害賠償責任[63]，但賠償義務人對該航空人員或第三人有求償權自不待言[64]。

(四)航空運送人之負責事由

依我國法律之規定，航空器失事致旅客死亡或傷害，不論故意或過失，航空器所有人皆應負損害賠償責任，其因不可抗力所生之損害，亦應負責。換言之，航空運送人所負者即為無過失責任中之結果責任，則自無任何法定免責事由規定[65]。唯下列兩項，仍應加以研究：

60）此即指連帶債務，即以同一給付為標的，依當事人明示或法律之規定，各債務人間發生連帶關係的複數主體之債務。依我民法第二七三條第一項規定：「連帶債務之債權人，得對於債務人中之一人或數人或全體，同時或先後請求全部或一部之給付。」可知連帶債務，具有擔保之機能，對於債權人頗為有利。此種法律上連帶債務之規定，參照民用航空法第六十八條。

61）參見民用航空法第六十八條但書。

62）旅客損害之發生，由於航空人員如駕駛員故意過失所致者，被害人自得援引侵權行為法理，對駕駛員為損害賠償之請求。但駕駛員所負者乃過失責任，與航空運送人所負者無過失責任相較，自以後者為重，但運送人通常享有限額賠償責任之保障（參見民用航空法第七十一條第二項），而駕駛員則否，就此而言，其責任又較航空運送人為大。唯事實上，被害人雖得對駕駛員為無限額之賠償請求，但駕駛員之經濟能力每較薄弱，而航空運送人之資力多屬富裕，又有責任保險為其後援，且所負者又屬無過失責任，被害人易於向其請求賠償，故在實際情形，鮮有被害人向駕駛員請求賠償者。

63）參閱民用航空法第六十七、六十八、六十九條。

64）參見民用航空法第六十九條。又所謂求償權者，乃指因清償他人（如駕駛員）實質上應負擔之債務，而為財產給付之人（航空運送人），得向他人請求償還之權利也。申言之，各當事人因確定對外之法律關係，而有所給付致生不公平之結果時，法律上援與內部的清算之權利，即求償權。

65）但民用航空法第六十九條之規定應屬例外，請參閱註52。

1.航空運送人因運送遲延時之法定免責事由。

航空運送人因運送遲延，致旅客有損害時，對旅客應負賠償責任，已見前述，唯此之賠償責任，乃係就通常事變所負之無過失責任，仍有其法定免責事由，此法定免責事由，依民法第六五四條但書之規定，即不可抗力或旅客過失。此兩種免責事由，既為旅客運送人之免責要件，其舉證責任自在乎航空運送人。以下擬就此免責事由做進一步分析：

(1)不可抗力：係指由自然力所發生，且非人力所可抗拒之事。其特徵乃在於航空運送人縱使盡最大之注意義務，亦不能防止其發生。蓋事故之發生既無人力之參與，又非通常人所能預見防止。為維持公平起見，運送人自得就因運送遲延所引起之損害免除其責任。不可抗力即指天災，如狂風、暴雨、閃電、氣流、濃霧等自然事故[66]。

(2)旅客之過失：運送之遲延若係因旅客之過失所致者，則因遲延所生之損害，該旅客自不得主張賠償。此乃基於誠實信用原則之規定，亦即不得以自己的過失所生之損害，轉嫁於他人。例如某旅客因事遲到，航空器因等候致生運送遲延是。唯此時該旅客雖不得要求賠償，其他旅客則並不因而喪失其損害賠償請求權，蓋某旅客之過失，對其他旅客言，僅屬通常事變，而非不可抗力，運送人自不得主張免責。抑有進者，於上例情形，航空運送人對該旅客也無求償權之可言，蓋搭乘飛機乃某旅客之權利，而非義務，其放棄搭乘，既無不可，則其搭機逾時，運送人本無等候之義務。其自願等候，自不能就對其他旅客所生之賠償責任，而要求該旅客負責。

2.航空運送人約定免責事由

運送人為減輕其對於旅客之賠償責任，常於訂立運送契約時，將免除或減輕其運送責任之特別約款加入其中，此即所謂免責約款。依據契約自由原則，當事人間得自由約定契約之內容，旅客之損害如係由於約定運送人免責事由所致者，運送人自得主張免責。

唯近代運送法上多為強行規定，且公序良俗觀念在解釋上其範圍亦逐漸擴展。是故，契約內容在於不違反強行法規及公序良俗之範圍內，當事人始得自由訂定。對於契約內容決定之自由受到限制，所以運送契約之訂定，當事人間之免責約款，其最大限度亦必須受到關於公序良俗、誠信原則及權利濫用等原則[67]之約束。此外復有立法例以明文禁止免責約款之規定，俾確立運送人最低

---

66) 請參閱 Johnson v. Western Air Express Corp., 159 Okla 120, 14 P. 2d 688 (1941)

67) 關於公序良俗之原則，我民法於第七十二條設有規定；禁止權利濫用原則，我民法於第一四八條設有規定；而誠實信用原則，我民法規定於第二一九條。日本民法第一條規定：①私權應遵公共之福祉；②權利之行使與義務之履行，應依信義而誠實為之；③權利之濫用不許之。德國民法第二二六條規定：權利之行使，不許專以損害他人為目的。瑞士民法第二條規定：行使自己之權利及履行自己之義務，應依誠實及信義為之。權利之顯然濫用，不受法律之保護。又關於禁止權利濫用原則，請參閱黃越欽教授著：「權利濫用與惡意抗辯權」，政大法學評論第七期（民國六十一年）第九九——二四頁。

的强制責任，以保護旅客者[68]。

我民用航空法並無明文規定免責約款之禁止。反之，民法第六五九條則有：「運送人交與旅客之票、收據或其他文件上有免除或限制運送人責任之記載者，除能證明旅客對其責任之免除或限制明示同意外，不生效力。」是則乃承認約定免責事由，唯須旅客明示同意耳。茲就其適用時可能發生之問題，分別檢討於后：

①故意、重大過失之約款：

運送人約定免除因自己故意或重大過失所致損害賠償之特約，縱有旅客之明示同意，亦不應有效。蓋民用航空法所明文規定運送人應負不可抗力之損害賠償責任，乃强行性規定，當事人特約免除，不僅因與强行法牴觸，應歸無效[69]，即依民法第二二二條之規定：「故意或重大過失之責任，不得預先免除」之法理以觀，自亦應採否定之態度，而無待乎深論。

②過失約款：

所謂過失約款者，即運送人約定因其使用人之故意過失所生之損害不負責任。此種約款應否禁止？

按我民法第二二四條規定：「債務人之代理人或使用人關於債務之履行有故意或過失時，債務人應與自己之故意或過失負同一責任，但當事人另有訂定者不在此限。」是乃關於債務人應就履行補助人之故意過失負責之規定。謹按在一般債務、履行補助人之故意過失

，債務人應否負責，本有否定與肯定兩說[70]，前者認為債務人祗就自己之故意過失負責。他人之故意過失，在債務人不過為一種事變，當然不負責任。後者認為履行補助人之故意過失，在債務人方面觀之，應屬其事業之內部的事故，並非外部的事故，嚴格言之，不能謂為事變，故債務人不能免責。況實際上債務人因使用履行補助人之關係，其活動範圍藉以擴大，所得利益因而增加；同時使與債務不生利害關係之第三人（履行補助人）參與債務之履行，以直接接觸債權人之利益，其侵害之機會，勢必加多。若一旦發生損害，而履行補助人又往往資力有限，自難負其責任，此際若不使債務人負責，則對於債權人之保護，不免欠周。以上兩說各具理由，但在我民法既明文規定債務人對履行補助人之故意過失，應負責任，自勿庸多所置議。唯該條但書有：「當事人另有訂定者不在此限」之明文，是則乃允許此種免責約款之存在，則其在航空運送上應否亦有適用，實不無疑問。

謹按我民用航空法對運送人之損害賠償責任，既規定對不可抗力之事由猶須負責，則即令就履行補助人之故意過失解釋為一種事變時，債務人仍應負責，但問題在於當事人可否特約規定不負責任？本人以為我民用航空法上對此問題已有規定，故無適用民法第二二四條但書之餘地。民用航空法第六十八條規定：「航空器依租賃或借貸而使用者，

---

68) 請參閱我海商法第一〇五條。
69) 參照民法第七十一條。
70) 請參閱鄭著：民法債編總論，第二七二—二七三頁。

關於損害賠償，由所有人與承租人或借用人負連帶責任」，則舉重以明輕，自應就履行補助人之行為負責，且同法第六十九條更明白規定：「損害之發生由於航空人員或第三人故意或過失所致者，運送人對於該航空人員或第三人有求償權。」所謂航空人員，依同法第二條第一項第四款之規定，係指「……航空器駕駛員、領航員、飛航通訊員、飛航機械員及其他為飛航服務之航空機械、飛航管制及航空器簽派人員。」由此可知，航空運送人對履行補助人之故意過失，民用航空法實已明文規定，在對外關係上，應負絕對責任；而所謂求償權，只不過對內補償關係之規定而已。由上分析可知，過失約款，在航空運送上殆不承認，蓋特別法規既有特別規定，自排除普通法上之任意規定。

(3)保險約款：

航空運送人得否與旅客訂立保險約款，以免除或減輕其賠償責任？按所謂保險約款，要不外下述三種方式：

甲、運送人對於旅客已因保險可填補之損害，不負賠償責任之約款。

乙、運送人約定對於旅客之損害賠償義務，以扣除其對保險人所得請求之保險金後之差額之特約。

丙、運送人約定於受領旅客之保險金後，而向旅客損害賠償之約款。

民用航空法規定航空運送人對旅客之死亡、傷害，應負無過失之結果責任，其責任不能謂不重，而民法第六五九條則規定：「運送人交與旅客之票、收據、或其他文件上，有免除或限制運送人責任之記載者，除能證明旅客對其責任之免除或限制明示同意外，不生效力」。兩者關係如何？上述三種保險約款應否承認其效力，即不無推敲研究之餘地。

民法第六五九條即在規定客票或其他文件上雖有免除或限制運送人責任之記載，亦不生效力，即運送人並不能因之而免責。然若運送人能證明旅客對於責任之免除或限制有明示同意，亦可生免責之效力。申言之，其生效須具備下列要件：1.須於文件上記載，若口頭約定則不可；2.須於交與旅客之文件上記載，交與旅客之文件，普通為客票，其他文件（如收據）亦可，但必須為交與旅客者，若雖記載於文件，然該文件並不交與旅客時（例如記載於客票之存根上），則不在此限；3.須能證明旅客就此已為明示同意。默示同意尚屬不足，亦即不能僅於客票或其他文件上照例刊印此種免除或限制責任之文句，而旅客未為異議，即主張旅客已有默示同意而免責；必須更進一步證明旅客已有明示同意始可。上述要件具備後，即可發生免除或限制運送人責任之效果，雖仍應受民法第二二二條之限制，即旅客雖有此項明示同意，但運送人故意或重大過失之責任，仍不得因之而免除，唯前述之保險約款，是否因其具備旅客明示同意要件，即為有效，仍不無研究之必要。

民用航空法及民法雖無海商法第一一九條準用第一〇五條免責約款禁止之規定，但如免除或減輕責任約款牴觸法律明文規定，或在性質不容許有免責約款之規定，或一有免責約款，即屬違背公序良俗時，免責約款仍不應因無明文

禁止而有效，茲根據此一原則，分別分析三種保險約款效力如下：

第一、關於甲項，運送人對於旅客已因保險可填補之損害，不負賠償責任之約款，應屬無效。蓋此種約款違背航空運送人對旅客死傷應負損害賠償之明文（民航法第六七條參照）。所謂應負賠償責任，係指運送人應以自己之金錢為賠償而言，其以他人金錢為賠償，雖非法之所禁，但要須運送人曾支付對價（例如為旅客購買傷害保險），其不能以旅客之金錢，或旅客所支付之對價，做為對於旅客損害賠償之代替，要屬無疑，否則不無違背公序良俗及誠實信用原則。

第二、關於乙項，運送人約定對於旅客之損害賠償義務，以扣除其對保險人所得請求之保險金後之差額之特約。似也應屬無效。蓋人身無價，旅客自己投保之傷害意外保險，其得請求之保險金額，係因一定保險費之支付而取得，故非利得；且人身保險之標的，為人之生命或身體，其對加害人所得請求之損害賠償請求權，具有專屬性質，因而保險人不得代位行使，此觀保險法第一三五條準用第一〇三條之規定：「人壽保險之保險人，不得代位要保人或受益人因保險事故所生對於第三人之請求權」，即可知之，因此依更強之理由，加害人自不得代位行使被害人對於保險人之保險金給付請求權。申言之，運送人之賠償義務與保險人之支付義務，並不發

生損害賠償義務之競合，何況保險費既係由旅客所支付，保險金自應由其（或其指定受益人）所享有；而運送人對未投保之旅客，既負絕對責任，對保險之旅客，倘可特約扣除，尤非公平，有違法律鼓勵保險，分散危險之意旨。因此關於保險金額，運送人既不得依損益相抵之法理主張抵銷，亦不得依特約而為扣除。

第三、關於丙項，運送人約定，於受領旅客之保險金，而向旅客為損害賠償之約款，也應屬無效。依照法律上同一事項應為同一解釋之法律原則，運送人對旅客之損害賠償義務，既不得以扣除其對保險人所得請求之保險金後之差額而為賠償，則依同一理由，運送人自亦不得約定於受領旅客之保險金後，而對旅客為損害賠償。

基於上述，關於保險約款在解釋上應不為法律所承認，俾保護旅客，並制裁運送人之脫法行為。唯解釋上雖應如此，但鑒於民法第六五九條之規定，易滋誤會及爭執，究不如以法律明文禁止，「凡以保險利益讓與運送人或為其他類似之特約者，無效。」以避免紛爭為當。

(古)航空運送人之損害賠償範圍及數額

1.損害賠償範圍之約定：

民用航空法對於航空器失事致旅客死傷之賠償範圍，並無特別規定，而民法就旅客之運送，亦未如對於物品運送人賠償範圍設有限制[71]，故解釋上應依

---

71) 於運送物有喪失、毀損或遲到者，其損害賠償額，應依其應交付時目的地之價值計算之（民法第六三八條第一項），亦即僅賠償運送物之損害即可，至所失利益（如貨物運到時應有之利得），則不在賠償範圍之內。唯有例外，請見民法第六三八條第三項。

損害賠償之一般規定（民法第二一六條）決定，即不僅所受之損害，即所失之利益，亦應賠償。唯關於賠償之範圍，當事人有特約時，自應從其特約，此不僅為民法第二一六條所許，即民法第六五九條亦認可此種限制之效力。唯實際上由於民用航空法第七十一條，已就對旅客之損害賠償額，明文規定當事人得以特約約定，其無特約者，依照交通部所訂賠償辦法辦理，故上述損害賠償範圍之特約，已喪失其重要性。

2.損害賠償數額：

(1)約定損害賠償數額

民用航空法第七十一條明文規定，當事人得以特別契約約定損害賠償額，但此項契約應以書面為之。故關於損害賠償額之特約，為法律所認許。所謂損害賠償額之特約解釋上可指兩種不同之情形，其一，乃當事人就航空器失事，致旅客死傷所應賠償之數額，事先予以約定之謂，即損害賠償額之預定。蓋航空運送人於航空器失事，雖負無過失之結果責任，但權利人請求賠償時，必須證明損害之發生及損害之多寡，始能請求，然而此種舉證，不惟困難，且易引起糾紛，因之當事人為避免上述之困難及糾紛計，乃預先將賠償額約定，一旦航空器失事，其損害賠償即屬簡單易行。申言之，權利人祇要證明旅客之死[72]、傷，不必證明損害額之多寡，即可依約請求賠償。而運送人不得證明實際損害額較少於賠償預定額，而請求減額賠償；同時權利人亦不得證明實際損害額較大於賠償預定額，而請求增額賠償。此種性質之損害賠償額之特約，就事後賠償言，雖屬簡單易行，但事先關於賠償額之預定，確屬非易，蓋旅客年歲有老幼，健康有壯弱，事業有興衰，親屬有衆寡，倘一一各別釐定其賠償額，不僅多餘，也屬曠時費事，事實上難能；若不分彼此，統一其賠償額，也有失公平，故此種性質之損害賠償數額之特約，在航空運送之實例上尚不多見。其二、就損害賠償之最高限額加以約定。當事人就航空器失事，致旅客死傷所應賠償之數額並不預定，但就航空運送人所負最高賠償限額，則加以約定，一旦航空器失事，造成損害時，權利人只能就

72) 於自然死亡之情形固無論，即於死亡宣告亦然。唯民用航空法第七十六條第一項規定：「因航空器失事，失蹤人於失蹤滿一年後，法院得因利害關係人之聲請，為死亡之宣告。」是為關於空難失蹤期間特別規定，居於民事特別法之地位，對於民用航空器失事罹難者之死亡宣告，其實體及程序要件，除依民法及民事訴訟法各該規定外，關於失蹤期間一項，即應專依本法，不再適用民法第八條第三項災難失蹤期間（三年）之一般規定。再者，死亡雖關乎自然人權利能力是否消滅及繼承問題，但於航空器失事，旅客失蹤之情形，主要涉及者乃賠償問題，若必待死亡宣告後，權利人始得請求賠償，於情於理即有未洽，況近代科學發達，通訊設施日益進步，是以對空難失蹤人能否生還，實已不難推斷，尤無等待一年始得獲償之理，故「中華民國國籍民用航空器失事客貨損害賠償辦法」第四條第二項規定：「國籍航空器失蹤，經過一個月搜索尋覓而仍無下落者，民航業對於乘客，應（照航空器失事乘客死亡情形）……賠償。」此項規定，於法理上縱或有商榷之餘地，但於情理上要屬適當。唯應注意者，上述辦法已因行政院於六十三年八月一日發布「航空客貨損害賠償辦法」，而由交通部予以廢止，而新辦法中似無上述規定。

證實之損害為限，請求運送人為金錢賠償，但其最高額不得超過此約定之最高賠償限額。此種損害賠償最高限額，對旅客言是利少弊多[73]，唯從整個立法政策上考慮，則是利多弊少[74]，故從理論上言，法定損害賠償最高額（法定有限責任）比較普通[75]，而約定最高賠償限額，則為少見。唯實際上由於運送人常處於優越地位，運送契約之條款只要不違背法律之明文，運送人自會趨利避害地加以規定，何況損害賠償數額之特約，又為法律所明文承認（參照民用航空法第七十一條第一項），故在不採法定最高限額制之下，運送人亦常將約定最高賠償額納入契約條款中[76]。

(2)約定損害賠償數額之最低限度：

約定損害賠償額，可兩種不同之情形，已如上述，雖不論是損害賠償額之預定抑損害賠償最高限額之約定，法律均加以承認，唯應注意者，此項賠償額，不得過低，否則應視為違背公序良俗而無效（參照民法第七十二條），蓋法律所以承認約定損害賠償額，無非避免當事人事後爭執，涉訟於法院，曠時費事，以節省時間與金錢（就損害賠償額之預定言）；且可促使航空運送人預知其損害賠償之範圍，以便交付保險，分散危險，俾保護航空運送企業之發展（就損害賠償額之預定及損害賠償最高限額之約定兩者言）。故如運送人利用其經濟上優越勢力，就賠償數額簽訂類似附合契約[77]之書面，自應認為無效，以保護旅客。

(3)法定損害賠償數額：

損害賠償數額，由法律規定者，謂之法定損害賠償數額，通常法律僅就損害賠償最高限額（即所謂法定有限責任）加以規定，至就損害賠償額之預定加以規定者，則不多見。法律所以規定最高賠償限額，其目的無非在調和航空運送人與旅客間之權利義務，使獲得適當之均衡，且航空運送人如能預知其損害賠償最高限額，自得藉保險制度以分散危險[78]，對保護運送人固不無裨益，即

73）蓋旅客不僅仍須證明損害之發生及損害之多寡，始得請求賠償；且縱能證明實際損害額超過賠償限額時，也不能就超出部分要求賠償，故對旅客為不利。唯運送人享有限額賠償責任時，理論上票價應較合理，此係對旅客有利之點。

74）請參照本文後述法定損害賠償數額之有關討論。

75）請參照本文後述法定損害賠償數額之有關規定；本文參、國際公約對於航空運送人損害賠償責任之規定等有關部分之說明。

76）例如中華航空公司國際線機票上，於「契約條款」二、規定：依據本契約之運送，受華沙公約所定有關責任之規定及限制之約束，惟不屬該公約所稱「國際運送」者除外；同樣之用語，併見於機票上「乘客須知」及「國際線乘客對賠償責任限度之注意事項」。

77）所謂附合契約，係指契約純由當事人一方決定內容，而他方惟有附合締結之契約。此種契約之發生，實由於近代資本集中，大規模企業勃興之結果，竟釀成為契約自由之美名下，對於契約之內容由一方決定之現象，例如水電之供給、客貨之運送等契約是。唯近代立法，強行規定逐漸增加，而公序良俗之觀念在解釋上其範圍也逐漸擴充，因而對於契約內容由一方決定之自由，已大受限制矣。

78）請參照民用航空法第七十二條。其立法意旨不僅在保障航空運送人，亦在於保護旅客，俾使其賠償請求權不致落空。

對旅客言，也可因此享有合理運費之利益。我民用航空法第七十一條第一項後段採之[79]：「……損害賠償額……由交通部依照本法有關規定並參照國際間賠償之標準訂定辦法，報請行政院核定公告之。」而行政院已於民國六十三年八月六日公布施行「航空客貨損害賠償辦法」[80]，該辦法第三條規定：「航空器使用人或運送人對每一乘客之損害賠償標準，其為死亡或重傷者，最低新臺幣五十萬元，最高不得超過新臺幣一百萬元；非死亡或重傷者，最高不得超過新臺幣二十五萬元。」故我民用航空法，對旅客死亡或重傷情形，不僅就法定損害賠償之最高限額，有所規定，即對最低損害賠償數額也有所限制，其用意無非在平等保護双方當事人。因此於上述情形，賠償權利人至少可獲得五十萬元之賠償，唯如權利人爭執，實際損害額多於五十萬元時，則除當事人以和解方式達成協議外，自祇有訴訟之一途，但無論實際損害額是否超過一百萬元，權利人也僅能獲得一百萬元，以示限制，俾保護民用航空運輸企業之發展（唯

79) 我國舊民用航空法第八十條，僅承認約定損害賠償額，至對法定損害賠償數額，並未規定。雖「中華民國國籍民用航空器失事客貨損害賠償辦法」（交通部於民國五十五年三月十日公布。現已廢止）第三條對乘客死傷賠償數額均有規定，例如第一項第一款規定：國籍航空器失事乘客死亡者，對每一乘客賠償新臺幣三十四萬元（比照一九二九年華沙國際航空運輸統一規定公約為十二萬五千法郎）。本條僅係對於民用航空運輸業應向保險公司簽訂客貨保險契約之保險金額的規定，其法律上的依據乃舊民航法第八十二條，而非就航空器失事，航空運送人對乘客所負最高損害賠償限額（有限責任）之規定，蓋舊民航法並未明文採納法定有限責任，行政命令何能制定採納，此見同辦法第四條：「在國內航線失事之賠償額，得約定保險金額為最高限額，遇失事時由民航業，依本辦法第三條各款所規定之金額賠償之。」尤足證明上述見解無誤。

80) 在本辦法公布施行前，也即在「中華民國國籍民用航空器失事客貨損害賠償辦法」有效期間及其公布施行（民國五十五年三月十日）前，我國民航機失事造成空難之事件，有如下述：
(1)民國六十年十一月十九日，華航卡拉維爾式客機在澎湖馬公上空爆炸失事。
(2)民國五十九年八月十二日，華航 YS-11 型客機在臺北圓山撞山失事。
(3)民國五十八年二月二十四日，遠東航空公司 B-200 在臺南附近墜燬。
(4)民國五十七年二月十六日，民航空運公司波音七二七式一〇八號客機在林口附近撞地焚燬。
(5)民國五十七年一月二日，華航 DC-3 式客機在臺東大武山失事。
(6)民國五十三年六月二十日，民航空運公司 C46-908客機在豐原上空爆炸。
以上各次空難事件，所造成乘客死亡、傷害之損害賠償問題，均未經過訴訟由法院為民事之裁判，而係由當事人以訴訟外之和解方式解決，除民國五十三年航空機失事，對旅客死亡者賠償為新臺幣二十六萬元外，其餘各次皆為三十四萬元，似是參照前述當時有效之「中華民國國籍民用航空器失事客貨損害賠償辦法」之規定。唯該賠償數額，究係依據雙方當事人讓步之結果，抑依據約定損害賠償數額之法理所為之認定（國內客票運送契約摘要中，通常印有「如因航空器失事，以致乘客傷亡……本公司將依中華民國國籍民用航空器失事客貨損害賠償辦法之規定，給付損害賠償。」），因未見公佈資料，無從知悉。不過，根據上述客票運送契約中之記載，即解釋為有約定損害賠償額之合意，其理由似欠充份（參照民法第六五九條），若解釋為係依據法定損害賠償數額之法理，勸諭權利人接受，似尤屬於法無據。請參照註79之說明。

— 318 —

有例外見後述）。唯應注意者，民用航空法上之法定損害賠償數額，僅具有補充之性質，於運送人與旅客間有約定損害賠償數額時則不適用（參照第七一條一項前段）。

(4)法定損害賠償數額之排除：

法律所以規定最高賠償限額，其主要理由無非在於保護運送企業之發展，以及基於衡平正義之考慮，認為航空運送人所負之責任既較一般人為重，則對其最高賠償數額，自宜加以限制，俾平衡双方之利益，唯若航空機失事致旅客死傷，係由於航空運送人故意或重大過失所致者，則基於衡平理念，對於運送人自無再特加保護之必要，運送人法定有限責任之適用，即應排除[81]，而適用一般損害賠償責任之原理，就旅客所受之損害及所失之利益，負無限責任之賠償。故依據民用航空法第七十一條所制定之「航空客貨損害賠償辦法」，雖一方面規定了法定最高損害賠償限額，他方面於第六條復規定：「航空器使用人或運送人因故意或重大過失所致之損害，其賠償責任不受本辦法所定最高賠償額之限制。對其受僱人或代理人執行職務時之故意或重大過失，應與自己之故意或重大過失負同一責任。」即係本此精神而立法。

所謂故意，即指航空器使用人或運送人對於損害發生之事實，明知並有意使其發生；或預見其發生，而其發生並不違背其本意。易言之，故意者乃明知其行為可生一定的結果，而竟有意為之之一種心理狀態。所謂重大過失，係指顯然欠缺一般人所應有之注意，幾近於故意之一種心理狀態。其對當事人所要求之注意程度甚低，而其標準係客觀的，即須顯然欠缺一般人之注意時，始認為有過失，否則稍加注意，即不致有過失，故謂之重大過失。航空運送人對其履行補助人故意或重大過失所造成之損害，雖應與自己之故意或重大過失負同一責任，即排除有限責任之保護，唯也僅限於該等人執行職務時之故意或重大過失，否則在其執行職務範圍外之行為，縱使係由於履行補助人故意或重大過失所造成之損害，運送人自仍得主張法定有限責任之利益。

故意或重大過失，既為航空運送人負無限責任之積極要件，故其舉證責任應由被害人（權利人）負之，自不待言。此外，以上所述雖係就法定損害賠償數額之排除，所為之規定，但在解釋上，對約定損害賠償數額，似也應有適用之必要。

81）請參照民法第六三八條第三項。

航空運送人對旅客損害賠償責任之研究（下）

參、國際公約對航空運送人損害賠償責任之規定

由於航空事業的迅速發展，人們利用航空器做為交通工具的也日益增多，連帶的空中事故之發生，也屬難以完全避免。各國為了防止國際航運適用法律的衝突，及為了保護及促進國際民航事業的發展，乃有統一國際航空立法的運動。以下擬就國際間幾個重要的航空公約，僅從其對航空運送人與旅客間法律關係上的規定，詳加分析評論。

一、華沙公約[82]

(一)制定經過

國際間第一個也是最重要的一個規律航空運送所生私法權義的公約，即是西元一九二九年所簽訂的華沙公約，此無論係從公約內容[83]抑締約國數量上來講[84]皆然。在此公約於一九三三年生效以前，國際間亦無統一的規則，以規律航空運送中旅客或貨主的權利，以及航空運送人相對的義務。故彼時有關國際運送當事人間之權義，係依運送起、訖地國或飛越地國之法律，以及當事人所締契約之條款。各國法律既有不同，而契約亦復歧異，故結果自屬不確定及混

---

82) 華沙公約 (The Warsaw Convention)，乃一般所慣用的名稱，其官方正式名稱則是「為統一有關國際空運若干規則的公約」(Convention for the Unification of Certain Rules Relating to International Transportation By Air)。
83) 參見本文後述。
84) 迄一九七〇年，華沙公約共有一百零四個締約國。世界主要空運國家，如美、英、加、德、法、俄、日本等皆是。參照 3 CCH Av. L. Rep. § 27,054 (1970).

亂[85]。此一現象於航空運送發展後的第十年，始逐漸爲華沙公約所消除。

西元一九一八年大戰結束後，因國際空運的迅速發展，有關航空運送契約當事人所生權義規則的統一，遂成爲迫切的急務，在法國政府努力下，第一屆「國際航空私法會議」[86]遂於一九二五年十月二十七日，在巴黎集會，參加國計達四十三個之多。在此會議中，法國政府認爲國際空運上運送人的責任須先確定，並爲此提出一個公約草案，請求討論。唯此草案未曾獲得他國支持，但該會議最後通過了另一種條約草案，並設立「國際航空法律專家委員會」[87]，將所通過的條約草案交給這個委員會研究。此委員會自一九二六年五月十七日至二十一日在巴黎召開第一次會議，由 de Vos 擔任報告人，開始檢討上述草

案。到了一九二八年五月，此委員會在馬德里召開第三次會議時，通過了最後草案。於是，另一正式的「國際航空私法會議」遂由波蘭政府召集，自一九二九年十月四日至十二日，在華沙集會，簽訂了華沙公約，都五章四十一條[88]。

華沙公約規定了一些國際運送之契約條款，它就旅客及貨主之權利以及運送人的相對義務，加以規律並予限制，它同時也規定了這些權利的執行，它課予運送人以有限的賠償責任於多數意外事故或遲延，以及無限的損害賠償責任於少數例外情形。以下僅從其就運送人對旅客損害賠償責任之規定上，詳加分析評論。

（二）適用的條件及範圍

華沙公約的第一條及第二條規定了公約的適用條件及範圍。它適用於一切

---

85) 例如依某些國家法律，運送人就旅客之傷亡應負保險人之責任，而依其他國家法律，則僅負通過失責任。再就舉證責任言，各國亦異。有課被害人以舉證責任者，亦有課運送人者。此外，有些國家允許當事人締結免責約款，有些則否。更甚者，近代飛機飛行迅速，動輒飛越數國，其究在何國肇事，也純爲偶然，何況適用外國法、外國法之證明、定性、管轄權之取得以及損害之計算等等，在在皆有困難，故被害人之能否獲償實屬不確定及混亂。

86) 國際航空私法會議（Conférences International de Droit Privé Aérien—C. I. D. P. A.），係於一九二五年成立，主要目的在於推動航空私法之統一立法。該會議並非定期舉行，而係於有討論及簽署公約草案時予予召集。經該會議通過之公約，仍須經各國政府之批准，方能生效。自一九二五年至一九三八年，該會議共集會四次，簽署過四個公約及一個議定書——The Warsaw, Rome, Precautionary Arrest, and Salvage at Sea Conventions, and the Insurance (Brussels) Protocol to the Rome Convention 該會議理論上迄今雖仍存在，但實際上已不存在。參見 Shawcross & Beaumont, On Air Law (3rd ed. 1966) pp. 51-52.

87) 國際航空法律專家委員會（The Comité International Technique d'Experts Juridiques Aériens—C. I. T. E. J. A.），係由國際航空私法會議所設立，由各國政府指定航空專家所組成，共分做四個小型委員會，各負責研究特定的主題，並爲起草各種公約之工作。一九四七年五月，該委員會之功能由國際民航空運組織（International Civil Aviation Organization—I. C. A. O.）所取代，並由該組織法律委員會（Legal Committee）所執行。參見 Shawcross & Beaumont, p. 52.

88) 本文所引華沙公約條文係參照由美國民航局（Civil Aeronautics Board）於一九六七年所編之 Aeronautical Statutes and Related Material 乙書。重要之條文均於註解中註出，以供參考。

收受運費而使用航空機所做的旅客的國際空運，以及空運企業 (air transportation enterprise) 所做免費的國際空運（第一條第一項）。茲分別分析其適用的條件與範圍如下：

1. 適用的條件：

(1)運送人必須為運送而收取費用，若是免費運送，則運送人必須是空運企業。

依此規定，凡收費的運送，不論運送人是否空運企業，都有本公約的適用。雖然在多數場合的運送，都是空運企業的營業行為。另一方面，若是免費運送，則運送人若是空運企業，這種運送仍受本公約的支配。此一規定的目的，顯係在防止空運企業雖在實質上收受報酬，但在形式上與旅客訂立免費運送契約，藉以逃避本公約的適用。又從此規定的反面解釋，凡是非空運企業從事的免費運送，則不受本公約的拘束。所謂收受運費，應不限於金錢的收受，凡因從事運送而接受任何報酬都是收受運費。

(2)必須是國際空運

所謂國際空運(international transportation)，係指依當事人所簽的契約，運送的起點和終點分別在兩個華沙締約國[89]，或起點和終點雖在同一締約國，但曾約定中途必須降落於他國的領域、保護國、委任統治地、管轄地等空中運送而言，而不論運送有無中斷或轉運。（第一條第二項）。至於「他國」是否華沙公約的締約國則非所問。因此之故，一個空運是否華沙公約所稱之國際

89) 所謂締約國 (High Contracting Party) 究何所指？因其關係本公約之是否適用，故為關鍵之所在。英國法院於 Philippson and Others v. Imperial Airways, Ltd. (1939) A. C. 332 一案曾予討論，茲介紹如下：本案係關於貨物運送，運送的起點為英國，終點為比利時。依運送契約之規定，固不論是國際空運抑國內空運，均適用 General Conditions of Carriage of Goods，但關於起訴的除斥期間，若為國際空運為二年，若為非國際運則為六個月。本案中訴訟係於損害發生後二年以內但已滿六個月始提起。故本案之爭執點乃在於該次空運是否華沙公約中之國際空運。英國雖批准了華沙公約，但比利時則僅簽字而未批准。問題即在於比利時是否可稱之謂公約之締約國？英國上訴法院 (Court of Appeal) 認為所謂締約國係指受該公約拘束之國家，比利時既未批准，自不受拘束，故非締約國。但貴族院 (House of Lords) 則持相反意見，認為比利時亦為公約中之締約國，故該次空運為國際空運，訴訟之提起，並未逾二年之除斥期間，被告仍須負賠償之責。

唯英國政府於致美國政府函中則持與貴族院相異之見解："His Majesty's Government are of the opinion that ordinany meaning of High Contracting Party in a Convention is to designate a Party who is bound by the Provisions of a Convention and therefore does not cover a signatory who does not ratify it"。而美國國務院就締約國乙詞之意義，與英國政府之見解相同。請參閱 Oppenheim, 1 International Law (1955.) p. 904; Briggs, Law of Nations (1952.) p. 844。

華沙公約中採用 High Contracting Party 乙詞，可見於數處條款，其用語雖同，但含義則異，應就各該條款整個結構及含義中，以探究其究何所指。故公約中三七條第二項、第四十條第一項之 High Contracting Party 則泛指國家而言；至於其他條款之 High Contracting Party，則僅指已批准或加簽生效，且其廢止尚未生效之國家而言，第一條第二項之 High Contracting Party 即應屬後者之列。參照海牙議定書第十七條。

空運，端視當事人間契約如何而定，並不間在實際上該飛行如何實現。所以當事人契約所定的起點和終點，若是在同一締約國，縱使航空機因故臨時降落於他國領域，這個空運仍然是國內空運，不是國際空運，因為它在外國降落並未預定於契約裡面；相反地，當事人的契約內容，若是兩締約國間的空運，縱使航空機因故在中途降落，而實際上尚未做國際飛行，它已可視為國際空運，而有本公約的適用。此外，雖是同一締約國兩點間的空運，倘若一個契約規定中途在外國降落，另一契約沒有這種規定，則前者是國際空運，後者則否。所以一締約國兩點間的空運，若沒約定中途在外國降落，縱有飛越外國上空或因故偶然降落之事實，均非國際空運，從而不受本公約之拘束。另外，一個空運的起點和終點，雖然分別在於兩個國家，若其中之一不是締約國，這個空運也就不是國際空運。至於往回運送（如旅客購得往回機票時），究應視為單一空運或兩個獨立的空運，常關係到是否國際空運的問題，例如締約國與非締約國間的往回運送，若視為單一空運，則因起

點和終點都在同一締約國，而中途降落於外國，故依前述，應為國際空運，反之，此往回運送若視為兩個獨立的空運，則往回都是締約國與非締約國間的空運，故不能視為公約中所指之國際空運，因之也就無華沙公約之適用。現時多數說認為往回運送應視為單一運送[90]，所以上述例子應看做國際空運，而有本公約之適用[91]。

2.適用的範圍

除以上所述外，華沙公約所謂運送人不限於私人或私法人，國家或其他公法人從事於國際空運時，也有本公約的適用（第二條第一項）[92]。另外應注意者，本公約所謂國際空運，純以當事人間的契約的內容為標準，至於運送人、託運人、旅客、航空人員或航空器的國籍何屬，與本公約的應否適用，毫無關聯。又依本公約的規定，國際空運的客體是旅客、行李或貨物（第一條第一項），換句話說，本公約的適用僅以上述客貨作為對象，且以空運契約的存在為前提，所以運送人與航空人員的關係，除當事人另有特約外，自無本公約適用之餘地[93]。

90）例如英國 Grein v. Imperial Airways, Ltd., (1937) 1 K. B. 50 即持此種見解。該案中被害人係購得自英國至比利時的往回機票，約定中途降落於布魯塞耳。回程中由於駕駛員之過失飛機墜燬。當時比利時雖曾簽字但未批准，故非第一條二項所稱之締約國。但上訴法院則認為該次航運為國際空運，蓋其視此次航運為單一航運——英→比→英，而非兩個獨立的航運——英→比及比→英。換言之，起點與終點都在英國，約定中途降落地為比利時，故不論比利時是否為華沙公約之締約國，該次空運均為國際空運，而有華沙公約之適用。

91）唯如上例中往回次序倒置——即比→英→比，則如視其為單一空運時，即非公約中所稱之國際空運，蓋起點與終點所在之同一國，並非締約國之故。

92）美國於一九三四年七月三十一日加簽時，對本項曾提出保留。參照 Civil Aeronautics Board, Aeronautical Statutes and Related Material (1967) p. 321。

93）所謂航空人員似應指該次航行航空機上之駕駛員、通信員、機械員及其他簽派服務於航空機上之人員而言。故如雖係運送人之受雇人，但非該次航行之航空人員，而為運送契約或空運企業所提供免費運送契約之主體，則仍應有華沙公約之適用。請參閱 Drion, Limitation of Liabilities in International Air Law (1954), p. 54.

兩地點間的運送，有時由兩個以上的空中運送人實行相繼運送，換言之，有時由全體運送人共同包攬全線的空運，有時卻由各運送人分別從旅客承攬各區間的運送，此種情形依照華沙公約第一條第三項之規定，空中運送由二個以上的運送人實行相繼運送時，當事人倘將全線的空運視爲單一業務 (a single operation) 則不論所訂契約數目的多少，在本公約適用上，視爲不間斷運送 (undivided transportation)，從而一部份契約縱使僅以同一締約國兩地點間的空運作爲對象（也卽國內空運契約），倘若整個空運是國際空運，則對此空運自始就應適用本公約。

要構成本公約中所稱之相繼運送，則該次運送於訂立契約時，必須具有下列特徵：其一、該運送必須由當事人（第一個運送人及旅客）視爲單一業務；其二、該運送必須區分爲不同、相繼的階段（就時間與空間而言）；其三、當事人（第一個運送人及旅客）必須合意該次運送係由數個相繼運送人所完成[94]。因此，倘若運送人未得旅客之協議，而雇用他運送人從事全部或一部之運送時，則該運送並非相繼運送[95]。唯如第一個運送人之時刻表構成運送契約部份並表示部分航程由另一運送人完成時，則此種情形被視爲相繼運送[96]。

唯在相繼運送成爲問題者，卽在起點與終點間，點綴有地面運送，則此時該運送可否仍視爲不間斷運送[97]？有學

94) 茲舉二例說明：
例一、某旅客在美國向甲航空公司購買飛越大西洋往回美國及歐洲之客票，並約定最後一段航程——巴黎至紐約，搭乘乙航空公司飛機。則此一運送顯然構成單一業務，此蓋由於全部航程，在開始航行時，已爲當事人所期待，而每一階段的航程也已在開始航行時由當事人所協商，至於其是否訂立一個契約抑數個契約，則非重要。參見 Riediger v. Trans World Airlines and Sabena, U. S. Av. R. 44 (1959)
例二、某旅客自落山磯向甲航空公司購得機票經西雅圖、華盛頓至加拿大之 Victoria, British Columbia，而自該地轉搭乙航空公司飛機飛加拿大之 Vancouver。當其抵達西雅圖時，彼決意直飛 Vancouver，再由該地飛加拿大之 Calgary。乙公司在西雅圖之代理人協助該旅客重新調整其航程，改搭丙航公司飛機飛 Vancouver。唯該代理人並未與其簽約，僅建議該旅客抵目的地後，購乙公司機票飛 Calgary 以便省去美國之稅捐。該旅客抵達 Vancouver 後，卽向乙公司購票飛 Calgary，途中因飛機墜燬而死亡。此段運送不適用華沙公約，此蓋由於赴 Calgary 之航程，不在當事人從落山磯購票時所期待之列，旅客在 Vancouver 所訂飛 Calgary 之契約，純爲原來國際運送契約外之一獨立契約。乙公司代理人在西雅圖所做之各種禮貌性服務，並不表示該旅客彼時已與乙公司訂立契約，所以當該旅客抵達 Vancouver 時，彼有充份自由以改變計劃，放棄其預期飛Calgary之行，而乘飛機或火車返回西雅圖。簡言之，該次航行並非華沙公約中之國際空運，因乙公司不構成公約中相繼運送人。參見 Stratton v. Trans Canada Air Lines et al, (British Col. Supre, ct.) 27 D. L. R. 2d 670 (1961); 32 D. L. R. 2d 736 (1962).
95) 關於本問題，請參閱後述—瓜達拉加爾公約。本文第58頁。
96) 請參閱 R. B. N. V. et al v. B. O. A. C. and Aden Airwags, U. S. Av. R. 163 (1953).
97) 唯如係公約所稱之國際空運，但非相繼運送時，則無此種問題之發生，蓋公約第一條第二項已明文規定「不論有無中斷或轉連之情形」，皆爲國際空運。

者主張倘如該地面運送不由運送人之一完成，即不得視爲不間斷運送[98]。唯本人以爲地面運送是否由航空運送人之一所爲，僅能做爲決定當事人是否視該次運送爲單一業務，所應考慮的因素之一。至於該運送是否爲不間斷運送，則應考慮到整個運送之性質，換言之，地面運送若僅係附隨空中運送時，則仍應視爲不間斷運送，判斷之方法，即在詢問就該次運送來講，旅客通常是否自該地面運送起點搭機而非利用地面運送而至終點。

在上述相繼運送時，每一個航空運送人雖都受華沙公約之拘束，唯旅客或其代表人僅得對事故或遲到造成損害時之運送人提起訴訟[99]，換言之，各運送人僅就其所負責的空運區間，負擔運送契約上的債務[100]，蓋旅客運送時，事故或遲到在何處發生容易確認。但當事人依特約而規定第一運送人（起程運送人）須對於全部的運送負責時[101]，則旅客或其代表人除得向第一運送人請求賠償，是否仍得向事故或遲到發生區間的運送人請求賠償？鑒於公約第二十三條明文禁止當事人依特約而減免運送人責任之規定，答案應是肯定的。至於此兩個運送人是否負有連帶責任，比照公約第三十條第三項對行李或貨物的規定，答案也應該是肯定的。

依照公約第三十一條第一項之規定，兩地點間的運送者由空運與其他運送如水運、陸運實行聯運（combined transportation），則於空運部分具備本公約第一條所規定之要件時，對其適用本公約的規定。同時，依照公約第三十條第二項之規定，實行聯運時，在空運證券上不妨記載空運以外的運送之條件，但本公約的規定，就空運部分而言，則必須加以遵守。

此外，華沙公約復明文規定，對下列各種空運，排除本公約之適用，此即：

第一、在國際郵政公約下所作的運送（第二條第二項）如信件或包裹的運送。

第二、航空企業爲開拓定期航線而

---

98) 參閱 Drion, Limitation of Liabilities in International Air Law (1954), p. 52.
99) 參照公約第三十條第一項及第二項。
100) 此原則僅適用於旅客的運送，而不適用於貨物或行李的運送。就貨運來說，因其喪失、毀損或遲到而引起損害時，託運人得對起程運送人、受貨人得對終程運送人，請求賠償，而託運人或受貨人也得對上述事故發生區間的運送人，請求賠償；上述各運送人並對於託運人或受貨人負有連帶責任（第三十條第三項）。公約所以規定不論事故發生於何處，起程或終程運送人須對於託運人或受貨人負責，因爲物品的事故與旅客的事故不同，其發生時地不易確認。又託運行李的旅客既是託運人又是受貨人，因此他對於起程或終程運送人皆得請求賠償，同時也得對損害事故發生區間的運送人，請求賠償。上述各運送人對其所負之責任，也爲連帶責任。「各運送人對旅客或託運人或受貨人負有連帶責任」這一規定，應解釋爲起程運送人、終程運送人和事故發生區間的運送人，對於旅客負有連帶責任；起程運送人和事故發生區間的運送人對於託運人負有連帶責任；終程運送人和事故發生區間的運送人對於受貨人負有連帶責任。至於這些運送人相互間之求償問題，公約未予規定，因此應依國內法解決。
101) 參照公約第三十條第二項。

作的試驗空運（第三十四條），因為航空公司企圖開拓新航線時，其業務不應因過重的法律責任而受到阻礙。

第三、在特殊情形下所作的非常空運（第三十四條），如為科學探險或緊急救助而作的空運是。

（三）運送人責任之原則

華沙公約乃第一個明確規定航空運送人之權利與義務之公約，其對運送人責任制度，確立了下列三種基本原則，此即：過失責任原則、有限責任原則、免責約款禁止之原則。以下分述之：

1. 過失責任原則

依華沙公約第十七條、第十九條之規定，運送人對旅客的傷亡以及對旅客運送遲延所生之損害，均應負損害賠償責任。唯航空運送人若能證明他自己或其使用人已採取一切必要措施以避免損害的發生，或實際上無法採取上述措施，則可不負責任（第二十條第一項）。依此規定，華沙公約對運送人賠償責任顯係採過失責任原則。運送人對於旅客之損害，若無過失，即得主張免責，運送人所以負損害賠償義務，乃是由於過失所致，係一般所謂「無過失即無責任」與「賠償義務之發生，非損害乃過失」原則之適用。唯運送人主張此項免責

利益時，必須負舉證責任，蓋公約既採取舉證責任倒置之原則[102]，對於旅客的損害，推定運送人有過失，故運送人欲免責時，必須證明自己與其使用人對於避免旅客損害之發生，已採取一切必要的措施或實際上無法採取必要措施，始可相當。所謂使用人，包括幫助運送人履行空運契約之一切人員，並不限於與運送人訂有僱傭契約者。

運送人若有過失，則其對於旅客的傷亡，須負賠償責任，已分析如上，唯關於造成傷亡事故發生的時間與地點仍有限制，否則仍無本公約之適用。依公約第十七條的規定，造成傷亡的事故必須發生於航空機上或旅客升降航空機的時候，何謂旅客升降航空機時 (in the course of any of the operations of embarking or disembarking) 雖可有數種不同之解釋[103]，但一般而言，似宜指運送人利用移動樓梯等工具，使旅客升降航空機的期間，採取此一解釋，較能平等保障雙方當事人之利益。

最後有應研究者，即運送人負損害賠償責任之前提，是否以空運業務與旅客所受損害之間，有因果關係為必要，換言之，運送人是否僅對於其在業務上所引起之損害，負有過失責任，條文頗

---

102) 法諺有「舉證責任之所在，敗訴之所在」之說，可見負舉證責任者，在訴訟上實處於不利之地位，尤其故意過失乃一種心理狀態，證明之殊屬不易，故被害人往往因此而不得獲償。華沙公約關於運送人之責任，雖未採取無過失責任主義，但仍採取舉證責任倒置之辦法，以謀補救，與前述美國普通法上 RIL 原則，皆屬於過失推定之一種形態。

103) 數種可能之解釋有如下述：
　　1. 它可以包括運送人在城市與飛機場之間所作的旅客接送期間；
　　2. 它可以指運送人在飛機場（包括中途降落地）範圍內所作為使旅客升降航空機的一切工作期間；
　　3. 它可以指旅客在飛機場開始辦理上機手續起直到他在目的地辦完下機手續的期間；
　　4. 它可以指運送人利用移動樓梯等工具使旅客升降航空機的期間。

為曖昧，可作正反兩面解釋。唯鑒於本公約既然以規律運送人與空運契約關係作為目的，所以運送人對旅客的傷亡要負責任，似應以運送人的業務與該傷亡有因果關係時為限，否則運送人負責的範圍過於廣泛與嚴苛，例如旅客在航空機上因互毆而受傷時，該意外事故與空運業務無關，所以不得要求運送人負責。此外應注意者，空運業務與旅客的傷亡間，縱使沒有因果關係，倘旅客的傷亡係因運送人或其使用人的不法行為所造成，則運送人雖不必依華沙公約負責，但要須依民法，就其不法行為負其應負之法律責任。

依照華沙公約第十九條之規定，運送人對旅客因空運遲延所生之損害也應負責。此一規定乍看起來對運送人過酷，而且也容易被旅客濫用，唯公約對於運送人的這種責任既然也採取過失責任主義，而且運送人在空運契約裡面又未必規定運送的特定時間，上述規定很難指為有失公平。所謂「遲延」(delay)，當然是指旅客於應到時期仍未達到目的地之意。遲延的發生只須由運送人負責，則不問其原因如何，如起飛的遲延、航空機速度過慢、飛行路線的變更或中途臨時降落等。造成遲延的原因應於何處發生，公約未予規定，但準用公約第十七條和第十八條之規定，則應解釋為造成遲延的原因，應發生於旅客升降航空機時或航行期間時。因此遲延的發生若不在上述期間，則無本公約之適用，而僅有運送契約條款及該契約應適用法律（準據法）之支配，不唯如此，不在上述期間發生的遲延（如赴飛機場途中之遲延），縱使為造成航空機起飛遲延的直接原因，也不因而使該遲延成為在上述期間內發生。

唯於此有一問題者，華沙公約雖未明文強制運送人締結運送之時間，運送人也不得特約免除對旅客因空運遲延所生之損害之責任（參照公約第二十三條），但運送人可否特約表示「時刻表上或他處所表示之時間，僅為大約時間而非保證抵達時間，同時其也不構成運送契約之部分」[104]？一般而言，該項特約應為有效，蓋其並非排除遲延責任，而僅係排除時刻表於運送契約之外。如以上所述為正確，則當事人對空運契約抵達目的地之時間，即無明白協議。其結果關於抵達時間之規定，即不得不求之於默示條款，此即「就每次運送充份考慮各種情況後之合理時間」[105]。於決定何者為合理時間時，飛行時刻表通常也就為應考慮之情況之一。

2.有限責任原則

依華沙公約第二十二條第一項的規定，運送人對旅客死傷、遲到所生損害之賠償，僅負有限責任。申言之，運送人對每一旅客的傷亡或因遲到所受損害

---

104) 例如國泰航空公司機票內契約條款第九條規定：
  "Carrier undertake to use its best efforts to carry the passenger and baggage with reasonable dispatch. Times shown in timetables or elsewhere are not guaranteed and form no part of this contract. ......"
105) 參照 Robert-Houdin v. Panair do Brasil, 24 R. F. D. A. 285 (1961).

的賠償責任，以十二萬五千法郎爲最高限度[106]。依管轄法院所在地法律，此項賠償亦得以分期付款方式支付，唯付款本金總額不得超過上述金額。一法郎應含有六十五・五公毫黃金，其純度爲千分之九百，得以整數折成他國貨幣（第二十二條第四項）。

上述金額係運送人對於每一旅客的傷亡或遲到所負賠償責任的最高限度，所以運送人應支付的賠償額則依被害人實際所受之損害而不同。但旅客在同一空運契約履行過程中受到兩次以上的損害時，其應得賠償總額仍以上述最高額爲限度。就同一旅客之損害（主要應指旅客之死亡）有二以上之賠償請求權人時，也應在上述限額內作適當分配。唯如原告就二位旅客之損害請求賠償時，例如父母在同一運送中死亡，其子請求賠償時，則得就各個旅客之最高限額內請求賠償。（即可請求賠償二十五萬法郎）條約雖然規定了賠償最高限額，且不許當事人以特約來降低賠償限度，但它却允許當事人依特約而提高運送人的責任限度（第二十二條第一項後段）。倘若管轄法院所在地法律所規定運送人責任的限度較本公約所規定者爲高，這種規定應作無效，否則本公約規定運送人的賠償限度，將喪失意義。

華沙公約就運送人對旅客損害之賠償，採取有限責任原則，其立法理由安在，實應加以探究。按關於損害賠償的

範圍，通常分爲法定與約定兩種[107]。所謂法定賠償範圍者，係指債務人之損害賠償責任之範圍，由法律訂定之，依一般損害賠償之原理，應以塡補債權人所受損害及所失利益爲限；唯依契約自由原則，在不違反公序良俗，誠信原則下，當事人得以特約約定損害賠償範圍，然因華沙公約已對運送人課以較一般契約債務人爲重之責任，爲使運送人與旅客間之權義，能獲得適當之均衡，故特設運送人損害賠償最高額之限制，而不問其賠償範圍如何，此採取有限責任原則理由之一；關於損害賠償採取法定有限責任制，也可使運送人預知其賠償額，而將其責任投保，藉以分散危險，尤其航空運送企業，通常具有高度危險性，一有意外事故之發生，其賠償額往往非常巨大，影響運送事業之生存或發展，此理由之二；抑有進者，在國際空運之情形，常涉及各國法律，若無一明確之最高賠償限額，極易造成各國之糾紛及當事人任擇法庭之弊，此其三；此外卽從旅客方面着眼，也有其有利之處，蓋運送人旣能預知其損害賠償額之多寡，必不致於再顧及其危險無限責任，而任意提高票價，因此一般旅客也可因此而享有合理票價之利益，此其四。基於以上四點理由，有限責任原則實有採納之必要。

依華沙公約運送人對於旅客的運送，僅負有限責任，已如上述，唯若運送

106) 依華沙公約，運送人對於貨物及行李的損害所負的賠償責任，以該物品每公斤 250 法郎爲最高限額（第二十二條第二項）；運送人對每一旅客隨身物件的損失，以 5 千法郎爲限負賠償責任（第二十二條第三項）。
107) 請參閱鄭玉波敎授著・民法債編總論（民國五十九年）第249至254頁。

人證明損害因被害人的過失而發生或被害人的過失幫助成損害的發生，則管轄法院得依當地法律減免運送人的責任（第二十一條）[108]。所謂法院所在地法律係指該國實體法而言。

運送人在原則上雖僅負有限責任，但在下述兩種情形，公約則排除運送人之有限責任，而負無限責任，此即：

第一、未發給客票而搭載旅客（第三條第二項但書）；

第二、因運送人或其使用人的故意或視同故意的過失致生損害（第二十五條）。

運送人未發給客票而從事空運，而於旅客有損害時，即須負無限責任，此乃由於依華沙公約第三條第一項[109]第四款之規定，客票上必須記載本運送依華沙公約所定責任。此項記載，有警告注意運送人所負者僅為有限責任之效用，旅客為保護自己或其家屬，以防意外，即可提高警覺，另行保險；故如運送人未發給客票而從事空運，旅客即無從受到警告，喪失其另覓保障之權利，故公約乃剝奪運送人依本公約所可享之有限責任。此項規定除含有制裁運送人之意義外，更是為了保護旅客之利益，所以即使運送人曾口頭告訴過旅客機票上記載之事項，從本公約明文規定之意旨上言，運送人似仍不得享有有限責任之保護[110]。

---

108) 華沙公約第二十一條規定：
"If the carrier proves that the damage was caused by or contributed to by the negligence of the injured person the court may, in accordance with the provisions of its own law, exonerate the carrier wholly or partly from his liability."
值得注意的是本條僅言及受傷者(injured person)，與其他條文並指死亡及受傷乘客不同。因此法院即可解釋運送人與有過失之抗辯，僅可對受傷旅客主張，而不得對死亡旅客主張。

109) 華沙公約第三條第一項規定：「運送人同意空運旅客時，須發給旅客票，旅客票須記載下列事項：1.旅客票發給時地；2.起終點；3.中途預定降落地；4.運送人姓名地址；5.註明本運送受華沙公約所規定責任制度的適用。

110) 關於運送人未發給客票而從事空運，而於旅客有損害時，即須負無限責任，其立法理由已討論如正文。唯值得注意的是：美國法院對運送人是否已依公約規定「發給客票」解釋極為嚴格，頗不利於運送人，茲介紹一則判例如下：
Mertens v. Flying Tiger Line, Inc., 341 F 2d 851 (2d Cir. 1965)：本案中國際空運係由美國政府租用被告飛機，以運送軍事人員與物品至海外。受害人之機票係於其登機後始發給，是時飛機即將起發，且機票上有關責任限制規定之印刷，幾至不引人注意及不能閱讀之程度。嗣後飛機遇難，被告援引華沙公約以限制其賠償責任。美國第二巡迴上訴法院解釋公約第三條第二項，認為公約所以要求運送人發給客票，其目的乃在提供旅客合理機會，以採取步驟防備運送人之有限責任。旅客可採取的步驟包括不搭乘該飛機、簽訂特別簽約以提高賠償責任或購買意外保險等。因此該法院以為決定運送人是否已發給客票給旅客而使其有合理機會，以採取防備措施，即須就各案斟酌情形而定。該法院同時認為，就本案事實以觀，被告並未發給客票給旅客，使其有一合理機會，以採取防備措施。
此外，美國巡迴上訴法院於下列二案所持見解與 Mertens 一案相同：
1. Warren v. Flying Tiger Liner, Inc., 352 F. 2d 494 (9th Cir. 1965).
2. Lisi v. Alitalia-Linee Aeree Italiane, 370 F. 2d 508 (2d Cir. 1966).

第二種情形則係指旅客損害的發生，倘可歸因於運送人的故意（wilful misconduct）或依管轄法院所在地法律可以視同故意的過失（default to be equivalent to wilful misconduct），則運送人不得援用本公約以限制或免除其賠償責任（第二十五條第一項）；運送人的使用人在與上述同樣情形下造成損害時，運送人也不得援用本公約來限制或免除其責任（第二十五條第二項）。唯此處所謂運送人對其使用人的故意或重大過失，不得主張公約上所規定免除或限制責任之利益，僅限於使用人執行職務範圍內所造成之損害，因此若非其職務範圍內之行為，縱使損害係由於故意或重大過失所致者，運送人仍得主張該項權利。

所謂故意，係指以加害為目的的行為而言[111]，申言之，運送人或其使用人明知其行為將對旅客造成損害之結果，而仍故意為之，或對於該行為明知可能造成損害之結果，而仍漫不經心的為之。所以運送人或其使用人若僅預想損害可能發生，則不能視為故意，例如運送人為謀旅客安全而令旅客跳傘致受損害時，不得視為故意引起損害，但運送人或其使用人於無必要而令旅客跳傘，此時旅客之傷亡即可視為運送人或其使用人故意造成的損害。所謂可視同故意的過失，係指重大過失而言。公約所以如此措詞，因為英美法上並無重大過失這種概念，公約對於重大過失未予定義，而委由管轄法院所在地法律決定，這也是與英美法系國家妥協的結果。所謂管轄法院所在地法律，係指該國實體法而言，不是指該國的國際私法，所以何種行為構成重大過失則依法庭地法而不同。

在右述兩種情形，運送人不得主張本公約所定免除或限制責任之規定，然

---

111) 茲引用英、美判例二則，以見各該國法院對 wilful misconduct 之解釋：
1. Horabin v. British Overseas Airways Corporation, (1952). All E. R. 1016:
"To establish wilful misconduct on the part of the pilot, it must be shown, not only that he knowingly (and in that sense wilfully) did the wrongful act, but also that, when he did it he was aware that it was a wrongful act, i.e. that he was aware that he was committing misconduct. ... To be guilty of wilful misconduct the person concerned must appreciate that he is acting wrongfully, or is wrongfully omitting to act and persists in so acting or omitting to act regardness of the consequences, or acts or omits to act with reckless indifference as to what the result may be."
2. Pekelis v. Transcontinental & Western Air, U. S. Av. R. 3 (1951):
"Wilful misconduct is the intentional performance of an act with knowledge that the performance of that act will probably result in injury or damage, or it may be intentional performance of an act in such a manner as to imply reckless disregard of the probable consequences of the performance of the act. Likewise, the intentional omission of some act, with knowledge that such omission will probably result in damage or injury, or the intentional omission of some act in a manner from which could be implied reckless dsiregard of the probable consequence of the omission, would also be wilful misconduct."

「免除或限制責任之規定」，究何所指，不無疑義，然就一般而論，依華沙公約運送人所得主張免除或限制責任者有下列各項：

第一、運送人若能證明自己與其使用人為避免損害的發生，已採取一切必要的措施或不可能採取此種措施時，就不負責（第二十條第一項）；

第二、證明損害之發生係因受害人之過失所引起或助成，法院得按其法律之規定，免除運送人全部或部分之賠償責任（第二十一條）；

第三、運送人對於旅客之賠償責任，以十二萬五千法郎為最高限額（第二十二條第一項）。

在上述場合[112]，運送人既然不得援用本公約來限制或免除其責任，其結果則為負擔無限損害賠償責任，至其實際賠償額則須依各國國內法決定。

3.免責約款禁止之原則

運送人為減輕其對旅客損害所負之賠償責任，每於訂立運送契約時，將免除或減輕其運送責任之特別約款加入，此即所謂之免責約款（exemption clauses），依據契約自由原則，當事人在不違背公序良俗之範圍內，得自由約定契約之內容，故旅客之損害，如係由於約定運送人免責事由所致者，運送人有權主張免除或減輕其責任。唯因航空運送常為獨佔性企業，每易利用其優越地位，迫使旅客訂立各種免責約款，致使公約保護旅客之規定形同具文，且破壞公約所訂運送人責任之體制，造成當事人權義不平衡之狀態。雖然免責約款之訂定，仍應受公序良俗、誠信原則、權利濫用禁止等法律一般原則之限制，但適用此種抽象法理最易引起爭執、涉訟法庭，有違疏減訟源及權利保護確定等原則，究不如法律以明文禁止免責約款為宜。

職是之故，華沙公約明文為下列之規定，以確定運送人最低之強制責任，俾保護旅客，此即：

第一、將運送人的責任完全免除或約定低於本公約所定責任限額之任何條款，均不生效力（第二十三條）；

---

112) 除正文所列舉之第二十條、第二十一條及第二十二條為免除或限制運送人責任之條款外，公約第二十八條及第二十九條則非。

公約第二十八條第一項規定：「空運契約有關的損害賠償訴訟，得依原告的選擇，在下述締約國之一的領域內進行：

1.運送人住所地；

2.運送人主要營業所所在地；

3.運送人訂立空運契約的營業所所在地；

4.運送的最後目的地。」

本條並非一免除或限制運送人責任之條款，而僅係有關賠償訴訟得在何地法院起訴之規定。

第二十九條第一項規定：「依空運契約向運送人請求賠償訴訟，應自航空機達到或理應達到目的地當日或運送中止當日起算兩年以內提起，否則本項賠償權利消滅。」

上述期間不是消滅時效，而是除斥期間。凡依華沙公約所得主張之各種賠償請求，不論係基於運送人之過失抑故意，如不在該期間內起訴，該項權利即歸消滅。故本條也不在前述「免除或限制運送人責任」之列。

第二、於損害發生以前預先決定適用法律或變更關於決定管轄法院的規則，以逃避本公約適用的任何約款，均不生效力（第三十二條前段）。

就前一情形而言，如當事人約定運送人對於保險可填補之損害不負責任，或運送人受領旅客之保險金而向旅客損害賠償之約款或其他類似之特約[113]，以及當事人約定其損害賠償額低於法定最高賠償額，或關於運送人舉證責任倒置之特約，即將原依公約應由運送人為免責之舉證責任，改由旅客為運送人有責之舉證責任特約，此等約定即屬運送人為免除或減輕其依華沙公約所應負之責任，故依第二十三條之規定應不生效力。

就後一種情形而言，即關於損害發生前，預先決定所適用的法律或變更裁判管轄之規定，為間接的違反強制性之規定，亦認為無效，以加強本公約所定運送人責任之強行性。

唯應注意者，上述禁止規定，其目的在於保護旅客的利益，使運送人不能利用其優越地位而強迫旅客於損害發生以前就預先放棄本公約所給予的各種保障，所以當事人於損害發生以後，如何

處理其權利或當事人於損害發生以後，以免除或減少責任為目的而訂立的特約是否有效，本公約未予規定，應依各國國內法決定。

此外，當事人所訂立的特約無效時，空運契約本身依然有效，仍有本公約的適用（第二十三條後段），換言之，公約不採法律行為一部無效全部無效之原則。此項規定的目的似在於防止運送人以特約無效作為藉口，而主張整個空運契約也為無效，以逃避任何損害賠償之責任，所以當事人縱使在特約中規定其所訂立的特約無效時，整個空運契約也為無效時，這種特約本身應為無效，即該空運契約仍然存在，而受本公約的支配。

最後，擬就華沙公約所規定運送人對旅客損害賠償責任之賠償訴訟問題，簡單一提。有關旅客運送責任的一切訴訟，不論其名義如何[114]，依公約第二十四條的規定，須在該公約所規定的條件和限制下進行，但有關旅客運送責任訴訟中，起訴權人的範圍和權利如何，本公約未予規定，所以應由法院所在地法律決定，唯所謂所在地法，似應指該國國際私法。關於賠償訴訟，應在下述公

---

113) 關於這些特約之意義及其分析，請參照拙著：「航空運送人對旅客損害賠償責任之研究」（上），政大法學評論第十一期（民國六十三年）第84至85頁。

114) 所謂「一切訴訟不論其名義如何」，係指不論請求賠償的原因如何的意思，其基於侵權行行為抑契約債務不履行，並無不同。所謂「在本公約所規定的條件和限制下進行」，係指賠償訴訟縱使依國內法，運送人對旅客的傷亡須負無限度責任，該運送人得依本公約（第十七條、第二十二條）僅負有限度過失責任；或縱使依國內法，運送人對於航行上錯誤所引起的旅客傷亡不負責任，該運送人依本公約(第二十條第一項)仍須負責。此外應注意的，如訴訟之目的不在於要求運送人賠償，而是在於要求運送人履行債務，或要求運送人退還其不當利益等時，這種訴訟不在上述第二十四條所指「訴訟」範圍之內，所以應依各國國內法處理。

約國之一[115]，依原告之選擇而提起，此即（第二十八條第一項）：

第一、運送人住所地法院；

第二、運送人主要營業所在地法院；

第三、空運契約成立地法院；

第四、空運契約終點地法院。

最後擬一提者，即依公約第二十九條規定，訴訟必須在航空機到達目的地日起，或應該到達之日起，或停止運送之日起二年內提起。訴訟期間之計算方法由受訴法院決定。此所指二年之訴訟期間，應無中斷之適用，故解為除斥期間較妥。

二、海牙議定書[116]

(一)制定經過

華沙公約自一九三三年生效適用以來，對於促進航空運送之發展，固屬厥功甚偉，唯公約中條文短缺、不明確的地方不少，特別是關於運送最高損害賠償額過低之規定，尤屬其最大之缺點。故自西元一九三八年起即有修訂工作之開始，唯因第二次世界大戰而中斷，是後於一九四六年由 CITEJA[117] 及 PICAO[118] 賡續工作，並由 Major K. M. Beaumont 起草一新公約，準備取代華沙公約，此新公約草案雖遵從原公約之立法精神，唯修正之處不少，其較重要者如給予「國際空運」一較擴張之定義、對於由不完全運送文件所造成的責任原則之更新、增加條款俾明確規定公約之適用於包機等，其目的在消除法律上之困難及不確定，以更促進運送人及顧客之利益。一九四七年九月國際民

---

115) 公約第二十八條係針對國家而言，而非指國家內之土地管轄。故如運送人住所地係在甲締約國時，則原告即得在甲國起訴，至於應在甲國何種或何一法院起訴，則應依甲國國內法決定。請參閱 Spencer v. N. W. Orient Airlines, 1962 U. S. & Canadian Av. R. 26, 29.

116) 海牙議定書 (The Hague Protocol)，並非官方名稱，而僅為習慣稱呼。該議定書之英文全名為 Protocol to Amend the Convention for the Unification of Certain Rules Relating to International Carriage By Air Signed At Warsaw on 12 October 1929，都三章二十七條。依議定書第十九條之規定，對已批准或加入此議定書的國家而言，一九二九年華沙公約和一九五五年海牙議定書視為單一文件，而稱為「經於一九五五年在海牙修改的華沙公約」；議定書第二十一條第二項及第二十三條第二項規定：未參加華沙公約的國家若批准或加入海牙議定書，則視為已加入經此議定書修改的華沙公約（華沙— 海牙公約而非華沙公約）。因此，縱在一九五五年以後，凡已批准或加入一九二九年華沙公約而未批准或加入一九五五年海牙議定書的國家，自仍受一九二九年華沙公約的拘束。
海牙議定書英文本，請參閱美國 CAB, Aeronautical Statutes and Related Material (1967) pp. 283-323.

117) 關於 C. I. T. E. J. A.，請參閱註(87)。

118) P. I. C. A. O. 為 The Provisional International Civil Aviation Organization 之簡稱。係由一九四四年芝加哥臨時協議 (Chicago Interim Agreement) 所成立，主要之任務雖也在負起有關國際民航一切發展、進步立法等工作，但僅為臨時性組織，而於一九四七年四月四日芝加哥公約生效時，其記錄、財產即全部移轉給國際民航組織（I. C. A. O.）。

航組織（ICAO）[119] 所屬法律委員會（Legal Committee）[120] 首次集會時，卽曾決議華沙公約之修正應為該委員會之工作，在以後陸續集會中，報告人復於一九五〇年二月又提出了一個新的公約草案。唯此草案並未能獲得必須的廣泛支持，因此很顯然地，對華沙公約僅做修正較重新草擬一新公約，比較會獲得廣泛支持。因此，在一九五五年九月在國際民航組織的召集下，在海牙舉行了國際會議，討論一個由國際民航組織法律委員會在一九五三年九月在 Rio 所草擬的華沙公約議定書草案，此一會議共有四十四國的代表及八個國際組織的觀察員參加。經過三個多星期的討論，通過了一個議定書，它包括對原華沙公約的修正與增加，較之由法律委員會所提議者，更為廣泛，最後，此一咸稱為海牙議定書之文件由二十六國代表簽字。現已生效[121]，迄一九七一年止，共有四十七個會員國。唯世界上主要航運國家之英、美迄未參加。

（二）重要之修正及增加[121A]

1. 提高對旅客傷亡的賠償最高限額

---

119) 國際民航組織（The International Civil Aviation Organization）簡稱 I. C. A. O. ，係由芝加哥公約所設立，於該公約生效（一九四七年四月四日）之同時，卽開始工作。其地址設於加拿大之 Montreal。為聯合國專門機構之一。其主要機關為 1.大會（由全體會員國組成，每三年至少開會一次）；2.理事會（為 I. C. A. O. 執行機關，由大會選出二十七個會員國組成）；3.秘書處。

120) 法律委員會(The Legal Committee) 為國際民航組織於一九四七年舉行第一次大會時所決議設立，以賡續 C. I. T. E. J. A. 之工作。每一個會員國得指派一或數位合格人員參加該委員會，唯每一會員國僅有一個投票權。委員會之目標有三：1.研究並準備國際航空法之起草工作，以求獲得大多數國家之接受為目標；2.應理事會或大會之請求，對國際民航組織就公、私航空法及芝加哥公約之解釋與修正提供法律上之意見；3.與其他負責國際法統一與成文化之國際組織合作。

121) 應注意者，依海牙議定書第十八條規定，華沙——海牙公約僅於運送的起點和終點分別在兩個議定書的締約國，或起點和終點雖在同一締約國，但曾約定中途必須降落他國的領域地方才適用。因此華沙公約對於運送的起點和終點分別在兩個華沙締約國（縱使其中之一國已批准海牙議定書）的運送，仍繼續適用。

121A) 海牙議定書對華沙公約所做修正補充之處不少，除於正文中就其有關航空運送人對旅客損害賠償責任之條文，詳為分析說明比較外，於此擬將具有一般性但次要的修正，略作說明，至於單獨適用物貨運送的條文則省略。

1. 予「締約國」以明確之定義（海牙議定書第十七條第一項）：華沙公約第三十七條第二項和第四十條第一項所謂締約國係指國家，其他條文所謂締約國係指已批准或加入本公約而未廢棄者而言。

2. 予「領域」以明確之定義（海牙議定書第十七條第二項）：華沙公約所謂領域，不僅指一國本土，並包括該國對外關係上所代表之一切地方。

3. 關於華沙公約適用上之例外所作之修正：

　甲、海牙議定書第二條：取消公約第二條第二項，而規定華沙公約對於信件和郵包的國際空運不予適用。

　乙、海牙議定書第十六條：取消華沙公約第三十四條關於試驗運送的不適用規定。

　丙、海牙議定書第十六條：取消華沙公約第三十四條關於在特殊情形下所作非常空運的不適用之規定。

　丁、海牙議定書第二十六條：揭定締約國傳遞時聲明修改後的華沙公約對於專供運送

至二十五萬法郎（議定書第十一條第一項）。

華沙公約所定最高賠償限額爲十二萬五千法郎（折合美金約八千三百元），海牙議定書則將其提一倍。海牙會議所以會將賠償限額提高，主要的原因有下列三點：

(1)美金八千三百元的賠償限額與一些國家對國內運送所做損害賠償額一萬至十萬美金相比較，前者顯然偏低[122]；

(2)一些國家法院爲避免適用公約中有限責任條款，而設法加以規避，例如傾向於對「故意及視同故意的過失」做自由寬大的解釋[123]或對「運送人未發給客票而從事空運……」做極爲嚴格的解釋[124]，俾能依照公約的規定而適用無限責任[125]。

(3)參加海牙會議的美國代表團曾强調：如果公約賠償限額不大幅提高，美國即考慮廢棄華沙公約，而恢復無限賠償責任[126]。

2.法院得於運送人賠償限額以外，命其負擔原告所支出之訴訟費用全部或一部（議定書第十一條第四項）。

本項係新增，蓋於某些國家，如運送人敗訴時，除賠償原告損害外，依法尚須負擔所有法庭支出及原告律師費用[127]；但美國代表團則指出，美國情形與上述不同，故有時原告所獲賠償金額之大部分，皆爲訴訟費用所消耗[128]。

海牙會議爲明確表示華沙——海牙公約第二十二條第一項（議定書第十一條）所規定之賠償最高額，乃訴訟費用除外之最高限額，特新增上述條款。唯又依照一般原則而規定：但運送人於造成損害的事故發生後六個月內，或在此

121A)續　　軍事人員或軍用物資的本國航空機，不予以適用。（本條係新增）。

　　4.海牙議定書第三條第一項：將華沙公約旅客票應記載事項減至下列三項：

　　　　甲、起終點；乙、起終點在同一締約國而中途預定在外國降落時，則該預定降落地中的一個地名；丙、註明旅程終點或中途降落地若在起程國之外，則運送人對旅客的傷亡或行李的損害，可能適用華沙公約，而於大多數情形，僅負有限責任。

　　5.海牙議定書第三條第二項後段：運送人未發給旅客票而同意旅客乘坐航空機，或所發給旅客票沒有本條第一項丙款之記載，則該運送人不得援用公約第二十二條。

　　　　就上述規定言，其與公約原規定有下列兩點不同：

　　　　第一、違背議定書時，僅剝奪運送人依公約第二十二條應享之利益；而原公約之規定較嚴，剝奪運送人所有免除或限制責任之利益，不以公約第二十二條爲限。

　　　　第二、議定書規定第一項丙款爲强制記載事項，違之者，運送人不得享有公約第二十二條之利益；原公約則無此項規定。

122) 參照 Statement of the I. C. A. O. Air Transport Committee on Economic Aspects of Possible Changes in the Liability Limits of the Warsaw Convention, I. C. A. O. Doc 7450, Vol. II p.p. 129-145。

123) 請參閱 Remé H. Mankiewicz, *Hague Protocol to Amend the Warsaw Convention*, 5 Am J. Comp L. 80 (1956)。

124) 請參閱註 (110)。

125) 請參閱華沙公約第三條第二項但書、第二十五條。

126) 請參閱註 (123)，Mankiewicz, p. 80.

127) 請參閱註 (123)，Mankiewicz, p. 83.

128) 同註 (127)。

六個月內未提起訴訟時，則於提起訴訟以前，以書面向原告提供的金額若超過或等於法院所裁定賠償的金額（訴訟費用除外），則上述原告不得再請求訴訟費用。（議定書第十一條第四項後段。）

3.運送人應負無限賠償責任條件的新定義（議定書第十三條）。

海牙議定書雖也採用華沙公約（第二十五條）的原則而規定損害的發生，如可歸因於運送人或其使用人的故意或視同故意的過失，運送人便不得援用本公約上限制或免除其賠償責任之規定，唯對此原則重新予以定義如下：運送人或其使用人倘若故意（作為或不作為）或明知可能招致損害而以輕率的行為（作為或不作為），引起損害，該運送人便不得援用本公約第二十二條有關責任限制之規定；但使用人的作為或不作為，須為其職務上的行為。

右述定義可避免原公約用語在許多國家適用時所遭遇之困難[129]。而此一新定義實際上乃採用普通法國家對故意乙辭所作之定義[130]。因此在新的華沙——海牙第二十五條下，重大過失即不等於故意。此外，此一新條款明白規定運送人或其使用人之故意僅有排除公約第二十二條有限責任之效果，至於依其他條

款所享之權利，並未剝奪[131]。該條復明確規定，主張剝奪運送人所負有限責任權利者應負舉證責任。

(4)對運送人的使用人責任之規定（議定書第十四條）

華沙公約僅規定運送人之責任，而對其使用人（受雇人或代理人）之責任並未規定，因此一般皆以為使用人對其職務範圍內之錯誤行為應負無限責任。而運送人與其使用人（例如駕駛員）之雇傭契約裏通常又規定[132]，運送人就使用人因執行職務而侵害他人時，於使用人賠償受害人損害後，運送人應對其為補償，因此即可能間接地使依華沙公約應負有限責任之運送人，轉而負無限責任，致使公約保護航空運輸業及平衡運送人與旅客雙方利益之規定無從實現。

海牙議定書乃對華沙——海牙公約新增第二十五條A，其第一項規定：如賠償訴訟係以運送人的使用人為被告時，該使用人若證明其行為係屬職務上之行為，則可援用運送人依第二十二條有權援用的有限責任之規定。

依右述規定可知，如運送人本身不能主張第二十二條有限賠償責任時，例如損害的發生係基於運送人之故意[133]、機票未記載華沙公約可能適用之用語[134]或未發給旅客機票[135]等情形，則使用人

---

129) 請參閱 Shawcross & Beaumont, p. 498.
130) 請參閱美國法院下列判例：
    Grey et al. v. American Airlines, Inc., US Av. R. 60 (1955).
    Froman etal. v. Pan American Airways, Inc. US Av. R. 1 (1953).
    Ritls v. American Overseas Airlines, Inc. US Av. R. 65 (1949).
131) 例如華沙公約第二十條第一項、第二十一條。
132) 請參閱 Mankiewicz, p. 82.
133) 請參華沙——海牙公約第二十五條。
134) 請參閱華沙——海牙公約第三條第二項。
135) 同註（134）.

便不得依第二十五條，主張僅負有限責任。

此外，如運送人及其使用人共同被訴時，則依華沙——海牙公約第二十五條A第二項，運送人和其使用人賠償金的總額，仍不得超過本公約所規定的最高限度（指運送人及使用人均依公約負有限責任時）；其第三項復規定，倘使用人以故意（作為或不作為）或明知可能招致損害而以輕率的行為（作為或不作為）引起損害，則上述第一項及第二項的規定均不予以適用，換言之，該使用人須負無限責任。

三、瓜達拉加爾公約[136]

(一)制定經過

華沙公約或華沙——海牙公約主要即在於規律航空運送人在國際空運中對旅客所負之責任。唯上述公約中對「運送人」乙詞並未予以明確定義，因此該一名詞究竟係指實際運送人（actual carrier）抑契約運送人（contracting carrier）於實際從事空運與締結空運契約並非同一人時，即成為嚴重問題，蓋僅公約所指之運送人始能享有公約上之各種保障，其非公約所指之運送人，則難以享有公約上之各種利益——例如有限責任。

華沙或華沙——海牙公約除於相繼運送之情形有明白規定相繼運送人之地位外[137]，於其他情形，如實際運送人與契約運送人並非同一人時，關於其地位之規定便不明確。因此究竟契約運送人為公約中所稱之運送人抑實際運送人就其從事之航程言，為公約中之所稱之運送人，便有爭執。公約第一條第三項及第三十條第一項的用語（由運送人從事的運送），似指實際運送人而言，但就公約整個設計而言，則運送顯係受當事人締結之契約之約束，換言之，運送人應指契約運送人（參照公約第一條第二項、第三十二條及第三十三條）。二者相較，自以後者為是，故任何人以自己名義與旅客締結一國際運送契約者即為「運送人」，而不論其簽發之客票是否符合公約之要件，也不論其是否實際從事該次空運。基於上述，故一般皆認為實際運送人倘若不同時也為契約運送人或相繼運送人時，即不受本公約條款之保障[138]。而瓜達拉加爾公約之制定，即在於統一由實際運送人（不同時為契約運送人）所從事的國際空運的有關法律。此種問題之研擬，最早開始於一九三〇年之包機問題上，而再經由國際民航空運組織的法律委員會在一九五五—六〇年的努力，最後始完成起草工作，

---

136) 瓜達拉加爾公約（The Guadalajara Convention），全名為 Supplementary to the Warsaw Convention, for the Unification of Certain Rules Relating to International Carriage By Air Performed By a Person Other Than the Contracting Carrier。 故本公約乃補充華沙公約之規定。而所謂華沙公約，則係指一九二九年之華沙公約或一九五五年之華沙——海牙公約，而依契約運送人所簽訂之空運契約究受何一公約之適用而決定。本公約已於一九六四年五月一日生效。

137) 請參照華沙或華沙——海牙公約第一條第三項；本文第45.46頁。

138) 請參閱 Drion, Limitation of Liabilities in International Air Law, (1954) p. 133.; Cheng, The Law of Carriage by Air, (1963-4), 60 & 61 L. S. Gaz.

而於西元一九六一年九月十八日正式簽署。

(二)重要之條文[139]

1.擴大華沙公約適用之對象

所謂實際運送人，依瓜達拉加爾公約第一條第三項之規定，係指非契約運送人，但基於契約運送人之授權，而從事華沙公約（或華沙——海牙公約）[140]所適用空運之全部或部分航程之人，且就該段航程言，其也非華沙公約中所謂之相繼運送人。瓜達拉加爾公約擴大華沙公約適用之對象，即將實際運送人也包括在內。唯其所負責者，僅限於所從事的該段航程，與契約運送人仍應就契約所定全部航程負責者不同（第二條）。

實際運送人及其使用人從事職務範圍內工作時之作為或不作為，就實際運送人擔任的空運言，視為契約運送人之作為及不作為[141]。此一規定不過是重新強調華沙公約之規定而已。因此實際運送人之故意行為，將使契約運送人負全部責任。

相反言之，契約運送人及其使用人從事職務範圍內工作時之作為和不作為[142]，就實際運送人擔任的空運言，視為後者之作為及不作為。唯該項作為或不作為不能使實際運送人所負責任超越華沙公約第二十二條之限制[143]。因此契約運送人如因故意行為依第二十五條負無限責任時，實際運送人就該行為仍依第二十二條負有限責任。此外，契約運送人依特約負擔華沙公約未規定之義務，或者放棄華沙公約所賦與的權利時，除實際運送人同意外，對其權義並無影響[144]。

唯於此有一問題者，即瓜達拉加爾公約既然擴大了華沙公約適用的對象，將實際運送人也包括在內，則於實際運送人從事華沙公約中的國際空運時，於契約運送人簽發客票外，其是否也須對旅客簽發客票？本問題極為重要，蓋如果其必須簽發客票而未簽發時，不僅實際運送人，即契約運送人，均需依華沙公約而負無限責任[145]。

主張其必須簽發者所根據之理由主要為瓜達拉加爾公約第二條。蓋該條規定：「……除本公約另有規定外，實際運送人——就其所從事的航程，依照華沙公約的規定……。」而公約中既別無實際運送人不另需簽發客票的規定，則自應簽發客票。上述見解雖非毫無根據，但鑑於公約第三條第二項之規定：「契約運送人……之作為，就實際運送人從事的航程言，視為實際運送人之作為……。」因此契約運送人簽發客票的作為，就實際運送人從事的航程言，即應視為後者簽發客票的作為，而其自毋庸

---

139) 本公約英文本載於 McNair, The Law of The Air (1964) p. 520.
140) 本文以下所稱華沙公約，係華沙或華沙——海牙公約之省略。
141) 瓜達拉加爾公約第三條第一項。
142) 瓜達拉加爾公約第三條第二項。
143) 瓜達拉加爾公約第三條第二項但書。
144) 瓜達拉加爾公約第三條第一項後段。
145) 請參閱瓜達拉加爾公約第三條第一項、華沙公約第三條第二項。

再另行簽發旅客票。

2.明確規定運送人的使用人之地位

依照一九二九年華沙公約，關於運送人之使用人是否享有運送人相同的保障，曾引起爭論[146]。若嚴格解釋公約條文，華沙公約並不包括運送人的使用人之個人責任，因為公約第十七條、第十八條、第十九條及第二十二條中「運送人」乙詞若包含其使用人，則公約第二十條及第二十五條中特別指明「代理人」，即顯多餘；此外，公約第二十四條所謂「一切訴訟不論其名義如何」也未擴大公約適用範圍，蓋該條僅指依公約第十七條、第十八條及第十九條對運送人之訴訟而言[147]。

因華沙公約對本問題規定未臻明確[148]，所以運送人通常皆與旅客簽訂契約，規定任何限制或免除運送人責任之規定，同樣也適用於運送人之使用人[149]

。

唯上述當事人契約條款，究非國際公約條款可比，為澄清運送人的使用人之責任，瓜達拉加爾公約特予明文規定。依該公約第五條，實際運送人或契約運送人之使用人，有權享有依華沙公約其運送人所得享有之有限責任，唯須符合下列二條件：其一、使用人必須證明其係從事職務範圍內之行為；其二、使用人未經被證明其行為之方式，依華沙公約不得援用有限責任。

而瓜達拉加爾公約第六條復規定，就實際運送人從事的空運言，被害人對實際運送人、契約運送人以及從事職務範圍內之使用人所得請求賠償的總額，不得超過華沙公約所規定的賠償最高限額。且上述各人各別所負之責任，也不得超過公約所定之賠償限額。

3.契約運送人與實際運送人之關係

146）其主張依一九二九年華沙公約，運送人之使用人也享有該公約之保障者，請參閱Drion, Limitation of Liabilities in International Air Law, (1954) Nos. 133-137。
其主張依一九二九年華沙公約，運送人之使用人不得享有該公約之保障者，請參閱 Beaumont, *Need for Revision and Amplification of the Warsaw Convention*, 16 J. Air. L. & Com. 395 (1949); Kamminga, The Aiscraft Commander in Commercial Air Transportation (1953) p. 90.

147）於實例上，各國法院也曾為不同之判決。其判決華沙公約不適用於運送人之受雇人者，請參閱美國 Pierre v. Eastern Airlines Inc. 8 Fotworth (1957), U. S. Av. R. 431.; 加拿大 Stratton v. Trans. Canada Airlineo et al., 27 D. L. R. 2 670 (1961)；其決決華沙公約適用於運送人之代理人者，請參閱美國 Wanderer v. Sabena and Pan American Airways Inc. (1949), U. S. Av. R. 25; Chutter v. K. L. M. & Allied Aviation Service Corp. (1955), U. S. Av. R. 250; Tuller v. K. L. M. 172 F. Supp. 702 (1959); Coultas & Polak v. K. L. M. Airlines et al. (1961) U. S. Av. R. 199.

148）因華沙公約對此問題規定未臻明確，因此一九五五年之海牙議定書第十四條，新增一第二十五條A，以補充華沙公約之不備。請參閱本文第57頁。

149）請參閱國泰航空公司客票上所載契約條件 (Conditions of Contract) 第六條："Any exclusion or limitation of liabilities of carrier shall apply to and be for the benefit of agents, servants and representatives of carrier and any person whose aircraft is used by carrier for carriage and its agents, servants and representatives."

依瓜達拉加爾公約第十條之規定，除本公約第七條之規定外，本公約不影響契約運送人與實際運送人間之權利義務。申言之，第七條規定就實際運送人從事的空運言，損害賠償訴訟依原告之選擇[150]，得對實際運送人或契約運送人或同時或分別對兩人提起。如果訴訟係對某一運送人提起時，則該運送人有權要求另一運送人加入訴訟。至於兩運送人間內部關係如何，例如有無求償權或分擔損害比例如何等問題，瓜達拉加爾公約未規定，而應依兩運送人間之協議及法庭地國際私法所適用之準據法而定。

4.有關免責條款之規定

依瓜達拉加爾公約第九條，運送人與旅客所訂下列特約皆為無效：其一、將契約運送人或實際運送人依本公約所負責任完全免除或將其降至本公約所定限度以下（第九條一項）；其二、於損害發生以前預先決定適用法律或變更關於決定管轄法院規則，以逃避本公約之適用（第九條第三項前段）。

當事人所訂立的特約無效時，空運契約本身仍然有效，而仍受本公約之適用（第九條第一項但書）。此規定的目

的在於防止運送人以特效無效作為藉口，而主張整個空運契約也為無效，以逃避本公約之拘束。

四、蒙特利爾協定[151]

(一)制定經過

美國於一九三四年簽署了華沙公約，於一九五五年海牙會議時即提議提高運送人最高賠償限額至二萬五千美金，大多數與會國家強力反對，認為該一賠償額過高，有違保護航空企業之精神，但妥協之結果，仍就華沙公約的限額提高了一倍，由十二萬五千法郎提高到二十五萬法郎（即由美金八千三百元提高到一萬六千六百元）[152]，唯依海牙議定書之規定[153]，該限額並不包括訴訟費及律師費在內，如包括後者之賠償，即略等於美國所提議之賠償限額。

但是，美國並不以此為滿意，反而陸續表示應提高賠償限額至五萬美金、十萬美金，也未批准海牙議定書。一九六五年美國僅為了賠償限額過低之唯一理由，即威脅要退出華沙公約；並要求美國各家航空公司自動接受一個為數十萬美元的賠償限額。後一要求經國務院於一九六五年八月二日提出，做為美國

---

150) 原告提起損害賠償之訴，得向下列法院之一提起：
　　1.依華沙公約第二十八條，得對契約運送人起訴之法院。
　　2.實際運送人住所地法院或其主要營業所在地法院。

151) 蒙特利爾協定 (The Montreal Agreement) 之正式名稱為：Agreement Relating to Liability Limitations of the Warsaw Convention and the Hague Protocol. 本協定之英文本載於 CAB, Aeronautical Statutes & Related Material (1967) pp, 324-325.

152) 最近由於美金貶值之結果，公約中法郎已分別折合美金為一萬及貳萬元。參照國泰航空公司客票第三頁所載數字。

153) 參照海牙議定書第十一條（華沙——海牙公約第二十二條第四項。）

— 341 —

不退出華沙公約之代價[154]，但爲美國航空公司所拒絕[155]。美國政府隨即於十一月十五日通知荷蘭政府表示退出華沙公約，依公約第三十九條規定，美國退會將於一九六六年五月十五日生效。但美國同時聲明，如世界各大航空公司於三週內接受一個七萬五千美元之臨時性限額，美國就打消退會[156]。

在美國退出華沙公約的威脅下，國際民航組織遂於一九六六年二月在加拿大的蒙特利爾召開了會員國緊急會議，討論提高公約賠償限額之可能性。美國十萬美元限額之提案雖爲蒙特利爾會議所拒絕，但會議爲避免美國退會生效起見，世界各大航空公司包括八家美國及十七家美國以外國家的航空公司，於五月十三日簽署了蒙特利爾協定，接受了美國最初建議——七萬五千美金的賠償限額[157]。美國遂於同月十四日通知波蘭政府，正式撤回退會通知[158]。

(二)重要之內容

1.制定之依據

蒙特利爾協定乃世界各航空公司所簽署的一項協議，並非國家間之條約，唯其依據則爲華沙（或華沙——海牙）公約第二十二條第一項但書所稱之特別

154) 關於美國對華沙公約有限責任立場之演變，請參考下列兩論文：
Stephen, The *Adequate Award in International Aviation Accidents*, 1966 Ins. L. J. 711.
Lowenfeld & Mendelsohn, The *United States and the Warsaw Convention*, 80 Harv. L. R. 497 (1967).
155) 由美國各家航空公司所組織之美國航空運輸協會，不接受美國政府之提議，認爲其十萬美元的賠償限額不合理，其根據的理由得扼要列舉如下：
1. 美國最近有關死、傷賠償判決，僅爲一萬三千至二萬三千美元；
2. 美國國際航線上旅客約有半數爲失業者或店員階級的受雇人（且大部分爲學生、婦女、幼兒及年老者）。
3. 政府及航空運送企業所訂賠償條款對每人之賠償也僅四萬至五萬元；
4. 國會對因航空器失事賠償所通過之私人救濟案也僅二萬至二萬五千元之間；
5. 聯邦及十四個州所制定之有關責任限制之法律從一萬至五萬元，其平均數則爲二萬五千美金。
關於其詳，請參閱註 (154) ，Stephen, pp. 722-724.
156) 同註 (154) .
157) 請參閱 Stephen, The *Montreal Conference and International Aviation Liability Limitations*, 33 J. Air. L. & Com. 556 (1967).
158) 美國撤回退會通知聲明中曾稱：
"The United States of America believes that its continuing objectives of uniformity of international law and adequate protection for international passengers will be best assured within the framework of the Warsaw Convention, ... Further, the Government of the United States looks forward to continued discussions looking to an up-to-date and permanent international agreement on the important issues dealt with in the Warsaw Convention."
請參照 Caplan, *Insurance, Warsaw Convention, Changes Made Necessary by the 1966 Agreement and Possibility of Denunciation of the Convention*, 33 J. Air. L. & Com. 670 (1967).

契約[159]。蓋依該特別契約，運送人與旅客得合意提高賠償限額。而蒙特利爾協定卽爲各航空公司間就賠償限額所協議成立的一項要約，因旅客之承諾（購買客票），所成立之公約上所謂之特別契約。唯如前所述，該協議實非航空運送人自願所簽訂，而係在美國威脅退出華沙公約之壓力下所成立。

2. 適用之條件

蒙特利爾協定之內容，對華沙公約及海牙議定書關於運送人對旅客損害賠償責任有重大修正（詳見下述），唯其適用則有一定的條件，不符合該條件而符合華沙公約或海牙議定書適用條件時，仍有後者之適用[160]；卽使適用蒙特利爾協議，但其所未規定者，也仍有後兩公約之適用，自不待言。其適用之條件如下[161]：

第一、必須爲「國際運送」，其是否國際運送依華沙公約或海牙議定書之規定。

第二、依運送契約之規定，必須美國爲航程之起站或終點站或合意之停留站。

第三、運送人必須爲蒙特利爾協定之簽署者（卽特別契約之當事人）[161A]。

3. 重要之修正

(1)提高最高賠償限額：

運送人對每一旅客傷亡之最高賠償額，依華沙公約爲八千三百美金，依海牙議定書爲一萬六千六百美金，但蒙特利爾協定則將其提高至七萬五千美金（包括律師費及訴訟費），或者五萬八千美金（不包括律師費及訴訟費）[162]。

(2)改採結果責任主義

按華沙公約及海牙議定書就旅客損害賠償責任，均採過失責任主義，唯就運送人之有過失，公約則採推定之原則[163]，故運送人如欲免責，則須就其無過失負舉證責任[164]，也卽運送人若能證明其自己及使用人對損害之發生已採取一切必要措施以避免危險之發生，或不可能採取上述措施時，則其對旅客之傷亡就不負損害賠償責任。但蒙特利爾協

---

159) 華沙公約第二十二條第一項規定：
"In the transportation of passengers the liability of the carries for each passenger shall be limited to the sum of 125,000 francs. .... Nevertheless, by special contract, the carrier and the passenger may agree to a higher limit of liability."
華沙——海牙公約第二十二條第一項規定：
"In the carriage of persons the liability of the carrier for each passenger is limited to the sum of two handred and fifty thousand francs. .... Nevertheless, by special contract, the carrier and the passenger may agree to a higher limit of liability."

160) 請參閱註 (121) .

161) 請參照蒙特利爾協定第一條。

161A) 請參照蒙特利爾協定第二條。
迄一九七〇年共有五十八家美國航空公司及九十一家其他國家航空公司，包括中華航空公司，也都簽署了此一協議。請參照 3 CCH Av. L. Rep. § 27, 130 (1970)

162) 請參照蒙特利爾協定第一條第一項。

163) 請參照華沙（或華沙——海牙公約）第十七條。

164) 請參照華沙（或華沙——海牙公約）第二十條。

— 343 —

定則改採結果責任主義，放棄依公約第二十條所可主張之防禦[165]。換言之，旅客一有傷亡之事實，運送人即必須負賠償責任，其責任雖有最高賠償額之限制，但公約第二十條免責之規定則無適用之餘地。

另外該協定也規定[166]：「上述協議並不影響運送人對於任何故意造成損害者所生之權義、或就其所致旅客死傷所生請求權之權義[167]。」此一規定似應解為注意規定，蓋即使無前述規定，依華沙或華沙——海牙公約第二十一條、第二十五條，要屬當然結果。換言之，運送人或者不負賠償責任（例如受害人故意招致之損害；或者不得主張有限責任（例如對使用人在執行職務範圍內故意造成之損害）。

五、瓜地馬拉議定書[168]

(一)制定經過

蒙特利爾協定之簽訂僅為一臨時權宜措施，其最終之計，仍在於以修正華沙公約之方式為之。美國矢志提高損害賠償限額之目的，既始終未減，所以國際民航組織轄下之法律委員會即曾不斷聚會討論，但均未獲協議[169]；直至西元一九七〇年法律委員會始完成其修正草案，提出於一九七一年三月三日至十七日在瓜地馬拉市所召集之外交會議，以為討論之基礎。此次會議通過了瓜地馬拉議定書，對華沙公約及海牙議定書做了重大之修正。唯此一議定書之生效，須待三十個國家之批准，且批准國中五個國家之國際定期航運（以旅客、公里表示，依國際民航組織公布之一九七〇年之統計數字）必須代表至少百分之四十的國際民航組織所屬會員國航空公司之國際定期航運之總數[170]。故其生效並非易事[171]。

(二)重要之修正

---

165) 請參照蒙特利爾協定第一條第二項。
166) 請參照蒙特利爾協定第一條後段。
167) 此外，蒙特利爾協定第二條復規定運送人須於客票上印載「就責任限制告國際旅客」之通知。內容在說明本運送可能適用華沙、華沙——海牙公約或蒙特利爾協定，以及其有限責任之金額。
168) 瓜地馬拉議定書 (Guatemala Protocol) 之英文全稱為：
Protocal to Amend the Convention for the Unification of Certain Rules Relating to International Carriage by Air Signed at Warsaw on 12 Oct. 1929, as Amended by the Protocol done at the Hague on 28 September, 1955, done at Guatemala City on 8 March, 1971. 我國及其他廿個國家之代表簽署了此一議定書。本公約全文載美國國務院 Press Release No. 56, March 17, 1971, at 2-8。
169) 請參見 ICAO Doc. 8584 (Special meeting); GE-Warsaw, Reports 1 and 2 (Panel of Experts); ICAO Doc. 8878-LC/162 (ICAO Legal Committee and its subcommittee).
170) 參照瓜地馬拉議定書第二十條第一項。
171) 瓜地馬拉議定書對生效之條件，所以一方面有批准國數目之限制，而另一方面又有五個批准國之國際定期航運，必須代表至少百分之四十的國際民航組織所屬會員國航空公司的國際定期航運之總數，其理由無非在避免重蹈海牙議定書之覆轍——即議定書雖已生效，但主要航運國卻未批准。

1.改採無過失責任

本議定書廢棄了華沙公約、海牙議定書所採之過失責任主義，改採蒙特利爾協定所採之結果責任（無過失責任）主義。故對原公約第二十條[172]運送人不負損害賠償責任規定加以修正，不再適用於旅客傷亡及行李損害之賠償，唯該條免責規定對旅客及行李因運送遲延以及貨物之損害，仍有其適用[173]。不過瓜地馬拉議定書對運送人之無過失責任仍有兩項例外規定。其一、純因旅客個人健康狀況所致之死傷[174]；其二、旅客之與有過失[175]。

2.提高最高損害賠償額

瓜地馬拉議定書將運送人對旅客死傷所負最高損害賠償額加以大幅提高，依此修正後公約第二十二條之規定[176]，約合美金十萬元（如同華沙公約，仍以金法郎表示）。

唯應注意者，瓜地馬拉議定書雖大幅度修正華沙公約之原則，例如由過失責任改採無過失責任，由保護運送人的低賠償限額改為保護旅客的高賠償限額，對運送人來講極為不利，特別的是此十萬美金的有限責任，就某些國家來說，實已等於無限責任，故此議定書為調和對運送人不利之規定，遂修正原公約第二十五條，就運送人應負無限責任之規定，僅適用於貨物運送[177]，而對旅客運送，則不論運送人本人或使用人有無故意或重大過失，均僅以十萬美金為最高且不可破之賠償限額[178]。

---

172) 華沙公約第二十條規定：The carrier shall not be liable if he proves that he and his agents have taken all necessary measures to avoid the damage or that it was impossible for him or them to take such measures。

173) 請參照瓜地馬拉議定書第六條第一項及第二項.

174) 請參照瓜地馬拉議定書第四條第一項。該項規定："The carrier is not liable if the death or injury (of a passenger) resulted solely from the state of health of the passenger."
條文中用 solely 乙字，似在表示倘如旅客個人健康狀況僅係助成損害的話，運送人對旅客死、傷仍須負結果責任。

175) 請參照瓜地馬拉議定書第七條。

176) 請參照瓜地馬拉議定書第八條第一項(a)。賠償限額為一百五十萬金法郎。

177) 請參照瓜地馬拉議定書第十條。該條規定："The limit of liability specified in paragraph 2 of Article 22 shall not apply if it is proved that the damage resulted from an act or omission of the carrier, his servants or agents, done with intent to cause damage or recklessly and with knowledge that damage would probably result; provided that, in the case of such act or omission of a servant or agent, it is also proved that he was acting within the scope of his employment." 修正後之華沙公約第二十二條第一項係運送人對旅客及行李所負有限責任之規定。其第二項係運送人對貨物所負有限責任之規定。

178) 茲就公約對運送人應負無限責任之規定，再扼要述其修正如下：
華沙公約第二十五條：
損害的發生，如可歸因於運送人或其使用人（職務上之行為）的故意或視同故意的過失，運送人便不得援用本公約上限制或免除其賠償責任之規定。
海牙議定書第十三條：
運送人或其使用人倘若故意或明知可能招致損害，而以輕率的行為引起損害，該運送人便不得援用本公約第二十二條有關責任限制之規定；但使用人的行為須為其職務上的行為。

此一議定書為確保此一最高賠償限額為不可擊破之最高限額，故對原公約第二十四條及第二十二條均加以文字上之修正，使其意義明確。如明文規定任何請求賠償之訴，無論係根據本公約、抑契約或侵權行為，僅能於本公約所規定的條件及限制下提起（第二十四條）；新賠償額（十萬美金）包括了以各種原因為基礎所得請求賠償之總和。此外，瓜地馬拉議定書復明文取消原公約第二十二條所謂當事人得以特約提高賠償限額之規定，使公約所定最高賠償額能名符其實。唯應注意者，上述最高賠償限額一如海牙議定書之規定，並不包括訴訟費及律師費在內[179]。

3.增加自動增加限額條款

此一議定書於其第十五條（華沙公約新增之第四十二條）規定自動增加最高賠償限額之辦法。該條規定：於本議定書生效後第五年及第十年十二月三十一日以前召集檢討賠償限額之會議，除非經出席投票會員國三分之二的多數決定維持或減低原限額，否則當時有效的賠償限額即自該日起自動增加十八萬七千五百法郎（約合一萬兩千美金）。此一自動增加限額之規定，將使美國不斷提高賠償限額之目的易於達成，蓋每次會議中，倘如美國能獲有多於出席投票締約國三分之一的支持，則檢討賠償限額會議關於維持或減低原最高賠償限額即無法通過，而原有效之賠償限額即自該日起自動增加美金一萬二千元。此一條款顯然係美國所支持，符合該國不斷力爭之目標，其可能增加之數額與海牙議定書所提高之限額相比，不能謂低；唯由於此自動增加限額條款之生效，以瓜地馬拉議定書生效為前提，而後者基於其內容對於華沙公約言，具有原則性之修正，故恐難於短期內達到生效之條件，故前者之自動調整效果，自非短期可以發揮。

4.擴大損害賠償訴訟之管轄法院

原華沙（或華沙——海牙）公約第二十八條規定，賠償訴訟應在下述公約國之一提起，此即 1.運送人住所地法院；2.運送人主要營業所在地法院；3.空運契約成立地法院；4.空運契約終點地法院。而瓜地馬拉議定書則將管轄法院予以擴充，而於本議定書第十二條中新增一管轄法院，此即運送人有營業所之

---

178) 續瓜地馬拉議定書第十條：

運送人或其使用人倘若故意或明知可能招致損害，而以輕率的行為引起損害，該運送人便不得援用公約第二十二條第二項有關責任限制的規定；但使用人的行為須為其職務上的行為。

以上三條皆為運送人應負無限責任之規定，除關於主觀要件之文字用語不同外，其主要之不同在於下述：

第一、華沙公約、海牙議定書中所謂之損害，包括旅客的、及行李與貨物的損害在內；而瓜地馬拉議定書所謂損害應僅指貨物的損害。

第二、依華沙公約運送人所不得援用者，不以第二十二條有限責任規定為限（其他如第二十條第一項、第二十一條也包括在內）；依海牙議定書運送人所不得援用者僅以第二十二條有限責任之規定為限；而依瓜地馬拉議定書運送人所不得援用者，則僅以第二十二條第二項有關貨物的有限責任之規定為限。

179) 請參照瓜地馬拉議定書第八條第三項。

公約國，而該公約國也為旅客之住所地或永久居所地。

此一新增之賠償訴訟之管轄法院，顯然符合美國人的利益，擴大了該國關於華沙公約賠償訴訟的管轄權[180]，使美國旅客不必遠涉重洋，即得於美國本土法院，對運送人提起訴訟。

肆、航空運送人損害賠償責任在國際私法上所引起之法律適用問題

華沙公約制定之主要目的[181]，即在於統一國際航空運送中運送人與旅客間之法律關係，以消除航空運送人損害賠償責任在國際私法上所引起之法律適用問題[182]。該公約自西元一九二九年簽訂，一九三三年生效以來，從締約國數目不斷增加上[183]，即可看出其普受重視之一斑。締約國數目愈增加，適用公約的機會即會愈多[184]，而國際空運中法律衝突之問題即相對減少。唯迄目前為止，不僅由於公約本身規定仍有疏漏之處[185]，同時世界上仍有一些國家也未加入該公約[186]，此外，於華沙公約外，又有海牙議定書、瓜達拉雅爾公約之簽訂，華沙公約之締約國有僅加入其中之一者，有兩者均未加入者[187]，致使統一國際航空私法，消彌各國法律衝突之嚆矢，仍未能完全達成。

以下擬僅從華沙公約的立場上[188]，分類分析航空運送人損害賠償責任在國際私法上所引起之法律適用問題。至本問題之徹底解決，自有賴於補充公約，

---

180) 此蓋由於國際航空運送中，美國旅客所佔比例高，而美國即為彼等之住所地或永久居所地，同時世界各大航空公司無不在美國設有營業所，符合公約所定管轄權行使之要件。

181) 請參照華沙公約之前言。該前言中稱：
"Having recognized the advantage of regulating in a uniform manner the conditions of international transportation by air in respect of the documents used for such transportation and of the liability of the carrier, ……"

182) 所謂國際私法上之法律適用問題，即一國對於涉外法律關係，決定將如何適用其所應適用之法律之問題。申言之，即對涉外法律關係當事人所享有之權利，其產生或消滅，決定其應受何國法律之支配之問題。法律適用問題實為國際私法中最複雜之問題，蓋因法律關係性質之不同，於是其所應適用之法律自亦有異。

183) 在西元一九三四年以前批准或加入華沙公約者，僅有四十餘國，但至一九七〇年，華沙締約國已增至一零四國。請參照 3 CCH Av. L. Rep. § 27,054 (1970)。

184) 其理由有二，其一、締約國愈多，則構成公約中「國際空運」之機會即愈多；其二、締約國愈多，則有適用公約義務之國家即增加，適用公約的機會，自然增多。

185) 例如於旅客死亡之場合，誰為損害賠償權利人？運送人究指契約運送人抑實際運送人？運送人之使用人是否也享有公約之保障等？華沙公約均漏未規定。

186) 例如我國。我國政府於一九二九年曾派代表參與華沙公約之制定，唯迄未批准。但中共於一九五八年七月二十日加入華沙公約。請參照 CAB, Aeronautical Statutes and Related Material (1967) p.p. 282, 312, 319。

187) 此可由比較批准或加入此三個公約國家之數目上得知。請參照Shawcross & Beaumont, 2, Air Law (1966) 3-8, 30.

188) 本文為求說明之方便，僅就華沙公約立場上加以分析，倘併就海牙議定書、瓜達拉加爾公約而言，則問題更趨複雜。鑒於分析說明方法並無不同，故不包括後兩公約。

並獲得各國一致之加入。

航空運送人損害賠償責任在國際私法上所引起之法律適用問題，不僅對非華沙公約之締約國發生，卽對華沙公約之締約國內也會發生，茲分析如下：

一、就締約國而言[189]

華沙公約之締約國，就航空運送人損害賠償責任問題，有適用公約之義務，唯國際私法上法律適用問題仍然發生：

(一)不屬於華沙公約之運送

航空運送如非華沙公約所稱之「國際空運」[190]，則不在公約之適用範圍。舉例言之，如某締約國內兩點間的運送，而無合意中途停留於他國；或者雖屬於兩國間的運送，但其中一國或兩國皆非華沙締約國；或者雖爲兩國間的運送，但其中一國爲華沙締約國，另一國僅爲華沙——海牙締約國等情形。

在上述各種空運中，國際私法問題顯然發生。例如失事地點在甲國（不論是否華沙締約國），而賠償訴訟在乙國（華沙締約國）提起，則此時乙國無適用公約之義務，而航空運送人之國籍、住所、航空器登記國、旅客之國籍、住所、空運契約訂約地、履行地、失事發生地、法庭地等[191]，與此賠償案件皆有牽連關係，各該地之法律皆有被適用之可能，而乙國通常依照該國法律以定案件性質之所屬[192]——契約債務不履行抑侵權行爲，再就確定性質歸屬後之案件

---

189) 所謂締約國，係指已批准或加入華沙公約而未廢棄者而言。

190) 關於國際空運，請參閱本文第43. 44頁。

191) 以上所述皆爲國際私法上之連結因素 (connecting factor)，卽據以連結涉外案件與一國實體法之基礎。關於連結因素，請參閱 Wolff, Private International Law (1950) p. 99.

192) 此卽國際私法上之定性問題。按定性者，卽關於法律關係之性質及其法律名詞之意義，有關於數國法律，而該數國法律對其各異其觀念時，究應依何國法律以確定之。國際私法關於定性之學說，主張不一，其重要者如次：

　1.法庭地法說 (The Lex Fori)：主張內國法院關於受理案件之法律關係，應依其內國法——卽法庭地法，以確定其性質之所屬。

　2.本案準據說 (The Lex Causae)：主張法庭地關於受理案件之法律關係，應依本案之準據法，以確定其性質。

　3.分析法理學說 (The Principles of Analytic Jurisprudence)：主張法律關係之性質，應依分析法理學及比較法學之原則而確定。

　4.個案定性說：主張定性不能依特定的學說來決定，而應依各該衝突規範的目的，及當事人的利益來決定。

　5.功能定性說：主張定性不得從法律結構上着眼，而應按各個制度在法律生活中的功能來定性。

而國際私法中定性之範圍，約包括以下各點：訟爭問題之定性、連結因素之確定及準據法適用範圍之劃定。

關於定性問題，請參閱施啓揚教授著：「國際私法上定性問題的歷史發展及其解決方法」，法學叢刊第十二卷第四期（民國五十六年）第 21 頁；Lorenzen, *Qualifications and Conflict of Laws* 20 Col. L. Rev. 247 (1920); Ehrenzweig, Private International Law, (1967) pp. 113–140.

，依照其國際私法，以定該案件之準據法[193]，俾進而解決當事人間之紛爭。詳言之，乙國受理上述有關航空運送損害賠償案件，確定其性質歸屬後，即面臨決定究應適用何國民法（或航空法），以認定運送人應否負擔損害賠償責任；運送人是否僅就其本人過失負責，抑並就其使用人之過失負責；舉證責任之分擔；何種行為始為過失；因果關係之有無；被害人與有過失問題；事件本身代人說明原則之應否適用；倘若旅客死亡，則誰為損害賠償請求權人；損害賠償請求權之消滅時效或除斥期間；損害賠償額有無限制；可否分期賠償等問題。

(二)屬於華沙公約之運送

航空運送如屬於華沙公約所稱之「國際空運」，例如甲乙兩締約國間的運送，賠償訴訟係在乙國提起，而依公約之規定，乙國法院有管轄權。則上述航空運送損害賠償訴訟中大多數問題，因華沙公約已有規定，乙國有適用公約之義務，自不發生國際私法上法律適用問題。例如華沙公約規定於何種情形下運送人應負賠償責任[194]；規定了代理責任[195]及與有過失[196]；復規定運送人對旅客傷亡應負賠償責任[197]，唯如其能證明運送人及其使用人已採取所有必要措施以避免損害的發生，或者其本人或使用人不可能採取上述措施，便不負損害賠償責任[198]，因此公約係將舉證責任加諸於運送人，避免提出「事件本身代人說明」原則；公約也規定了行為人死亡的場合[199]；同時公約對起訴期間[200]及管轄權[201]都有規定；此外，公約也規定了當事人所簽訂任何免除責任或減輕依公約應負賠償限額之條款均為無效[202]，以避免適用所謂創造權利的國家也能修正或免除該權利之法則。

上述華沙公約之規定不能謂不細密，唯國際私法上法律適用問題，仍然存在。舉例言之，旅客因意外事件死亡後，應適用何國法律以決定誰為損害賠償請求權人？究應適用何國法律，以決定運送人之使用人是否也享有公約中運送人所享有之保障[203]？究應適用何國法律，以決定契約運送人抑實際運送人為公約所指之運送人[204]？

二、就非締約國而言

條約在原則上只有相對的效力，即

193) 所謂準據法，係指依照一國國際私法之規定，就特定涉外法律關係所適用之內外國法律。此準據法係以特定法律關係與當事人或某地域之牽連關係為基礎；而抽象的予以規定。例如物權依物之所在地法，侵權行為依侵權行為地法，即為其例。
194) 參照華沙公約第十七條、第十八條、第十九條、第二十條、第二十二條、第二十五條。
195) 參照華沙公約第二十五條第二項。
196) 參照華沙公約第二十一條。
197) 參照華沙公約第十七條。
198) 參照華沙公約第二十條。
199) 參照華沙公約第二十七條。
200) 參照華沙公約第二十九條。
201) 參照華沙公約第二十八條。
202) 參照華沙公約第二十三條。
203) 關於本問題海牙議定書第十四條已有明白規定。
204) 關於本問題瓜達拉加關公約第一條已有明白規定。

其拘束力限於締約國之間，而不及於非締約國[205]。故非華沙公約之締約國自無適用華沙公約之義務，因此關於航空運送人損害賠償責任之訴訟，若在非華沙公約提起，而該案件含有涉外成分時[206]，則不論該次空運是否公約所稱之「國際空運」，國際私法上法律適用問題自然發生，而法律衝突也自所難免。換言之，關於含有涉外成分之航空運送人損害賠償責任訴訟，如在某非華沙公約締約國提起，而依該國法律規定，對該案件又有管轄權時，則此時該某國卽適用其國際私法，以決定應適用何一國家之法律（準據法），以認定運送人是否應負損害賠償責任，及有無賠償限額等有關問題。

唯損害賠償之債，乃因某種事實致某人身體財產或其他法益蒙受不利益，其發生原因[207]，就依法律規定者言，列國多以由侵權行為及債務不履行為多[208]，而同一事實（航空機失事），對同一當事人，同時發生侵權行為之損害賠償

---

205) 唯條約有時例外地對於非締約國亦會發生一定之效果。條約對於非締約國的效果，可從權利和義務兩方面，加以檢討：

就條約能否對於非締約國給予權利而言。國際法並不禁止締約國依條約使非締約國享受一種權利。一般認為在下列條件下，條約對於非締約國亦可給予權利：1.全體締約國有對於非締約國給予眞正權利的意思；2.締約國將此意思表明於條約規定裏面；3.非締約國明示或默示接受這個意思。條約給予非締約國以權利的主要例子如下：

(1)有些條約根據最惠國待遇條款，給予非締約國權利。最惠國待遇條款常見於通商航海條約之中，它規定締約國之一，對於第三國給予某種權利時，其他締約國卽可以當然享受同樣利益，而不必另締條約。如甲乙兩國締結合有最惠國待遇條款的條約，而乙國給予丙國以某種權利時，甲國便依上述條款，當然可以享受與丙國所受同樣利益，雖然甲國，就乙丙兩國所締條約而言，實處於非締約國的地位。

(2)關於國際交通，尤其關於國際河川、運河或海上交通的條約，常對於非締約國給予以某種權利，如航行權例如西元一九二三年七月二十四日關於 Dardanelles 海峽的 Lausanne 條約序文、一九一九年關於 Kiel 運河的凡爾賽和約第三八〇條等是。

就條約能否對於非締約國課以義務而言。條約在原則上，不能對於非締約國課以義務。但規定客觀法律狀態的條約，尤其建立政治或領土關係的條約，如領土割讓條約或保護國條約，可以對抗非締約國，非締約國有承認該法律狀態的義務。又設立國際地役的條約，對於其後取得該地域的第三國（非締約國），亦可發生效力。

關於以上所述問題，請參閱 Brownlie, Principles of Public International Law(1973) pp. 601-603; Lauterpacht, The Development of International Law by the International Court. (1958), pp. 306-313。

206) 涉外成分 (foreign elements)，係指構成法律關係之法律事實涉及到外國地或外國人而言。

207) 損害賠償之債依其發生原因之不同，可分為法定損害賠償之債及約定損害賠償之債。前者卽依法律之規定而發生者，就中以由侵權行為及債務不履行所發生者為主要；後者卽由當事人依契約訂定者，如保險契約、損害擔保契約等是。請參閱鄭玉波教授著：民法債編總論（民國五十九年）第242頁。

208) 此外，依其他之情形而發生者，亦復不少。茲以我民法為例說明之。如民法第九一條（撤銷意思表示之表意人，對於信其意思表示為有效，而受損害之相對人或第三人應負賠償責任，第一一〇條（無權代理人對於善意相對人負損害賠償責任），第一七六條（無因管理之本人對於管理人所受之損害，應負賠償責任）等條文是。

請求權及債務不履行之損害賠償請求權往往可能[209]，則此時兩個損害賠償請求權之關係如何？亦卽可否併存，不僅涉及訟爭問題之定性，且更影響準據法之確定。

按訟爭問題之定性，卽法院將所受理之案件，確定其性質而劃歸於適當之法類。其屬於侵權行爲者，適用侵權行爲之準據法[210]；其屬於契約債務不履行者，適用契約之準據法[211]。此項訟爭問題之定性，須先爲確定，否則本案之適用法則卽無由確定。國際私法上定性，究應適用何國法律，學說甚多[212]，但通說皆採法庭地法說 (The Lex Fori) [213]，卽法庭地法院適用法庭地法律，以確定受理案件性質之依歸。因此，受訴法院依法庭地法（實體法）定性之結果，認爲航空運送人損害賠償責任，係屬於侵權行爲法所規範之對象，自適用侵權行爲之準據法，別無問題；如定性之結果，認爲航空運送人損害賠償責任，乃屬於契約法所規律之範疇，則自適用契約之準據法，也別無問題；唯如依法庭地法定性之結果，認爲航空運送人損害賠償責任，得同時構成侵權責任及契約責任，則此時法庭地法院實務上對兩請

---

209) 侵權行爲損害賠償請求權與債務不履行之損害賠償請求權，雖均爲請求塡補損害之權利，唯就我國法律規定言有左列之差異：

1. 成立過程之不同：前者自始卽以損害賠償爲目的而成立，後者係先有其他目的之債，因該債之不履行，而後始轉化爲損害賠償請求權者。
2. 成立基礎之不同：前者乃基於人與人間之不可侵之一般關係之加害而成立；後者乃基於債權債務之特殊法律關係之加害而成立。
3. 成立要件之不同：侵權行爲係以故意過失爲要件；債務不履行，原則上得由當事人約定，但故意或重大過失之責任不得預先免除，當事人未爲約定者，原則上雖仍以故意過失爲要件，但過失之責任，要依事件之特性（如有償、無償）而有輕重。此外，前者，雇用人就其使用人之故意過失，有免責之規定；後者則否。
4. 舉證責任之不同：前者以故意過失爲成立要件，故應由被害人對此負舉證責任；後者係以不可歸責於債務人之事由爲免責要件，故應由債務人對此負舉證責任。
5. 時效期間之不同：前者消滅時效之期間爲二年或十年；後者原則上爲十五年，唯法律在甚多情形，有較短時效之規定（如民法五一四條二項、六一一條）。
6. 法律效果之不同：前者如係故意之侵權行爲，則賠償義務人不得以其對於被害人之債權主張抵銷，而後者無不得抵銷之規定。

210) 各國對侵權行爲所採之準據法，要分爲三種主義：1.法庭地法主義；2.侵權行爲地法主義；3.折衷主義。關於上述問題以及侵權行爲準據法之最新發展，請參閱拙著：「論侵權行爲之準據法」，政大法學評論第七期（民國六十一年）第161至第192頁。

211) 契約之準據法，可分爲契約方式之準據法及契約實質之準據法，關於本問題，請參閱拙著：「契約準據法之研究」，政大法學評論第九期（民國六十二年）第145頁至第179頁。

212) 請參閱註 (192) 。

213) 請參閱 Torlonia v. Torlonia, 108 Conn. 292, 142 A. 843 (1928); In Re Annesley, Chancery Division 1926, Ch, 692; Lorenzen, *Qualifications and Conflict of Laws*, 20 Col. L. Rev. 247 (1920); Robertson, Characterization in the Conflict of Laws (1940) pp. 25 38.

求權關係，究採何種學說[214]，對準據法之適用，即有密切關聯。其實務上採法條競合說者[215]，則認為契約債務不履行乃侵權行為之特別形態，依特別法優於普通法之原則，自適用契約之準據法，以解決航空運送人損害賠償責任案件；其實務上採請求權競合說者[216]，則認為兩請求權可以併存，債權人得擇一行使，其選擇行使侵權行為損害賠償請求權時，法院固適用侵權行為準據法；其選擇行使契約債務不履行損害賠償請求權者，法院則適用契約準據法，以發見應適用之法律，而為審理當事人權義關係之準則。

航空運送人損害賠償責任之訴訟，在非華沙公約締約國提起者，當然發生國際私法上法律適用問題，而與在華沙締約國起訴者，僅在特殊情形下始發生者不同，已分析如上。唯應注意者，賠償案件在非締約國涉訟，非締約國雖無直接適用華沙公約之義務，而必須依照該國國際私法以定應適用之準據法，俟該應適用之法律調查證明後[217]，受訴法院即適用該國法律，以解決航空運送人與旅客間之紛爭；但此並非謂非締約國絕無適用華沙公約之可能，蓋如依內國國際私法之指定，應適用侵權行為準據法國法（該國必須為華沙締約國），而華沙公約又為該國所應適用之法律[218]；或者，如依內國國際私法之指定，應適用契約之準據法國法（該國不限於華沙締約國），而該國法律允許當事人享有

214）關於兩請求權關係之學說，主要者有法條競合說、請求權競合說等。關於其詳，請參閱王澤鑑教授著：「最高法院六十年度十則民事判決之檢討」，臺大法學論叢第二卷第二期（民國六十二年）第415、416頁。

215）法條競合說者，乃謂債務不履行乃侵權行為之特別形態，因而侵權行為之規定為一般規定，而債務不履行之規定乃特別規定，故同一事實可發生兩個請求權時，依特別法優於普通法之原則，祇能承認債務不履行賠償請求權之存在，亦即債權人祇得行使債務不履行之請求權，而不得行使侵權行為之請求權。請參閱註（207）鄭著第302頁。
我最高法院於下述判決（例）採法條競合說：
二十二年上字第1311號判例。
四十三年臺上字第752號判例。
六十年臺上字第1611號判決。
六十一年臺上字第200號判決。

216）請求權競合說，乃謂同一事實發生兩種請求權者，該兩請求權可以併存，債權人不妨擇一行使，其中一請求權若因已達目的而消滅者，則另一請求權亦隨之消滅，但其中一請求權因達目的以外之原因（如消滅時效）而消滅時，則他一請求權（時效期間較長者）仍殘存續。請參閱註（207）鄭著第301、302頁。
我最高法院於下述判例採請求權競合說：
四十八年臺上字第1179號判例。
五十二年臺上字第188號判例。
五十五年臺上字第228號。
五十六年臺上字第3064號。

217）關於外國法之調查與證明，請參閱馬漢寶教授著：國際私法總論（民國六十年）第180至第182頁；洪應灶教授著：國際私法（民國五十七年）第34至第36頁。

218）華沙公約是否該國所應適用之法律，須視當事人所締結之運送契約，是否屬於公約第一條所稱之「國際空運」。

契約內容決定自由[219]，而當事人已合意採納華沙公約爲契約條款，則此時法庭地國（非締約國）不僅有適用華沙公約之可能，就該案件言，更有適用華沙公約之義務[220][221]。

伍、結　論

關於航空運送人對旅客損害賠償責任，以上已分從國內法及國際公約兩方面加以分析評論。吾人似不難得到如下一個簡單輪廓及三點結論——美國國內普通法就航空運送人賠償責任採過失責任原則，而對義務人之損害賠償額則無限制，即採無限責任主義；我國民用航空法對航空運送人賠償責任雖採無過失責任原則，但對損害賠償額就法律規定言，也係採無限主義；而規律國際空運之華沙公約、海牙議定書，就運送人損害賠償責任，雖係採過失責任主義，但對賠償額則有限制，不過有不少例外之規定，而蒙特利爾協定及瓜地馬拉議定書，就運送人損害賠償責任採無過失責任主義，同時對賠償額也有最高之限制。

結論之一。一國所採損害賠償責任主義與賠償額有無限制，應有密切關係。凡採過失責任主義者，關於損害賠償額應採無限主義，反之，關於損害賠償

219）此契約自由原則之一端。所謂契約自由原則，係指在私法關係中，個人之取得權利，負擔義務，純任個人之自由意思，國家不得干涉。其內容包括締結自由、相對人選擇自由、內容決定自由及方式自由。唯近代由於資本之集中，大規模企業之勃興，此等企業所用之契約，漸次定型化與團體化之結果，竟釀成於契約自由之美名下，對於契約之內容由一方決定之現象，因之近來不僅限制契約自由之理論，高唱入雲，而各國現行法上限制契約自由之規定，亦數見不尠。請參閱鄭玉波教授著：民法總則（民國五十一年）第10頁至第12頁；劉得寬教授著：民法總則（民國六十四年）第21、22頁。

220）茲再以我國爲例加以說明，我國非華沙公約之締約國，原無遵守及適用該公約之義務，唯在下述兩種情形下，即有適用華沙公約於涉外案件之可能與義務：

1. 依我國國際私法之指定，對某航空運送人損害賠償訴訟，應適用侵權行爲地法，倘如該侵權行爲地國，爲該公約之締約國，且該次失事之航行，又屬於公約所規定之「國際運送」，而爲該國就案件所應適用之法律，則我國法院即應依據涉外民事法律適用法第九條適用該公約，而以我國民用航空法及民法加以抵制。

2. 依我國國際私法之指定，對航空運送人損害賠償責任之訴訟，應適用涉外民事法律適用法第六條——契約之準據法，姑不論契約之一般準據法爲何（當事人合意所選擇的法律抑當事人共同本國法，……），倘該準據法國法，允許當事人享有契約自由原則，同時該次運送，又屬於公約中之「國際空運」時（請參照國泰航空公司契約條款第二條），則此時因契約上當事人既已明文規定適用華沙公約，已使公約構成運送契約之部份，而應優先於準據法國法而適用。

唯於茲應注意者，依涉外民事法律適用法第九條而適用外國法時，應以我國有關侵權行爲之法律，加以抵制；但依同法第六條而適用外國法（包括華沙公約）時，則只得依同法第二十五條，對應適用之外國契約法做一般性之約束。

221）關於依華沙公約運送人應負之責任，究爲侵權責任，抑契約責任，久已聚訟紛紜，請參閱 Calkins, *The Cause of Action under the Warsaw Convention*, 26 J. Air. L. & Com. 217 (1959)。因此華沙公約第二十四條第一項即規定：「……任何賠償訴訟，不論其根據如何，僅得依本公約所定條件及限制下提起。」而瓜地馬拉議定書則更進一步，於上引條文，不論其根據如何之訴後，更增添——是否根據本公約抑契約抑侵權行爲或其他。

責任採無過失主義者，損害賠償額應採有限主義。此蓋由於證明運送人有無過失，並非易事，倘一旦證明其有過失（或基於法律推定其有過失），則債務人自應依損害賠償之一般法理[222]，就債權人（受害人）損害為全部之賠償；且運送人既因過失而致旅客受損，是其負無限責任，也無違背公平正義之可言。但對運送人賠償責任採無過失責任時，情形則應不同，蓋在無過失責任下，旅客一有受損害之事實，運送人即應負賠償責任，至運送人是否有過失，則非重要，因此在此種責任制度下，對運送人頗為不利，倘再課運送人以無限責任，豈能謂事理之平？所以在採無過失責任時，應同時採有限責任，如此非僅可平衡運送人與旅客雙方之利益，且對雙方言也屬利多於弊，此乃由於採有限責任，運送人之責任事先可以確定，自可藉保險制度予以分散，間接地旅客不僅因運送人賠償能力有依賴，賠償不致落空而受益，且因運送人責任有限，也不致大幅提高運費而受益，同時運費不高，使用者必多，運送人實也因此而獲益，此尚係從運送人與旅客兩方面立論，若進而分析其對國家社會之影響，則俾益一國航空企業之成長發展，減少訴訟發生、法庭擁擠，實有莫大之助力[223]。

由上面結論以觀，凡混合採納過失主義與有限主義或者無過失主義與無限主義，似均不合法理，有違運送人責任之制度。如就採納過失主義與無限主義或無過失主義與有限主義兩立法例比較，實以後者為優，故航空運送人對旅客損害賠償責任之未來發展，勢必為以無過失主義與有限主義為基礎所建立的運送人責任體制。

結論之二。自華沙公約、海牙議定書、蒙特利爾協議、以迄瓜地馬拉議定書，就運送人損害賠償責任，均採取有限責任主義，唯其賠償限額，則不停地大幅度提高。從一九二九年之八千三百美金到一九五五年之一萬六千六百美金，而一九六六年之七萬五千美金（包括律師及訴訟費），而最後一九七一年擬議之十萬美金，其增加速度極為驚人，

---

222) 損害賠償之一般法理，係指債務人應以填補債權人所受損害及所失利益為限。所謂所受損害，即積極的損害，乃既存之法益，因有歸責原因之事實，以致減少之謂；所謂所失利益，即消極的損害，乃倘無歸責原因之事實，勢能取得之利益，而因歸責原因事實之發生，以致喪失之謂。請參照我國民法第二一六條、德民第二五二條、瑞債第四十三條第一項、日民第四一六條。

223) 請參閱下述美國國務卿 Cordell Hull 於西元一九三四年在美國參議院作證時所言：
"It is believed that the principle of limitation of liability will not only be beneficial to passengers and shippers as affording a more definite basis of recovery and as tending to lessen litigation, but that it will prove to be an aid in the development of international air transportation, as such limitation will afford the carrier a more definite and equitable basis on which to obtain insurance rates, with the probable result that there will eventually be a reduction of operating expenses for the carriers and advantages to travellers and shippers in the way of reduced transportation charges." 參照美國 SEN. EXEC. Doc. No. G, 73rd Con., 2d Sess. 3-4 (1934).

且尤甚者乃七萬五千或十萬美金之賠償額，就大多數國家來說，早已等於採取無限責任主義，顯然喪失了採納有限責任主義之意義[224]。故備受學者之非難[225]，即就極力主張不斷提高賠償限額之美國而言，是否真能符合其利益，也頗難斷言[226]，況瓜地馬拉議定書之適用，不似蒙特利爾協議，以「依運送契約之規定，必須美國為航程之起站或終點站或合意之停留站」為條件，則其一旦生效後，勢必大量增加運送人保險費用之支出，而運送人又必以提高票價之方式轉嫁於使用大眾，間接對航空事業之營運發展也必有不利之影響，而所裨益者似僅少數旅客而已。因此未來國際航空法之發展，似宜對有限責任之最高限額，有適宜之限制為當，俾免害及一般國家

民航空運之發展。至對需要特別保障之旅客，應鼓勵並方便其自行保險[227]，此種辦法不僅對所有航運國家有利，且也為遏制賠償限額無理提高之最佳途徑，值得大力倡導。

結論之三。華沙公約之制定，原在消除國際私法上法律適用問題，以統一航空私法為嚆矢，唯如前述，公約本身之規定仍有疏漏，且也有國家並未加入此一國際公約，致使法律衝突問題，仍繼續存在，海牙議定書及瓜達拉加爾公約之制定，雖在修正及補充其疏漏，唯迄目前，不僅補充之努力仍嫌不足，且各國對支持此兩議定書之熱誠也感貧弱，致使適用於國際空運中航空運送人損害賠償責任之法律，仍處於雜然並陳之狀態[228]。而華沙公約前言中所確認之利

---

224) 請參照註 (223) 所引證詞。

225) 請參閱 Swart, *Prospects of Amendment of the Warsaw Convention*, 33 J. Air. L. & Com. 621 (1967); Stephen, *The Montreal Conference and International Aviation Liability Limitations*, 33 J. Air. L. &. Com. 554 (1967).

226) 請參閱 Lee, Limitations on Air Carriers' Liability to Passengers, 5 Chengchi L. Rev. 211 (1971); Stephen, *The Montreal Conference and International Aviation Liability Limitations*, 33 J. Air. L. & Com. 555 (1967).

227) 依照蒙特利爾協議第二條之規定運送人於簽發客票時必須於客票上及客票附頁或客票封面刊載「就責任限制事告國際線旅客書」，其中第三段載有：
"Additional protection can usually be obtained by purchasing insurance from a pravate company. Such insurance is not affected by any limitation of the carricr's liability under the Warsaw Convention or such special contracts of carriage."
足見本問題已受重視，今後之課題，厥為如何大力宣傳，使受到一般人之注意，並方便旅客之購買。

228) 關於航空運送人損害賠償責任之法律，目前適用於國際社會者約為下列數種：
1. 華沙公約
2. 華沙——海牙公約
3. 華沙——瓜達拉雅爾公約
4. 海牙——瓜達拉雅爾公約
5. 華沙——蒙特利爾協議
6. 華沙——海牙——蒙特利爾協議
7. 依一國國際私法所確定之內外國法律。
以上各公約（或法律）適用之條件，本論中已分別詳述，於此不贅。此外，倘瓜地馬拉議定書一旦生效，將更添法律之歧異，且不待言。

盎—— 統一國際空運證件上之條件及運送人之責任，竟被忽視。故今後努力之方向，即在謀求世界各國，普遍都加入華沙公約、海牙議定書，以及瓜達拉加爾公約，俾達成統一航空運送人損害賠償責任之法律，消除國際私法上法律適用問題，以完成華沙公約制定之目的。

婚姻成立之準據法暨相關問題之研究

壹、引　　論

　　法律為環境的產物，也為民族精神的表現，各國立國環境不同，民族精神復有差異，是其制定的法律，自難盡同。尤其婚姻法，因其為形成親屬關係之基礎，影響一國公序良俗至深且鉅，各國為維護公益，關於身分的法律，均採強行規定，使其內容確定不容任意變更，導致各國法律對婚姻之規定，更見歧異。

　　惟近世國際交通發達，商務振興，

各國人民往來因而頻繁，涉外法律關係亦愈複雜，而法律之衝突，於焉發生。異國籍之人民，相為婚姻者有之；內國人於外國舉行婚禮者亦復不少。由於各國法律對婚姻成立之積極及消極條件，規定極為紛歧，致使涉外之婚姻關係，於甲國認為有效成立者，而乙國却認為係屬無效或得撤銷之婚姻，影響婚姻之安定，固一問題；而關於婚姻是否成立發生訴訟時，究應適用何國法律以解決之，則係另一問題。前者，所涉及者，乃各國民法之統一及外國婚姻之承認問

題；後者，所涉及者，則為涉外婚姻成立之準據法問題。本文以後者為研究之範疇。

各國之國際私法，基於自己之國情政策，其所採之婚姻成立準據法之立法主義，不盡相同，是關於同一涉外婚姻，於不同國家涉訟時，也難獲得一致之解決，各國為謀補救此種弊端，遂採取各種措施[1]，而國際會議之召開，以期統一婚姻成立之準據法，厥為其最重要者。惟國際會議，既不能強制各國與會，而國際公約也只能任由各國自行簽訂，是其理想雖高，但成效不彰。然捨此之外，也別無良法，仍為各國追求之目標，故本文擬就最近之海牙公約加以評介。

此外，國際私法上公序良俗與規避法律，與婚姻成立之關係，最為密切，擬併加介紹。至婚姻有效成立後，所生身分上及財產上效果之準據法問題，則不在本文論述之範圍。

貳、婚姻成立準據法
之立法主義

婚姻乃人生之大事，且為社會生活之基礎，婚姻一旦成立，其身分關係，即受法律之保護。關於婚姻之成立要件，各國多為強行規定，又可分為實質要件及形式要件二類[2]。前者，如須雙方婚姻當事人之合意，須達結婚年齡，未成年人結婚，須得法定代理人同意，須非禁婚親間之結婚等是。後者，係指依法律規定，為使婚姻成立，必須具備之一定方式。茲分述各種要件準據法之立法主義如下：

一、實質要件準據法
之立法主義

各國國際私法對婚姻成立實質要件，所採之準據法，約可分為三種：㈠婚姻舉行地法主義，㈡住所地法主義，㈢本國法主義。茲分別說明如後：

㈠婚姻舉行地法主義

婚姻之實質要件應依婚姻舉行地法，係採「場所支配行為之原則」（locus regit actum），為昔日法則區別說所倡。採此主義之主要國家，有美國各州[3]、墨西哥、阿根廷、蘇聯、瑞士等國[4]。採此立法主義之理由，係認為婚姻為契約之一種，契約之成立通常既依締約地法，則婚姻也當適用婚姻舉行地法，再者，婚姻之舉行，依關該舉行地之公序良俗，適用該地之法律，以認定婚姻之成立與否，即係尊重該地之法律，另

---

1) 例如反致（Renvoi），即為一例。關於反致，請參閱下列著作：
　①Cheshire and North, Pivate International Law (10th ed. 1979) pp. 58-76
　②Dicey and Morris, I The Conflict of Laws (10th ed. 1980) pp. 64-82.
　③Morris, The Conflict of Laws (2nd ed. 1980) pp. 461-473.
2) 關於婚姻之成立要件，請參閱民法著作，本文除為舉例說明外，不詳加引用。
3) Leflar, American Conflicts Law (1968) p. 533; Goodrich, Handbook of the Conflict of Laws (4th ed. 1964) pp. 279-289; American Law Institute, Restatement of the Law Sec. Conflict of Laws 2d (1971) § 283 雖已改採最重要牽連主義（第一項），但仍保留舉行地主義之適用（第二項）。
4) Wolff, Private International Law (2nd ed 1950) p.352.

外，舉行地恒爲單一，適用法律簡單明確。惟反對者則以爲，就婚姻之性質及其所生之關係觀之，則與普通契約有別，苟以契約之準據法爲婚姻成立之準據法，自非妥當，況關於契約之準據法，近有採當事人意思自主之原則，則又做何解？至於婚姻與舉行地之公安有關，固屬無疑，但與當事人本國之公序良俗，又何嘗淡薄？

持平而論，婚姻舉行地法主義之優點，在於其明白確定，對當事人言，尤其簡便易行；然其最大缺點，在於使人易於規避不利於己之本國法或住所地法。而有關屬人法事項之婚姻，受當事人偶然所至國家法律之管轄，而不由與其人關係永固國家法律之支配，乃其最受人詬病之處。

㈡住所地法主義

採此立法主義者，認爲婚姻係屬人法事項之一，而住所乃人之生活中心地，婚姻是否成立，與該人之住所地關係密切，故應適用住所地法。採此立法主義者，有英國、挪威、丹麥等國[5]。惟反對者則以爲住所地法主義，固可適用於複數法域之國家，但於單一國則有未妥；況住所地之變更較易，也不無逃避

不利於己法律適用之可能。

至於當事人雙方住所地不在同一法域，而其住所地法之規定又互異時，則其解決之道，約有下述三種：

1.夫之住所地法主義：以爲夫爲一家之主，故應依夫之住所地法爲準。但是，採此主義不僅有違男女平等之原則，況婚姻成立前，卽以夫爲主，顯不合理。

2.婚姻住所地法主義：卽適用當事人結婚時，有意選擇爲婚姻住所地之法，通常情形下，卽認定夫之住所地爲婚姻住所地。然一般言之，必先成立有效婚姻，然後始產生婚姻住所，因此，以未必成立之婚姻住所地法，爲決定婚姻有效成立與否之依據，也不合理。

3.當事人各該住所地法主義：基於男女平等原則，乃有主張婚姻之成立，應依各該當事人之住所地法。惟採此主義而雙方住所地法異其規定時，其解決方式，非指累積適用各當事人之住所地法，乃男方之成立要件僅依男方之住所地法，女方之成立要件亦僅依女方之住所法，而男女雙方均具備成立要件時，該婚姻卽屬有效成立，卽所謂分別適用方式[6]。

5) Rabel, I The Conflict of Laws: A Comparative Study (1958) pp. 280-283.
6) 英國對於結婚實質要件，採的是住所地法主義 (Law of Domicile)。英國式的住所地法主義，是男女雙方當事人的住所地法，對於他們的婚姻實質能力，都適用其所謂之「雙重住所地法原則」 (dual domicile doctrine)。在此原則之下，一個婚姻要有法律上的效力，必須男女雙方分別依他們的住所地法，均有婚姻的能力才可。也就是說，英國法律的心目中，除非男女雙方均符合他們各自的住所地法所規定的結婚實質要件，否則他們的婚姻卽不能有效存在。因此，一個住所設於蘇聯的猶太男子，與他的一位住所設於美國的姪女之間的通婚，便爲英國法律所禁止，因爲儘管男方的住所地法，也就是蘇聯法律，允許此種姪甥婚姻，但女方的住所地法——英國法律，卻不許此種婚姻成立。同樣地，兩位住所地設於葡萄牙的堂兄妹，也無法在英國成婚，因爲雖然英國的法律並不禁止堂兄妹結婚，但此種婚姻卻是當事人的住所地法所不許。
參閱 Cheshire and North pp. 334-341.
Dicey and Morris pp. 285-304.

㈢本國法主義

採此種立法主義者，主要為大陸法系之德國、日本、法國、義大利[7]及中國等。西元一九〇二年海牙有關婚姻之國際私法公約[8]，亦採之。採此立法主義者以為，婚姻為關於身分上之屬人法事項，與其本國之文化、風土人情等，關係密切，為顧及其婚姻之強行規定，自以適用其本國法為宜；且作為本國法連接因素之國籍，較住所地確地且不易變更。再者，採本國法主義之法制，於雙方當事人不同國籍時，其解決方法有下述二種：

1.夫之本國法主義：採此立法例者，或以為各國國籍法多以妻從夫籍為原則，或準用婚姻之效力，依夫之屬人法。惟此種解決方法，過分重視男方當事人之地位，有違男女平等原則，實不足採。

2.當事人各該本國法主義：認為決定婚姻是否有效成立時，夫妻關係尚未發生，實無所謂夫之存在，況夫之本國法有將婚姻之成立與效力混為一談之弊，故應採當事人各該本國法主義，實符合乎平等保護雙方當事人之原則。所謂各該當事人之本國法，非指累積適用各當事人之本國法，而係分別適用，即男方之成立要件僅依男方之本國法，女方之成立要件亦僅依女方之本國法，而於男女兩方均具備成立要件時，該婚姻即屬有效成立。如一方當事人是否已達結婚年齡，已得父母同意等，僅依該當事人之本國法為準，毋庸再審查他方當事人之本國法[9]。

二、形式要件準據法之立法主義

關於婚姻成立之形式要件，除少數立法例，如美國之普通法婚姻[10]，毋須任何手續或形式要件外，一般國家之法制，皆認婚姻須履行一定方式，始得有效成立。各國立法例，對於方式之規定，互不相同，有重民事上之方式者，謂婚姻與人之私權關係甚大，且有關於其

---

7) 同註五。

8) 本公約英文名稱為 Convention Govenring the Conflict of Laws Concerning Marriage。見公約第一條。

9) 依英國法律規定，未滿十六歲之男女不准結婚，否則其婚姻絕對無效；在美國密西西比州 (Mississippi)，男未滿十七歲，女未滿十五歲，如未得其父母或法定代理人之允許，不得結婚。如果有一位十六歲之英國男青年，與一位十五歲之美國密西西比州女青年在密西西比結婚，雖然英國法律禁止十五歲之女子，而密西士比之法律禁止十六歲之男子結婚，但本案中的男女雙方依各自的法律，都具有結婚能力，所以，本案如在德國訴訟，德國法律仍然認其為有效。
參閱一九四六年英國婚姻法第二、十二、十三、十四等條；Miss. Code Ann. § 461.

10) 在美國的若干法域中，締結一個法律上有效的婚姻，當事人並不一定要遵循任何法定方式。此種不按任何法律方式而結成的婚姻，稱之為「普通法婚姻」(Common Law Marriage)。普通法婚姻的締結，非常簡單，男女雙方只要以互以對方為配偶的意思同居一處，並以夫妻身份對外出現，即可完成。
參閱 Clark, Law of Domestic Relations (1968) p. 45.

地之善良風俗，非在地方官前舉行之，或非經登記不可。有重宗教之性質者，謂婚姻由神主定，故非經宗教儀式舉行之不可。方式之規定既異，則法律衝突問題生焉。關於婚姻方式要件準據法之立法主義，各國國際私法所採者，大致有左述三種：

㈠舉行地法主義

凡一國國際私法規定，婚姻之方式僅依婚姻舉行地法者，即屬婚姻舉行地法主義。此主義將「場所支配行為」之原則，視為絕對強行，認為婚姻之方式與舉行地公序良俗有密切關係，職是之故，當事人於何地成立婚姻關係，即應依該地法律所規定之方式成婚，而不得依婚姻舉行地以外之方式結婚。採此主義者，有英國[11]、美國[12]及日本[13]。

惟關於婚姻方式要件，採婚姻舉行地法說，固有其充分之理由[14]。然有時也屢遭困難，使婚姻不易成立[15]，使同一之男女關係在甲國認為係有效之婚姻，在乙國却否認其婚姻關係，致產生「

---

11) 英國的法律早於一七五二年，在有名的 (Scrimshire v. Scrimshire) 中，就採用了舉行地法主義。英國一般法庭適用這個主義時所抱的態度，以及對於這個主義的解釋，在 (Berthiaume v. Dastous) 中有極詳盡的說明：
「如果一個婚姻按其舉行地法是有效的，則不管結婚當事人任何一造的住所地法的規定是如何，它在任何地方都是有效的；反過來說，如果，按照結婚舉行地法的規定，這個所謂婚姻，在法律上並不具備任何效力，則儘管結婚當事人的住所地的法律認為其已有效成立，它在任何地方都不能算是合法的婚姻。」
Cheshire and North, pp. 312-317.
Dicey and Morris, pp. 261-268.

12) American Law Institute, Restatement of the Law Sec. Conflict of Laws 2nd (1971) § 283.

13) 參閱日本法例第十三條但書。

14) 婚姻之方式，所以依婚姻舉行地法者，不論在實際上及理論上，均有相當理由。就實際上言，不同國籍之男女，在第三國或在一方之本國結婚時，若不依結婚地法，則惟有依當事人之各該本國法。當事人之各該本國法，如對於特定之儀式，取反對規定時，則無以解決之矣。例如屬於甲乙二國之男女，在兩國結婚，甲國法規定結婚須經過宗教儀式，乙國法則主張舉行宗教儀式之婚姻為絕對無效。如此，則勢成僵局，無法解決。此其一。即同國籍之男女，在外國結婚，如不依舉行地法而依當事人之本國法，亦可發生窒礙。例如本國法規定婚姻登記制，而舉行地法無相當機關執行人事登記時，則其婚姻將認為無效矣。此其二。有此二種理由，實際上自以採舉行地法為便利。就理論言，婚姻之所以規定，須履行一定方式者，因其舉行與舉行地之善良風俗公共秩序有關，欲維持舉行地之公安，自當依舉行地法。

15) 婚姻制度與當事人之本國有莫大之利害關係，即其儀式問題，有時亦不得不顧及當事人本國法之規定。依舉行地法規定之方式所舉行之婚姻，而因違反本國立法精神，否認其有效者有之，當事人本於特種宗教信仰，不願服從舉行地法之婚禮者有之。是適用「婚姻舉行地法」之原則，不得不有例外規定。一九〇二年之海牙婚姻公約第五條第一項但書云：「但以宗敎儀式為必要方式之國，對於其本國人民不依照其本國宗敎儀式舉行之婚姻，得不認為有效。」又各國條約，恆規定同國籍人間在外國得依其本國儀式，在駐在地之本國外交官或領事前，舉行婚禮，即可見其一斑。

跛行婚」(Limping Marriage)[16]，影響
國際婚姻之安定性，並爲當事人帶來不
少困撓。且對外國人偶至內國結婚，亦
要求非依內國法之方式，以締結婚姻，
似非合理。

㈡本國法主義

　　凡一國國際私法規定，婚姻成立之
形式要件，依當事人本國法之規定者，
卽謂之本國法主義。此種立法主義，特
別見於某些宗教國家，對信仰某特定宗
教之內國人，不問其在內國抑在外國，
其婚姻之方式應依該特定之宗教儀式。
採此立法主義有希臘、以色列、保加利
亞、埃及及伊朗等國[17]。

　　惟採此本國法主義時，若雙方當事
人國籍不同，或信仰不同之宗教，其所
遭遇之困難，尤甚於解決實質要件準據
法所生之問題[18]。

㈢折衷主義

　　卽對婚方式要件之準據法，兼採舉
行地法主義及本國法主義，惟其適用方
式，非累積適用而係選擇適用，換言之
，將場所支配行爲之原則，視爲任意之
規定。惟此種立法主義，又可分爲三類
。其一、婚姻之方式在內國與外國有異
，前者僅依內國法──舉行地法。後者

，不論依舉行地法，抑依當事人之本國
法均可[19]；其二、不分在內國抑在外國
舉行之婚姻，均可選擇適用舉行地法或
當事人之本國法；其三、當事人之一方
爲內國人並於內國舉行婚禮者，其方式
依舉行地法，其他之情形，則可選擇適
用當事人之本國法或舉行地法[20]。折衷
主義易於使涉外之婚姻關係有效成立，
避免跛行婚之發生，是其優點。

　　婚姻形式要件之準據法，在採折衷
主義之立法例下，雖有助於涉外婚姻之
成立；但由於實質要件之準據法，仍涇
渭分明，故跛行婚之發生，仍難以避免
，今後國際私法學者努力之方向，除統
一各國國際私法之準據法規定外，如何
緩和實質要件準據法之嚴峻，似也不失
爲研究之課題。

叁、我國國際私法所規定之婚姻成立之準據法

一、實質要件之準據法

　　關於婚姻成立之實質要件，我國民
國七年制定之法律適用條例第九條，及
民國四十二年制定之涉外民事法律適用
法第十一條，均採當事人之各該本國法

---

16) 假如有中國國籍之甲男乙女在美國結婚，其婚姻依美國法認爲有效，但依中國法認爲欠
　　缺成立要件者，在我國仍否認其有效成立。此類跛行婚，屢次發生國際上之重婚問題，
　　如甲男乙女之婚姻關係，在美國雖認爲有效，但在中國却否認其成立時，甲男在我國仍
　　得依涉外民事法律適用法第十一條之規定，再與外國人丙女結婚，在此情形下，甲男之
　　妻在美國爲乙女，在我國却爲丙女，在國內旣係禁止重婚，國際上亦應避免此種重婚情
　　形發生。參閱蘇遠成敎授著：國際私法（民國六十七年）第二九四頁。
17) Rabel, p. 23.
18) 請參閱註十四之說明。
19) 參閱德國民法施行法第十三條第三項。
20) 參閱我國涉外民事法律適用法第十一條。

主義。茲僅就後者之規定：「婚姻成立之要件，依各該當事人之本國法」，詳加分析說明於後：

㈠所謂婚姻成立之要件，係指婚姻成立之實質要件而言。如須雙方當事人合意，須非在精神錯亂或無意識時結婚、須達結婚年齡等。惟何種公益上或私益上之條件，係婚姻成立之實質要件，而非方式要件，此涉及國際私法上定性問題[21]，依通說皆依法庭地法解決之。有名之 Ogden v. Ogden 乙案[22]，可爲說明。

㈡所謂依各該當事人之本國法。係指男方之成立要件僅依男方之本國法，女方之成立要件亦僅依女方之本國法，而於雙方分別具備婚姻成立要件時，該婚姻即屬有效成立。惟婚姻之實質要件，依其只關係於當事人一方或雙方，可分爲片面要件及雙面要件，前者如結婚年齡、父母之同意、待婚期間等，固然只依發生要件問題之當事人一方之本國法決定，而與他方當事人之本國法互不相涉；而後者，如重婚、近親婚、相姦婚等，雖就當事人雙方發生，但就男女各方之觀點，分別適用各方之本國法，即使一方不發生此要件之障礙，只要他方發生此要件之障礙，其婚姻仍不成立

。此種準據法適用方式，非謂累積適用，而係並行適用之方式，如一方依應適用之準據法，不具備成立要件，縱使依他方應適用之法律，具備要件，該涉外法律關係仍不成立。換言之，各自適用之結果，合一而決定涉外關係之成立。

㈢所謂當事人之本國法，係指何一時期之本國法。此問題發生於當事人變更國籍之場合，如依訴訟當時之本國法——即新本國法，當事人容易藉變更其國籍，以否定其業已成立之婚姻關係，此影響於婚姻之安定性甚鉅，故解釋上，本條之本國法，應指締結婚姻時各該當事人之本國法而言——舊本國法。故婚姻依婚姻締結時各該當事人之本國法爲無效者，即使婚姻後當事人雙方或一方之國籍變更，而當事人新本國將之規定爲有效，仍屬無效。反之，依結婚當時各該當事人之本國法爲有效之婚姻，不因當事人之新本國法將其規定爲無效，而成爲無效。

㈣當事人一方或雙方有重國籍時，雖無碍於各該當事人本國法之適用，但此時必須先解決國籍積極衝突之問題，而後始能確定各該當事人之本國法。國際私法上所謂國籍積極衝突之解決，不在確定國籍之孰是孰非，而在於解決法

---

21) 關於定性 (Characterization, Classification, or Qualification) 請參閱古典名著：Beckett, "Classification in Private International Law" 15 B.Y.I.L. 46 (1934); Robertson, Characterization in the Conflict of Laws, (1940).

22.) 有未滿廿一歲於法國有住所之法國人，在英國與有住所在英國之英國女子結婚，而未得其父母同意。而未成年人結婚應得父母同意，爲法國民法所規定。英國及法國之國際私法皆規定，婚姻之形式要件依婚姻舉行地法，結婚能力依屬人法。惟兩國法律相異處乃在於，依英國法，本問題乃婚姻形式問題，但依法國法，則屬婚姻能力問題。
在上例中，英國法院在未經決定本問題爲婚姻形式或婚姻能力問題前，即無從決定應適用婚姻舉行地法——英國法或大之屬人法——法國法。參閱 Ogden V. Ogden (1908) p. 46 (C.A.)。

律適用時所生之問題，蓋本國法係以國籍爲連接因素，當事人有重國籍時，究以何一連接因素爲準，以確定其本國法。此國際私法上國籍積極衝突之解決，所由設也。我國涉外民事法律適用法第二十六條，卽爲此問題而設。

惟於適用第二十六條時，應注意㈢之說明，卽僅限於締結婚姻當時，有重國籍之存在，始有本條之適用；若締結後所取得之國籍，不論其爲外國國籍，抑我國國籍，應無第二十六條適用之餘地。

㈣婚姻成立之實質要件，旣依各該當事人之本國法決定，然如當事人一方或雙方欠缺其成立要件時，其婚姻究發生如何之效果，例如究否有效、無效、抑得撤銷，乃至撤銷權之行使期間等問題，究應如何解決，亦一問題。我國涉外民事法律適用法第十一條僅規定婚姻成立要件之準據法，至於欠缺婚姻要件之準據法，則付之闕如。

鑒於欠缺婚姻要件，而致無效或得撤銷之性質而言，也應適用婚姻成立要件相同之準據法——當事人之本國法或婚姻舉行地法。此由於婚姻無效或得撤銷之原因，在結婚當時卽已存在，而離婚之原因事實，通常係發生於結婚以後，彼此性質不同，故其適用之法律亦異[23]，因此，就婚姻無效或撤銷之性質而論，應適用各該當事人本國法或舉行地法。此與婚姻成立要件應適用當事人各該本國法或舉行地法，實無差異。一

九七一年修正之美國國際私法整編第二八六條規定：「確認婚姻無效之法律，應依婚姻成立要件所適用之法律」，亦探同一準據法之見解。

由於婚姻無效或撤銷之原因，在結婚當時卽已存在，故關於婚姻無效或撤銷，以適用當事人各該本國法爲準據法，較爲妥當。然若當事人異其國籍，而關於婚姻欠缺成立要件之效果，各該本國法異其規定，例如，依一方之本國法係屬無效，依他方當事人之本國法則屬有效或得撤銷時，究應如何解決，也不無疑問。

一般而言，婚姻欠缺其成立要件之效果，異其規定時，適用之方法，可分下列三說：

1.並行適用說：卽男方依男方之本國法決定，女方依女方之本國法決定。此說用於解決婚姻成立要件[24]，固屬適當，用以解決欠缺婚姻要件之效果問題，則屬治絲益紛，無從確定欠缺婚姻要件之效力。

2.重疊適用說：此乃指於雙方本國法之規定，於重疊部份，始能適用，例如在無效與撤銷間，僅認爲得撤銷；如爲無效與有效成立時，則認爲有效成立。此說實際以欠缺要件而效果較輕者爲主。

3.合併適用說：只要一方之本國法規定無效時，不論他方之本國法規定其爲有效或得撤銷，該婚姻卽視爲無效；同理，一方之本國法規定爲得撤銷，他

23）比較我國涉外民事法律適用法第十一條及第十四條；日本法例第十三條及第十六條；德國民法施行法第十三條及第十七條。

24）參考涉外民事法律適用法第十一條、德國民法施行法第十三條。

方之本國法規定為有效時，該婚姻即屬得撤銷之婚姻，亦即以限制較嚴之一方為依據。

以上三說，以合併適用說較妥，否則將使涉外婚姻關係，更趨複雜，益難獲得滿意之解決。

㈥以上所述適用「各該當事人之本國法」之原則，亦有例外之情形，可得而言者，有如下述：

1.當事人一方或雙方為無國籍人時。當事人之本國法，係以國籍為連接因素，當事人無國籍，即無從確定其本國法。惟此種情形，謂之國籍之消極衝突，而國際私法上國籍消極衝突之解決，不在於為當事人設定國籍，而在於解決法律適用時所生之問題。涉外民事法律適用法第二十七條，即為解決此問題而設之規定，於通常情形，即以當事人住所地法代替當事人本國法之適用。

2.合乎反致之適用條件者。反致者，謂於某種涉外法律關係，依內國國際私法之規定，應適用某外國之法律，而依該外國國際私法之規定，却應適用內國法或他國法時，受訴法庭即以內國法或他國法代替該外國法之適用。依我涉外民事法律適用法第二十九條之規定，就某種涉外法律關係應適用當事人本國法時，即有反致之適用，而有依各該當事人本國以外之第三國法或內國法代替之可能。

3.公序良俗條款之適用。各國國際私法大都以歸屬未定之連接因素為基礎，制定抽象之準據法，連接因素依其情形，既可歸屬於內國，也可歸屬於外國，故內外國法律有平等被適用之機會。如連接因素歸屬於外國時，固以適用外國法為原則，但外國法之適用，並非漫無限制；如外國法之規定，有害內國公序良俗時，則不適用之，此為國際私法公認之原則。例如當事人本國法有承認一夫多妻或近親婚等情形，我國適用該外國法之結果，即有危害我國公序良俗之虞，此時就應依涉外民事法律適用法第二十五條之規定，排斥該外國法，而以內國法代替之。

二、形式要件之準據法

我國以前之法律適用條例[25]，對於婚姻之形式要件，並無特別規定，但該條例第二十六條，既有「法律行為之方式，除有特別規定外，依行為地法」之明文，而婚姻之方式亦為法律行為方式之一，依場所支配行為之原則，自應有其適用，即採婚姻舉行地法[26]。

現行涉外民事法律適用法第十一條第一項後段規定：「婚姻之方式，依當事人一方之本國法或舉行地法者，亦為有效。」第二項復規定：「結婚之方式，當事人一方為中華民國國民，並在中華民國舉行者，依中華民國法律。」茲

25）本條例制定於民國七年，都七章二十七條。因民國四十二年涉外民事法律適用法之公布而失效。

26）然當時我國實務上解釋則持不同之看法，認為有關婚姻成立形式要件，應依當事人各該本國法，惟當事人中有一人為中國人時，應依中國法之方式，否則該婚姻不能認為有效

依上開規定，就我國婚姻成立形式要件之準據法，說明如後：

㈠現行涉外民事法律適用法第十一條一項，不以場所支配行為之原則，視為絕對強行，卽不單採舉行地法主義，而係採折衷主義，換言之，關於婚姻之方式，無論依照當事人雙方或一方之本國法，或舉行地法，均為有效。此種準據法選擇適用方式，有助於涉外婚姻關係之成立，自不殆言。

惟婚姻成立之形式要件，國際私法上究何所指，此問題屬於國際私法上之定性，一般情形下，對於婚姻所需之儀或式登記，固視為婚姻之形式要件，但有時對某種條件之具備，有視為婚姻實質要件者，有視為形式要件者，此種隱藏之衝突，實有碍於國際間判決之一致，宜設法解決之[27]。

㈡第十一條第二項，又將場所支配行為之原則，視為絕對強行，卽對於婚姻之形式要件，專一地適用舉行地法，惟其適用時，須具備下列要件：

1.婚姻當事人之一方為中國人；
2.婚姻在中國舉行。

符合前述二要件時，關於婚姻之方式，卽專一地適用舉行地——中華民國之法律。此條項為涉外民事法律適用法原草案所無，顯係於立法院審議時所增

續26)　　當民國二十年，芬蘭駐華代辦公使，曾向我國函詢外國人在中國境內結婚儀式。司法院指令司法行政部轉復（指令第四五五號）內云：「婚姻成立要件自應依當事人各該本國法；惟當事人中有一人為中國人時，應依照民法第五百八十二條之規定，有公開之儀式，及二人以上之證人。」又民國二十五年間捷克首都大主教辦公處，函詢中國人在外國舉行婚禮之準據法，經司法院解釋轉復（解釋第一四三四號）有云：「婚姻成立要件，應依當事人各該本國法；如中華民國人民與外國人結婚，具有公開之儀式，及二人以上之證人，在我國民法卽可認為有效，無庸向何種機關提出何項證書。」上述解釋皆引用以前之法律適用條例第九條之規定，不論婚姻之實質要件或形式要件，均依當事人各該本國法，而未提及婚姻舉行地法，是解釋應依當事人本國法，不依行為地法。

當時我國一般學者多批評司法院見解離奇，有違通例，由客觀論之，衡以論理解釋，司法院之見解，一般人實難以贊同，但衡以文理解釋，司法院之見解，似亦非無根據。蓋以前之法律適用條例第九條規定：婚姻成立之要件，依當事人各該本國法。結婚儀式既係婚姻成立要件之一，自應依其本國法，此文理上應有之解釋也。雖然該條例第二十六條第一項規定：法律行為之方式得依行為地法或依規定行為效力之法，然該項條文內有「除有特別規定外」一語，則第九條統稱婚姻成立要件，是婚姻方式不能謂非特別規定之一種，依文理解釋，似無適用該條例第二十六條第一項之餘地。由是觀之，與其謂司法院解釋條文有誤，毋寧謂擬定條例者立法技術有疏漏。幸外國法規定婚姻方式適用行為地法。僑居中國之外國人民如依中國法舉行簡便婚禮，縱於其本國法所定繁重儀式不合，亦可援引反致條款，適用行為地法（卽中國法），而認為有效。故上述司法院解釋，雖理論稍差，而實際上尚不至引起重大困難問題。

但是婚姻方式，關係重要，應用頻繁，究不應規定不明，委諸解釋。宜仿照德國、日本、波蘭諸國立法例，以明文規定之。故乃有涉外民事法律適用法第十一條第一項但書及第二項之規定。

參閱洪應灶教授著：國際私法（民國五十七年）第一三二頁、第一三三頁。

27)　參閱註二十二。又關於定性問題之解決及發展，請參閱拙著：「國際私法上定性問題之研究」，收錄於拙著：國際私法論叢（民國七十三年增訂三版）第二二七頁至第二四二頁。

。其理由似以婚姻之方式，因有關舉行地之公序良俗，如當事人之一方為中國人並在中國舉行者，為保護內國之公序，而應適用舉行地法——中國法。惟國際私法之趨勢，在避免跛行婚，而以涉外之婚姻關係易於成立並安定為首要，故婚姻方式之準據法，應儘量擴大。此種限制的適用，是否有當，仍不無商榷之餘地。

㈢各國條約恆規定，同國籍人間在外國得依其本國儀式，在駐在國之本國外交官或領事前，舉行婚禮，但此種例外之適用，須合於下列條件：

1.須有條約規定，並其儀式為舉行地法所允許者為限。

2.同國籍人間之婚姻；

3.在本國外交官或領事前行之。

此制度謂之外交婚，兩次海牙有關婚姻之國際私法公約均明文承認之[28]。惟我國涉外民事法律適用法，關於婚姻形式要件之準據法，既認依當事人一方之本國法或舉行地法，均為有效，則同一國籍之外國男女，在派駐我國或第三國之其本國領事或外交官前，依其本國法之方式舉行婚姻，所謂外交婚，即於法有據，應認為有效。

㈣在通常情形下，婚姻在何地舉行，該地即為婚姻舉行地，故其認定，並非難事。但如有承認代理婚姻 (marriage by proxy)、通信婚姻 (marriage by correspondence)、或基於事實狀態而成立之婚姻 (marriage by habit and repute)，則其舉行地之認定，即有困難。一般釋釋為婚姻舉行地即代理人之行為地、當事人為通信當時之所在地、或事實狀態之發生地[29]。此外，於公海上航行之船舶上締結婚姻時，即應以船旗國法為舉行地法[30]。

肆、婚姻成立與公序良俗之關係

各國國際私法對涉外事件準據法之規定，大多數皆係以歸屬未定的連接因素為基礎，制定抽象的準據法[31]，連接因素依其情形，有時歸屬於內國，有時歸屬於外國，故內外國法律皆有被適用之機會。一國法院於涉外法律關係適用內國法時，固與對於內國私法關係而適用內國時，無所分別；惟因涉外法律關係而適用外國法時，關於外國法之適用，並非漫無限制，如該外國法之適用，

---

28) 一九〇二年海牙公約第六條規定：「婚姻當事人如均非婚姻舉行地之人民，且舉行地國不反對其婚姻時，凡依其本國法，在其外交官或領事前而為之婚姻，關於其方式，不論在何國應認為有效。

一九七六年海牙公約第九條第二項規定：「在外交官或領事前，依其本國法所舉行之婚姻，在締約國均為有效，但其儀式須不為舉行地國所禁止」。

29) 蘇著：第298頁。Wolff, pp. 344；Lorenzen, Marriage by Proxy and the Conflict of Laws, 32 Harv. L. Rev. 473 (1919)

30) Cheshire and North, p. 329.
Dicey and Morris, 9. 271.

31) 在國際私法上，此特稱之謂雙面法則，此外尚有單面法則者。關於本問題，請參閱馬漢寶教授著：「國際私法總論（民國七十一年）第五十三至第五十五頁。

有危害內國公序良俗時，不適用之。此為國際私法上公認之原則，為各國立法例[32]及國際公約所採[33]。

　　婚姻為形成親屬身分關係之基本法律行為，具有濃厚之社會習俗色彩，與一國之公序良俗有密切之關係，故若對於涉外婚姻之成立，適用外國法時，若認定該外國法之適用將妨害內國之公安者，為維護內國公益，自例外地不予適用，而以內國法代替之。

　　惟「公安」二字，辭意含糊，範圍廣泛，因而各國法律所用之語句不盡相同，如英美法律謂之公共政策，法國法律則謂之公共秩序，德國法律則謂之善良風俗，而中、日法律則謂之公序良俗。各種詞句之意義，殊甚晦澀，不僅不易解釋，亦乏客觀之標準。誠如德國法學大師沙維尼所云：「除依內國之道德、內國法之精神及目的而為解釋，一任於法官之自由判斷外，別無他策也」[34]。

　　關於公序良俗或外國法適用限制之一般性問題，本文不擬論述[35]，而僅就下列兩項，扼要介紹說明，以見涉外婚姻與公序良俗之關係。

一、美國有關婚姻成立與內國公安之若干判例

(一)In Re May's Estate[36]

　　夫妻二人具有叔姪關係，本居住於紐約州，西元一九一三年在羅得島結婚後，又回到紐約定居，羅州法律規定叔姪通婚有效；紐約州則認係亂倫而無效。其妻死後，其子為遺產管理到遺囑法院申請財產管理狀，法院發給。其父主張與其妻之婚姻有效應該管理遺產。上訴庭裁定管理狀應交其父。其子上訴，最高法院認為婚姻有效，維持原裁定。其理由：(1)舉行地認為有效之婚姻，任何地皆為有效。紐約州法律規定無效，但並不能規律在他州舉行之婚姻；(2)並不違倫常。因本案夫妻均信奉猶太教，猶太教不認叔姪通婚有違倫常，故不合乎違反公安及公眾道德意識。

　　由判決理由觀之，謂「叔姪通婚不違反常倫、公安，係因夫妻均信奉猶太教，而猶太教不認有違常倫之故」似不合理。就事實觀之，似應解為叔姪通婚之所以不違反公安，乃因以公安限制外國法適用，必以其適用之結果違反內國公安而定。本案係因遺產管理權而涉訟，雖該外國法之內容違背內國公安，然適用該外國之結果，承認其婚姻有效而其父有遺產管理權，對內國公安並無影響。

32）德國民法施行法第卅條、日本法例第卅條、我國涉外民事法律適用法第二十五條。

33）例如西元一九七六年簽訂之海牙有關婚姻成立與承認之公約 (Convention on Celebration and Recognition of the Validity of Marriage) 第五條及第十四條。

34）Wolff, pp. 168-169.

35）例如關於外國法適用限制之立法主義、外國法適用限制之實際標準、外國法適用受限制時之對策等問題，請參閱馬著：第二〇五至第二一四頁。洪著第三十九至第四十五頁。蘇著：第一〇四至第一一六頁。曾陳明汝教授著：國際私法原理第一集（民國七十三年）第一八八、一八九頁。

36）305 N.Y. 486; 114 N.E. 2d. 4 (1953).

㈠Whittington v. McCaskill[37]

佛羅里達州之黑人與白人到紐約州結婚，主要在規避佛州禁止黑白通婚之法律。或許一般人會認為此種婚姻違反佛羅里達州之公共政策而無效，不但在婚姻關係的夫妻身分上，且在關於財產權及子女的權利上，甚至其婚姻關係因當事人一方死亡而終止者亦無效。然實際上佛州法院認為，佛羅里達州公共政策之目的乃在禁止佛州居民間黑白通婚或其他州之人民黑白通婚且同居於佛州者。苟若當事人一方死亡此種婚姻關係因而終止者，其婚姻對公安已無影響，該州即應停止其公共政策權力之行使，不得再否認其婚姻效力。故此種不合法同居之情形或可為犯罪告發之理由，但不得作為否認當事人或其子女依舉行地法有效成立婚姻關係中所獲得之財產權或其他權利。本案當事人於其婚後並未回到佛羅里達州居住，對佛州之公共政策並無影響；且本案之繫爭問題僅是生存配偶對佛州不動產財產權之繼承問題。因此佛州法院認為本案當事人雖原居住於佛州，到紐約州結婚並居住，僅因於佛州之不動產涉訟時，應認其婚姻有效。

㈡In Re Dalip Singh Bir's Estate[38]

某一 Punjab 之土著，於加州未立遺囑死亡，遺有二位妻子，皆係於印度時結婚，依當地法律，一夫多妻之婚姻為有效。該兩妻子提起繼承遺產之訴，加州法院認為加州公安，對僅涉及被繼承人財產分配問題時，並不排斥一夫多妻之婚姻。遂判決二人均分遺產。

㈣Toler v. Oakwood Smokeless Coal Corp.[39]

甲誤認其首任丈夫已死，又在西維州與乙結婚，依該州法律，重婚只有於司法宣判後始無效。數週後，甲及乙遷往維州，乙於該地工作時死亡，依維州法律，重婚是自始無效。甲以未亡人身分於維州提起損害賠償之訴，法院拒絕判決賠償，蓋認為甲是否乙之配偶，不依西維州法律，因其違背維州公安而依維州法律，該婚姻係屬無效。

二、我國法律有關婚姻成立與內國公安之規定

我國國際私法關於外國法適用之限制，係採直接限制主義，此即內國法明文承認外國法之適用，但外國法之適用違背內國公安時，則不適用之。此種規定既不致發生掛一漏萬之現象，也沒有差別內外國法律之意義，其不適用原應適用之外國法，乃係因該外國法違背內國公安之故。各國立法例多採之[40]，我國現行涉外民事法律適用法第二十五條亦然。其規定如下：「依本法適用外國法時，如其規定有背於中華民國公共秩序或善良俗者，不適用之」。

茲就本條適用時應行注意之事項，說明於後：

㈠外國法適用之限制，應認為係例外情形

國際私法原係於內外國私法抵觸時，指示其所應適用之準據法法則，是故

---

37) 65 Fla. 162; 61 So. 236 (1913).
38) 83 Cal. App. 2d 256, 188 p. 2d 499 (1948).
39) 173 Va. 425, 4 S.E. 2d 364 (1949).
40) 參閱註32、註33。

就某一涉外法律關係，既經指示應適用某外國法，則其適用乃原則；今若因該外國法之規定，有背我國公序良俗而限制其適用，則屬於例外。法律上對例外之規定，每嚴加解釋，俾不致使例外成為原則。因此，既不得以外國法之規定與我國有差異，即解釋其違背公序良俗；也不得以過去或未來之道德觀念、社會尺度來衡量外國法之規定。必也以嚴格慎重之態度，臨淵履薄之心情來審斷，以確有重大牴觸內國立國精神或倫理觀念時，始可加以限制外國法之適用。[41]

(二)外國法適用之限制，應以其適用之結果，有背於我國公序良俗者爲限

從第二十五條文義觀之，似指外國法的內容有背於我國公序良俗時，即不加以適用，但解釋上，應指適用外國法結果，此不僅符合前項所述，外國法適用之限制，應認爲係例外情形，且也可避免擴大內國法適用之嫌疑，對維持國際私法生活之安定性，也有裨益。茲舉例以明之。

假定甲國承認堂兄妹結婚爲合法，父死亡後，其子女就遺留在我國之遺產，主張繼承權，關於繼承，依涉外民事法律適用法第二十二條，固適用被繼承人之本國法，但關於彼等是否婚生子女而享有繼承權，則繫於父母之婚姻是否合法成立，而依涉外民事法律適用法第十一條，婚姻之成立，依各當事人本國法

之結果，也適用甲國法。依甲國法，該婚姻自係合法，然衡其內容之規定，似有背於我國公序良俗，則此時關於其父母婚姻之成立，應否適用甲國法，即成爲問題。本人以爲，於此涉外案件，所關係者乃遺產之分配問題，況父已死亡，縱使甲國婚姻法之規定，有背於我國公序良俗，但因適用結果，實無大害於我國社會倫理觀念時，自應適用甲國法，而承認彼等爲婚生子女，有繼承權。

反之，該堂兄妹未死亡，在中國居留時，一造提起履行同居之訴，此依涉外民事法律適用法第十二條：「婚姻之效力依夫之本國法」，以決定夫婦有無同居之義務，然其先決條件，必須於該當事人間有合法之婚姻存在爲前提，此則又有同法第十一條：「婚姻成立要件，依各該當事人之本國法」之適用，此時究應適用該甲國法允許堂兄妹結婚之規定，抑限制其適用，則繫於有無公序良俗條款之適用。本人以爲於此情形，若適用甲國法而承認其婚姻爲合法，進而爲夫妻有履行同居義務之判決，實無需於我國承認近親結婚，違反我國倫常孰甚，故從適用該外國法結果上言，宜援用公序良俗條款，而限制其適用。

(三)原則上以外國法之適用違背我國公序良俗時，始限制其適用，但有援引反致，而適用他國法律時，則有例外

外國法是否違反公序良俗，原則上

---

41) 涉外民事法律適用法草案說明書，關於第二十五條之說明有云：「本條意旨與原條例第一條大致相同，在明定外國法有背於中國之公共秩序或善良風俗者，均應排除其適用，以示限制。所謂公共秩序，不外爲立國精神及基本國策之具體表現，而善良風俗乃發源於民間之倫理觀念，皆國家民族所賴以存在之因素，法文之規定，語雖簡而意極賅，俾可由執法者體察情勢，作個別之審斷」。

僅視其是否違反法庭地之公序良俗為已足，至於其是否違反其他國家公安時，原則上並非所問，但有例外，即法庭地有援引反致，而適用他國國際私法時，則應考慮該應適用之外國法，是否違反該他國之公序良俗。茲舉例說明之。

假設ＡＢ為堂兄妹結婚，丙為其本國，婚姻成立要件採當事人住所地法主義，甲為法庭地國，採本國法主義，並採反致，乙為當事人住所地，採住所地法主義。若甲、乙兩國皆認該婚姻為合法，但丙國認此種婚姻違背其公序良俗。關於該婚姻是否合法成立，於甲國訴訟時，依甲國國際私法規定應適用當事人本國法，即丙國法，但因甲國採反致，遂因適用丙國國際私法之原因，而反致適用乙國法，即以乙國法為該涉外婚姻成立所應適用之外國法。原則上雖然甲國僅考慮適用乙國法，是否違反其（法庭地）公序良俗，但於上述情形，宜也應審察適用乙國法是否違背丙國公序良俗，蓋違背丙國公序良俗時，丙國既不能適用乙國法，甲國自也不能因反致之關係，而適用乙國法。丙國法之適用，既係基於丙國國際私法之規定，則甲國法院於適用外國法時，就不應完全忽略丙國法之存在，而置其公序良俗於不顧。

伍、婚姻成立與規避法律之關係

現今，非惟各國國際私法有關涉外法律關係準據法之規定，內容互不相同，即其若干輔助法規，如反致、定性、公序良俗等，也彼此有異。因此當事人常藉不當之方法利用各國選法規則之差異，以逃避原應服從之內國強行法，而適用有利於己之外國法。此種情形，在國際私法上稱之為規避法律（evasion of law）或連接點之虛偽創設（fraudulent creation of points of contact）[42]。申言之，國際私法上規避法律者，乃指當事人故藉變更連接因素之歸屬關係，以逃避不利於己之內國法，而求得有利於己外國法之適用，嚴重影響法庭地選法安定之秩序，而被認為具有不適法性，應受法律制裁者。有名的包芙夢公爵夫人（Princesse de Bauffrement）一案，即其著例[43]。

鑒於婚姻之成立與規避法律間關係密切，茲分下列二點，扼要說明，以見二者間在適用上之關係。

一、美國有關婚姻成立與規避法律之若干判例

㈠Meisenhelder v. Chicago & N. W. RY CO.[44]

---

42) 學者有稱之為選法詐欽、竊法舞弊、迴避法律及法律詐欺者。

43) 包芙夢公爵夫人原屬比國國籍，因與法國人結婚而取得法國國籍，其後因與夫不睦而分居。蓋一八八四年以前之法國法禁止離婚，包夫人為便於離婚，俾與比貝斯哥王子（Prince Bibesco）再婚，乃赴薩克斯愛登堡公國，請求歸化德國。歸化德國之次日，即訴請與法籍夫離婚，旋又在柏林與比斯哥王子再婚。其離婚與再婚均被法國法院認為無效，以其顯然有法律詐欺之惡意也。參閱曾陳明汝教授著：「論國際私法上法律詐欺之效力」，載政大法學評論第四期（民國六十年）第一四三頁。

44) 170 Minn. 317; 213 N.W. 32 ('1927')

本案原告與其妻係第一代堂兄弟，住於伊利諾州，根據伊州法律，第一代堂兄弟之婚姻爲無效。然肯塔基州則認爲此種婚姻並不違反倫常，而明尼蘇達州之法院判決：當事人有逃避伊州法律規範之企圖，其婚姻無效。

本案判決之明州法院，以規避伊州法律爲由判決婚姻無效，似不妥當。蓋規避法律的效力，僅存於被詐欺國，前已言及，因其違背法庭地選法安定的程序。故一國應不得以當事人有規避第三國法律爲由，而否認其婚姻有效成立。

㈡**Wilkins v. Zelickowski**[45]

本案原被告均與其父母住在新澤西州，兩人聯袂到印地安那州結婚，然後再回到新州定居，因爲印州法律規定十六歲有結婚能力。原告（女）主張婚姻無效，原告勝訴，新州法院以違反公共政策及規避法律爲由，判婚姻爲無效。

其實，本案似應認爲僅是規避法律之問題，與公共政策無關，當事人居住於新澤西州，到印地安那州結婚，再回到新州，其具有規避法律之企圖至為明顯。且由於美國各州多採婚姻舉行地法主義，故住所新州移到印州，就是具備了變更連結因素之要件，此外，當事人所規避的法律，爲法庭地法，故本案應以規避法律爲由，認其婚姻無效，始爲恰當。

㈢**Caballero v. Executor**[46]

本案乃一居住於路易士安那州之白人，以移民至西班牙之目的離開了路州

，該人於旅次古巴之哈瓦那途中，與一黑人女子結婚，該黑人女子曾與他在路州非法同居，並育有一女，依路州法律規定，黑白種族不能通婚，但依西班牙之法律，黑白通婚是有效的，其子女爲婚生子。法院認爲：若結婚時該白人僅是爲規避路州之法律使其子女爲婚生子而暫時停留於哈瓦那，或西班牙，則此種於哈瓦那締結之婚姻就路州之法律效力而言，頗有疑問。但就本案而言，該白人設住所於西班牙，目的是欲終身停留於此。故其於哈瓦那之婚姻，應爲合法。所生之子女爲婚生子女，何況該原告之婚姻及其子女爲西班牙法律所承認，該人終其一生均居於西班牙，未曾回過路州。故不得認爲當事人有規避路州法律之企圖。況且本案爲其子繼承財產權之問題，更不得認爲有違背路州之公共政策。

㈣**State v. Ross**[47]

本案係居住於南卡羅來納州之白人與原住於北卡羅來納州，後來遷居南卡州之黑人女子在南卡州結婚，依南卡州之法律規定，黑白通婚爲法所不禁，應屬有效。法院於判決中曾說：若北卡州之白人居民以規避北卡州禁止黑白通婚之法律爲目的，到南卡州與黑人女子結婚之後，打算回到北卡州居住的話，很明顯的，此種婚姻雖依舉行地法爲有效，然於該男女回到北卡州居住後，絕不爲北卡州法律所承認。

本案，該北卡州之黑人女子雖到南

---

45) 26 N.J. 370; 140 A. 2d. 65 (1958).
46) 24 La 573; 127 A.L.R. 445 (1931).
47) 76 N.C. 242; 22 Ann. Rep. 688.

卡州結婚，然並無再回到北卡州居住之意思，且婚後一直居住於南卡州，故並無規避北卡州法律之企圖，且依一般原則，他州之居民於該州締結有效之婚姻，於任何地方，（包括以後移住之地）皆為有效。故該當事人雖後來移居北卡州，但仍不得以其婚姻係規避法律為由，而否認其效力。

(五)**Willey v. Willey**[48]

本案係請求宣告後婚姻無效之訴訟。有一丈夫與第二妻居住於加利福尼亞州，且於加州結婚，後來移居華盛頓州，其於加州之婚姻，係於前婚姻在華州於離婚裁判訴訟程序中所為，判決確定後，仍居住在一起，後婚姻係加州法律所允許。依照華盛頓州法律規定，離婚判決當事人之任何一方，必須於該離婚判決上訴期間屆滿，或訴訟判決確定後，始得再與第三人結婚（待婚期間），當事人之後婚姻雖因其移居華州為華州法律所禁止，惟依一般之原則，他州之居民，於該州締結有效之婚姻，於任何地方皆為有效。此與當事人本居住於法庭地，以規避法律之目的，到他州結婚後立刻復回到居住之州之情形不同。

二、我國法律有關婚姻成立與規避法律之規定

我國以前之法律適用條例暨現行涉外民事法律適用法，關於規避法律之規定，均付之闕如；惟如前述，規避法律之問題，屢屢發生，在婚姻成立上尤見其然。茲舉例說明：中國人Ａ、Ｂ因不合我國婚姻成立要件，乃改變國籍，取得甲國國籍後，依甲國法成立有效之婚姻，嗣後若因該婚姻成立與否，涉訟於我國，或於結婚後回復我國國籍，嗣因該婚姻是否有效而興訟時，則該婚姻是否合法成立？依我國涉外民事法律適用第十一條之規定；「婚姻成立要件依各該當事人之本國法」，所謂當事人本國法，係指結婚當時之本國法，而依甲國法，該婚姻為有效。此種表面上合法，但實際上則有規避我國法律、詐欺內國法之情。一國若無規避法律之規定，則依外國法所成立之該婚姻，自屬有效；若又不合違反內國公序良俗之規定時，自難加以制裁。是於某些國家，曾以法規就防止逃避法律，予以明文規定[49]，而於我國，學者亦有贊成者[50]以規避法律之觀念為根據，否認其效力。茲再分下述幾點申論之。

---

48) 22 Wash. 115; 60 p. 145.
49) 例如美國若干州曾採用一九一二年草成之「婚姻規避法」(Manniage Evasion Act)，對「為規避住所所在地州之法律姻而在他州或他國成立婚姻者」加以限制。此外，一部分州亦採用一九〇七年草成之「婚姻無效與離婚法」(Uniform Act Regulating Annulment of Marrage and Divorce)，該法規定，婚姻無效及離婚之管轄權，以「當事人善意 (bona fide) 居住於該州，並繼續相當時期者」為限。瑞士一九〇七年民法亦規定：「在外國舉行之婚姻，如其所以在外國舉行之目的顯在逃避瑞士法上之限制條件者，一概無效」。
50) 參閱曾者，見註五第二〇八頁；翟楚教授著：國際私法綱要（民國四十八年）第二五七、二五八頁。

㈠適用之依據

我國涉外民事法律適用法,對於規避法律之問題,並未明文規定,則適用時之依據為何?本人以爲可以同法第卅條爲根據,說明適用規避法律之理由、要件、效力等問題。蓋該條規定:「涉外民事,本法未規定者適用其他法律之規定,其他法律無規定者,依法理」。規避法律,於其他法律中並無規定,故惟法理是賴。涉外民事法律適用法草案說明書,關於第三十條,曾有下述之說明:「……。再按近世國際交通發達,內外國人接觸頻繁,訟案隨之而增,其系爭之點,甚多爲現行法所不及料,而未加規定,其有賴於法官本其學識經驗,臨案審斷,殆爲勢所必然。本條後段特設補充規定,凡涉外民事爲法律所未規定,應依法理以謀解決,揆其旨趣,蓋與民法第一條之規定,遙相呼應者也」。

㈡規避法律之要件

一般言之,規避法律之成立,須具備下列要件:

1、須當事人具有詐欺內國法之意圖:

若僅在客觀上有變更連結因素之事實,仍不得主張當事人具有詐欺內國法之意圖,必須客觀上有變更連結因素之事實加上當事人主觀上具有詐欺內國法之意圖始可。至有無詐欺內國法之意圖,則爲一事實問題,內國法院當依情裁決之。例如:當事人將住所從甲國遷至乙國,在乙國結婚後馬上又遷回甲國是。

2、須當事人從新的隸屬關係中取得利益:

若不能從新的隸屬關係中取得利益,則當事人卽不發生詐欺之問題。例如:甲州人A、B到乙州結婚後又回到甲州,乙州規定16歲爲適婚年齡,而甲州則爲18歲,若A、B均爲17歲,則依甲州之法律其婚姻應爲無效,如此A、B則在乙州取得結婚之利益,若乙州法律亦規定其婚姻本爲無效,則A、B並未取得利益,不生詐欺之問題。卽不具備規避之要件。

3.須法庭地爲被詐欺國:

因爲規避法律的責任,只存在於被詐欺國,乃因其違背法庭地國選法安定之程序。爲維護法庭地國之選法安定秩序,才有規避法律之概念,故一國不得以當事人規避第三國法律爲由,否認當事人法律行爲之效力。

於此,應予一提者,卽凡由規避法律所構成之行爲,當然不發生法律上之效力;惟其無效之範圍,則以規避法律所生之法律關係爲限。例如前舉例中,中國人A、B因欲達結婚目的,歸化甲國,或嗣後又回復我國國籍之情形,我國法院僅能判決其婚姻爲無效,對其歸化或回復而取得之國籍,仍當認爲有效。蓋歸化或回復,苟經關係國政府所核准,則我國法院卽無權可以宣告其爲無效;所可能者,惟就其所生之法律關係——卽婚姻不予承認其有效耳。

㈢規避法律與公序良俗條款在適用上之區別

在國際私法上,規避法律與公序良俗條款,常被混淆,事實上,二者意義不同。雖然規避法律與公序良俗之作用

均在維持內國強行法所建立之秩序，但其性質互異，適用時宜加區別。

　　1.適用公序良俗觀念，限制外國法之適用者，乃因所引用之外國法，其內容適用後將違背內國之公序良俗之故。至於規避法律，僅關於外國法律之選擇，係完全著重於當事人，藉改變連接因素及選法規則之適用，詐欺內國法之意圖，與該外國法之內容是否違背內國之公序良俗無關。

　　2.規避法律乃基於維護法庭地選法安定之理由，而否認其效力，故法庭地國係被詐欺國，始可引用，不得以當事人規避第三國法律為由，而否認其法律行為之效力。至於公序良俗之適用，雖亦以違反法庭地之公安為要件，但於反致之情形，適用該他國或第三國國際私法時，則得以外國法之適用，違反該他國或第三國之公序良俗為由，否認其效力。

　　由上述可知，規避法律與公序良俗問題，有時雖可能同時發生，但內容並不一致，二者觀念，亦不相同，適用時宜加分別。

陸、關於婚姻成立及承認之海牙國際私法公約

　　海牙國際私法會議[51] (Hague Conference on Private International Law)

第十三屆大會，於西元一九七六年十月四日至二十三日於荷蘭之海牙集會，討論三個公約草案[52]。關於婚姻成立及承認之公約 (Convention on Celebration and Recognition of the Validity of Marriages)，即為其中之一。此一公約之簽訂，係為取代一九〇二年制定之海牙有關婚姻之國際私法公約[53]。後一公約，已證明為不能令人滿意，不少已批准之簽字國，又紛紛退出。此一新的公約，共分四章三十一條。其章次分別是：婚姻之成立，婚姻之承認，一般條款及最後條款。本公約制定之目的，在便利婚姻之成立及婚姻效力之承認。以下擬分二點，予以扼要介紹，並予說明。

一、婚姻成立之準據法

　　公約第一條規定：「本章適用於締約國內有關婚姻成立之要件」。國際公約僅對締約國有拘束力，無強制非締約國服從之權力，故本條之規定，僅國際法上原則之重申而已。關於婚姻成立之準據法，公約也分為二類如下：

㈠形式要件之準據法

　　第二條規定：「婚姻之形式要件依舉行地法。」本公約係以舉行地法為關於婚姻形式要件，唯一應用之法律，舉行地是否在締約國內，則非所問，又所

51）關於海牙國際私法會議，曾參閱拙著：「論侵權行為之準據法」，收錄於拙著，國際私法論叢（民國七十三年增訂三版）第二十二至第二十四頁。

52）其他二個公約草案，則為有關代理關係之準據法公約及有關夫妻財產制之準據法公約。關於前者，請參閱拙著，「論國際私法上代理關係之準據法」，收錄於拙著，國際私法論叢（民國七十三年增訂三版）第一六七至第一七二頁。

53）參照一九七六年公約第二｜二條。

謂舉行地法，應不僅指其實體法，卽包括其國際私法規則，而可能有反致之適用。本公約之規定，與一九○二年的海牙公約不同[54]，前者係採折衷主義，卽凡依舉行地法或當事人各別之本國法所定之形式要件，所締結之婚姻，均爲合法有效。

(二)婚姻實質要件之準據法

關於婚姻實質要件之準據法，本公約並未直接明白規定，而係用婚姻應在何地舉行之方式，間接加以處理，依公約第三條，婚姻應於下列各地舉行：

1.雙方當事人（未來配偶）須符合舉行地實體法有關實質要件之規定，且當事人之一須爲該國人或於該國有習慣居所。或

2.各該當事人須符合依舉行地國選法規則，所指定應適用實體法上之實質要件。

本公約關於實質要件之準據法，強調婚姻舉行地法之重要，但爲避免當事人有規避法律之行爲，及妥協大陸法系重視屬人法之立場，故於1.之情形附有國籍或習慣居所之條件；於2.則由舉行地之國際私法決定，應適用何種準據法——舉行地法、當事人住所地法抑各該當事人本國法等。此種規定與一九○二年之海牙公約，採各該當事人本國法主義，大相逕庭，頗值注意。

此外，締約國依本章之規定應適用外國法時，不論該外國法係屬於締約國抑非締約國，固有適用之義務，但其適用，如顯然牴觸舉行地國之公序良俗時，則得拒絕之[55]。

二、婚姻之承認

本公約區別婚姻成立與婚姻承認。依公約第七條之規定：「本章適用於締約國內請求承認在其他國家所締結之婚姻。」茲再分下列各點述之：

(一)不在公約適用範圍內之婚姻

公約第八條規定：「本章不適用於下列婚姻：

1.由軍事機關所舉辦之婚姻；

2.在船舶或航空機上所締結之婚姻；

3.代理婚姻；

4.死後婚姻；

5.不要式婚姻。」

上述各種婚姻，或因各國觀念未趨一致，或因認定困難，故排除於本公約承認之範圍。至締約國對其是否承認，則惟各國國際私法是賴，而無公約上必須承認之義務。

(二)婚姻之承認

下列婚姻在締約國內，均應承認其爲有效：

1.依婚姻舉行地法所締結有效之婚姻，或其後依該法爲有效者（第九條第一項）。

2.在外交官或領事前，依據其法律所締結之婚姻，惟其儀式須不爲舉行地國所禁止（第九條第二項）。

3.持有主管機關所發婚姻證書時，

54）參照一九○二年公約第五條及第七條。
55）參照公約第五條。

除有相反之證明外，推定其有效（第十條）。

　　所謂依舉行地法所締結之有效婚姻，是否必須符合公約第三條，特別是其第一款之規定？公約之用語並不明確，蓋其曰「依舉行地法所締有效之婚姻」，而不曰「依第三條所締有效之婚姻」，顯然應有不同；此外公約第十六條復規定：「締約國得保留排除適用第一章之權利」。可見婚姻之成立與婚姻之承認，並非必然牽連。故前項疑問宜採否定的看法為當。

　　第九條第二項之規定，即一般所謂之外交婚。一九〇二年海牙公約第六條，也有類似之規定。對防止跛行婚之發生甚有裨益。

　　所謂持有主管機關所發婚姻證書之規定，是否僅限定為締約國主管機關，抑包含非締約國主管機關在內？適用上也不無疑義，採取否定見解，雖可擴大婚姻之承認，但似與公約之精神——即僅締約國相互享有權義——不合；而且公約第二十三條也規定：「每一締約國於簽字、批准、接受、或准許時，應通知荷蘭外交部，依照其法律有權出具第十條所提之婚姻證書之主管機關，以及其後有關該機關之任何變更」。似更可證明前項疑義，宜採肯定說為當。

　　此外，公約為擴大其適用之領域，俾維持國際性婚姻之安定性，復有下列規定，應予注意。

　　第一、本章之規定，即使於承認婚姻之效力，僅作為其他問題中之附隨問題處理時[56]，也有其適用（第十二條第一項）。例如主要問題是有關當事人之再婚能力，但某人是否有再婚能力，繫於其前婚姻是否被承認，前婚姻如不被承認，則該人就有再婚能力，似此，當事人再婚能力之有無，是主要法律關係，而其前婚姻是否被承認，則為附隨問題。關於婚姻之承認，不以其以主要問題出現時為限，自可擴大公約之適用範圍。

　　第二、本章之規定，不論婚姻係於何時締結，均有其適用（第十五條第一項）。故關於婚姻之承認，不以外國婚姻係於本公約生效後所締結者為限，而有溯及既往之效力，自大大擴張了公約之適用範圍。

　　第三、本公約不影響締約國就承認外國婚姻，適用更有利之法律規則（第十三條）。適用本公約，對於承認外國婚姻，自屬有幫助，可維持涉外婚姻之安定，但如締約國對婚姻之承認，有更為有利之法律規則可以適用時，本公約並不加以限制，蓋其更有利於婚姻當事人之故。

　　唯於適用上述第一、第二兩點時，應注意各該條但書或保留之規定。

(三)承認之拒絕

　　締約國對於具備承認條件之外國婚姻，雖有承認之義務，但如該婚姻有下列情形時，仍得拒結承認：

　　1.締約國依據其法律，認為於婚姻

56）關於國際私法上附隨問題之適用法律問題，請參閱拙著：「國際私法上附隨問題之研究」，收錄於拙著：國際私法論叢（民國七十三年增訂三版）第二四三頁至第二五頁。

締結時，有下述情形之一，得拒絕承認婚姻有效（第十一條第一項）

①配偶之一方為已婚；或

②配偶，因血統或收養，有直系親屬關係，或為兄弟姊妹；或

③配偶之一方未達結婚年齡，也未獲得必要之免除；或

④配偶之一方不具有同意之精神能力；或

⑤配偶之一方未自由的表示同意婚姻。

惟於有前項第一款之情形，該婚姻如由於前婚嗣後之解消或撤銷而為有效時，則締約國便得拒絕承認（第十一條第二項）。

2.締約國承認外國婚姻顯然牴觸其公序良俗時，得拒絕之（第十四條）。

公序良俗一語，本為倫理上之習語，其觀念因地而異，復因時而變，辭意抽象，難有一致且具體之標準，惟無論如何，必須以「顯然」為條件，否則關於其是否牴觸，尚有疑義時，則不得拒絕之。

依公約第二十六條，本公約於依第二十四條及第二十五條所指之第三個批准書、承認書、贊認書或加簽書寄存時起之第三個曆月之第一日起生效。此外公約對締約國得提出保留的條款，也有規定（參見第二十八條），而公約對聯邦國家之適用，以及關於簽字、批准、退出等規定，與其他海牙公約無太大差異，茲不贅述。

柒、結　　論

由於國際交通的發達，文化的交流，不同國籍男女結婚，或同國籍人民在外國舉行婚禮，愈為普遍。婚姻是否有效成立，不僅關係當事人本身之地位，且也為其身分上或財產上效果之先決問題，同時，也影響第三人身分及財產的利益，故於私法生活上，毋寧是一項非常重要的法律關係。所以各國國際私法，關於涉外婚姻成立應適用之法律，均有規定。惟其規定不同，致同一涉外婚姻，在不同國家，會有不同的命運，影響私法生活的安定，莫此為甚，此種現象，自非世人之福。

在各國民法——親屬法未臻統一前，吾人唯有從國際公約上着手，致力於統一涉外婚姻成立之準據法，暨釐定有關承認外國婚姻之條件，雙管齊下，實為解決國際間婚姻法牴觸之不二法則。

西元一九〇二年海牙有關婚姻之國際私法公約，已因規定簡略，且未能調和大陸法系及英美法系之利益，而告失敗；而西元一九七六年制定之海牙有關婚姻成立與承認之公約，命運如何，雖未可卜，觀其內容，雖較前者進步，但太多的保留，實足以影響其成效，則可斷言。今後各國惟有捐棄成見，犧牲少許，以換取各國的批准或加簽，才有希望使涉外婚姻的成立，獲得一圓滿的解決。

時間因素所引起之法律衝突

壹、引　　論

國際私法之主要作用，即在對含有涉外成分之法律關係，決定其應受何國法律支配之問題。故法律衝突所表現者，厥爲地域上之法律衝突[1]，惟實際上，地域上之法律衝突，固爲國際私法之主要現象，也爲必須解決之問題，但關於時間上之法律衝突，在國際私法問題上，也不可等閒視之。

關於時間因素，給國際私法帶來之法律衝突，分析之，有下列三種不同的形態；其一、法庭地國際私法變更，所引起之新舊國際私法之衝突；其二、連接因素變更，所引起之新舊應適用法律之衝突；其三、應適用法律變更，所引起之新舊準據法之衝突。以下擬參考外國立法例及學說，對上述問題，作扼要之討論說明，並試加分析我國國際私法有關之規定。

---

1) 地域，亦可稱之爲法域，係指於特定土地領域內有其獨自法律之謂也。英美法上，以法域代替國際私法上之國家。例如美國之各州，英國之蘇格蘭、英格蘭、北愛爾蘭，因各地法律之互異，自成法域，亦即各成爲國際私法上之國家。參閱 American Law Institute, Restatement of the Law (Second), Conflict of Laws (2d) §3 (1971)。對於同一法律關係，其有牽連關係之各法域之法律，規定互不相同，而皆可適用，是爲法律之衝突，國際私法 (International Private Law) 即對此衝突之現象而謀解決之法，故有稱國際私法爲法律衝突論 (Conflict of Laws)；亦有學者以爲，國際私法所討論者，乃避免法律之衝突，而就內外國法選擇其一而適用，因倡法律選擇論 (Choice of Laws)。惟無論如何均在說明國際私法所要解決之問題，乃地域上之法律衝突現象也。

貳、時間因素所引起之法律衝突

一、法庭地國際私法變更所引起之新舊國際私法之衝突

法庭地國際私法之變更，在制定法國家，通常是因法律之修正，以新的條文（或法律）取代舊的法律，而在普通法國家，固然也可能發生，以新制定法取代舊制定法，或以新制定法取代舊判例，惟無疑地仍以新判例取代舊判例，最為普遍。茲分下列二項分述之：

㈠新制定法變更舊制定法

1. 理論

關於法庭地國際私法之變更，究應適用何時之國際私法？此於變更後所發生之涉外民事，自適用修正後之新法，當無問題；惟對變更前所發生之涉外民事，究應適用舊國際私法抑新國際私法，卽構成時間上法律衝突問題之一，有關解決此問題之學說，有如下述[2]：

第一：適用法庭地之過渡法（施行法）予以決定，通常包括法律不溯旣往之原則[3]。

第二：適用新國際私法，承認其溯及力。

第三：適用新國際私法，承認其溯及力，但有例外。

上述三說中，以第一說為通說，就制定法而言，符合方便及公平之原則。第二說則反對適用法庭地一般不溯旣往之原則，而認為法律不溯旣往之原則，於國際私法無適用之餘地，蓋以為國際私法具有公法之性質[4]，因此應溯及旣往的適用。第三說則認為國際私法應有

---

2) 請參閱 F. A. Mann, The Time Element in The Conflict of Laws, 35 B. Y. I. L. 217 (1954)。

3) 法律不溯及旣往之原則，係指法律原則上自施行後發生效力，亦卽僅適用於施行後發生之事項，蓋吾人行為之準繩，存於行為當時之法律，若為法所不禁，則任何行動，可以自由，倘以新法施行，而許其溯及於施行前之行為，則法無定準，向之視為合法者，今則變為違法矣；向之以為旣得之權利者，今則可被剝奪矣，如此昨是而今非，則人民何所適從？故無論從國家威信上或社會安定上言，法律不溯及旣往原則，實有其存在之正當理由。惟宜注意者，法律不溯旣往原則乃法律適用之原則，非立法原則，立法時基於國策或社會之需要，仍可明定法律有溯及之效力，此由於法律旣為社會文化現象之一，自亦應適應潮流，而興利除弊，倘於立法上亦絕對採用此不溯旣往之原則，勢必對於舊法時代所遺留之種種弊病，不能以新法加以挽救，是豈文明國家為政之道乎？故各國對此原則於立法上多不適用。

茲舉一例說明上述之原則。我國民法總則於民國十八年五月二十三日公布，同年十月十日施行；民國七十一年修正公布。而民法總則施行法於民國七十一年一月四日修正公布，其第一條明文規定，「民事在民法總則施行前發生者，除本施行法有特別規定外，不適用民法總則之規定，其在修正前發生者，除本施行法有特別規定外，亦不適用修正後之規定」。卽係原則上採取法律不溯旣往之原則，惟於例外情形，則承認法律有溯及旣往之效力，並於施行法特加規定，以免爭議。如施行法第三條之規定是。

4) 主張國際私法具有公法之性質者，其理由為國際私法乃規定實體法適用之程序法，而凡屬程序法，又必為公法；且國際私法除畫分實體法適用之區域外，復規定各國法院之管轄權，其性質有關國家之主權，而凡規定國家主權之法律，概為公法。

自己的過渡法（施行法），因其與實體法不同[5]，所以原則上應適用新國際私法，承認其溯及力，但如案件之事實，與法庭地有充分之牽連，即與法庭地法有不可分離之關係時，則屬例外，而有舊國際私法之適用。申言之，即如依舊國際私法，應適用之準據法為法庭地法時，此時就例外地不適用新國際私法。倘如與法庭地無此牽連時，則新國際私法自無不適用之理由。

以上第二及第三說，均具有令人持疑之前題，即認定國際私法規則、類似程序法而非實體法，因此企圖自國際私法之性質中，歸納出積極的過渡法，惟其忽略了國際私法與其他私法間重要功能上之相似點。是以過份強調國際私法結構上之重要性，以支持其採取溯及力

之論斷，係屬無益。實際言之，國際私法規則是間接而非直接，其立即規範之客體，並非當事人間權利義務關係，而是規範該權義關係之法律，但吾人卻不可由此而論斷，國際私法是形式上或抽象的技術，而可自其所指定之實體法中加以分離。其實，國際私法與其所指定之實體法，有不可分離之牽連關係，欠缺其中任一法規，涉外法律關係之爭執，均無法獲致解決[6]。

綜合言之，對於其他私法基於公平及便利之原則，所應適用之法律不溯及既往之原則，於國際私法，也必須予以適用。倘承認新法有溯及力，無疑會輕忽當事人根據舊國際私法所指定之準據法應享有之權義，因之破壞了當事人正當期待利益。一項權利，是根據法庭地

5）主張國際私法非實體法而為程序法者，其理由為國際私法既不直接規定內外國人間權義之實質問題，而僅於涉外法律關係，確定其法域管轄權之所屬，以及內外國法律適用之選擇，故性質上應屬程序法。

6）國際私法非直接權義之準則規定，而為關於適用此規定之法則。為權義準則之規定者，是謂實體法，即內外國民商等法。國際私法與實體法雖有上述之差異，然二者之間確有相當密切之關係。茲就準據法之適用及比較法之研究二方面，略述其關係如下，以供參考：

一、由於準據法之適用：國際私法既於涉外法律關係發生之際，決定將如何適用其所應適用之法律；其所決定應為適用之法律，無論其為國內法抑外國法，皆謂之準據法，即對於某種涉外法律關係，準據其所決定之法律，而確定其權義關係之謂也。故國際私法雖可謂為決定法律關係的準據法之法則，但其本身並非準據法。一切法律適用規則，皆不外對於某一涉外法律關係求其準據法之實現；因法律關係性質之不同，於是其所準據之法律自亦有異。由是言之，準據法者即國際私法上所應適用之法律，亦即各國之法院，依國際私法之規定，對於某種涉外法律關係所實際適用之某國法律也。故無國際私法之規定，則準據法之適用無有所本；但無實體法之規定，則國際私法之規定亦無由適用，而涉外法律關係則無從獲得解決。因是可知，由於準據法之適用，國際私法與實體法之連繫關係確立矣。

二、由於比較法之研究：國際私法上所規定之準據法，實即內外國之實體法；故不知內外國法之異同，即莫由為國際私法原則之適用；即令適用之，亦難免不生錯誤。故研究國際私法學者，亦貴知各國法律之異同，或謂國際私法之研究，始於內外國法之比較研究，而終於內外國法之適用也。是則可知由於各國法律之比較研究，既有便於國際私法原則之適用，則其所定應為準據之法律，似亦較為確切；而國際私法與實體法之關係亦因之而更形密切也。

實體法所授與的，與一項權利，是根據法庭地國際私法與其所選擇之外國法結合所授與的，二者不應有所軒輊，如果對前者，在法律有變更時，我們承認有法律不溯既往之適用，則在後者，法律有變更之情形下，自無任何理由，不同樣地援用此一原則。

2. 實例

(1) 某子出生於德屬之 Alsace ，其於西元一八九〇年移民至阿根廷，於該地設定住所，也喪失了德國籍。有關繼承事件之訴訟於一九二五年於法國 Strasbourg 法院提起，關於應適用之法律有爭執，究爲其住所地法，抑爲其最後之本國法——德國法。

按 Alsace-Lorraine 於第一次世界大戰後，由德國歸還法國，而於該地適用之德國民法也立即中立化，而成爲法國之法律。法國之民法於一九二五年一月一日，根據一項於一九二四年六月一日制定之條例，方才適用於 Alsace-Lorraine。

法國法院於本案中必須決定，究應適用法國之國際私法抑過去之德國國際私法。法國之國際私法，指向當事人住所地法，德國國際私法，則規定適用當事人最後本國法。法國法院毫不猶豫地反對溯及地適用法國國際私法，而依照德國國際私法，適用當事人最後本國法，即德國民法以解決該案件[7]。

(2) 有關強制認領之訴，於一九二六年由一具有荷蘭國籍，但於一九一九年出生在 Alsace 之非婚生子女提起，被告爲其主張之生父。法國Strasbourg法院拒絕適用新的法國國際私法，而適用舊的德國國際私法（民法施行法第二十一條），依子女出生時母之本國法，即荷蘭法，以爲應適用之準據法[8]。

(二)新判例變更舊判例

英美法系之國際私法，多爲判例法所構成，惟其效力不低於制定法，當新的判例法取代舊判例法時，新判例則溯及既往的適用於舊判例有效時所發生之涉外民事[9]。

若干理由可用以說明法院之所以採取此種態度。依照 Hale 及 Blackstone 古老之理論，法官並不制定法律，僅僅宣佈而已。當法官主張適用新的法律規則時，該規則被視爲早已存在。推翻前判例，不同與取消制定法，前者有溯及力，因無所謂法律被取消，此外，司法及立法之程序，也存有重大之區別，溯及力當然存在於前者，蓋宣佈新規則之判例，就涉訟之當事人及事實而言，本身就是溯及既往。因此，對涉訟在後，而要件事實發生在前之事件，又如何能作不同之處置，而不溯及既往呢[10]？

關於判例有溯及力，在理論上雖然正當，但在實際上則會導致困難及不確定——法庭地國際私法有溯及力，往往

---

7) 參閱法國史塔斯堡法院之判決。Trib civ. Strasbourg 23, Nov. 1925.

8) 參閱法國史塔斯堡法院之判決。Trib civ. Strasbourg 18, May 1926.

9) 參閱 Dicey & Morris, I The Conflict of Laws (10th ed 1980), p. 53.

10) 參閱 Salmond, "The Theory of judicial Precedent", 16L. Q. R. 376, 384 (1900); Cross, Precedent in English Law (2nd ed. 1968), pp. 23-32.

會導致一些令人驚訝的結果，茲以英國案例說明之[11]：

英國國際私法有關承認外國離婚之規則，於一九五三年及一九六七年，先後為司法判例根本的變更，復於一九七一年為立法行為修正。於 Hornett v. Hornett 一案，於英國有住所之甲男於一九一九年娶婚前在法國有住所之乙女，婚後二人居住於法國及英國，直至一九二四年乙女在法國獲得離婚為止。甲男於一九二五年獲悉乙女離婚之事，惟二人又在英同居，直至一九三六年分手，於同居期間，沒有子女出生。於一九六九年甲男請求英國法院承認乙女之離婚，雖然在一九六七年前，該離婚不可能為英國所承認，但該離婚仍為貴族院在該年所宣佈之判例法所承認，即認其溯及力。

倘若吾人改變若干事實，則可顯見有溯及力之國際私法之改變，其結果令人驚駭不已：

1. 假定在離婚後，二人同居期間，有子女出生，則該子女在出生時，乃婚生子女（因彼時英國不承認外國離婚判決），但在一九六七年承認離婚判決後，豈不成為私生子？

2. 假定甲男於一九四五年與丙女舉行婚禮，同時其第二次婚姻因重婚而於一九五〇年被判無效，丙女隨後再度結婚。則如於一九七一年承認甲男乙女之離婚，豈非宣佈該判決無效之婚姻乃非法之判決，及丙女之第二次婚姻為無效[12]？

3. 假定甲男於一九四〇年未立遺囑死亡，其財產之一部分由生存配偶乙女繼承，則當貴族院於一九六七年宣布新國際私法規則，承認外國離婚判決時，乙女豈非要返還該財產？

英國法官 Denning 曾言：「法官雖有權宣布溯及力之判例，但更正確之說法，毋寧是法官亦能限制司法裁判之溯及既往，如果如此做是公平及適當的話。」頗值吾人三思，俾藉以緩和判例之當然具有溯及力時，所帶來之不妥當性。

二、連接因素變更所引起之新舊應適用法律之衝突

從時間因素的觀點來看，連接因素[13]有些是不變的，也有些是可變的。前者係指向某一特定之事件，或某一特定時間之不變情況，而不需其他之定義。後者，則可能隨時改變，因此國際私法規則需確定其行為時間，就變得重要了。舉例來說，不變的連接因素像是不動產所在地、婚姻舉行地、契約之締

---

11) 參閱 Dicey & Morris, I, pp. 53-54.
12) Indyka v. Indyka (1967) p. 246, 254 (C. A.).
13) 連接因素者，乃據以連接涉外案件與一國實體法之基礎，亦即指涉外案件中某些事實而言。通常可為如下之分類，即一、與主體有關之連接因素，如自然人之國籍、住所是；二、與客體有關之連接因素，如物之所在地是；三、與行為有關之連接因素，如契約之訂約地、侵權行為地是；四、與當事人意思有關之連接因素，如契約雙方當事人之合意是。

約地、遺囑成立地或侵權行爲地等是；
而可變的連接因素像是動產所在地、當
事人國籍或住所、船旗國或飛機登記國
是。

倘如某國國際私法規定，應適用之
法律是契約締約地法或侵權行爲地法，
則其所表示者，不僅指向有關之制度，
其當然也指定了時間，但是，在另一方
面，如果國際私法規則僅僅規定應適用
之法律爲夫之本國法或住所地法或動產
所在地法時，則該規定就不完整。蓋夫
可變更其國籍或住所，而動產也可自一
國移往另一國爲其所在地也。因此，對
國際私法而言，必須包含一項時間點的
指向，卽適用何時之相關制度，惟有這
樣，國際私法規則才算爲究應適用何時
之法律，提供了確切說明。

此種關於可變動連接因素之改變，
以及二個以上法律制度，可以適用到同
一法律關係之情形，卽爲國際私法上有
關時間衝突之一形態。

關於連接因素時間上之衝突，在一
些情形，係由國際私法條文本身加以規
定，而予以解決，但有時國際私法規則
雖規定應適用之法律，但關於相關之時
間，卻未有所指示，而必須由學者或
法官透過法律解釋的途徑，予以確定。
無論法院或學術界，想發現一普遍規則
，以解決連接因素時間上之衝突，均未
能如願，以下擬介紹幾種常見的解決方
法：

第一：連接因素最近具體化所指定
之法律

適用連接因素最近具體化所指定之
法律，在施行法中極爲普遍，它強調適
用新法，係對行爲時法原則的一種尊重
，通常在下述二類問題上較常適用：

㈠有關動產權利問題

在有關動產所有權及其他動產權利
上之爭執，大多數國家法院承認動產所
有權，依動產所在地法取得時爲有效。
此種情形多發生於動產被非所有權人由
甲國帶至乙國，而於乙國加以處分，如
出賣給第三人。如甲、乙兩國法律不同
，則一顯然的時間上連接因素之衝突，
就會發生。多數國家法院承認每次移轉
之效力，應適用動產移轉時，該動產所
在地之法律 [14]。此種類型之爭執，法院
所面臨的問題，乃旣得權尊重與交易安
全兩種利益之衝突，法院往往是捨靜的
安全，而保護動的安全。

㈡有關行爲能力問題

行爲能力問題當然不會單獨的存在
，通常是與發生問題之某一交易以及交
易之時間相牽連。舉例言之，締結契約
、結婚、訂定或撤銷遺囑等之能力，通
常適用當事人之本國法或住所地法，如
嗣後該人之國籍或住所變更，則變更後
該人之締約、結婚能力等，自應適用新
法。此特別於某一成年人之行爲能力，
因浪費或心神喪失，而爲法院限制其能
力之情形爲尤然。一般皆同意，若該人
之新本國法或住所地法，不承認此種無
能力，或雖承認此種無能力，但基於不
同之理由時，則該人卽自動恢復其行爲
能力。

---

14) 參閱捷克一九六三年國際私法第六條；波蘭一九六五年國際私法第二十四條。

惟有爭議的是，某人依其舊本國法或住所地法因成年而有行爲能力，但依新本國法或住所地法爲無能力，此時依若干國家之判例或立法例，根據既已成年，永爲成年之法理，而適用舊法[15]；但多數學者，則認爲將能力問題，視爲既得權，在理論上極不妥適，也不無犧牲交易之安全，及當事人利益之保護。

做成遺囑之能力，同樣地也適用遺囑人爲遺囑時之本國法或住所地法。在英國，多數意見也贊成此說[16]，但少數說則基於實際之考慮，贊成適用最後住所地法[17]，此亦爲美國法律整編所採[18]。德國法，則視做成或撤銷遺囑爲有限度之既得權，因此倘某外國人依其本國法，已達成年而有行爲能力，縱嗣後取得德國籍，依德國法沒有遺囑能力，仍保有其能力[19]。

第二：連接因素最初具體化所指定之法律

關於連接因素變更，仍適用連接因素最初具體化所指定之法律，此多見於有關夫妻相互間財產權利之規定。各國法律通常多規定，適用夫之屬人法。惟究爲其何時之本國法或住所地法？結婚時抑其他之時間？各國法律所採者，通常多爲夫妻財產制之不變原則。故夫之國籍或住所地之變更，不影響規範夫妻財產制之法律——仍受結婚時夫之本國法或住所地法之支配[20]，該一法律單獨地決定夫妻財產制是否可因法律之變更而變更，或可因雙方之協議而變更。

二點主要理由用以支持此一不變原則，它可保護妻之權益，使不受夫之嗣後任意改變其國籍或住所之影響，它可避免對同一財產使受二種以上法律規範之不便。當然，不變原則也非無瑕可擊，其一，它會導致適用已不存在、極端守舊的法律。不過如後所述[21]，應適用法律本身之變更，則有新法之適用，故此一論點並不正確。其二、在當事人已和該一國家斷絕一切關係後，如政治避難、集體放逐之情形，如仍有該法律之適用，自屬不相宜。

一般而言，不變原則之優點遠超過其缺點，當然，最好的解決方法毋寧是仍維持不變原則，但同時加以限制，允許夫妻藉契約或選擇權之行使，決定新本國法或新住所地法爲應適用之法律，現在已有此種立法例[22]。此種立法例似

---

15) 參閱德國民法施行法第七條第二項，第二十四條第三項。

16) 參閱 Dicey & Morris, II The Conflict of Laws (10th ed. 1980), p. 614；Cheshire & North, Private International Law (10th ed. 1979), p. 600.

17) 參閱 Graveson, Conflict of Laws (7th ed. 1974), pp. 485-486.

18) 參閱 American Law Institute, Restatement of the Law, second Conflict of Laws (1971), §263.

19) 參閱德國民法施行法第二十四條第三項。

20) 參閱日本法例第十五條第一項；德國民法施行法第十五條；一九〇五年海牙關於婚姻效力之公約第二條。

21) 參閱本文三、應適用法律變更所引起之新舊準據法之衝突。

22) 參閱一九〇五年海牙關於婚姻效力之公約第九條。

較美國在妥協下所採之方法為優，美國法律規定[23]，夫妻財產間之權利依結婚時夫之住所地法，但婚後所取得之動產，則依取得時之住所地法。此種解決方法，可能製造不少實際的困難，例如就夫妻財產，適用多數不同之法律，以及決定某一動產究係於何時取得，均不無困擾，此外，妻之權利似乎也未受到充分之保障。

第三：選擇適用相關聯之法律

關於建立親子關係之訴訟，究應適用子女出生時本國法抑裁判時子女之本國法，有些法院因鑒於絕對適用某一法律，都有不當，而決定選擇對子女最有利之法律加以適用[24]。二個海牙國際私法公約，也採取此種辦法：其一為一九五八年國際動產買賣所有權移轉之準據法公約[25]，其第五條允許貨物買受人就第三人主張對貨物享有所有權或其他權利時，請求適用訴訟時貨物所在地法或買受人取得占有時物之所在地法，此為一嶄新之規定，雖為解決連接因素時間上衝突之方法，但其目的則為保護交易之安全。其二為一九六一年有關遺囑方式之國際私法公約[26]，其第一條規定就遺囑方式言，符合遺囑人為遺囑時或死亡時之住所地法、習慣居所地法或本國法，即為有效。此種立法之目的，顯係為避免因遺囑方式之不合法，而使遺囑罹於無效之弊病，亦為解決因連接因素變更而生時間上衝突之一種方法，惟其違反施行法上一項基本原則——時間支配行為之原則。

第四：累積適用相關聯之法律

此種解決方法，在國際私法極為普遍，但在施行法則不常見。海牙國際私法會議一九〇二年有關離婚及分居之準據法公約[27]，就包含了國際私法慣用之原則，其第一條及第二條規定就離婚及離婚原因規定適用起訴時配偶之本國法及法庭地法，但另依第四條之規定，離婚事由發生時，當事人具有他國國籍時，亦應適用該時之本國法。

德國法也採用此種方法，更明確地規定，離婚原則上適用起訴時夫之本國法，但夫為他國人時所發生之原因事實，非依該他國法亦認其為離婚原因者，不得為之[28]。

第五：援用另一不同之連接因素

在離婚事件，因連接因素變更所發生之困難，在法國已因完全放棄該連接因素而解決。離婚所採之連接因素，通

---

23) 參照 American Law Institute, Restatement of Law, Conflict of Laws (1934), §290; Restatement of Law (second), Conflict of Laws (1971), §258.

24) 參照法國法院判決 (Cass. civ. 5Dec. 1949, Rev. crit. d. i. p. 1950, 65).

25) 本公約英文名稱為 The Hague Convention on the Law applicable to the Transfer of Ownership in International Sales of Movables of 1958.

26) 本公約英文名稱為 The Hague Convention on the Conflict of Laws Relating to the Form of Testamentary Dispositions of 1961.

27) 本公約英文名稱為 The Hague Convention on Divorce and Judicial Separation of 1902.

28) 參照德國民法施行法第十七條第一項、第二項。

常爲當事人雙方之共同國籍，但如一方當事人改變其國籍時，則共同國籍卽不存在，連接因素時間上之衝突就會發生，此時，法國法院則適用婚姻住所地法；但又如一方當事人改變共同住所時，則法院就適用法庭地法[29]。此種不尋常解決連接因素之方法，亦爲一九六五年波蘭國際私法第十八條所探。

三、應適用法律變更所引起之新舊準據法之衝突

應適用法律之變更，卽準據法之變更。厥爲國際私法上時間衝突中最重要也最困難的問題，此特別於變更規定有溯及力時爲然。大多數學者之意見，認爲受訴法院應適用該準據法之全部，包括其施行法，此種見解，不僅爲歐陸法系法院所慣探，也爲英國法院所遵循[30]。

許多困擾問題的發生，常由於國際私法規則模糊的用語所形成，深一層觀察，實由於未能區別不變的及可變的連接因素之結果。舉例來說，受訴法院國際私法規定，不動產之繼承依不動產所在地法，此處的連接因素是不變的，故不需進一步的定義，因此，對法院來說，適用隨時改變的不動產所在地法，毋寧是自然且適當的。但是，假如法庭地國際私法規定，動產繼承依被繼承人住所地法，則此處之連接因素爲可變的，此時卽應爲進一步之定義，以使該規則比較確定，因此，有所謂死亡時之字句，卽應添加，以說明何時之住所，係有關聯之住所。此種添加字句的效果，應是排除以往之住所，但是有些法院卻常常認爲該效果也排除了被繼承人死亡後住所地法律之改變，換言之，卽認定該添加文句不僅有限制何時住所之作用，也有限制何時法律之作用，惟此種見解，爲不需要也不適當。

應適用法律之變更，特別是於其有溯及力時，法庭地法院究應如何解決，理論上有三種方法。其一、法庭地法院不理會應適用法律之變更，仍適用舊的法律；其二、法庭地法院適用法庭地之施行法以解決此問題；其三、法庭地法院適用該應適用法律之施行法。大多數學術界及司法實務[31]，皆探此第三種立場，認其係最方便、合理，而且符合國際私法之精神。

此種解決方法之正確，可由吾人對法律選擇規則中「法律」乙字之了解而得知。國際私法規則中應適用之法律，應指依照法庭地專家之意見或其他可獲得之證據，該外國法院於爲此判決時，就相同之事實，所應適用之法律。職是之故，所參考應適用者，必爲現時的、生存的法律，而應包含該法律有關時間

29) 參照法國法院判決 (Cass. civ. 17 April 1953. (Riviere) Rev. crit. d. i. p. 1953, 412; Cass. civ. 15 May 1961 (Tarvid), D. 1961, 437.

30) 參閱 Rabel, The Conflict of Laws IV (1958), pp. 503-504; Dicey & Morris, I, p. 55.

31) 同註 30), Spiro, The Incidence of Time in the Conflict of Laws, 9I. C. L. Q. 366 (1960); Mann, The Time Element in the Conflict of Laws, 35. B. Y. I. L. 232 (1954).

上之限制，因其亦爲該法律之一部，對法律之作用有所限制。法庭地法院固係依照自己的法律以探求何謂應適用之法律，但它唯有經由該應適用法律之施行法以達成其目的。自另外一個角度看本問題則是說，法庭地無權武斷地在任何特定之時間，停止該應適用法律之發展。舊的法律已非法律，它已死亡，它已不屬於經由其生存的習慣予以解釋及適用的程序。倘如法庭地法院竟然適用該不存在的法律，做爲應適用的法律，它將會剝奪國際私法大部分的意義。此外，應附予一提的，如改變者，不僅爲應適用法律之實體，且爲其國際私法規定，改變之效力，也應同樣地適用該應適用法律（國際私法）之施行法。

此外，也可能發生的，即新的外國制定法欠缺特別施行法，此時是否可使法院地法院依自己之實體法或施行法來決定。答案也應該是否定的，解決的方法應該是依該應適用法律之一般施行法的原則。

另外，在契約當事人行使國際私法上當事人意思自主原則[32]，雙方合意選擇某外國法爲應適用之法律時，是否卽應尊重當事人意思，而可排除其後該法律之變更？答案也應該是否定的。於此，應特別指出的，若當事人所行使者乃實體法上契約自由之原則[33]，而以外國法作爲契約之條款，此固不受該外國法嗣後變更之影響；但若當事人所行使者，乃國際私法上當事人意見自主原則，則當事人合意所選定之外國法，應指其不時變動之現行法——包括其實體法及施行法。

由上述可知，本問題基本上永遠是相同，即法庭地法院究應適用或不適用該準據法嗣後變更之法律，玆再參考英國判例，分下列涉外法律關係，予以印證說明：

㈠對不動產之繼承

在 Nelson v. Bridport[34] 乙案，Two sicilies 之國王授與 Admiral Nelson 坐落在該處之一塊土地，給其本人及後裔並有權指定繼承人。Nelson 於遺囑中將土地以信託方式贈與其兄弟甲終身，然後再由其預定繼承人繼承。Nelson 死後，於甲生存期間，該國通過一項法律，廢止預定繼承人制，而使合法占有財產之人享有絕對之權力，可以自由處分其財產。甲利用此項法律，以遺囑將土地贈與其女，而不移轉給依 Nelson 遺囑，應爲繼承之人。因此，該應爲繼承之人控告甲之女。法院判決

---

32) 當事人意思自主原則 (The Doctrine of Autonomy of the Parties)，係謂法律行爲發生債之關係（契約關係），而以當事人意思決定應適用之法律者，係以當事人意思爲連接因素。此一契約之準據法，其理論上之根據，係建立在自由放任主義思想上。參閱馬漢寶教授著，國際私法總論（民國七十一年）第一二一頁至第一二三頁；拙著，國際私法論叢（民國七十五年再增訂初版）第八十二頁至第八十八頁。

33) 實體法上契約自由原則，係指契約當事人得以雙方合意之事項，代替法律之任意規定，此時，契約應適用之法律先已存在，當事人不過在此一法律之強行規定範圍以外，自由運用其意思而已。關於其詳，請參閱註三十二。

34) (1846) 8 Beav. 547.

被告勝訴，理由為受訴法院於適用應適用之法律——不動產所在地法時，必須適用不時改變之新法律，而非 Nelson 死亡時或為原始贈與時之法律。

㈡對動產之繼承

在 Lynch v. Provisional Government of Paraguay [35]，法院所採立場與上述 Nelson 案相反，惟備受各方之批評。本案立遺囑人為巴拉圭獨裁者，於巴拉圭有住所，死於該地，而以遺囑將其在英國之動產贈與原告。在遺囑人死後二個月，但在遺囑於英國認證准許前，巴拉圭爆發革命，新政府通過一項法律，規定該遺囑人之財產不論座落於何地，皆為新政府之財產，剝奪該遺囑在英國或任何地方之效力。該法律並追溯至該遺囑人死亡時生效。本案原告以遺囑受贈人身分，向法院聲請遺囑認證之准許，其聲請為新政府反對。新政府反對意見註定是要失敗，因該項法律為刑事法，同時在英國之財產亦不得由外國政府予以徵收，但是法官 Penzance 在准許認證時，卻將其判決理由建立在下述理論上，即認為英國法院所適用者，乃遺囑人死亡時住所地法，而非事後有溯及力之變更的法律。為支持其論點，法官引用美國學者 Story 著作，認定對動產之繼承，應適用被繼承人死亡時之住所地法。惟法官 Pengance 似未了解死亡時住所地法，僅係限制住所，即對可變動之連結因素，加以限制，並無意限制該地法律之變動。

㈢侵權行為

在 Phillips v. Eyre [36] 乙案中，一件控訴前牙買加首長公然侮辱及不法監禁的案件，在英國法院提起。所控訴的行為發生於牙買加，被告當時正在敉平爆發於島上的叛亂，在侵權行為發生時，該行為依當地的法律係不法的，但被告抗辯主張，彼等之行為已因嗣後牙買加所通過有溯及力之賠償法而合法化。法院採納了此一抗辯。從這一判例可見，早於一八七〇年代，英國法院對外國有溯及力之法律，並不反對，時至今日，由於英國國內有溯及力法律之制訂，已甚為普遍，則當更為肯定。此外，法院所採立場，顯然與法官 Penzance 在 Lynch v. Provisional Goverment of Paraguay 所持見解相反。

㈣契約之消滅

依英國法，契約之消滅影響權義之實質，因此應適用契約之準據法。由於無數之先例，此問題已無爭執。就此問題言，契約之準據法係指不時修正之準據法而言，因此之故，契約成立後，準據法國所制定之法律，即可能消滅或變更當事人契約上之義務。茲舉一顯著之例子如下：

在 R. v. International Trustee for the Protection of Bondholders A/G [37] 乙案，英國政府於一九一七年二月在紐約發售二億五千萬美元之公債，本金可在持有人選擇下，或在紐約以金幣支付，或在英國倫敦以某特定比例

35) (1871) L. R. 2, P. & D. 268.
36) (1870) L. R. 6, Q. B. 1.
37) (1937) A. C. 500.

之英幣還本。於一九三三年，由於美國國會聯合決議之結果，以金幣及金幣值條款清償美元債券之規定，係違反公共秩序，職是之故，不論何時發行之美元債務，均得以美元清償美元，即以任何在付款當時為法定硬幣或紙幣之貨幣支付而消滅債務。

債券持有人希望依契約之規定，履行金幣值條款，但英國貴族院判定契約之準據法為紐約法，因此金幣值條款已為聯合決議所取消，其結果債款金額，在紐約可以貶值之美元紙幣為清償。

(五)準正

依一九七六年準正法第三條規定，如非婚生子女之父，在嗣後之婚姻，依其在外國之住所地法，該非婚生子女因該婚姻而準正者，英國承認該外國之準正，惟其承認僅自結婚之日始，不向前溯及。所以縱使為準據法之外國法，其效力是溯及該非婚生子女出生時，但在英國，前依準正法第三條之規定，不能溯及出生時。惟似乎無正常理由，該子女於普通法下，不能於英國承認其準正有溯及力，當然其父必須於子女出生時，即於該外國有住所，且於該婚姻時亦然，此外，該婚姻依該法律有此溯及力亦為必備之要件。

準正法第二條規定，非婚生子女之父於嗣後婚姻時於英國有住所子女之準正問題。與英國類似之法律，也在其他國家存在，包括北愛爾蘭，這些法律除承認因婚姻所生之準正外，對他國因其他原因所生之準正，概不予承認。假定非婚生子女之父，於北愛爾蘭有住所時，且於北愛爾蘭法生效後，在該地與子女之母結婚，於此情形，依一九七六年準正法第三條，在英國承認該準正之效力，應無問題。但是假如婚姻係在該法律制定前舉行，其後父死亡，或者於此北愛爾蘭法律制定時，已不在北愛爾蘭有住所，雖然該子女無疑間可在北愛爾蘭準正，但是他卻不能依準正法第三條在英國受到準正之承認。此蓋由於第三條限於「非婚生子女因嗣後之婚姻而準正」之情形，現該子女之準正係由於北愛爾蘭法律，而非由於父嗣後之婚姻。該子女在北愛爾蘭被認為婚生子女，在英國則不被承認，而在兩國之法律用語完全一致之情形下，毋寧怪哉！解決之道，則惟有適用英國之普通法[38]（即不限於因嗣後婚姻之準正），適用子女出生時及婚姻成立時父之住所地法，且為於英國為訴訟時，該法律之現行法。只有對應適用法律之變更，予以承認適用，上述異常現象方能避免。

(六)夫妻財產制

在 Spenling v. Spenling[39] 乙案，夫婦於東德有住所，於一九五四年在該地結婚，該婚姻並不適用共有夫妻財產制。他們於一九五七年移民到南非，而於 Transveal 設定住所。德國法於一九六五年修正，規定婚姻有取得共有財產之溯及力。南非最高法院上訴庭，判決此種有溯及力之法律，在南非應被

---

38) 參閱 Heron v. National Trustees Executoro and Agency Co of Australasia Ltd. (1976) V. R. 733.
39) (1975) (2) S. A. 707.

承認有效，適用婚姻住所地法之德國法，應指其全部法，包括其施行法，而公序良俗條款並不當然限制其適用。

(七)婚姻之效力

在 Starkowski v. Att-Gen.[40] 乙案，夫甲及妻，皆爲羅馬天主教徒，有住所於波蘭，於一九五四年在奧國之羅馬天主教堂，舉行婚禮。他們遂後於一九四七年分手，彼此於英國取得了選擇住所。妻於一九五〇年於英國與一居住於英國之波蘭人夫乙舉行婚禮。在一九四五年五月前，純粹之宗教婚不具備民事婚禮的，依奧國法是無效。但在一九四五年六月時，奧國制定了一個法律，如該種婚姻曾經適當地登記，則溯及地承認該婚姻爲有效。夫甲與妻之婚姻於一九四九年登記，彼時妻已於英國取得住所並與夫甲分居，且該登記亦不爲妻所知或曾經其同意。英國貴族院認定奧國之婚禮是有效，而英國之婚姻乃重婚而無效。法官 Pilid 說明應判決之問題如下：「我們要適用的婚姻舉行地法究爲婚姻舉行當時的法律？還是該地有關婚姻方式現在的法律？」就此問題，他答覆說：「沒有令人信服的理由，就此問題不可適用當問題發生要判決時，該法律現在的規定。」

(八)公共政策

由上述案例可知，英國法院之慣例係適用應適用法律現在的內容，對有溯及力之法律變更，承認其效力。但是有時候承認有溯及力之法律，是非常的特殊，因此公共政策[41] 就不得不偶爾予以限制及除外。惟就此而言，缺少先例，故以下所述，純屬推斷之詞。茲就 Starkowski 案之事實稍加變動，將可清晰發見問題之所在，並考慮英國法院可能之判決[42]：

1. 假如奧國之婚姻始初有效，而嗣後因奧國之溯及法而無效，則基於公共政策之考慮，在英國此奧國之婚姻應被認定爲有效。

2. 假定任一造當事人在該婚姻登記前，已於英國法院獲得確認奧國婚姻無效之判決，則嗣後外國有溯及力之法律，自不應使英國確認無效之判決失效。

3. 倘如英國之婚姻，係在奧國之婚姻登記前而非登記後舉行，則奧國有溯及力之法律，應不被英國法院所適用，而英國之婚姻應被認定爲有效。

---

40) (1954) A. C. 155.

41) 各國國際私法雖承認外國法之適用，但外國法之適用，並非漫無限制；如外國法之規定，有危害內國公安時，不適用之，此爲一般之原則。惟公安二字，辭意含糊，範圍廣泛，因而各國法律所用之語句不盡相同，如英美法律則謂之「公共政策」，法國法律則謂之「公共秩序」，德國法律則謂之「善良風俗」，而中、日法律則謂之「公共秩序或善良風俗」，各種詞句之意義，殊爲晦澀，未易解釋，正如德國法學大師沙維尼所云：「除依內國之道德、內國法之精神及目的而爲解釋，一任於法官之自由判斷外，別無他策也。」關於本問題，請參閱馬著，第二〇五頁至第二一三頁。

42) 參照 Dicey & Morris, I, p. 62.

叁、我國法律因應時間因素所引起之法律衝突問題之探討

一、法庭地國際私法變更所引起之新舊國際私法之衝突

關於法庭地國際私法之變更，究應適用何時之國際私法？此於變更後所發生之涉外民事，自適用變更後之新法，當無問題，惟對變更前所發生之涉外民事，究應適用發生涉外民事當時之國際私法？抑訴訟時之新國際私法？即構成國際私法上時間因素所引起之法律衝突問題之一，已如前述。以下擬分數點，加以論述分析：

㈠我國國際私法之變更

我國過去法律雖非絕無與國際私法相似者[43]，然因滿清末年不平等條約之簽訂，外國在我國享有領事裁判權[44]，致影響阻礙國際私法在我國之發展。中華民國肇造後，繼承了滿清政府所簽訂之不平等條約，但在民國七年，國民政府仍頒布國際私法法規，此即法律適用條例，證諸當時環境，此一法規之制定，雖毋寧在表示我國收復司法權之決心，而未必為應付實際上之需要，然究其內容，在當時言已頗為進步及完整，該法七章二十七條，就內外國法律之適用，規定頗詳，實行三十五年後，因民國四十二年立法院制定新的國際私法——涉外民事法律適用法之公布施行，已行

---

43) 例如唐律名例門，化外人相犯條：「諸化外人，同類自相犯者，各依本俗法。異類相犯者，以法律論。」
   疏議曰：「化外人，謂蕃夷之國別立君長者，各有風俗，制法不同。其有同類自相犯者，須問本國之制，依其俗法斷之。異類相犯者，若高麗之與百濟相犯之類，皆以國家法律論定刑名。」
   唐律此條律文，依疏議之解釋，即與近世國際私法之意義及前提要件；頗多暗合之處。所謂「各依本俗法」者，即今之所稱屬人法。所謂「以法律論」者，亦即今之所稱屬地法。所不同者，唐律不分民刑事件，一概適用此法；而近世立法，則將民刑事件分別規定是。
44) 清朝道光二十二年（西元一八四二年）鴉片戰後，我國與英國訂立南京條約（西元一八四三年）。除割地賠款，五口通商以外，並在通商章程第十三條，明文規定英國在我國享有領事裁判權。次年，中美中法條約，亦有相同之規定。咸豐九年（西元一八五六年），英法聯軍攻陷天津，續訂所謂天津條約（西元一八五八年），規定尤詳。至是，領事裁判權之範圍，大致確定如下：
   (1) 凡同國籍之外國人民相互間之案件，不論民事刑事，均由其所屬國之領事依其本國法律審判。
   (2) 凡有約國人民與第三國人民間之一切爭訟，均由被告所屬國之領事審理。
   (3) 凡中國人民與外國人民間之案件，如被告為外國人民者，不論民事刑事，均由被告所屬國之領事依其本國法律審判。
   非特如此，並創設所謂觀審、會審等制度，對於當時租界內中國人民為被告之案件，乃至純粹中國人民間之民刑訴訟，亦加干涉。於是，中國法院及法律非但不能管轄涉外案件，即對純粹內國案件亦難悉加審理矣。
   請參閱馬著，第九頁至第十頁。

廢止。此兩法規雖在內容上差別不大[45]，但理論上，仍非不可能因法庭地國際私法之變更，引起法庭地新舊國際私法之衝突。

㈡法律衝突舉例

法律適用條例第四條爲反致之規定[46]，惟所採取者爲直接反致；而涉外民事法律適用法第二十九條則擴大之，除直接反致外，兼採轉據反致及間接反致[47]。設甲國人某子在乙國有住所，於民國四十一年在臺灣結婚，關於其婚姻是否有效成立，於民國四十四年發生爭執，涉訟於臺北地方法院（假定管轄權無問題），雖法律適用條例第九條與涉外民事法律適用法第十一條規定相同，均適用各該當事人本國法，即甲國法，然如甲國國際私法規定，婚姻成立實質要件依當事人住所地法，則我國法院如

---

45) 法律適用條例係於民國七年八月五日，由北京政府以教令第三十二號公佈，國民政府成立，復經國府於民國十六年八月十二日明令暫准援用，以迄民國四十二年涉外民事法律適用法之制定施行。二者相比較，可見其間之差別者，有以下各點：
  (1) 屬於文字之改正者：
    (a) 原條例第十三條（本法第十七條）之「私生子」，改爲「非婚生子」。
    (b) 原條例第二十四條（本法第八條）之事務管理，不當得利」，改爲「無因管理，不當得利」。
    (c) 原條例第二十五條（本法第六條）之「因不法行爲」改爲「由侵權行爲」及「不法者」改爲侵權行爲者。
    (d) 原條例之「中國」二字，一律改正爲「中華民國」，「中國人」三字，一律改正爲「中華民國國民」，「中國法」三字一律改正爲「中華民國法律」。
  (2) 屬於補充性質者：
    (a) 反致之擴充。本法第二十九條規定，除直接反致外，兼採轉據反致及間接反致，而原條例僅採直接反致。
    (b) 加強內國公私法益之保護。其重要條款如本法第三條第二項禁治產之宣告效力，依中華民國法律；木法第四條第二項失踪外國人，其配偶或直系血親爲中華民國國民，而現在中華民國有住所或居所者得聲請依中華民國法律爲死亡宣告。他如本法第十二條但書及第二十二條但書，均爲補充原條例之規定。其立法意旨，非徒保護涉外法律關係中，我國國民之利益，且在維持內國公安與善良風俗。
    (c) 屬於刪除部分者：法律適用條例之被刪除者，計有第七條、第十九條及第十七條。至其被刪除之理由，係因第七條所規定者爲準禁治產之準據法，但我國現行民法並無準禁治產制度之規定，而第十九條之規定，爲保佐準用關於監護之規定，但現行民法已無保佐制之規定，原條文已失其作用，自均應刪除。至第十七條祇限於親屬關係之法律，範圍較狹，補充效用不大，本法第卅條，既許可司法者就一切涉外民事法律關係，依據法理以爲判斷，則其所補充者，已廣括無遺，原規定無保留之必要，自應予以刪除。
    (d) 屬於新增性質者：本法新增加之但書及各項者甚多，而整條文增加者共計有四條，此卽第七條、第十五條、第二十三條及第卅條。
46) 法律適用條例第四條規定：「依本法適用當事人本國法時，如依其本國法應適用中國法者，依中國法。」
47) 關於反致之分類及其問題，請參閱拙著，「反致條款與判決一致」，收錄於拙著，國際私法論叢（民國七十五年再增訂初版）第一九五頁至第二二六頁。

適用舊國際私法——法律適用條例，則因其不採轉據反致，自不能適用乙國法，而仍適用甲國法，但如依新國際私法——涉外民事法律適用法，則因其兼採轉據反致，自應適用乙國法。如甲、乙兩國有關婚姻成立要件規定不同，自影響判決之結果。似此即為因法庭地國際私法變更，所引起之法庭地新舊國際私法之衝突。

(三)**解決方法之探討**

關於法庭地國際私法之變更，對於發生於變更前之涉外民事，究適用何時之國際私法？學說上計有三種主張，即1.適用法庭地國際私法施行法，通常包括法律不溯既往原則；2.適用新國際私法，承認其溯及力；3.適用新國際私法，承認其溯及力，但有例外。關於各說之利弊分析，已見前述，於此不贅。三說中以第一說為最可採，也已詳前。惟在我國現行法下，究應如何適應此一問題，方為妥適，實一值得研究探討之問題。

首先應說明者，我國國際私法本身無施行法之規定，故內國新舊國際私法適用問題，無由從其中獲得指示；其次，國際私法與實體法關係密切，非比尋常，但究屬程序法之性質，雖民法各編施行法第一條皆有，除本施行法有特別規定外，原則上採取法律不溯既往之原則，例如民法總則施行法第一條即規定：「民事在民法總則施行前發生者，除本施行法有特別規定外，不適用民法總則之規定；其在修正前發生者，除本施行法有特別規定外，亦不適用修正後之規定。」惟其不溯既往者，乃明文限於

民法各該編或性質上屬於各該編之法律，國際私法性質上並非民商法，似不能比附援引，類推而有民法各編施行法第一條之適用；再其次，國際私法固具有程序之性質，而參考民事訴訟法施行法第二條，雖又原則上採溯及既往主義，該條規定：「除本法別有規定外，修正民事訴訟法於其施行前發生之事項亦適用之；但因舊法所生之效力，不因此而受影響。」惟其溯及既往者，同樣亦限於修正民事訴訟法或性質上屬於民事訴訟之法律，故與實體法關係密切之法律，如國際私法者，似也不能比附援引，類推而有民事訴訟法施行法第二條之適用。故此一問題在我國，似宜求之於其他解決途徑。

按民國十七年公布施行之法律適用條例，係由北京政府制定，北伐成功後，國民政府奠都南京，於民國十六年八月十二日，由國民政府命令暫准援用。抗戰勝利後，鑑於其條文用語，頗多與民法規定不合，或舊條例之若干制度，現行民法已不復採用，乃至國際間之往來日趨增多，關係日漸複雜，舊條例之規定每欠詳密，有難予適用等理由，司法行政部開始着手修正，於民國四十二年經立法院通過公布施行之涉外民事法律適用法，即現行之國際私法。

新法既經公布施行，時間之效力，當然開始發生，而法律在未經廢止前，自然有效，法院必須適用；新法既無特別適用舊法之明文，舊法自應因失效而不被援用，毋寧為當然之解釋。此種解釋之結果，雖亦符合「實體從舊，程序從新」之原則，但卻有失公平合理，鑑

於國際私法與實體法關係之特別密切[48]，涉外案件之準據法必須經由國際私法之指示，始能正確決定，國際私法實與普通程序法性質不盡相同，爲保障當事人旣得權，參考外國有關學說與判例，究不如制定施行法或於國際私法中，明文規定法律不溯旣往原則之採用爲妥。

二、連接因素變更所引起之新舊應適用法律之衝突

㈠準據法選擇之標準

國際私法旣以承認外國法律可與內國法律並用爲前提，則於內國法律與外國法律競合時，究應如何加以選擇，並應依據如何標準以事選擇，自應先加決定。一般而言，依照國際私法之規定，就特定涉外法律關係所適用之內、外國法律，謂之準據法，此準據法原則上係以特定涉外法律關係與當事人或某地域之牽連關係爲基礎，而抽象的予以規定。原則上卽以屬人法與屬地法爲選擇之標準，其以當事人的國籍或住所地爲標準者，是曰屬人法；其以某地的要素爲選擇法律的標準者，則曰屬地法。玆就我國涉外民事法律適用法所定選擇內外國法律的標準二十四條列舉於後，可知屬人法與屬地法分別採用之情形。

1. 行爲能力依其本國法（第一條第一項），例外時採行爲地法（第二項參照）。

2. 外國法人以其住所地法爲其本國法（第二條）。

3. 禁治產宣告原因依其本國法及中國法（第二條第一項參照）。禁治產宣告效力依中國法（第二項參照）。

4. 死亡宣告之原因及效力依中國法（第四條第一項參照）。

5. 法律行爲方式依該行爲所應適用之法律，但依行爲地法所定之方式者亦爲有效（第五條第一項）。

6. 債權因契約而發生者，依當事人意思定其應適用之法律（第六條第一項參照）。

7. 債權之讓與對第三人之效力，依原債權所適用之法律（第七條參照）。

8. 關於由無因管理、不當得利，或其他法律事實而生之債，依事實發生地法（第八條）。

9. 關於由侵權行爲而生之債，依侵權行爲地法，但中國法不認爲侵權行爲者不適用之（第九條第一項）。

10. 關於物權依物之所在地法（第十條第一項）。

11. 婚姻成立之要件依各該當事人本國法（第十一條前段）。

12. 婚姻之效力依夫之本國法（第十二條前段）。

13. 夫妻財產制依結婚時夫所屬國之法（第十三條第一項前段）。

14. 離婚依起訴時夫之本國法及中華民國法律（第十四條前段參照）。

15. 離婚之效力依夫之本國法（第十五條第一項）。

16. 子女之身分，依出生時其母之夫之本國法，如婚姻關係於子女出生前

---

48) 請參閱註 5)。

已消滅者，依婚姻關係消滅時其夫之本國法（第十六條第一項）。

17. 非婚生子女認領之成立要件，依各該認領人被認領人認領時之本國法（第十七條第一項）。認領之效力依認領人之本國法（第二項）。

18. 收養之成立及終止，依各該收養者被收養者之本國法（第十八條第一項）。收養之效力依收養者之本國法（第三項）。

19. 父母與子女間之法律關係，依父之本國法，無父或父為贅夫者依母之本國法（第十九條前段）。

20. 監護依受監護人之本國法（第二十條前段）。

21. 扶養之義務依扶養義務人之本國法（第二十一條）。

22. 繼承依被繼承人死亡時之本國法（第二十二條前段）。

23. 無人繼承之財產而財產在中國時，依中國法（第二十三條）。

24. 遺囑之成立要件及效力，依成立時遺囑人之本國法（第二十四條第一項）。遺囑之撤銷依撤銷時遺囑人之本國法（第二項）。

綜上列二十四項準據法選擇標準，除第六條關於法律行為所生之債權，原則上係依當事人合意所選擇之法，第五條關於法律行為之方式、第七條債權之讓與對第三人之效力，原則上與第六條應適用之法律相同外，其他各條均可分別歸入屬人法及屬地法二大類中。例如第一條第二項之行為地法、第三條第二

項及第四條之法庭地法、第八條之事實發生地法、第九條侵權行為地法、第十條物之所在地法、第二十三條之遺產所在地法等，均屬屬地法。其餘各條則均為屬人法，但在屬人法中，原又有本國法與住所地法的區別，我國涉外民事法律適用法，係以選擇當事人的本國法為原則，惟於外國法人（第二條參照）及無國籍者（第二十七條參照），方以其住所地法代替本國法之適用。

(二)連接因素之種類

由上列二十四項準據法選擇標準可知，國際私法之作用，無非在為涉外案件決定其應適用何國之法律，此一程序即在使涉外案件與一國（或數國）之實體法發生連繫，而一涉外案件所以與某一國家（或數國家）之實體法發生連繫，完全係因案件之事實中，某一種事實或幾種事實之存在，使該案件與某國實體法之間，關係最為密切之故，此等事實，學者稱為連接因素（connecting factors）或連接點（points of contacts），亦即據以連接涉外案件與一國實體法之基礎。

前舉二十四項選擇標準中，無論係屬人法之國籍、住所，或屬地法之行為地、事實發生地、侵權行為地、物之所在地、財產所在地、法庭地，乃至於當事人合意等，均為連接因素，惟此等連接因素，固可為不同之分類[49]，但於國際私法時間衝突問題中，則宜區分為不變動之連接因素與可變動之連接因素二大類。前者，係指不動產所在地、法律

49）請參閱註 13）。

行為地（婚姻舉行地、契約訂約地、履行地、遺囑成立地、撤銷地）、侵權行為地、事實發生地等是。後者，係指動產所在地、當事人國籍、住所、船旗國、飛機登記國（涉外民事法律適用法第十條第四項參照）。

前者所以是不變的連接因素，因其指向某一特定之事件或某一特定時間之不變情況，故應適用之連接因素本身確定，毋需其他定義；後者所以是可變的連接因素，因該連接因素可隨時變動，非特定其時間，則難加以適用。

(三)解決方法之探討——可變動連接因素之確定

關於可變動連接因素之變更，如動產由甲國移至乙國被處分，子之國籍由甲國變更為乙國，或丑之住所由甲國遷至乙國等情形是，即產生二個以上法律制度可以適用到同一法律關係之可能，也為國際私法有關時間因素所引起之法

律衝突之一種形態。我國涉外民事法律適用法對解決上述法律衝突問題，有時固明文規定其時間，有時卻未予限制，易滋疑義，茲分下列二項，分別扼要說明如下[50]：

1. 立法確定

涉外民事法律適用法以明文確定可變更連接因素之時間者，有如下述，茲並附以必要之說明：

(1) 夫妻財產制依「結婚時」夫所屬國之法（第十三條第一項）。

本項立法意旨，在防止夫於結婚後，任意變更國籍，改易夫妻財產關係，因而影響妻或其他利害關係人之法益，故規定適用結婚時夫所屬國之法[51]。即採不變更主義。

(2) 離婚依「起訴時」夫之本國法及中華民國法律(第十條第一項前段)。

離婚原因之準據法，本法係採夫之本國法及法庭地法累積適用方式[52]。僅

---

50) 以下說明，主要係參考司法行政部所提，行政院經於民國四十一年十二月三日第二七〇次會議通過，咨送立法院審議之涉外民事法律適用法草案說明書。

51) 夫妻財產制採不變更主義，即應依婚姻成立當時夫之本國法，夫之國籍以後雖有變更，夫妻財產制並不隨之改易，從保護妻之利益觀點言，不變更主義用意甚善；惟若從保護交易安全著眼，則此制，尚非無斟酌之餘地，蓋第三人倘與夫妻之一方交易，必須事先審究其夫目前之國籍是否結婚時之國籍，乃至婚姻當時之國籍若何及其法律規定若何，始得明瞭其夫妻財產關係，此非一般人所能，故對交易之安全迅捷，非無影響。請參閱註 2), Mann, pp. 224-226.

52) 國際私法就各種指定原因，如行為能力、契約、物權等，分別規定其應適用之法律，如本國法（涉外民事法律適用法第一條）、當事人合意所選擇之法律（第六條）、物之所在地法（第十條）。此等準據法可稱之為單位準據法。惟實際上對於同一涉外法律關係，常依國際私法之規定，須適用數種準據法者，其適用之方式，有並行適用、累積適用及選擇適用方式，茲略述之，以為參考：

(1) 準據法並行適用方式：
並行適用方式者，謂數種準據法，就同一涉外案件，從法律關係或當事人之觀點，分別適用不同之法律。茲所謂法律關係分為標的關係與非標的關係，前者，係就特定涉外案件，居於主要地位，就契約案件言，當事人意思表示及標的為標的關係，當事人行為能力、法律行為方式等為非標的關係。非標的關係，論其性質，未必為專屬於特定涉外案件之法律關係，只是與特定涉外案件發生牽連而已。並行適用乃

— 397 —

就夫之本國法言，本項立法意旨，蓋認離婚事項與公序良俗有關，各國多設強制規定，尤以離婚之原因為然，此等重要事項，設不顧及當事人現時之本國法，揆諸法理，即欠允洽，故本項不採法律適用條例第十一條以事實發生時夫之本國法為準，而改採以起訴時夫之本國法為準，即採變更主義[53]。

（3）子女之身分，依「出生時」其母之夫之本國法，如婚姻關係於子女出生前已消滅者，依「婚姻關係消滅時」其夫之本國法（第十六條第一項）。

本項立法意旨，乃以近世文明國家均採父系家庭制度，關於子女之身分，以父之本國法為準，其作用不僅在配合此制之精神，且可充分保護子女之利益。子女之身分固屬決定父母子女之關係，然該身分關係尚未決定者，則難謂某人為該子女之父，故條文上字句不用父之本國法，而以母之夫之本國法為準據法，其因在此。為防止母受胎後，母之夫恣意變更其國籍，因此適用有利於己之法律，而侵害子女之利益，故採不變更主義，並依子女出生時其母之夫之本國法為準。另子女出生前婚姻關係已消滅者，如夫已死亡、離婚、或婚姻之撤

（續）謂對標的關係及非標的關係，分別適用各該法律關係之準據法，就上舉例言，分別適用第六條、第一條及第五條所規定之準據法。

就當事人言，並行適用謂就各該當事人適用不同之法律，如關於婚姻成立要件，當事人國籍不同時，不適用特定當事人一方之本國法，而分別適用各該當事人之本國法（第十一條）。並行適用方式，各準據法在效力上無輔助之關係，如依其應適用之準據法並不具備成立要件，則縱依其他準據法，具備成立要件，該涉外法律關係仍不成立。換言之，各自適用之結果，合一而決定該涉外法律關係之成立。採此種準據法適用方式，常由於各該指定原因性質之不同，或為平等保護雙方當事人。

(2) 準據法累積適用方式：

謂對於同一涉外法律關係，重疊適用數種準據法，即前後重複適用數種準據法。如關於離婚原因之準據法，先適用起訴時夫之本國法，再適用中國法（第十四條前段）。由於重複適用數種準據法，其中之一均不得有所省略，因此，離婚是否應予准許，須先適用起訴時夫之本國法，如依該法律離婚應予准許，再須適用中國法以終局確定其離婚應否准許，若依中國法離婚不應許可者，即使依夫之本國法應准許，仍不應准許，且僅適用前者，即認定離婚應准許，即為不適用法規之錯誤，而構成違背法令之事由。

累積適用方式，大多應用於與內國公益較有重要關係之事項，俾嚴加限制涉外法律關係之成立或解消，藉以維持內國公序良俗。

(3) 準據法選擇適用方式：

乃指就可適用之數種準據法中，選擇其一而予以適用之謂，並非數種準據法同時分別適用於同一涉外法律關係，亦非重疊適用數種準據法於同一涉外法律關係。例如關於婚姻成立之方式要件，符合男方之本國法固可，符合女方之本國法亦可，若不符合男或女方之本國法所定方式要件時，倘僅符合婚姻舉行地法所定之方式要件者，仍為有效（第十一條後段參照）。

準據法選擇適用方式之立法用意，乃為促使法律關係之有效成立，故選擇其中之一準據法，法律關係不能成立，仍可選擇適用其他準據法。

[53] 採變更主義，則離婚原因事實發生後，夫易任意變更其國籍，以改變離婚之準據法，此對於妻發生不利之結果。從保護妻之利益著眼，採不變更主義，而依原因事實發生當時夫之本國法，並非無理由。請參閱註 2) Mann, pp. 226-228.

銷等情形而言，則無出生時母之夫之本國法，因此第十六條後段增設，依婚姻關係消滅時其夫之本國法，以資解決。所採者均爲不變更主義。

(4) 非婚生子女認領之成立要件，依各該認領人被認領人「認領時」之本國法（第十七條第一項）。

認領係確定非婚生子女與生父之身分關係，依通例均以當事人之本國法爲其準據法，爲期雙方之利益可以兼顧，乃規定依各該認領人與被認領人之本國法[54]，惟究爲如何時期之本國法？子女出生時、認領時、抑訴訟時。本法鑒於非婚生子女乃由認領程序而發生親子關係，故其要件是否具備，應以認領時各該當事人之本國法爲準，申言之，在任意認領，以認領行爲時爲準，強制認領

，則以認領判決宣示時爲準。所採者亦爲不變更主義。

(5) 繼承依被繼承人「死亡時」之本國法（第二十二條前段）。

繼承者，乃因人之死亡，而將屬於死者之一切權利義務由一定之親屬承繼之謂。對於處理涉外的繼承問題，向有動產不動產分別主義，與動產不動產統一主義之別[55]，我國所採者乃後一立法例，並以被繼承人最後之本國法——即死亡時之本國法爲準，而與被繼承人死亡以前國籍之曾否變更無關。

(6) 遺囑之成立及效力，依「成立時」遺囑人之本國法（第二十四條第一項），遺囑之撤銷依「撤銷時」遺囑人之本國法（第二項）。

所謂遺囑之成立要件及效力，係指

---

54) 所採者爲準據法並行適用方式，蓋以爲認領既影響認領人及被認領人雙方之權利義務甚鉅，法律爲維持公允起見，乃規定其成立要件，應依認領人被認領人各該本國法決定。自第二次世界大戰以後，美國駐華美軍與中國女子間所生之私生子日益增多，乃隨之發生涉外認領事件，此類認領事件，一般當事人間均依中國親屬法之規定，締結認領契約，並據中國公證法第四條第三款規定，聲請法院予以公證，對此類公證之聲請，法院均認中國法院有其管轄權，而關於認領成立之準據法，則未適用親——美國之本國法，而逕依被認領人之本國法，即中國法來判斷該涉外認領行爲是否有效成立。參見民國五十一年臺灣臺北地方法院公字第二一六二號、第二一三五號、第二四一四號、第一七〇二號、第一九〇〇號、第二一四七號公證書，此在實證法上即顯失錯誤，雖美國法關於認領之準據法，間有探被認領人之住所在法者 (In re Estate of spano, 49 N. J. 263 〔1967〕；Morett's Estate, 16 Pa. D. & C. 715 〔1932〕；American Law Institute, Restatement of The Law, sec. Conflict of Laws § 287 (2) 〔1971〕)，但在我國法律適用上，應援引涉外民事法律適用法第二十九條反致及第二十八條一國數法之規定，而最終則適用被認領人之住所地法——中國法，也即被認領人之本國法，方屬正當。

55) 動產不動產分別主義，又稱繼承分割主義，謂個個之繼承財產既由繼承而移轉所有權，有關繼承事項自應由該個個財產之所在法規律爲宜，故繼承財產倘分散於不同國家者，則其繼承自隨遺產所在地國而適用不同之準據法，乃謂之繼承分割主義，而繼承財產，一般包括不動產及動產，關於不動產之繼承，通例依財產所在地法，至於動產之繼承，因動產一般並無固定之所在地，依動產隨人之原則，應依被繼承人之住所地法。
動產不動產統一主義，又稱繼承統一主義，謂繼承既不分不動產及動產之繼承，而包括承繼被繼承人之一切權利義務，其法律關係應由被繼承人之屬人法統一規律爲宜。
關於本問題請參閱何適教授著，國際私法（民國五十九年）第二八九頁至第二九二頁；蘇遠成教授著，國際私法（民國六十七年）第二六二頁至第二六四頁。

遺囑文件本身是否有效成立而言，至於遺囑內容各別法律行為，例如以遺囑為認領、收養、指定繼承分或遺贈額等行為，則應依各該行為之準據法，不在本項規定範圍以內。遺囑依其成立時遺囑人之本國法，蓋在避免因嗣後遺囑人國籍變更而影響原有遺囑之效力。第二項規定撤銷遺囑之準據法，所謂撤銷，不僅指積極撤銷遺囑而言，即以後一遺囑代替前一遺囑之行為，亦不失為遺囑之撤銷，故以撤銷時遺囑人之本國法為準，與第一項所採者同，均為最近具體化所指定之法律，所以尊重行為人之意思，其用意乃在避免當事人嗣後變更國籍，而不經意影響原撤銷行為之效力，均係採不變更主義。

（7）物之所在地如有變更，其物權之得喪，依其「原因事實完成時」物之所在地法（第十條第三項）。

涉外民事法律適用法第十條第一項規定：「關於物權依物之所在地法。」係就物權之性質、範圍及其取得、設定、變更、喪失諸問題，無論其為動產或不動產，咸依其所在地法，是為晚近之通例，蓋以物之所在，恆受所在國領土主權之支配，而所在地法關於物權之規定，又多涉及當地公益，當事人服從其規定，不僅為情勢所必需，且最足保全其私人法益，故本法不分動產與不動產，皆規定依所在地法。

惟物之所在地發生變更時，究應依何時之所在地法？同條第四項明文規定，其物權之得喪，依其原因事實完成時物之所在地法，所謂原因事實，泛指物權變動之基礎原因如買賣、贈與，以及條件之成就、期限之到來乃至取得時效之完成等各種法律事實而言。該等原因事實完成時，物於何地，即以該地作為物之所在地，並以該地之法律，作為物權之準據法，以解決物之所在地變更，所引起之法律衝突問題。

2. 解釋確定

涉外民事法律適用法未以明文確定可變更連接因素之時間者，適用時自難免產生疑義，茲試舉於下，並試為解釋，並附以必要之說明：

（1）行為能力依其本國法（第一條第一項）。

人之行為能力始於何時，及其限制、喪失諸問題，與當事人本國之社會生活情況，相關最切，故應依其本國法[56]。所謂本國法，條文本身雖無明文規定應適用何時之本國法，但鑒於行為能力問題不會單獨發生，必係與某種法律行為結合，始有意義，而行為能力又係法律行為成立及生效要件，故解釋上自應

56）此涉及屬人法兩大原則。按國際私法之作用，既在為涉外案件決定其應適用何國之法律，此一程序即在使涉外案件與一國之實體法發生聯繫，一國之實體法所以與一件涉外案件發生聯繫，完全是因為案件中一種事實或幾種事實之存在，使該案件與某國實體法關係最為密切之故。此等事實，即連接因素，亦即據以連接涉外案件與一國實體法之橋樑。與主體有關之連接因素，係以人為重心，而以國籍與住所為最重要，凡身分、能力、親屬、繼承等有關人之事項，即所謂屬人法事項，各國國際私法，非以當事人本國法為準據法，即以當事人住所地法為準據法，因此，以國籍為基礎所成立之本國法主義，以及以住所為基礎之住所地法主義，就形成了屬人法上兩大原則。

依「行為時」之本國法，方為妥適。因此，當事人於法律行為前變更國籍之場合，若依其舊本國法為無行為能力，而依新本國法有行為能力者，自當依行為時之新本國法，認定其有行為能力，同理，當事人於行為後變更國籍之情形，若依舊本國法為無行為能力，而依新本國法有行為能力，亦當依舊本國法認定為無行為能力，固無疑義。惟若依行為前之舊本國法有行為能力，依行為時之新本國法無行為能力者，於理論上，亦應依行為時之新本國法，認為無行為能力，但有些立法例，基於既得權之學說，承認既已成年，永為成年之原則，認為應有行為能力。我國已失效之法律適用條例第五條第三項亦採此制，規定「有能力之外國人取得中國國籍，依中國法為無能力時，仍保持其固有能力。」現行涉外民事法律適用法已予刪除，蓋因此項問題之發生，大都由於外國法之成年年齡，較國內法為低之故，然按近代各國法律所定之成年年齡，大多數較我國為高，有一部份國家則與我國相等，其較我國為低者，僅有蘇俄、土耳其等少數國家，因此，原條例第五條第三項之規定，適用之機會極少，且成年之外國人，因收養、認領或歸化等原因，取得中國國籍者，必係出於自己之意思，甘願與我同化，是其入籍後之行為能

力，應受中國法之支配，亦屬事理之常，在法律上更毋庸特設規定，保留其固有行為能力。

（2）外國法人經中國認許成立者，以其住所地法為其本國法（第二條）。

外國法人指外國公司及外國公益社團及財團而言，飲曰外國法人，自須依外國法業已成立存在者，始足當之，外國法人經中國認許後，即須確定何者為其本國法，以為適用之準繩，我國向採通說[57]，以法人之住所地——即法人之事務所所在地法，為其本國法，以決定法人之設立，如章程、招募股份、公司登記，以及法人內部組織，如股東會、董事會、監察人等法人機關之種類、性質、選任、權限等屬人法事項。惟住所亦有變動之問題，則於前後住所地不同時，究應以何時之住所地法為其本國法？本法未予明文確定，解釋上應與自然人同，自應以為「行為時」之住所地法為宜。

（3）禁治產宣告原因之準據法（第三條第一項）。

涉外民事法律適用法第三條第一項規定：「凡在中國有住所或居所之外國人依其本國及中國法同有禁治產之原因者，得宣告禁治產。」禁治產之原因，究應何國法律而定，向有本國法說及法庭地法說說之分，依理而論，內國對外

57）法人之屬人法標準為何？迄今有法人之住所地法說，設立準據法說、設立地說、營業地說、股東國籍說、股東住所地說等學說，其中以前二說為多數國家所採。所謂住所地法說，謂法人以住所地為其活動之中心，為保護社會交易之安全，其人格之存否及其他有關事項應依法人之住所地法律決定為宜。然法人之處所，應依何種標準而定，尚有不同意見，有以法人之業務中心地為其住所，有以法人之主事務所所在地為其住所。而設立準據法說，則謂法人之人格，係由法律所創設，故其人格之存否、範圍及其他事項等應依其設立時所準據之法律決定之。

國人宣告禁治產，與對內國人宣告之情形，究有不同，該外國人之本國法與內國法自應同時並重，以保護居住國之社會公安及外國人之法益，故本法規定應依法庭地法及外國人之本國法同有宣告之原因時，始得爲之，所採者爲準據法累積適用主義[58]。其中本國法，其連接因素國籍若有變更之情形，究應以何時之本國法爲準？鑒於禁治產宣告，既係也在保護該外國人私人法益——解釋上自應以「宣告時」該外國人之本國法爲妥適，即採變更主義。

（4）法律行爲發生債之關係之準據法（第六條）。

第六條第一項所採者爲當事人意思自主原則[59]，即指就法律行爲發生債之關係，當事人得以合意選擇應適用之法律之謂。連接因素爲當事人合意。若當事人合意有變更，爲貫徹當事人意思自主原則，及尊重當事人合意起見，自應依從雙方最新之合意，以定其應適用之法律，當無疑義。

惟同條第二項有本國法、第三項有住所地法之適用，若爲法律行爲時之國籍（或住所），與訴訟時之國籍（或住所）不同時，亦發生連接因素變更，致生法律衝突之問題，此時究應以何時之本國法（或住所地法）爲準？爲保障雙方之利益，及避免因一方當事人嗣後任意改變連接因素，而生變更準據法適用之不良後果，解釋上自應以適用行爲時之本國法（或住所地法）爲妥當，即採不變更主義。

（5）船舶、航空器物權之準據法（第十條第四項）。

船舶及航空器，常因航行而變更其所在地，關於其物權，如適用其所在地法，頗多不便，故通說均主張適用其所屬國法，即船舶物權依船籍國法，航空器物權依航空器登記國法[60]。惟如船舶或航空器改變其所屬國，則時間因素所引起之法律衝突隨之發生，爲保護利害關係人權益，不使船舶或航空器所有人任意改變船舶或航空器之所屬國，而影響準據法之適用，解釋上似應以發生物權得喪變更時之船籍國或登記國爲準，亦採不變更主義。

（6）婚姻成立要件，依各該當事人之本國法。但結婚之方式依當事人一方之本國法或依舉行地法，亦爲有效（第十一條第一項）。

婚姻成立之要件，有形式要件與實質要件之分，關於實質要件之準據法，各國立法例有採婚姻舉行地法主義者，有採夫之屬人法主義者，有採當事人雙方本國法主義者，我國向採未一主義[61]

58）參閱註 52）。
59）參閱註 32）。
60）此由於船舶及航空器經常移動，且船舶多半的時間可能在公海；航空器多半的時間可能在公空。若一定要適用所在地法，往往失所依據。故各國法例多採登記地法，例如一九二六年簽訂、一九三五年生效的布魯塞爾公約（Convention of Bruxelles）；美洲國家的布斯特曼達法典（Code of Bustamante）於其第二七五條及第二七八條予以採用。
61）此即爲準據法並行適用方式，請參閱註 52）。

；至於婚姻之形式要件，法律適用條例第九條未加分別規定，在過去實例上[62]，均解爲應一併依照當事人雙方之本國法，實有違場所支配行爲通例，且不便於適用，影響婚姻之有效成立，故現行法特增設但書。關於婚姻之方式，無論依照當事人雙方或一方之本國法，或舉行地法，均爲有效[63]。

惟條文中所謂各該當事人本國法，或一方之本國法，究指如何時期之本國法？婚姻舉行後，倘當事人變更其國籍，則於訴訟時，究適用新本國法抑舊本國法？關於此問題，如依訴訟時之本國法者，當事人容易變更其國籍，藉以否定業已成立之婚姻關係，此當然影響婚姻之安定，故解釋上自應依舉行婚姻當時之本國法——舊本國法，殆理所當然。依婚姻舉行當時之本國法一旦有效成立，即不受嗣後國籍變更之影響，婚姻繼續有效存在。所採者，亦爲不變更主義。

(7) 婚姻之效力依夫之本國法（第十二條前段）。

婚姻之效力，係指婚姻之普通效力

，凡因結婚而生之身分上法律關係，如夫妻間之同居義務、貞操義務、扶養義務、夫權、限制妻之能力等身分上法律關係，皆屬之。按多數國家之法律，均規定妻從夫籍[64]，因此，婚姻之效力，依夫之本國法，實際上，即多係依夫妻之本國法。

所謂夫之本國法，究指何一時期之本國法？婚姻關係存續中，夫變更其國籍者，其效力究依夫之舊本國法，抑新本國法，換言之，婚姻之效力，究應依婚姻成立當時夫之本國法，或是訴訟時夫之本國法。關於此問題，雖有採不變更主義者，謂婚姻之效力，應依婚姻成立當時夫之本國法，俾免夫任意變更國籍，而損害妻之利益。惟現行條文並無明確規定，從立法體系觀之，同法第十三條同屬婚姻效力問題之財產上效力之規定，旣明文限定夫妻財產制，依結婚時夫之本國法，則第十二條前段有關婚姻效力之一般規定，旣無特別指定依結婚時夫之本國法，則自應解爲異於夫妻財產制，係採變更主義，而依訴訟當時夫之新本國法爲妥。

---

62) 民國二十年，芬蘭駐華代辦公使，曾向我國函詢外國人在中國境內結婚儀式。司法院指令司法行政部轉復（指令第四五五號）內云：「婚姻成立要件自應依當事人各該本國法；惟當事人中有一爲中國人時，應依照民法第五百八十二條之規定，有公開之儀式及二人以上之證人。」又民國二十五年間捷克首都大主教辦公處，函詢中國人在外國舉行婚禮之準據法，經司法院解釋轉復（解釋第一四三四號）有云：「婚姻成立要件，應依當事人各該本國法；如中華民國人民與外國人結婚，具有公開之儀式，及二人以上之證人，在我國民法卽可認爲有效，無庸向何種機關提出何項證書。」

63) 但書所採者，卽爲準據法選擇適用方式。請參閱註 52)。

64) 請參閱國籍法第二條第一款。又請參考司法院院字第一一一一號解釋：「外國女子爲中國人之妻，依國籍法第二條第一款規定，當然取得中國國籍。其未聲請內政部備案者，僅喪失其補正程序，夫雖死，苟未有喪失國籍原因，仍得補行聲請。」院解字第三〇九一號解釋：「依國籍法第二條第一款之規定，外國人爲中國人妻者，當然取得中華民國國籍。但依其本國法保留國籍者，須依其本國法喪失國籍後，始取得中華民國國籍。依同款規定取得中華民國國籍者，應依同法施行條例第二條辦理。」

(8) 離婚之效力，依夫之本國法（第十五條第一項）。

離婚直接發生解消婚姻關係之效果，涉及離婚後子女之監護教養，夫妻一方之賠償請求，瞻養費之給與，姓氏之變更等問題[65]。離婚之效力，係離婚之附隨效果，以視離婚原因事實，係關夫妻身分關係存否問題，其重要性自屬稍遜，故不必兼顧夫之本國法及中國法，因此本法僅比照關於婚姻效力之原則，規定單獨適用夫之本國法。

惟夫之本國法，究係指離婚原因事實發生時之本國法抑訴訟時之本國法，此於離婚原因事實發生後，夫變更國籍時，即成為問題。涉外民事法律適用法第十五條雖無明文，但鑒於同法第十四條關於離婚原因之準據法，既明文採變更主義——依起訴時夫之本國法及中國法，則離婚之附隨效果——離婚之效力，自不應為早期本國法之適用，故解釋上應適用訴訟時夫之本國法——即採變更主義，毋寧為當然。

(9) 認領之效力，依認領人之本國法（第十七條第二項）。

認領係確定非婚生子女與生父之身分關係，本法以其影響認領人及被認領人雙方之權利義務甚鉅，法律為維持公允起見，乃規定其成立要件，應依各該認領人被認領人認領時之本國法，即明文採取不變更主義，已見前述。

至認領之效力，則係指認領成立後，認領人與被認領人間，發生如何之法律上效果而言，即如被認領人是否因認領而成為婚生子女，其婚生子女之身分有無溯及效力等。本法第十七條第二項規定，依認領人之本國法。此因認領之效力，係由認領之行為而生，自應以認領人之本國法為準，方屬切當。惟究指如何時間之認領人本國法？該條項並無明文，但鑒於非婚生子女既由認領而確定其親子關係，倘於認領後，任由認領人變更國籍以改變其效力，則非保護子女利益之道。此外，確定非婚生子女關係之準據法，既然採不變更主義，則其效力之準據法，應解釋為準用同條第一項，依認領時認領人之本國法為宜。

(10) 收養之成立及終止，依各該收養者被收養者之本國法，收養之效力依收養者之本國法（第十八條）。

收養之成立乃擬制血親關係之開始，而收養之終止，又為此種關係之消滅，性質重要，為兼顧雙方利益，乃採依各該當事人本國法，以求適當，惟應注意者，此等問題係指收養者與被收養者之要件，分別依各該本國法決定[66]，並非累積適用收養人與被收養人雙方之本國法。至在收養關係存續中，基於親子關係而生之各種法律效果，例如養子女是否取得養親之國籍，是否改從養親之姓氏，以及對養親如何繼承等問題，均以養親為主體，其應依養親之本國法，亦屬理所當然。

關於收養之成立及終止，依各該收養者被收養者之本國法，惟如收養後收

---

65) 關於國際私法上離婚問題，請參閱拙著，「國際私法上離婚問題之比較研究」，收錄於拙著，國際私法論叢（民國七十五年），第三十三頁至六十六頁。
66) 即採準據法並行適用方式。請參閱註52)。

養人或被收養人國籍有變更之情形，則究指如何時期之本國法？本條未如第十七條第一項定有明文，以確定應適用連接因素之時間，自宜滋生疑義。

鑒於養父母子女間，旣由收養而確定其親子關係，其情形與非婚生子女，係由認領而確定其親子關係，正屬相同，後者法律旣有明文以「認領時」爲準，則前者雖無明文，亦無任何理由不宜比照解釋，而採收養時（或終止時）各該本國法，方屬允當。

至收養之效力，依收養人之本國法，亦會發生究指如何時期之收養人之本國法？同條第二項亦乏明文。鑒於收養之效力，僅指發生收養人與被收養人間之親子關係而已，倘於收養後任由收養人變更國籍，以改變其效力，似非保護子女利益之道，亦影響法律關係之安定性，況且，確定收養關係成立之準據法，解釋上旣採不變更主義，而以收養行爲時各該本國法爲依據，則關於其效力之準據法，亦應解釋爲依收養成立時收養人之本國法爲宜。

(11)父母與子女間之法律關係，依父之本國法，無父或父爲贅夫者，依母之本國法（第十九條前段）。

父母與子女間之法律關係，兼指婚生子女、非婚生子女及養子女三者而言，其法律關係雖兼指財產上及身分上之法律關係二種，但以親子關係所生之直接效果爲限，如親權、扶養義務等效力而言。親子間法律關係之準據法，涉外民事法律適用法採親之屬人法主義，卽首先適用父之本國法，次之，則適用母之本國法[67]。所謂無父，係指父死亡，或非婚生子女尚未經父認領，而法律上無父等情形而言。至於父喪失親權，另設定監護人，或夫妻離婚等場合，倘父尚爲生存者，自仍依父之本國法。

所謂依父或母之本國法，於父或母國籍有變更時，究指如何時期之本國法？對此問題，本法並未明文規定，依理宜解爲現在之本國法，卽採訴訟當時之本國法，而爲變更主義之適用。

(12)監護依受監護人之本國法（第二十條前段）。

監護制度係爲保護欠缺行爲能力人之利益而設，而人之行爲能力依其本國法，又爲多數國家之通例，是以監護之法律關係，適用受監護人之本國法，自屬一貫之理論，因而關於監護開始之原因、終止、監護人及其權限等，均適用受監護人之本國法。惟所謂本國法，究指何時之本國法？涉外民事法律適用法於第二十條未予明文，鑒於監護係爲保護欠缺行爲能力人之利益而設，自以適

---

67) 惟於此有一問題者，卽關於婚姻成年制爲多數國家所承認，在承認此制度之國家，親因未成年人結婚而喪失親權，倘親之本國法（親權之準據法）不承認此制度，因而與夫之本國法（夫權之準據法）發生衝突時，親權與夫權旣非可併予行使，自應設法擇優適用，卽同一涉外事實，並非連繫於單一國家之法律，而係連繫於二國以上之複數法律而發生準據法之衝突，此等問題謂之準據法牴觸問題或適應問題。解決此問題，我國國際私法並無明文規定，而波蘭國際私法第十九條則明文規定以夫之本國法（夫權之準據法）爲準據法，以解決此類問題。衡之婚姻共同體較規子共同體關係密切，解釋上似宜承認夫權之準據法優先於親權之準據法爲妥。

用與受監護人關係最切之現在本國法，即訴訟時之受監護人之本國法爲妥適。

(13)扶養之義務依扶養義務人之本國法（第二十一條）。

扶養義務乃基於親屬互助之倫理觀念而生，涉外民事法律適用法第二十一條所規定之扶養義務，雖指親屬間之扶養義務，但應排除夫妻間之扶養義務及親子間之扶養義務，蓋後二者，應認爲係第十二條婚姻效力及第十九條親子關係效力問題，至於其他親屬間之扶養義務，如兄弟姐妹間，方屬本條之適用範圍，依扶養義務人之本國法，舉凡扶養義務人之範圍、扶養義務之要件、扶養之方法等均屬本條適用之範圍。

惟所謂扶養義務人之本國法，於其國籍有變更時，究應依扶養權利人無力生活狀態發生時扶養義務人之本國法，抑依扶養義務發生訴訟時扶養義務人之本國法爲準？本法未設明文，學說上雖有不變更主義及變更主義二種主張，前者以保護扶養權利人利益爲出發點，認應依扶養權利人無力生活狀態發生時爲準；後者以爲不僅無力生活狀態何時發生難以認定，且惟扶養權利人請求扶養時，始發生扶養義務，另外，訴訟旣係由權利人提起，其自可選擇有利於己之時間，對其並無不利，故主張依提起訴

訟時扶養義務人之本國法。二者相較，似宜採變更主義爲適當。

(14)外國人死亡時在中國遺有財產，如依其本國法爲無人繼承之財產者，依中國法處理之（第二十三條）。

本條規定之目的，在保護內國之公益，蓋外國人死亡後，在中國遺有財產，而依其本國法又無人繼承，則其財產關係，長陷於不確定之狀態，即不免影響他人之利益，自應依照中國法律爲之處理，使告一結束。

條文中所謂外國人之本國法，究指何一時期之本國法？涉外民事法律適用法第二十三條雖無明文，但鑒於其係緊接第二十二條繼承原則之準據法而爲規定，而實際上亦爲適用第二十二條之結果，故邏輯上自當依照第二十二條之明文，依照被繼承人死亡時之本國法，方屬正當。

三、應適用法律變更所引起之新舊準據法之衝突

(一)問題之所在

就特定涉外法律關係，依法庭地國際私法之規定所適用之內、外國法律，謂之準據法，亦即所謂應適用之法律之謂也 [68]。應適用之法律，可因修正、制

---

68) 在國際私法上，於指定各種法律關係之準據法時，爲簡便計，常使用一定之簡稱名詞，茲扼要釋明如下，以供參考：

(1) 本國法 (Lex Patriae)

本國法，即依當事人國籍所決定適用之法律也。古時所謂屬人法，係指當事人住所地之法律而言，迨十九世紀初，法國制定民法法典，國內各地方之法律，從而統一。關於法蘭西人民之身分與能力，縱其人在外國，亦依法國民法，而於居住於法國之外國人民，就其身分能力之事件，則默認其悉依當事人本國法律而定。厥後歐陸各國，漸次從事於法典之編纂，咸確認本國主義之屬人法。蓋在成文法國家，其法

定新法，甚至於國家繼承[69]等原因產生 新舊法律之問題，則在法庭地法院適用

該國法律以解決繫屬之涉外法律關係時，即會發生適用該國何時法律之問題，

（續） 典上關於能力、親屬、繼承之規定，皆期其於該國人民在外國時，亦可適用，而同時對於居住內國之外國人民，並不欲其適用內國法，且認為依外國人之本國法律，較為允洽。

(2) 住所地法 (Lex Domicilli)

住所地法，即依當事人住所所確定適用之法律也。自 Bartolus 以來，所稱屬人法，皆指住所地法。在近世尚無統一法典之英美等國，因隨地而異其法，故迄今尚以住所地法為屬人法之原則也。意法學派常將本國法與住所地法兩相比較，認國籍較之住所，其永續性為更強，且非若住所之每隨個人意思，自由變動，從而謂屬人法原則之採本國法主義，於理論上自較住所地法主義為優。雖然，本國法與住所法之差異，原基於法典編纂之一偶然事實，在義、法等成文法國家，於統一法典完成後，即欲再依住所地法，在勢亦有所不能，而在英美，既未制定統一法典，自無所謂本國法之適用也。

(3) 所在地法 (Lex Rei Sitae)

所在地法，即物權標的物所在地之法律也。關於物權關係，概以標的物所在地之法律為準據，至其權利人之國籍或住所究屬若何，則非所問。此一準據法，對於不動產，自來即已認許，無復例外，而對於動產，則自十九世紀後半葉以降，始為一般立法例所接受。

(4) 行為地法 (Lex Locus Actus)

行為地法，即法律行為作成地之法律也。行為地法，有時為任意法則，有時亦為強行法則。在為債之發生原因之法律行為，依當事人意思自主原則，當事人得任意選定其準據法，故是否依據行為地法，一聽其便。惟在當事人究欲準據孰一法律，未有合意時，則依涉外民事法律適用法第六條第二項之規定，凡雙方當事人國籍不同者，始規定依行為地法。同法第五條第一項但書之規定，亦認行為地法為任意法則也。雖然，關於以行使或保全票據上權利為目的之方式行為，則必須以行為地法為準據，此乃係強行法則，固不容當事人任意變更也（參照同法第五條第二項）。再者，當事人在異地法域間所為之行為，究以孰一法律，為其行為地法，實有待於立法或司法之決定，我國涉外民事法律適用法第六條第二第三兩項，關於此點，曾以明文規定之。

關於因侵權行為發生之債，原則上以侵權行為地法為準據法；關於由無因管理或不當得利而生之債，則依事實發生地法（參照同法第九條、第八條）。

(5) 法庭地法 (Lex Fori)

法庭地法，即訴訟繫屬地現行之實體或訴訟程序法。關於訴訟程序之進行，執行方法之實施，概依法庭地法，此為並世各國承認之原則。惟關於實體法問題，在受訴法院依國際私法之指示，係依法庭地國實體法為為裁判基礎者，而非因適用其他準據法，而偶然地與法庭地法競合時，吾人嘗謂為依法庭地法，是故所謂法庭地法，往往與內國法，同其意義。

69) 應適用法律之變更，若係由於國家繼承之故，則有爭論。繼承無論係一部（領域之添加或割讓）或全部（領域獲得獨立國家之地位、國家喪失獨立之地位或分裂成數獨立國家），倘若新國家以其法律取代過去存在於該領土上之法律，以及，特別規定新法有溯及力時，則此種法律對受訴法庭究產生如何拘束力，即成為問題。對此問題，無簡單之回答，此類事項，往往因政治因素及國際公法承認規則更趨複雜，也欠缺判例為明白之引導。

在理論上有二種不同之學說，其一，倘如舊國家仍繼續存在，縱其已喪失與案件事實相

此亦時間因素所引起之法律衝突問題。
茲舉一例說明之：

例如關於子行爲能力有無問題，設子於爲法律行爲前爲甲國人，爲行爲時爲乙國人，行爲後復又變更爲丙國人，則就繫屬法律關係當事人之行爲能力言，我國法院固應適用當事人行爲時之本國法——即乙國法，此種因時間因素所引起之法律衝突，係由於連接因素之變更所發生，關於其詳，已如前述；惟於此有問題者，若準據法國法——乙國法於子爲法律行爲後，曾修改或制訂新法，取代舊法有關行爲能力之規定，則現在子因行爲能力涉訟時，我國法院究應適用乙國現行之法律，抑舊有之法律？此即應適用法律之變更，所引起之法律衝突問題，亦屬因時間因素所引起法律衝突問題之一。

關於此種問題之解決，學說上有三種主張，即第一、法庭地法院不理會應適用法律之變更，仍適用當事人行爲時舊的法律；第二、法庭地法院適用法庭地之施行法以解決此問題；第三、法庭地法院適用該應適用法律之施行法。三說中以第三說爲最可採，因其方便、合理，且符合國際私法之精神，已見前述，茲不贅。

(二)我國法律所採之立場

對於應適用法律之變更，我國涉外民事法律適用究採何種立場？頗關重要，值得研究。參考涉外民事法律適用法草案說明書[70]，可以發現對此問題，同一法律前後所採態度竟極端相異，立場矛盾，令人驚奇不已，茲說明如下：

1. 第十三條第一項前段規定：「夫妻財產制，依結婚時夫所屬國之法。」

草案說明書則謂，「本項之立法意旨，在防止夫於結婚後，任意變更國籍，改易夫妻財產關係，因而影響妻或其他利害關係人之法益，故規定適用結婚時夫所屬國之法，其所以稱夫所屬國之法，而不沿襲原條例第十條第二項稱夫之本國法者，蓋法文著重之點，在結婚時夫之國籍，而不重在其時之法律，故如該國法律於結婚後變更，即應適用變更後之現行法，而不適用已廢止之法。」

2. 第二十二條前段規定：「繼承依被繼承人死亡時之本國法。」

草案說明書則謂，「……惟於被繼承人死亡後，法律發生變更時，如何定其本國法，（原條例）未加明定。本草案爰增列死亡時一語，以期明確。」

(續)關聯之領域，仍應適用其法律；倘如舊國家已完全消失，則舊法時最後之規定應被適用。依照此一見解，則繼承國之法律（即新法律），包括其實體法與施行法，即例外地不予援用。另一學說，可能是多數說，則贊成適用通常之辦法，應適用之法律，乃提起訴訟時，事實上存在於發生問題領域上現行之法律，包括其施行法。政治上考慮，不應排除就私法事件存在於與爭執最有牽連關係地域上之法律，當然，很顯然的，公序良俗條款於此應扮演重要角色，以發揮調適之作用。請參閱 Note Lyons, 32, B. Y. Int. L. 288 (1955-1956); Grodecki, Conflict of Laws in Time, 35 B. Y. Int. L., 70-71 (1959)。

70) 請參閱註 50)。

(三)評論

姑不論第十三條草案說明中所稱夫所屬國之法，與夫之本國法用語不同，涵義是否當然有別？惟草案說明書結論中所謂「法文著重之點，在結婚時夫之國籍，而不重在其時之法律」，則絕對正確。蓋夫之國籍乃一可變更之連接因素，倘不確定，則法官將無所適從，如當事人國籍有變更時，究以結婚前之國籍、結婚時之國籍、抑訴訟時之國籍為準？是故，結婚時三字，其作用乃確定該連接因素——夫何時之國籍，而非在於確定其時之法律，「故如該國法律於結婚後變更，即應適用變更後之現行法，而不適用已廢止之法。」

然觀之於第二十二條草案說明所謂，「惟於被繼承人死亡後，法律發生變更時，如何定其本國法，未加明定，本草案爰增列『死亡時』乙語，以期明確」，揆其用意，所增列之字句「死亡時」，主要目的似不在於確定適用被繼承人何時之國籍——出生時、死亡前、死亡時，乃在於確定何時之法律，此大違常規。蓋國籍為一可變更之連接因素，

添加死亡時，即在說明何時之國籍為有關聯之國籍，其用意應是排除被繼承人以往之國籍，而非在於排除被繼承人死亡後該國法律之變更。

國際私法中所謂應適用之法律，應指一國現時有效之法律，已經廢止及修正前之法律均不在適用之例，申言之，應適用之法律，須為應適用法律之本國法院就相同事實，若也適用該法律時，所應適用之法律，故必為現時的、生存的法律，並包括該法律有關時間上之限制。因此，倘該法律有關時間上之限制，所採者是法律不溯既往原則，則法庭地法院即因適用該國現時法律之結果，而適用該國之舊法律，倘該國現行法律所採者，是溯及既往，則法庭地法院也因適用該國現行法律之結果，而不適用其已經修正或廢止的法律。

參考前章所述理論及引證之英國判例，足證涉外民事法律適用法草案說明，實以第十三條所採之立場為適當，而第二十二條所持見解為不可取。當然，若因適用外國有溯及力現行法之結果，有違內國公序良俗條款而排除其適用[71]

---

71) 依國際私法之規定應適用之外國法，因其規定及適用之結果，違背內國公序良俗時，固不得適用之，則對於訟爭案件，應作如何處理，亦一問題，學者間意見分歧，茲分述之，以供參考：

(1) 拒絕審判說：國際私法既規定應適用某外國法，即隱示須為該外國法之適用，而不許他項法律之代用，惟因其違反內國公安不能適用時，自必須拒絕審判。此種辦法，固為法官之便宜，但外國法是否違反公安，任諸法官之自由判斷；苟採此說，則不啻予法官以減少職責之機會，也恐其濫用解釋權也，此外，拒絕審判將使私法關係無由解決，也非保護當事人權益之道。

(2) 保留條款說：亦稱內國法代用說。即於涉外案件，外國法之所以適用，乃因其較適用內國法合於法理；申言之，國際私法對於某種涉外法律關係，究應適用內國之法律，抑應適用外國之法律，完全以何者法律較為允當，而為解決此問題之標準。苟依國際私法之規定應適用之外國法，違反內國之公安，即失其所以適用之目的，自以適用內國法較為允當，且可解決當事人之紛爭也。

，其結果正與通常情形適用外國法而於其有違公序良俗，應加限制之情形，基本上實無所不同。

肆、結　論

　　國際私法上選法規則所要解決的法律衝突，係地域與地域間平面的法律衝突問題；而時間因素給國際私法所帶來的法律衝突，則是立體的（新、舊）法律衝突問題。立體的法律衝突，其發生原因及形態不外三種。卽一、法庭地國際私法之變更，所產生之新舊國際私法之衝突；二、連接因素之變更，所產生之新舊應適用法律之衝突；三、應適用法律之變更，所產生之新舊準據法之衝突，已均見前述。而我國法律對此三方面之問題，如何解決，規定均欠明確，適用時難免滋生疑義，需要研究解釋。今後制定法律時尤宜加強改進，使臻明確，以減少爭議之發生。最後擬殿以英國立法例，藉以說明立法時如何處理此類問題，並作爲本文之結束。

　　一九六三年英國遺囑法[72]，就解決時間因素所帶來之三項法律衝突問題，就關於遺囑形式要件而言，提供了良好的立法範例。該法制定了新的選法規則以取代西元一八六一年遺囑法。並爲如下之規定，玆分述之：

　　第一：第七條第二項規定，本法於一九六四年一月一日生效；同條第三項規定廢止一八六一年之遺囑法；繼之第四項規定，廢止一八六一年之遺囑法，並不使成立於一九六四年一月一日以前之遺囑罹於無效。本條固在規定新法之施行，舊法之廢止，同時也在解決法庭地新舊國際私法衝突問題，對於成立於新法施行前之遺囑，仍有舊法之適用，乃在揭示國際私法亦有法律不溯旣往原則之適用。

　　第二：同法第一條規定，如遺囑之制定，符合制定遺囑時或立遺囑人死亡時，遺囑人住所地或習慣居所地，或於上述期間之一之本國當時有效之法律，卽爲合法有效成立之遺囑。本條之規定，旨在對可變更連接因素——住所地、習慣居所地、或國籍，予以時間上之限制，俾明確指定應適用何時之住所地法、習慣居所地法或本國法[73]。

(續)(3) 分別處理說：國際私法規定適用外國法，雖未明文排斥內國法之適用，也未於外國法違反內國公安時，明文規定仍適用內國法，故採內國法代用說，應極審愼，以免法庭地法院有利用解釋何謂公安之權限，而有擴大內國法適用之嫌。因此，有適用外國法之可能時，則應力求適用外國法。例如應適用之外國法某條，本無違背內國公序良俗之處，而其中一例外或但書，有違內國公安時，則不應因不適用該但書部分，卽代以內國法，此時，卽應轉而適用該外國法某條之本身。必也完全完無適用該外國法之可能時，方始以內國法代替，此種分別情形以爲決定之方式，似較合理。此特別於應適用法律變更，所產生外國新舊準據法衝突問題時爲尤然，如適用新準據法有違內國公序良俗時，自更應適用舊準據法以代替之，毋寧爲當然。

72) 本法原文爲 the Wills Act, 1963。

73) 在英國普通法下，不動產遺囑必須符合所在法之方式要件，而動產遺囑則必須符合遺囑人最後住所地法所規定之方式要件，後一規定導致甚多之不便及困難。舉例言之，遺囑人爲遺囑後改變其住所，或非於其住所成爲心神喪失。因此，法院之努力對普通法上硬

第三：第六條第三項規定，遺囑形式要件應適用遺囑作成時，或遺囑人死亡時某一法律為準據法時，本規定不妨礙遺囑作成後修正法律之適用，倘如修正之法律，係促使該遺囑被認定為適當制定的話。申言之，作成遺囑後，修正之法律有溯及力時，如其係促使遺囑有效，則被認為相關聯而予以適用；如其係促使遺囑無效，則被認定不相關聯，而不予適用。本條項之規定，係表示為準據法之法律修正時，原則上雖適用新法，但必須新法律有利於該遺囑之成立，始承認其溯及力，而予以適用；若新法律不利於遺囑之成立，則不認其有溯及力，而適用舊法律之內容。所採者為從新從優之原則[74]。

(續)性規則注入彈性，乃允許對符合遺囑人最後住所地實體法，或其國際私法所指定應適用法律之方式之遺囑，均予以認證。而制定於一八六一年之遺囑法，雖對遺囑方式要件應適用之法律，略為放寬，但却限於英國人民，因此又有一九六三年之遺囑法以取代之。關於本問題，請參閱 Dicey & Morries, II The Conflict of Laws, pp. 617-622 (1980, 10th ed).

74) 關於應適用法律之變更，所產生新舊準據法之衝突，英國一九六三年遺囑法所採者，為從新從優之原則，與本文對此問題前所述，係採取從新之原則，惟於新法有溯及力，而違背公序良俗時，方不適用之，用語雖有不同，但就結果言，差別尚非顯著。

外國法適用之限制
——國際私法上公序良俗條款之研究——

壹、引　　論

現代國家基於獨立主權國之觀念，各國法律的適用，原則上是屬地的。任何一國的法律，在其領域以內，絕對控制一切，初不因外國人而不同，換言之，外國人一旦入境，即有服從內國法律之義務，而受內國法律之支配、管轄，乃至制裁。惟含有涉外成分之私法關係[1]，因其多不涉及公益，且屬個人之社會生活關係，如關於此種私權之糾紛，對於當事人權義之得喪變更及其效果，

---

1) 所謂含有涉外成分之私法關係。係指私法所規律之社會生活關係有涉及外國人者，有涉及外國地者，有涉及外國人復涉及外國地者，與純粹內國私法關係不同。茲舉例說明如下：
　例一、日本人某甲死於中國，並於中國遺有財產；其妻為韓國人，在中國法院請求繼承遺產時，與本案有關之國家，有中、日、韓三國，而本案之法律關係僅涉及外國人也。
　例二、中國人甲、乙，於旅遊美國時，因甲駕車不慎，撞傷乙，乙返國後，在中國法院提起損害賠償之訴，與本案有關之國家，有中、美二國，而本案之法律關係僅涉及外國地也。
　例三、有營業所於中國之美國人甲，與有住所在美國之日本人乙，於美國簽訂契約，後因甲違約，乙在中國法院請求不履行契約之損害賠償時，與本案有關之國家，有中、美、日三國，而本案之法律關係，既涉及外國人，復涉及外國地也。

不考慮適用與其關係最密切或最適當之國家之法律[2]，而一概以內國民、商法加以規範[3]，則在當今國際交通日繁，各國人民往來與時俱增，私人法律關係愈趨複雜之國際社會中，不僅有違公平正義，也非有謀內外國人交往之實利。因此，現代國家莫不制定國際私法，針對涉外法律關係之性質，以決定內外國法孰應適用者也。

在一國法院對於涉外法律關係適用內國法時，固與對於內國私法關係而適用內國法時，無所分別；惟因涉外法律關係而適用外國法時，則其情形顯有不同。第一、若干國家國際私法對少數法律關係，就法律之適用，固採單面法則[4]，但除此之外，所採者，均為雙面法則[5]，即以歸屬未定之連接因素為基礎，而制定抽象之準據法；第二、於具體案件，必先確定該歸屬未定之連接因素，始能確定應適用之準據法，究為內國法抑外國法；第三、如應適用之準據法為內國法，則與內國法律關係而適用內國法，或涉外法律關係係因單面法則之規定，而適用內國法時，就結果言並無不同。如應適用之法律為外國法時，則因法官並非萬能，不可能完全知悉該應適用之外國法律，因此必須經過調查證明外國法之程序[6]始得悉外國法之規定

---

2) 美國法律學院（American Law Institute）於其所編美國法律整編——國際私法 (Restatement of the Law, Second, Conflict of Laws, 1971) 第六條，明文規定對涉外法律關係法律選擇之標準，茲錄之如下，以供參考：
   「(1) 法院在憲法的限制下，就法律之選擇應遵守其法域制定法之指示。
    (2) 如一法域無上述制定法時，有關選擇應適用法律之相關因素包含：
       (a) 州際及國際制度之需要。
       (b) 法庭地之相關政策。
       (c) 其他有利害關係法域之相關政策，以及在解決某特定爭執時，這些法域之比較利益。
       (d) 正當期待利益之保護。
       (e) 某特定法律領域所依據之基本政策。
       (f) 確定、預見可能及結果一致。
       (g) 應適用法律之決定及適用之便利。
   關於本條之詳細說明，請參閱拙譯，美國法律整編——國際私法（民國七十五年司法院印行），第八至一五頁。」
3) 美國法律整編——國際私法第九條，又對法律之選擇有明文之限制，茲錄之如下：
   「法院不得適用自己法域之實體法以解決某特定爭執，除非適用此一法律時，從自己法域與其他法域對當事人、標的物或牽連事件之關係言為有理由。」
4) 單面法則（one-sided rules）僅規定內國法適用之情形，而不及其他。例如我涉外民事法律適用法第三條第二項及第四條之規定是。
5) 雙面法則（two-sided rules）即對涉外法律關係，以歸屬未定之連接因素為基礎，而制定抽象之準據法，如以國籍為基礎所成立之本國法，以行為地為基礎所成立之行為地法等是。連接因素依其情形，既可歸屬於內國也可歸屬於外國，故內、外國法有平等適用之機會。例如我涉外民事法律適用法第一條第一項、第十條第一項是。
6) 關於外國法之調查、證明，請參閱 Cheshire & North, Private International Law (10th ed, 1979), pp. 125-130; Dicey & Morris, 2 The Conflict of Laws (10th ed, 1980), pp. 1206-1216; 馬漢寶著，國際私法總論（民國七十一年新版），第一九六至二〇一頁；蘇遠成著，國際私法（民國六十七年），第九二至九五頁。

及其內容，而予以適用。惟於此有問題者，世界上有上百之國家，而各國法令又繁多龐雜，在未經調查證明外國法程序之前，實難知悉外國法之規定；既經證明之後，如該應適用之法律，有妨害內國公益，危及法庭地一般私法生活之安定，則法庭地法院自無勉強適用之理。因此，各國國際私法一方面固明文規定外國法之適用，但同時也就外國法適用之限制加以規定，藉以平衡內、外國之公私法益，使於適用外國法之際，不致有侵害內國私法生活安定之虞。本文擬對外國法適用限制之有關問題，逐一加以檢討說明。

貳、外國法適用限制之立法方式

各國對於國際私法上法律之適用，係針對涉外法律關係之性質，有時適用內國法律，有時適用外國法律，庶裁判得合乎正義；但對外國法之適用，並非漫無限制；如外國法之規定，有害內國法益，危及法庭地私法生活安定時，則不適用之，此為各國國際私法公認之原則。惟如何限制外國法之適用，立法例上有三種不同之立法方式，茲分述如下：

一、間接限制方式

此即內國法明文規定，內國某種或某幾種法律為絕對強行，凡與此種內國法牴觸之外國法，即不得適用。例如法國民法前加編第三條規定：「關於警察及公安之法律，凡住居於法國之人，均受其拘束。」荷蘭法例第七條、比利時民法均採此規定。依此規定，乃間接否認與此類法律相牴觸之外國法之適用。惟此種規定發生於屬人法則，屬人法則者，認法律之效力得隨人而及於外國，故一國之某種法律具有絕對強行之性質，非明文規定之，不足以禦外國法之侵入適用。雖然，此種規定，就一國之立法觀念言之，究屬不當，蓋一國之法律，在其領域內，對於內、外國人皆有拘束之效力。外國法之適用，乃依內國立法承認之結果，屬於例外性質。苟無此種例外規定，內國法應即強行，故對某種內國法實無再行明文規定其絕對強行之必要。且如此規定，難免發生掛一漏萬之弊，倘某種外國法實有害內國利益，而內國就同性質之內國法未明示其絕對強行，則似此有害內國公益之外國法，反無由拒絕，而不得不適用矣！

二、合併限制方式

法國所採之外國法適用限制之立法方式，既如上述，有其缺點，故法蘭西法系諸國之法典，大抵除明定內國法絕對強行，一如法國民法第三條之規定外，復就外國法之有違反公共秩序與善良風俗者，也一併限制其適用。例如義大利法例，除於第十一條明定：「關於刑法警察法及公共秩序之法律，凡居住於王國領土以內之人，皆應適用」外，復於其第十二條規定：「外國法之適用，不得違反王國法律之強行規定，或違背公共秩序善良風俗。」其他如西班牙民法第八條及第十一條，一八九一年剛果民法第八條、第九條皆然。此種規定雖

較前進步，然仍屬不當，蓋旣明文規定有害內國公序良俗之法律不得適用，則關於規定某種內國法爲絕對強行，實屬無益之規定[7]。

三、直接限制方式

此卽內國法明文承認外國法之適用，但外國法與內國公序良俗不能並立時，復以明文限制其適用。例如阿根庭民法第十四條規定：「外國法之適用，違反共和國之公法、刑法、國教、文化自由、道德及善良風俗，或有背民法之精神者，不適用之。」又德國民法施行法第三十條載：「外國法之適用，如違反善良風俗或德國法律之目的者，應排除其適用。」又波蘭國際私法第三十八條規定：「外國法之規定，違反波蘭現行之公共秩序基本原則，或有背善良風俗者，不保有其效力。」日本法例第三十條亦規定：「外國法之規定如違反公共秩序及善良風俗時，不適用之。」我國前法律適用條例第一條[8]，及現行涉外

---

7) 此外，一國之刑事法規或警察法規，本來毋庸適用牴觸法規，卽可逕告適用，抑且，該等法規與其他種類之法規，亦無牴觸，就其性質言，刑事法規、警察法規，並非屬於國際私法之適用範圍，是此種立法方式，實欠妥適。

8) 法律適用條例係於民國七年八月五日，由北京政府以敎令第三十二號公布，國民政府成立，復經國府於民國十六年八月十二日明令暫准援用，以迄民國四十二年涉外民事法律適用法之制定施行。二者相比較，可見其間之差別者，有以下各點：

(1) 屬於文字之改正者：

(a) 原條例第十三條（本法第十七條）之「私生子」，改爲「非婚生子」。

(b) 原條例第二十四條（本法第八條）之「事務管理，不當得利」，改爲「無因管理，不當得利」。

(c) 原條例第二十五條（本法第六條）之「因不法行爲」改爲「由侵權行爲」及「不法者」改爲「侵權行爲者」。

(d) 原條例之「中國」二字，一律改正爲「中華民國」，「中國人」三字，一律改正爲「中華民國國民」，「中國法」三字一律改正爲「中華民國法律」。

(2) 屬於補充性質者：

(a) 反致之擴充。本法第二十九條規定，除直接反致外，兼採轉據反致及間接反致，而原條例僅採直接反致。

(b) 加強內國公私法益之保護。其重要條款如本法第三條第二項禁治產之宣告效力，依中華民國法律；本法第四條第二項失踪外國人，其配偶或直系血親爲中華民國國民，而現在中華民國有住所或居所者得聲請依中華民國法律爲死亡宣告。他如本法第十二條但書及第二十二條但書，均爲補充原條例之規定。其立法意旨，非徒保護涉外法律關係中，我國國民之利益，且在維持內國公安與善良風俗。

(c) 屬於刪除部分者：法律適用條例之被刪除者，計有第七條、第十九條及第十七條。至其被刪除之理由，係因第七條所規定者爲準禁治產之準據法，但我國現行民法並無準禁治產制度之規定，而第十九條之規定，爲保佐準用關於監護之規定，但現行民法已無保佐制之規定，原條文已失其作用，自均應刪除。至第十七條只限於親屬關係之法律，範圍較狹，補充效用不大，本法第三十條，旣許可司法者就一切涉外民事法律關係，依據法理以爲判斷，則其所補充者，已廣括無遺，原規定無保留之必要，自應予以刪除。

(d) 屬於新增性質者：本法新增加之但書及各項者甚多，而整條文增加者共計有四條，此卽第七條、第十五條、第二十三條及第三十條。

民事法律適用法第二十五條之規定，亦同。是仿日本法例也。此種規定較爲適當。蓋此項條款之設，在規定不適用有背內國公安之外國法，並非規定，因不適用外國法而必適用內國法。且其設制之目的，在免其爲維持涉外案件中少數當事人之利益，而犧牲多數內國人之利益，俾能達成平等保護內外國法益之目的。故對此規定，各國立法例[9]及國際條約[10]多採之。咸認其爲限制外國法適用比較允當之立法方式。

叁、外國法適用限制之困難

一國國際私法對外國法之適用，非漫無限制，倘應適用之外國法律，有違內國公序良俗——即公安時，各國立法例多限制其適用，一如上述。惟關於外國法適用之限制，實有一困難之問題，即所謂公安之解釋問題。蓋公安辭意含糊，範圍廣泛；因而各國法律所用之語句不盡相同。如英美法律則稱「公共政策」，法國法律則謂之「公共秩序」，德國法律則謂之「善良風俗」，而中國與日本法律則謂之「公共秩序或善良風俗」。是各種詞句之意義，殊甚晦澀，未易解釋，正如德國法學家薩維尼所云：「除依內國之道德、內國法之精神及目的，而爲解釋，一任於法官之自由判斷外，別無他策也。」[11] 雖然如此，學者間曾有將公安予以相當之解釋者，茲扼要述之如次：

㈠凡應適用之外國法違反內國強行法者，即爲違背公安

德國學者薩維尼曾謂：「與內國絕對法相牴觸之外國法，不得適用之；所謂絕對法，即原於道德、政治及經濟之強制規定是也。」[12] 依此主張，公安之標準，固甚明確，因內國何種法律爲強

---

9) 各國立法例除本文中所引述者外，晚近制定或修改之各國國際私法也均採之。例如一九七五年東德國際私法第四條、一九七八年奧國國際私法第六條、一九七九年匈牙利國際私法第七條、一九八二年土耳其國際私法第五條、一九八二年南斯拉夫國際私法第四條及一九八六年西德國際私法第六條等是。
10) 如海牙國際私法會議 (Hague Conference on Private International Law) 所簽訂之下述公約：
(1) 一九六四年關於收養命令之管轄權、準據法及承認之公約第十五條。
(2) 一九六八年交通事故之法律適用公約第十條。
(3) 一九六八年承認離婚及分居公約第十條。
(4) 一九七二年商品製作人責任之準據法公約第十條。
(5) 一九七七年代理關係之準據法公約第十七條。
關於上引各公約之詳細規定，請參閱拙著，國際私法論叢（國立政治大學法律學系法學叢書（十三）），民國七十六年（增訂版）各有關部分。
11) 參閱翟楚著，國際私法綱要（民國四十八年）第二二二頁。
12) 德國自法學大師薩維尼以來，關於外國法適用之限制，置重於內國之禁止法。薩氏認爲內外國之法律，原無分軒輊，不問爲內國法或外國法，原則上均須適用法律關係所屬之地之法律，然若因此而違反內國公益者，則應儘先適用內國法，外國法不得不讓步，唯斯乃例外之情形。薩氏對此種例外之說明，揭示二大標準，其一爲絕對的強行法，其二爲內國所不承認其存在之外國法律制度。第一種強行法，係專爲保護權利人而制定者，

行法，何種法律條文爲任意法，一般而言，甚爲明白，殊少疑義；惟依此主張，則事實上外國法當無適用之機會，而國際私法也將等於具文矣！此因近世各國法律，不僅公法多爲強制規定，卽所有私法規定，也大半爲強行規定，其屬任意性之規定，實少數耳。若應適用之法律，因與內國強行法相牴觸，卽解釋爲違反公安，則國際私法因涉外法律關係性質，而選擇地適用外國法或內國法之理想，豈能達成乎！

英、美學者雖亦有主張外國法之有背於內國法之強制規定者，不得適用；但皆強調外國法之規定僅與內國法有所不同，但不違反其立法之精神者，則不得認爲有背於內國法，而排斥其適用也[13]，實具有限制之作用。

㈡凡應適用之外國法違反內國善良風俗者，卽爲違背公安

公安是否僅指善良風俗，抑也可包括公共秩序，非無爭議，蓋良俗者，乃

社會一般道德觀念之謂；公序者，係指國家社會之一般利益，兩者雖不無重複之嫌，但其範圍未盡一致，而具有相依相成之作用。何況就善良風俗本身而言，其解釋也有困難，此由於風俗者，本爲倫理上之用語，其觀念因地而變，因時而異，乃至無法確定者。如甲國以某風俗爲善者，在乙國未必盡善，在甲時爲善者，在乙時亦未必盡善，昔時所排斥之風俗，今則提倡之，今之所提倡者，或又爲未來所糾正者，標準旣因時因地而異，法官自亦無所適從。則公安之意義，仍不明瞭。矧若以違反善良風俗爲拒絕外國法之適用，則法官不無藉此以爲固執偏袒之解釋，而限制外國法之適用，是則國際私法之規定適用外國法，亦必等於虛設矣！

㈢凡應適用之外國法違反內國國際公安之規定者，卽爲違背公安

瑞士學者樸洛西（Brocher）分公安爲國際公安與國內公安二類[14]。其意謂

(續)例如關於年齡或性別而限制行爲能力之法律是，然僅有此一種強行法，尙未足以充分限制外國法之適用，於是不能不有第二種之強行法焉。例如禁止一夫多妻之婚姻法，乃根據道德理由而定之強行法，又如限制猶太人土地所有權之法律，乃基於公益上理由，而具有政治上與經濟上意義之強行法。外國法倘與此種強行法相違反者，應卽視爲例外情形，不能不排除其適用也。雖然，薩氏之此項區別，誠如另一德國法學敎授所批評，匪特對於外國法適用之限制，未能臻於正確，抑且以有關國民經濟問題之法律，一一視爲絕對強行法規，外國法偶有與之相反，輒擯棄而不援用，是則強行法之範圍，亦未免予以過分之擴張。參閱 Savigny, The Conflict of Laws, Guthrie's translation, vol. 1, s. 349 (1880); Bar, Theorie und Praxis des internationalen Privatrechts, Gillespie's translation, p. 39 (1892).

13) 參閱 Nussbaum, Public Policy and the Political Crisis in the Conflict of Laws, 49 Yale L. J. 1033 (1940); Paulsen & Sovern, "Public Policy" in the Conflict of Laws, 56 Colum L. R. 1016 (1956); Holder, Public Policy and National Preference: The Exclusion of Foreign Law in English Private International Law, 17 Int' L. & Comp, L. Q 926 (1968).

14) 參閱 A. Kuhn, Comparative Commentaries on Private International Law (1981), p. 40; 馬漢寶著，第二〇九頁；翟楚著，第二二四頁。

，一國之法律對於內外國人均爲強制之規定，則謂之國際公安之規定；例如奴隸制度之取締，一夫多妻之禁止，及直系親屬間結婚之禁止是也。一國之法律，僅對內國人爲強制之規定，而對於外國人則無強制適用之必要，謂之國內公安之規定。例如行爲能力及結婚年齡等規定是也。外國法因違反公安而不得適用者，係專指違反國際公安而言，國內公安無與焉。以公安分類爲根據，解釋公安之意義，雖較明瞭，又不致過分限制外國法之適用，是其可取之處；然何者爲國際公安之規定，而爲對內、外國人須一體適用之強行法，仍無確切之標準也。

惟所謂國內公安與國際公安之區別，驟然視之，似甚明晰，但究竟若何之法律，係關於國內公安之規定，若何之法律，係有關國際公安之規定，尙有待於探討。法儒魏斯（Weiss）認爲凡關於國家組織，主權行使，或個人權利與自由之公法、刑事法，及關於土地所有權之法律，皆係有關國際公安之法規；對於內外國人均絕對強行之，與此相違之外國法不得適用。除此以外，何者屬國際公安，何者屬國內公安，則惟有任諸法官依立法精神及目的，自由審判而已[15]。魏氏之說對於公安之分類，雖較確定，但仍欠明瞭。

綜觀外國法適用限制之困難，也即公安之解釋問題，雖有上述三種解決標準，然對公安涵義之解釋，均殊難確定，故對於外國法是否違反內國之公序良俗，惟有任諸法官依據內國之立法精神、立法目的，以及經濟及道德觀念，臨案裁量而已。惟以此重大權限委諸法官，無異以司法而兼立法之權，法官豈可不慎乎！

關於外國法適用之限制，我國規定於涉外民事法律適用法第二十五條。該條規定：「依本法適用外國法時，如其規定有背於公共秩序或善良風俗者，不適用之。」所採之立法方式，卽爲直接之限制。而關於公序良俗之解釋，在涉外民事法律適用法草案說明書中，則曰：「本條意旨與原條例第一條大致相同，在明定外國法有背於中國之公共秩序或善良風俗者，均應排除其適用，以示限制。所謂公共秩序，不外爲立國精神及基本國策之具體表現，而善良風俗乃發源於民間之倫理觀念，皆國家民族所賴以存立之因素，法文之規定，語雖簡而義極賅，俾可由執法者體察情勢，作個別之審斷。」

由以上所述觀之，對公序良俗，欲從學理上在國際私法中確定其意義，實覺困難。故各國皆委諸法官之自由判斷，實亦不得已耳。

肆、外國法適用限制之救濟

對於繫屬之涉外法律關係，依法庭地國際私法之指示，雖應適用某外國法，然該應適用之某外國法，經受訴法院認定爲違背內國公序良俗時，該應適用

---

15) 翟楚著，第二二四頁。

之外國法自不被適用，惟此際對於訟爭案件應如何處理，亦一問題。學者之間，意見分歧，茲分述之：

一、拒絕審判說

採此說者認為一國之國際私法，既明文規定應適用某外國法，即暗示不能以他國法代某外國法適用之，此種情形與外國法不能 證明同 ； 如外國法 不能證明時， 得拒絕審判， 則外國法因違反公序良俗不能適用時，自亦得拒絕審判[16]。

拒絕審判說，固為法官之便宜，但外國法是否違反公安，任諸法官之自由判斷；苟採此種辦法，則不啻予法官減少職責之機會，且涉外法律關係之爭端，必因應適用之外國法被解釋為違反公安，致被摒棄於法庭之外，而不能公平解決矣！況在外國法不能證明時[17]，拒絕審判說也非可採，而應以適用內國法說或近似法說解決之，是以彼例此顯非允當。況人民有訴訟之權，法院有解決之義務。法院藉口應適用之法律不存在，而拒絕審判，正與藉口法律之不明或不備而拒絕審判相同，係拒絕正義之表現，違反國家設置法院，解決紛爭之宗旨也。

二、保留條款說

保留條款說亦稱內國法代用說[18]。此說以為外國法之所以適用，無非因其比較適用內國法合於法理，換言之，國際私法於某種涉外法律關係，究應適用內國法抑某外國法，完全以何者較為允當，為權衡之標準；苟依國際私法適用某外國法，而某外國法之適用又違反內國之公安，於此情形，自以適用內國法較為允當，故應以內國法適用之。此外，外國法之適用，論其性質，果認為係一國適用內國法原則之例外，則此例外不成立時，自當仍適用內國法。英美判例有認為外國法違反內國公共政策時，即對外國法之適用，發生疑義，凡發生疑義，即當以內國法儘先適用為原則，以解決涉外法律關係[19]。

此說較諸拒絕審判說自為進步，涉外法律關係因有內國法為準據法，自可獲得解決。惟誠如前述，外國法是否違反公安， 任諸法官之自由判斷，苟採此說，則不免予人有擴大內國法適用之嫌，而內、外國法平等之原則，也有破壞之虞。此外，一般採直接限制主義者，係規定應適用之外國法違背內國公序良俗時，即不適用。則此種規定，究為「排斥條款」抑「保留條款」？非無爭

---

16) 參閱 Wolff, Private International Law (2nd ed, 1950), p. 183；翟楚著，第二二七頁。

17) 所謂近似法說，係謂雖應適用之甲國法無從證明，但確悉甲、乙二國同屬一個法系，或甲國新近脫離乙國而獨立者，則於此情形，適用乙國法，庶幾較符合國際私法原來之立法意旨。

18) 參閱 Wolff, p. 183；翟楚著，第二二七頁。

19) 參閱 In the Estate of Fuld deceased (No. 3) (1966) 2 W. L. R. 737；F. A. Straus & Co. Inc., v. Canadian Pacifie Ry. Co., (1930) 254 N. Y. 407.

議。所謂排斥條款,即排斥該違背內國公安之外國法之適用之條款也。所謂保留條款,即保留內國法之適用之條款也。依法理言,此種規定,謂之排斥條款則可,謂之保留條款則不可;因其僅規定不適用外國法,並未規定因不適用外國法,必適用內國法也。蓋依此種規定,有時非適用內國法,不足以維持內國之公安者,則惟有適用內國法之一道,並無何等疑問。然亦有時適用甲外國法,雖有背內國之公安,適用乙外國法則否之情形。此時似亦不妨適用乙外國法,當更能實現國際私法立法之精神。例如因契約關係,適用依當事人合意所選定之甲國法律,現因甲外國法,因其有背內國之公安,不能適用,實不妨適用雙方共同之本國法——乙國法;若雙方當事人無共同國籍時,適用行為地之丙國法(涉外民事法律適用法第六條第一項、第二項參照),較之直接適用法庭地法,似更符合國際私法制定之原意。

三、分別處理說

分別處理說謂國際私法規定適用外國法,既未排斥內國法之適用,又未於外國法違反內國公安時,明文規定應仍適用內國法。故於外國法之不適用時,法官自得審酌案情,應否適用內國法,抑以另一外國法代替之,分別處理之 [20]。申言之,分別處理說,實係對外國法之直接限制,採排斥條款說為依據。故如前所述,依此規定,有時非適用內國法,不足以維持內國之公安者,固應適用內國法,然有時適用甲國法之特別規定,雖有違內國公安,適用甲國法之普通規定則否時,則不妨適用甲國法之普通規定 [21];或適用甲外國法違內國公安時,適用乙外國法則否時,不妨適用乙國法 [22]。

採分別處理說,既不會發生無法律可用,拒絕審判之狀況;又不致如保留條款說[23]之一概以內國法代用,而有擴

---

20) 翟楚教授謂:「……。故於外國法之不適用時,法官自得審酌案情,應否拒絕審判,抑應以內國法代用,分別處理之。」似與本文之說法不同。

21) 例如,在瑞士法上,某種性質之債,不受時效之限制。德國法院認為此種法制有背德國公序觀念,而不予適用。不過此時,德國法院則轉而適用瑞士法上一般關於時效之規定(三十年),而並不即以德國法有關時效之規定代之。參閱馬著,第二一四頁。

22) 例如涉外民事法律適用法第六條規定:「法律行為發生債之關係者,其成立要件及效力,依當事人意思定其應適用之法律。」苟當事人始選擇甲外國法,因違反內國之公安,不得適用;繼而選擇乙外國法,且與公安並不違反;自可為排斥甲外國法之補救辦法也。

23) 雖多數立法例係採排斥條款說之立法方式,例如一九八六年西德國際私法第六條、一九八二年南斯拉夫國際私法第四條、一九八二年土耳其國際私法第五條、一九七九年匈牙利國際私法第七條等是;唯也有明文採保留條款之立法方式者,例如一九七八年奧地利國際私法第六條之規定:「外國法某條文之適用,會導致與奧國法律秩序之基本原則不相容之結果時,不適用之。必要時,適用奧國之相當法規以代替之。」一九七五年東德國際私法第四條之規定,亦同,該條曰:「外國法令之適用,會造成與德意志民主共和國政治及法律制度之基本原則不相容時,不適用之。於此情形,適用德意志民主共和國之適當法律。」

— 421 —

大內國法適用之嫌。實較符合國際私法之原理，而應為識者之所探。

伍、英美法系國家對外國法適用限制之理論與實務

英、美法系國家有關國際私法之規定，多為判例法，就外國法適用之限制，其理論及實務如何，頗有參考價值，茲扼要介紹，以供比較研究。以下擬分三項，對外國法適用限制之原因分類、外國法適用限制之一般說明及外國法適用限制之若干實例，分述如下：

㈠外國法適用限制之原因分類

英國學者 R. H. Graveson[24] 就外國法適用限制之原因，區分如後，其一、公共政策，其二、英國正義及道德觀念，其三、規避法律，其四、外國刑事法，其五、外國稅法。其中，對公共政策，又區分為危害國際關係、與敵國交易及限制交易之契約。而英國正義及道德方面，則包含帶有廣義不道德色彩之契約、行為牴觸英國正義觀念、外國之沒收及徵收財產。而美國學者 Anthur K. Kuhn[25] 也就外國法適用之限制，劃分為下列原因。其一、外國法之適用違反文明社會之道德者，其二、外國法之適用違反法庭禁止性法規者，其三、外國法之適用違反法庭地久已建立之重要政策者。其四、可厭惡之外國法構成法庭地所不承認之抗辯者[26]。

由上述外國法適用限制之原因分類上觀察，可知英、美法系國家，對外國法適用限制之範圍，極具彈性，此實判例法之特性，無足為奇。

㈡外國法適用限制之一般說明

在任何國家之國際私法體系中，法院基於公共政策，有權拒絕適用，甚至拒絕承認外國法所賦予之權利，英、美法系之國家亦無例外。若外國法所賦予之權利不符合英美法系國家之基本政策，該國法院將不予執行或承認。若法律違背法庭地國之正義感或端正禮俗時，法院將拒絕適用；惟法院行使此項權限前，必須慎重考慮該應適用法律之各方面，俾適用無誤。

英美法院已確認，一個案件對大眾的傷害必須實質上無可爭議，且並非決定於少數法律見解特異推論，才能訴諸公共政策原則。在衝突法規中，該原則的適用，被認為必須有適當的節制，否則整個國際私法體系必遭破壞。正如一位著名的美國法官曾說[27]：「法院不能

24) 參閱 Graveson, Conflict of Laws (7th ed, 1974), pp. 163–182.
25) 參閱 Kuhn, Comparative Commentaries on Private International Law (1981), pp. 33–49.
26) 茲舉一例。原告係一在德國有關德國政府鐵路之公司之總經理。後因德國之新法律，基於種族原因而被解雇。彼在美國紐約起訴，要求公司賠償。被告則提出德國法律，資為抗弁。原告以該法律違背美國公共政策，不得作為抗辯根據之主張，為法院所採納。參照 Hozer v. Deutsche Reichsbahn, (June 22, 1936) N. Y. L. Jour. p. 3171.
27) 美國前聯邦最高法院大法官 Cardozo 在擔任紐約州上訴法院法官在 Loucks v. Standard Oil Co. (1918) 224 N. Y. 99, 111; 120 N. E. 198, 202. 乙案中所言。

因為法官的喜好，任意拒絕執行外國權利，來遷就個人權益或公平觀念。除非法院適用該外國法將違反基本的正義原則、一般的道德觀念、或根深蒂固的公共福利傳統。」公共政策則在英美衝突法中，被認定遠不如類似原則在一些歐陸國家來得著名。原因之一，可能是這些法院對於離婚、別居、監護、保護管束、收養、扶養妻子與子女等涉外法律關係，往往適用內國法，致關於規範這些問題的外國法律，無從接受公共政策之考驗。另外，在英國，關於涉外侵權行為，也無公共政策原則適用餘地，因為除非該不法行為如果在英國發生也可訟爭，否則在英國便不成立訴訟[28]。

只有在極少之情況下，外國法被視為違反法庭地之公共政策。經常成為問題者，並不在純理論上之外國法，而是於具體案件，因適用或承認之結果。因此，若一外國法允許一夫多妻，或繼父與繼女結婚，這些法院雖會認定其不智或不道德，但是如果此種一夫多妻或近親婚姻所據以發生之外國法，認其為有效，特別是已生下子女時，法院通常不會基於公共政策或其他理由，認定其婚姻無效，子女為私生子，以擾亂既有的家庭關係：一切視問題之本質而定。因此，一夫多妻婚姻之配偶雖不能在英美法系國家獲得離婚，但該夫妻視為已婚

者，因而不能再締結有效婚，其子女也為婚生子女，妻子有權基於妻子之身分，主張繼承權及其他權利。再舉一例，若一外國法允許一個五十歲的單身漢收養一個十七歲的未婚女性，法院雖可能遲疑是否將該女孩之監護權交給其養父，但若養父死亡未立遺囑，則法院沒有理由不允許該女子以子女之身分繼承遺產。換言之，公共政策非絕對的，而是相對的。外國法之承認是一回事，其效果之承認又是另一回事[29]。

英美法院曾拒絕承認包攬訴訟之契約、限制貿易之契約、用脅迫締結之契約，以及共謀和賄賂而協議離婚之契約、與敵人交易、或違反友邦法律之契約。此等法院也不承認任何依具有差別待遇之外國法所賦與之身分之效果。例如奴隸或民事死之身分，及課牧師、修女、新教徒、猶太人、外國人、有色人種、離婚者為無能力人是。上述之無能力，有一些顯然是種處罰，例如，一些法系規定通姦而離婚者，在無辜的配偶仍單身時，不能再婚[30]。

再就刑事法言。英美法院絕不會直接或間接執行外國刑法。美國聯邦最高法院首席大法官 Marshall 說過[31]：「沒有一國之法院會執行另一國之刑法。」英國樞密院（Privy Council）曾解釋其理由[32]：「本規則之根據，存在於一

28) 參閱 Dicey & Morris, I The Conflict of Laws (10th ed, 1980), pp. 83-84; Lorenzen, Selected Articles on the Conflict of Laws, (1947) Chap. 1.

29) 參閱 Dicey & Morris, pp. 86-88; Cheshire & North, Private International Law (10th ed, 1979), pp. 150-152.

30) 參閱 Dicey & Morris, pp. 85-86; Cheshire & North, pp. 149-150.

31) 參閱 The Antelope (1825) 10 Wheat. 66, 123.

32) 參閱 Huntington v. Attrill (1893) A. C. 150, 156.

個公認的原則中，卽犯罪，包括可以罰金處罰之違反公法之行爲，在國家或代表公眾之追訴下，只能在犯罪地國家接受審判及處罰，就此意義而言，犯罪有地域性。因此，一國就違反刑法所課予之制裁，在他國縱以民事程序提起，也不得受理之。」至其是否刑罰性質之法規，則由法庭地法院決定，而不受外國法院對是項法律解釋之拘束。因爲訴因之重要性質及其實質基礎，不會因獲得判決而改變，所以法院不會執行基於外國刑法而成立之外國判決。

另外，就財稅法言。Lord Mansfield 在 Holman v. Johnson 乙案中曾說[33]：「沒有一個國家會理會他國的財稅法。」雖然這個說法太空泛，但向來英美律師均認定，外國稅法不會被執行。較明確的判例一向很少，直到貴族院在 Government of India v. Taylor 乙案[34]，才澄淸了疑問。不執行之理由爲：收稅並非一種契約，而是政府及其管轄人民間一種權威及行政。所謂外國稅法，係指一種非契約性而需要支付金錢給予政府或其部門或其附屬單位之法律。包括所得稅、資本獲益所得稅、關稅、遺產稅、財產稅、地方稅率、強制性的保險費用分擔及收益稅等。法院不會執行外國稅法，不論是直接或間接執行。直接執行，指外國政府或其代表人在法院向義務人訴請給付稅款。間接執行之情形，例如一清算中之公司，請求董事返還爲其所有且受其控制之財產，以便清算人給付公司所欠繳之外國稅捐；或者，債務人主張，其借款已被主張徵稅之外國政府所簽發之命令扣押；或者，遺產之輔助管理人手上有部分遺產，若逕交死者住所地國之主要管理人，則將用於淸償死者之債務時等情形，法院均不會理會外國財稅法令，以協助外國政府在內國徵收稅捐。

㊂**外國法適用限制之若干案例**

英、美法系有關外國法適用限制之案例甚多，除已在前──外國法適用限制之一般說明中，有所簡述外，玆再舉四則案例以供參稽。

(1) Duncan Fox & Co. v. Schrempft & Bonke[35]

本案係關於買賣契約涉訟。一英國商人出售給另一英國商人三千桶智利蜂蜜，貨物應於一九一四年六月以及或者七月依 C.I.F. 條件運往德國漢堡。貨物價金係於出賣人提示運送單據時，於英國利物浦以現金支付。蜂蜜於一九一四年六月由德國船舶 Menes 號裝運駛往漢堡。英國與德國間之戰爭於同年八月四日爆發。八月五日英國政府頒布命令，禁止英國人民與敵國交易。出賣人於同日向買受人提出單據文件，買受人拒絕受領。德國 Menes 號船舶於其時並未抵達漢堡，而係停於中立之港口以避難。此一案件由英國第一審之高等法院審理，法官 Atkin 之見解亦爲上訴法院所維持。買賣契約雖未約定，但載貨證券中有一條規定，有關運送問題應

33) 參閱 Holman v. Johnson (1775) 1 Cowp. 341, 343.
34) 參閱 Government of India v. Taylor (1955) A. C. 491, 514.
35) 參閱 (1915) 1. K. B. 365；affd. (1915) 3 K. B. 355. (C. A.).

以德國法為準據，由漢堡法院審理。但英國高等法院仍受理該案件並作成判決，認為買受人得拒絕受領有關貨物之單據文件，而不構成違約，因為買受人如受領單據文件，將是違反英國政府所頒禁止與敵國通商之命令。故法院基於公共政策之理由，適用英國法而不適用原應適用之外國法——德國法。

(2) Oscanyan v. Arms Company [36]

本案係有關土耳其總領事對一販賣武器之公司，要求其履行百分之十佣金之請求。被告代理人曾允諾原告，如土耳其政府向其採購武器，則被告願給予百分之十的佣金。原告遂利用其影響力促使土耳其政府達成該筆交易。美國聯邦最高法院在審理本案時，雖曾考慮依土耳其當時之法律，原告之行為無可責難，但法院仍認為該契約是貪污的，亦即「此一約定及提供之勞務，依據舉世各國恒久道德及政策考量之，皆應被禁止。……他國容許之契約，如違反吾國法律之重要精神、道德標準或重大政策時，均不應為吾國法院所執行，而應受到排斥」。

(3) Brown Jenkinson & Co. Ltd. v. Percy Dalton (London) Ltd. [37]

本件係託運人以桶裝橘子汁一批，委託運送人從倫敦裝船運往德國漢堡，由於盛裝橘子汁之容器有洩漏現象，託運人為換取運送人所簽發無瑕疵記載之載貨證券，即所謂清潔載貨證券，乃出具免責函交運送人收執，以擔保運送人因發行清潔載貨證券所生之一切損害。嗣後運送人因簽發該清潔載貨證券受到損害，遂根據免責函，而向託運人要求賠償。法院認為託運人簽發免責函與運送人，係出於與運送人通謀之結果，在雙方明知貨物有瑕疵情況下，目的在換取清潔載貨證券，以騙取貨款。如任令其有效，則運送人或船長將以有免責函擔保之故，有恃無恐，冒然簽發清潔載貨證券，必有害於貨物買受人或一般大眾。因此認定，不論本案之準據法為何國法，該免責函因違背公序良俗而無效，運送人自不得據以請求託運人賠償損害。

(4) Huntington v. Attrill [38]

本案大要是，紐約州法律規定，董事明知虛偽事項而於文件上記載時，則對因此所生之公司債務負責。某一公司之負責人曾為此虛偽記載，聲稱公司資本均已付清。公司之一未受清償債權人，於紐約州提起訴訟，請求該負責人賠償，於獲得勝訴判決後，原告於馬利蘭州請求執行，馬州法院以該紐約州法係屬刑罰性質為理由，拒絕執行。原告因而上訴至聯邦最高法院。惟於此同時，債權人也於加拿大法院請求執行此一判決。令人驚奇的，加拿大法院則根據紐約州本身之解釋，認定該訴訟係屬刑事，而駁回原告之請求。該原告不服，最

36) 參閱 103 U. S. 261 (1880).
37) 參閱 (1957) 2 L. L. Rep. 1.
38) 參閱 Huntington v. Attrill. (1892) 146 U. S 657. In the Privy Council:
Huntington V. Attrill. (1893) A. C. 150.

後上訴至英國樞密院。英國樞密院認爲，國際驗證之標準乃訴訟究竟是否爲維護國家之利益而提起？因認定本案係爲私人利益而起訴，不屬刑事，應予執行。同案在美國聯邦最高法院，大體上贊同英國樞密院之見解，而判決債權人勝訴，原判決應予執行。最高法院說：「審查的標準，不是根據制定法律的國家之國會或法院如何稱謂該法律，而是依照請求適用或執行國之見解，就該法律之重要性質與效果觀察，該法律究爲冒犯公眾之一種制裁，抑係賦與個人之一項民事權利。如屬前者，則爲刑事法，自不應予適用或執行；如爲後者，則爲民事法，他國法院自無不適用或執行之理由。」

陸、國際私法上公序良俗條款功能之分析

觀察中、外有關學說與判例，可以發現國際私法上公序良俗條款之功能，約有三項。其一、對違背法庭地道德觀及端正禮儀之外國法律之拒絕適用；其二、防止繫屬案件當事人在特殊環境下不公平情事之發生；其三、影響選法規則。一般而言，國際私法上公序良俗條款最早且最持久之運用，厥爲拒絕有背法庭地道德觀之外國法律。例如有關買賣奴隸之契約、賣淫之契約、亂倫之婚姻等，縱依案件之準據法爲適法，皆被

法庭地基於道德之理由，被認定是無效之協議。公序良俗條款此種功能之運用，多見於早期之案例，特別是有關奴隸及維持法庭地性純潔之事件。晚近，公序良俗條款道德可責性之運用，逐漸衰退，其原因則爲道德觀念因時間而變遷，昔日視爲不道德及禁止之行爲，今日已多可接受；其次則爲受訴法院對於認定他國法律爲不文明及不人道，則日趨敏感，較爲謹慎；再其次則爲法律禁止貶抑人格及奴隸已趨於國際化。雖然在現代司法實務中，有關道德可責性之案例趨於減少，但毫無疑問地，公序良俗條款之此種功能，仍然存在。沒有一個法律制度能甘冒危險，在一個政治自由及個人自由對世界上相當高人口比例來說，仍停留在抽象觀念的社會裏，去毫無限制地適用或執行外國法或依外國法所取得之權利[39]。

國際私法上公序良俗條款之第二種功能，乃是避免當事人在特殊情況下不公平情事之發生。所以這裏的問題，不是原應適用之外國法本身之可責性或嫌棄性，而是法庭地法院適用該外國法會造成嚴酷之結果使然。英國法院特別在有關身分之案例，保留給自己一種剩餘裁量權[40]，以防止不公平或不合乎良心情事之發生。雖然此種裁量權之保留，曾被批評爲牴觸國際法之原則及早期案例所樹立之權威[41]，然而，英國法院堅持援用此一特權，也受到若干學界之支

---

39) 參閱 Kuhn, p. 34; Nussbaum, Public Policy & the Political Crisis in the Conflict of Laws, 49 Yale L. J. 1049 (1940).
40) 參閱 Dicey & Morris, pp. 88-89.
41) 參閱 Dicey & Morris, pp. 88-89.

持[42]。至於批評剩餘裁量權者，則認爲在當事人決定了契約條款時，他們除願受契約之拘束外，未曾考慮過受其他裁量之束縛，只有已知之條款，方能引導契約當事人，而使努力受到打擊應不被鼓勵；惟可以爭辯者，則是剩餘裁量之方法，只是強調救濟一造當事人在特殊狀況下之困難[43]，而非一項原則，故比較一般性之保留，似更爲適當。此種在特殊情況下，適用法庭地法以保障當事人之權利，避免適用原應適用之外國法，所造成之嚴酷結果，似更能使具體案件之判決，符合公平正義。

法律選擇是國際私法上公序良俗條款之第三種功能。在不修正或變更原應適用之國際私法選法規則下，受訴法院可藉公序良俗條款之援用，達成拒用自己國際私法所規定之選法規則[44]。公序良俗條之此種功能，是拒絕應適用之外國法，而主張該法律關係與法庭地關係密切，因此法庭地有權適用自己的法律，以規範該法律關係。申言之，公序良俗條款之選法功能，有對法庭地國際私法在適用於具體案件時，保留再考慮之機會。其效果只是對國際私法一般性規定予以個案特殊化，而非永久變更一項規定。此種功能經常適用的案件，是在受訴法院發現法庭地法不被適用是不可忍受的。例如契約在外國簽訂，依國際私法之規定，該契約原應受外國法之支配，惟該契約涉及之契約義務，是在戰時供給敵國物品。法院豈可忍受不適用自己之法律而資敵[45]？因此，影響法院選法決定之最重要因素，乃是所謂比較原則，也即公序良俗爭論之力量，在每一個案件中，視案件事實與法庭地牽連深度成比例增減。原則上，一個與案件事實無利害關係之法庭，不得援用自己之公安來拒絕適用一個基於外國法所爲之請求[46]。

---

42) 參閱 Bodenheimer, The Public Policy Exception in Private International Law: A Reappraisal in the Light of Legal Philosophy, 12 Seminar 51, 64 (1954).

43) 茲舉一例說明之。一在法國有住所之已成年法國人，由於浪費的習慣被法國法院宣判爲浪費者（準禁治產人），而受指定監護人之監督，在未取得監護人同意前，該浪費者無收受及交付動產之能力。在英國法院，該法國人有權獲得一項基金，且浪費者又爲英國法所未規定。法院遂認定在此特殊情況下，不適用法國法，而適用英國法，而判決其有權在英國法院獲得此項基金，而毋庸獲得其監護人之同意。參照 Re Selot's Trusts (1902) 1 ch. 488.

44) 參閱 Paulsen & Sovern, Public Policy in the Conflict of Laws, 56 Colum. L. R. 980 (1956).

45) 參照註 34）。

46) 學者 Nussbaum 曾言："In general, however, a foreign law in itself is repugnant to the forum will be accorded recognition where the repercussion of that law upon the forum is remote and unharmful.... Only an actual, strong and adverse interest of the forum will prompt the court to refuse the application of the foreign law that would govern under general conflict of laws rules. This is the doctrine of the 'relativety' of public policy or order public." 參閱 Nussbaum, supra note 38, at 1031-1031.

柒、我國國際私法上公序良俗條款之釋義

涉外民事法律適用法第二十五條載：「依本法適用外國法時，如其規定有背於中國公共秩序、或善良風俗者，不適用之」。此即我國國際私法上公序良俗條款之規定，用以為限制外國法適用之根據。玆參照本文前述各點，從理論及實務上，試為分析本條適用時應行注意事項：

(一)外國法適用之限制，係採直接限制方式

本條對於外國法適用之限制，係採直接限制方式。對於涉外法律關係，依本法應適用外國法為準據法時，若其規定有背我國之公共秩序或善良風俗時，則不適用之。本條在當初立法時，係倣德、日、義、西各國立法例[47]。由世界各國新近立法例觀之[48]，仍屬最進步、合理之規定，尚無更完美之條款加以取代。

(二)外國法適用之限制，應視為例外情形

關於外國法適用之限制，究係原則抑例外，本可爭議。惟就國際私法之性質及目的言，在國際私法既指定某外國法為準據法，內國法院自應適用。適用外國法既為原則，則限制外國法之適用必當為例外。此因適用外國法之原則與限制外國法之原則，難以併存之故。限制外國法之適用，既為例外，則對例外之解釋，法官自應以最嚴格最慎重之態度，解釋有關外國法適用限制之規定[49]。切忌有擴大內國法適用之動機，俾免有害國際私法之健全發展。

因限制外國法之適用，既係例外，則法院便不得以外國法律與我國法律規定不一致，即拒絕適用。此因就某種意義言，一般之法律，莫不係有關公共秩序之規定，而親屬法，則大抵係有關善良風俗之規定。倘外國法之內容，有背此種公序良俗之規定，即不予適用，則我國涉外民事法律適用法第一條以下，其有關於應適用外國法之規定，必將受第二十五條之影響，而成為具文。例如我國民法第十二條以下有關人之行為能力之規定，均係有關公序良俗之法條，當事人倘有所違反，則其意思表示，或可罹於無效。而涉外民事法律適用法第一條明定人之行為能力依其本國法，則外國人之行為能力，自應依外國法而定，然若外國人之本國法與我國民法上有關行為能力之規定——亦即公共秩序之規定，有所不同，輒不予適用，則涉外民事法律適用法第一條之規定，便成為無意義之法條矣！是解釋上不得不慎重、不從嚴。惟若外國法否認外國人人格之存在，或因性別、信仰而剝奪人之行為能力、或認許亂倫之婚姻、或為刑罰性質、財稅法規等，則為維護我國公序良俗起見，自應限制該項外國法之適

---

47) 當時立法時係參考義國民法總則第十二條、西班牙民法第八條第一項、德國民法施行法第三十條、日本法例第三十條。
48) 參閱 9) 所記晚近最新之各國國際私法。
49) 參閱馬著，第二一一頁；蘇著，第一一二頁。

用，斯乃符合國際私法上公序良俗條款制定之立法精神也。

(三)外國法適用之限制，必以適用外國法之結果有害我國公序良俗時方為之

此亦係對外國法適用之限制，認係例外情形，從嚴解釋之結果。蓋依第二十五條文義解釋，凡外國法規定之內容，有背我國公序良俗時，即應限制外國法之適用，惟深究之，則應指適用外國法之結果，有背我國公序良俗時，方應限制其適用。按所謂公共秩序，不外為立國精神及基本國策之具體表現，而善良風俗，乃係發源於民間之倫理觀念。如該應適用之外國法之規定，雖違背我國之公序良俗，然若不予適用，反造成對當事人不公平，而違反法律秩序之安定；相反地，對內容違反我國公安之外國法，予以適用，並不致釀成危害我國公安之虞，則此時從適用該外國法結果上看，既無害於內國社會之公益，對當事人也屬有利，自不妨適用之。茲舉一例說明之。若當事人間係亂倫之婚姻，依其本國法為有效，倘一造於我國法院提起履行同居之訴時，我國法院自可不予准許。蓋男女是否有同居之義務，繫於雙方有無合法之婚姻存在，今亂倫之婚姻雖為當事人本國法所許，但卻違背我國公序良俗，倘適用該外國法而認許當事人有同居之義務，則無異在我國推行亂倫之婚姻，自對我國社會造成危害，也有摧殘我國淳厚風俗之嫌，自應拒絕適用，判決原告敗訴；惟若當事人一

造已死亡，生存配偶在我國法院請求繼承遺產時，雖原告是否有權繼承，決定於其是否合法配偶而定，但本案中，當事人一造已死亡，涉及者係財產分配問題，縱不排斥當事人本國法之適用，而認其係合法之配偶，似也對我國公序良俗無所影響。

另外，如本文先前所述，雖該應適用之外國法，本身規定並非不妥善，但就個案之特殊環境言，若不排除外國法之適用，則顯然不公平，或者，該案件與法庭地之牽連關係異常密切，若不排除外國法之適用，則係令人難以忍受時，法庭地法院也皆係自適用結果上著眼也。

惟於此有一問題者，即是否限制外國法之適用，原本應僅視其是否違反法庭地之公序良俗為定，至於其是否違背其他國家之公安，則非所問。但於法庭地國（甲國）援用反致條款[50]，依乙國國際私法，而適用丙國法時，甲國除應考慮應適用之丙國法是否違反甲國公安外，要否也考慮丙國法有無違反乙國公安問題？換言之，此問題之重點為，在丙國法違背甲國公安，甲國固限制其適用，若丙國法並不違反甲國公安，而僅違背乙國公安時，甲國應否限制丙國法之適用？衡情論理，若丙國法違背乙國公安，乙國法院不適用丙國法時，甲國實無從適用丙國法律，由此論斷，甲國不適用違背乙國公安法律，固甚有理；惟如前所述，在吾人對外國法適用之限

50）所謂反致條款，即指我國涉外民事法律適用法第二十九條之規定是。關於其詳，請參閱馬著，第二一七至第二二二頁；蘇著，第五四至第六六頁；拙著，國際私法論叢（民國七十六年版），第一九五至第二二六頁。

制，已從主觀說改採結果說之時 [51]，不再重視外國法本身之可厭性、有害性或邪惡性，而係著重個案適用之結果，是否危及法庭地之公序良俗，因而在僅丙國法本身違背甲國公安時，甲國尚不限制其適用，況僅丙國法本身違反乙國公安時乎！由此推論，丙國法是否違反乙國公安，應不在法庭地法院考慮之列，方為適宜。

㈣**外國法適用受限制時，不當然以內國法代替之**

我國法院在依涉外民事法律適用法第二十五條，認定對某涉外法律關係，適用其準據法——某外國法之結果，有違內國公序良俗時，殊不能當然以內國法代用之。此如本文前所述，第二十五條之規定，謂之排斥條款——即排斥外國法之適用之條款，則可；謂之保留條款，即保留內國法之適用之條款，則不可。因該條僅規定不適用該外國法，並未如一九七六年奧地利國際私法第六條及一九七五年東德國際私法第四條之立法例，明文規定不適用外國法，必適用

內國法也。故我國法律所指定適用之外國法之特別規定，如適用結果，有違內國公序良俗時，內國法院固不妨先適用不違背內國公序良俗之該外國法之一般規定；或無此可能時，則適用該涉外法律關係應適用之次順序之外國準據法 [52]；必均無此可能時，方始以內國法代替之。如此解釋適用，不僅可發揮公序良俗條款之保障內國公益之功能，也可消除公序良俗條款係專以限制外國法適用之誤解，而擴大內國法適用、違背內外國法平等原則之譏，也可避免矣！

捌、結　論

對於涉外法律關係，一國法院應如何處理？理論上本可有數種不同之主張 [53]。第一、與內國法律關係同樣看待，一律適用內國法來審理；第二、全部適用外國法審理；第三、依照涉外法律關係之性質，加以決定，申言之，即制定雙面法則，於具體案件連接因素歸屬於內國時，則適用內國法，連接因素歸屬

51）按限制外國法之適用，其標準如何？歷來有所謂主觀說與客觀說之別。前者強調若外國法本身之規定有背法庭地公序良俗時，法庭地法院即可排斥其適用，不問具體案件本身是否確對法庭地造成傷害；而客觀說者又可細分為結果說及連繫說，結果說者，強調外國法之適用是否受限制，應以其適用之結果，是否危害到法庭地之公序為斷。至連繫說者，則以為外國法之適用，是否受限制，除該外國法本身規定違反公序外，尚須視案件是否與法庭地有實質重大之連繫以為定。參閱 Note, The Public Policy Concept in the Conflict of Laws, 33 Col. L. R. 508, 524 (1933)；Kosters, Public Policy in Private International Law. 20 Yale L. J. 745 (1920).
52）參照涉外民事法律適用法第六條。
53）Restatement of The Law, Second, Conflict of Laws (1971). 在其第一條註釋中則認為，「概括言之，對解決含有涉外成分之案件，可能有三種意見。第一、法院可以拒絕審理該等案件。第二、法院可適用其實體法以解決該等案件。最後，則為制定特別規則以處理該等案件。藉以促進國際間及州際間制度之圓滑運作，同時並為當事人帶來公平正義。此第三種解決方式為文明國家所採。請參閱拙譯，美國法律整編——國際私法（民國七十五年司法院印行）第一頁、第二頁。」

外國時，則適用外國法，蓋連接因素歸屬於何國，一般情形下，即可顯示該一法律關係與該一法域之牽連，較為密切，則以關係較密切國之法律為應適用之法律，自屬合乎法理，而不違背公平正義。

以上三種主張，第一種顯然有對當事人依外國法所應取得之權利不利，有礙內外國人之交往及國際貿易之增進。第二種所謂適用外國法，於涉外案件涉及數國時，究適用何一外國之法律，必也須加以取捨，況如該法律關係與內國關係密切時，何以仍須適用外國法，而放棄內國法律的適用，顯也不合乎邏輯。惟第三種主張，既不偏於內國，也不偏於外國，內外國法律有平等被適用之機會，合乎促進國際社會之和諧，有利內外國人交往之實利，故為現代各國國際私法所一致採取之辦法。

惟此種共同解決涉外法律關係之方法，固屬進步、合理，但外國法之指向，係就涉外法律關係之性質，從抽象的觀點所為抽象的決定，一般而言，固屬適當合理。但對具體案件事實，就外國法律為具體的觀察時，則有時會發現該具體的法律係不適當，違背文明社會之道德理性；或其本身雖不具此屬性，但在案件特殊狀況下，如加以適用，則屬不妥，有違個案之正義公平；或因案件之事實與法庭地有更密切之關係，法庭地的法律不予適用，則屬難以容忍。於此種情形，法庭地法院若無適當權力加

以救濟，任令可厭或不適當之外國法入侵，自非維持內國公益，保障內國社會安定之道，因是之故，各國國際私法均有公序良俗條款之規定，以濟其窮。

本論中，已就公序良俗條款在國際私法上所生之各項問題，分別加以論述檢討，玆予最後，擬再強調者，乃公序良俗條款所扮演之主要角色，在於否定原應適用之外國法。世界上沒有國家選擇完全限制其法院不得以公安為理由拒絕外國法之適用。實際上言，公序良俗條款對於法院承認外國既得權所可能產生之難以預見之結果，提供了一種彈性的反應。完全自動或剛性地運用國際私法上之選法規則，於某些具體案件，可能造成機械的、不公平的或不安定的結果，而這些案件，法院卻可藉著國際私法上公序良俗條款之運用，獲得比較衡平之結果。因此，公序良俗條款是法律制度中一項肯定積極的特色。它是在處理不尋常之國際私法案件中，一項必要的例外。此特別於法院感受到反道德的外國法律人侵之危險、特別情況下不公平現象之發生，或者案件事實與法庭地關係是非常密切，而不得不適用內國時為尤然。

一國法院法官如能體察公序良俗條款之功能，善解公序良俗條款之真義，而不以擴大內國法之適用為動機，則該條款本身規定雖嫌簡單抽象，但在妥適正當運用下，當不致妨害國際私法之發展，與內國公益之保障。

論涉外仲裁契約之準據法

壹、引　　論

當事人合意選定第三人，以判斷彼此間之紛爭，從而接受該判斷之拘束，此種解決糾紛之方式，即為仲裁[1]。隨著國際貿易之發展，當事人間權利義務之紛爭，自所難免。而解決糾紛之途徑，或和解、調解，或訴訟、仲裁。其中，自治的解決紛爭之方法——和解與調解，如能平息爭執，固屬最佳，然需雙方互相讓步，往往不易成功。而訴訟制度，法院因需嚴格遵守各種程序法則，又有上訴制度，自起訴至判決確定，經常曠日廢時，且訴訟，應對外公開，可

能影響當事人之營業秘密，加之，法官未必均洞悉商業慣例，裁判難期妥適。而仲裁制度，未嚴格要求符合程序法則，原則上不採上訴制度，一審即告終結，敏捷迅速；且仲裁程序，不對外公開，不致洩露當事人之營業秘密。另外，仲裁人乃有關商業糾紛領域之專家，適合於解決此類爭端。故從事國際貿易者，皆肯定仲裁制度在解決國際性貿易糾紛中所具有之功能。另外，仲裁也有緩和法院擁擠及減輕納稅人負擔之利益，故各國法律多採納之。

各國仲裁法制之內容，雖尚難完全一致，惟其實蘊含三項問題：即以當事

---

1) 仲裁制度係世界各國所共有，且其並非現代之產物，而為一古老之排解糾紛手段。參閱蔡章麟著，「道德、『刑』法、宣誓、誠實信用與固有法『禮』之關係」，薩孟武先生七十華誕政法論文集（民國五十五年二月）第九十五頁；張文伯著，「美國仲裁制度」，法學叢刊第十九期（民國四十九年七月）第二十六頁。

人為主導之仲裁契約之締結，以仲裁人為重心之仲裁程序之進行，及於當事人不任意履行仲裁判斷時之法院協助執行等[2]。此仲裁契約、仲裁程序、仲裁判斷之承認與執行三階段，即構成仲裁制度之整體。而其中仲裁契約實居於基礎之地位，仲裁程序由此開展，而總結其成者，則為仲裁判斷。三者關係，相互牽連，彼此影響。本文僅對仲裁契約之準據法問題，予以討論，至仲裁程序，仲裁判斷之承認與執行，固不與焉，即仲裁契約之效力——妨訴抗辯之問題，也不在本文詳細討論之範圍。

貳、仲裁契約

所謂仲裁契約，係指關於一定之法律關係，及由該法律關係所生現在或將來之爭議，當事人合意由第三人仲裁並終局服從其判斷之契約[3]。分析言之：

一、仲裁之客體，限於一定之法律關係及由該法律關係所生之爭議。所謂一定之法律關係，雖多見於契約關係，然並不以其為限，其因侵權行為或不當得利而生之爭議，也非不得成為仲裁之客體。

二、此項爭議，可以為已發生之爭議，也可以為尚未發生，而未雨綢繆者，因之，仲裁契約訂立之時期有二：

(一)爭議發生後，當事人訂立仲裁契約，同意以仲裁方式解決爭議。

(二)爭議發生前，雙方事先訂立書面契約，約定如有爭議發生時，交付仲裁；或於主契約中，訂立仲裁條款，約定任何因主契約所發生之爭議，均應由仲裁人解決之[4]。

三、仲裁契約係以當事人自由合意為前提，故與當事人依法均須依仲裁之程序以解決其紛爭，而不問當事人有無提付仲裁之意思，即所謂強制仲裁者不同[5]。

---

2) 關於仲裁制度之內涵及其一般性問題請參閱下列各書：

① Sanders, Comparative Arbitration Practice and Public Policy in Arbitration (1987).

② Mustill and Bogd, Commercial Arbitration (1982).

③ Russell, Arbitration (20th ed. 1982).

④ Walton, The Law of Arbitration (1979).

3) 參閱我國商務仲裁條例第一條及第二條。

4) 仲裁契約之內容，應注意就三種基本事項達成協議，即：①仲裁庭之組織，②仲裁規則或準據法，③仲裁地。於糾紛發生時，始能依約圓滿進行仲裁，不致發生爭議。中華民國商務仲裁協會所推薦之標準仲裁條款，可供參考。「所有關於當事人間在商務行為中所發生契約上之糾紛、爭議、歧見或違約，應在中華民國臺北市，依據中華民國商務仲裁條例和中華民國有關國內法進行仲裁程序謀求解決。且由中華民國商務仲裁協會之仲裁人所作之判斷，應有本案之終審既判力，並對雙方當事人具有確定力。」

四、仲裁契約係當事人授權第三人以解決彼此間之紛爭，並服從其判斷之契約，故與自治的解決紛爭之方法，如和解、調解，固有不同；即與強制的解決紛爭之方法，如訴訟，亦有不同，故其為非強制亦非自治的解決紛爭之方法。

五、至爭議是否限於商務爭議，各國法律規定並不儘同[6]，此種對何種爭議得由當事人約定提付仲裁，乃可仲裁性或稱仲裁容許性之問題。一般言之，刑事、行政或婚姻、遺囑等案件，均不得作為仲裁處理之標的；反之，與財產權有關之事項，而與公序良俗不相違背者，多得由當事人約定仲裁。

仲裁契約當然可由兩內國人，依內國仲裁法規訂立，並約定於內國為仲裁。則此一仲裁契約，完全不具有涉外因素。惟在現今內、外國人交往頻繁，國際貿易興盛之時代，含有涉外成分之仲裁契約，毋寧更為普遍。所謂涉外仲裁契約，係指契約當事人之國籍、住所、訂約地、仲裁舉行地等，含有涉外因素之仲裁契約而言。

從國際私法之觀點而言，某一依內國法訂立，並於內國為仲裁舉行地之仲裁契約，並非一定為不含涉外成分之仲裁契約，即也可能為一涉外仲裁契約。例如日本人與中國人依我國商務仲裁條例訂立之仲裁契約，約定於中國舉行仲裁，亦不能謂其非涉外仲裁契約；而我國商務仲裁條例第一條僅曰：「……當事人得依本條例訂立仲裁契約……」並未排斥當事人不得依外國法訂立仲裁契約，此外，同條例第三條又僅曰「仲裁契約」，也未限定其為依內國法訂立之仲裁契約或不具涉外成分之仲裁契約；更重要者，我國商務仲裁條例又明文規定對外國仲裁判斷之承認與執行[7]，而承認外國仲裁判斷之前提，又必須承認為該判斷基礎之涉外仲裁契約有效為要件，因此之故，我國商務仲裁條例第三條所謂之仲裁契約，究何所指？文義上雖嫌曖昧，可作正反兩方面之解釋，但從理論上、法理上探討，不以內國仲裁契約方為該條所指之仲裁

5) 我國證券交易法第一百六十六條規定：「依本法所為有價證券交易所生之爭議，當事人得依約定進行仲裁。但證券商與證券交易所或證券商相互間，不論當事人間有無訂立仲裁契約，均應進行仲裁。」其中但書部分，即為強制仲裁之規定。

6) 一九五八年簽訂之聯合國「外國仲裁判斷之承認及執行公約」，適用範圍甚廣，原不限於商業關係上所發生之爭議。惟依公約第一條第三項之規定，締約國得提出保留，即僅適用於商務上爭議。依一項一九八四年所作統計，在六十八個參加國中，計有二十四個國家對此提出保留，可見其一斑。參見 Craig Park and Paulson, International Commercia-tion Arbitration (1986) pp. 20-21.

7) 參見商務仲裁條例第三十條至第三十四條。此部分係民國七十一年修正商務仲裁條例時所新增，即為配合國際貿易之發展及順應仲裁之潮流。

契約，似更符合商務仲裁條例制定之目的及立法精神。至依外國仲裁法規訂立，並約定於外國為仲裁之仲裁契約，雖為外國仲裁契約，但其一旦於我國法院涉訟時，仍屬涉外仲裁契約，本質上與前述之中國人與日本人簽訂之仲裁契約，並無差異；國家既有尊重當事人不以訴訟解決爭端之意思，實不應再以仲裁地在內國或外國，或者仲裁契約係依據內國法或外國法訂立，而有採取差別待遇之必要。

叁、涉外仲裁契約之爭議

仲裁法制之三大中心問題為仲裁契約、仲裁程序及仲裁判斷，已如前述。惟三者中，為仲裁基礎者，則為仲裁契約，蓋仲裁者，係基於雙方當事人之合意，以選定第三人判斷彼此間之紛爭，並從而接受該判斷拘束之一種糾紛解決方式。故當事人合意，即交付仲裁之契約，實居於舉足輕重之地位。仲裁契約除需具備特別生效要件，如以由一定法律關係所生爭議，由第三人仲裁者外，自亦需具備一般契約之生效要件，如當事人須有行為能力、標的須適當、意思表示須健全等要素，否則均影響其效力。

涉外仲裁契約，既居於仲裁中之樞紐地位，各國雖也多以其為要式之法律行為，然卻為最容易發生爭執之部分。蓋當事人事後反悔，不願進行仲裁程序者，或對已作成之仲裁判斷，不願接受者，往往對仲裁契約加以爭執，希冀因其無效，而可不再受仲裁之一切拘束。分析言之，仲裁契約之爭議，在下述四階段中，皆可能發生，茲分述如下：

一、單獨就仲裁契約，提起確認無效或履行契約之訴時。

仲裁契約與一般契約在本質上無異，自非不得單獨就其效力涉訟。此時之爭議，係在未有仲裁程序前發生，受訴法院自應首先確定其應適用之法律，以為判斷契約有效與否之依據。若仲裁契約不具涉外因素者，受訴法院自以適用法庭地法有關仲裁或契約之法律為準據法；反之，其具有涉外因素者，受訴法院除於條約另有規定外，自應依其國際私法以定該仲裁契約應適用之法律，其結果固可能適用內國法，但也可能適用外國法。

二、仲裁契約之一造當事人，不理會仲裁契約之存在，就爭議事項提起訴訟，他造提出妨訴抗辯，而原告主張仲裁契約為無效時。

仲裁契約之締結，原在以仲裁之方式、迅速、經濟、不公開解決當事人之紛爭，故其主要之效力，應在於有排除訴訟之效果。如契約當事人一造不遵守，而另行提起訴訟時，他造自得據以提起妨訴之抗辯[8]。惟此時原告自亦得主張仲裁契約無效，以為對抗。對非依法庭地法訂立且不在內國仲裁之仲裁

契約，是否有妨訴抗辯之效力，在一國法規規定有欠明確時，固一問題[9]。惟如他造能證明仲裁契約無效，則妨訴之抗辯自無從成立。關於此時仲裁契約應適用之法律，也應視其是否含有涉外因素，而有不同，一如前述。

三、一國仲裁判斷具有瑕疵，例如仲裁契約具有無效原因，受不利判斷之當事人得依法訴請撤銷，為各國仲裁立法之通例[10]。

此時就仲裁契約所發生之爭論，係在已有仲裁判斷後，受不利判斷之當事人，於有法定原因時──例如主張仲裁契約係無效，向判斷地法院提起撤銷仲裁判斷之訴所發生。關於一國法院決定該仲裁契約是否無效，就應適用之法律言，也一如上述。

四、於當事人聲請法院承認外國仲裁判斷時，他造當事人於有法定原因，例如仲裁契約無效，聲請法院駁回其聲請時[11]。

此時有關仲裁契約之爭議，也發生於已有仲裁判斷後。當事人聲請法院承認外國仲裁判斷以便強制執行時，受不利判斷之當事人於有正當理由，也非不得請求法院駁回其聲請，而仲裁契約無效，即為正當理由之一。而關於仲裁契約是否無效，請求承認之法院，自應依仲裁契約所應適用之準據法，以為判定。

肆、涉外仲裁契約之準據法

對受訴法院言，於不具涉外因素之仲裁契約發生爭議時，其自適用法庭地有關仲裁及契約之一切法律，惟於涉外仲裁契約發生爭議時，其應適用之法律為何？茲分下列三項分述之：

一、有關準據法之學說[12]

(一)當事人意思自主說

8) 參見商務仲裁條例第三條、一九二三年日內瓦仲裁條款議定書第四條及一九五八年紐約公約第二條第三項。

9) 此所以最高法院歷年裁判，有採否定說者如六十四年臺抗字第二三九號裁定（判例）、七十七年度臺上字第一二六四號判決；然亦有採肯定說者，如六十一年臺上字第一二七號民事判決。

10) 參見商務仲裁條例第二十三條、一九二八年日內瓦外國仲裁判斷執行條約第三條及一九五八年紐約公約第六條。

11) 參見商務仲裁條例第二十三條、日內瓦仲裁判斷執行條約第一條第二項、第二條、紐約公約第五條。

12) 有關仲裁契約準據法之學說，實與仲裁契約之性質有關，而仲裁契約之性質，則有①司法說(The Jurisdictional Theory)，②契約說(The Contractual Theory)，③混合說(The Mixed or Hybrid Theory)，④自主說(The Automomous Theory)。關於其詳可參考 Lew, Applicable Law in International Commercial Arbitration (1978) pp. 51-61.

主張此說者，認為涉外仲裁契約，就其提付仲裁人解決爭議，並服從仲裁判斷之觀點而言，與和解契約相類似——和解契約亦係中止紛爭而確定當事人間之法律關係，故近似於債權契約，因之其準據法，即應與一般涉外私法上契約相同，應依當事人意思自主原則決定[13]，即以當事人之意思決定其應適用之法律，而以當事人間之合意為連接因素。此一涉外仲裁契約之準據法，有下列問題，值得研討：

1.此一準據法，不適用於行為能力[14]。蓋一般認為行為能力應受與其人關係永固國家之法律支配，因此應由一國之國際私法為硬性之規定，不容許由當事人意思隨意改變。

2.當事人可否選擇任一國家之法律為應適用之法律，抑僅能選擇某些與契約有牽連關係之國家之法律為限。學說上有自由說與限制說之別，前者認為當事人可任意選擇某一國家之法律，蓋

必如此方與當事人意思自主原則相符，且較易達成合意；後者則認為當事人之選擇應有所限制，即僅能就與契約有牽連之國家中，加以選擇，例如當事人之本國、住所地國、訂約地國等，否則，與契約有真實牽連國家之法律，無適用於該契約之權義，當事人合意選定之法律，何以得主張適用於該契約？二說雖各有理由，但本人贊成自由說。因其較符合理論，且該無牽連關係國家之法律，對雙方當事人言，可能係屬中立，或為雙方所熟悉，再者，著眼於選法便利原則，亦以採自由說為妥。

3.當事人未明白選定準據法時，法院應否設法確定當事人默示或推定之意思[15]，抑即以法庭地國際私法預先規定之次順序硬性規則取代之。關於此問題，理論與實務上雖也有爭議，但本人以為各國法院運作習慣不同，不能一概而論。

(二)法庭地法說

鑒於仲裁制度乃係私人仲裁人基於仲裁當事人之授權，就當事人提付仲裁之紛爭，予以終局確定解決紛爭之制度，基本理念係基於私法上契約自由原則而設之私法紛爭自主解決之制度，國家對於仲裁之立場，僅止於在促使其健全發展上予以必要之協助與監督，而設有仲裁契約得為妨訴抗辯，仲裁判斷與確定判決有同一效力等規定，從而仲裁契約似仍應認為係私法上契約說較為可採。參閱林俊益著，國際商務仲裁㈠（民國七十九年）第十五頁。

13)關於當事人意思自主原則，請參閱劉鐵錚著，國際私法論叢（民國七十八年）第八十二頁至第八十八頁。

14)行為能力雖為契約成立及生效之要件之一，惟無論契約之準據法係採何種立法主義，均不包括行為能力，行為能力均由一國硬性規定其準據法——本國法或住所地法、行為地法，而晚近國際公約則有採習慣居所地法者。

15)參見馬漢寶著，國際私法總論（民國七十一年）第一二一頁至第一五七頁。

主張此說者，認為商務仲裁係國家排除法院對於特定爭議之裁判，而將爭議之解決委請私人性質之仲裁人作終局之決定，並對此決定予以服從之訴訟上之契約，其程序法上性質極為濃厚，根據訴訟程序依訴訟地法說之原則，商務仲裁契約之要件與效力，自應依訴訟繫屬地法。美國過去之判例，大都採法庭地法[16]，惟晚近已有變更[17]。

㈢仲裁舉行地法說

在當事人簽訂之仲裁契約中，通常也多約定仲裁舉行地。仲裁在某地舉行，仲裁人通常也適用該地之法律。仲裁契約之有效性，若為仲裁舉行地法所否定，則當事人一方縱於其他國家取得強制履行仲裁之判決，此種判決仍難在仲裁地加以執行。是故仲裁地承認該仲裁契約有效，乃為強制履行仲裁契約最低限度之要求。

惟所謂仲裁地法，可能有仲裁舉行地與仲裁判斷作成地之區別，此二者在通常情形，固屬相同，然有時仲裁舉行地甚難確定，特別是當仲裁人分別於不同國家數次集會，乃至於僅以書面交換意見之情形，究以何者為仲裁地，頗有疑問。故晚近立法例均以較易確定之仲裁判斷作成地法，取代仲裁舉行地法。

㈣主契約準據法說

主張此說者，認為仲裁契約係以解決主契約之爭議而締結，二者關係密切，具有不可分離性，故仲裁契約之要件與效力，即應以主契約所適用之法律為準據法。

惟仲裁契約非當然以解決主契約之爭議而存在，其以解決其他法律關係而生之爭議，也所在多有；況二者並非不可分離，主契約有無效或得撤銷之原因，並不當然影響仲裁契約之有效性，二者所適用之法律可以各別，並無理論上之必然性[18]。

---

16) 參見 Heilman, Arbitration Agreements and the Conflict of Laws, 38 yale L. J. 167 (1928).

17) 見 American Law Institute, Restatement of the Law, Second, The Conflict of Laws (1971) §二一八條。本條不僅對仲裁契約之成立及效力，採當事人意思自主說，即對妨訴抗辯，也依該當事人合意所選擇之法律。

18) 仲裁條款係當事人間本契約內所載之一個約款，其與本契約之關係如何，有認為仲裁條款應受本契約之支配，本契約無效時，仲裁條款亦隨之無效，糾紛發生時，不得付諸仲裁，僅能循訴訟途徑解決。換言之，即認為仲裁條款具有從契約之性質。亦有認為仲裁條款係獨立於本契約而存在，稱為仲裁條款獨立性原則(Separability of the arbitration clause)。惟就仲裁條款之功能言，即係在解決當事人間本契約所生之糾紛，則本契約無效或不成立應不能影響仲裁條款之有效性，否則仲裁條款僅於本契約有效時始有作用，其功能將大受削減。美國聯邦最高法院於 Prima, Paint Corp. V. Flood and Conklin MFG Co. 1967 (87 s. ct. 1801)及我國臺灣臺北地方法院七十五年度仲字第

就以上四種仲裁契約準據法加以比較，吾人毋寧贊同當事人意思自主說，蓋對於基於雙方合意就爭議交付仲裁之契約，由雙方選定之法律解決其本身成立有效之問題，可說最為公平合理，且較易達成判決一致之效果[19]。至法庭地法說，雖對程序性濃厚，例如仲裁契約之主要效力——妨訴抗辯，因其有排除法院管轄之效果，自以採法庭地法為宜，至關於仲裁契約之成立及生效，若採法庭地法，不僅使仲裁契約之準據法常不確定，且易造成當事人任擇法庭之弊端，而影響仲裁契約之安定性。

至主契約準據法說，在主契約採當事人意思自主原則時，仲裁契約固亦同，惟若主契約未採當事人意思自主原則時，則仲裁契約將一如主契約，常因訴訟地不同，所適用之法律亦異，此不僅影響判決一致，亦有助長當事人任擇法庭之弊端，仲裁地法說，特別是判斷地法，常為當事人同意之地，明確、固定，也可說與整個仲裁關係最密切之地，且當事人選擇某地作為仲裁地，本就有接受該地法律以支配仲裁契約之意思，故為僅次於當事人意思自主說之有力主張[20]。

二、紐約公約有關準據法之規定

西元一九五八年聯合國國際商務仲裁會議所簽訂之「外國仲裁判斷之承認與執行公約」，為迄今國際間最進步、最周延之仲裁公約，也為參加國最多之仲裁公約[21]，對於促進國際商務仲裁發展、平息國際商務糾紛，厥功甚偉。我國並非紐約公約之締約國。惟此一世界上重要貿易大國均已參加，締約國總數約八十個國家之多邊條約，其眾多規定，均有值得吾人借鑑之處。茲就其有關仲裁契約準據法之規定，予以分析說明。

紐約公約第二條係有關仲裁契約之規定，共分三項如下：

（一）締約國承認當事人就現在或將

五號民事裁定，均採仲裁條款獨立性原則。參見藍獻林著，論外國仲裁判斷在我國之承認與執行（政大博士論文，民國七十八年）第二〇二頁。

19) 參見 Dicey & Morris, The Conflict of Laws I (11th ed. 1987) p. 534.

20) 有些國家在當事人未明白選擇仲裁契約之準據法時，即推定仲裁舉行地為當事人默示之合意。參見 Dicey & Morris, The Conflict of Laws I (11th ed. 1987) p. 537. 又如紐約公約第五條第一項(a)款，即以仲裁判斷作成地法為仲裁契約第二順序之準據法，足以證明仲裁地與仲裁契約關係之密切。

21) 迄一九八七年七月一日，世界上已有七十七個國家參加。參見張迺良著，「貿易糾紛與商務仲裁」，商務仲裁第二十二期（民國七十八年）第二十二頁。又中共已於一九八六年年底參加紐約公約。參見 Zheng, Private International Law in the People's Republic of China: Principles and Procedures, 22 Texas I. L. J. 254 (1987).

來之爭議所簽訂交付仲裁之書面協議，該爭議應由一定法律關係而生，不論其為契約與否，且得由仲裁解決之事項。

㈡本公約稱書面協議者，指當事人所簽訂或往來之函電中所記載之仲裁條款或仲裁契約。

㈢締約國法院受理之糾紛事項，當事人訂有本條所稱之協議者，應依當事人一方之請求，命當事人將糾紛交付仲裁，但其協議無效、失效或不能履行者，不在此限。

本條第一項一方面規定仲裁契約之要件，同時也規定締約國有承認該仲裁契約之義務。值得注意的，是條文並未限制該仲裁契約必須為一具有涉外成分之契約，且依第七條第二項之規定，第二條有取代一九二三年日內瓦仲裁議定書之效果，故其適用範圍較廣，不受當事人必須為不同締約國人民之限制。

第二項規定仲裁契約之方式要件，並鑒於現代完成法律行為方式之變遷，故特別規定當事人函電之交換，就本公約言，也視為書面契約。

第三項主要在規定仲裁契約之效力，即具有妨訴抗辯之效果，惟如仲裁契約有無效、失效或不能履行者，則又有不在此限之除外規定。

仲裁契約係雙方當事人就由一定法律關係而生，現在或將來之爭議，且適於仲裁解決之事項，交付仲裁之書面契約。其應具備之方式與實質要件頗多，就方式言，是否須書面，就實質言，當事人之行為能力、意思表示之健全、標的之適當，固在在影響契約之成立或生效，又如契約附有條件或期限者，其效力如何？成立生效後究發生如何之效果？有無妨訴抗辯之效力？當事人可否撤銷或解除契約等。仲裁事件中，仲裁契約易於發生爭執，其因在此。

紐約公約第二條，除就仲裁契約之方式要件，已明白規定為書面之要式行為外，另外也明白規定仲裁契約具有妨訴抗辯之效果。就此二問題言，不再有涉外仲裁契約國際私法上準據法之問題，因公約已有統一法之規定。

至涉外仲裁契約之其他問題，因公約無統一法之規定，於有爭執時，則會發生以何國法律為準據法之問題。第二條第三項但書所云：「仲裁契約有無效、失效或不能履行之情形，不在此限」，即會發生應以何國法為準據法之問題。

公約第二條不僅對契約之無效、失效或不能履行之準據法，沒有明文規定，即對該等名詞也缺少明確之定義，適用時宜滋疑義。

一般而言，對無效、失效或不能履行，各國契約法或有不同之涵義，此屬法律名詞之定性問題，受訴法院通常依法庭地法為準[22]。至何種原因並具備何

種要件，可使契約無效、失效或不能履行，各國法律規定未必一致，此所以有法律衝突及選擇準據法之問題。概括言之，可使契約罹於無效之原因如當事人無行為能力、意思表示受詐欺、脅迫、無權代理、標的違法；而失效或不生效力之情形如附有始期、終期或條件之法律行為，因始期未屆至、終期已屆滿、條件已成就或未成就等是，不能履行之原因，則如不可抗力、情事變遷、爭議無仲裁性等。

關於公約所指仲裁契約無效、失效或不能履行，究應以何國法為準據法，基本上有二派爭議，一派以為公約第二條既無指示應以何國法為準據法，則受訴法院自有權依其國際私法以定其應適用之法律[23]；另一派則主張，公約第五條有關外國判決承認與執行中，對有關仲裁契約之準據法之規定，於此當然有其適用[24]。

第一種主張將使同一仲裁契約於不同階段——妨訴抗辯、或承認與執行仲裁判斷時，對仲裁契約有效無效之準據法，有適用不同準據法之可能。例如妨訴抗辯於甲國法院訴訟時提出，原告主張仲裁契約無效，甲國依其國際私法規定，適用仲裁契約成立地法——如乙國法；但對依該仲裁契約作成仲裁判斷，於甲國請求承認執行時，受不利判斷之當事人主張仲裁契約無效時，甲國法院則依公約第五條，適用當事人合意選擇之法律——如丙國法。此種因訴訟階段之不同，對同一仲裁契約，卻適用不同之法律，自非適當合理，解釋上如能避免，自以避免為宜。

鑒於第二條有關仲裁契約之規定，係於會議後期方始增加進去之事實，或為避免重複規定而有此種結果[25]。為促進適用法律之一致，實不應因第二條未規定準據法，即解釋為有意

22) 關於國際私法上之定性，請參閱 Dicey and Morris, The Conflict of Laws I (11th ed. 1987) pp. 34-48; Cheshire and North, Private International Law (10th ed. 1979) pp. 42-54.
23) 此派見解參見 Contini, "International Commercial Arbitration. The United Nations Convention on the Recognition and Enforcement of Foreign Arbitral Awards", 8 A. J. C. L. 296 (1959); Pisar, "The United Nations Convention on Foregin Arbitral Awards" 33 s. Cal. L. R. 16(1959-1960); Thomas. "International Commercial Arbitration Agreements and the Enforcement of Foreign Arbitral Award", Lloyd's Maritime and Commercial Law Quarterly", 23 (1981).
24) 此派見解參見 McMahon, "Implementation of the United Nations Convention on Foreign Arbitral Awards in the United States", 2 J. of Maritime Law and Commerce 738 (1970-1971); Van den Berg, The New York Arbitration Convention of 1958, p. 56 (1981); Sanders, "The New York Convention" 11 International Commercial Arbitration 50 (1960).

之省略，而認爲締約國於承認與執行仲裁判斷以外之其他階段，對仲裁契約之準據法，有依法庭地國國際私法以決定其準據法之自由，故二派主張實以第二說爲可採。

茲進一步參考公約第二條及第五條之規定，說明公約對涉外仲裁契約準據法之有關規定如下：

涉外仲裁契約，就其成立要件及效力言，所涉及之問題似不外如下數點：

其一、契約之方式要件；

其二、有關行爲能力之實質要件；

其三、行爲能力以外其他之實質要件等；

其四、標的之仲裁性；

其五、仲裁契約之效力——妨訴抗辯。

除契約之方式要件及契約之效力——妨訴抗辯，因公約第二條第二項及第三項已有統一法性質之規定，不再有國際私法之問題外，其他三項問題之準據法，則分述如下：

第一、行爲能力之準據法

公約第五條第一項(a)款僅規定，行爲能力依其應適用之法律，未明文規定應以何國法爲準據法。此因行爲能力之準據法，傳統上有本國法主義——大陸法系國家所採，與住所地法主義——英美法系國家所採，與會各國就此

問題，一時難於妥協，故未特定其準據法，而僅謂依其應適用之法律，實際上即委由法庭地國依其國際私法加以決定。

第二、行爲能力以外其他之實質要件

即指影響契約無效、失效或不能履行之有關規定，公約第五條第一項(a)款則明定，依當事人合意所選擇之法律——即採當事人意思自主原則。如無合意時，則另明定依仲裁判斷作成地法，以爲補充。

第三、標的之仲裁性

絕大多數國家均明文規定，何種爭議得由當事人約定提付仲裁解決，何種爭端不得以仲裁方式解決，此乃可仲裁性或仲裁容許性之問題。一般言之，刑事案件、行政案件或婚姻遺囑等家事案件，均不得作爲仲裁解決之標的，亦即此等案件並無可仲裁性；反之，與財產權有關之事項，而與公序良俗不相違背者，多得由當事人約定提付仲裁。惟實際上各國對可仲裁事項之範圍仍有不同之規定，例如有些國家限定是商務事項。故法律衝突之問題仍然存在。其準據法之立法主義，在理論上雖可有判斷地法說、仲裁契約準據法說及法庭地法說（請求承認及執行國法說）。紐約公約第五條第二項(a)款所採者，即爲法

25)參見 Haight, Convention on the Recognition and Enforcement of Foreign Arbitral Awards (1958) p. 25.

庭地法說,此一立法主義係認為爭議可仲裁性與公序良俗關係密切,為尊重執行地國之法律尊嚴,故以該國法律為準據法。

三、我國法律之規定

我國商務仲裁條例第三條之規定:「仲裁契約如一造不遵守,而另行提起訴訟時,他造得據以請求法院駁回原告之訴」,與紐約公約第二條第三項前段文字相似,惟缺少其後段「但該契約有無效、失效或不能履行之情形者不在此限」之文字,不過,在解釋上二者毋寧相同。此處之關鍵問題在於該第三條所指之仲裁契約,是否包括涉外仲裁契約在內?如不包括,則涉外仲裁契約既不具妨訴抗辯之效力,則在此階段,自也無所謂無效、或失效之問題。

關於涉外仲裁契約在我國是否有妨訴抗辯之效力,早先實務上雖有疑問[26],但最近已採肯定之見解[27]。本人也贊成肯定說,理由已見前述,於此不贅。

關於涉外仲裁契約在我國法院如生爭議,究應如何適用法律?本人以為,我國既非紐約公約之締約國,自無適用該公約之義務,而商務仲裁條例對仲裁契約之準據法,又無特別之規定,則對含有涉外成分之私法關係,自當然應適用涉外民事法律適用法,茲分以下幾項說明之:

(一)行為能力之準據法

關於當事人行為能力之有無及其對契約之影響,應依涉外民事法律適用法第一條定其準據法[28],申言之,即原則上依當事人之本國法,例外則採內國行為地法主義。當事人本國法,係以國籍為連接因素,適用時應注意之事項如下:

1. 當事人有多數國籍時,無論其為內外國籍間之衝突或外國籍間之衝突,依同法第二十六條解決之。

2. 當事人為無國籍人時,則依第二十七條依其住所地法。

3. 如當事人本國各地法律不同時,則為一國數法之問題,依第二十八條解決之。

4. 如當事人本國因屬人關係而有

---

26) 參見最高法院六十四年臺抗字第二三九號判例、臺灣臺北地方法院七十三年度訴字第六六九七號民事判決、最高法院七十七年度臺上字第一二六四號判決。

27) 參見最高法院八十年度臺上字第一二四六號判決、最高法院八十一年五月十二日第三次民事庭會議決議、最高法院八十一年度臺上字第九六一號判決。

28) 涉外民事法律適用法第一條第一項、第二項規定如下:
「人之行為能力,依其本國法。
外國人依其本國法無行為能力或僅有限制行為能力,而依中華民國法律有行為能力者,就其在中華民國之法律行為視為有行為能力。」

一國數法時，此時則應依第三十條法理解決之，而不得依第二十八條解決[29]。

5.無外交承認國家國民之本國法。基於國際私法之目的在就涉外私法關係爲選擇與訟爭事件有最密切關係之法律而爲適用，不涉及政治，是未承認國家或政府之法律，於法庭地國自仍得適用。

6.分裂國家人民之本國法。如南、北韓之情形。如何解決其本國法之問題

主張甚多[30]。一般以爲在國際私法之處理上，可視爲該國國民同時擁有分裂成數國家之國籍，而爲重國籍人，類推適用國際私法上對重國籍人本國法解決之途徑，即選擇與當事人有最密切關係之一政權之法律爲其本國法。至於國家分裂後始取得某一分裂政權授與之國籍者，則應逕以該政權所制定實施之法律爲其本國法，自不待言。

7.大陸地區人民之行爲能力，依該

29)此係指一國之內，由於宗敎、種族、社會階級而有數法併存之情形，如印度、馬來西亞等國是。此場合與前述有第二十八條適用之一國數法情形，在性質上迥異，前者之一國數法，係以地域而併存；後者之一國數法，則以屬人而併存。關於後者之情形，究應如何決定當事人之本國法，通說係認爲應依法理，由當事人本國之法律以決定，即採間接指定主義。惟根本解決之道，係於國際私法中以明文規定其解決之方法，例如一九九〇年日本新修正之法例第三十一條第一項規定：「當事人本國有因人而異之法律時，以依該國規則所指定之法律，無規則時，以與當事人具有最密切關係之法律，爲當事人之本國法。」

30)日本由於毗鄰中、韓二國，於第二次世界大戰後，即發生中國人或韓國人在日本境內，就涉外法律關係，如何適用當事人本國法之問題，其學說及判例並出現下列不同見解，可供參考：
①依國際法上國籍決定的一般原則，由內國決定當事人之國籍（海牙國籍法公約第十二條），再依該國籍爲基準，決定其本國法。
②就中國人承認其具有中華民國國籍與中共國籍；就韓國人，認其具南韓與北韓之雙重國籍，而依重國籍人本國法選擇之問題處理。
③認爲中國、韓國均係單一國家，中華民國法律與中共法律、韓國法律與北韓法律，分別屬於不統一法國家之地方法律，即視爲一國數法之情形，直接適用其法例有關規定處理。
④中國、韓國的分裂，乃特殊情事，尤其中國、韓國各有二對立之法域，而支配各不同法域政府存續基礎之意識型態亦迥然不同，與通常一國數法域之情形有別，僅能類推適用法例有關一國數法之規定。
⑤視內國政府所外交承認之中國或韓國政府爲何，依此而定當事人之國籍，再以之爲連接因素而決定其本國法。
⑥不以在日本之中國人或韓國人之國籍爲屬人法之連接因素，而以住所地法即日本法取代當事人本國法而適用。
以上所述，摘錄自林凱著，國際私法上本國法主義之研究（政大碩士論文，民國八十一年）第四十七頁至第四十八頁。

地區之規定。但未成年人已結婚者，就其在臺灣地區之法律行爲，視爲有行爲能力[31]。

8.適用當事人本國法時，應注意第二十九條反致條款之適用[32]。

(二)**其他實質要件之準據法**

涉外仲裁契約是否有無效、失效或不能履行之情形其涉及契約實質要件者，應依涉外民事法律適用法第六條定其應適用之法律。即原則上係採當事人意思自主原則，即以當事人合意選擇之法律爲應適用之法律，如當事人未合意選擇應適用之法律時，即應依同條第二項定其應適用之法律，也即同國籍者依其本國法，國籍不同者依行爲地法等。惟下述三點，值得一提。

第一、當事人意思不明，是否包括默示或推定之意思不明之問題。本人於前已說明，對此問題，各國法院習慣不同，似不能一概而論。個人以爲我國於涉外民事法律適用法第六條第二項，旣列有詳盡之補充且有先後順序之準據法，似無再責成法院有確定當事人默示或推定意思之必要，俾免加重法官之負荷及延緩訴訟之進行，如法官所確定之「默示」意思，爲雙方當事人「明示」否認時，理論上實難自圓其說。故本人以爲不包括默示或推定之意思爲妥。

第二、當事人合意選擇之準據法，有無限制之問題。關於此問題，已如前述，有所謂自由說及限制說，本人贊成自由說，因其更符合當事人意思自主原則之理想，且有時因其與雙方當事人不相牽連、係屬中立、最爲進步，而能爲雙方當事人所接受，故實際上有其必要。

第三、當事人意思不明時，我國係以當事人共同本國法補充，無共同本國法時，再以行爲地（契約訂約地）法補充，此則與大多數國家於紐約公約所採之仲裁判斷地法不同。就一般契約而言，我國法律上述規定，尚無可厚非，但就仲裁契約言，仲裁判斷地毋寧與仲裁契約之關係更爲密切，故將來修改商務仲裁條例時，似可考慮採納紐約公約之規定。

(三)**有關方式要件之準據法**

契約可分爲要式契約與不要式契約。所謂要式契約，即契約之成立，須依一定之方式；所謂不要式契約，即契約之成立，不須一定之方式者。又縱屬非要式契約，當事人約定，須依一定方式爲之，亦無不可，此即所謂約定方式之要式契約。各國法律對於仲裁契約是否應爲要式契約，其方式之種類如何，以及不具備法定或約定方式之契約，應發生何種法律效果等問題，規定也不可能一致，故於涉外仲裁契約上，究應適

31)參見臺灣地區與大陸地區人民關係條例第四十六條。
32)請參閱劉鐵錚著，國際私法論叢（民國七十八年）第一九五頁至第二二六頁。

用何國法律，以爲決定此等問題之依據，也有法律衝突之問題。對此問題，我國涉外民事法律適用法第五條第一項規定：「法律行爲之方式，依該行爲所應適用之法律，但依行爲地法所定之方式，亦爲有效」。依此規定，我國對契約方式要件之準據法，原則上與契約實質要件之準據法規定相同，即如實質要件之準據法爲當事人合意所選擇之甲國法，其也爲方式要件之準據法，如實質要件之準據法爲當事人共同本國法──乙國法，其也爲方式要件之準據法；惟如方式要件依上述實質要件準據法不能成立或無效時，方式要件之準據法，仍可適用前述第五條但書之「行爲地法」，以決定其是否符合方式要件。此種準據法選擇適用方式之立法，乃有利於法律行爲成立之立法方式[33]。

㈣爭議可仲裁性之準據法

各國對決定爭議可仲裁性之準據法，多未直接予以規定，惟吾人仍可由其對外國仲裁判斷之承認及執行問題上，窺知一斑。西元一九二七年之日內瓦仲裁判斷執行條約第一條第二項(b)款，及前述之紐約公約第五條第二項(a)款所採者，均係以被請求承認及執行國之法律爲準據法。而我國商務仲裁條例對當事人聲請法院承認之外國仲裁判斷，應予駁回之原因中，於第三十二條第一項第三款規定：「仲裁判斷依判斷地法規，其爭議事項不能以仲裁解決者」，可知我國法律就爭議事項得否以仲裁解決，也即爭議事項有無仲裁性之問題，係以判斷地國法爲準據法，至於仲裁判斷作成前之階段，就爭議事項有無仲裁性之問題，雖商務仲裁條例未規定其準據法，但鑑於仲裁舉行地與仲裁判斷地，往往一致，探求立法之意旨，似應類推解釋，就我國法律適用言，應以仲裁舉行地法爲準據法。

關於爭議仲裁性之準據法，我國法律之規定，顯與世界上大多數國家於紐約公約中所採之準據法不同，何者之規定較爲適當，值得研討。本人以爲，我國法律所採之立法主義，對仲裁契約或仲裁判斷之有效性或安定性而言，似更有助益；且如依判斷地法或仲裁舉行地法，認爲爭議事項有仲裁性（例如身分關係之事項）應爲有效，但確嚴重違背我國公安者，我國法院自仍可適用涉外民事法律適用法第二十五條──公序良俗條款，予以排斥不用，轉而適用法庭地法，而認其無仲裁性，或逕依商務仲裁條例第三十二條第一項第二款「仲裁判斷有背於中華民國公共秩序或善良風俗者」，予以駁回。故二者相比較，本人並不認爲我國對爭議仲裁性準據法之規定不如紐約公約之規定。

---

33)關於涉外民事法律適用法第五條及第六條之詳細說明，請參閱劉鐵錚著，國際私法論叢（民國七十八年）第六十七頁至第一〇一頁。

(五)妨訴抗辯之準據法

仲裁契約訂定之目的，在將當事人就特定事項之爭議交付仲裁解決，俾達成迅速、專家判斷及經濟之目的。故仲裁契約生效後之主要效力，厥在排除法院就同一事件之管轄，否則難以達成當事人訂立仲裁契約之目的。此一涉及仲裁契約效力之規定，立法主義有仲裁契約本身之準據法說及法庭地法說。採前者之理由，係認為妨訴抗辯，既為仲裁契約之主要效力，則依法律關係成立及效力，應受同一法律支配之原則，自應依仲裁契約成立之準據法，故如仲裁契約依當事人合意選擇之法律，則其效力──妨訴抗辯，自應同受此一法律之規範，方為妥適；反之，採法庭地法說者，則認妨訴抗辯有排除一國法院管轄之效果，影響法庭地之管轄規則，程序法性質濃厚，依照程序依法庭地法之法諺，自以適用法庭地法為適當。

本人以為妨訴抗辯之法律衝突問題，其在紐約公約，因已有統一之規定，故不再發生國際私法上準據法之問題；其在我國，雖有可能發生，法律也未明文規定其準據法，惟實際上無論採何一立法主義，其影響不大，因不僅我國，即其他國家也均承認仲裁契約有妨訴抗辯之效力也。

伍、結　論

二十世紀以來，由於交通發達，內外國人交往頻繁，國際貿易因之興盛，惟隨之而來之商業糾紛，也層出不窮，基於仲裁制度有迅速、專家判斷、經濟、守秘，以及對選擇適用法律原則，商業慣例較富彈性等優點，此一解決紛爭之方法，已在有關國際組織與國際團體之鼓勵推動下，迅速發展，仲裁契約或仲裁條款之訂定，已日益普遍。惟在此成千上萬之仲裁契約中，其糾紛之發生自所難免，又因其常具有涉外因素，故不論於何一階段發生爭議，自均發生法律衝突及選擇準據法之問題。國際間為有效解決仲裁制度所生國際私法問題，先後多次簽訂國際公約，試圖從統一仲裁法規及國際私法兩方面着手，早期如一九二三年有關仲裁條款之日內瓦議定書，一九二七年有關仲裁判斷執行之日內瓦公約，晚近則有為特殊事項爭議而締結之仲裁公約，例如為解決國家與他國國民間投資爭端[34]，為解決因經濟科學與技術合作所生民事糾紛等公約[35]，但就適用普遍、規定周延、參加國數目最多言，自首推前述之紐約公

---

34) 本公約名稱為「解決國家與他國國民間投資爭端公約」，係世界銀行為解決投資所生爭端而提出，已於一九六六年十月十四日生效。公約全文共十章七十五條，其中關於仲裁之部分規定於第四章。

35) 本公約名稱為「以仲裁解決因經濟、科學與技術合作所生民事糾紛公約」。係東歐之社會主義國家所組成之經濟互助理事會所召集簽訂，已於一九七三年八月十三日生效。

約。

　　我國並非紐約公約之締約國，就目前國際情勢以觀，參加也實有困難。惟我國為順應國際潮流，有效解決國際商務爭端，曾於民國七十一年及七十五年二次修正商務仲裁條例，使臻完善。但就涉外仲裁契約部分言，其存在值得檢討之點仍多，例如有關妨訴抗辯之效力，應予明文規定適用，俾免外國之誤會及適用時之爭議；有關仲裁契約之無效、不生效力或不能履行之準據法，是否應於商務仲裁條例中加以規定並作修正；爭議事項可仲裁性之準據法，有無必要採取紐約公約之同一標準等。

　　作為國際社會之一份子，仲裁法規若能跟隨時代進步，與各國採取同樣規定，乃至更進步之措施，必會受到國際社會之尊重，而有利於我國之仲裁契約、仲裁程序及仲裁判斷，受到外國之承認與執行。

法律行爲方式準據法之研究

壹、引　論

法律行爲有須方式者，有不須方式者。前者謂之要式行爲，後者謂之非要式行爲。近世各國法律，皆以非要式行爲爲原則，要式行爲爲例外[1]。要式行爲又可分爲法定要式行爲與約定要式行爲兩種。前者係法律規定其須具備一定方式之法律行爲；後者則因有當事人之訂定，始須具備其所定方式之法律行爲。

各國法律爲使行爲人愼重其事，以確保法律行爲之存在及舉證之便利，每對若干重要法律行爲，特別規定其須具備一定之方式。以我國民法爲例說明，

法定的要式行爲有：一、書面，如設立社團章程（第四十七條）、設立財團之捐助行爲（第六十條）、不動產租賃契約期限逾一年者（第四二二條）、不動產物權之設定或移轉（第七六○條）、債權質權之設定（第九○四條）、夫妻財產制契約（第一○○七條）、收養（第一○七九條）、遺囑（第一一八九條以下）等；二、公開儀式及二人以上證人，如結婚（第九八二條）；三、書面、二人以上證人之簽名及向戶政機關登記，如兩願離婚（第一○五○條）；四、以書面向法院爲之，如繼承權拋棄（第一一七四條）[2]。至約定方式通常爲書面、證人簽章，或須經公證等方式。

1) 參閱鄭玉波，民法總則（民國七十　年）第二二一頁；施啓揚，民法總則（民國七十二年）第二○三頁。
2) 如依法律規定，法律行爲須依方式爲之，且有使用文字之必要，其辦法如何，苟無明文規

— 451 —

法律行爲之作成，法律定有方式，而當事人不依方式爲之者，依我民法第七十三條規定，其行爲無效，但法律另有規定，並不以之爲無效者，不在此限。例如民法第一〇七九條第一項載：收養子女，應以書面爲之，而依該條但書之規定，被收養者未滿七歲而無法定代理人時，雖未訂立書據亦屬有效。在約定要式行爲方面，依第一六六條規定：「契約當事人約定其契約須用一定方式者，在該方式未完成前，推定其契約不成立。[3]」

在各國民商法律未統一之前[4]，各國法律對何種法律行爲須具備方式之要件，以及方式之種類，欠缺法定或約定方式之效果，規定自難期一致。因此，在涉外法律關係中，因方式要件之成立及效力涉訟時，究應適用何國法律爲應適用之法律，即構成法律行爲方式準據法之問題。

貳、法律行爲方式準據法之傳統原則

法律行爲之方式，與法律行爲之成立及其效力之發生，關係極爲重大。例如婚姻應舉行如何儀式，買賣不動產應否書面表示。若內國人在外國爲上述法律行爲，或外國人於內國爲之，乃至不同國籍人間爲之，究竟應以何國法律決定其方式，在國際私法上，自法則區別說以來[5]，均以爲法律行爲之方式，應依場所支配行爲(Locus regit actum)之

定，雖免不生疑問。故我民法於第三條規定曰：「依法律之規定有使用文字之必要者，得不由本人自寫，但必須親自簽名。如有用印章代簽名者，其蓋章與簽名生同等之效力。如以指印十字或其他符號代簽名者，在文件上經二人簽名證明，亦與簽名生同等之效力。」

3) 如原非要式行爲而當事人約定須依一定方式，且以使用文字爲必要者，有無民法第三條之適用？我民法第三條旣明謂依法律之規定有使用文字之必要云云，一若專指法定要式行爲而言，實則不然，蓋約定要式行爲，在我民法並不禁止，在解釋上自應類推適用該第三條之規定。雖然，二者之效力則不相同，即在違背法定方式者，其法律行爲原則上爲無效，反之在未完成約定方式者，則推定其法律行爲不成立。惟最高法院三十一年上字第六九二號判例似不採此種看法。

4) 各國民商法互異，爲國際私法成立要件之一。苟各國之法律一致相同，內外國法之差異無由存在，適用何國法律問題亦無從發生，則國際私法將無存在之必要。蓋外國人所享有主權利保護，有根據內國法者，有根據其本國法者，更有根據第三國法者，若其法律之規定旣同，則其結果必屬一致，則適用何國法律比較適當問題因之而消滅矣！且相同問題適用相同法律，更符公平正義之原則，故現今國際社會致力於民商法之統一運動，頗爲積極，並有若干成效。惟法律爲社會之反映，亦爲國民精神之表現，各國社會之狀態及國民之精神旣不能盡同，則其法律之內容，自亦難趨完全一致，故在可預見之未來，民商法之完全統一僅係理想耳。

5) 法則區別說(Theory of statutee)爲羅馬法後期註釋家第十四世紀巴塔路斯(Baitolus)所首創。巴氏在當時爲一代碩儒，頗受學界尊崇，後世則稱之爲國際私法之鼻祖。依巴氏

原則，應依行為地法。行為地法作為法律行為方式之準據法，已歷數百年之久，現今各國立法例，雖有不絕對採用此原則者，然不採用此原則者，則幾無之，稱之謂法律行為方式準據法之傳統原則，並不為過。茲進一步研究採用此一原則之理由如下[6]：

一、法則區別說

此說主張法律關係之發生，可分為屬人屬物屬行為三種。各異其所支配之法律。凡發生法律行為問題時，則不論其為方式問題，抑為實體問題，悉應依行為地法為準。此說在昔，行之甚久。惟從法則區分上說明法律適用之理由，有過於簡單之嫌，且法律之有關人者，亦常兼及於物，行為亦然，純人、純物、純行為之規定，較為罕見，曖昧不明之處，常所在多有。由於法則三分之說本身發生動搖，此說乃失其有力之根據。

二、主權說

此說認為法律為一國主權運用之

結果，故凡在行為地國為法律行為者，不得不服從其地之主權，故方式必須依行為地法。此說專注國家之領土，仍未脫封建時代之思想，果如此，則不但法律行為之方式，應依行為地法，即一切之法律行為，莫不應依行為地法，否則，即不能貫徹其主張。然關於身分財產等法律行為之實質問題，不依行為地法者，比比皆是，何獨以對於其方式問題，特異其規定哉。

三、證明手段說

此說謂法律行為之方式，原為確定當事人之意思表示，並為日後有所證明之用，而證明最為便利者，莫如行為地法。此說不謂無見，但與法律行為之證明，有密切之關係者，非僅行為地之法律，即履行地之法律，亦同有密切之關係。且有時履行地之法律，於法律行為之證明，其關係更為密切。

四、各國默認說

此說以法律行為之方式依行為地法之原則，已行之久遠，且為各國法律

之見解，當時法律之衝突不外下列二種情形；一為通行之羅馬法與各都市習慣法之衝突，其二為各都市習慣法相互間之衝突。關於前者，巴氏依據羅馬法特別強於普通法之原則，主張適用各都市之習慣法；關於後者，巴氏及其後繼者，則將都市法則區分為人法、物法及混合法。並主張人之能力不依債之成立地法、法律行為之方式依行為地法、不動產依物之所在地法、訴訟程序依訴訟地法等。關於其詳，請參閱馬漢寶，國際私法總論（民國七十一年）第二四六頁至第二五六頁。

6) 參閱蘇遠成，國際私法（民國六十七年）第二一三頁；洪應灶，國際私法（民國五十七年）第一一八頁，第一一九頁。

所共採,是無異以此為國際間之通則;則凡依行為地法之一切法律行為方式,各國亦莫不一致承認其效力,是已得各國之默認。惟各國雖均有採行為地法者,然所採之程度,猶未盡同。且此為採行為地法之現象,似不能據此為採行為地法之理由也。

五、任意服從說

此說主張法律行為之方式,所以依行為地法者,因推定當事人有服從行為地法之意思,故不論於何國,均應認其有效,蓋尊重當事人之自由意思也。雖然如此,然行為地有時出諸偶然,法律行為之發生於行為地者,當事人也無意欲以行為地法決定其法律關係。若因此推定其有服從行為地法之意,亦殊嫌武斷。此外,若法律行為之方式,可任當事人意思選擇其適用之準據法,而推定行為地法為選擇之結果,則一國所定之方式,豈不盡失其意義乎!

六、便宜說

此說謂當今國際社會,內外國人交往頻繁,內國人在外國為法律行為者有之,外國人在內國發生法律關係者亦有之,於此場合,為便利計,其行為之方式,勢不能一一依其本國法之規定,若因其違背本國之法定方式,而認為無效,是無異間接禁止其為涉外法律行為矣。場所支配行為之原則,實因此而發生,既有種種之便利,又切合實際,誠為採行為地法之正當理由也。

以上已就採取行為地法之理由,分別為扼要之說明及評論。其中實以便宜說最為適當。蓋法律行為之方式,本為保其行為之真正及確實而設,故於某地作成之法律行為,其方式要件之有無乃至其種類,能依該地法律之規定,實最為自然及便利不過。否則,若法律行為地欠缺本國法所定之方式,或久居國外之人,於本國所定之方式,或因忘卻不復記憶,或因本國法已有修正,更有甚者,不同國籍人間,究以何方本國法為準,都將影響法律行為之成立及效力,是不僅法律行為當事人,蒙受莫大之不便,即於各國交易上,亦必覺窒礙甚多,便宜說實有其方便及實際存在之理由也。

叁、法律行為方式準據法之晚近發展

國際私法為近世文明之產物,而其發生亦較他種法律為獨遲,蓋古時各國閉關自守,交通阻塞,內外國人鮮相往來;領土之內,既無外人,故受法律之適用者,僅屬內國人民而已,國際私法自無由確立。降至近世,交通日繁,商務漸盛,各國人民之往來與時俱增,相互接觸之關係日益複雜,而法律之衝突於以發生,其結果遂不得不確定應適用之法,以相調和。前述法則區別說自巴

塔路斯創始以迄西元十八世紀末葉，支配歐洲之學界幾近五百年，當時研究國際私法者即法則區別說也。但國際私法能成爲眞正獨立之學科，實始於第十九世紀，各國陸續制訂國際私法頒佈實施之後[7]。而晚近二十世紀七十年代以還，衆多國家又大幅修正翻新其國際私法，如日本（一九八九）、瑞士（一九八九）、中共（一九八七）、德國（一九八六）、秘魯（一九八四）、南斯拉夫（一九八二）、土耳其（一九八二）、匈牙利（一九七九）、奧地利（一九七八）、前東德(一九七五)、美國（一九七一）等。[8]

關於法律行爲之方式，應採用行爲地法主義，似爲各國之通例，幾無例外。然就以往各國立法例觀之，又可爲

如下之分類：有採用絕對的行爲地法主義者[9]，有採用相對的行爲地法主義者[10]。在相對的行爲地法主義之中，有依行爲地法爲原則，依他國法爲例外者[11]，亦有以他國法爲原則，依行爲地法爲例外者[12]。此外法律行爲方式之準據法，各國立法例尚可分爲一般的法律行爲方式之準據法，以及特別的法律行爲方式之準據法。前者係一國國際私法原則性之規定，適用於無特別規定方式之法律行爲，後者係對特種的法律行爲，所爲方式準據法之特別規定。以下擬就上述新修正國際私法之國家，有關一般的法律行爲方式之準據法，加以分類分析說明，以明晚近發展之趨向。

就以上十一個國家之國際私法而

---

7) 參閱馬漢寶，國際私法總論（民國七十一年）第二五三頁至第二七二頁。
8) 關於此等國家國際私法之中文譯文，請參閱劉鐵錚等著，瑞士新國際私法之研究（民國八十年）附錄所載；又此等國家大幅修正其國際私法時，有關法律行爲方式之準據法規定雖未必均曾修止，但其不修正亦適足以代表其最新之見解；另美國之國際私法整編雖非法律，但其係經權威學者整理判例所得，經常爲法院判決所援用。
9) 此主義謂所謂場所支配行爲之原則，有絕對的強行之性質，凡爲法律行爲，其方式必不可不依行爲地法，苟非行爲地法所定之方式，則所爲法律行爲，可以到處有效。如中南美洲之阿根廷、智利、哥倫比亞、古巴、瓜地馬拉、宏都拉斯及荷蘭、西班牙等歐洲大陸國家。參閱 Rabel The Conflict of Laws; A Comparative Study Vol. II (1958) p. 486, Wolff, Private International Law (1950) pp. 446-449.
10) 此主義謂嚴格適用場所支配行爲之原則，有時不免發生窒礙，因而將此原則視爲任意規定，並非絕對適用行爲地法來決定法律行爲之方式。如德國、瑞士、奧地利、比利時、義大利、波蘭、瑞典、挪威、日本等國之立法例及法國、英國之判例是。Wolff, pp. 446-449; Rabel, p. 488.
11) 即通常以行爲地法爲準，如行爲地法適用不便時，則適用其他準據法，如當事人共同本國法或規範法律行爲效力之法律。
12) 即原則上以規定法律行爲效力之法律爲法律行爲方式之準據法，而以行爲地法爲例外適用之法律。

言，其對法律行為方式準據法之規定，已迥異於往昔之分類，除已無採取絕對行為地法主義之外，在採取相對行為地法主義者，亦無採取以行為地法為原則，他國法為例外者。其分類有如下述：

一、以法律行為效力（實質要件）所應適用之法律為原則，以行為地法為例外。

採此主義者，如日本、匈牙利、奧地利、前東德、美國等[13]。以往在採相對行為地法主義下，係以採用行為地法為原則，他國法為例外，晚近立法例除已將其捨棄外，改採以法律行為效力所應適用之法律為原則，以行為地法為例外，是歷來所認之原則，變為例外矣。此蓋由於晚近法律重實質輕形式，且行為地有時又出於偶然，而方式之目的既在防詐欺，便證明，使法律行為更臻明確，二者關係密切，則依法律行為效力所應適用之法律，以決定方式之要件，毋寧更符合適用法律單純一致之法理。至例外時採用行為地法者，亦所以便利當事人之行為，並為維持內外國人交易之安全，使一切法律關係，俾早確定。

二、法律行為效力（實質要件）所應適用之法律與行為地法選擇適用主義。

採此主義者，如瑞士、秘魯、南斯拉夫、土耳其等[14]。此種立法主義，既與以行為地法為原則之相對行為地法主義不同，也與以法律行為效力所應適用之法律為原則，行為地法為例外之立法主義有異。就適用結果言，三者雖尚無不同，但在立法精神上，此一主義，雖也採二種準據法[15]，但不認為有原則例外之分，二者立於同等之地位，同等重視，二者僅有選擇適用，相輔相成之關係，選擇適用其一，法律行為不能成立，仍可選擇適用其他，無原則與例外準據法之分別。

三、以法律行為效力（實質要件）所應適用之法律為準。

---

13) 日本法例第八條、匈牙利國際私法第三十條、奧地利國際私法第八條、前東德關於國際私人、家事、勞工及商務契約之法律適用法第十六條、美國法律整編國際私法第一百九十九條。

14) 瑞士國際私法第一百二十四條、秘魯國際私法（民法第十編）第二千零九十四條、南斯拉夫國際私法（內外國間就特定事項之法律規定衝突之解決法）第七條、土耳其國際私法第六條。

15 惟應一提者，即中共一九八五年施行之涉外經濟合同法，就該法第二條所指之經濟合同，關於其成立及效力之準據法，係採取當事人意思自主原則，在當事人沒有選擇時，則適用關係最密切地國之法律(參照該法第五條第一項)，惟就合同之方式要件，依第七條則明文規定適用中共的法律。參閱法務部印行之中共經濟合同法、涉外經濟法之研究（民國八十年）第一三三至第一三四頁。

採此主義者為中共。其一九八七年施行之民法通則第一四五條第一項規定：「涉外合同的當事人可以選擇處理合同爭議所適用的法律，法律另有規定的除外。」第二項復規定：「涉外合同的當事人沒有選擇時，適用與合同有最密切聯繫的國家的法律」。由此可見中共的國際私法，係不分法律行為方式及實質要件，一律適用同一之準據法，換言之，方式要件之準據法，實係以實質要件所適用之法律為準。此種立法主義主要係認為就同一法律行為，無割裂適用不同準據法之必要，純就法律適用觀點言，固有其單純一致之優點，此特別就單一準據法之適用，係採取最尊重當事人意思之當事人意思自主原則及最重要牽連主義，而非法律之硬性規定時為尤然[16]。

此種以法律行為實質要件準據法作為方式要件準據法之規定，在過去立法例上亦非絕無[17]。惟若當事人合意選擇法律之國或最重要牽連地國與行為地國不同時，則於前二地之法律，對於某法律行為採取公證制度，須有公證人到場，始生效力，然行為地國無同一之公證制度時，則法律行為難於有效成立，其窒礙交易之便利，實無可諱言。

肆、我國法律有關法律行為方式準據法之規定

關於法律行為方式之準據法，我國國際私法無論是民國七年制定之法律適用條例，抑民國四十二年施行之涉外民事法律適用法，都就法律行為方式準據法一般性規定，與特殊法律行為方式準據法，分別立法規範。僅就法律行為方式準據法一般性規定而言，舊法律適用條例第二十六條第一項規定：「法律行為之方式，除有特別規定外，依行為地法；但適用規定行為效力之法律所定之方式，亦為有效。」是以依行為地法為原則，以依規定行為效力之法律為例外，採取相對行為地法主義。

現行涉外民事法律適用法，雖亦採取相對行為地法主義，但立法精神上已與舊法大異其趣，而與晚近各國立法例相一致。以下擬就我國現行國際私法有關法律行為方式準據法之規定，作進一步之分析說明。

16) 有些學者認為，既然契約的準據法能夠支配契約的成立及契約的所有效力，何以又把契約的方式割裂出去，非單獨適用另一準據法不可呢？同時有時國家在適用行為地法時，如果採取反致，又可能依行為地之國際私法而適用契約效力之準據法，豈非多此一舉？參閱 Cheshire and North Private International Law (10th ed. 1980) p. 220.
17) 例如一九三九年泰國國際私法第十三條第二項即規定：「契約之方式，依支配該契約效力之法律。」

一、法律行爲方式準據法之一般規定

涉外民事法律適用法第五條第一項曰：「法律行爲之方式，依該行爲所應適用之法律，但依行爲地法所定之方式者，亦爲有效。」是法律行爲之方式，原則上係適用法律行爲本身（實質要件）之準據法，例外時始由行爲地法爲補充，茲進一步釋義如下：

㈠所謂法律行爲之方式者，即一定之意思表示，應如何爲之之謂。例如當事人之意思，應依言詞表示之，抑應依書面表示之，如以言詞表示，究應依通常之言詞表示，抑應依特定之言詞表示之。如以書面表示，應依通常之書面表示，抑應依特定之書面表示，又於表示意思時，應否公證人到場，抑無須公證人，但有第三人到場爲已足。凡此種種，皆所謂方式也。此等方式有關於法律行爲成立者，有關於法律行爲效力者。倘使方式欠缺，或不適法，則法律行爲有時不能成立，有時雖能成立，而不能發生效力，故法律行爲之方式，與法律行爲大有關係也。

㈡所謂該行爲所應適用之法律，乃指該法律行爲之實質要件所應適用之法律而言，然法律行爲之實質要件之準據法，可分成立與效力之準據法，通常兩者相同，自無疑義，倘兩者之準據法各異時，究應適用何一準據法，則不無疑義。由於法律行爲之方式與其成立要件關係較切，應解釋爲以成立之準據法爲準。又實質要件之準據法，有時有數準據法係立於先後適用之順序時，如涉外民事法律適用法第六條之情形，則方式要件之準據法，亦應同於實質要件所適用之順序準據法[18]。

㈢本條雖亦採相對行爲地法主義，而將場所支配行爲之原則視爲任意性規定[19]，惟其適用行爲地法係例外，

---

18) 即如實質要件所適用之法律爲當事人合意所選擇的法律，則方式要件亦爲該一法律；如實質要件所適用者爲當事人共同本國法，則方式要件亦爲當事人共同本國法。

19) 關於行爲地法主義之性質有二說，誌此以爲參考：

(1)命令說：按照國際私法之現狀，如以外國法之適用爲例外時，自可認行爲地法主義有任意的性質，但就法理言，實不易發現此主義爲任意之理由；何則，此主義在法律上，原爲使個人之意思表示臻於明確，並於事實之存在，爲精確之證明而設者。此種明確，應於行爲成立之當時保護之，而保護之最適當者，則爲行爲地法，故不可不強制當事人依行爲地法所定之方式，否則，如聽當事人之任意，或依其本國所定之方式，或依其他各國所定之方式，則實際上必生種種之疑問。例如國籍不同之當事人締結契約，如許其依本國法，將依何方當事人之本國法？又如爲雙務契約，則其方式亦依雙方當事人之本國法乎？若於此際認行爲地法主義，有命令的性質，一依行爲地法所定之方式，則上述之疑問，可以完全消滅。

(2)任意說：認行爲地法主義，乃爲個人於外國爲法律行爲，容易成立而設者，其目的純

而非原則，此蓋因法律行爲之方式與實質，表裡相依，關係密切，在通常情形下，法律行爲之方式，依照其實質所應適用之法律，匪特較便於行爲人，且按諸法理，本應如是。至於行爲之方式依照行爲地法，按場所支配一般法律行爲所應適用之準據法，雖未始不可認爲有效，要屬例外情形，祇可列爲補充規定。

二、法律行爲方式準據法之特別規定

涉外民事法律適用法對法律行爲方式之準據法，除有一般性之規定，已見前述外，另對若干特種法律行爲之方式，有特別準據法之規定，茲分述如下：

㈠第五條第二項之物權方式

關於物權，不論其爲不動產或動產物權，其得喪變更，咸依其所在地法，是爲晚近之通例[20]。蓋以物之所在，恆受所在國領土主權之支配，而所在地國關於物權之規定，又多涉及當地之公益與經濟政策，當事人服從其規定，不僅爲情勢所必需，且最足以保全其私人法益。關於物權法律行爲之方式亦然。抑

有進者，物權之法律行爲，其方式依物之所在地法，另因各國爲保護物之所在地之第三人起見，對於物權，多設公示之方法，苟其方式不合公示之方法，則爲無效之方式故也。因此第五條第二項明定：「物權法律行爲，其方式依物之所在地法。」排除場所支配行爲原則之適用。

㈡第五條第三項之票據方式

涉外民事法律適用法第五條第三項規定：「行使或保全票據上權利之法律行爲，其方式依行爲地法。」按票據權利之行使者，乃票據權利人請求票據債務人履行票據債務之行爲，例如行使付款請求權以請求付款，行使追索權以請求償還是。票據權利之保全者，乃防止票據權利喪失之行爲，例如中斷時效以保全付款請求權及追索權，遵期提示，作成拒絕證書及拒絕之通知，以保全追索權等是。票據權利之行使，同時亦多爲票據權利之保全，故兩者常併稱。因此等行使或保全票據權利之行爲，與各該行爲地之關係最爲密切，其方式乃專依行爲地法，而排除票據行爲本身準據法之適用[21]。

在當事人之便利。如當事人以依行爲地法爲便利，則依本國法或其他國法。倘於依本國法或其他國法爲便利之際，必強之使依行爲地法，實不見有何等理由。故此主義之性質，實爲任意性也。

20) 參閱馬著，第一○二頁。

21) 發票、背書、承兌、參加承兌及保證等各票據債務人之行爲，學理上稱爲票據行爲。關於因票據行爲所生當事人間之權利義務，如票據行爲之成立、性質、範圍、行使之要件及消滅之原因等，應分別適用各該票據行爲本身之準據法；涉外民事法律適用法第五條

㈢第十一條結婚之方式

關於婚姻成立之方式要件準據法，舊法律適用條例無特別規定[22]，仍適用其方式要件準據法之一般性規定。但現行涉外民事法律適用法，則將婚姻列為特種法律行為，而有方式要件準據法之特別規定，而排除前述方式要件準據法一般性規定之適用。茲述之如下：

1. 涉外民事法律適用法第十一條第一項後段：「婚姻之方式，依當事人一方之本國法或舉行地法者，亦為有效。」

此一規定不以場所支配行為之原則，視為絕對強行，即不單採舉行地法主義，而係採相對行為地法主義，換言之，關於婚姻之方式；無論依照當事人任一方之本國法，或舉行地法，均為有效。此種準據法多種選擇適用主義，有助於涉外婚姻關係之成立，自不殆言。

2. 涉外民事法律適用法第十一條第二項：「結婚之方式，當事人一方為中華民國國民，並在中華民國舉行者，依中華民國法律。」

本項又將場所支配行為之原則，視為絕對強行，即對於婚姻之方式要件，專一地適用舉行地法。惟其適用須具備下列要件：其一，婚姻當事人之一方為中國人，其二，婚姻在中國舉行。涉外婚姻符合此兩要件時，即專一地適用舉行地法——即中華民國法律。此條項為涉外民事法律適用法原草案所無，顯係於立法院審議時所增。其理由似以婚姻之方式，因有關舉行地之公序良俗，如當事人一方為中國人並在中國舉行者，為保護內國之公序，即應適用舉行地法——中國法。惟國際私法之趨勢，在避免跛行婚[23]，而以涉外之婚姻關係易於成立並安定為首要，故婚姻方式之準據法，應儘量擴大，如同條第一項但

第三項所規定者，僅係有關票據權利之行使與保全等，非票據行為之方式準據法問題。關於票據行為之準據法，請參閱拙著，國際私法論叢（民國八十年）第一二七頁至第一四九頁。

22) 舊法律適用條例第九條規定：「婚姻成立之要件，依當事人各該本國法。」

23) 即同一之男女關係，在甲國承認其為婚姻關係，在乙國卻否認其婚姻關係，此等婚姻，謂之跛鴨式之婚姻或跛行婚（limping marriage）。關於婚姻方式之準據法，各國法制，既不一致，極易產生此種婚姻。例如信仰希臘正教之希臘男女，在法國依其本國之宗教儀式結婚，而未在戶籍官吏之前完成民事上之儀式者，此際，依希臘法，固認有效，但如在法國發生該婚姻是否有效之爭執者，卻認為無效（因法國不承認在法國舉行之宗教婚）。如再在英國或在德國等第三國發生其婚姻是否有效之爭執者，依英國法認為無效（英國採婚姻舉行地法），但依德國法卻認為有效（因德國民法施行法第十三條第三項規定，依舉行地法或當事人本國法所規定之方式為婚姻者，即認為有效）。參閱 Wolff, pp. 340-342.

書之規定，而第二項復又緊縮，此種限制的適用，實大有商榷之餘地。

三、法律行爲方式準據法之若干問題

以上已就我國國際私法有關法律行爲方式準據法之規定，加以分類說明，惟在適用時，仍有下列問題，有待研究：

㈠行爲地之確定

場所支配行爲之原則，在我國涉外民事法律適用法第五條並非絕對性之規則，乃爲任意性之規定，並爲補充之原則，已如上述。惟如涉外法律行爲案件在我國法院提起，而係以行爲地法爲法律行爲方式準據法時，倘如行爲地不同，即所謂隔地行爲，則應如何確定行爲地？該條文本身固無規定，而同法第六條第二項所謂「……行爲地不同者，以發要約地爲行爲地……」，雖係就契約實質要件準據法所爲之規定，可否作爲解決方式準據法行爲地之依據？似不無討論之餘地。

按法律行爲之準據法原分有方式及實質兩部分，應不容混淆，故關於契約實質要件準據法之行爲地法，似不能逕行適用於第五條所規定之法律行爲方式之行爲地法。惟鑑於我國民法關於非對話人意思表示之生效，係採到達主義[24]，則於隔地法律行爲，要約相對人

承諾之通知，於到達要約人時始發生效力，換言之，法律行爲係於要約地，因要約與承諾之意思表示一致而成立，因此若衡諸此種見解，以發要約通知地爲行爲地，非無理由，且與我契約法之規定遙相呼應，從而涉外民事法律適用法第六條第二項之規定，於確定法律行爲方式之行爲地時，似亦可準用。不過，由於方式在法律行爲上之重要性已經減少，爲促使法律行爲易於有效成立起見，不如解釋兩地皆爲行爲地，而以可使法律行爲方式有效成立之任一方法律爲行爲地法爲宜。

㈡普通的法律行爲是否皆適用第五條第一項法律行爲方式準據法之規定

普通的法律行爲，即指於涉外民事法律適用法無特別規定其方式者，如第六條法律行爲發生債之關係、第七條債權之讓與、第十三條夫妻財產制、第十七條認領、第十八條收養、第二十二條繼承（如繼承之抛棄、限定繼承）、第二十四條遺囑，是否皆有第五條第一項之適用？

有謂此等條文，旣均規定成立要件，而成立要件分實質及形式要件二種，形式要件即指方式而言，故此等法律行爲之方式應依各本條所規定應適用之法律，似不能一律適用第五條第一項之規定[25]。本人以爲上述各條文所規

24) 參照民法第九十五條第一項。

定之要件，應專指實質的要件，果使包含方式在內，則第五條第一項再設一般的規定，豈非多餘！或曰第五條第一項有關法律行為之方式，乃專屬於財產上法律行為之方式，不包括親屬、繼承等身分上法律行為之方式在內。對此，本人亦難同意，蓋第五條第一項之規定乃適用於一切之法律行為，其雖不似舊法律適用條例專列一章，較為明確，但其於現行法不分章節情形下，列於各種法律行為之前，亦足以顯示其係一般適用之性質，故唯有財產法律行為或身分法律行為，有特別規定其方式準據法時，方能排除其適用。

此外，可附帶一提者，即於法規欠缺情形下[26]，如債務承擔之準據法、婚約之準據法等是，依法規欠缺補全之方法，補其準據法時，關於其方式要件，亦應視其性質上是屬於普通法律行

為抑特別法律行為，而定其有無第五條第一項之適用。

(三)當事人不依約定方式為法律行為，而準據法國法律對其效果無規定時

當事人約定法律行為須依某種方式完成，而確係依該方式完成者，縱準據法國法律對不遵守約定方式法律行為之效果無規定，於此情形下，當然不生問題；再如當事人雖未依照約定方式為之，但不再爭執，此時無異當事人合意免除約定之方式，自亦不生問題；惟如當事人未依約定方式作成，而當事人又爭執其效力時，則應如何？

當事人既約定法律行為須依一定方式完成，則該一定方式之完成，在當事人心目中自有其作用，職是之故，此時應不得以準據法國法律對此無規定，遂推定該準據法國不承認約定方式之存在，從而否定該約定方式之效力，

25) 在舊法律適用條例中，關於婚姻成立要件之準據法，其第九條規定：「婚姻成立之要件，依當事人各該本國法。」亦即對婚姻成立之方式要件，無明文規定，應屬於普通的法律行為之方式，依理應援用該條例第二十六條第一項：「法律行為之方式，除有特別規定外，依行為地法，但適用規定行為效力之法律所定之方式，亦為有效。」關於法律行為方式之一般性規定，惟當時實務上見解，則與此有異。依民國二十年司法院第四五五號指令及民國二十五年司法院第一四三四號解釋，均解釋婚姻成立之形式要件，應依當事人各該本國法，惟當事人中有一人為中國人時，應依中國法之方式，否則該婚姻不得認為有效。即未解釋適用方式要件一般性之規定，而認為婚姻成立之形式要件、原則上應同其實質要件之準據法，惟當事人中有一人為中國人時，應依中國之方式。上述解釋似已逸離解釋之權限，而如同制定法律一般。

26) 國際私法上法規欠缺，係指國際私法條文較少，規定內容簡略，而涉外法律關係日益增多，且趨複雜，因此有時於涉外案件中對某些涉外法律關係或問題，找不到適當的國際私法條文以資援用。此種適當的國際私法條文之欠缺，稱為法規的欠缺。至其補全之道，我國涉外民事法律適用法第三十條：「涉外民事，本法未規定者，適用其他法律之規定。其他法律未規定者，依法理。」之規定，即屬之。

而應以準據法國法律對此規定係不完備，因而應依該準據法國實體法法規欠缺之補充方法加以補充，以確定不遵約定方式行為，在該國次位順序法規上究應生如何之效果。

㈣當事人所為法律行為，其方式違反準據法國法律之規定時

在相對行為地法主義或選擇適用主義立法例下，法律行為方式之準據法，係有二以上應適用之法律。故如法律行為之方式依其中之一，法律行為不能有效成立，例如無效時，仍可適用其他準據法，倘依後一準據法，法律行為方式可以成立，自無問題；惟依後者之規定，法律行為亦不能有效成立而係無效時，該法律行為即不能生效，亦無問題。但是若依兩者法律，雖法律行為均不能完全有效成立，但其效果不同時，例如一為無效，一為得撤銷或效力未定，此時則應如何？學說上雖可有不同之主張[27]，但基於相對行為地法主義或選擇適用主義之立法精神，及比照法律行為方式之成立要件，既係適用準據法之一如不成立，仍可適用他一準據法之情形以觀，則關於違背準據法之效果，實也應採同一之解釋為宜。申言之，即就兩準據法中選擇有利於法律行為規定之效果。例如當事人未依任何方式締結一契約，前一準據法對該契約採書面方式，對不遵守法定方式之契約，規定其為無效；而後一準據法雖也規定該契約須依書面方式訂立，但對違背法定方式之契約，則規定為行為後三個月內得撤銷，於此情形，即應以後一準據法以決定其違背法定方式之效果，俾該契約仍有因除斥期間之經過，而確定的有效之可能。

㈤當事人以規避內國法律行為之方式為目的，往外國而依外國法規定之方式行之，其行為有效否？

此種當事人故意藉變更連接因素之歸屬關係，以逃避原應適用之內國法，並利用選法規則，以適用原不應適用之外國法，國際私法上稱之謂規避法律之問題[28]。關於此種法律行為有效與否，歷來眾說紛紜，未能一致。主無效說者，則以為竊法舞弊之行為當然無效，蓋事實上當事人雖往外國，法律上殊當仍認其在內國，其行為如不合於內國所定之方式，根本不生效力，因法律無保護詐欺之理也；主有效說者，則認此種法律行為，在內國仍應認為有效，

---

27) 學說上有本案準據法說及行為地法說。前者認為本案準據法乃基本之準據法，故應依此基本（原則）的準據法，以確定不遵守法律行為方式之效果，後者乃著眼於法律行為之方式與行為地之關係密切，因而主張應依行為地法以決定不遵守法律行為方式之效果。

28) 規避法律，又稱選法詐欺、竊法舞弊、法律詐欺等，關於本問題，請參閱馬著，第二三六頁至第二四一頁；Wolff, pp. 140-145.

蓋因為法律行為之地，本應聽當事人自由選擇，法律上無限制之必要。況當事人在外國為法律行為，用外國法規定之方式，其目的果為規避內國之方式與否，殊難證明；如必欲限制之，恐徒然引起訴訟之紛爭，於實際上毫無利益。

本人以為此種情形，雖難以一概而論，惟在現今法律行為重實質輕形式，以及方式準據法多採用選擇適用主義，俾有利法律行為成立前提下，除非所逃避之方式涉及內國重大經濟社會政策，否則不宜以無效論。

伍、結論

法律行為之方式者，法律行為成立或其效力之發生，應遵守之形式，藉以確定當事人之意思表示也。在涉外法律行為案件上，一國法院究應適用何國法律，以為決定法律行為方式所應適用之法律，乃一國國際私法有關法律行為方式準據法之問題。各國立法例自法則區別說以來，大都採用場所支配行為之原則，適用行為地法，其間所採之程度雖有不同，且在特殊情形下，不免設有例外規定，然絕對不適用此原則者，可說極為罕見。

綜觀晚近各國立法例，有關法律行為方式準據法之發展，可得如下幾點結論：

其一、各國國際私法大多區分法律行為方式準據法一般性之規定及法律行為方式準據法特別性規定二類，前者適用於普通法律行為，後者適用於特殊法律行為。此蓋由於某些法律行為性質特殊，故其準據法，基於特別考慮，不宜與普通法律行為之方式準據法採相同之規定。

其二、各國大都放棄絕對行為地法主義，改採相對行為地法主義或數準據法選擇適用主義。此乃由於以行為地法為唯一應適用之法律，有時對當事人難免不便，其有礙於涉外法律行為之成立，實屬顯而易見。

其三、各國對法律行為方式之準據法，不同於對實質要件準據法之規定，其不採單一之準據法而採二種或二種以上之準據法，且係採選擇適用之方式，其目的不外希望不以方式害實質，以儘量促使法律行為之成立為原則。

我國涉外民事法律適用法制定於民國四十二年，在當前各國國際私法理論及立法，不斷推陳出新，規定益趨詳盡周延下，雖早已顯得簡單不全，亟需修正補充；但就其法律行為方式準據法之規定而言，尚能符合時代之潮流及進步之理論，與各國國際私法相比較，實不遑多讓。

國際私法上規避法律問題之研究

壹、引　　論

　　各國對於含有涉外成分之法律關係，爲求適用法律符合公平正義之原則，以維護內外國人之正當權益，逐均制定國際私法，以爲選擇準據法之依據[1]。按國際私法之適用，固必須以涉外法律關係爲對象，惟案件是否爲一涉外法律關係，則端視其是否含有涉外成分而定。同一案件在甲國爲內國法律關係，在乙國則爲涉外法律關係；在甲國原爲內國法律關係之案件，也可因連接因素之變動[2]，而成爲涉外法律關係。再進一步言，對涉外法律關係準據法之適

[1] 所謂準據法，係指就特定涉外法律關係，依一國國際私法所指定應適用之內、外國法律。按照目前各國實際情形所示，爲確定應適用之準據法而爲之連結，其方式有三種：其一爲屬人連結，如當事人本國法；其二爲屬地連結，如物之所在地法；其三爲選擇連結，如當事人合意所指定之法律。晚近更有所謂混合連結方式以確定準據法，如與事件具有最重要牽連關係地之法律。

[2] 連接因素者，乃據以連接涉外案件與一國實體法之基礎，亦即指涉外案件中某些事實而言，通常可爲如下之分類，即一、與主體有關之連接因素，如自然人之國籍、住所；二、與客體有關之連接因素，如物之所在地是；三、與行爲有關之連接因素，如契約之訂約地；四、與當事人意思有關之連接因素，如契約當事人雙方之合意是。

用，固須藉連接因素之具體化而達成[3]，若連接因素變動，自也影響準據法之確定。申言之，連接因素之變動，不僅對法律關係是否為內國法律關係抑涉外法律關係，大有影響；若為涉外法律關係，也因連接因素之變動，又對應適用法律之變更，產生影響。連接因素之變動對法律關係之性質及準據法之選擇，均有牽連，惟問題則各別。前一問題，有時可引起「國際私法上規避法律之問題」[4]；後一問題，可稱之「時間因素所引起之法律衝突」[5]，茲僅就前一問題加以研究。

連接因素之變動，固均由於當事人之故意[6]，其變動大多出於自然，當事人無逃避或詐欺法律之意圖，但有時則不然。因此，在國際私法上，吾人對當事人變更連接因素致影響法律關係是否為涉外法律關係及準據法之適用，有無特別注意並區別其有無違法之意圖？在學術及實務上，遂形成國際私法上一頗受爭議之問題。此問題稱為規避法

律。茲分下列幾點，分別討論之。

貳、規避法律之意義及例示

規避法律指當事人故意藉變更連接因素之歸屬關係，以逃避不利於己而原應適用之內國法律，求得有利於己外國法律之適用之謂。茲舉數例說明之：

例一、關於屬人法事項，甲、乙二國均採本國法主義，但甲國之實體法禁止離婚，乙國實體法則許之。甲國夫婦A、B脫離甲國籍，取得乙國籍後，於乙國離婚，如嗣後，因A、B離婚是否有效問題，涉訟於甲國，假定管轄權無問題，即有可能發生規避法律問題。因依甲國國際私法，此為一涉外法律關係，依其應適用本國法之規定，應適用乙國法律，其離婚為有效；但當事人變更國籍，是否有規避法律之意圖，而應為否定離婚效力之判斷，即為規避法律之問題。

例二、甲、乙二國關於屬人法事項，均採住所地法主義，如甲國法規定

---

3) 國際私法法則，若從立法形式觀察，通常不外下列二種方式：一、單面法則，即對某種涉外法律關係應適用之法律，僅規定內國法之適用；二、雙面法則，即對於涉外案件之準據法，係以歸屬未定之連接因素為基礎，制定抽象的準據法，如夫之本國法。因此在適用法律以解決涉外法律關係時，就後一立法形式之法則，必須藉連接因素之具體化而達成，即必須確定夫之國籍何屬，方能確定應適用之法律為內國法抑某一外國法。

4) 規避法律(evasion of law; fraude à la loi)，我國學者有稱為竊法舞弊、選法詐欺、法律詐欺、迴避法律等不一而足。

5) 關於時間因素所引起之法律衝突，請參閱拙著，國際私法論叢（民國八十年）第三七九至第四一二頁。

6) 此就一般情形而言，惟有時連接因素之變動，未受當事人意思之影響，例如因領土主權之變動，以致當事人之國籍或物之所在地之變更是。

不得與相姦人結婚,乙國法則無此限制。於甲國有住所之 A 與 B(相姦人),廢棄甲國之住所,於乙國設定住所後,於乙國結婚。如嗣後因婚姻是否成立或有效之問題,涉訟於甲國,即有可能發生規避法律之問題。如甲國法律無規避法律之規定,則依其國際私法適用住所地法即乙國法之結果,A、B 婚姻為有效;如甲國法律認為 A、B 改變住所,係故意規避其強行法,而應制裁,即有規避法律之適用。

例三、甲、乙二國關於法律行為發生債之關係,均採行為地法主義,但甲國對贈與行為有方式要件之規定,即要求書面與公證,而乙國則不要求任何方式要件。如甲國人 A、B 於乙國為贈與行為,嗣後如 A 死亡,B 對 A 之繼承人請求贈與時,其繼承人以規避法律為理由拒絕履行時,是否為法院所採?即生規避法律之問題[7]。

叁、規避法律與脫法行為

國際私法上規避法律與實體法上之脫法行為[8],頗為類似。蓋前者之概念實淵源於後者,惟二者在手段及目的上,也有不同之處,茲比較如後:

民法上之脫法行為,係規避法律禁止之規定,而以迂迴的手段達成其目的之行為,也即用合法的手段達成違法目的之謂,如民法第二百零六條之巧取高利者是。故二者差異如次:

一、國際私法上規避法律,乃規避

7) 除本文所舉例子外,茲再舉數例以明之:
(一)法國最高法院一八七八年對法國貴族包芙曼公爵夫人(Princess de Bauffrement)離婚案件之判決。本案關係涉外案件之規避法律問題。按法國關於離婚之準據法向採本國法主義,而法國在一八八四年以前之法律又禁止離婚。包芙曼公爵夫人與夫不睦,為便與離婚俾與比貝斯哥王子再婚,乃赴薩克斯愛登堡公國請求歸化德國,歸化德國之次日,即訴請與法籍夫離婚,旋又在柏林與貝比斯工了再婚。法國法院則認定其顯然有詐欺法國法律之惡意,而宣告其離婚及再婚均無效。
(二)當事人為取得原屬國法不能取得之利益而變更國籍之情形,最為普遍,也為規避法律常見之型態,例如避免本國法上禁治產之宣告及監護人之設立、避免本國法不許結婚後變更夫妻財產制契約之規定、避免本國法上不許認領之規定、避免本國法上關於法院管轄權之規定、避免本國法上關於行為能力之規定。
(三)公司營業地或管理中心地之法律對於公司之設立、組織,管理極嚴,課稅又重。因之,欲設立公司者,乃往管制較寬、課稅較輕之國家設立飄泊公司,以規避其營業地或管理中心地法。
8) 非直接違反禁止之規定,而依他種迂迴方法,使與被禁止之規定,發生同一效果之行為者,此項行為,謂之脫法行為。脫法行為所採取手段須為合法,否則即為一般的違法行為。故脫法行為乃以形式上的合法手段達成實質上的違法目的,例如以先扣利息、保證金等名義巧取利益,即屬民法第二百零六條巧取利益範圍,應屬無效。

內國之實體法，而求得有利於己之外國法之適用，如前例一、二、三，而實體法上之脫法行為，則僅在逃避內國強行法之適用。

二、規避法律乃藉變更連接因素之歸屬關係，以逃避不利於己之內國法適用，求得有利於己外國法之適用，而脫法行為則係以迂迴之手段，掩飾其違法目的之不法行為，無關乎連接因素之變更，也無關乎外國法之適用。

肆、規避法律之理論

國際私法上之規避法律是否合法，學者見解不一，有下列二種主張：

一、適法性說

認國際私法上規避法律行為係屬正當，理由如下：

㈠規避法律之當事人雖有自私目的，但與法律行為發生債之關係，一般國家皆承認當事人意思自主原則[9]，承認當事人得以合意選擇應適用之法律，有何差異？規避法律係當事人選法自由之一種表現，即應承認其為適法。

㈡從反面言之，如認規避法律為違法，則須證明當事人有詐欺逃避內國法之意圖，否則即難與善意通常情形下改變連結因素之行為，予以區別。但意圖乃主觀因素，很難證明，故不如索性承

認其為適法，以減少訟源，避免爭執。

㈢如認規避法律為違法，而對當事人之行為及其結果，予以制裁，對當事人固屬不利，也易引起國與國間之紛爭。

㈣如認規避法律為違法，將使一國不公平、不合理之法律，不易廢止，不僅阻礙內國法律之進步，也會妨礙社會經濟的進步。

二、不適法性說

認國際私法上規避法律行為，係屬不正當，即具有不適法性，理由如下：

㈠規避法律既淵源於實體法上之脫法行為，後者既屬違法，前者自亦難免。

㈡一國強行法如被人以詐欺方法加以規避，因此成立的法律關係，不應加以承認，否則無異鼓勵人人詐欺。

㈢當事人利用連接因素之變更，以適用外國法，並利用選法規則以規避原應適用之內國法，表面上雖未違法，但其破壞選法安定之秩序，無異直接違反內國法之規定。

㈣如認規避法律為違法，則可樹立內國法律之尊嚴，使人不敢心存僥倖，萌生欺詐內國法之意圖。

以上兩說，雖皆言之成理，蓋採前說，則以規避法律係當事人為達成某種

9)關於當事人意思自主原則，請參閱馬漢寶著，國際私法總論（民國七十一年）第一二一～一五七頁。

目的，故意將連接因素變更，然當事人在決定變更連接因素時，有無規避法律之意圖，即無法或難予判斷，況且在國際私法上，決定連接因素為何，係依客觀或外形上之要素，予以認定，全無其他主觀意思存在，故當事人變更連接因素，有無規避法律，即無法予以判斷，因此，其變更後之法律行為，自應承認有效，始屬允當[10]。然採後說者，則著眼於連接因素之變更，是否確有詐欺內國法之意圖，並非完全無法判斷，則對顯有詐欺之行為，自不應姑息，否則必產生不公平之現象，而有礙內國選法安定之秩序[11]。

以上二說相比較，吾人較贊成後說，茲進一步申論規避法律違法性之基礎：

一、不公平

就不公平言，顯著之實例，存在於一造當事人企圖脫法之情形。典型之例子，如夫變更國籍或住所，而在依夫之國籍或住所之國家，可取得離婚管轄權，而完成離婚者是。於此情形，妻將處於不利之地位，不僅程序上，其無適

當機會予以防禦，且實體上，離婚地法律必有利於離婚之成立，更嚴重地，離婚之准許，對妻帶來財產上之分配，必更為不利。此外，於誘拐子女案件上[12]，也甚清楚，例如父或母不遵守當地監護命令之情形，而將子女帶至國外，很顯然地會帶給他造不安與憂慮，且實際上，對子女也屬不公平，因被規避之監護命令，通常係基於子女之利益而做成。上述說明顯然地與兩造當事人自由合意規避法律有別，如在本文貳部分，所舉一、二、三之例子。於此情形，自無一造對另一造不公平之情形，惟仍可爭辯的，係對其他處於相同地位，但在經濟上或遷居上較不自由方便者相比較，是否不公平呢？不過此一理由，在現代交通便利，往來方便之國家，較欠說服力，但在人口眾多，經濟落後之國家，似仍有相當的理由。

二、違背國家利益

當事人規避法律之結果，如對國家有不利之影響，自可予以非難。倘若規避法律之結果，會對一國增加財政上之負荷或減少財政上收入，則一國對制裁

---

10)請參閱蘇遠成著，國際私法（民國六十七年）第一二一頁。
11)請參閱劉甲一著，國際私法新論（民國五十三年）第一八一頁；曾陳明汝著，國際私法專論（民國六十五年）第九八頁。
12)關於誘拐子女問題，國際間涉外事件層出不窮，為防止此問題所帶來之困難，國際間迭有公約之簽訂，如海牙國際私法會議之一九六一年及一九八○年之公約；歐洲會議之史塔斯堡公約等是。關於其詳，請參閱施振鴻著，海牙國際私法會議關於國際間誘拐兒童民事部分公約之研究（民國八十四年，政大碩士論文）。

規避法律，自屬有其利益。如對規避法律之外國離婚予以承認，則有時會剝奪法庭地法院對結束婚姻關係時，對財產上安排之權限，因此種權限常伴隨准予離婚而來，而其結果可能對一造不公平，剝奪其原始受到法庭地法律保障之權利；更有甚者，如依該外國法離婚，夫毋需贍養離婚之妻，則妻之所屬國必須負擔，故規避法庭地之離婚，因而可說是違反國家利益。

惟應注意者，一國之法律被加以規避，並非當然即視為違背國家利益，蓋國家利益與當事人自由選擇結婚、離婚，或適用法律之權利，應維持適度之平衡。只有於被規避之法律，代表強有力之社會或經濟政策時，方得認為違背國家利益。

伍、規避法律之特質

規避法律之種類繁多，態樣各異，惟一般而言，規避法律之行為具有下列特質：

一、不適法性之特質

規避法律有時雖未直接侵害任何人之權利，同時，也未積極侵害內國的強行法規，但其消極地規避內國強行法規之適用，違背內國選法安定之秩序，即具有不適法性。

二、虛偽性之特質

規避法律之當事人藉變更連接因素之歸屬關係，逃避原應適用之內國法，而求得有利於己之外國法的適用，可謂主觀上欠缺誠實，因此規避法律具有虛偽性。

三、連續性之特質

連接因素歸屬關係之變更，乃當事人規避法律之手段，所欲達成之另一法律效果，始為目的（例如離婚），二行為具有相互影響、相互連接之關係，故規避法律具有連續性。

陸、規避法律之成立要件

規避法律既具有不適法性，則其成立，必須具備一定之條件，對不合條件之行為，自不得以規避法律視之，其要件如下：

一、須當事人具有詐欺內國法之意圖

連接因素之變更，常需花費大量之時間與金錢，因此僅客觀上有改變連接因素之事實，仍不能主張當事人具有詐欺內國法之意圖，否則即屬不公平合理，故除客觀上有改變連接因素之事實外，尚須證明當事人兩造或一造主觀上具有詐欺內國法之意圖，始屬相當。

二、須當事人從新隸屬關係中取得利益

即當事人依原有隸屬關係，所不能取得之身分上或財產上效果，但從新隸屬關係中，則能取得，此亦為當事人改變連接因素之原因，及所欲達成之目的。

三、須法庭地國為被詐欺之國

規避法律的責任，只存在於被詐欺國，乃因其違背被詐欺國選法安定之秩序。至以詐欺他國法律為目的，一國法院不能根據規避法律之觀念，而否認其法律行為之效力。故惟有被詐欺國法院即為管轄法院時，始有詐欺法律問題之存在。

此外，應附帶一提者，國際私法上公序良俗條款[13]與規避法律，二者雖均在維持內國的強行法法律，但二者性質不同，就前者言，乃因應適用的外國法，其內容或適用的結果，會違背內國的公序良俗，因而不加以適用；而規避法律則完全著眼於當事人詐欺內國法之意圖，即逃避原應適用之內國法，而適用原不應適用之外國法，故與該外國法本身內容是否違背內國公序良俗，並無直接關係。因此二者適用情形各別，

不可不辨。

柒、規避法律之效力

當事人之行為在法庭地國，構成規避法律後，究發生如何之效果，學說上則有不同之主張[14]：

一、絕對無效說

此說認為規避法律之當事人，惡性重大，基於詐欺毀滅一切之法諺，認為當事人改變連接因素行為之本身，及從新隸屬關係中取得利益之行為，統統無效。如依規避法律達成離婚目的者，不僅離婚無效，即因歸化取得之新國籍，亦同歸無效。

二、相對無效說

此說認為規避法律並非當然無效，祇有在違背內國立法目的時，始無效。例如甲、乙兩國對於贈與，均採行為地法主義，甲國人 A、B 於乙國為贈與，是否構成規避法律，在此說下，則須視甲國法律立法目的而定。如甲國要求贈與須經公證，僅在強調贈與是一種要式法律行為，倘乙國法律亦要求書面，則不違反甲國立法目的，贈與行為仍有效；如甲國規定公證，除強調要式行為外，並在於收取公證費用，增加國

---

13)關於國際私法上公序良俗條款，請參閱拙著，國際私法論叢（民國八十年）第四一三至第四三二頁。

14)請參閱翟楚著，國際私法綱要（民國四十八年）第二五八頁。

庫收入，則 A、B 在乙國之贈與行為與甲國的立法目的有違，則應屬無效。

三、相對有效說

此說認為規避法律僅生相對的效力，即其效力僅限於改變連接因素行為的本身，而不及於從新隸屬關係中取得利益之行為。例如變更國籍有效，但離婚無效是。

以上三說，雖各言之成理，相對有效說，雖有簡單、明確之利，但失之過寬，是否適合現代國際私法生活，頗有爭議；絕對無效說，立論單純，但結果實與相對有效說同，徒增處理涉外法律關係之困難。相對無效說立論平允，既能切合選法詐欺之本質，又能對詐欺法律之濫用，加以適當限制，似較為可採。

捌、結　　論

當前國際社會，對於涉外法律關係

適用法律，尚有甚多之困難，此種困難之發生，即因現行之各國國際私法，尚未確具國際性質，而仍停留在國內法之階段，故各國對於法律衝突之解決，未能依據統一之方法[15]，此其一。再關於國際私法上各種基本觀念，未能具有統一精確之意義，如關於反致之學說[16]、公序良俗之觀念，由於此種觀念之紛歧，各國遂不能以統一之方法，而謀法律衝突之解決。因此同一法律關係，各國實體法及國際私法立法例之規定既不相同，各國法院亦因之而異其判決，於是當事人往往各本其利益變動連接因素，其結果遂致發生規避法律之問題。

關於規避法律應否承認，及其一般性問題，已如前論。而在比較法制上，法、義等國固承認規避法律之存在，而否定從新隸屬關係中取得利益之行為[17]；即在英、美等國[18]，也未完全忽視規避法律之問題；瑞士、匈牙利等國則

15) 各國國際私法未能統一，致同一涉外法律關係在不同國家涉訟時，往往適用不同之準據法，致判決歧異之現象經常發生，影響當事人之權益，莫此為甚。故國際間致力國際私法之統一，如美洲之泛美國際私法會議，歐洲之海牙國際私法會議，對國際私法之統一運動，頗多貢獻。

16) 關於反致，請參閱馬漢寶著，國際私法總論（民國七十一年）第二一五至第二二三頁。

17) 法國法基於古老模糊的「詐欺可使一切腐敗」之格言，建立廣泛之原則，即凡藉變更連接因素，以惡意逃避法國法規之行為者，均屬無效，所謂惡意，則欠缺誠信之行為均屬之。其結果，當事人惡意逃避之法律，仍予適用。義大利法院亦採相同之見解。參閱 Wolff, Private International Law (1950) p. 143.

18) 美國曾以法律就防止規避法律予以明文規定。例如美國統一州法全國委員會於一九一二年草成婚姻規避法，對「為規避住所地所在州之法律，而在他州或他國成立婚姻者」加以限制。若干州曾加以採用。又美國於一九〇七年並有婚姻無效與離婚法之制定，該法

更有明文之規定[19]。我國涉外民事法律
適用法，對規避法律問題雖未有明文，
但鑒於否定規避法律之效力，確有維持
內國選法安定之秩序，避免當事人詐欺
內國法律情事之發生，若能嚴格其成立
要件，即只有在違背內國立法目的
——重大經濟、社會政策時，始認定其
成立，否定其效力，則對涉外私法關係
之安定，當不致造成太大影響。我國在
法無明文規定下，若欲採行，則應以涉
外民事法律適用法第三十條爲根據，依
照法理說明採用規避法律之理由，及其
成立要件及效力，藉法院判決以補充國
際私法之欠缺，對我國國際私法之發
展，當有正面積極的貢獻。

案規定，「婚姻無效及離婚之管轄權，以當事人善意居住於該州，並繼續相當時期者」爲
限。亦爲一部分州所採。參閱馬著，第二三八頁。英國法對規避法律問題，雖未發展成
一普遍之規則，但確予以注意，迭有判例及反規避法律之措施。參見 Cheshire and
North, Private International Law (1987, 11th ed.) pp. 578-583; Graveson, Private International Law (1974, 7th ed.) pp. 170-174.
19) 西元一九八九年之瑞士國際私法有多處關於規避法律之規定，例如其第四十五條第二
項：「締結婚姻之男女，一方爲瑞士國民或雙方在瑞士均有住所者，其在外國締結之婚
姻，除當事人顯有規避瑞士法所定婚姻無效事由之意圖外，予以承認」。此外，其第十八
條更有一般原則性的規定，「基於其特殊目的，不問本法所指定之法律爲何，本法不影響
瑞士強制條款之適用」。西元一九七九年之匈牙利國際私法第八條，則有更明確之規定：
「1.涉外成分係由當事人虛擬地或詐欺地設定時，不適用該外國法。2.在詐欺之情形，
原應適用之法律應予適用。」

國際公約有關契約準據法之最新規範

——羅馬公約與墨西哥城公約之比較研究——

壹、引　　論

法律為社會狀態之反映，也為立法政策之表現，各國社會情狀不一，經濟條件相異，國民精神也不一致，則作為規範人民私生活法律之內容，自難趨一致。各國民商法律既有差異，則於涉外私法關係涉訟於一國法院時，究應適用何國法律，以為案件之準據法，遂不得不確定應適用之準則，以相調和，俾維持公平正義，因之各國均有國際私法之制定。

一國制定國際私法，乃為求公平解決涉外案件應適用之法律，但就有些國家言，不過為表示法權之獨立自主，避

免外人譏諷法律上野蠻落伍，並防止他國之法律報復而已；其制定之國際私法是否真正合乎時宜，法院有無認真適用，以公平確保當事人權益，則係另一問題。抑有進者，各國國際私法既不相同，則同一案件涉訟於不同國家時，判決結果即可能不同，此對當事人言，固不公平，也往往造成原告濫擇法庭之弊端。

國際私法既為各國自行制定之法律，如各國不採同一原則，難免分歧而礙適用，已如上述。是以自西元十九世紀以來，國際間曾舉行無數次雙邊或多邊會議，以謀各國國際私法原則作劃一共同之規定。擇其重要者而言之，一為

美洲國家國際私法會議[1]，一爲歐洲國家海牙國際私法會議[2]，前者擬藉締結一國際條約，包括國際私法之一切原則，畢其功於一役之方式，以完成國際私法之統一；而後者，則以一原則締結一條約之方式，採逐步漸進之方式，以完成國際私法之統一。事實證明，前者陳義過高，太過理想，實現困難，而後者切合實際，實現較易。因而晚近美洲國家，逐亦不得不改轅易轍，變更方式，而採取歐洲國家之模式，以一原則締結一條約之形式，希望逐步達成國際私法統一之目標。

因之，美洲國家組織(The Organization of American States)於一九七一年成立美洲國家間國際私法專門會議(Inter-American Specialized Conference on Private International Law of the Organization of American States)，並於一九七五年、一九七九年、一九八四年、一九八九年及一九九四年分別集會，針對衆多不同問題，分別簽訂各種條約，以謀求國際私法之逐步統一。[3]平實而言，美洲國家國際私法會議所簽各種公約，深受歐洲海牙及其他國際私法會議之影響，本文

1) 西元一八七八年由秘魯召集之國際私法利馬會議，曾議決國際私法條約案八章，都六十條，規定人之身分、能力、財產、婚姻、繼承、法律行爲、法院之管轄、判決之執行等問題，該條約雖經參與國簽字，但未能施行；一八八八年，再由阿根廷、烏拉圭二國發起，舉行蒙特維地奧會議，締結國際民、商法等各種條約；一八九一年美國召集之南、北美洲之泛美國際私法會議，曾先後舉行數次會議，第六屆泛美會議於一九二八年舉行時，並通過布斯特曼地(Bustamante)國際私法典，都四百三十七條（第二九六條以下，規定國際刑法及國際民事訴訟法），惜由於加拿大、美國、墨西哥之未批准，加上人之身分、能力事項究應依住所地法抑本國法，仍任諸各國自定，以及許多通過法典之國家，均附帶保留條款，使法典之適用，大受阻礙。請參閱馬漢寶，國際私法總論（民國七十一年）第三十七至第三十九頁。

2) 歐洲國家鑒於泛美會議之成效，逐亦努力於國際私法統一運動，荷蘭政府在其法學家阿塞(Asser)之建議下，於一八九三年邀請歐洲各國，召開第一次海牙國際私法會議，並就一原則締結一條約之方式，以期次第完成國際私法統一之理想，藉以減少阻力，二次世界大戰前共舉行六屆會議，通過不少公約；戰後海牙國際私法會議爲加強組織，於一九五一年通過憲章，成立常設局，並擴大會員國範圍，迄一九九三年前，於舉行之十一次會議中（第七屆至第十七屆），共通過三十一個公約，其中三分之二已經生效。請參閱劉鐵錚、陳榮傳著，國際私法論（民國八十五年）第七十至第七十五頁。

3) 美洲國家間國際私法專門會議在上述舉行之五次會議中，共計通過二十三個公約。美洲國家組織現共有三十二個會員國，以上簽訂之每個公約，只要有二個國家批准，即可在批准國間生效。第六次美洲國家間國際私法專門會議預定在一九九九年召開，準備提出之議題包括(1)有關委託權及商務代理之問題；(2)非契約責任之法律衝突問題；(3)自由貿易之標準商業文件問題；(4)國際破產之問題；(5)國際私法上私人國際借貸契約之問題；(6)超越

擬選擇人類營社會生活中，最常發生之契約關係，針對契約準據法之規定，就一九八○年簽訂於羅馬，一九九一年生效之歐洲經濟共同體契約債務之準據法公約（Convention on the Law Applicable to Contractual Obligations 簡稱羅馬公約）與一九九四年簽訂於墨西哥城之美洲國家國際契約之準據法公約（Convention on the Law Applicable to International Contracts，簡稱墨西哥城公約），作一分析比較研究，以明二者之異同，並指出國際社會間有關契約準據法之最新發展趨勢，俾供我國未來修正涉外民事法律適用法時之參考。

貳、歐洲經濟共同體會議
——羅馬公約

一、制定經過

制定統一的國際私法，早於一九六七年時，即由比利時、荷蘭、盧森堡三國向歐洲經濟共同體（European Economic Communities）之委員會提出，而契約及非契約債務之準據法，曾被詳

加研究，一九七○年時，已著手起草此方面之公約，一九七二年完成草案，惟次年，因丹麥、愛爾蘭及英國之加入歐洲經濟共同體，而此三個新會員國與原有之六個會員國——比、荷、盧、德、法、義（皆屬大陸法系之國家），法律制度在許多方面有重大之不同，簽約工作因而延後，蓋簽約必須考慮新會員國之觀點，全體會員國作為一整體時，也有重新思考並改進原草案之必要，鑒於單獨簽訂契約之準據法公約，也較合併簽訂非契約債務準據法公約為易，因之一九七八年時該國際組織遂決定單獨簽訂契約準據法公約，一九七九年完成公約草案，一九八○年六月於羅馬由各國代表簽署完成，惟令人驚訝的是，本公約遲至一九九一年於第七個會員國英國批准後，方始生效。[4]

二、適用範疇

(一)廣泛之觀察

本公約涵蓋面有其廣泛處，也有其狹窄點（見後述(二)），就前者言，本公約適用於契約債務涉及不同法律制度之法律選擇，且不限於國際案件。舉例而言，本公約就涉及英國不同地區如英格

國界污染之民事國際責任之問題；(7)國際私法上兒童之國際保護之問題；(8)證券交易法之統一及協調之問題。關於其詳，請參閱前引註 2 第六十八至第七十頁。
4)本公約載於 E. E. C. Official Journal C. 027, (1998) pp. 0034-0046；請參閱公約第廿九條第一項：「本公約第七個批准書、加簽書或同意書寄存之日起第三個月之第一日生效；Cheshire and North's, *Private International Law* (12ed. 1992) p. 459.

蘭與蘇格蘭之法律衝突，也有其適用；另如爭端涉及聯邦國各地方時如美國，倘爭端於歐洲經濟共同體會員國法院提起，而本公約於該國已生效時，也有本公約之適用[5]。其次，本公約之適用也不限於所選擇之法律非為歐洲經濟共同體會員國之法律[6]，此意謂本公約有關準據法之規定，將取代批准國所有現行有效之國際私法有關契約準據法之規定，而不問該契約所涉及者為其他歐洲經濟共同體之國家，或世界上其他任何國家，換言之，本公約對批准國言，有廣泛之世界性效力。

㈡限　制

　　作為其起點，本公約雖然對各種類型之契約及契約問題，均統一地加以適用，惟此原則仍受下述限制：(1)它排除一些保險契約，此包含危險坐落於歐洲經濟共同體會員國領域之內之契約，此因歐洲經濟共同體內部法律對此種契約已有特別選法規則[7]，但其適用於再保險契約。(2)它也排除一些契約爭議於本公約之外，最顯著者為本公約不適用於仲裁及合意管轄法院條款[8]，此意謂解決此種爭議之準據法，沒有本公約之適用，其原因有二，一則因一些締約國認此種爭議為程序性或管轄權問題，應適用法庭地法，而其他國家包含普通法國家，則認其為契約問題，應依正常選法規則決定，難以妥協；另一原因則為，鑒於國際間已有甚多之有關仲裁之公約存在，且多數會員國也為彼等公約之締約國；惟不贊成此論點者，則認為有關之仲裁公約並未適當地規範仲裁契約之準據法問題，且也非所有會員國均為該等公約之締約國[9]。(3)本公約排除有關自然人身分或行為能力問題，此等問題往往涉及契約爭議，惟由於大陸

5) 請參閱公約第十九條第一項之規定：「當一個國家包含數個領域，就契約債務各有其法律規定時，就本公約所指定之應適用法律言，各個領域應視為一個國家。」

6) 請參閱公約第二條之規定：「本公約所指定之任何法律，不問其是否為締約國之法律，皆應適用。」

7) 參閱公約第一條第三項及第四項。

8) 參閱公約第一條第二項第四款。公約第一條第二項另排除下列事項於本公約適用之外：(a)關於自然人之身分或行為能力，惟不影響第十一條之適用；(b)契約債務係有關於遺囑或繼承；基於婚姻關係所產生之財產上之權利；基於家庭、親子、婚姻或親屬等關係所產生之權利義務，包括對非婚生子女之扶養義務；(c)基於匯票、支票、本票以及其他可流通性工具所發生之義務，惟對後者其義務必須基於其流通性而發生；(d)仲裁契約及合意選擇法庭契約；(e)受公司及其他法人或非法人組織法所規範之問題，例如其設立，藉登記或其他方式，行為能力，內部組織，或之解散清算，以及職員之個人責任與其對公司或團體之義務等；(f)有關代理人對第三人言，能否拘束本人，或機關能否拘束公司或法人非法人組織；(g)信託之組織，以及信託人、受託人與受益人間之關係；(h)證據及程序，惟不影響第十四條之適用。

法系國家視其爲身分問題，不適合於契約公約中加以規範。而英美法系國家則認其與契約有關，應於此公約中加以規定，由於彼此對問題之定性不同，不能獲得一致之見解，終至排除於外[10]。(4)一般原則外仍有規範特殊型態契約之特殊條款。例如對不動產或貨物運送契約，則規定有決定其準據法之可反駁之推論。(rebuttable presumptions)[11]，於消費者及僱傭契約，另規定一些特殊條款用以決定當事人無合意時之準據法以及實際上對當事人合意效力所作之限制[12]。

三、主要條款之分析

一般而言，本公約就契約準據法之決定，有三項基本規則，其一、當事人可自由選擇契約之準據法；其二、當事人無合意時，契約依與契約最有密切牽連地國之法律；其三、爲有關契約方式問題，如其符合上述兩項準據法之一或締約地國法時，即爲有效。茲進一步就上述及其他問題分析說明如次：

(一)選法自由

無論是大陸法系國家或英美法系國家對契約採取當事人意思自主原則之見解，則是一致的，此也構成了羅馬公約之起點。第三條第一項規定，當事人明示之選法是有效的，而當事人之選擇經由契約之條款或事件之情況，可得合理確定後，亦爲有效。此意謂當事人之合意，可藉由雙方過去之交易或合意選擇法庭或仲裁條款而決定。惟本公約排除反致之適用，因之，當事人合意選擇之法律，必定是某國有關契約之法律，不包含其國際私法[13]。

此外，當事人得自由決定就契約之不同部分，分別選擇不同之法律爲其準據法，而準據法選定或確定後，當事人可以事後合意之新準據法予以代替，惟第三條第二項規定，該事後之選擇不影響契約方式之效力，亦不得對第三人權利有不利之影響。任何變更準據法條款之效力，則由該變更條款所選擇之新準據法予以決定。當事人合意選法之自由，可說沒有任何限制，當事人合意選擇之法律即使與契約無任何牽連，也屬無妨[14]。

惟應注意者，當事人合意選擇之法律仍受到二點限制，其一，本公約所有

---

9) 請參閱 Peter North, *Essays in Private International Law* (1993) p. 36.

10) 請參閱 Peter North, *Contracts Conflicts* (1982) p. 10.

11) 參閱公約第四條第三、四、五項。

12) 參閱公約第五條、第六條。

13) 參見公約第十五條。關於反致，請參閱劉鐵錚，國際私法論叢（民國八十年）第一九五至第二二六頁。

14) 在當事人意思自主原則下，當事人可以選擇外國法之範圍，仍有理論上之爭執，一派以

條款都受到公序良俗條款之限制[15]，故如適用任何國家法律時，如其顯然牴觸法庭地公序良俗時，得予拒絕適用（第十六條），此一規定使得締約國得拒絕接受當事人合意所選擇之法律。另一限制，係指當事人合意選擇某一外國法律，而契約與另一國則有全部的牽連關係，在此情形下，第三條第三項則規定，該選擇不影響有全部牽連國強行法之適用，而強行法則定義爲「不得藉由契約而取消」之條款，故當事人合意選擇某外國法純係爲規避一純粹內國契約原應適用之強行法時，上述條款即可

介入。不過，在一國際性契約中，吾人很難想像，除選法條款外，該契約僅與一國相牽連，因此，第三條第三項之實際作用，恐將有限。

(二)無合意選法時應適用之法律

如當事人未合意選擇契約全部或一部應適用之法律時，第四條規定：「契約應依與契約最密切牽連地國之法律」，惟於此就契約之不同部分，仍可依此規定，分別適用不同之法律。另有二點值得吾人注意，其一、其用語爲與「某國」有最密切牽連地，而非如普通法國家常用之與「某法律制度」有最

爲當事人明白選定之準據法，必須與契約間存有眞實的關係或牽連，而不得任意選擇與契約無絲毫牽連關係國家之法律，爲應適用之法律。其理由約言之有二：其一、外國法律與契約間有某種牽連關係，如爲契約訂約地、履行地、當事人本國、住所地等，乃爲適用該外國法之基本原因，倘如與契約有眞實牽連關係國家之法律，無適用於該契約之權義，當事人合意選定之法律，何以得主張適用於該契約？其二、當事人如得合意選定一種與契約無眞實牽連關係國家法律爲契約之準據法時，則對於原與契約有眞實牽連關係國家之強行法律，不免有逃避之嫌。另一派學者主張則反是，以爲當事人應有完全之選法自由，其理由蓋以爲國際性契約複雜多樣，內容不一，如必限定當事人僅得於與契約有眞實牽連關係國家中加以選擇，不僅在理論上難以自圓其說，且實際上當事人指定與契約無牽連關係國家之法律，也難謂絕無必要，例如該國法可能就雙方利害關係言，係屬中立法，或者乃雙方當事人共同熟悉之法律，或者該被選定之法律，乃屬最進步之法律。此外，贊成當事人應有選法絕對自由者，復著眼於選法便利原則，以爲對當事人選擇準據法若加以限制，當事人或將難於達成明白之協議，徒增法庭地法院確定準據法之負擔。

關於本問題，請參閱馬漢寶，見前引註 1 第二四至第一二九頁。Graveson, *Lectures on the Conflict of Laws and International Contracts* (1951) pp. 6-19.

15) 關於公序良俗條款，請參閱 Lorenzen, "Territoriality, Public Policy and the Conflict of Laws," 33 Yale L. J. 736 (1924); Nussbaum, "Public Policy and the Political Crisis in the Conflict of Laws," 49 Yale L. J. 1027 (1940); Note, "The Public Policy Concept in the Conflict of Laws," 33 Col. L. Rev. 508 (1933)，劉鐵錚，「外國法適用之限制」，載於司法院釋憲四十週年紀念論文集（民國七十七年）第四三五頁至四六八頁。

密切牽連地，此一用語之改變有使契約要素（如術語）與一法律制度而非一國家之相牽連關係，變得較不相關，另一點則為在決定最密切牽連地國家時，契約成立後之行為，也可以列入考慮之因素。對於後續行為之重視，以作為解釋契約之補助，亦與普通法國家所採一般立場不同，後者僅視該等行為為契約變動或新契約產生之證據[16]。

普通法國家在近年來，已傾向拒絕利用推論作為決定契約與何一國家或法律制度具有最密切牽連關係[17]；但第四條第一項所規定之一般原則，則受到適用可反駁推論之限制，最顯著者之一則是，如契約之主旨為存在於不動產之權利，或者使用不動產上之權利，則其推論為該契約與不動產所在地具有最密切牽連關係。第四條第四項也包含了適用於貨物運送契約之詳盡推論，但非旅客運送契約。此等推論以及後述討論者，均為可反駁者。如從周遭環境很顯然表現出該等契約與其他國家有更密切牽連關係，此等推論即不予適用（第四條第五項）。此意謂推論雖傾向適用不動產所在地法，但可被反駁，例如契約實際上顯示與當事人居所地國有更密切牽連關係時，例如位於法國度假農莊之租賃契約，而當事人雙方為於

英國有居所者之情形。

最重要之推論則是第四條第二項規定的「特徵性履行」（characteristic performance）推論，此一推論具有一般性，為公約主要嶄新規定之一。在此條款下，除關於不動產或貨物運送契約外，其他所有契約，皆適用此一可反駁之推論，即契約與促成特徵性履行當事人之居所地國有最密切牽連關係，於當事人為法人或公司時，則為其營業中心所在地國，另有進一步之限制，即如契約之締結係基於促成特徵性履行當事人之交易過程或職業，則應適用之法律推定為該當事人主要營業地國法，或者依契約之條款，履行完成時之營業地國法。

很有趣的是，特徵性履行之概念，引進到歐洲共同體公約，但其並非任一締約國法律之規定，而係源出瑞士[18]。此一推論之引進，出於妥協。蓋大家關心者，乃是如何為最密切牽連關係，建立一確定之因素。特徵性履行之有利處，是其可擺脫何處為契約締約地之循環論斷，它可避免確定履行地之需要，或必須就訂約地與履行地作一選擇。因而就通往確定及可預見之路，自屬向前邁進一步。雖然單務契約不致產生問題，但於雙務契約，則應體認支付金錢

16) 請參閱 Cheshire & North，見註 4 第四八九至四九〇頁。
17) 同前註 9。
18) 同前註 9。

— 481 —

並非契約之特徵履行，反之，吾人似應重視支付金錢對待債務履行之地位，例如貨品或服務之提供。此效果顯現在國際買賣契約中，在第四條第二項推論下，傾向適用出賣人之營業地國法。當然，有時很難確定何一履行為一主要國際契約中之特徵，交易愈複雜，確定之標準必愈為困難。

一般規則中愈是確定，自愈少彈性，而普通法國家律師傳統上均看到彈性之優點及推定之缺點，因此，不令人意外的，在使用推定時，另一妥協的因素，則是規定其為可反駁之推論，結果，又因此大大削弱了其原想提供之確定性。第四條第五項即明示，假定契約之特徵性履行不能確定，則推定可置之不理，正如同於契約與另一國家有更密切牽連關係時，可將推定置之不理是一樣的。實際上也可以說特徵性履行之推定，僅於其指向最具密切牽連關係國時，方有其適用。因此，吾人似可從開始就直接適用該一方法。事實上，此一推定之重要性，大約在於特徵性履行之地位，在當事人無合意選定準據法時，做為確定準據法之起點。

㈢形式效力

許多國家對規範契約方式要件，採取二以上之準據法，且係採取選擇適用方式[19]，公約第九條之規定亦不例外。

凡符合依公約所決定契約（實質要件）準據法形式要件之規定，或符合契約締約地法之規定，即屬有效。惟本條第二段之規定亦有潛在之困難，蓋依契約締約地法有其不完全令人滿意處，因何處為締約地繫於契約是否有效成立，而後者往往又是問題之所在，為避免此一困難，公約又規定，只有當事人於同一國家締結時，契約方式效力始依契約締約地法，如當事人於締結契約時，不在同一國家，則只須符合該任一國家法律所規定之方式要件，即為已足。

㈣準據法之範圍

公約第十條就當事人合意選擇之法律，或未為合意時依第四條所確定之法律，就其適用之範圍或包括之對象，有例示之規定，計有解釋、履行以及違反之後果等。有二點值得特別注意，準據法也適用於「債務消滅之各種方法以及消滅時效與訴訟之限制」，傳統上訴訟之限制在大多數普通法國家被視為是程序上之問題，而應依法庭地法，此一方法，由於公約第十條之關係，適用到契約訴訟時，即被放棄。另一項也值得注意的則是第十條㈠(e)之規定「準據法也規範契約無效之效果」，本條款之目的極為顯然，例如在契約無效下，請求返還已支付金錢之權利，依該契約所應適用之法律，雖然契約本身可能罹於

---

19) 關於契約方式要件之準據法，請參閱劉鐵錚，「法律行為方式準據法之研究」，載於當代法學名家論文集（民國八十五年法學叢刊雜誌社出版）第四八五頁至五一二頁。

無效。本條項之規定造成二類困難,其一,有些國家不認為在契約無效下,請求返還已支付金錢之權利為契約上義務,而是視其為準契約或牽涉到不當得利之法律,此意謂該條款不適合於規範契約債務準據法之公約內出現;第二個困難則為本條款所欲達成之效果是否合乎理想的問題,茲舉例以明之,若當事人明示選擇之法律與契約毫無關係,然選擇之效力仍受該一法律之規範,同時契約無效之效果也受該法之支配,更有甚者,該契約因某種原因而無效時亦然。此種顧慮,於會議協商時曾有爭論,最後達成協議,締約國對第十條(1)(e)之不適用得提出保留,而英國即行使了此一權限[20]。

(五)特殊契約

一些條款針對消費者契約與僱傭契約加以規定。當事人合意選法在消費者契約(非運送契約)受到限制,依公約第五條之規定,倘若在訂約前,曾對該消費者為特別之要約或藉廣告之方法為之,同時該消費者在其習慣居所地國已採取其方面之必需步驟以完成契約時,則合意選擇之法律,不得影響消費者習慣居所地國強行法之適用。這些條款顯然的證明了締約國有保護消費者之意願,不僅藉由實體法同時也藉由國際私法以完成之。不過,適用本公約

保護消費者條款之條件,也相當嚴格,其適用之機會,自會相對減少。再就僱傭契約而言,第六條規定在當事人無合意下,僱傭契約依受僱人履行契約時習慣執行工作地國之法律,倘若無上述國家時,則該契約依受僱人所從事之商業所在地國法,在上述二種情形下,均有但書,此即若契約與另一國家具有更密切牽連關係時,則該國法應予適用。當事人雖得自由選擇其準據法,惟該選擇不得剝奪受僱人在無合意下原應適用之準據法之強行法規定。惟一如前述,第六條可能僅有有限的實際效果。

(六)行為能力

關於行為能力問題,並無一般條款加以規範,因此應由各締約國依其國際私法加以決定。惟各國必須採納公約第十一條之規定,「當事人在同一國家締約,任一自然人依該國法(行為地法)有行為能力時,不得主張其依他國法為無行為能力,以對抗相對人。」例如依其住所地國法或本國法,倘若相對人為善意且無過失,於締約時未曾懷疑其欠缺行為能力。本條之規定,旨在保障善意當事人,不因他造適用其他法律而非行為地法,而成為無行為能力人,致使契約罹於無效[21]。

(七)自願讓與

多數普通法律師同意,無體物權利

20)請參閱 Cheshire & North,見註 4 第五一三至五二一頁。
21)參於我國涉外民事法律適用法第一條第二項。

之自願讓與，是屬於物權法領域，而非契約或債。因此對公約第十二條規範權利之自願讓與頗感意外，惟該意外因公約有明白規則處理此一問題而形緩和。就讓與人與受讓人間債務言，則依公約規定依其契約之準據法而定（第一項），然而涉及權利之可讓與性、受讓人與債務人間之關係、以及債務人債務是否已消滅等問題，則依規範該讓與權利之法律，也即原始債務之準據法（第二項），因如此，債務人之地位方能受到適當之保障。

(八)強行法

公約中有數處提到適用強行法之規定，甚為重要。該等規則於契約之所有牽連因素只涉及到一個國家時，限制當事人選法之自由（第三條第二項），對符合第五條之消費者契約，以及第六條之僱傭契約時，強行法之適用也限制當事人選法之自由。而公約於第七條更有關於強行法之一般性條款，規定法院可適用法庭地強行法以及適用第三國（既非法庭地國也非準據法國）之強行法。此外，第十六條也採納了國際私法之一般原則，此即應適用之外國法律明顯違反法庭地公序良俗時，強行法也可因此而適用。

叁、美洲會議
——墨西哥城公約

一、制定經過

美洲國家組織於一九七一年四月舉行之大會中，決議召開美洲國家間國際私法專門會議，自一九七五年起，每隔五年召開一次，最近一次則為一九九四年三月十四日至十八日在墨西哥城舉行之第五次大會，與會者有十七個拉丁美洲國家以及美國與加拿大。討論二項議題，其一為有關未成年人買賣之民刑事責任公約，另一則為國際契約之準據法公約，也即本文討論之對象。關於簽訂國際契約準據法公約之構想，其實早在一九七七年美洲國家間國際私法專門會議第二次會議時，即曾提出討論，此一議題並列入一九八九年舉行之第四次會議議程上，在該次會議時，墨西哥代表團曾提出草案，惜未被接受，僅通過了一些原則，以為未來討論之基礎。隨後美洲國家組織所屬之美洲國家間司法委員會(Inter-American Judicial Committee)則準備了一公約草案，並附報告。此一草案並經一九九三年在美國阿里桑拿州土森市所舉行之專家會議中討論、修正。而後提出於一九九四年國際私法專門會議第五次大會，而終於在三月十八日經全體會議通

過[22]。此一國際契約準據法公約（墨西哥城公約）代表西半球相當數目國家一致之意見，包括有大陸法系及英美法系之國家。持平而言，此一契約準據法公約實以一九八〇年歐洲經濟共同體之羅馬公約為範例，參考借鏡之處頗多，惟亦有相異之點。

二、內容鳥瞰

第五次美洲國家間國際私法專門會議所通過之國際契約準據法公約，共二十四條，區分為六章[23]。第一章規定適用之範圍，第二章係有關準據法之確定，第三章則為契約之存在與效力，第四章界定準據法之適用範圍，第五章為一般條款，第六章為最後條款。除第二章有關準據法之確定部分，擬最後詳予論述外，茲先就其他各章規定，扼要說明如下：

㈠適用範圍

本公約係決定國際契約適用之法律（第一條第一項），因之第二項就本公約所謂之國際契約予以定義，而稱：「如雙方當事人之習慣居所或營業地位於不同締約國，或者契約與一以上之締約國有客觀上牽連者屬之」，由此可知，本公約適用對象之國際契約，不僅須含有涉外因素，且涉外因素也須涉及二以上之締約國，否則即非本公約所謂之國際契約，故在適用對象上有其狹窄性。例如契約當事人一方之習慣居所在甲締約國，另一方之習慣居所在一非締約國，因非國際契約而無本公約之適用；惟如該契約係在乙締約國簽訂或履行，則因該契約與一以上之締約國有客觀上牽連關係，而成為國際契約，自有本公約之適用。

至契約主體為國家、國家機關或實體時，除契約當事人有明示排除外，亦有本公約之適用，另任一締約國於簽署、批准或加簽本公約時，得提出於國家或國家機關或實體為契約當事人時，本公約不適用所有或某些種類契約之保留（第三項）。此外，任一締約國於批准或加簽本公約時，得宣佈本公約不適用於某些種類之契約（第四項），於此情形自不問該等種類契約之主體是否為國家，國家機關及實體，均不得成為本公約適用之對象。

公約第二條規定：「依本公約確定之法律，縱非締約國之法律，仍應適用。」國際契約應適用之法律，無論係締約國之法律抑非締約國之法律，依本條之規定，皆有其適用，以擴大本公約適用之機會。此外，鑒於國際貿易發達鼎盛，科技日新月異，為應付新形式之

22) 關於其詳，請參閱 Garro, "Unification and Harmonization of Private Law in Latin America," 40. A. G. C. L. 587 (1992).

23) 本公約全文見 33 I. L. M. 732 (1994).

契約，第三條特規定：「本公約在必要及可能調整下，對於由國際貿易發展結果所使用之新形態之契約，也有其適用。」第四條則宣示解釋及適用本公約之原則，其規定為：「為解釋及適用本公約之目的，其國際性質及適用上促進一致之需要，應列入考慮。」

某些與契約有關之事項，但其準據法不在本公約決定範圍之內，為杜爭議，公約第五條特予明文列舉，排除本公約之適用，此即：

1. 基於自然人婚姻狀態、當事人行為能力，或由於當事人一方之無行為能力所產生之契約撤銷或無效結果等所生之問題；
2. 因繼承問題、遺囑問題、婚姻協議或其他因家庭關係所產生之契約義務；
3. 因證券所生之義務；
4. 因證券交易所生之義務；
5. 當事人有關仲裁或選擇法庭之協議；
6. 公司法上之問題，包括商業公司及一般法人之存在、能力、功能及解散。

另外，第六條規定，「本公約條款對於在締約國間有效之國際習慣法下保有自治規範之契約，不予適用。」此種特殊性質之契約，因其本身已有自治規範，故予以除外。

㈡契約之存在及效力

契約或其任一條款之存在及效力，以及有關當事人選擇準據法合意之實質效力，依公約第二章相關規則規範之（第十二條第一項），但為證明當事人之一方未曾適當同意，法官則應考慮其習慣居所地或主要營業地，以決定其準據法。

第十三條係有關契約方式準據法之規定，當事人在同一國家間締結之契約，就契約方式言，若其符合依本公約規範契約準據法之規定，或該締約地國法律之規定，或符合履行地國法律之規定，皆為有效（第一章），若當事人在不同國家間締結之契約，即所謂隔地契約，則除上述外，符合任一締約地國法律之規定，亦為有效（第二章），蓋於隔地契約，何處為締約地，易生爭執，公約為杜爭議，乃規定各該地皆為締約地。按法律行為之方式者，乃契約成立或其效力之發生，所應遵守之形式，藉以確定當事人之意思表示，在涉外案件上，一國法院究應適用何國法律，以決定契約方式之有效與否，乃一國國際私法有關契約方式準據法之問題。一般而言，各國對契約方式之準據法，不同於對契約實質要件準據法之規定，其不採單一之準據法，而採二種或二種以上之準據法，且係採選擇適用之方式，其目的不外希望不以方式害實質，以儘量促使法律行為之成立為原則。本公約亦不例外，因而有上述之規定。

(三)準據法適用之範圍

公約第十四條規定:「依本公約第二章所確定之準據法主要規範下列事項:(a)其解釋,(b)當事人之權利與義務,(c)契約成立時義務之履行以及不履行之效果,包含損害之評估以及賠償之支付,(d)義務可以履行之各種方式,以及時效與訴訟權之喪失,(e)契約無效或被撤銷之效果。」本條應予注意者,因其有主要規範乙詞,可見其並非列舉而有例示之性質。

關於代理,公約第十五條規定:「在決定代理人是否能拘束其本人或一個機關,一個公司或法人時,第十條之規定應予以考慮。」按第十條係指超然於各國法律外之國際商事法之指導原則、習慣及原則以及廣為接受之商業慣習。第十六條係規定契約公開事項之準據法,該條規定:「國際契約登記地國或公開地國之法律,規範所有有關契約公開之事項。」

第十七條「就本公約言,法律乙詞係指某國現行有效之法律,不包括其國際私法。」對涉外案件,法院最重要之任務,即在依所選擇之法律──準據法,以解決當事人間之爭端,惟此最後階段有問題者,即如所選擇之法律為法庭地法,法院固毫無疑問的適用其民商實體法,以為裁判之依據,如案件為侵權行為,則適用法庭地有關侵權行為之法律,如為離婚案件,則適用有關離婚之法律;惟如所選擇之準據法為外國法時,則情形即可能複雜,蓋此外國法,究竟指該外國之實體法抑指其全體法律──包含其國際私法?此外國法(法律)之曖昧用語,導致了國際私法上反致問題之發生[24]。本公約則於本條明文排除反致,以避免解釋上之爭議及適用上困難。

第十八條:「依本公約指定應適用之法律,僅於其明顯違反法庭地公序良俗時得予以排除。」按公序良俗,不外為一國立國精神及其基本國策之具體表現,而善良風俗乃發源於民間之倫理觀念,皆國家民族所賴以生存之因素,法文極為抽象,欲從學理上在國際私法中確定其意義,亦非易事,故各國皆由執法者體察情勢,作個別之審斷,實亦不得已耳。[25]

(四)一般條款

第十九條:「在一締約國,本公約條款僅於本公約對該國生效後簽訂之契約適用之。」本條為有關法律不溯既往原則之規定,亦為對時間因素所引起之法律衝突之解決。

第二十條:「本公約不影響本公約締約國作為其他國際公約締約國時,該其他國際公約之適用,倘後者為適當

---

24)關於反致條款,請參閱劉鐵錚,見註13。
25)關於公序良俗條款,請參閱註15。

時，同樣地，也不影響在整合活動中所締結之國際公約，惟必須聲明就同一主題，何一先簽訂之公約繼續有效。」

第二十一條：「當簽字、批准或加簽本公約時，國家得正式對特定之一條或多項條文提出保留，惟該條文與本公約之生效與目的非不相容。」「締約國得隨時撤回其正式的保留。該保留的效力於通知撤回後第三個月之首日停止。」

第二十二條：「關於本公約所包含之事項，就一國有二或二以上法律制度適用於其不同之法域時(a)任何提到有關一國之法律，應解釋為有關該國某一法域之法律；(b)任何提及有關在該國之習慣居所地或營業地，應解釋為在該國某一法域之習慣居所地或營業地。」本條係解決適用聯邦國家法律所遭遇之問題。

第二十三條：「一個有複數法域之國家，就本公約所包含之事項有不同之法律制度時，該國不必適用本公約以解決其法域間法律制度之衝突。」本條文在明示一個區際法律衝突問題，不在本公約適用之範圍。

第二十四條：「如一國有複數法域且就本公約所包含之事項有不同之法律制度時，其於簽字、批准或加簽時，得聲明本公約效力及於其所有之法域或其中之一或數個法域。」「該聲明得被以後之聲明變更，後一聲明應明示本公約適用之一法域或數法域，該以後之聲明應通知美洲國家組織秘書處。於其接到通知九十日後生效。」

（五）**最後條款**

係有關本公約簽字、批准、加簽及生效等事項之規定，一般公約皆有之，茲誌之如下，以供參考：

第二十五條：「本公約對美洲國家組織會員國之簽署公開。」

第二十六條：「本公約應予批准，批准書應寄存於美洲國家組織秘書處。」

第二十七條：「本公約生效後，對其他國家之加簽公開，加簽書應寄存於美洲國家組織秘書處。」

第二十八條：「本公約對批准國言，於第二個批准書寄存之日起第三十日生效。

於第二個批准書寄存後，對每一批准或加簽本公約之國家言，本公約於其寄存批准書或加簽書之日起第三十日發生效力。」

第二十九條：「本公約無限期的有效，但任一締約國得廢止之，廢止書應寄存於美洲國家組織秘書處。於廢止書寄存後一年起，本公約對廢止國不再有效。」

第三十條：「本公約之原始文件，英文、法文、葡萄牙文及西班牙文版本同樣真實，應寄存於美洲國家組織秘書處，後者應依聯合國憲章第一○二條寄存一認證副本給聯合國秘書處，俾便登

記及公開。美洲國家組織秘書處應就簽署、寄存批准書、加簽書及廢止書,以及提出之保留或其撤回,通知美洲國家組織之會員國及加簽國。

茲證明下列簽名之全權代表,皆受各該國政府之適當授權,簽署此一公約。」

㈥準據法之決定

公約第二章規定準據法之決定,爲公約核心部分,共分五條,茲做較詳盡之說明如下:

1.當事人意思自主原則

拉丁美洲國家在國際私法領域中,長期攜手合作,令人讚賞,其歷史可遠溯到第十九世紀。惟矛盾的是,在契約準據法原則方面之發展,卻不順利而頻遭阻礙。西元一八八九年蒙特維多國際私法會議所制定之公約,默示地排除了當事人意思自主原則;該一決議在一九四〇年蒙特維多國際民事法會議中明示的予以確認,拒絕此一國際慣例上證明爲有效原則之理由,純屬觀念上及實證上之性質[26]。此一早期之錯誤觀念影響了拉丁美洲國家有關契約準據法之發展迄今,此種反對當事人意思自主原則立場,不僅束縛了法官之手腳,也誤導了學術界,正如烏拉圭著名國際私法學者 Ouintin Alfonsin 所言,當事人意思自主原則爲國際私法中一項疏遠的因素,不管其歷史如何悠久令人尊重,應予譴責而非讚美。不贊同當事人意思自主原則也擴及於程序方面,因此,合意選擇法庭以及仲裁條款,遲至晚近,在拉丁美洲若干國家中,其效力仍令人抱持懷疑之態度[27]。歐美學者中也不乏對此原則持懷疑或反對態度者,遠者如法國之 Batiffol,美國之 Beale[28],晚近仍有美國之 Weintraub 及 Singer 等學者[29]。

惟值得注意的是,不論美國之統一商法典或第二次國際私法整編都已明白承認當事人有權合意選擇契約之準據法。不過統一商法典 Sec. 1-105 (1)仍規定合意選擇之法律,必須與契約有一些牽連之關係;甚至於自由色彩較濃之第二次國際私法整編第一八七條(2) (a)也要求,就主要效果之爭議,在合意選擇之法律與當事人或交易行爲缺少

26) 請參閱 Lorenzen, "The Pan American Code of Private International Law," 4 Tul. L. Rev. 499(1930); Nadelmann, "The Need for Revision of the Bustamante Code on Private International Law," 65 A. J. I. L. 782(1971); Rabel, 11 the Coflict of Laws, A Comparative Study 374, 375(1958).
27) 請參閱 Juenger, Choice of Law and Maltistate Justice 81-187(1993).
28) 請參閱馬漢寶,前引註 1 第一二五頁及一三三頁。
29) 參閱 Weintraub, Commentaries on the Conflict of Laws 371-375(3rd ed. 1986); Singer, "Real Conflicts," 69 B. U. L. Rev. 75-76(1989).

重要牽連關係時，當事人必須證明一些其他合理之基礎。固然在現實世界裡，當事人任意選法可說絕無其事，此特別於雙方當事人具有平等協商能力時，對當事人意思自主原則之任何限制，可說毫無意義。事實上，美國最高法院已加速步伐，在一附合契約合意選擇法庭條款效力下，竟也命令一消費者遠赴他鄉訴訟[30]，雖然此一判決甚受批評[31]。

鑒於當事人意思自主原則在拉丁美洲國家之曲折發展，墨西哥城公約扮演了賦予該一原則成為拉丁美洲立法主義之重要角色。公約第七條(1)第一句，以簡潔明確之字眼表示，「契約依當事人合意選擇之法律規範」，其第三句一如羅馬公約第三條(1)第二句，承認契約得就其不同之部分分別選法之原則。同樣地，其第八條則遵循歐洲公約之模式許可當事人在任何時間都可改變所選擇之法律，准許當事人修改早時之選擇，或者合意變更原應適用之準據法，惟此種改變既不得影響原契約之形式效力，亦不得影響第三人之權利。此外，當事人意思自主原則只受第十八條公序良俗條款及第十一條強行法之限制。

藉規定當事人合意不須明示也可默示下，公約第七條(1)第二句事實上賦與法院及仲裁人相當廣泛之裁量權，該句中提到當事人之行為以及契約之條款，可說相當廣泛地許可決定者依賴推定之意思以期得到一合理結果之目的，此特別於維持一協議時。第七條第二項規定，當事人合意選擇法庭並不當然代表包含準據法之選擇。本項雖以否定方式為之，惟實際上則准許受訴法院適用法庭地法，因此，也就可以節省調查證明外國法所需之花費及遲延。

2. 在當事人未有效合意下應適用之法律

就當事人意思自主而言，墨西哥城公約可說與羅馬公約亦步亦趨，惟在當事人未有效合意下應適用法律之規定，二者可說大相逕庭。雖然蒙特維地爾原則，美洲國家間司法委員會草案以及土桑專家會議所議定之草案，大體而言，均係依照歐洲公約之模式，但墨西哥城公約則作了一些重要之改變。

正如同羅馬公約，墨西哥城公約也採納了「適當法方法(proper law approach)」，依照公約第九條第一項「假如當事人未選擇應適用之法律，或

---

30) 參閱 Carnival Cruise Lines, Inc. v. Shute, 499 U. S. 585(1991).
31) 參閱 Borchers, "Forum Selection Agreements in the Federal Courts After Carnival Cruise: A Proposal for Congressional Reform," 67 Wash. L. Rev. 55 (1992); Mullenix, "Another Easy Case, Some More Bad Law: Cornival Cauise Lines and Contractual Personal Jurisdiction," 27 Tex. I. L. J. 328(1992).

者其選擇證明為無效時，契約應依與契約最有密切牽連地國之法律」，惟與歐洲公約起草者有意客觀化此一模糊的連結因素相反之處，則在於美洲公約決定給予決定權者一廣泛之選擇。因此第九條第二項強調，「法院應考慮契約所有之客觀及主觀之因素，以決定與契約最有密切牽連地國之法律。」條文中提到的主觀因素，似包括考慮到當事人「假設的或推定的意思」，該種意思雖無非是一種假設，但確有良好的效果，蓋准許法官告訴當事人什麼應該是當事人之意思，第九條第二項實際上樹立了一項有效原則，因為當事人意思如為選擇可使契約無效之法律，則等同惡意，自不被許可，換言之，此主觀因素引進了目的論之成分，並由同條項第二句予以強化。

惟於此必須一提者，即羅馬公約中之「特徵性履行」概念並未出現在墨西哥城公約中。美洲國家間司法委員會，以及集會土桑之專家委員會（歐洲公約起草者）均有相同之動機，即欲制定一較形而上之適當法公式，更具確定性及可預見性之規則，因而包含了「特徵性履行」概念進去，但是在墨西哥城會議時，對此種立法方式則發生了嚴重分歧，很顯然地，羅馬公約有意貶損新的商人法以及以機械的方法以地區化國際性契約，均不能反應現時國際貿易交易之急迫性及國際性，從而「特徵性履行」概念未被採納[32]。

基於上述考慮，美國代表團遂提出在當事人未合意選擇法律時，採納下述對選法規則實質之解決方案：

「如當事人未合意選擇法律，或者其選擇被證明無效時，契約應依為國際組織所接受之國際商事法之一般原則所規範。」

此一建議由專案小組討論，幾經折衷，最後達成妥協，即適當法之方式原則上仍予以保留，但第九條第二項文字，在強調法院得廣泛考慮主客觀因素以決定與契約最密切牽連地國後，修正如次：

「法院也應考慮國際組織所承認之國際商事法之一般原則。」

此一妥協，混合了實體法之方法與適當法，很難討好純粹法主義者。表面上觀察，此條項反映了不受束縛的選擇主義，在區域化及目的論中搖擺不定；但深一層觀察，此一妥協或能運作良好，它許可決定權者可免除繁瑣吃力的選法工作，而依賴諸如聯合國國際貨物買賣契約公約，以及規範國際商業契約之 Unidroit Principles[33]，倘當事人因

---

32) 參閱 Juenger，見註 27 第五六—五八頁。
33) 此一規範國際商業契約之原則，係由國際統一私法學院International Institute for the Unification of Private Law所制定。詳見Principles for International Commercial

適用此等廣爲世界各國普遍接受之規範而受益或不利，自也較因援用模糊不清、未獲普遍承認而又落伍之某些內國法規爲公平合理。

第九條第二項所彰顯的實體法方法，又更進一步爲第十條所強化，該條規定：

「除上述條款外，國際商事法之指導方針、習慣與原則，以及普通接受之商事慣習及實際應予以適用，以實現個案正義及衡平之要求。」

公約對善意及公平交易之習慣及原則之支持，可以幫助強調實現實體正義之重要性。總之，如果僅就功能不彰的「特徵性履行」方法而言，墨西哥城公約之規定顯然優於適用上錯綜複雜，規定又模糊不清的羅馬公約第五條。且同時墨西哥城公約第九條第二項也澄清了當事人也有自由選擇國際商事法之原則，此種選擇則爲羅馬公約所未授權。締約當事人之權利義務，如果

是由一現代化、深思熟慮超越國界，對國際交易反應敏捷的法典來規範，而非由可能低於國際標準、落後不公允的地方性法律來支配，自屬公平合理。契約當事人未能充分利用法律所賦與他們選法自由的機會，以選擇希望被規範的法律，則在法院適用該一現代進步功能性契約規範時，自無從再予抱怨，況且援用超國家標準之規範，當然比適用僅對一造當事人有利之本國法更合乎公平正義之原則。

肆、結 論

契約是吾人營社會生活最常發生之一種法律關係，在現今國際社會交通發達、貿易興盛，各國人民往來與時俱增之情形下，任何人皆有隨時隨地發生涉外契約關係之可能，而契約當事人一旦發生爭議，涉訟於法院時，爲期同一案件，不論起訴於何一有管轄權之法院，皆能適用相同法律，而達到公平合

Contracts, Unidroit 1991, study L-Doc. 40 10 Rev. 10, Rome, July 1992，其原則包括下列各點：

①當事人享有締約及決定內容之自由；

②有效成立之契約，有拘束當事人之效力；其僅得依雙方之協議或契約之條款，或依本原則之規定，予以修正或廢止；

③倘依相關國際私法規則指定爲應適用法律時，本原則不限制強行法之適用，不論其爲國內法、國際法抑超國家之法律；

④當事人受其合議之慣習以及當事人間所建立之習慣所拘束；

⑤當事人受廣泛週知且經常在國際貿易中於該特殊貿易當事人所遵守之慣習所拘束，除非適用該慣習爲極不合理；

⑥每一當事人在國際貿易中之行爲，必須符合公平交易及善意；當事人不得排除或限制此一責任。

理一致之判決，並避免原告之任擇法庭，統一涉外契約之準據法，自屬迫切而必需。本文所比較之二個國際公約，即爲達此目的而簽訂之國際私法公約。

本文所述之二個公約，有其相同之規定，也有其差異之點。前者如：對契約之準據法，皆採取當事人意思自主原則，當事人享有充分自由，可合意選擇與契約或當事人無任何關聯國家之法律，合意也不限於明示，公約也承認當事人默示之合意，即法官或仲裁人可由契約之條款或案件之情況，推論當事人意思，公約也准許當事人就契約之不同部分分別選擇適用不同之法律，並許可當事人得於訴訟時改變原先合意所選擇之法律；兩公約均規定當事人選法自由受到公序良俗條款及法庭地或最密切關係地強行法之限制，二公約同時排除反致條款之適用等。

惟二公約有關契約準據法最重要相異之點，則在於第一，在當事人無有效合意時，二公約雖均採取適當法方法，但其顯著不同點則是羅馬公約有意就不確定之連結因素儘量予以客觀化，而美洲之墨西哥城公約則決定給與法官較大之裁量權，如其第九條第二項之規定：「法院應考慮契約之主客觀因素，以決定與該契約最密切關係地國之法律。」因是之故，前一公約就此項規定，甚爲繁瑣，了解及適用上均覺複雜，而後一公約則簡單易行，何者較優，恐有待時間之考驗。第二，墨西哥城公約在當事人無合意選擇契約準據法時，除授與法官極大之自由以決定與契約最有密切牽連地國之法律外，並也授權法官考慮適用爲國際組織所接受之國際商事法之一般原則（第九條第二項），公約第十條並進一步規定，國際商事法之指導原則、習慣、原則，以及普遍接受之商事慣習均可適用，以克盡個案衡平及正義之要求。此種融合國際私法選法規則及國際實體法之方法，一方面有助於減輕法院運用選法規則以確定準據法之負擔，另一方面適用最進步之國際商事法，也更能公平解決涉外法律關係之爭議。反之，羅馬公約似有意排除此種國際商事法之適用，蓋其第一條已明白規定，係規範不同國家間法律之選擇，此一用語似有意限制當事人合意選擇之法律爲特定國家或特定邦之實體法，換言之，羅馬公約授權當事人選擇之法律並不包括像模範法如同國際統一私法學院所制定之國際商業契約之原則或是國際商事法等。此種限定選擇特定國家之實證法，與晚近之商業及司法慣習有背，一些國家之最高法院已直接或間接承認當事人有權選擇不屬於任何國家或州之法規，例如商事法之一般原則。

國際社會間法律的統一，是一條漫長的道路，但卻是一條必走的道路，即

以有關契約準據法之歐洲羅馬公約
言，自醞釀至簽訂到生效（一九六七年
——一九八○年——一九九一年）歷時長達
二十四年；而美洲之墨西哥城公約，從
倡議就契約準據法公約化，到正式列入
美洲國家間國際私法專門會議議程，至
最後多次討論而通過（一九七九年——一
九八九年——一九九四年）也歷經十五年
之久，均耗費眾多專家學者政府官員之
心血精力，然此不過是區域性國際私法
上一個問題之統一，距離世界任何種類
之法律之真正統一，僅不過是向前邁進
一小步而已，但人類生命是無窮盡的，
國際社會生活是綿延的，只有大家不停
的努力，後人持續的接力，才有實現吾
人理想的一日。吾人必須有此體認，方
能瞭解自己責任之重大，不妄自菲薄，
而對法律之國際化與統一化，克盡個人
棉薄之力。

附　　　錄

法 條 索 引

判　決　索　引

名 詞 索 引

THE ELEVENTH SESSION OF THE HAGUE CONFERENCE ON PRIVATE INTERNATIONAL LAW

The Hague Conference on Private International Law held its Eleventh Session from October 7 to 26, 1968. Czechoslovakia (a pre-War member) and Canada had joined the Conference since its last session, the Extraordinary Session which took place in April 1966. Of the twenty-five Member States all but one (Turkey) were represented. Because of the number of topics on the agenda, large delegations were in attendance. The United States delegation was composed of Ambassador Richard D. Kearney, Washington, D.C. head of the delegation, Philip W. Amram, Washington, D.C., James C. Dezendorf, Portland, Oregon, Kurt H. Nadelmann, Cambridge, Massachusetts, Willis L. M. Reese, New York, N.Y., and Arthur T. von Mehren, Cambridge, Massachusetts, members.

There were three principal topics on the agenda of the Eleventh Session: (1) Recognition of Divorces and Legal Separations, (2) The Law Applicable to Traffic Accidents, and (3) Taking Evidence Abroad in Civil and Commercial Matters. Special Commissions had met in advance to prepare drafts. Also on the agenda was a problem involving the draft Convention on the Recognition and Enforcement of Foreign Judgments which had been prepared at the Extraordinary Session in 1966.

The "Final Act" of the Eleventh Session contains three new draft Conventions, a Recommendation with respect to the Convention on Recognition of Foreign Judgments, and a few other decisions. They are presented below with comments on the principal instruments by United States participants in the Conference.[1]

I. THE DRAFT CONVENTION ON RECOGNITION OF DIVORCES AND LEGAL SEPARATIONS

INTRODUCTORY NOTE BY ARTHUR T. VON MEHREN

The Draft Divorce Convention represents the second effort of the Hague Conference in the field of divorce recognition. Its predecessor—the Divorce Convention of June 12, 1902—approached the recognition problems in the terms of tests based on the spouses' nationality. After enjoying considerable early success, difficulties arose under the 1902 Convention which led over the years to its denunciation by many of the ratifying states.[2] In addition, the basic approach of the 1902 Convention was, of course, never acceptable to legal systems that use domicile or habitual residence as their criterion for divorce recognition. The Hague Draft Convention of 1968 is intended to replace the 1902 Convention and, unlike it, seeks to develop principles that will be acceptable regardless of a system's traditional preference for nationality or for domicile in these matters.

---

[1] The comments are those of the respective authors and do not necessarily represent the views of the Department of State or of any other member of the Delegation to the session.

[2] The discussions that produced the 1968 draft Convention began at the Xth Session

Articles 2 and 3, stating the jurisdictional bases that qualify a foreign divorce for recognition, contain the draft Divorce Convention's most interesting and important provisions.[3] These articles seek to accommodate both the civil law's preference for jurisdictional tests based on nationality and the common law's for tests resting on domicile. Each system's views are modified to some extent, however, by provisions that seek to prevent "forum shopping" and to give a measure of protection to the respondent. Thus, a divorce granted by a state in which the petitioner had his habitual residence or domicile qualifies for recognition only if a further condition is fulfilled: either this habitual residence or domicile must have "continued for not less than one year immediately prior to the institution of proceedings," or the spouses must have "last habitually resided there together." Where the petitioner's nationality provides the basis for recognition, one of the following further conditions is imposed: the petitioner must either have had his habitual residence or domicile in the state of origin or have "habitually resided there for a continuous period of one year falling, at least in part, within the two years preceding the institution of the proceedings."[4] Additional requirements are not found, however, where "both spouses were nationals of [the granting] State"[5] or where "the respondent had his habitual residence there."[6] These situations were felt to contain intrinsic protection for the respondent and against "forum shopping."

Of particular concern to American readers is the question of how Articles 2 and 3 apply to federal states in which the substantive law of divorce is a state matter, administered in state courts. References to habitual residence and domicile are to be taken as requiring habitual residence or domicile "in the territory in which the divorce or separation was obtained."[7] On the other hand, where—and to the extent that—Articles 2 and 3 build on the parties' nationality, their provisions apply in terms of the federal state as a whole without regard to the relationships that the parties may have with its component territorial units.[8] The Convention thus explicitly makes the nationality principle available to federal systems on the terms comparable to those available in unitary systems.

---

of the Hague Conference, held in 1964. The 1964 discussions are interesting on various points, including the history of the 1902 draft Convention. See *Conférence de la Haye, Actes et Documents de la Dixième Session*, Vol. I, 105-319; E. Rabel, *Conflict of Laws, A Comparative Study*, Vol. I (2d ed. 1958) 33, 34.

[3] In connection with Articles 2 and 3 it should be noted that, as Art. 17 explicitly provides, the "Convention does not prevent the application in a Contracting State of rules of law more favourable to the recognition of foreign divorces and legal separations."

[4] Article 2(5) also builds on the petitioner's nationality; this provision is directed to a rather special situation.

[5] Article 2(3).

[6] Article 2(1).

[7] Article 13(3).

[8] Article 14.

The significance of these provisions becomes clear when the standing of a *Sherrer*[9]-type divorce under the Convention is considered. Plainly such divorces cannot qualify for recognition in terms of the habitual residence or domicile tests contained in Articles 2 and 3. On the other hand, if the spouses were both nationals of the United States, their divorce would be entitled to recognition even if neither spouse were habitually resident or domiciled in the United States at the time the divorce proceedings were initiated.[10] Of course, here as elsewhere under the Convention, recognition is available only if the divorce was "legally effective" in the state of origin.[11]

Turning from jurisdictional bases for recognition to ·other matters of importance, the provisions of Articles 6 and 8 merit attention. Their provisions conform to the common-law practice—not accepted by all civil-law countries—of, in principle, permitting challenges to recognition only on the ground ·that appropriate jurisdictional or procedural standards were not satisfied in the divorce proceedings.[12]

In reading the Convention, one soon notes that the Hague Conference did not ignore the attitudes and problems of Member States, such as Italy and Spain, that ' do not provide for divorce in their internal legislation. Indeed, it was hoped that a draft Convention unacceptable to those Member States that consider divorce a necessary institution, would accommodate the interests of non-divorce states ,sufficiently to enable them to use the Convention. These efforts at accommodation are to be found in Articles 7, 19(2), and 20.

One final observation relating to a point of particular interest to American readers is that Article 23 permits a federal state to utilize the Convention either on a national or on a state-by-state basis.

Convention on the Recognition of Divorces and Legal Separations

The States signatory to the present Convention,

Desiring to facilitate the recognition of divorces and legal separations obtained in their respective territories,

Have resolved to conclude a Convention to this effect, and have agreed on the following provisions—

Article 1

The present Convention shall apply to the recognition in one Contracting State of divorces and legal separations obtained in another Contracting State which follow judicial or other proceedings officially recognized in that State and which are legally effective there.

---

[9] See Sherrer v. Sherrer, 334 U.S. 343 (1948).

[10] Article 14(1). To avoid any possible argument, resting on the absence of habitual residence or domicile, Article 14(1) provides that the nationality principle is available "regardless of the habitual residence of the spouses."

[11] Article 1(1). A possible ambiguity exists as to whether, in the case of a federal state, "legally effective" refers only to the territorial unit of origin or the federal state as a whole.

[12] Article 19(1) permits a reservation, that limits somewhat the broad principle of Article 6, where both spouses, "at the time of the divorce or legal separation, were nationals of the state, in which recognition is sought, and, of no other state."

The Convention does not apply to findings of fault or to ancillary orders pronounced on the making of a decree of divorce or legal separation; in particular, it does not apply to orders relating to pecuniary obligations or to the custody of children.

Article 2

Such divorces and legal separations shall be recognized in all other Contracting States, subject to the remaining terms of this Convention, if, at the date of the institution of the proceedings in the State of the divorce or legal separation (hereinafter called 'the State of origin')—

(1) the respondent had his habitual residence there; or

(2) the petitioner had his habitual residence there and one of the following further conditions was fulfilled—

(a) such habitual residence had continued for not less than one year. immediately prior to the institution of proceedings;

(b) the spouses last habitually resided there together; or

(3) both spouses were nationals of that State; or

(4) the petitioner was a national of that State and one of the following further conditions was fulfilled—

(a) the petitioner had his habitual residence there; or

(b) he had habitually resided there for a continuous period of one year falling, at least in part, within the two years preceding the institution of the proceedings; or

(5) the petitioner for divorce was a national of that State and both the following further conditions were fulfilled—

(a) the petitioner was present in that State at the date of institution of the proceedings and

(b) the spouses last habitually resided together in a State whose law, at the date of institution of the proceedings, did not provide for divorce.

Article 3

Where the State of origin uses the concept of domicile as a test of jurisdiction in matters of divorce or legal separation, the expression 'habitual residence' in Article 2 shall be deemed to include domicile as the term is used in that State.

Nevertheless, the preceding paragraph shall not apply to the domicile of dependence of a wife.

Article 4

Where there has been a cross-petition, a divorce or legal separation following upon the petition or cross-petition shall be recognized if either falls within the terms of Articles 2 or 3.

Article 5

Where a legal separation complying with the terms of this Convention has been converted into a divorce in the State of origin, the recognition of the divorce shall not be refused for the reason that the conditions stated in Articles 2 or 3 were no longer fulfilled at the time of the institution of the divorce proceedings.

Article 6

Where the respondent has appeared in the proceedings, the authorities of the State in which recognition of a divorce or legal separation is sought shall be bound by the findings of fact on which jurisdiction was assumed.

The recognition of a divorce or legal separation shall not be refused—

(a) because the internal law of the State in which such recognition is sought would not allow divorce or, as the case may be, legal separation upon the same facts, or,

(b) because a law was applied other than that applicable under the rules of private international law of that State.

Without prejudice to such review as may be necessary for the application of other provisions of this Convention, the authorities of the State in which recognition of a divorce or legal separation is sought shall not examine the merits of the decision.

Article 7

Contracting States may refuse to recognize a divorce when, at the time it was obtained, both the parties were nationals of States which did not provide for divorce and of no other State.

Article 8

If, in the light of all the circumstances, adequate steps were not taken to give notice of the proceedings for a divorce or legal separation to the respondent, or if he was not afforded a sufficient opportunity to present his case, the divorce or legal separation may be refused recognition.

Article 9

Contracting States may refuse to recognize a divorce or legal separation if it is incompatible with a previous decision determining the matrimonial status of the spouses and that decision either was rendered in the State in which recognition is sought, or is recognized, or fulfils the conditions required for recognition, in that State.

Article 10

Contracting States may refuse to recognize a divorce or legal separation if such recognition is manifestly incompatible with their public policy ('ordre public').

Article 11

A State which is obliged to recognize a divorce under this Convention may not preclude either spouse from remarrying on the ground that the law of another State does not recognize that divorce.

Article 12

Proceedings for divorce or legal separation in any Contracting State may be suspended when proceedings relating to the matrimonial status of either party to the marriage are pending in another Contracting State.

Article 13

In the application of this Convention to divorces or legal separations obtained or sought to be recognized in Contracting States having, in matters of divorce or legal separation, two or more legal systems applying in different territorial units—

(1) any reference to the law of the State of origin shall be construed as referring to the law of the territory in which the divorce or separation was obtained;

(2) any reference to the law of the State in which recognition is sought shall be construed as referring to the law of the forum; and

(3) any reference to domicile or residence in the State of origin shall be construed as referring to domicile or residence in the territory in which the divorce or separation was obtained.

Article 14

For the purposes of Articles 2 and 3 where the State of origin has in matters of divorce or legal separation two or more legal systems applying in different territorial units—

(1) Article 2, sub-paragraph (3), shall apply where both spouses were nationals of the State of which the territorial unit where the divorce or legal separation was obtained forms a part, and that regardless of the habitual residence of the spouses;

(2) Article 2, sub-paragraphs (4) and (5), shall apply where the petitioner was a national of the State of which the territorial unit where the divorce or legal separation was obtained forms a part.

Article 15

In relation to a Contracting State having, in matters of divorce or legal separation, two or more legal systems applicable to different categories of persons, any reference to the law of that State shall be construed as referring to the legal system specified by the law of that State.

Article 16

When, for the purposes of this Convention, it is necessary to refer to the law of a State, whether or not it is a Contracting State, other than the State of origin or the State in which recognition is sought, and having in matters of divorce or legal separation two or more legal systems of territorial or of personal application, reference shall be made to the system specified by the law of that State.

Article 17

This Convention shall not prevent the application in a Contracting State of rules of law more favorable to the recognition of foreign divorces and legal separations.

Article 18

This Convention shall not affect the operation of other conventions to which one or several Contracting States are or may in the future become Parties and which contain provisions relating to the subject-matter of this Convention.

Contracting States, however, should refrain from concluding other conventions on the same matter incompatible with the terms of this Convention, unless for special reasons based on regional or other ties; and, notwithstanding the terms of such conventions, they undertake to recognize in accordance with this Convention divorces and legal separations granted in Contracting States which are not Parties to such other conventions.

Article 19

Contracting States may, not later than the time of ratification or accession, reserve the right—

(1) to refuse to recognize a divorce or legal separation between two spouses who, at the time of the divorce or legal separation, were nationals of the State in which recognition is sought, and of no other State, and a law other than that indicated by the rules of private international law of the State of recognition was applied, unless the result reached is the same as that which would have been reached by applying the law indicated by those rules;

(2) to refuse to recognize a divorce when, at the time it was obtained, both parties habitually resided in States which did not provide for divorce. A State which utilizes the reservation stated in this paragraph may not refuse recognition by the application of Article 7.

Article 20

Contracting States whose law does not provide for divorce may, not later than the time of ratification or accession, reserve the right not to recognize a divorce if, at the date it was obtained, one of the spouses was a national of a State whose law did not provide for divorce.

This reservation shall have effect only so long as the law of the State utilizing it does not provide for divorce.

Article 21

Contracting States whose law does not provide for legal separation may, not later than the time of ratification or accession, reserve the right to refuse to recognize a legal separation when, at the time it was obtained, one of the spouses was a national of a Contracting State whose law did not provide for legal separation.

Article 22

Contracting States may, from time to time, declare that certain categories of persons having their nationality need not be considered their nationals for the purposes of this Convention.

Article 23

If a Contracting State has more than one legal system in matters of divorce or legal separation, it may, at the time of signature, ratification or accession, declare that this Convention shall extend to all its legal systems or only to one or more of them, and may modify its declaration by submitting another declaration at any time thereafter.

These declarations shall be notified to the Ministry of Foreign Affairs of the Netherlands, and shall state expressly the legal systems to which the Convention applies.

Contracting States may decline to recognize a divorce or legal separation if, at the date on which recognition is sought, the Convention is not applicable to the legal system under which the divorce or legal separation was obtained.

Article 24

This Convention applies regardless of the date on which the divorce or legal separation was obtained.

Nevertheless a Contracting State may, not later than the time of ratification or accession, reserve the right not to apply this Convention to a divorce or to a legal separation obtained before the date on which, in relation to that State, the Convention comes into force.

Article 25

Any State may, not later than the moment of its ratification or accession, make one or more of the reservations mentioned in Articles 19, 20, 21 and 24 of the present Convention. No other reservation shall be permitted.

Each Contracting State may also, when notifying an extension of the Convention in accordance with Article 29, make one or more of the said reservations, with its effect limited to all or some of the territories mentioned in the extension.

Each Contracting State may at any time withdraw a reservation it has made. Such a withdrawal shall be notified to the Ministry of Foreign Affairs of the Netherlands.

Such a reservation shall cease to have effect on the sixtieth day after the notification referred to in the preceding paragraph.

Article 26

The present Convention shall be open for signature by the States represented at the Eleventh Session of the Hague Conference on Private International Law.

It shall be ratified, and the instruments of ratification shall be deposited with the Ministry of Foreign Affairs of the Netherlands.

Article 27

The present Convention shall enter into force on the sixtieth day after the deposit of the third instrument of ratification referred to in the second paragraph of Article 26.

The Convention shall enter into force for each signatory State which ratifies subsequently on the sixtieth day after the deposit of its instrument of ratification.

Article 28

Any State not represented at the Eleventh Session of the Hague Conference on Private International Law which is a Member of this Conference or of the United Nations or of a specialised agency of that Organisation, or a Party to the Statute of the International Court of Justice may accede to the present Convention after it has entered into force in accordance with the first paragraph of Article 27.

The instrument of accession shall be deposited with the Ministry of Foreign Affairs of the Netherlands.

The Convention shall enter into force for a State acceding to it on the sixtieth day after the deposit of its instrument of accession.

The accession will have effect only as regards the relations between the acceding State and such Contracting States as will have declared their acceptance of the accession. Such a declaration shall be deposited at the Ministry of Foreign Affairs of the Netherlands; this Ministry shall forward, through diplomatic channels, a certified copy to each of the Contracting States.

The Convention will enter into force as between the acceding State and the State that has declared acceptance of the accession on the sixtieth day after the deposit of the declaration of acceptance.

Article 29

Any State may, at the time of signature, ratification or accession, declare that the present Convention shall extend to all the territories for the international relations of which it is responsible, or to one or more of them. Such a declaration shall take effect on the date of entry into force of the Convention for the State concerned.

At any time thereafter, such extensions shall be notified to the Ministry of Foreign Affairs of the Netherlands.

The extension will have effect only as regards the relations with such Contracting States as will have declared their acceptance of the extensions. Such a declaration shall be deposited at the Ministry of Foreign Affairs of the Netherlands; this Ministry shall forward, through diplomatic channels, a certified copy to each of the Contracting States.

The extension will take effect in each case sixty days after the deposit of the declaration of acceptance.

Article 30

The present Convention shall remain in force for five years from the date of its entry into force in accordance with the first paragraph of Article 27, even for States which have ratified it or acceded to it subsequently.

If there has been no denunciation, it shall be renewed tacitly every five years.

Any denunciation shall be notified to the Ministry of Foreign Affairs of the Netherlands, at least six months before the end of the five year period.

It may be limited to certain of the territories to which the Convention applies.

The denunciation shall have effect only as regards the State which has notified it. The Convention shall remain in force for the other Contracting States.

Article 31

The Ministry of Foreign Affairs of the Netherlands shall give notice to the States referred to in Article 26, and to the States which have acceded in accordance with Article 28, of the following—

(a) the signatures and ratifications referred to in Article 26;

(b) the date on which the present Convention enters into force in accordance with the first paragraph of Article 27;

(c) the accessions referred to in Article 28 and the dates on which they take effect;

(d) the extensions referred to in Article 29 and the dates on which they take effect;

(e) the denunciations referred to in Article 30;

(f) the reservations and withdrawals referred to in Articles 19, 20, 21, 24 and 25;

(g) the declarations referred to in Article 22, 23, 28 and 29.

In witness whereof the undersigned, being duly authorized thereto, have signed the present Convention.

II. CONVENTION ON THE LAW APPLICABLE TO TRAFFIC ACCIDENTS

INTRODUCTORY NOTE BY WILLIS L. M. REESE

The Convention on the Law Applicable to Traffic Accidents is the product of three meetings: two preparatory meetings of a Special Commission and then the final three week meeting during the Eleventh Session this past October of the Hague Conference on Private International Law. At its first meeting in October 1967, the Special Commission chose traffic accidents as the subject of the Convention. This was done over the objections of the United States representative who argued that the subject (a) was not suitable for a convention since the values of predictability, uniformity and certainty of result are not of sufficient importance in the area of traffic accidents to warrant the imposition of hard-and-fast rules and (b) was not, in any event, ripe for a convention since choice-of-law rules in the area of traffic accidents are presently in a state of flux and worthwhile developments might be precluded if the field were placed at this time in a tight mold. The second meeting of the Special Commission in April and May of 1968 was devoted to the preparation of a preliminary draft of the Convention.

The principal question posed by the Convention in its final form is the same as that which was faced originally, namely, whether the law applicable to traffic accidents is a suitable topic for a convention. It is possible, as is done in the present Convention, to state choice-of-law rules which will reach satisfactory results in this area in a substantial majority of the cases. The question is whether the advantages of predictability, uniformity and certainty of result which such rules would bring justify the bad results to which these rules would lead on a comparatively few occasions. By and large, we in this country tend to answer this question in the negative while most jurists belonging to civil law systems would answer in the affirmative.

The two most important provisions of the Convention are Articles 3 and 4. Article 3 states the basic principle, which is that the internal law of the state where the accident occurred should usually be applied. Article 4 states an exception to this principle and calls for the application in specified circumstances of the internal law of the state where the vehicle or vehicles were registered to determine the issues set forth in Article 8. The state of registration was favored over the state of the parties' habitual residence on the ground that application of the internal law of the first state would better suit the needs of the insurance companies involved. By and large, Article 4 can be said to stem from the belief that application of the internal law of the place of accident is not always appropriate and from the concomitant desire to restrict within narrow limits the situations calling for the application of some other law.

Under Article 11, a nation adhering to the Convention engages to apply its provisions to all traffic accidents having international contacts and not only when "the applicable law [under the Convention] is . . . that of a Contracting State." This provision was favored by the great majority of delegates because they thought it would be desirable for their courts to apply the same choice-of-law rules in all international cases.

Finally, mention should be made of a complexity to which reference is not made in the Convention. This is that the dividing line between tort and contract is not the same in all countries. For example, in French law the rights of a paying passenger against the owner or driver of a vehicle lie in contract whereas in many other countries these rights lie in tort. As a result, the Convention bids fair to be of unequal application. Situations are likely to arise where one contracting country would not be bound to apply the Convention to a particular accident because in its view the rights of the injured person lie in contract whereas another contracting country which would characterize these rights as lying in tort would be bound to do so.

Convention on the Law Applicable to Traffic Accidents

The States signatory to the present Convention,

Desiring to establish common provisions on the law applicable to civil non-contractual liability arising from traffic accidents,

Have resolved to conclude a Convention to this effect and have agreed upon the following provisions—

Article 1

The present Convention shall determine the law applicable to civil non-contractual liability arising from traffic accidents, in whatever kind of proceeding it is sought to enforce this liability.

For the purpose of this Convention, a traffic accident shall mean an accident which involves one or more vehicles, whether motorized or not, and is connected with traffic on the public highway, in grounds open to the public or in private grounds to which certain persons have a right of access.

Article 2

The present Convention shall not apply—

(1) to the liability of manufacturers, sellers or repairers of vehicles;

(2) to the responsibility of the owner, or of any other person, for the maintenance of a way open to traffic or for the safety of its users;

(3) to vicarious liability, with the exception of the liability of an owner of a vehicle, or of a principal, or of a master;

(4) to recourse actions among persons liable;

(5) to recourse actions and to subrogation in so far as insurance companies are concerned;

(6) to actions and recourse actions by or against social insurance institutions, other similar institutions and public automobile guarantee funds, and to any exemption from liability laid down by the law which governs these institutions.

Article 3

The applicable law is the internal law of the State where the accident occurred.

Article 4

Subject to Article 5 the following exceptions are made to the provisions of Article 3—

(a) where only one vehicle is involved in the accident and it is registered in a State other than that where the accident occurred, the internal law of the State of registration is applicable to determine liability

—towards the driver, owner or any other person having control of or an interest in the vehicle irrespective of their habitual residence,

—towards a victim who is a passenger and whose habitual residence is in a State other than that where the accident occurred,

—towards a victim who is outside the vehicle at the place of the accident and whose habitual residence is in the State of registration.

Where there are two or more victims the applicable law is determined separately for each of them.

(b) Where two or more vehicles are involved in the accident, the provisions of (a) are applicable only if all the vehicles are registered in the same State.

(c) Where one or more persons outside the vehicle or vehicles at the place of the accident are involved in the accident and may be liable, the provisions of (a) and (b) are applicable only if all these persons have their habitual residence in the State of registration. The same is true even though these persons are also victims of the accident.

Article 5

The law applicable under Articles 3 and 4 to liability towards a passenger who is a victim governs liability for damage to goods carried in the vehicle and which either belong to the passenger or· have been entrusted to his care.

The law applicable under Articles 3 and 4 to liability towards the owner of the vehicle governs liability for damage to goods carried in the vehicle other than goods covered in the preceding paragraph.

Liability for damage to goods outside the vehicle or vehicles is governed by the internal law of the State where the accident occurred. However, the liability for damage to the personal belongings of the victim outside the vehicle or vehicles is governed by the internal law of the State of registration when that law would be applicable to the liability towards the victim according to Article 4.

Article 6

In the case of vehicles which have no registration or which are registered in several States the internal law of the State in which they are habitually stationed shall replace the law of the State of registration. The same shall be true if neither the owner nor the person in possession or control nor the driver of the vehicle has his habitual residence in the State of registration at the time of the accident.

Article 7

Whatever may be the applicable law, in determining liability account shall be taken of rules relating to the control and safety of traffic which were in force at the place and time of the accident.

Article 8

The applicable law shall determine, in particular—

(1) the basis and extent of liability;

(2) the grounds for exemption from liability, any limitation of liability, and any division of liability;

(3) the existence and kinds of injury or damage which may have to be compensated;

(4) the kinds and extent of damages;

(5) the question whether a right to damages may be assigned or inherited;

(6) the persons who have suffered damage and who may claim damages in their own right;

(7) the liability of a principal for

the acts of his agent or of a master for the acts of his servant;

(8) rules of prescription and limitation, including rules relating to the commencement of a period of prescription or limitation, and the interruption and suspension of this period.

Article 9

Persons who have suffered injury or damage shall have a right of direct action against the insurer of the person liable if they have such a right under the law applicable according to Articles 3, 4 or 5.

If the law of the State of registration is applicable under Articles 4 or 5 and that law provides no right of direct action, such a right shall nevertheless exist if it is provided by the internal law of the State where the accident occurred.

If neither of these laws provides any such right it shall exist if it is provided by the law governing the contract of insurance.

Article 10

The application of any of the laws declared applicable by the present Convention may be refused only when it is manifestly contrary to public policy ('ordre public').

Article 11

The application of Articles 1 to 10 of this Convention shall be independent of any requirement of reciprocity. The Convention shall be applied even if the applicable law is not that of a Contracting State.

Article 12

Every territorial entity forming part of a State having a non-unified legal system shall be considered as a State for the purpose of Articles 2 to 11 when it has its own legal system, in respect of civil non-contractual liability arising from traffic accidents.

Article 13

A State having a non-unified legal system is not bound to apply this Convention to accidents occurring in that State which involve only vehicles registered in territorial units of that State.

Article 14

A State having a non-unified legal system may, at the time of signature, ratification or accession, declare that this Convention shall extend to all its legal systems or only to one or more of them, and may modify its declaration at any time thereafter, by making a new declaration.

These declarations shall be notified to the Ministry of Foreign Affairs of the Netherlands and shall state expressly the legal systems to which the Convention applies.

Article 15

This Convention shall not prevail over other conventions in special fields to which the Contracting States are or may become Parties and which contain provisions concerning civil non-contractual liability arising out of a traffic accident.

Article 16

The present Convention shall be open for signature by the States represented at the Eleventh Session of the Hague Conference on Private International Law.

It shall be ratified, and the instruments of ratification shall be deposited with the Ministry of Foreign Affairs of the Netherlands.

Article 17

The present Convention shall enter into force on the sixtieth day after the deposit of the third instrument of ratification referred to in the second paragraph of Article 16.

The Convention shall enter into force for each signatory State which ratifies subsequently on the sixtieth day after the deposit of its instrument of ratification.

Article 18

Any State not represented at the Eleventh Session of the Hague Conference on Private International Law which is a Member of this Conference or of the United Nations or of a specialised agency of that Organisation, or a Party to the Statute of the International Court of Justice may accede to the present Convention after it has entered into force in accordance with the first paragraph of Article 17.

The instrument of accession shall be deposited with the Ministry of Foreign Affairs of the Netherlands.

The Convention shall enter into force for a State acceding to it on the sixtieth day after the deposit of its instrument of accession.

The accession will have effect only as regards the relations between the acceding State and such Contracting States as will have declared their acceptance of the accession. Such a declaration shall be deposited at the Ministry of Foreign Affairs of the Netherlands; this Ministry shall forward, through diplomatic channels, a certified copy to each of the Contracting States.

The Convention will enter into force as between the acceding State and the State having declared to accept the accession on the sixtieth day after the deposit of the declaration of acceptance.

Article 19

Any State may, at the time of signature, ratification or accession, declare that the present Convention shall extend to all the territories for the international relations of which it is responsible, or to one or more of them. Such a declaration shall take effect on the date of entry into force of the Convention for the State concerned.

At any time thereafter, such extensions shall be notified to the Ministry of Foreign Affairs of the Netherlands.

The Convention shall enter into force for the territories mentioned in such an extension on the sixtieth day after the notification indicated in the preceding paragraph.

Article 20

The present Convention shall remain in force for five years from the date of its entry into force in accordance with the first paragraph of Article 17, even for States which have ratified it or accede to it subsequently.

If there has been no denunciation, it shall be renewed tacitly every five years.

Any denunciation shall be notified to the Ministry of Foreign Affairs of the Netherlands at least six months before the end of the five year period.

It may be limited to certain of the territories to which the Convention applies.

The denunciation shall have effect only as regards the State which has notified it. The Convention shall remain in force for the other Contracting States.

Article 21

The Ministry of Foreign Affairs of the Netherlands shall give notice to the States referred to in Article 16, and to the States which have acceded in accordance with Article 18 of the following—

(a) the signatures and ratifications referred to in Article 16;

(b) the date on which the present Convention enters into force in accordance with the first paragraph of Article 17;

(c) the accessions referred to in Article 18 and the dates on which they take effect;

(d) the declarations referred to in Articles 14 and 19;

(e) the denunciations referred to in the third paragraph of Article 20.

In witness whereof the undersigned, being duly authorized thereto, have signed the present Convention.

Done at The Hague, on the . . . . . day of . . . . 19. . , in the English and French languages, both texts being equally authentic, in a single copy which shall be deposited in the archives of the Government of the Netherlands, and of which a certified copy shall be sent, through the diplomatic channel, to each of the States represented at the Eleventh Session of the Hague Conference on Private International Law.

Convention for the Settlement of Certain Conflicts of Laws in Connection with Bills of Exchange and Promissory Notes

The President of the German Reich; the Federal President of the Austrian Republic; His Majesty the King of the Belgians; the President of the Republic of the United States of Brazil; the President of the Republic of Colombia; His Majesty the King of Denmark; the President of the Polish Republic for the Free City of Danzig; the President of the Republic of Ecuador; His Majesty the King of Spain; the President of the Republic of Finland; the President of the French Republic; the President of the Hellenic Republic; His Serene Highness the Regent of the Kingdom of Hungary; His Majesty the King of Italy; His Majesty the Emperor of Japan; Her Royal Highness the Grand-Duchess of Luxemburg; His Majesty the King of Norway; Her Majesty the Queen of the Netherlands; the President of the Republic of Peru; the President of the Polish Republic; the President of the Portuguese Republic; His Majesty the King of Sweden; the Swiss Federal Council; the President of the Czechoslovak Republic; the President of the Turkish Republic; His Majesty the King of Yugoslavia,

Being desirous of adopting rules to settle certain conflicts of laws in connection with bills of exchange and pormissory notes, have appointed as their Plenipotentiaries the following:

Who, having communicated their full powers, found in good and due form, have agreed upon the following provisions:

Article 1

The High Contracting Parties mutually undertake to apply, for the settlement of the conflicts of law hereinafter mentioned, in connection with bills of exchange and promissory notes, the rules set out in the following articles.

Article 2

The capacity of a person to bind himself by a bill of exchange or promissory note shall be determined by his national law. If this national law provides that the law of another country is competent in the matter, this latter law shall be applied.

A person who lacks capacity, according to the law specified in the preceding paragraph, is nevertheless bound, if his signature has been given in any territory in which according to the law in force there, he would have the requisite capacity.

Each of the High Contracting Parties may refuse to recognise the validity of a contract by means of a bill of exchange or promissory note entered into by one of its nationals which would not be deemed valid in the territory of the other High Contracting Parties otherwise than by means of the application of the preceding paragraph of the present article.

Article 3

The form of any contract arising out of a bill of exchange or promissory note is regulated by the laws of the territory in which the contract has been signed.

If, however, the obligations entered into by means of a bill of exchange or promissory note are not valid according to the provisions of the preceding paragraph, but are in conformity with the laws of the territory in which a subsequent contract has been entered into, the circumstance that the previous contracts are irregular in form does not invalidate the subsequent contract.

Each of the High Contracting Parties may prescribe that contracts by means of a bill of exchange and promissory note entered into abroad by one of its nationals shall be valid in respect of another of its nationls in its territory, provided that they are in the form laid down by the national law.

Article 4

The effects of the obligations of the acceptor of a bill of exchange or maker of a promissory note are determined by the law of the place in which these instruments are payable.

The effects of the signatures of the other parties liable on a bill of exchange or promissory note are d termined by the law of the count

in which is situated the place where the signatures were affixed.

Article 5

The limits of time for the exercise of rights of recourse shall be determined for all signatories by the law of the place where the instrument was created.

Article 6

The question whether there has been an assignment to the holder of the debt which has given rise to the issue of the instrument is determined by the law of the place where the instrument was issued.

Article 7

The question whether acceptance may be restricted to part of the sum or whether the holder is bound to accepted partial payment is governed by the law of the country in which the bill of exchange is payable.

The same rule governs the payment of promissory notes.

Article 8

The form of and the limits of time for protest, as well as the form of the other measures necessary for the exercise or preservation of rights concerning bills of exchange or promissory notes, are regulated by the laws of the country in which the protest must be drawn up or the measures in question taken.

Article 9

The measures to be taken in case

of the loss or theft of a bill of exchange or promissory note are determined by the law of the country in which the bill of exchange or promissory note is payable.

Article 10

Each of the High Contracting Parties reserves to itself the right not to apply the principles of private international law contained in the present Convention so far as concerns:

(1) An obligation undertaken outside the territory of one of the High Contracting Parties;

(2) Any law which may be applicable in accordance with these principles and which is not a law in force in the territory of any High Contracting Party.

Article 11

In the territory of each of the High Contracting Parties the provisions of the present Convention shall not apply to bills of exchange or promissory notes already issued at the time of the coming into force of the present Convention.

Article 12

The present Convention, the French and English texts of which shall be equally authentic, shall bear this day's date.

It may be signed thereafter until September 6th, 1930, on behalf of any Member of the League of Nations or non-Member State.

Article 13

The present Convention shall be ratified.

The instruments of ratification shall be deposited before September 1st, 1932, with the Secretary-General of the League of Nations, who shall forthwith notify receipt thereof to all the Members of the League of Nations and to the non-Member States parties to the present Convention.

Article 14

As from September 6th, 1930, any Member of the League of Nations and any non-Member State may accede thereto.

Such accession shall be effected by a notification to the Secretary-General of the League of Nations, such notification to be deposited in the archives of the Secretariat.

The Secretary-General shall notify such deposit forthwith to all States which have signed or acceded to the present Convention.

Article 15

The present Convention shall not come into force until it has been ratified or acceded to on behalf of seven Members of the League of Nations or non-Member States, which shall include three of the Members of the League permanently represented on the Council.

The date of entry into force shall be the ninetieth day following the receipt by the Secretary-General of the League of Nations of the seventh ratification or accession, in accordance with the first paragraph of the present article.

The Secretary-General of the League of Nations, when making the notifications provided for in Articles 13 and 14, shall state in particular that the ratifications or accessions referred to in the first paragraph of the present article have been received.

Article 16

Every ratification or accession effected after the entry into force of the Convention in accordance with Article 15 shall take effect on the ninetieth day following the date of receipt thereof by the Secretary-General of the League of Nations.

Article 17

The present Convention may not be denounced before the expiry of two years from the date on which it has entered into force in respect of that Member of the League or non-Member State; such denunciation shall take effect as from the ninetieth day following the receipt by the Secretary-General of the notification addressed to him.

Every denunciation shall be immediately communicated by the Secretary-General of the League of Nations to all other High Contracting Parties.

Each denunciation shall take effect only as regards the High Contracting Party on whose behalf it has been made.

Article 18

Every Member of the League of Nations and every non-Member State in respect of which the present Convention is in force may forward to the Secretary-General of the League of Nations, after the expiry of the fourth year following the entry into force of the Convention, a request for the revision of some or all of the provisions of that Convention.

If such request after being communicated to the other Members of the League of Nations or non-Member States between whom the Convention is at that time in force, is supported within one year by at least six of them, the Council of the League of Nations shall decide whether a Conference shall be convened for the purpose.

Article 19

Any High Contracting Party may, at the time of signature, ratification or accession, declare that, in accepting the present Convention, he does not assume any obligations in respect of all or any of his colonies, protectorates or territories under suzerainty or mandate; and the present Convention shall not apply to any territories named in such declaration.

Any High Contracting Party may give notice to the Secretary-General of the League of Nations at any time subsequently that he desires that the Convention shall apply to all or any of his territories which have been made the subject of a declaration under the preceding paragraph and the Convention shall apply to all the territories named in such notice ninety days after its receipt by the Secretary-General of the League of Nations.

Any High Contracting Party may at any time declare that he desires that the present Convention shall cease to apply to all or any of his colonies, protectorates or territories under suzerainty or mandate and the Convention shall cease to apply to the territories named in such declaration one year after its receipt by the Secretary-General of the League of Nations.

Article 20

The present Convention shall be registered by the Secretary-General of the League of Nations as soon as it comes into force. It shall then be published as soon as possible in the League of Nations Treaty Series.

In faith whereof the above-mentioned Plenipotentiaries have signed the present Convention.

Done at Geneva, the seventh day of June, one thousand nine hundred and thirty, in a single copy, which shall be deposited in the archives of the Secretariat of the League of Nations, and of which authenticated copies shall be delivered to all members of the League of Nations and non-Member States represented at the Conference.

PROTOCOL TO THE CONVENTION

At the time of signing the Convention of this day's date for the settlement of certain conflicts of law in connection with bills of exchange and promissory notes, the undersigned, duly authorised, have agreed upon the following provisions:

A

The Members of the League of Nations and the non-Member States who may not have been able to deposit their ratifications of the said Convention before September 1st, 1932, undertake to forward within fifteen days from that date a communication to the Secretary-General of the League of Nations informing him of their situation as regards ratification.

B

If on November 1st, 1932, the conditions laid down in Article 15, paragraph 1, for the entry into force of the Convention are not fulfilled, the Secretary-General of the League of Nations shall convene a meeting of the Members of the League and the non-Member States which have signed the Convention or acceded to it.

The purpose of this meeting shall be to examine the situation and any measures to be taken to remedy it.

C

The High Contracting Parties shall communicate to each other, immediately upon their coming into force, the legislative measures taken by them in execution of the Convention in their respective territories.

In faith whereof the Plenipotentiaries have signed the present Protocol.

Done at Geneva, the seventh day of June, one thousand nine hundred and thirty, in a single copy, which shall be deposited in the archives of the Secretariat of the League of Nations, and of which authenticated copies shall be delivered to all Members of the League of Nations and non-Member States represented at the Conference.

Convention for the Settlement of Certain Conflicts of Laws in Connection with Cheques

The President of the German Reich; the Federal President of the Austrian Republic; His Majesty the King of the Belgians; His Majesty the King of Denmark and Iceland; the President of the Polish Republic, for the Free City of Danzig; the President of the Republic of Ecuador; His Majesty the King of Spain; the President of the Republic of Finland; the President of the French Republic; the President of the Hellenic Republic, His Serene Highness the Regent of the Kingdom of Hungary; His Majesty the King of Italy; His Majesty the Emperor of Japan; Her Royal Highness the Grand Duchess of Luxemburg; the President of the United States of Mexico; His Serene Highness the Prince of Monaco; His Majesty the King of Norway; Her Majesty the Queen of the Netherlands; the President of the Polish Republic; the President of the Portuguese Republic; His Majesty the King of Roumania; His Majesty the King of Sweden; the Swiss Federal Council; thePresident of the Czechoslovak Republic; the President of the Turkish Republic; His Majesty the King of Yugoslavia,

Being desirous of adopting rules to settle certain conflicts of laws in connection with cheques, have appointed as their Plenipotentiaries the following:

Who, having communicated their full powers, found in good and due form, have agreed upon the following provisions:

Article 1

The High Contracting Parties mutually undertake to apply, for the settlement of the conflicts of laws hereinafter mentioned, in connection with cheques, the rules set out in the following Articles.

Article 2

The capacity of a person to bind himself by a cheque shall be determined by his national law. If this national law provides that the law of another country is competent in the matter, this latter law shall be applied.

A person who lacks capacity, according to the law specified in the preceding paragraph, is nevertheless bound if his signature has been given in any territory in which, according to the law in force there, he would have the requisite capacity.

Each of the High Contracting Parties may refuse to recognise the validity of a contract by means of a cheque entered into by one of his nationals which would not be deemed valid in the territory of the other High Contracting Parties otherwise than by means of the application of the preceding paragraph of the present Article.

Article 3

The law of the country in which

the cheque is payable determines the persons on whom a cheque may be drawn.

If, under this law, the instrument is not valid as a cheque by reason of the person on whom it is drawn, the obligations arising out of the signatures affixed thereto in other countries whose laws provide otherwise shall nevertheless be valid.

Article 4

The form of any contract arising out of a cheque is regulated by the laws of the territory in which the contract has been signed. Nevertheless, it shall be sufficient if the forms prescribed by the law of the place of payment are observed.

If, however, the obligations entered into by means of a cheque are not valid according to the provisions of the preceding paragraph, but are in conformity with the laws of the territory in which a subsequent contract has been entered into, the circumstance that the previous contracts are irregular in form shall not invalidate the subsequent contract.

Each of the High Contracting Parties may prescribe that contracts by means of a cheque entered into abroad by one of his nationals shall be valid in respect of another of his nationals in his territory, provided that they are in the form laid down by the national law.

Article 5

The law of the country in whose territory the obligations arising out of a cheque have been assumed shall determine the effects of such obligations.

Article 6

The limits of time for the exercise of rights of recourse shall be determined for all signatories by the law of the place where the instrument was created.

Article 7

The law of the country in which the cheque is payable shall determine:

(1) Whether a cheque must necessarily be payable at sight or whether it can be drawn payable at a fixed period after sight, and also what the effects are of the post-dating of a cheque;

(2) The limit of time for presentment;

(3) Whether a cheque can be accepted, certified, confirmed or visaed, and what the effects are respectively of such acceptance, certification, confirmation or visa;

(4) Whether the holder may demand, and whether he is bound to accept, partial payment;

(5) Whether a cheque can be crossed or marked either with the words "payable in account" or with some equivalent expression, and what the effects are of such crossing or of the words "payable in account" or any equivalent expression;

(6) Whether the holder has special

rights to the cover and what the nature is of these rights;

(7) Whether the drawer may countermand payment of a cheque or take proceedings to stop its payment (opposition);

(8) The measures to be taken in case of loss or theft of a cheque;

(9) Whether a protest or any equivalent declaration is necessary in order to preserve the right of recourse against the endorsers, the drawer and the other parties liable.

Article 8

The form of and the limits of time for protest, as well as the form of the other measures necessary for the exercise or preservation of rights concerning cheques, shall be regulated by the law of the country in whose territory the portest must be drawn up or the measures in question taken.

Article 9

Each of the High Contracting Parties reserves the right not to apply the principles of private international law contained in the present Convention so far as concerns:

(1) An obligation undertaken outside the territory of one of the High Contracting Parties;

(2) Any law which may be applicable in accordance with these principles and which is not a law in force in the territory of any High Contracting Party.

Article 10

In the territory of each of the High Contracting Parties the provisions of the present Convention shall not apply to cheques already issued at the time of the coming into force of the present Convention.

Article 11

The present Convention, the French and English texts of which shall be equally authentic, shall bear this day's date.

It may be signed thereafter until July 15th, 1931, on behalf of any Member of the League of Nations or non-member State.

Article 12

The present Convention shall be ratified.

The instruments of ratification shall be deposited before September 1st, 1933, with the Secretary-General of the League of Nations, who shall forthwith notify receipt thereof to all the Members of the League of Nations and to the non-member States on whose behalf the present Convention has been signed or acceded to.

Article 13

As from July 15th, 1931, any Member of the League of Nations and any non-member State may accede thereto.

Such accession shall be effected by a notification to the Secretary-General of the League of Nations, such notification to be deposited in the archives of the Secretariat.

The Secretary-General shall notify such deposit forthwith to all the Members of the League of Nations and to the non-member States on whose behalf the present Convention has been signed or acceded to.

Article 14

The present Convention shall not come into force until it has been ratified or acceded to on behalf of seven Members of the League of Nations or non-member States, which shall include three of the Members of the League permanently represented on the Council.

The date of entry into force shall be the ninetieth day following the receipt by the Secretary-General of the League of Nations of the seventh ratification or accession in accordance with the first paragraph of the present Article.

The Secretary-General of the League of Nations, when making the notification provided for in Articles 12 and 13, shall state in particular that the ratifications or accessions referred to in the first paragraph of the present Article have been received.

Article 15

Every ratification or accession effected after the entry into force of the Convention in accordance with Article 14 shall take effect on the ninetieth day following the date of receipt thereof by the Secretary-General of the League of Nations.

Article 16

The present Convention may not be denounced before the expiry of two years from the date on which it has entered into force in respect of that Member of the League or non-member State; such denunciation shall take effect as from the ninetieth day following the receipt by the Secretary-General of the notification addressed to him.

Every denunciation shall be immediately communicated by the Secretary-General of the League of Nations to all the Members of the League of Nations and to the non-member States on whose behalf the present Convention has been signed or acceded to.

Each denunciation shall take effect only as regards the Member of the League of Nations or the non-member State, on whose behalf it has been made.

Article 17

Every Member of the League of Nations and every non-member State in respect of which the present Convention is in force, may forward to the Secretary-General of the League of Nations, after the expiry of the fourth year following the entry into force of the Convention, a request for the revision of some or all of the provisions of that Convention.

If such request, after being communicated to the other Members or non-member States between whom the Convention is at that time in force, is supported within one year by at least six of them, the Council of the League of Nations shall decide whether a Conference shall be convened for the purpose.

Article 18

Any High Contracting Party may, at the time of sgnature, ratification or accession, declare that, in accepting the present Convention, he does not assume any obligations in respect of all or any of his colonies, protectorates or territories under suzerainty or mandate; and the present Convention shall not apply to any territories named in such declaration.

Any High Contracting Party may give notice to the Secretary-General of the League of Nations at any time subsequently that he desires that the Convention shall apply to all or any of his territories which have been made the subject of a declaration under the preceding paragraph, and the Convention shall apply to all the territories named in such notice ninety days after its receipt by the Secretary-General of the League of Nations.

Any High Contracting Party may

at any time declare that he desires that the present Convention shall cease to apply to all or any of his colonies, protectorates or territories under suzerainty or mandate and the Convention shall cease to apply to the territories named in such declaration one year after its receipt by the Secretary-General of the League of Nations.

Article 19

The present Convention shall be registered by the Secretary-General of the Legague of Nations as soon as it comes into force.

In faith whereof the above-mentioned Plenipotentiaries have signed the present Convention.

Done at Geneva, the nineteenth day of March one thousand nine hundred and thirty-one, in a single copy, which shall be deposited in the archives of the Secretariat of the League of Nations, and of which authenticated copies shall be delivered to all Members of the Leaue of Nations and non-member States represented at the Conference.

PROTOCOL TO THE CONVENTION

At the time of signing the Convention of this day's date for the settlement of certain conflicts of laws in connection with cheques, the undersigned, duly authorised, have agreed upon the following provisions:

A

The Members of the League of

Nations and the non-member States who may not have been able to deposit their ratifications of the said Convention before September 1st, 1933, undertake to forward within fifteen days from that date a communication to the Secretary-General of the League of Nations informing him of their situation as regards ratification.

B

If on November 1st, 1933, the conditions laid down in Article 15, paragraph 1, for the entry into force of the Convention are not fulfilled, the Secretary-General of the League of Nations shall convene a meeting of the Members of the League and the non-member States on whose behalf the Convention has been signed or acceded to.

The purpose of this meeting shall be to examine the situation and any measures to be taken to remedy it.

C

The High Contracting Parties shall communicate to each other, immediately upon their coming into force, the legislative measures taken by them in execution of the Convention in their respective territories.

In faith whereof the Plenipotentiaries have signed the present Protocol.

Done at Geneva the nineteenth day of March, one thousand nine hundred and thirty-one, in a single copy, which shall be deposited in the archives of the Secretariat of the League of Nations, and of which authenticated copies shall be delivered to all Members of the League of Nations and non-member States represented at the Conference.

Convention on the Law Applicable to Agency

The States signatories to the present Convention,

Desiring to establish common provisions concerning the law applicable to agency,

Have resolved to conclude a Convention to this effect, and have agreed upon the following provisions-

CHAPTER-I-SCOPE OF THE CONVENTION

Article 1

The present Convention determines the law appliceble tᵛ relationships of an internationa character arising where a person the agent, has the authority to act, acts or purports to act on behalf of another person, the principal, in dealing with a third party.

It shall extend to cases where the function of the agent is to receive and communicate proposals or to conduct negotiations on behalf of other persons.

The Convention shall apply whether the agent acts in his own name or in that of the principal and whether he acts regularly or occasionally.

Article 2

This Convention shall not apply to —
a the capacity of the parties;
b requirements as to form;
c agency by operation of law in family law, in matrimonial property regimes, or in the law of succession;
d agency by virtue of a decision of a judicial or quasi-judicial authority or subject to the direct control of such an authority;
e representation in connection with proceedings of a judicial character;
f the agency of a shipmaster acting in the exercise of his functions as such.

Article 3

For the purposes of this Convention —
a an organ, officer or partner of a corporation, association, partnership or other entity, whether or not possessing legal personality, shall not be regarded as the agent of that entity in so far as, in the exercise of his functions as such, he acts by virtue of an authority conferred by law or by the constitutive documents of that entity;
b a trustee shall not be regarded as an agent of the trust, of the person who has created the trust, or of the beneffiaries.

Article 4

The law specified in this Convention shall apply whether or not it is the law of a Contracting State.

CHAPTER II—RELATIONS BETWEEN PRINCIPAL AND AGENT

Article 5

The internal law chosen by the principal and the agent shall govern the agency relationship between them.

This choice must be express or must be such that it may be inferred with reasonable certainty from the terms of the agreement between the parties and the circumstances of the case.

Article 6

In so far as it has not been chosen in accordance with Article 5, the applicable law shall be the internal law of the State where at the time of formation of the, agency relationship, the agent has his business establishment or, if he has none, his habitual residence

However, the internal law of the : State where the agent is primarily to act shall apply if the principal has his business establishment or, if he has none, his habitual rasidence in that State.

Where the principal or the agent has more than one business establishment. this Article refers to the establishment with which the agency relationship is most closely connected.

Article 7

Where the creation of the agency relationship is not the sole purpose of the agreement, the law specified in Articles 5 and 6 shall apply only if —
a the creation of this relationship is the principal purpose of the agreement, or
b the agency relationship is severable.

Article 8

The law applicable under Articles 5 and 6 shall govern the formation and validity ef the agency relationship, the obligations of the parties, the conditions of performance, the consequences of nonperformance, and the extinction of those obligations.

This law shall apply in particular to —
a the existence and extent of the authority of the agent, its modification or termination, and the consequencces of the fact that the agent has exceeded or misused his authority;
b the right of the agent to appoint a substitute agent, a sub-agent or an additional agent;
c the right of the agent to enter into a contract on behalf of the principal where there is a potential conflict of interest between himself and the principal;
d non-competition clauses and del credere clauses;
e clientele allowances (l'indemnite de clientele);
f the categories of demage for which compensation may be recovered.

Article 9

Whatever law may be applicable to the agency relationship, in regard to the manner of performance the law of the place of performance shall be taken into consideration.

Article 10

This Chapter shall not apply where the agreement creating the agency relationship is a contract of employment.

CHAPTER III — RELATIONS WITH THE THIRD PARTY

Article 11

As between the principal and the third party, the existence and extent of the agent's exercise or purported exercise of his authority shall be governed by the internal law of the State in which the agent had his business establishment at the time of his relevant acts.

However, the internal law of the State in which the agent has acted shall apply if —

a the principal has his business establishment or, if he has nons, his habitual residence in that State, and the agent has acted in the name of the principal; or

b the third party has his business establishment or, if he has none, his habitual residence in that State; or

c the agent has acted at an exchange or auction; or

d the agent has no business establishment.

Where a party has more than one business establishments, this Article refers to the establishment with which the relevant acts of the agent are most closely connected.

Article 12

For the purposes of Article 11, first paragraph, where an agent acting under a contract of employment with his principal has no personal business establishment. he shall be deemed to have his establishment at the business establishment of the principal to which he is attached.

Article 13

For the purposes of Article 11, second paragraph, where an agent in one State has communicated with the third pary in another, by message, telegram, telex, telephone, or other means the agent shall be deemed to have acted in that respect at the place of his business establishment or if he has none, of his habitual residence.

Article 14

Notwithstanding Article 11,, where a written specification by the principal or by the third party of the law applicable to questions falling within Article 11 has been expressly accepted by the other party, the law so specified shall apply to such questions.

Article 15

The law applicable under this Chapter shall also govern the

relationship between the agent and the third party arising from the fact that the agent has acted in the exercise of his authority, has exceeded his authority, or has acted without authority.

CHAPTER IV — GENERAL PROVISIONS

Article 16

In the application of this Convention, effect may be given to the mandatory rules of any State with which the situation has a significant connection, if and in so far as, under the law of that State, those rules must be applied whatever the law specified by its choice of law rules.

Article 17

The application of a law specified by this Convention may be refused only where such application would be manifestly incompatible with public policy ·(ordre public).

Article 18

Any Contracting State may, at the time of signature, ratification, acceptance, approval or accession, reserve the right not to apply this Convention to —
1 the agency of a bank or group of banks in the course of banking transactions;
2 agency in matters of insurance‹
3 the acts of a public servant acting in the exercise of his functions as such on behalf of a private person.

No other reservation shall be permitted. Any Contracting State may also, when notifying an extension of the Convention in accordance with Article 25, make one or more of these reservations, with its effect limited to all or some of the territories mentioned in the extension.

Any Contracting State may at any time withdraw a reservation which it has made; the reservation shall cease to have effect on the first day of the third calendar month after notification of the withdrawal.

Art,cle 19

Where a State comprises several territorial units each of which has its own rules of law in respect of agency, each territorial unit shall be considered as a State for the purposes of identifying the law applicable under this Convention.

Article 20

A State within which different territorial units have their own rules of law in respect of agency shall not be bound to apply this Convention where a State with a unified system of law would not be bound to apply the law of another State by virtue of this Convention.

Article 21

If a Contracting State has two

or more territorial units which have their own rules of law in respect of agency, it may, at the time of signature, ratification, acceptance, approval or acceptance, approval or accession, declare that this Convention shall extend to all its territorial units or to one or more of them, and may modify its declaration by submitting another declaration at any time.

These declarations shall be notified to the Ministry of Foreign Affairs of the Kingdom of the Netherlands, and shall state expressly the territorial units to which the Convention applies.

Article 22

The Convention shall not affect any other international instrument containing provisions on matters governed by this Convention to which a Contracting State is, or becomes, a Party.

CHAPTER V—FLNAL CLAUSES

[omitted]

Convention on Jurisdiction, Applicable Law and Recognition of Decrees Relating to Adoptions

The States signatory to the present Convention,

Desiring to establish common provisions on jurisdiction, applicable law and recognition of decrees relating to adoption,

Have resolved to conclude a Convention to this effect and have agreed upon the following provisions:

Article 1

The present Convention applies to an adoption between:

on the one hand, a person who, possessing the nationality of one of the contracting States, has his habitual residence within one of these States, or spouses each of whom, possessing the nationality of one of the contracting States, has his or her habitual residence within one of these States, and

on the other hand, a child who has not attained the age of eighteen years at the time when the application for adoption is made and has not been married and who, possessing the nationality of one of the contracting States, has his habitual residence within one of these States.

Article 2

The present Convention shall not apply where—

(a) the adopters neither possess the same nationality nor have their habitual residence in the same contracting State;

(b) the adopter or adopters and the child, all possessing the same nationality, habitually reside in the State of which they are nationals;

(c) an adoption is not granted by an authority having jurisdiction under article 3.

Article 3

Jurisdiction to grant an adoption is vested in—

(a) the authorities of the State where the adopter habitually resides or, in the case of an adoption by spouses, the authorities of the State in which both habitually reside;

(b) the authorities of the State of which the adopter is a national or, in the case of an adoption by spouses, the authorities of the State of which both are nationals.

The conditions relating to habitual residence and nationality must be fulfilled both at the time when the application for adoption is made and at the time when the adoption is granted.

Article 4

The authorities who have jurisdiction under the first paragraph of article 3, shall, subject to the provisions of the first paragraph of article

— 540 —

5, apply their internal law to the conditions governing an adoption.

Nevertheless, an authority having jurisdiction by virtue of habitual residence shall respect any provision prohibiting adoption contained in the national law of the adopter or, in the case of an adoption by spouses, any such provision of their common national law, if such a prohibition has been referred to in a declaration of the kind contemplated in article 13.

Article 5

The authorities who have jurisdiction under the first paragraph of article 3 shall apply the national law of the child relating to consents and consultations, other than those with respect to an adopter, his family or his or her spouse.

If according to the said law the child or a member of his family must appear in person before the authority granting the adoption, the authority shall, if the person concerned is not habitually resident in the State of that authority, proceed, where appropriate, by means of a *commission rogatoire*.

Article 6

The authorities referred to in the first paragraph of article 3 shall not grant an adoption unless it will be in the interest of the child. Before granting an adoption they shall carry out, through the agency of the appropriate local authorities, a thorough inquiry relating to the adopter or adopters, the child and his family. As far as possible, this inquiry shall be carried out in cooperation with public or private organizations qualified in the field of inter-country adoptions and the help of social workers having special training or having particular experience concerning the problems of adoption.

The authorities of all contracting States shall promptly give all the assistance requested for the purposes of an adoption governed by the present Convention; for this purpose the authorities may communicate directly with each other.

Each contracting State may designate one or more authorities empowered to communicate in accordance with the preceding paragraph.

Article 7

Jurisdiction to annul or to revoke an adoption governed by the present Convention shall be vested in—

(a) the authorities of the contracting State in which the person adopted habitually resides at the time when the application to annul or to revoke the Convention is made;

(b) the authorities of the State in which at that time the adopter habitually resides or, in the case of an adoption by spouses, both of them habitually reside;

(c) the authorities of the State which granted the adoption.

An adoption may be annulled—

(a) on any ground permitted by the internal law of the State which granted the adoption; or

(b) in accordance with the

— 541 —

national law of the adopter or adopters at the time when that adoption was granted in cases where the application to annul is based on failure to comply with a prohibition to which the second paragraph of article 4 applies; or

(c) in accordance with the national law of the person adopted at the time when the adoption was granted in cases where the application to annul is based on failure to obtain a consent required by that law.

An adoption may be revoked in accordance with the internal law of the authority exercising jurisdiction.

Article 8

Every adoption governed by the present Convention and granted by an authority having jurisdiction under the first paragraph of article 3 shall be recognised without further formality in all contracting States.

Every decision annulling or revoking an adoption granted by an authority having jurisdiction under article 7 shall be recognised without further formality in all contracting States.

If any question arises in a contracting State with respect to the recognition of such an adoption or decision, the authorities of that State, in considering the jurisdiction of the authority which granted the adoption or which gave the decision, shall be bound by the findings of fact on which that authority based its jurisdiction.

Article 9

When an authority having jurisdiction under the first paragraph of article 3 has granted an adoption, it shall notify this fact to the other State, if any, the authorities of which would have been empowered to grant an adoption under that article, to the State of which the child is a national and to the contracting State where the child was born.

When an authority having jurisdiction under the first paragraph of article 7 has annulled or revoked an adoption, it shall notify this fact to the State the authority of which had granted the adoption, to the State of which the child is a national and to the contracting State where the child was born.

Article 10

For the purposes of the present Convention, an adopter or a child who is stateless or whose nationality is unknown, is deemed to have the nationality of the State of his habitual residence.

Article 11

For the purposes of the present Convention if in the State of which either an adopter or a child is a national, there is more than one legal system in force, references to the internal law or to the authorities of the State of which a person is a national shall be construed as references to the law or to the authorities determined by the rules in force in that State or, if there are no such rules, to the law or to authorities of that system with which the person concerned is most closely connected.

Article 12

The present Convention, does not affect provisions of other Conventions relating to adoption binding contracting States at the moment of its entry into force.

Article 13

Any State may, at the time of signature, ratification or accession, with a view to the application of the second paragraph of article 4, make a declaration specifying the provisions of its internal law prohibiting adoptions founded upon—

(a) the existence of descendants of the adopter or adopters;

(b) the fact that a single person is applying to adopt;

(c) the existence of a blood relationship between an adopter and the child;

(d) the existence of a previous adoption of the child by other persons;

(e) the requirement of a difference in age between adopter or adopters and the child;

(f) the age of the adopter or adopters and that of the child;

(g) the fact that the child does not reside with the adopter or adopters.

Such declarations may be revoked at any time. The revocation shall be notified to the Ministry of Foreign Affairs of the Netherlands.

Any declaration which has been revoked shall cease to have effect on the sixtieth day after the notification referred to in the preceding paragraph.

Article 14

Any contracting State may make a declaration specifying the persons deemed to possess its nationality for the purposes of the present Convention.

Such declarations and any modification or revocation thereof shall be notified to the Ministry of Foreign Affairs of the Netherlands.

Any such declaration, modification or revocation shall have effect on the sixtieth day after the notification referred to in the preceding paragraph.

Article 15

The provisions of the present Convention may be disregarded in contracting States only when their observance would be manifestly contrary to public policy.

Article 16

Each contracting State shall designate the authorities having power—

(a) to grant an adoption within the meaning of the first paragraph of article 3;

(b) to exchange the communications envisaged by the second paragraph of article 6 if it is intended to make use of the power conferred by the third paragraph of article 6;

(c) to annul or revoke an adoption under article 7;

(d) to receive information in

pursuance of article 9.

Each contracting State shall supply the Netherlands' Ministry of Foreign Affairs with a list of the foregoing authorities and of any subsequent amendments to that list.

Article 17

With a view to the application of article 5, each contracting State shall inform the Ministry of Foreign Affairs of the Netherlands of the provisions of its internal law relating to consents and consultations.

Any State making a declaration under article 13 shall inform the said Ministry of the provisions of its internal law relating to the prohibitions specified in that declaration.

A contracting State shall inform the said Ministry of any modification of the provisions mentioned in the first and second paragraphs above.

Article 18

The present Convention shall be open for signature by the States represented at the Tenth Session of the Hague Conference on Private International Law.

It shall be ratified, and the instruments of ratification shall be deposited with the Ministry of Foreign Affairs of the Netherlands.

Article 19

The present Convention shall enter into force on the sixtieth day after the deposit of the third instrument of ratification referred to in the second paragraph of article 18.

The Convention shall enter into force for each signatory State which ratifies subsequently on the sixtieth day after the deposit of its instrument of ratification.

Article 20

Any State not represented at the Tenth Session of the Hague Conference on Private International Law may accede to the present Convention after it has entered into force in accordance with the first paragraph of article 19. The instrument of accession shall be deposited with the Ministry of Foreign Affairs of the Netherlands.

The Convention shall enter into force for such a State in the absence of any objection from a State, which has ratified the Convention before such deposit, notified to the Ministry of Foreign Affairs of the Netherlands within a period of six months after the date on which the said Ministry has notified it of such accession.

In the absence of any such objection the Convention shall enter into force for the acceding State on the first day of the month following the expiration of the last of the periods referred to in the preceding paragraph.

Article 21

Any State may, at the time of signature, ratification or accession, declare that the present Convention shall extend to all the territories for the international relations of which it is responsible, or to one or more of them. Such a declaration shall take effect on the date of entry into force of the Convention for the State concerned.

At any time thereafter, such extensions shall be notified to the Ministry of Foreign Affairs of the Netherlands.

The Convention shall enter into force for the territories mentioned in such an extension on the sixtieth day after the notification referred to in the preceding paragraph.

Article 22

Any State may, not later than the moment of its ratification or accession, reserve the right not to recognise an adoption granted by an authority exercising jurisdiction under sub-paragraph (b) of the first paragraph of article 3, when at the time of the application to adopt the child had his habitual residence within its own territory and did not possess the nationality of the State in which the adoption was granted. No other reservation shall be permitted.

Each contracting State may also, when notifying an extension of the Convention in accordance with article 21, make the said reservations, with its effect limited to all or some of the territories mentioned in the extension.

Each contracting State may at any time withdraw a reservation it has made. Such a withdrawal shall be notified to the Ministry of Foreign Affairs of the Netherlands.

Such a reservation shall cease to have effect on the sixtieth day after the notification referred to in the proceeding paragraph.

Article 23

The present Convention shall remain in force for five years from the date of its entry into force in accordance with the first paragraph of Article 19, even for States which have ratified it or acceded to it subsequently.

If there has been no denunciation, it shall be renewed tacitly every five years.

Any denunciation shall be notified to the Ministry of Foreign Affairs of the Netherlands at least six months before the end of the five year period.

It may be limited to certain of the territories to which the Convention applies.

The denunciation shall have effect only as regards the State which has notified it. The Convention shall remain in force for the other contracing States.

Article 24

The Ministry of Foreign Affairs of the Netherlands shall give notice to the States referred to in article 18, and to the States which have acceded in accordance with article 20, of the following—

(a) the declarations and revocations referred to in article 13;

(b) the declarations, modifications and revocations referred to in article 14;

(c) the designation of auhorities referred to in article 16;

(d) the legal provisions and modifications thereof referred to in artiolo 17;

(e) the signatures and ratifications referred to in article 18;

(f) the date on which the present Convention enters into force in accordance with the first paragraph of article 19;

(g) the accessions referred to in article 20 and the dates on which they take effect;

(h) the extensions referred to in article 21 and the dates on which they take effect;

(i) the reservations and withdrawals referred to in article 22;

(j) the denuciation referred to in third paragraph of article 23.

Convention on the Choice of Court

The States signatory to the present Convention,

Desiring to establish common provisions on the validity and effects of agreements on the choice of court,

Have resolved to conclude a Convention to this effect and have agreed upon the following provisions:

Article 1

In the matters to which this Convention applies and subject to the conditions which it prescribes, parties may by an agreement on the choice of court designate, for the purpose of deciding disputes which have arisen or may arise between them in connection with a specific legal relationship, either:

1. the courts of one of the contracting States, the particular competent court being then determined (if at all) by the internal legal system or systems of that State, or

2. a court expressly named of one of the contracting States, provided always that this court is competent according to the internal legal system or systems of that State.

Article 2

This Convention shall apply to agreements on the choice of court concluded in civil or commercial matters in situations having an international character.

It shall not apply to agreements on the choice of court concluded in the following matters:

1. the status or capacity of persons or questions of family law including the personal or financial rights or obligations between parents and children or between spouses,

2. maintenance obligations not included in the first sub-paragraph,

3. questions of succession,

4. questions of bankruptcy, compositions or analogous proceedings, including decisions which may result therefrom and which relate to the validity of the acts of the debtor,

5. rights in immovable property.

Article 3

This Convention shall apply whatever the nationality of the parties.

Article 4

For the purpose of this Convention the agreement on the choice of court shall have been validly made if it is the result of the acceptance by one party of a written proposal by the other party expressly designating the chosen court or courts.

The existence of such an agreement shall not be presumed from the mere failure of a party to appear in an action brought against him in the chosen court.

The agreement on the choice of court shall be void or voidable if it has been obtained by an abuse of economic power or other unfair means.

Article 5

Unless the parties have otherwise agreed only the chosen court or courts shall have jurisdiction.

The chosen court shall be free to decline jurisdiction if it has proof that a court of another contracting State could avail itself of the provisions of article 6 (2).

Article 6

Every court other than the chosen court or courts shall decline jurisdiction except:

1. where the choice of court made by the parties is not exclusive,

2. where under the internal law of the State of the excluded court, the parties were unable, because of the subject-matter, to agree to exclude the jurisdiction of the courts of that State,

3. where the agreement on the choice of court is void or voidable in the sense of article 4,

4. for the purpose of provisional or protective measures.

Article 7

Where, in their agreement, the parties have designated a court or the courts of a contracting State without excluding the jurisdiction of other courts, proceedings already pending in any court thus having jurisdiction and which may result in a decision capable of being recognised in the State where the defence is pleaded, shall constitute the basis for the defence of *lis pendens*.

Article 8

Decisions given by a chosen court in the sense of this Convention in one of the contracting States shall be recognised and enforced in the other contracting States in accordance with the rules for the recognition and enforcement of foreign judgments in force in those States.

Article 9

Where the conditions for recognition and enforcement of a decision rendered on the basis of an agreement on the choice of court are not fulfilled in another contracting State, the agreement shall not preclude any party from bringing a new action in the courts of that State.

Article 10

Settlements made in the chosen court in the course of proceedings there pending which are enforceable in the State of that court shall be treated in the same manner as decisions made by that court.

Article 11

This Convention shall not derogate from Conventions containing provisions on the matters governed by this Convention to which the contracting States are, or shall become, Parties.

Article 12

Any contracting State may reserve the right not to recognise agreements on the choice of court concluded between persons who, at the time of the conclusion of such agreements, were its nationals and had their habitual residence in its territory.

Article 13

Any contracting State may make a reservation according to the terms of which it will treat as an internal matter the juridical relations established in its territory between, on the one hand, physical or juridical persons who are there and, on the other hand, establishments registered on local registers, even if such establishments are branches, agencies or other representatives of foreign firms in the territory in question.

Article 14

Any contracting State may make a reservation according to the terms of which it may extend its exclusive jurisdiction to the juridical relations established in its territory between, on the one hand, physical or juridical persons who are there and on the other hand establishments registered on local registers, even if such establishments are branches, agencies or other representatives of foreign firms in the territory in question.

Article 15

Any contracting State may reserve the right not to recognise agreements on the choice of court if the dispute has no connection with the chosen court, or if, in the circumstances, it would be seriously inconvenient for the matter to be dealt with by the chosen court.

Article 16

The present Convention shall be opened for signature by the States represented at the Tenth Session of The Hague Conference on Private International Law.

It shall be ratified, and the instruments of ratification shall be deposited with the Ministry of Foreign Affairs of the Netherlands.

Article 17

The present Convention shall enter into force on the sixtieth day after the deposit of the third instrument of ratification referred to in the second paragraph of article 16.

The Convention shall enter into force for each signatory State which ratifies subsequently on the sixtieth day after the deposit of its instrument of ratification.

Article 18

Any State not represented at the Tenth Session of the Hague Conference on Private International Law may accede to the present Convention after it has entered into force in accordance with the first paragraph of article 17. The instrument of accession shall be deposited with the Ministry of Foreign Affairs of the Netherlands.

The Convention shall enter into force for such a State in the absence of any objection from a State, which has ratified the Convention before such deposit, notified to the Ministry of Foreign Affairs of the Netherlands within a period of six months after the date on which the said Ministry has notified it of such accession.

In the absence of any such objection, the Convention shall enter into force for the acceding State on the first day of the month following the expiration of the last of the periods referred to in the preceding paragraph.

Article 19

Any State may, at the time of signature, ratification or accession, declare that the present Convention shall extend to all the territories for the international relations of which it is responsible, or to one or more of them. Such a declaration shall take effect on the date of entry into force of the Convention for the State concerned.

At any time thereafter, such extensions shall be notified to the Ministry of Foreign Affairs of the Netherlands.

The Convention shall enter into force for the territories mentioned in such an extension on the sixtieth day after the notification referred to in the preceding paragraph.

Article 20

Any State may, not later than the moment of its ratification or accession, make one or more of the reservations mentioned in articles 12, 13, 14 and 15 of the present Convention. No other reservation shall be permitted.

Each contracting State may also, when notifying an extension of the Convention in accordance with article 19, make one or more of the said reservations, with its effect limited to all or some of the territories mentioned in the extension.

Each contracting State may at any time withdraw a reservation it has made. Such a withdrawal shall be notified to the Ministry of Foreign Affairs of the Netherlands.

Such a reservation shall cease to have effect on the sixtieth day after the notification referred to in the preceding paragraph.

Article 21

The present Convention shall remain in force for five years from the date of its entry into force in accordance with the first paragraph of article 17, even for States which have ratified it or acceded to it subsequently.

If there has been no denunciation, it shall be renewed tacitly every five years.

Any denunciation shall be notified to the Ministry of Foreign Affairs of the Netherlands at least six months before the end of the five year period.

It may be limited to certain of the territories to which the Convention applies.

The denunciation shall have effect only as regards the State which has notified it. The Convention shall remain in force for the other contracting States.

Article 22

The Ministry of Foreign Affairs of the Netherlands shall give notice to the States referred to in article 16, and to the States which have acceded in accordance with article 18, of the following—

(a) the signatures and ratifications referred to in article 16;

(b) the date on which the present Convention enters into force in accordance with the first paragraph of article 17;

(c) the accessions referred to in article 18 and the dates on which they take effect;

(d) the extensions referred to in article 19 and the dates on which they take effect;

(e) the reservations and withdrawals referred to in article 20;

(f) the denunciations referred to in the third paragraph of article 21.

Convention to Determine Conflicts Between the National Law and the Law of Domicile

Article 1

When the State where the person interested is domiciled prescribes application of the national law, but the State of which such person is a national, prescribes application of the law of the domicile, each contracting State shall apply the provisions of the internal law of the law of the domicile.

Article 2

When the State where the person interested is domiciled and the State of which such person is a national, both prescribe application of the law of the domicile, each contracting State shall apply the provisions of the internal law of the law of the domicile.

Article 3

When the State where the person interested is domiciled and the State of which such person is a national both prescribe application of the national law, each contracting State shall apply the provisions of the internal law of the national law.

Article 4

No contracting State is obligated to apply the rules prescribed in the preceding articles, when its rules of private international law prescribe application in a given case neither of the law of the domicile nor of the national law.

Article 5

Domicile, for the purpose of the present Convention, is the place where a person habitually resides, unless it depends on that of another person or on the seat of an authority.

Article 6

In each of the contracting States, the application of the law determined by the present Convention may be excluded on a ground of public policy.

Article 7

No contracting State is obliged to apply the provisions of the present Convention, when the State where the person interested is domiciled or the State of which such person is a national is not a contracting State.

Article 8

Each contracting State, on signing or ratifying the present Convention or on adhering hereto, may declare that it excludes from the application of the present Convention conflicts of laws relating to certain matters.

The State which shall have availed itself of the faculty contemplated in the preceding paragraph may not claim the application of the present Convention by other contracting States as respects matters which it shall have excluded.

Article 9

The present Convention is open for the signature of the States represented at the Seventh Session of the Conference on Private International Law.

It shall be ratified and the instruments of ratification shall be deposited with the Ministry of Foreign Affairs of The Netherlands.

A procès-verbal shall be made of each deposit of instruments of ratification, a duly certified copy whereof shall be transmitted by diplomatic channels to each of the signatory States.

Article 10

The present Convention shall enter into effect on the sixtieth day from the deposit of the fifth instrument of ratification contemplated by article 9, paragraph 2.

As respects each signatory State ratifying the Convention subsequently, it shall enter into effect on the sixtieth day from the date of the deposit of its instrument of ratification.

Article 11

The present Convention applies as of course to the metropolitan territories of the contracting States.

If a contracting State desires extension hereof to all its other territories, or to those of its other territories for the international relations of which it provides, it shall notify its intention to such effect by a document which shall be deposited with the Ministry of Foreign Affairs of The Netherlands. The latter shall transmit by diplomatic channels a duly certified copy thereof to each of the contracting States. The present Convention shall enter into effect for such territories on the sixtieth day after the date of deposit of the act of notification above mentioned.

It is understood that the notification contemplated by paragraph 2 of the present article shall have effect only after the coming into force of the present Convention pursuant to article 10, first paragraph.

Article 12

Any State not represented at the Seventh Session of the Conference on Private International Law may adhere to the present Convention. A State desiring to adhere shall notify its intention' by a document which shall be deposited with the Ministry of Foreign Affairs of The Netherlands. The latter shall transmit by diplomatic channels a duly certified copy thereof to each of the contracting States. The Convention shall enter into effect for the adhering State on the sixtieth day after the date of the deposit of the act of adhesion.

It is understood that the deposit of the act of adhesion may take place only after the coming into force of the present Convention pursuant to article 10, first paragraph.

Article 13

The present Convention shall have a duration of five years starting from the date indicated in article 10, first paragraph, of the present Convention. This period shall commence to run from such date even for States which shall have ratified it or adhered hereto subsequently.

The Convention shall be renewed tacitly every five years, in the absence of denunciation.

The denunciation must be notified, at least six months before the expiration of the period, to the Ministry of Foreign Affairs of The Netherlands, which shall give notice thereof to all the other contracting States.

The denunciation may be limited to the territories, or to certain of the territories included in a notification made pursuant to article 10,[1] paragraph 2.

The denunciation shall take effect only as respects the State which shall have given notice thereof. The Convention shall remain in effect for the other contracting States.

---

[1] Apparently, this should be "article 11" instead of "article 10."

CONVENTION ON THE LAW APPLICABLE
TO PRODUCTS LIABILITY

INTRODUCTORY NOTE

The U.S.A. can take real satisfaction in this Convention. It was the country which suggested to the Hague Conference that a convention might usefully be prepared on the law applicable to products liability. It was also the country which, along with Norway, submitted the compromise proposal which obtained the support of a large majority of the delegates. Likewise, the Convention, as finally approved, meets essentially the objectives which the U.S.A. wished to attain. Professor Georges van Hecke, of the University of Louvain, Belgium, served as chairman both of the Special Commission, which prepared an initial draft convention, and of the Commission which prepared the final text during the meeting of the Conference. The writer served as Rapporteur on both occasions.

The initial position of the U.S.A. was that the plaintiff should be given a choice between two or three laws, such as the law of the state of injury, the law of the state where he acquired the product and the law of the state of the principal place of business of the defendant, provided that in case of the first two of these laws the defendant could reasonably have foreseen that the product, or similar products, would come into the particular state through commercial channels. It soon became apparent, at the Special Commission stage, that this position would obtain the support of at most about one-third of the delegates. Accordingly, at the suggestion of the U.S. representative, the U.S.A. and Norway submitted a joint proposal during the Conference which essentially embodied the provisions now found in articles 4-7.

These provisions represented a compromise between divergent views. What is more important, they arrive at what is thought to be an excellent solution of the problem. In the situations covered by articles 4 and 5—where at least two important contacts are located in a single state—application of the law of that state without regard to its particular content seems entirely reasonable and desirable. When, however, as in the situation covered by article 6, no single state contains a grouping of two or more contacts, it is appropriate to give the plaintiff a choice between two laws. Giving him such a choice is consistent with the basic policy, favoring the consumer, which underlies the law of products liability in at least most countries of the world. Likewise, no unfairness to the defendant can result, since he is protected by article 7 against the application of an unforeseeable law.

---

1. See in particular Article 30 of the Convention.

Mention should also be made of article 13. It is concerned with the familiar problem of a federal state which, like the U.S.A., is composed of different territorial units, each with its own rules of law in respect of products liability. This article provides that such a state need not apply the Convention in a situation "where a State with a unified system of law would not be bound to apply the law of another state by virtue of articles 4 and 5." An example should make clear the purpose of this article. Suppose that the plaintiff, who has his habitual residence in New York, purchases in New Jersey an automobile of German manufacture and is injured in Idaho by reason of a defect in the automobile. Suppose furthermore that the defendant could have reasonably foreseen that the particular automobile, or automobiles of the same type, would be available through commercial channels in New York and New Jersey but that he could not have foreseen that they would be available in Idaho. But for article 13, a court sitting in the U.S.A. would be compelled by the Convention to apply German law, since neither New York nor New Jersey contained two or more of the contacts and Idaho law could not be applied under article 7 because of lack of the requisite foreseeability on the part of the defendant. On the other hand, if all of these events had taken place in a country, such as France, with a unified system of law, the law of that country would be applicable under the Convention. This result might be thought to discriminate against the federal state, and accordingly it is freed in such a case from the obligation of applying the Convention.

Convention on the Law Applicable to Products Liability

The States signatory to the present Convention,

Desiring to establish common provisions on the law applicable, in international cases, to products liability,

Have resolved to conclude a Convention to this effect and have agreed upon the following provisions—

Article 1

This Convention shall determine the law applicable to the liability of the manufacturers and other persons specified in Article 3 for damage caused by a product, including damage in consequence of a misdescription of the product or of a failure to give

* Director, Parker School of Foreign and Comparative Law, Columbia University; Reporter, Restatement (Second) of Conflict of Laws.

adequate notice of its qualities, its characteristics or its method of use.

Where the property in, or the right to use, the product was transferred to the person suffering damage by the person claimed to be liable, the Convention shall not apply to their liability *inter se*.

This Convention shall apply irrespective of the nature of the proceedings.

Article 2

For the purpose of this Convention—

a. the word 'product' shall include natural and industrial products, whether new or manufactured and whether movable or immovable;

b. the word 'damage' shall mean injury to the person or damage to property as well as economic loss; however, damage to the product itself and the consequential economic loss shall be excluded unless associated with other damage;

c. the word 'person' shall refer to a legal person as well as to a natural person.

Article 3

This Convention shall apply to the liability of the following persons—

1. manufacturers of a finished product or of a component part;

2. producers of a natural product;

3. suppliers of a product;

4. other persons, including repairers and warehousemen, in the commercial chain of preparation or distribution of a product.

It shall also apply to the liability of the agents or employees of the persons specified above.

Article 4

The applicable law shall be the internal law of the State of the place of injury, if that State is also—

a. the place of the habitual residence of the person directly suffering damage, or

b. the principal place of business of the person claimed to be liable, or

c. the place where the product was acquired by the person dire suffering damage.

Article 5

Notwithstanding the provisions of Article 4, the applicable law shall be the internal law of the State of the habitual residence of the person directly suffering damage, if that State is also—

a. the principal place of business of the person claimed to be liable, or

b. the place where the product was acquired by the person directly suffering damage.

Article 6

Where neither of the laws designated in Articles 4 and 5 applies, the applicable law shall be the internal law of the State of the principal place of business of the person claimed to be liable, unless the claimant bases his claim upon the internal law of the State of the place of injury.

Article 7

Neither the law of the State of the place of injury nor the law of the State of the habitual residence of the person directly suffering damage shall be applicable by virtue of Articles 4, 5 and 6 if the person claimed to be liable establishes that he could not reasonably have foreseen that the product or his own products of the same type would be made available in that State through commercial channels.

Article 8

The law applicable under this Convention shall determine, in particular—

1. the basis and extent of liability;

2. the grounds for exemption from liability, any limitation of liability and any division of liability;

3. the kinds of damages for which compensation may be due;

4. the form of compensation and its extent;

5. the question whether a right to damages may be assigned or inherited;

6. the persons who may claim damages in their own right;

7. the liability of a principal for the acts of his agent or of an employer for the acts of his employee;

8. the burden of proof in so far as the rules of the applicable law in respect thereof pertain to the law of liability;

9. rules of prescription and limitation, including rules relating to the commencement of a period of prescription or limitation, and the interruption and suspension of this period.

Article 9

The application of Articles 4, 5 and 6 shall not preclude consideration being given to the rules of conduct and safety prevailing in the State where the product was introduced into the market.

Article 10

The application of a law declared applicable under this Convention may be refused only where such application would be manifestly incompatible with public policy ('ordre public').

Article 11

The application of the preceding Articles shall be independent of any requirement of reciprocity. The Convention shall be applied even if the applicable law is not that of a Contracting State.

Article 12

Where a State comprises several territorial units each of which has its own rules of law in respect of products liability, each territorial unit shall be considered as a State for the purposes of selecting the applicable law under this Convention.

Article 13

A State within which different territorial units have their own rules of law in respect of products liability shall not be bound to apply this Convention where a State with a unified system of law would not be bound to apply the law of another State by virtue of Articles 4 and 5 of this Convention.

Article 14

If a Contracting State has two or more territorial units which have their own rules of law in respect of products liability, it may, at the time of signature, ratification, acceptance, approval, or accession, declare that this Convention shall extend to all its territorial units or only to one or more of them, and may modify its declaration by submitting another declaration at any time.

These declarations shall be notified to the Ministry of Foreign Affairs of the Netherlands, and shall state expressly the territorial units to which the Convention applies.

Article 15

This Convention shall not prevail over other Conventions in special fields to which the Contracting States are or may become Parties and which contains provisions concerning products liability.

Article 16

Any Contracting State may, at the time of signature, ratification, acceptance, approval, or accession, reserve the right—

1. not to apply the provisions of Article 8, sub-paragraph 9.

2. not to apply this Convention to raw agricultural products.

No other reservations shall be permitted.

Any Contracting State may also when notifying an extension of the Convention in accordance with Article 19, make one or more of these reservations, with its effect limited to all or some of the territories mentioned in the extension.

Any Contracting State may at any time withdraw a reservation it has made; the reservation shall cease to have effect on the first day of the third calendar month after notification of the withdrawal.

Article 17

This Convention shall be open for signature by the States which were Members of the Hague Conference on Private International Law at the time of its Twelfth Session.

It shall be ratified, accepted or approved and the instruments of ratification, acceptance or approval shall be deposited with the Ministry of Foreign Affairs of the Netherlands.

Article 18

Any State, which has become a Member of the Hague Conference on Private International Law after the date of its Twelfth Session or which is a Member of the United Nations or of a specialised agency of that Organisation, or a Party to the Statute of the International Court of Justice may accede to this Convention after it has entered into force in accordance with Article 20.

The instrument of accession shall be deposited with the Ministry of Foreign Affairs of the Netherlands.

Article 19

Any State may, at the time of signature, ratification, acceptance, approval or accession, declare that this Convention shall extend to all territories for the international relations of which it is responsible, or to one or more of them. Such a declaration shall take effect on the date of entry into force of the Convention for the State concerned.

At any time thereafter, such extensions shall be notified to the Ministry of Foreign Affairs of the Netherlands.

Article 20

This Convention shall enter into force on the first day of the third calendar month after the deposit of the third instrument of ratification, acceptance or approval referred to in the second paragraph of Article 17. Thereafter the Convention shall enter into force

—for each State ratifying, accepting or approving it subsequently, on the first day of the third calendar month after the deposit of its instrument of ratification, acceptance or approval;

—for each acceding State, on the first day of the third calendar month after the deposit of its instrument of accession;

—for a territory to which the Convention has been extended in conformity with Article 19, on the first day of the third calendar month after the notification referred to in that Article.

Article 21

This Convention shall remain in force for five years from the date of its entry into force in accordance with the first paragraph of Article 20, even for States which have ratified, accepted, approved or acceded to it subsequently.

If there has been no denunciation, it shall be renewed tacitly every five years.

Any denunciation shall be notified to the Ministry of Foreign Affairs of the Netherlands, at least six months before the expiry of the five year period. It may be limited to certain of the territories to which the Convention applies.

The denunciation shall have effect only as regards the State which has notified it. The Convention shall remain in force for the other Contracting States.

Article 22

The Ministry of Foreign Affairs of the Netherlands shall notify the States Members of the Conference and the States which have acceded in accordance with Article 18, of the following—

1. the signatures and ratifications, acceptances and approvals referred to in Article 17;

2. the date on which this Convention enters into force in accordance with Article 20;

3. the accessions referred to in Article 18 and the dates on which they take effect;

4. the extensions referred to in Article 19 and the dates on which they take effect;

5. the reservations, withdrawals of reservations and declarations referred to in Articles 14, 16 and 19;

6. the denunciations referred to in Article 21.

In witness whereof the undersigned, being duly authorised thereto, have signed this Convention.

Done at The Hague, on the day of ...., 19......, in the English and French languages, both texts being equally authentic, in a single copy which shall be deposited in the archives of the Government of the Netherlands, and of which a certified copy shall be sent, through the diplomatic channel, to each of the States members of the Hague Conference on Private International Law at the date of its Twelfth Session.

THE EEC DRAFT OF A CONVENTION ON THE LAW APPLICABLE TO CONTRACTUAL AND NON-CONTRACTUAL OBLIGATIONS

The European Economic Community has made available for comment a draft, completed in 1972, of a convention on the law applicable to contracts and torts, which a working group formed of experts from the Community's original Six had been directed to prepare for Community purposes. Because of the extraordinary importance of the draft to the development of the conflict of laws, we publish herewith a translation of the draft, preceded by an introductory note by the translator. The translation is based on the French version of the draft which was released together with a voluminous covering report.[1]

In 1967, the Benelux States had for their own purposes produced a draft of a uniform law on private international law.[2] Thereupon the three governments approached the Commission of the European Communities with the proposal that work on unification and codification of the rules of private international law be undertaken on the basis of the Benelux draft in cooperation with experts from the three other member States. The Commission arranged for a gathering of Government experts from the member States to consider the proposal. After two meetings in 1969 the group agreed, with some reservations from the German side, that harmonization of the conflicts rules for the Market was desirable. For the time being work should concentrate on (1) property, (2) contractual and non-contractual obligations, (3) form of judicial acts and evidence, (4) general questions (*renvoi*, characterization, application of foreign law, vested rights, *ordre public*, capacity, agency). The project would be a natural sequel to the Convention of 27 September 1968 on Jurisdiction and Enforcement of Judgments[3] and should be handled in the same manner as the conventions on judgments and companies prepared pursuant to the obligations under article 220 of the Treaty of Rome.

---

1. The French version of the Draft Convention (XIV/398/72. Rev.:1) and Report (XIV/408/72; Notes: XIV/579/72) has appeared in 9 *Rivista di diritto internazionale privato e processuale* 189, 198 (1973); of the Draft Convention in 62 *Revue critique de droit international privé* 209 (1973).
2. See Nadelmann, "The Benelux Uniform Law on Private International Law," 18 *Am. J. Comp. L.* 406 (1970).
3. See Nadelmann, "The Common Market Judgments Convention and a Hague Conference Recommendation: What Steps Next?" 82 *Harv. L. Rev.* 1282 (1969). The Convention became effective among the original Six on Feb. 1, 1973. See Weser, "La Convention communautaire sur la compétence judiciaire et l'exécution des décisions réalise-t-elle la libre circulation des jugements dans le Marché Commun?" 88 *Journal des Tribunaux* 330 (Belgium 1973).

Consulted by the Commission, the six Governments approved the proposal. Early in 1970 an assignment went to the Working Group of Experts to continue work on the project as proposed. At a meeting held in February 1970, organizational questions were settled. Mr. Paul Jenard of Belgium was elected chairman and Judge R. Miccio of Italy vice chairman of the group; also each of the four topics was to have its own reporter. The first topic was assigned to the German Federal Republic (Judge Karl Arndt), the second to Italy (Professor Mario Giuliano), the third to France (Professor Paul Lagarde), and the fourth to the Netherlands (Mr. Th. Van Sasse Van Ysselt). A substantial majority of the delegates were in favor of preparing a convention with rules of general application.

At a meeting of the Reporters in June 1970 the working procedure was considered. Work on property, it was found, had to be postponed until preliminary studies, notably on secured transactions, had been completed. The Working Group would take up contractual and non-contractual obligations, with a preliminary draft by Professor Giuliano as the basis. The topics assigned to Mr. Van Sasse would be considered to the extent of their connection with the subject matter of the Giuliano draft.

The Working Group held eleven full sessions, each lasting normally five days. A draft of a convention composed of 36 articles was completed in June 1972. Reports covering the draft were prepared, Professor Giuliano doing the opening part and comments on art. 1-17, Professor Lagarde the comments on art. 18 and 19 and Mr. Van Sasse those on art. 20-36. After a meeting of the Reporters in September 1972, draft and report were turned over to the Committee of Permanent Representatives of the Council for possible transmission to the member Governments.

In February 1973, a meeting of the Working Group took place to start on property. Delegations from the three new member States, the United Kingdom, Ireland, and Denmark were in attendance. At the meeting it was agreed that the draft Convention on Contractual and Non-Contractual Obligations should be published to secure widest discussion.[4]

Among the materials which the Working Group had had at its disposal was, in addition to the Benelux Convention on Private International Law which the three Governments had signed on July 3, 1969,[5] a 1967 draft of a French law on private international law prepared by a Commission of Experts appointed by the Government and rendered public in 1970.[6] As appears from the covering Report, the Working Group considered the current law of the Six as well as

---

4. See Weser, ibid. at 234.
5. Translation in Nadelmann, supra n. 2 at 420.
6. Translation in Nadelmann & von Mehren, "A French Draft of a Law on Private International Law," 18 *Am. J. Comp. L.* 614, 617 (1970). Original text in 59 *Revue critique de droit international privé* 832 (1970); cf. Foyer, "Le nouvel avant-projet de réforme du droit international privé français," 98 *Journal du Droit International* 31 (1971). See Cavers, "Legislative Choice of Law: Some European Examples," 44 *So. Cal. L. Rev.* 340 (1971).

the law of other countries. On the Working Group were many leaders in the conflicts field. According to an attendance list in the Report, experts present at the meetings on the draft's principal part included Mmes. Delvaux and Oschinsky and Professors Vander Elst, Rigaux, and Van Hecke (Belgium), Messrs. Klingsporn and Rebmann (Germany), Professor Batiffol and Judge Grimaldi (France), Judge Fulgenzi (Italy), former Attorney General Huss and Judge Heiderscheid (Luxemburg), the late Professor de Winter and Judge Dubbink (Netherlands), in addition to the chairman and the four reporters.

As regards the substance of the draft, the reader will notice the strong influence on the basic provisions of recent developments in conflicts thinking as exemplified by the approach used in the *Restatement (Second) of Conflict of Laws*[7] and recent Hague Conference Conventions, especially in the field of torts.[8] Without expressing a value judgment, I find that the draft[9] resembles in approach that of the *Restatement Second* more than old-type codification with its preemptory and clear cut rules.

Art. 23 of the draft makes its rules applicable generally without any requirement of reciprocity, even if the law declared applicable is not that of a member State. In support, the Report makes reference to corresponding provisions in three Hague Conference Conventions which were, of course, prepared by an international agency with the leading nations of the Western World as members.

As is well-known to our readers, the Common Market decision on unification of the rules of private international law has caused concern in non-Market countries. At the October 1972 session of the Hague Conference on Private International Law, the U.S. delegation pointed out the risk that regional work make unification of the law on a broader level difficult if not impossible.[10] After an inconclusive discussion the decision was reached to investigate whether, as suggested by the U.S.A., the Hague Conference should undertake work on contracts and torts.[11] Whatever the merit of the Common Market draft and the ultimate action of the Hague Conference, the decision of the enlarged Community to make the 1972 draft available for general discussion is a constructive approach to the problem.

KURT H. NADELMANN*

---

7. See Introduction, *Restatement (Second) of Conflict of Laws, vol.* 1, vii (1972); Reese, "Choice of Law: Rules or Approach," 57 *Cornell L.Q.* 315 (1972); Cavers, "Contemporary Conflicts Law in American Perspective," 131 *Recueil des Cours* 75, 143 (1970 III).

8. See the 1968 draft Convention on the Law Applicable to Traffic Accidents, 16 *Am. J. Comp. L.* 589 (1969), and the 1972 draft Convention on the Law Applicable to Products Liability, 21 *Am. J. Comp. L.* 150 (1973).

9. See, in particular, art. 4(3) and art. 10(2) of the Draft.

10. See Report, The Twelfth Session of the Hague Conference on Private International Law, 21 *Am. J. Comp. L.* 136, 137-38 (1973).

11. Decision at 163 (V(1)(d)).

* Research Scholar Emeritus, Harvard Law School; Member of the Board of Editors.

Connection on the Law Applicable to
Contractual and Non-Contractual Obligations

PREAMBLE

The High Contracting Parties [to the Treaty establishing the European Economic Community],

Anxious to pursue in the domain of private international law the work of unification of law undertaken in the Community,

Desiring to establish uniform rules relating to the law applicable to contractual and non-contractual obligations,

Have decided to conclude the present convention and have to that effect designated as plenipotentiaries . . . .

TITLE I: FIELD OF APPLICATION

Article 1

(1) The rules of private international law of this Convention shall apply to contractual and non-contractual obligations in situations of an international character.

(2) They shall not apply

(a) to matters of status and capacity, save as regards Article 20, nor to matters of matrimonial property, succession, testaments, or gifts,

(b) to commercial papers such as bills of exchange, cheques or promissory notes,

(c) to agreements on arbitration or choice of court,

(d) [to insurance contracts],

(e) to the constitution, internal operation or dissolution of corporations and other legal entities,

(f) to matters relating to damages in the nuclear field.[1]

TITLE II: UNIFORM RULES

Article 2

(1) Contracts shall be governed by the law chosen by the parties.

(2) The requirements pertaining to the validity of the consent of the parties as to the applicable law shall be governed by that law.

(3) [However, in labor relations, the choice of the parties may in no case affect mandatory provisions for the protection of the worker in force in the State where he works habitually.]

(4) [From Annex] *First Variation*

The meaning of silence of a party to a proposal made by the other party before the formation of the contract or in connection with it concerning the applicable law shall be evaluated according to the law of the habitual residence of that party. However, notwithstanding the provisions of that law, agreement on the choice of the applicable law may be deduced from the silence of one of the parties if such interpretation results from habits previously established between the parties or from usages of international commerce of which the parties have, or should have, knowledge on account of their profession.

Second Variation

Agreement on the choice of the applicable law may be deduced from the silence of one of the parties only if such interpretation results from the habits previously established between the parties or from usages practiced in international commerce. However, if the contract has been formed already, the law governing the contract shall determine whether silence does or does not mean a choice of the applicable law.

Article 3

The choice by the parties of the applicable law may be made at the time of contracting or at a later date. It may be modified at any time by an agreement between the parties. Any such modification as to the determination of the applicable law which occurs subsequent to the conclusion of the contract shall not affect the rights of third parties.

---

1. The question of the law applicable to *ententes* has not been settled.

Article 4

(1) Failing an express or implied choice, the contract shall be governed by the law of the State with which it is most closely connected (*présente les liens les plus étroits*).

(2) That State shall be
(a) that in which the party who is to carry out such performance as is characteristic of the contract (*la partie qui doit fournir la prestation caractéristique*) has his habitual residence at the time of contracting,
(b) if the characteristic performance is due in execution of a contract concluded in pursuance of professional activity, that in which such party had his principal place of business at the time of contracting, or
(c) that in which such party has a secondary place of business if it results from the contract that the characteristic performance will be carried out by that place of business.

(3) The preceding paragraph shall not apply if the characteristic performance, the habitual residence, or the place of business cannot be determined or if it results from all the circumstances that the contract is more closely connected with another State.

Article 5

Failing an express or implied choice, contracts relating to labor relations shall be governed by the law of the State
(a) where the worker performs his work habitually, or
(b) if the worker does not habitually perform his work in one and the same State, where the place of business is located which hired him, unless it results from all the circumstances that the labor contract is more closely connected with another State.

Article 6

Failing an express or implied choice, contracts involving immovable property shall be governed by the law of the place where the property is located, unless it results from all the circumstances that the contract is more closely connected with another State.

Article 7

Where a contract is connected also with a State other than the State whose law is applicable under Articles 2, 4, 5, 6, 16, 17, 18 and 19(3) and where the law of that other State contains provisions regulating the subject matter in a mandatory way so as to exclude application of any other law, such provisions shall be taken into account to the extent that their particular nature or purpose can justify that exclusion.

Article 8

(1) The requirements concerning the validity of the consent of the parties to the contract shall be governed by the law applicable under the preceding articles.

(2) [From Annex] *First Variation*
The meaning of silence of a party as regards the formation of the contract is evaluated according to the law of the habitual residence of that party. However, notwithstanding the provisions of this law, consent to a contract may be deduced from the silence of one of the parties if this interpretation results from the habits previously established between the parties or from usages of international commerce of which the parties have or should have knowledge on account of their profession.

Second Variation

The formation of the contract may be deduced from silence of one of the parties only if that interpretation results from the habits previously established between the parties or from usages practiced in international commerce.

Article 9

The provisions of Articles 2 to 8 shall not apply to the transfer of property or to *in rem* effects of the contract.

Article 10

(1) Non-contractual obligations resulting from an event causing damage shall be governed by the law of the State in which such event occurred.

(2) However, if, on the one hand, no significant link exists between the situation resulting from the event which caused the damage and the State in which the event occurred and if, on the other hand, such situation has predominant connection (connexion prépondérante) with another State, the law of that State shall apply.

(3) Normally, such a connection must be based on a connecting factor common to the victim and the author of the damage or, if the liability of a third party as author is involved, a connecting factor common to the victim and the third party.

(4) Where there are two or more victims, the applicable law is determined separately for each of them.

Article 11

The law applicable to non-contractual obligations under Article 10 shall determine in particular
1. the conditions and extent of liability;
2. the grounds for exemption from liability, as well as any limitation and division of liability;
3. the existence and nature of damages for which there may be compensation;
4. the kinds and extent of compensation;
5. the extent to which the victim's rights to damages may be exercised by his heirs;
6. the persons who have suffered damage and may claim damages in their own right;
7. vicarious liability;
8. rules of prescription and limitation, including rules relating to commencement of a period of prescription or limitation, to interruption or suspension of such a period.

Article 12

Whatever the applicable law under Article 10, in determining liability account shall be taken of rules of safety and public order in force at the place and time of the event which caused the damage.

Article 13

Non-contractual liability resulting from an event other than one causing damage shall be governed by the law of the State in which such event occurred. However, if due to a connecting factor common to the parties involved, a predominant link exists with the law of another State, that law shall be applied.

Article 14

The provisions of Articles 10 to 13 shall not apply to the liability of States or other legal persons of public law, or to that of their organs or agents for acts involving public administration and done by them in the performance of their functions.

Article 15

(1) The law governing an obligation shall also determine requirements pertaining to its execution, the various ways in which it may be discharged and the consequences of non-execution.

(2) As regards the means of execution of an obligation, the law of the State where the execution takes place shall be taken into account.

Article 16

(1) Obligations between assignor and assignee of a debt shall be governed by the law applicable under Articles 2 to 8.

(2) The law governing the original debt determines whether the debt may be assigned; it also regulates the relations between assignee and debtor and the conditions under which the assignment may be invoked against the debtor and third parties.

Article 17

(1) A statutory assignment of a debt shall be governed by the law regulating the legal institution for which the assignment has been created.

(2) Nevertheless, the law governing the original debt shall determine whether the debt may be assigned,

and it determines the rights and obligations of the debtor.

Article 18

(1) To be valid as to form, a juridical act must satisfy the requirements established by either the law which governs its essential validity or governed that validity at the time it was done, or by the law of the place where it was done. Where a juridical act results from several declarations of intention, the formal validity of each is determined separately.

(2) The provisions of this article shall not apply to the creation, assignment or extinction of rights *in rem* in a thing.

Article 19

(1) Existence and force of legal presumptions as well as burden of proof shall be governed by the law applicable to the legal relationship. However, consequences which may be deduced from the attitude of the parties during the litigation shall be governed by the law of the forum.

(2) Admissibility of various kinds of evidence for proof of juridical acts shall be determined by the law of the forum. However, the parties may also avail themselves of any kinds of evidence admissible under laws identified in Article 18 which support the formal validity of such act, provided such kinds of evidence are not incompatible with the law of the forum.

(3) The extent to which a private written document stating obligations due by its signatory or signatories is sufficient evidence of these obligations, as well as the admissibility of evidence to add to, or contradict the contents of such document shall be determined by the law governing the formal validity of the act under Article 18. If this document is acceptable as evidence under both the law governing the essential validity and that of the place where it was done, only the first of these two laws shall apply.

Article 20

No natural person may invoke his own incapacity against a party who in a juridical act in good faith and without acting imprudently considered him as having capacity in conformity with the law of the place where the act was done.

Article 21

For the purposes of the preceding provisions, the law of the State shall mean rules of law in force in that State, excluding, however, the rules of private international law.

Article 22

The application of any of the laws designated by the preceding provisions may be refused only if manifestly contrary to public policy *(ordre public)*.

Article 23

For the interpretation and application of the preceding uniform rules their international character shall be taken into account as well as the desire to achieve uniformity in their interpretation and application.

TITLE III: FINAL PROVISIONS

Article 24

The application of Articles 1 to 23 of this Convention shall be independent of any condition of reciprocity. The Convention shall apply even if the applicable law is not that of a Contracting State.

Article 25

This Convention shall not prevent the application of rules of private international law relating to special matters contained in Normative Acts emanating from the Institutions of the European Communities or in national law harmonized in execution of these Acts.

(2) This Convention shall not affect provisions of private international law contained in Conventions to which the Contracting States are or will be Parties within the set-up of the treaties instituting the European Communities.

Article 26

(1) If, after the entry into force of

this Convention for a Contracting State, in a special matter that State desires either to derogate from the provisions of the preceding Title or to supplement them, the State shall communicate its intention to the other Signatory States through the intermediary of the Secretary General.

(2) Within six months from the communication to the Secretary General, any State may ask the latter to organize consultations between the Signatory States designed to reach an agreement.

(3) If within this period no State has asked for the consultation or within the two years following the communication addressed to the Secretary General no agreement has been reached in consequence of the consultations, the State may modify its legislation in the sense it had indicated. The measure taken by that State is brought to the attention of the other Signatory States.

Article 27

This Convention shall not affect the application in a Contracting State of bilateral or multilateral Conventions already entered into by that State.

Article 28

If, after the entry into force of this Convention for a Contracting State, that State desires to become a party to a multilateral Convention whose principal purpose or one of the principal purposes is regulation of private international law in one of the matters covered by this Convention or if it desires to denounce such a Convention, the procedure established in Article 26 shall apply. However, the time period of two years provided for in subsection 3 of Article 26 is reduced to one year.

Article 29

If a Contracting State deems the unification achieved by this Convention endangered by conclusion of agreements not envisaged in the preceding Article, the State may ask the Secretary General of the Council of the European Communities to organize a consultation between the States signatory of this Convention.

Article 30

After consultation of the other Signatory States through the intermediary of the Secretary General of the Council of the European Communities, each Contracting State may ask for revision of this Convention. In that event, a conference of revision shall be called by the President of the Council of the European Communities.

Article 31

(1) This Convention shall apply to the European Territory of the Contracting States, to the French overseas departments and to the French overseas territories.

(2) The Kingdom of the Netherlands may at the moment of the signature or ratification of this Convention or at any time thereafter declare by way of notification of the Secretary General of the Council of the European Communities that this Convention shall apply to Surinam and the Netherlands Antilles.

Article 32

This Convention shall be ratified by the Signatory States. The instruments of ratification shall be deposited with the Secretary General of the Council of the European Communities.

Article 33

This Convention shall enter into force the first day of the third month after deposit of the fifth instrument of ratification. The Convention shall enter into force for each Signatory State which ratifies subsequently on the first day of the third month after deposit of his instrument of ratification.

Article 34

The Secretary General of the Council of the European Communities shall give notice to the Signatory States of:
(a) the deposit of each instrument of ratification;
(b) the date on which this Convention enters into force;

(c) communications made in application of Articles 26, 28, 29, 30 and 31.

Article 35

This Convention is concluded for an unlimited time.

Article 36

This Convention in a single copy in the German, French, Italian, Dutch, . . . and . . . languages, these texts being equally authentic, shall be deposited in the archives of the Secretariat of the Council of the European Communities. The Secretary General shall send a certified copy to each of the governments of the signatory States.

JOINT DECLARATION

At the moment of proceeding to the signature of this Convention, the governments .

anxious as far as possible to avoid the dispersing of rules of conflict of laws over multiple instruments and divergences between these rules,

desire that, in exercising their jurisdiction on the basis of the treaties which have established them, the Institutions of the European Communities make an effort when the case arises to adopt rules of conflict as far as possible in harmony with those of this Convention,

desire that for the preparation of Community Acts carrying rules of conflict of laws these Institutions secure the views of governmental experts on private international law and use all proper means to give full effect to assistance coming from these experts.*

* Note of the Translator. For a possible conflict see art. 3 of the proposed draft Regulation concerning conflicts of laws in the matter of labor relations submitted to the Council by the Commission on March 23, 1972 (J.O., n. C 49/26, 18 May 1972). The rule of the article refers to the law of the state of the location of the establishment in which the laborer is employed, with no room left for application of the law chosen by the parties or law becoming applicable under the principles of private international law and more favorable to the laborer. See Pocar, "La legge applicabile ai rapporti di lavoro secondo il diritto italiano," 8 *Rivista di diritto internazionale privato e processuale* 727, 751-54 (1972).

SEVENTH HAGUE CONFERENCE ON PRIVATE INTERNATIONAL LAW

NOTE: The Seventh Session of the Conference on Private International Law was held at The Hague from October 9 to 31, 1951, and was attended by delegates of Germany (Federal Republic), Austria, Belgium, Denmark, Spain, Finland, France, Great Britain, Italy, Japan, Luxembourg, Norway, The Netherlands, Portugal, Sweden, Switzerland, and an observer of the Yugoslavian Government. The Conference agreed upon four draft Conventions, the texts of which, without the introductory and final provisions, are herewith translated from the revised Final Act of the Conference, of October 31, 1951.[1] An additional document, the "Draft Statute of the Hague Conference on Private International Law,"[2] as well as the Recommendations, Resolutions, and Votes of the Seventh Conference, are not included. In connection with the preparation of the following translation by the Editorial Office of the Journal, special acknowledgments are due to Dr. Otto H. Sommerich of New York, who generously made available for purposes of study the original French text of the Final Act of the Conference, as well as a translation prepared under his supervision, and to Messrs. Phanor J. Eder, Pierre Bonassies, and Kurt H. Nadelmann, who have made various suggestions that have been incorporated in the translation.

H.E.Y.

Convention on the Law Applicable to Internatonal Sales of Goods

Article 1

The present Convention applies to international sales of goods.

It does not apply to sales of securities, to sales of ships and of registered boats or aircraft, to sales upon judicial order or by way of execution. It applies to sales based on documents.

For the purposes of application hereof, contracts to deliver goods to be manufactured or produced are assimilated to sales, provided the party who assumes delivery is to furnish the necessary raw materials for their manufacture or production.

The mere declaration of the parties, relative to the application of a law or the competence of a judge or arbitrator, is not sufficient to confer upon a sale international character in the sense of the first paragraph of this article.

Article 2

A sale is governed by the internal law of the country designated by the contracting parties.

---

[1] The French text of the Final Act is reproduced in 40 Revue Critique de Droit International Privé (1951) 724–742.

[2] The "Draft Statute" is discussed in the Comment by Kurt H. Nadelmann, "The United States and the Conferences on Private International Law," supra at p. 268.

Such designation must be contained in an express clause, or unambiguously result from the provisions of the contract.

Conditions affecting the consent of the parties respecting the law declared applicable are determined by such law.

Article 3

In default of a law declared applicable by the parties, under the conditions contemplated in the preceding article, a sale is governed by the internal law of the country where the vendor has his habitual residence at the time when he receives the order. If the order is received by a branch office of the vendor, the sale is governed by the internal law of the country where such branch is located.

Nevertheless, a sale is governed by the internal law of the country where the purchaser has his habitual residence, or where he has the branch that has given the order, if the order has been received in such country, whether by the vendor or by his representative, agent, or travelling salesman.

In case of a sale at an exchange or at a public auction, the sale is governed by the internal law of the country where the exchange is located or in which the auction takes place.

Article 4

In the absence of an express clause to the contrary, the internal law of the country where inspection of goods delivered pursuant to a sale is to take place, applies as respects the form and the periods within which inspection must take place and the notifications concerning the inspection, as well as the measures to be taken in case of refusal of the goods.

Article 5

The present Convention does not apply:
1. to the capacity of the parties;
2. to the form of the contract;
3. to the transfer of ownership, it being understood nevertheless that the various obligations of the parties, and especially those which relate to risks, are subject to the law applicable to the sale pursuant to the present Convention;
4. to the effects of the sale as respects all persons other than the parties.

Article 6

In each of the contracting States, the application of the law determined by the present Convention may be excluded on a ground of public policy.

Article 7

The contracting States have agreed to incorporate the provisions of articles 1–6 of the present Convention in the national law of their respective countries.

Article 8

The present Convention is open for the signature of the States represented at the Seventh Session of the Conference on Private International Law.

It shall be ratified and the instruments of ratification shall be deposited with the Ministry of Foreign Affairs of The Netherlands.

A procès-verbal shall be made of each deposit of instruments of ratification, a duly certified copy whereof shall be transmitted by diplomatic channels to each of the signatory States.

Article 9

The present Convention shall enter into effect on the sixtieth day from the deposit of the fifth instrument of ratification contemplated by article 8, paragraph 2.

As respects each signatory State subsequently ratifying the Convention, it shall enter into effect on the sixtieth day from the date of the deposit of its instrument of ratification.

Article 10

The present Convention applies as of course to the metropolitan territories of the contracting States.

If a contracting State desires extension hereof to all its other territories, or to those of its other territories for the international relations of which it provides, it shall notify its intention to such effect by a document which shall be deposited with the ministry of Foreign Affairs of The Netherlands. The latter shall transmit by diplomatic channels a duly certified copy thereof to each of the contracting States. The present Convention shall enter into effect for such territories on the sixtieth day after the date of the deposit of the act of notification above mentioned.

It is understood that the notification contemplated by paragraph 2 of the present article, shall have effect only after the coming into force of the present Convention, pursuant to article 9, first paragraph.

Article 11

Any State not represented at the Seventh Session of the Conference on Private International Law may adhere to the present Convention. A State desiring to adhere shall notify its intention by a document which shall be deposited with the Ministry of Foreign Affairs of The Netherlands. The latter shall transmit by diplomatic channels a duly certified copy thereof to each of the contracting States. The Convention shall enter into effect for the adhering State on the sixtieth day after the date of the act of adhesion.

It is understood that the deposit of the act of adhesion shall take effect only after the coming into force of the present Convention, pursuant to article 9, first paragraph.

Article 12

The present Convention shall have a duration of five years, starting from the date indicated in article 9, first paragraph, of the present Convention. This period shall commence to run from such date even for States which shall have ratified it or adhered hereto subsequently.

The Convention shall be renewed tacitly every five years, in the absence of denunciation.

A denunciation must be notified, at least six months before the expiration of the period, to the Ministry of Foreign Affairs of The Netherlands, which shall give notice thereof to all the other contracting States.

The denunciation may be limited to the territories, or to certain of the territories, indicated in a notification made pursuant to article 10, paragraph 2.

The denunciation shall have effect only as respects the State which shall have given notice thereof. The Convention shall remain in effect for the other contracting States.

Convention on the Recognition and Enforcement of Foreign Arbitral Awards

Adopted by the United Nations Conference on International Commercial Arbitration, June 10, 1958 [1]

ARTICLE I

1. This Convention shall apply to the recognition and enforcement of arbitral awards made in the territory of a state other than the state where the recognition and enforcement of such awards are sought, and arising out of differences between persons, whether physical or legal. It shall also apply to arbitral awards not considered as domestic awards in the state where their recognition and enforcement are sought.

2. The term "arbitral awards" shall include not only awards made by arbitrators appointed for each case but also those made by permanent arbitral bodies to which the parties have submitted.

3. When signing, ratifying or acceding to this Convention, or notifying extension under Article X hereof, any state may on the basis of reciprocity declare that it will apply the Convention to the recognition and enforcement of awards made only in the territory of another Contracting State. It may also declare that it will apply the Convention only to differences arising out of legal relationships, whether contractual or not, which are considered as commercial under the national law of the state making such declaration.

ARTICLE II

1. Each Contracting State shall recognize an agreement in writing under which the parties undertake to submit to arbitration all or any differences which have arisen or which may arise between them in respect of a defined legal relationship, whether contractual or not, concerning a subject matter capable of settlement by arbitration.

2. The term "agreement in writing" shall include an arbitral clause in a contract or an arbitration agreement, signed by the parties or contained in an exchange of letters or telegrams.

[1] U.N. Doc. E/CONF. 26/8/Rev. 1.

3. The court of a Contracting State, when seized of an action in a matter in respect of which the parties have made an agreement within the meaning of this article, shall, at the request of one of the parties, refer the parties to arbitration, unless it finds that the said agreement is null and void, inoperative or incapable of being performed.

ARTICLE III

Each Contracting State shall recognize arbitral awards as binding and enforce them in accordance with the rules of procedure of the territory where the award is relied upon, under the conditions laid down in the following articles. There shall not be imposed substantially more onerous conditions or higher fees or charges on the recognition or enforcement of arbitral awards to which this Convention applies than are imposed on the recognition or enforcement of domestic arbitral awards.

ARTICLE IV

1. To obtain the recognition and enforcement mentioned in the preceding article, the party applying for recognition and enforcement shall, at the time of the application, supply:

(a) the duly authenticated original award or a duly certified copy thereof;
(b) the original agreement referred to in Article II or a duly certified copy thereof.

2. If the said award or agreement is not made in an official language of the country in which the award is relied upon, the party applying for recognition and enforcement of the award shall produce a translation of these documents into such language. The translation shall be certified by an official or sworn translator or by a diplomatic or consular agent.

ARTICLE V

1. Recognition and enforcement of the award may be refused, at the request of the party against whom it is invoked, only if that party furnishes to the competent authority where the recognition and enforcement is sought, proof that:

(a) the parties to the agreement referred to in Article II were, under the law applicable to them, under some incapacity or the said agreement is not valid under the law to which the parties have subjected it or, failing any indication thereon, under the law of the country where the award was made; or
(b) the party against whom the award is invoked was not given proper notice of the appointment of the arbitrator or of the arbitration proceedings or was otherwise unable to present his case; or
(c) the award deals with a difference not contemplated by or not falling within the terms of the submission to arbitration, or it contains

decisions on matters beyond the scope of the submission to arbitration, provided that, if the decisions on matters submitted to arbitration can be separated from those not so submitted, that part of the award which contains decisions on matters submitted to arbitration may be recognized and enforced; or

(d) the composition of the arbitral authority or the arbitral procedure was not in accordance with the agreement of the parties, or, failing such agreement, was not in accordance with the law of the country where the arbitration took place; or

(e) the award has not yet become binding on the parties, or has been set aside or suspended by a competent authority of the country in which, or under the law of which, that award was made.

2. Recognition and enforcement of an arbitral award may also be refused if the competent authority in the country where recognition and enforcement is sought finds that:

(a) the subject matter of the difference is not capable of settlement by arbitration under the law of that country; or

(b) the recognition or enforcement of the award would be contrary to the public policy of that country.

ARTICLE VI

If an application for the setting aside or suspension of the award has been made to a competent authority referred to in Article V (1) (e), the authority before which the award is sought to be relied upon may, if it considers it proper, adjourn the decision on the enforcement of the award and may also, on the application of the party claiming enforcement of the award, order the other party to give suitable security.

ARTICLE VII

1. The provisions of the present Convention shall not affect the validity of multilateral or bilateral agreements concerning the recognition and enforcement of arbitral awards entered into by the Contracting States nor deprive any interested party of any right he may have to avail himself of an arbitral award in the manner and to the extent allowed by the law or the treaties of the country where such award is sought to be relied upon.

2. The Geneva Protocol on Arbitration Clauses of 1923 and the Geneva Convention on the Execution of Foreign Arbitral Awards of 1927 shall cease to have effect between Contracting States on their becoming bound and to the extent that they become bound, by this Convention.

ARTICLE VIII

1. This Convention shall be open until 31 December 1958 for signature on behalf of any Member of the United Nations and also on behalf of any other state which is or hereafter becomes a member of any specialized agency of the United Nations, or which is or hereafter becomes a party to

the Statute of the International Court of Justice, or any other state to which an invitation has been addressed by the General Assembly of the United Nations.

2. This Convention shall be ratified and the instrument of ratification shall be deposited with the Secretary-General of the United Nations.

ARTICLE IX

1. This Convention shall be open for accession to all states referred to in Article VIII.

2. Accession shall be effected by the deposit of an instrument of accession with the Secretary-General of the United Nations.

ARTICLE X

1. Any state may, at the time of signature, ratification or accession, declare that this Convention shall extend to all or any of the territories for the international relations of which it is responsible. Such a declaration shall take effect when the Convention enters into force for the state concerned.

2. At any time thereafter any such extension shall be made by notification addressed to the Secretary-General of the United Nations and shall take effect as from the ninetieth day after the day of receipt by the Secretary-General of the United Nations of this notification, or as from the date of entry into force of the Convention for the state concerned, whichever is the later.

3. With respect to those territories to which this Convention is not extended at the time of signature, ratification or accession, each state concerned shall consider the possibility of taking the necessary steps in order to extend the application of this Convention to such territories, subject, where necessary for constitutional reasons, to the consent of the governments of such territories.

ARTICLE XI

In the case of a federal or non-unitary state, the following provisions shall apply:

(a) With respect to those articles of this Convention that come within the legislative jurisdiction of the federal authority, the obligations of the federal government shall to this extent be the same as those of Contracting States which are not federal states;

(b) With respect to those articles of this Convention that come within the legislative jurisdiction of constituent states or provinces which are not, under the constitutional system of the federation, bound to take legislative action, the federal government shall bring such articles with a favourable recommendation to the notice of the appropriate authorities of constituent states or provinces at the earliest possible moment;

(c) A federal state party to this Convention shall, at the request of any other Contracting State transmitted through the Secretary-General of the

United Nations, supply a statement of the law and practice of the federation and its constituent units in regard to any particular provision of this Convention, showing the extent to which effect has been given to that provision by legislative or other action.

ARTICLE XII

1. This Convention shall come into force on the ninetieth day following the date of deposit of the third instrument of ratification or accession.

2. For each state ratifying or acceding to this Convention after the deposit of the third instrument of ratification or accession, this Convention shall enter into force on the ninetieth day after deposit by such state of its instrument of ratification or accession.

ARTICLE XIII

1. Any Contracting State may denounce this Convention by a written notification to the Secretary-General of the United Nations. Denunciation shall take effect one year after the date of receipt of the notification by the Secretary-General.

2. Any state which has made a declaration or notification under Article X may, at any time thereafter, by notification to the Secretary-General of the United Nations, declare that this Convention shall cease to extend to the territory concerned one year after the date of the receipt of the notification by the Secretary-General.

3. This Convention shall continue to be applicable to arbitral awards in respect of which recognition or enforcement proceedings have been instituted before the denunciation takes effect.

ARTICLE XIV

A Contracting State shall not be entitled to avail itself of the present Convention against other Contracting States except to the extent that it is itself bound to apply the Convention.

ARTICLE XV

The Secretary-General of the United Nations shall notify the states contemplated in Article VIII of the following:

(a) Signature and ratifications in accordance with Article VIII;
(b) Accessions in accordance with Article IX;
(c) Declarations and notifications under Articles I, X and XI;
(d) The date upon which this Convention enters into force in accordance with Article XII;
(e) Denunciations and notifications in accordance with Article XIII.

ARTICLE XVI

1. This Convention, of which the Chinese, English, French, Russian and Spanish texts shall be equally authentic, shall be deposited in the archives of the United Nations.

2. The Secretary-General of the United Nations shall transmit a certified copy of this Convention to the states contemplated in Article VIII.

June 10, 1958

The Conference, believing that, in addition to the convention on the recognition and enforcement of foreign arbitral awards just concluded, which would contribute to increasing the effectiveness of arbitration in the settlement of private law disputes, additional measures should be taken in this field,

Having considered the able survey and analysis of possible measures for increasing the effectiveness of arbitration in the settlement of private law disputes prepared by the Secretary-General, document E/CONF.26/6,

Having given particular attention to the suggestions made therein for possible ways in which interested governmental and other organizations may make practical contributions to the more effective use of arbitration,

Expresses the following views with respect to the principal matters dealt with in the note of the Secretary-General:

1. It considers that wider diffusion of information on arbitration laws, practices and facilities contributes materially to progress in commercial arbitration; recognizes that work has already been done in this field by interested organizations, and expresses the wish that such organizations, so far as they have not concluded them, continue their activities in this regard, with particular attention to co-ordinating their respective efforts;

2. It recognizes the desirability of encouraging where necessary the establishment of new arbitration facilities and the improvement of existing facilities, particularly in some geographic regions and branches of trade; and believes that useful work may be done in this field by appropriate governmental and other organizations, which may be active in arbitration matters, due regard being given to the need to avoid duplication of effort and to concentrate upon those measures of greatest practical benefit to the regions and branches of trade concerned;

3. It recognizes the value of technical assistance in the development of effective arbitral legislation and institutions; and suggests that interested governments and other organizations endeavour to furnish such assistance, within the means available, to those seeking it;

4. It recognizes that regional study groups, seminars or working parties may in appropriate circumstances have productive results; believes that consideration should be given to the advisability of the convening of such meetings by the appropriate regional commissions of the United Nations and other bodies, but regards it as important that any such action be taken with careful regard to avoiding duplication and assuring economy of effort and of resources;

5. It considers that greater uniformity of national laws on arbitration would further the effectiveness of arbitration in the settlement of private law disputes, notes the work already done in this field by various existing

organizations, and suggests that by way of supplementing the efforts of these bodies appropriate attention be given to defining suitable subject matter for model arbitration statutes and other appropriate measures for encouraging the development of such legislation.

Expresses the wish that the United Nations, through its appropriate organs, take such steps as it deems feasible to encourage further study of measures for increasing the effectiveness of arbitration in the settlement of private law disputes through the facilities of existing regional bodies and non-governmental organizations and through such other institutions as may be established in the future.

Suggests that any such steps be taken in a manner that will assure proper co-ordination of effort, avoidance of duplication and due observance of budgetary considerations.

Requests that the Secretary-General submit this resolution to the appropriate organs of the United Nations.

Convention for the Unification of Certain Rules Relating to International Carriage by Air*

The President of the German Reich, the Federal President of the Republic of Austria, His Majesty the King of the Belgians, the President of the United States of Brazil, His Majesty the King of the Bulgars, the President of the Nationalist Government of the Chinese Republic, His Majesty the King of Denmark and Iceland, His Majesty the King of Egypt, His Majesty the King of Spain, the Head of the State of the Republic of Estonia, the President of the Republic of Finland, the President of the French Republic, His Majesty the King of Great Britain, Ireland and the British Dominions beyond the Seas, Emperor of India, the President of the Hellenic Republic, His Serene Highness the Regent of the Kingdom of Hungary, His Majesty the King of Italy, His Majesty the Emperor of Japan, the President of the Republic of Latvia, Her Royal Highness the Grand Duchess of Luxemburg, the President of the United States of Mexico, His Majesty the King of Norway, Her Majesty the Queen of the Netherlands, the President of the Polish Republic, His Majesty the King of Roumania, His Majesty the King of Sweden, the Swiss Federal Council, the President of the Czechoslovak Republic, the Central Executive Committee of the Union of Soviet Socialist Republics, the President of the United States of Venezuela, His Majesty the King of Yugoslavia,

Recognising the desirability of regulating in a uniform manner the conditions of international carriage by air, so far as may concern the documents of carriage and the responsibility of the carrier,

Have, for this purpose, appointed their respective Plenipotentiaries who, being duly authorised, have concluded and signed the following Convention:

Chapter I
Scope—Definitions

Article 1

1. This Convention applies to all international carriage of persons, luggage or goods performed by aircraft for reward. It applies equally to gratuitous carriage by aircraft performed by an air transport undertaking.

2. For the purpose of this Convention the expression "international carriage" means any carriage in which, according to the contract made by the parties, the place of departure and the place of destination, whether or not there be a break in the carriage or a transhipment, are situated either within the territories of two High Contracting Parties, or within the territory of a single High Contracting Party, if there is an agreed stopping place within a territory subject to the sovereignty, suzerainty, mandate or authority of another Power, even though that Power is not a party to this Convention. A carriage without such an agreed stopping place between territories subject to the sovereignty, suzerainty, mandate or authority of the same High Contracting Party is not deemed to be international for the purposes of this Convention.

3. A carriage to be performed by several successive air carriers is deemed, for the purposes of this Convention, to be one undivided carriage, if it has been regarded

* Translation of His Britannic Majesty's Foreign Office, with the exception of the Preamble, which was translated by the Secretariat of the League of Nations, for information = LNTS 137, 13.

by the parties as a single operation, whether it had been agreed upon under the form of a single contract or of a series of contracts, and it does not lose its international character merely because one contract or a series of contracts is to be performed entirely within a territory subject to the sovereignty, suzerainty, mandate or authority of the same High Contracting Party.

Article 2

1. This Convention applies to carriage performed .by the State or by legally constituted public bodies provided it falls within the conditions laid down in Article 1.

2. This Convention does not apply to carriage performed under the terms of any international postal Convention.

Chapter II
Documents of Carriage

Section 1—Passenger Ticket

Article 3

1. For the carriage of passengers the carrier delivers a passenger ticket which shall contain the following particulars:

(a) The place and date of issue:

(b) The place of departure and of destination;

(c) The agreed stopping places, provided that the carrier may reserve the right to alter the stopping places in case of necessity. and that if he exercises that right, the alteration shall not have the effect of depriving the carriage of its international character:

(d) The name and address of the carrier or carriers:

(e) A statement that the carriage is subject to the rules relating to liability established by this Convention.

2. The absence, irregularity or loss of the passenger ticket does not affect the existence of the validity of the contract of carriage, which shall none the less be subject to the rules of this Convention. Nevertheless, if the carrier accepts a passenger without a passenger ticket having

been delivered he shall not be entitled to avail himself of those provisions of this Convention which exclude or limit his liability.

Section 2—Luggage Ticket

Article 4

1. For the carriage of luggage, other than small personal objects of which the passenger takes charge himself, the carrier must deliver a luggage ticket.

2. The luggage ticket shall be made out in duplicate, one part for the passenger and the other part for the carrier.

3. The luggage ticket shall contain the following particulars:

(a) The place and date of issue;

(b) The place of departure and of destination;

(c) The name and address of the carrier or carriers;

(d) The number of the passenger ticket:

(e) A statement that delivery of the luggage will be made to the bearer of the luggage ticket:

(f) The number and weight of the packages:

(g) The amount of the value declared in accordance with Article 22 (2);

(h) A statement that the carriage is subject to the rules relating to liability established by this Convention.

4. The absence, irregularity or loss of the luggage ticket does not affect the existence or the validity of the contract of carriage, which shall none the less be subject to the rules of this Convention. Nevertheless, if the carrier accepts luggage without a luggage ticket having been delivered, or if the luggage ticket does not contain the particulars set out at (d) (f) and (h) above, the carrier shall not be entitled to avail himself of those provisions of the Convention which exclude or limit his liability.

Section 3—Air Consignment Note

Article 5

1. Every carrier of goods has the right to require the consignor to make out and over to him a document called an "air consignment note"; every consignor has the right to require the carrier to accept this document.

2. The absence, irregularity or loss of this document does not affect the existence or the validity of the contract of carriage which shall, subject to the provisions of Article 9, be none the less governed by the rules of this Convention.

Article 6

1. The air consignment note shall be made out by the consignor in three original parts and be handed over with the goods.

2. The first part shall be marked "for the carrier," and shall be signed by the consignor. The second part shall be marked "for the consignee"; it shall be signed by the consignor and by the carrier and shall accompany the goods. The third part shall be signed by the carrier and handed by him to the consignor after the goods have been accepted.

3. The carrier shall sign on acceptance of the goods.

4. The signature of the carrier may be stamped; that of the consignor may be printed or stamped.

5. If, at the request of the consignor, the carrier makes out the air consignment note, he shall be deemed, subject to proof to the contrary, to have done so on behalf of the consignor.

Article 7

The carrier of goods has the right to require the consignor to make out separate consignment notes when there is more than one package.

Article 8

The air consignment note shall contain the following particulars:

(a) The place and date of its execution;

(b) The place of departure and of destination;

(c) The agreed stopping places, provided that the carrier may reserve the right to alter the stopping places in case of necessity, and that if he exercises that right the alteration shall not have the affect of depriving the carriage of its international character;

(d) The name and address of the consignor;

(e) The name and address of the first carrier;

(f) The name and address of the consignee, if the case so requires;

(g) The nature of the goods;

(h) The number of the packages, the method of packing and the particular marks or numbers upon them;

(i) The weight, the quantity and the volume or dimensions of the goods;

(j) The apparent condition of the goods and of the packing;

(k) The freight, if it has been agreed upon, the date and place of payment, and the person who is to pay it;

(l) If the goods are sent for payment on delivery, the price of the goods, and, if the case so requires, the amount of the expenses incurred;

(m) The amount of the value declared in accordance with Article 22 (2);

(n) The number of parts of the air consignment note;

(o) The document handed to the carrier to accompany the air consignment note;

(p) The time fixed for the completion of the carriage and a brief note of the route to be followed, if these matters have been agreed upon;

(q) A statement that the carriage is subject to the rules relating to liability established by this Convention.

Article 9

If the carrier accepts goods without an

air consignment note having been made out, or if the air consignment note does not contain all the particulars set out in Article 8 *(a)* to *(i)* inclusive and *(q)*, the carrier shall not be entitled to avail himself of the provisions of this Convention which exclude or limit his liability.

Article 10

1. The consignor is responsible for the correctness of the particulars and statements relating to the goods which he inserts in the air consignment note.
2. The consignor will be liable for all damage suffered by the carrier or any other person by reason of the irregularity, incorrectness or incompleteness of the said particulars and statements.

Article 11

1. The air consignment note is *prima facie* evidence of the conclusion of the contract, of the receipt of the goods and of the conditions of carriage.
2. The statements in the air consignment note relating to the weight, dimensions and packing of the goods, as well as those relating to the number of packages, are *prima facie* evidence of the facts stated; those relating to the quantity, volume and condition of the goods do not constitute evidence against the carrier except so far as they both have been, and are stated in the air consignment note to have been, checked by him in the presence of the consignor, or relate to the apparent condition of the goods.

Article 12

1. Subject to his liability to carry out all his obligations under the contract of carriage, the consignor has the right to dispose of the goods by withdrawing them at the aerodrome of departure or destination, or by stopping them in the course of the journey on any landing, or by calling for them to be delivered at the place of destination or in the course of the journey to a person other than the consignee named in the air consignment note, or by requiring them to be returned to the aerodrome of departure. He must not exercise this right of disposition in such a way as to prejudice the carrier or other consignors and he must repay any expenses occasioned by the exercise of this right.
2. If it is impossible to carry out the orders of the consignor the carrier must so inform him forthwith.
3. If the carrier obeys the orders of the consignor for the disposition of the goods without requiring the production of the part of the air consignment note delivered to the latter, he will be liable, without prejudice to his right of recovery from the consignor, for any damage which may be caused thereby to any person who is lawfully in possession of that part of the air consignment note.
4. The right conferred on the consignor ceases at the moment when that of the consignee begins in accordance with Article 13. Nevertheless, if the consignee declines to accept the consignment note or the goods, or if he cannot be communicated with, the consignor resumes his right of disposition.

Article 13

1. Except in the circumstances set out in the preceding Article, the consignee is entitled, on arrival of the goods at the place of destination, to require the carrier to hand over to him the air consignment note and to deliver the goods to him, on payment of the charges due and on complying with the conditions of carriage set out in the air consignment note.
2. Unless it is otherwise agreed, it is the duty of the carrier to give notice to the consignee as soon as the goods arrive.
3. If the carrier admits the loss of the goods, or if the goods have not arrived at the expiration of seven days after the date on which they ought to have arrived, the consignee is entitled to put into force against the carrier the rights which flow from the contract of carriage.

Article 14

The consignor and the consignee can respectively enforce all the rights given them by Articles 12 and 13, each in his own name, whether he is acting in his own interest or in the interest of another, provided that he carries out the obligations imposed by the contract.

Article 15

1. Articles 12, 13 and 14 do not affect either the relations of the consignor or the consignee with each other or the mutual relations of third parties whose rights are derived either from the consignor or from the consignee.

2. The provisions of Articles 12, 13 and 14 can only be varied by express provision in the air consignment note.

Article 16

1. The consignor must furnish such information and attach to the air consignment note such documents as are necessary to meet the formalities of customs, octroi or police before the goods can be delivered to the consignee. The consignor is liable to the carrier for any damage occasioned by the absence, insufficiency or irregularity of any such information or documents, unless the damage is due to the fault of the carrier or his agents.

2. The carrier is under no obligation to enquire into the correctness or sufficiency of such information or documents.

Chapter III
Liability of the Carrier

Article 17

The carrier is liable for damage sustained in the event of the death or wounding of a passenger or any other bodily injury suffered by a passenger, if the accident which caused the damage so sustained took place on board the aircraft or in the course of any of the operations of embarking or disembarking.

Article 18

1. The carrier is liable for damage sustained in the event of the destruction or loss of, or of damage to, any registered luggage or any goods, if the occurrence which caused the damage so sustained took place during the carriage by air.

2. The carriage by air within the meaning of the preceding paragraph comprises the period during which the luggage or goods are in charge of the carrier, whether in an aerodrome or on board an aircraft, or, in the case of a landing outside an aerodrome, in any place whatsoever.

3. The period of the carriage by air does not extend to any carriage by land, by sea or by river performed outside an aerodrome. If, however, such a carriage takes place in the performance of a contract for carriage by air, for the purpose of loading, delivery or trans-shipment, any damage is presumed, subject to proof to the contrary, to have been the result of an event which took place during the carriage by air.

Article 19

The carrier is liable for damage occasioned by delay in the carriage by air of passengers, luggage or goods.

Article 20

1. The carrier is not liable if he proves that he and his agents have taken all necessary measures to avoid the damage or that it was impossible for him or them to take such measures.

2. In the carriage of goods and luggage the carrier is not liable if he proves that the damage was occasioned by negligent pilotage or negligence in the handling of the aircraft or in navigation and that, in all other respects, he and his agents have taken all necessary measures to avoid the damage.

Article 21

If the carrier proves that the damage was caused by or contributed to by the negligence of the injured person the Court may, in accordance with the provisions of its own law, exonerate the carrier wholly or partly from his liability.

Article 22

1. In the carriage of passengers the liability of the carrier for each passenger is limited to the sum of 125.000 francs. Where, in accordance with the law of the Court seised of the case, damages may be awarded in the form of periodical payments, the equivalent capital value of the said payments shall not exceed 125.000 francs. Nevertheless, by special contract, the carrier and the passenger may agree to a higher limit of liability.

2. In the carriage of registered luggage and of goods, the liability of the carrier is limited to a sum of 250 francs per kilogram, unless the consignor has made, at the time when the package was handed over to the carrier, a special declaration of the value at delivery and has paid a supplementary sum if the case so requires. In that case the carrier will be liable to pay a sum not exceeding the declared sum, unless he proves that that sum is greater than the actual value to the consignor at delivery.

3. As regards objects of which the passenger takes charge himself the liability of the carrier is limited to 5.000 francs per passenger.

4. The sum mentioned above shall be deemed to refer to the French franc consisting of 65¹ milligrams gold of millesimal fineness 900. These sums may be converted into any national currency in round figures.

Article 23

Any provision tending to relieve the carrier of liability or to fix a lower limit than that which is laid down in this Convention shall be null and void, but the nullity of any such provision does not involve the nullity of the whole contract, which shall remain subject to the provisions of this Convention.

Article 24

1. In the cases covered by Articles 18 and 19 any action for damages, however founded, can only be brought subject to the conditions and limits set out in this Convention.

2. In the cases covered by Article 17 the provisions of the preceding paragraph also apply, without prejudice to the questions as to who are the persons who have the right to bring suit and what are their respective rights.

Article 25

1. The carrier shall not be entitled to avail himself of the provisions of this Convention which exclude or limit his liability, if the damage is caused by his wilful misconduct or by such default on his part as, in accordance with the law of the Court seised of the case, is considered to be equivalent to wilful misconduct.

2. Similarly the carrier shall not be entitled to avail himself of the said provisions, if the damage is caused as aforesaid by any agent of the carrier acting within the scope of his employment.

Article 26

1. Receipt by the person entitled to delivery of luggage or goods without complaint is *prima facie* evidence that the same have been delivered in good condition and in accordance with the document of carriage.

2. In the case of damage, the person entitled to delivery must complain to the carrier forthwith after the discovery of the damage, and, at the latest, within three days from the date of receipt in the case of luggage and seven days from the date of receipt in the case of goods. In the case of delay the complaint must be made at the latest within fourteen days from the date on which the luggage or goods have been placed at his disposal.

3. Every complaint must be made in writing upon the document of carriage or by separate notice in writing despatched

within the times aforesaid.

4. Failing complaint within the times aforesaid, no action shall lie against the carrier, save in the case of fraud on his part.

Article 27

In the case of the death of the person liable, an action for damages lies in accordance with the terms of this Convention against those legally representing his estate.

Article 28

1. An action for damages must be brought, at the option of the plaintiff, in the territory of one of the High Contracting Parties, either before the Court having jurisdiction where the carrier is ordinarily resident, or has his principal place of business, or has an establishment by which the contract has been made or before the Court having jurisdiction at the place of destination.

2. Questions of procedure shall be governed by the law of the Court seised of the case.

Article 29

1. The right to damages shall be extinguished if an action is not brought within two years, reckoned from the date of arrival at the destination, or from the date on which the aircraft ought to have arrived, or from the date on which the carriage stopped.

2. The method of calculating the period of limitation shall be determined by the law of the Court seised of the case.

Article 30

1. In the case of carriage to be performed by various successive carriers and falling within the definition set out in the third paragraph of Article 1, each carrier who accepts passengers, luggage or goods is subjected to the rules set out in this Convention, and is deemed to be one of the contracting parties to the contract of carriage in so far as the contract deals with that part of the carriage which is performed under his supervision.

2. In the case of carriage of this nature, the passenger or his representative can take action only against the carrier who performed the carriage during which the accident or the delay occurred, save in the case where, by express agreement, the first carrier has assumed liability for the whole journey.

3. As regards luggage or goods, the passenger or consignor will have a right of action against the first carrier, and the passenger or consignee who is entitled to delivery will have a right of action against the last carrier, and further, each may take action against the carrier who performed the carriage during which the destruction, loss, damage or delay took place. These carriers will be jointly and severally liable to the passenger or to the consignor or consignee.

Chapter IV
Provisions Relating to Combined Carriage

Article 31

1. In the case of combined carriage performed partly by air and partly by any other mode of carriage, the provisions of the Convention apply only to the carriage by air, provided that the carriage by air falls within the terms of Article 1.

2. Nothing in this Convention shall prevent the parties in the case of combined carriage from inserting in the document of air carriage conditions relating to other modes of carriage, provided that the provisions of this Convention are observed as regards the carriage by air.

Chapter V
General and Final Provisions

Article 32

Any clause contained in the contract and all special agreements entered into before the damage occurred by which the parties purport to infringe the rules laid down by this Convention. whether by deciding the law to be applied, or by altering the rules as to jurisdiction. shall be null and void. Nevertheless for the carriage of goods arbitration clauses are allowed, subject to this Convention. if the arbitration is to take place within one of the jurisdictions referred to in the first paragraph of Article 28.

Article 33

Nothing contained in this Convention shall prevent the carrier either from refusing to enter into any contract of carriage, or from making regulations which do not conflict with the provisions of this Convention.

Article 34

This Convention does not apply to international carriage by air performed by way of experimental trial by air navigation undertakings with the view to the establishment of a regular line of air navigation. nor does it apply to carriage performed in extraordinary circumstances outside the normal scope of an air carrier's business.

Article 35

The expression "days" when used in this Convention means current days not working days.

Article 36

The Convention is drawn up in French in a single copy which shall remain deposited in the archives of the Ministry for Foreign Affairs of Poland and of which one duly certified copy shall be sent by the Polish Government to the Government of each of the High Contracting Parties.

Article 37

1. This Convention shall be ratified. The instruments of ratification shall be depos-

ited in the archives of the Ministry for Foreign Affairs of Poland. which will notify the deposit to the Government of each of the High Contracting Parties.

2. As soon as this Convention shall have been ratified by five of the High Contracting Parties it shall come into force as between them on the ninetieth day after the deposit of the fifth ratification. Thereafter it shall come into force between the High Contracting Parties who shall have ratified and the High Contracting Party who deposits his instrument of ratification on the ninetieth day after the deposit.

3. It shall be the duty of the Government of the Republic of Poland to notify to the Government of each of the High Contracting Parties the date on which this Convention comes into force as well as the date of the deposit of each ratification.

Article 38

1. This Convention shall. after it has come into force. remain open for accession by any State.

2. The accession shall be effected by a notification addressed to the Government of the Republic of Poland. which will inform the Government of each of the High Contracting Parties thereof.

3. The accession shall take effect as from the ninetieth day after the notification made to the Government of the Republic of Poland.

Article 39

1. Any one of the High Contracting Parties may denounce this Convention by a notification addressed to the Government of the Republic of Poland. which will at once inform the Government of each of the High Contracting Parties.

2. Denunciation shall take effect six months after the notification of denunciation, and shall operate only as regards the Party who shall have proceeded to denunciation.

Article 40

1. Any High Contracting Party may, at the time of signature or of deposit of ratification or of accession declare that the acceptance which he gives to this Convention does not apply to all or any of his colonies, protectorates, territories under mandate, or any other territory subject to his sovereignty or his authority, or any territory under his suzerainty.

2. Accordingly any High Contracting Party may subsequently accede separately in the name of all or any of his colonies, protectorates, territories under mandate or any other territory subject to his sovereignty or to his authority or any territory under his suzerainty which has been thus excluded by his original declaration.

3. Any High Contracting Party may denounce this Convention, in accordance with its provisions separately or for all or any of his colonies, protectorates, territories under mandate or any other territory subject to his sovereignty or to his authority under his suzerainty.

Article 41

Any High Contracting Party shall be entitled not earlier than two years after the coming into force of this Convention to call for the assembling of a new international Conference in order to consider any improvements which may be made in this Convention. To this end he will communicate with the Government of the French Republic which will take the necessary measures to make preparations for such Conference.

This Convention done at Warsaw on the 12th October, 1929, shall remain open for signature until the 31st January, 1930.

ADDITIONAL PROTOCOL

(With reference to Article 2)

The High Contracting Parties reserve to themselves the right to declare at the time of ratification or of accession that the first paragraph of Article 2 of this Convention shall not apply to international carriage by air performed directly by the State, its colonies, protectorates or mandated territories or by any other territory under its sovereignty, suzerainty or authority.

Protocol to Amend the Convention for the Unification of Certain Rules Relating to International Carriage by Air Signed at Warsaw on 12 October 1929

(The Hague 28 September 1955)*

The Governments Undersigned,

Considering that it is desirable to amend the Convention for the Unification of Certain Rules Relating to International Carriage by Air signed at Warsaw on 12 October 1929,

Have agreed as follows:

Chapter I
Amendments to the Convention

Article I

In Article 1 of the Convention—
(a) paragraph 2 shall be deleted and replaced by the following:—
"2. For the purposes of this Convention, the expression *international carriage* means any carriage in which, according to the agreement between the parties, the place of departure and the place of destination, whether or not there be a break in the carriage or a transhipment, are situated either within the territories of two High Contracting Parties or within the territory of a single High Contracting Party if there is an agreed stopping place within the territory of another State, even if that State is not a High Contracting Party. Carriage between two points within the territory of a single High Contracting Party without an agreed stopping place within the territory of another State is not international carriage for the purposes of this Convention."
(b) paragraph 3 shall be deleted and replaced by the following:—
"3. Carriage to be performed by several successive air carriers is deemed, for the purposes of this Convention, to be one undivided carriage if it has been regarded by the parties as a single operation, whether it had been agreed upon under the form of a single contract or of a series of contracts, and it does not lose its international character merely because one contract or a series of contracts is to be performed entirely within the territory of the same State."

Article II

In Article 2 of the Convention—
paragraph 2 shall be deleted and replaced by the following:—
"2. This Convention shall not apply to carriage of mail and postal packages."

Article III

In Article 3 of the Convention—
(a) paragraph 1 shall be deleted and replaced by the following:—
"1. In respect of the carriage of passengers a ticket shall be delivered containing:
(a) an indication of the places of departure and destination;
(b) if the places of departure and destination are within the territory of a single High Contracting Party, one or more agreed stopping places being within the territory of another State, an indication of at least one such stopping place;
(c) a notice to the effect that, if the passenger's journey involves an ultimate destination or stop in a country other than

* BGBl. 1958 II 292 = LNTS 478, 373.

the country of departure, the Warsaw Convention may be applicable and that the Convention governs and in most cases limits the liability of carriers for death or personal injury and in respect of loss of or damage to baggage."

(b) paragraph 2 shall be deleted and replaced by the following:—

"2. The passenger ticket shall constitute *prima facie* evidence of the conclusion and conditions of the contract of carriage. The absence, irregularity or loss of the passenger ticket does not affect the existence or the validity of the contract of carriage which shall, none the less, be subject to the rules of this Convention. Nevertheless, if, with the consent of the carrier, the passenger embarks without a passenger ticket having been delivered, or if the ticket does not include the notice required by paragraph 1 (c) of this Article, the carrier shall not be entitled to avail himself of the provisions of Article 22."

Article IV

In Article 4 of the Convention—

(a) paragraphs 1, 2 and 3 shall be deleted and replaced by the following:—

"1. In respect of the carriage of registered baggage, a baggage check shall be delivered, which, unless combined with or incorporated in a passenger ticket which complies with the provisions of Article 3, paragraph 1, shall contain:

(a) an indication of the places of departure and destination;

(b) if the places of departure and destination are within the territory of a single High Contracting Party, one or more agreed stopping places being within the territory of another State, an indication of at least one such stopping place;

(c) a notice to the effect that, if the carriage involves an ultimate destination or stop in a country other than the country of departure, the Warsaw Convention may be applicable and that the Convention governs and in most cases limits the liability of carriers in respect of loss of or damage to baggage."

(b) paragraph 4 shall be deleted and

replaced by the following:—

"2. The baggage check shall constitute *prima facie* evidence of the registration of the baggage and of the conditions of the contract of carriage. The absence, irregularity or loss of the baggage check does not affect the existence or the validity of the contract of carriage which shall, none the less, be subject to the rules of this Convention. Nevertheless, if the carrier takes charge of the baggage without a baggage check having been delivered or if the baggage check (unless combined with or incorporated in the passenger ticket which complies with the provisions of Article 3, paragraph 1 (c)) does not include the notice required by paragraph 1 (c) of this Article, he shall not be entitled to avail himself of the provisions of Article 22, paragraph 2."

Article V

In Article 6 of the Convention—
paragraph 3 shall be deleted and replaced by the following:—

"3. The carrier shall sign prior to the loading of the cargo on board the aircraft."

Article VI

Article 8 of the Convention shall be deleted and replaced by the following:—

"The air waybill shall contain:

(a) an indication of the places of departure and destination;

(b) if the places of departure and destination are within the territory of a single High Contracting Party, one or more agreed stopping places being within the territory of another State, an indication of at least one such stopping place;

(c) a notice to the consignor to the effect that, if the carriage involves an ultimate destination or stop in a country other than the country of departure, the Warsaw Convention may be applicable and that the Convention governs and in most cases limits the liability of carriers in respect of loss of or damage to cargo."

Article VII

Article 9 of the Convention shall be deleted and replaced by the following:—
"If. with the consent of the carrier, cargo is loaded on board the aircraft without an air waybill having been made out, or if the air waybill does not include the notice required by Article 8, paragraph (c), the carrier shall not be entitled to avail himself of the provisions of Article 22, paragraph 2."

Article VIII

In Article 10 of the Convention—
paragraph 2 shall be deleted and replaced by the following:—
"2. The consignor shall indemnify the carrier against all damage suffered by him, or by any other person to whom the carrier is liable. by reason of the irregularity, incorrectness or incompleteness of the particulars and statements furnished by the consignor."

Article IX

To Article 15 of the Convention—
the following paragraph shall be added:—
"3. Nothing in this Convention prevents the issue of a negotiable air waybill."

Article X

Paragraph 2 of Article 20 of the Convention shall be deleted.

Article XI

Article 22 of the Convention shall be deleted and replaced by the following:—

"Article 22

1. In the carriage of persons the liability of the carrier for each passenger is limited to the sum of two hundred and fifty thousand francs. Where, in accordance with the law of the court seised of the case. damages may be awarded in the form of periodical payments. the equivalent capital value of the said payments shall not exceed two hundred and fifty thousand francs. Nevertheless. by special contract. the carrier and the passenger may agree to a higher limit of liability.

2. (a) In the carriage of registered baggage and of cargo, the liability of the carrier is limited to a sum of two hundred and fifty francs per kilogramme, unless the passenger or consignor has made; at the time when the package was handed over to the carrier, a special declaration of interest in delivery at destination and has paid a supplementary sum if the case so requires. In that case the carrier will be liable to pay a sum not exceeding the declared sum, unless he proves that that sum is greater than the passenger's or consignor's actual interest in delivery at destination.

(b) In the case of loss, damage or delay of part of registered baggage or cargo, or of any object contained therein, the weight to be taken into consideration in determining the amount to which the carrier's liability is limited shall be only the total weight of the package or packages concerned. Nevertheless, when the loss, damage or delay of a part of the registered baggage or cargo. or of an object contained therein, affects the value of other packages covered by the same baggage check or the same air waybill, the total weight of such package or packages shall also be taken into consideration in determining the limit of liability.

3. As regards objects of which the passenger takes charge himself the liability of the carrier is limited to five thousand francs per passenger.

4. The limits prescribed in this article shall not prevent the court from awarding, in accordance with its own law, in addition. the whole or part of the court costs and of the other expenses of the litigation incurred by the plaintiff. The foregoing provision shall not apply if the amount of the damages awarded, excluding court costs and other expenses of the litigation does not exceed the sum which the carrier has offered in writing to the plaintiff within

a period of six months from the date of the occurrence causing the damage, or before the commencement of the action, if that is later.

5. The sums mentioned in francs in this Article shall be deemed to refer to a currency unit consisting of sixty-five and a half milligrammes of gold of millesimal fineness nine hundred. These sums may be converted into national currencies in round figures. Conversion of the sums into national currencies other than gold shall, in case of judicial proceedings, be made according to the gold value of such currencies at the date of the judgment."

Article XII

In Article 23 of the Convention, the existing provision shall be renumbered as paragraph 1 and another paragraph shall be added as follows:—
"2. Paragraph 1 of this Article shall not apply to provisions governing loss or damage resulting from the inherent defect, quality or vice of the cargo carried."

Article XIII

In Article 25 of the Convention—
paragraphs 1 and 2 shall be deleted and replaced by the following:—
"The limits of liability specified in Article 22 shall not apply if it is proved that the damage resulted from an act or omission of the carrier, his servants or agents, done with intent to cause damage or recklessly and with knowledge that damage would probably result; provided that, in the case of such act or omission of a servant or agent, it is also proved that he was acting within the scope of his employment."

Article XIV

After Article 25 of the Convention, the following article shall be inserted:—

"Article 25 A

1. If an action is brought against a servant or agent of the carrier arising out of damage to which this Convention relates, such servant or agent, if he proves that he acted within the scope of his employment, shall be entitled to avail himself of the limits of liability which that carrier himself is entitled to invoke under Article 22.

2. The aggregate of the amounts recoverable from the carrier, his servants and agents, in that case, shall not exceed the said limits.

3. The provisions of paragraphs 1 and 2 of this article shall not apply if it is proved that the damage resulted from an act or omission of the servant or agent done with intent to cause damage or recklessly and with knowledge that damage would probably result."

Article XV

In Article 26 of the Convention—
paragraph 2 shall be deleted and replaced by the following:—
"2. In the case of damage, the person entitled to delivery must complain to the carrier forthwith after the discovery of the damage, and, at the latest, within seven days from the date of receipt in the case of baggage and fourteen days from the date of receipt in the case of cargo. In the case of delay the complaint must be made at the latest within twenty-one days from the date on which the baggage or cargo have been placed at his disposal."

Article XVI

Article 34 of the Convention shall be deleted and replaced by the following:—
"The provisions of Articles 3 to 9 inclusive relating to documents of carriage shall not apply in the case of carriage performed in extraordinary circumstances outside the normal scope of an air carrier's business."

Article XVII

After Article 40 of the Convention, the following Article shall be inserted:—

"Article 40 A

1. In Article 37, paragraph 2 and Article 40, paragraph 1, the expression *High Contracting Party* shall mean *State*. In all other cases, the expression *High Contracting Party* shall mean a State whose ratification of or adherence to the Convention has become effective and whose denunciation thereof has not become effective.

2. For the purposes of the Convention the word *territory* means not only the metropolitan territory of a State but also all other territories for the foreign relations of which that State is responsible."

Chapter II
Scope of Application of the Convention as Amended

Article XVIII

The Convention as amended by this Protocol shall apply to international carriage as defined in Article 1 of the Convention, provided that the places of departure and destination referred to in that Article are situated either in the territories of two parties to this Protocol or within the territory of a single party to this Protocol with an agreed stopping place within the territory of another State.

Chapter III
Final Clauses

Article XIX

As between the Parties to this Protocol, the Convention and the Protocol shall be read and interpreted together as one single instrument and shall be known as the *Warsaw Convention as amended at The Hague, 1955.*

Article XX

Until the date on which this Protocol comes into force in accordance with the provisions of Article XXII, paragraph 1, it shall remain open for signature on behalf of any State which up to that date has ratified or adhered to the Convention or which has participated in the Conference at which this Protocol was adopted.

Article XXI

1. This Protocol shall be subject to ratification by the signatory States.

2. Ratification of this Protocol by any State which is not a Party to the Convention shall have the effect of adherence to the Convention as amended by this Protocol.

3. The instruments of ratification shall be deposited with the Government of the People's Republic of Poland.

Article XXII

1. As soon as thirty signatory States have deposited their instruments of ratification of this Protocol, it shall come into force between them on the ninetieth day after the deposit of the thirtieth instrument of ratification. It shall come into force for each State ratifying thereafter on the ninetieth day after the deposit of its instrument of ratification.

2. As soon as this Protocol comes into force it shall be registered with the United Nations by the Government of the People's Republic of Poland.

Article XXIII

1. This Protocol shall, after it has come into force, be open for adherence by any non-signatory State.

2. Adherence to this Protocol by any State which is not a Party to the Convention shall have the effect of adherence to the Convention as amended by this Protocol.

3. Adherence shall be effected by the deposit of an instrument of adherence with the Government of the People's Republic of Poland and shall take effect on the ninetieth day after the deposit.

Article XXIV

1. Any Party to this Protocol may denounce the Protocol by notification addressed to the Government of the People's Republic of Poland.

2. Denunciation shall take effect six months after the date of receipt by the Government of the People's Republic of Poland of the notification of denunciation.

3. As between the Parties to this Protocol, denunciation by any of them of the Convention in accordance with Article 39 thereof shall not be construed in any way as a denunciation of the Convention as amended by this Protocol.

Article XXV

1. This Protocol shall apply to all territories for the foreign relations of which a State Party to this Protocol is responsible, with the exception of territories in respect of which a declaration has been made in accordance with paragraph 2 of this Article.

2. Any State may, at the time of deposit of its instrument of ratification or adherence, declare that its acceptance of this Protocol does not apply to any one or more of the territories for the foreign relations of which such State is responsible.

3. Any State may subsequently, by notification to the Government of the People's Republic of Poland, extend the application of this Protocol to any or all of the territories regarding which it has made a declaration in accordance with paragraph 2 of this Article. The notification shall take effect on the ninetieth day after its receipt by that Government.

4. Any State Party to this Protocol may denounce it, in accordance with the provisions of Article XXIV, paragraph 1, separately for any or all of the territories for the foreign relations of which such State is responsible.

Article XXVI

No reservation may be made to this Protocol except that a State may at any time declare by a notification addressed to the Government of the People's Republic of Poland that the Convention as amended by this Protocol shall not apply to the carriage of persons, cargo and baggage for its military authorities on aircraft, registered in that State, the whole capacity of which has been reserved by or on behalf of such authorities.

Article XXVII

The Government of the People s Republic of Poland shall give immediate notice to the Governments of all States signatories to the Convention or this Protocol, all States Parties to the Convention or this Protocol, and all States Members of the International Civil Aviation Organization or of the United Nations and to the International Civil Aviation Organization:

(a) of any signature of this Protocol and the date thereof;

(b) of the deposit of any instrument of ratification or adherence in respect of this Protocol and the date thereof;

(c) of the date on which this Protocol comes into force in accordance with Article XXII, paragraph 1;

(d) of the receipt of any notification of denunciation and the date thereof;

(e) of the receipt of any declaration or notification made under Article XXV and the date thereof; and

(f) of the receipt of any notification made under Article XXVI and the date thereof.

In witness whereof the undersigned Plenipotentiaries, having been duly authorized, have signed this Protocol.

Done at The Hague on the twenty-eighth day of the month of September of the year One Thousand Nine Hundred and Fifty-five, in three authentic texts in the English, French and Spanish languages. In the case of any inconsistency, the text in the French language, in which language the Convention was drawn up, shall prevail.

This Protocol shall be deposited with the Government of the People's Republic of Poland with which, in accordance with Article XX, it shall remain open for signature, and that Government shall send certified copies thereof to the Governments of all States signatories to the Convention or this Protocol, all States Parties to the Convention or this Protocol, and all States Members of the International Civil Aviation Organization or of the United Nations, and to the International Civil Aviation Organization.

Convention, Supplementary to the Warsaw Convention, for the Unification of Certain Rules Relating to International Carriage by Air Performed by a Person Other Than the Contracting Carrier

The States Signatory to the present Convention,

Noting that the Warsaw Convention does not contain particular rules relating to international carriage by air performed by a person who is not a party to the agreement for carriage,

Considering that it is therefore desirable to formulate rules to apply in such circumstances,

Have agreed as follows:

Article I

In this Convention:

(a) "Warsaw Convention" means the Convention for the Unification of Certain Rules Relating to International Carriage by Air signed at Warsaw on 12 October 1929, or the Warsaw Convention as amended at The Hague, 1955, according to whether the carriage under the agreement referred to in paragraph *(b)* is governed by one or by the other;

(b) "contracting carrier" means a person who as a principal makes an agreement for carriage governed by the Warsaw Convention with a passenger or consignor or with a person acting on behalf of the passenger or consignor;

(c) "actual carrier" means a person, other than the contracting carrier, who, by virtue of authority from the contracting carrier, performs the whole or part of the carriage contemplated in paragraph *(b)* but who is not with respect to such part a successive carrier within the meaning of the Warsaw Convention. Such authority is presumed in the absence of proof to the contrary.

* BGB1. 1963 II 1160 = UNTS 500, 32.

Article II

If an actual carrier performs the whole or part of carriage which, according to the agreement referred to in Article I, paragraph *(b)*, is governed by the Warsaw Convention, both the contracting carrier and the actual carrier shall, except as otherwise provided in this Convention, be subject to the rules of the Warsaw Convention, the former for the whole of the carriage contemplated in the agreement, the latter solely for the carriage which he performs.

Article III

1. The acts and omissions of the actual carrier and of his servants and agents acting within the scope of their employment shall, in relation to the carriage performed by the actual carrier, be deemed to be also those of the contracting carrier.

2. The acts and omissions of the contracting carrier and of his servants and agents acting within the scope of their employment shall, in relation to the carriage performed by the actual carrier, be deemed to be also those of the actual carrier. Nevertheless, no such act or omission shall subject the actual carrier to liability exceeding the limits specified in Article 22 of the Warsaw Convention. Any special agreement under which the contracting carrier assumes obligations not imposed by the Warsaw Convention or any waiver of rights conferred by that Convention or any special declaration of interest in delivery at destination contemplated in Article 22 of

the said Convention, shall not affect the actual carrier unless agreed to by him.

Article IV

Any complaint to be made or order to be given under the Warsaw Convention to the carrier shall have the same effect whether addressed to the contracting carrier or to the actual carrier. Nevertheless, orders referred to in Article 12 of the Warsaw Convention shall only be effective if addressed to the contracting carrier.

Article V

In relation to the carriage performed by the actual carrier, any servant or agent of that carrier or of the contracting carrier shall, if he proves that he acted within the scope of his employment, be entitled to avail himself of the limits of liability which are applicable under this Convention to the carrier whose servant or agent he is unless it is proved that he acted in a manner which, under the Warsaw Convention, prevents the limits of liability from being invoked.

Article VI

In relation to the carriage performed by the actual carrier, the aggregate of the amounts recoverable from that carrier and the contracting carrier, and from their servants and agents acting within the scope of their employment, shall not exceed the highest amount which could be awarded against either the contracting carrier or the actual carrier under this Convention, but none of the persons mentioned shall be liable for a sum in excess of the limit applicable to him.

Article VII

In relation to the carriage performed by the actual carrier, an action for damages may be brought, at the option of the plaintiff, against that carrier or the contracting carrier, or against both together or separately. If the action is brought against only one of those carriers, that carrier shall have the right to require the other carrier to be joined in the proceedings, the procedure and effects being governed by the law of the court seised of the case.

Article VIII

Any action for damages contemplated in Article VII of this Convention must be brought, at the option of the plaintiff, either before a court in which an action may be brought against the contracting carrier, as provided in Article 28 of the Warsaw Convention, or before the court having jurisdiction at the place where the actual carrier is ordinarily resident or has his principal place of business.

Article IX

1. Any contractual provision tending to relieve the contracting carrier or the actual carrier of liability under this Convention or to fix a lower limit than that which is applicable according to this Convention shall be null and void, but the nullity of any such provision does not involve the nullity of the whole agreement, which shall remain subject to the provisions of this Convention.

2. In respect of the carriage performed by the actual carrier, the preceding paragraph shall not apply to contractual provisions governing loss or damage resulting from the inherent defect, quality or vice of the cargo carried.

3. Any clause contained in an agreement for carriage and all special agreements entered into before the damage occurred by which the parties purport to infringe the rules laid down by this Convention, whether by deciding the law to be applied, or by altering the rules as to jurisdiction, shall be null and void. Nevertheless, for the carriage of cargo arbitration clauses are allowed, subject to this Convention, if the arbitration is to take place in one of the jurisdictions referred to in Article VIII.

Article X

Except as provided in Article VII, nothing in this Convention shall affect the rights and obligations of the two carriers between themselves.

Article XI

Until the date on which this Convention comes into force in accordance with the provisions of Article XIII, it shall remain open for signature on behalf of any State which at that date is a Member of the United Nations or of any of the Specialized Agencies.

Article XII

1. This Convention shall be subject to ratification by the signatory States.
2. The instruments of ratification shall be deposited with the Government of the United States of Mexico.

Article XIII

1. As soon as five of the signatory States have deposited their instruments of ratification of this Convention, it shall come into force between them on the ninetieth day after the date of the deposit of the fifth instrument of ratification. It shall come into force for each State ratifying thereafter on the ninetieth day after the deposit of its instrument of ratification.
2. As soon as this Convention comes into force, it shall be registered with the United Nations and the International Civil Aviation Organization by the Government of the United States of Mexico.

Article XIV

1. This Convention shall, after it has come into force, be open for accession by any State Member of the United Nations or of any of the Specialized Agencies.
2. The accession of a State shall be effected by the deposit of an instrument of accession with the Government of the United States of Mexico and shall take

effect as from the ninetieth day after the date of such deposit.

Article XV

1. Any Contracting State may denounce this Convention by notification addressed to the Government of the United States of Mexico.
2. Denunciation shall take effect six months after the date of receipt by the Government of the United States of Mexico of the notification of denunciation.

Article XVI

1. Any Contracting State may at the time of its ratification of or accession to this Convention or at any time thereafter declare by notification to the Government of the United States of Mexico that the Convention shall extend to any of the territories for whose international relations it is responsible.
2. The Convention shall, ninety days after the date of the receipt of such notification by the Government of the United States of Mexico, extend to the territories named therein.
3. Any Contracting State may denounce this Convention, in accordance with the provisions of Article XV, separately for any or all of the territories for the international relations of which such State is responsible.

Article XVII

No reservation may be made to this Convention.

Article XVIII

The Government of the United States of Mexico shall give notice to the International Civil Aviation Organization and to all States Members of the United Nations or of any of the Specialized Agencies:
(a) of any signature of this Convention and the date thereof;
(b) of the deposit of any instrument of ratification or accession and the date

thereof;

(c) of the date on which this Convention comes into force in accordance with Article XIII, paragraph 1;

(d) of the receipt of any notification of denunciation and the date thereof;

(e) of the receipt of any declaration or notification made under Article XVI and the date thereof.

In witness whereof the undersigned Plenipotentiaries, having been duly authorized, have signed this Convention.

Done at Guadalajara on the eighteenth day of September One Thousand Nine Hundred and Sixty-one in three authentic texts drawn up in the English, French and Spanish languages. In case of any inconsistency, the text in the French language, in which language the Warsaw Convention of 12 October 1929 was drawn up, shall prevail. The Government of the United States of Mexico will establish an official translation of the text of the Convention in the Russian language.

This Convention shall be deposited with the Government of the United States of Mexico with which, in accordance with Article XI, it shall remain open for signature, and that Government shall send certified copies thereof to the International Civil Aviation Organization and to all States Members of the United Nations or of any Specialized Agency.

Montreal Agreement

Agreement—CAB No. 18900

Approved by the Civil Aeronautics Board 13th May 1966

The undersigned carriers (hereinafter referred to as "the Carriers") hereby agree as follows:

1. Each of the Carriers shall effective 16th May 1966, include the following in its conditions of carriage, including tariffs embodying conditions of carriage filed by it with any government:

"The Carrier shall avail itself of the limitation of liability provided in the Convention for the Unification of Certain Rules Relating to International Carriage by Air signed at Warsaw 12th October 1929, or provided in the said Convention as amended by the Protocol signed at The Hague 28th September 1955. However in accordance with Article 22 (1) of said Convention, or said Convention as amended by said Protocol, the Carrier agrees that, as to all international transportation by the Carrier as defined in the said Convention, or said Convention as amended by said Protocol, which, according to the Contract of Carriage, includes a point in the United States of America as a point of origin, point of destination, or agreed stopping place

(i) The limit for each passenger for death, wounding, or other bodily injury shall be the sum of US $75,000 inclusive of legal fees and costs, except that, in case of a claim brought in a State where provision is made for separate award of legal fees and costs, the limit shall be the sum of US $58,000 exclusive of legal fees and costs.

(ii) The Carrier shall not, with respect to any claim arising out of the death, wounding, or other bodily injury of a passenger, avail itself of any defense under Article 20 (1) of said Convention or said Convention as amended by said Protocol.

Nothing herein shall be deemed to affect the rights and liabilities of the Carrier with regard to any claim brought by, on behalf of, or in respect of any person who has wilfully caused damage which resulted in death, wounding, or other bodily injury of a passenger".

2. Each carrier shall, at the time of delivery of the ticket, furnish to each passenger whose transportation is governed by the Convention, or the Convention as amended by the Hague Protocol, and by the special contract described in paragraph 1, the following notice, which shall be printed in type at least as large as 10 point modern type and in ink contrasting with the stock in (i) each ticket; (ii) a piece of paper either placed in the ticket envelope with the ticket or attached to the ticket; or (iii) on the ticket envelope:

ADVICE TO INTERNATIONAL PASSENGERS ON LIMITATION OF LIABILITY[1]

Passengers on a journey involving an ultimate destination or a stop in a country other than the country of origin are advised that the provisions of the treaty known as the Warsaw Convention may be applicable to the entire journey, including any portion entirely within the country of origin or destination. For such passengers on a journey to, from, or with an

---

1 This advice note is set in 10 point type as required by clause 2, supra.

agreed stopping place in the United States of America, the Convention and special contracts of carriage embodied in applicable tariffs provide that the liability of [(name of carrier) and certain other][2] carriers parties to such special contracts for death of or personal injury to passengers is limited in most cases to proven damages not to exceed US $75,000 per passenger[3], and that this liability up to such limit shall not depend on negligence on the part of the carrier. For such passengers travelling by a carrier not a party to such special contracts or on a journey not to, from, or having an agreed stopping place in the United States of America, liability of the carrier for death or personal injury to passengers is limited in most cases to approximately US $10,000 or US $20,000[4].

The names of Carriers parties to such special contracts are available at all ticket offices of such carriers and may be examined on request.

Additional protection can usually be obtained by purchasing insurance from a private company. Such insurance is not affected by any limitation of the carrier's liability under the Warsaw Convention or such special contracts of carriage. For further information please consult your airline or insurance company representative[3].

3. This Agreement shall be filed with the Civil Aeronautics Board of the United States for approval pursuant to Section 412 of the Federal Aviation Act of 1958, as amended and filed with other governments as required. The Agreement shall become effective upon approval by said Board pursuant to said Section 412.

4. This Agreement may be signed in any number of counterparts, all of which shall constitute one Agreement. Any carrier may become a party to this Agreement by signing a counterpart hereof and depositing it with Civil Aeronautics Board.

5. Any carrier party hereto may withdraw from this Agreement by giving twelve (12) months' written notice of withdrawal to said Civil Aeronautics Board and the other Carriers parties to the Agreement.

NOTICE OF BAGGAGE LIABILITY LIMITATIONS[5]

Liability for loss, delay, or damage to baggage is limited as follows unless a higher value is declared in advance and additional charges are paid: (1) for most international travel (including domestic portions of international journeys) to approximately US $9.07 per pound (US $20.00 per kilo) for checked baggage and US $400 per passenger for unchecked baggage; (2) for travel wholly between US points, to US $500 per passenger on most carriers (a few have lower limits). Excess valuation may not be declared on certain types of valuable articles. Carriers assume no liability for fragile or perishable articles. Further information may be obtained from the carrier.

---

2 The word "certain" may be used as an alternative to the words in square brackets.
3 Subsequent to this agreement the carriers have been authorised to add a note at the end of their Advice to International Passengers:
  "The limit of liability of US $75,000 above is inclusive of legal fees and costs except that in the case of a claim brought in a State where provision is made for separate award of legal fees and costs, the limit shall be the sum of US $58,000 exclusive of legal fees and costs."
4 By CAB Order 74–1–16 adopted on 3rd January 1974 the US $ equivalent of 125,000 and 250,000 Convention francs were fixed at US $10,000 and US $20,000 respectively.
5 By CAB Regulation ER837 (27th February 1974) each air carrier and foreign air carrier must include on each ticket in the prescribed form, a notice of baggage liability limitations.

Protocol to amend the Convention for the Unification of Certain Rules relating to International Carriage by Air signed at Warsaw on 12th October 1929 as amended by the Protocol done at The Hague on 28th September 1955, Guatemala City, 8th March 1971[1]

CHAPTER I   AMENDMENTS TO THE CONVENTION

ARTICLE I

The Convention which the provisions of the present Chapter modify is the Warsaw Convention as amended at The Hague in 1955.

ARTICLE II

Article 3 of the Convention shall be deleted and replaced by the following:

"*Article 3*

1. In respect of the carriage of passengers an individual or collective document of carriage shall be delivered containing:

   (*a*) an indication of the places of departure and destination;
   (*b*) if the places of departure and destination are within the territory of a single High Contracting Party, one or more agreed stopping places being within the territory of another State, an indication of at least one such stopping place.

2. Any other means which would preserve a record of the information indicated in (*a*) and (*b*) of the foregoing paragraph may be substituted for the delivery of the document referred to in that paragraph.

3. Non-compliance with the provisions of the foregoing paragraphs shall not affect the existence or the validity of the contract of carriage, which shall, none the less, be subject to the rules of this Convention including those relating to limitation of liability."

ARTICLE III

Article 4 of the Convention shall be deleted and replaced by the following:

"*Article 4*

1. In respect of the carriage of checked baggage, a baggage check shall be delivered, which, unless combined with or incorporated in a document of carriage which complies with the provisions of Article 3, paragraph 1, shall contain:

   (*a*) an indication of the places of departure and destination;
   (*b*) if the places of departure and destination are within the territory of a single High Contracting Party, one or more agreed stopping places being within the territory of another State, an indication of at least one such stopping place.

2. Any other means which would preserve a record of the information indicated in (*a*) and (*b*) of the foregoing paragraph may be substituted for the delivery of the baggage check referred to in that paragraph.

3. Non-compliance with the provisions of the foregoing paragraphs shall not affect the existence or the validity of the contract of carriage, which shall, none the less, be subject to the rules of this Convention including those relating to limitation of liability."

ARTICLE IV

Article 17 of the Convention shall be deleted and replaced by the following:

"Article 17

1. The carrier is liable for damage sustained in case of death or personal injury of a passenger upon condition only that the event which caused the death or injury took place on board the aircraft or in the course of any of the operations of embarking or disembarking. However, the carrier is not liable if the death or injury resulted solely from the state of health of the passenger.

2. The carrier is liable for damage sustained in case of destruction or loss of, or of damage to, baggage upon condition only that the event which caused the destruction, loss or damage took place on board the aircraft or in the course of any of the operations of embarking or disembarking or during any period within which the baggage was in charge of the carrier. However, the carrier is not liable if the damage resulted solely from the inherent defect, quality or vice of the baggage.

3. Unless otherwise specified, in this Convention the term 'baggage' means both checked baggage and objects carried by the passenger."

ARTICLE V

In Article 18 of the Convention—paragraphs 1 and 2 shall be deleted and replaced by the following:

"1. The carrier is liable for damage sustained in the event of the destruction or loss of, or of damage to, any cargo, if the occurrence which caused the damage so sustained took place during the carriage by air.

2. The carriage by air within the meaning of the preceding paragraph comprises the period during which the cargo is in charge of the carrier, whether in an airport or on board an aircraft, or, in the case of a landing outside an airport, in any place whatsoever."

ARTICLE VI

Article 20 of the Convention shall be deleted and replaced by the following:

"Article 20

1. In the carriage of passengers and baggage the carrier shall not be liable for damage occasioned by delay if he proves that he and his servants and agents have taken all necessary measures to avoid the damage or that it was impossible for them to take such measures.

2. In the carriage of cargo the carrier shall not be liable for damage resulting from destruction, loss, damage or delay if he proves that he and his servants and agents have taken all necessary measures to avoid the damage or that it was impossible for them to take such measures."

ARTICLE VII

Article 21 of the Convention shall be deleted and replaced by the following:

"Article 21

If the carrier proves that the damage was caused or contributed to by the negligence or other wrongful act or omission of the person claiming compensation, the carrier shall be wholly or partly exonerated from his liability to such person to the extent that such negligence or wrongful act or omission caused or contributed to the damage. When by reason of the death or injury of a passenger compensation is claimed by a person other than the passenger, the carrier shall likewise be wholly or partly exonerated from his liability to the extent that he proves that the damage was caused or contributed to by the negligence or other wrongful act or omission of that passenger."

ARTICLE VIII
Article 22 of the Convention shall be deleted and replaced by the following:

"*Article 22*

1. (*a*) In the carriage of persons the liability of the carrier is limited to the sum of one million five hundred thousand francs for the aggregate of the claims, however founded, in respect of damage suffered as a result of the death or personal injury of each passenger. Where, in accordance with the law of the court seized of the case, damages may be awarded in the form of periodic payments, the equivalent capital value of the said payments shall not exceed one million five hundred thousand francs.

(*b*) In the case of delay in the carriage of persons the liability of the carrier for each passenger is limited to sixty-two thousand five hundred francs.

(*c*) In the carriage of baggage the liability of the carrier in the case of destruction, loss, damage or delay is limited to fifteen thousand francs for each passenger.

2. (*a*) In the carriage of cargo, the liability of the carrier is limited to a sum of two hundred and fifty francs per kilogramme, unless the consignor has made, at the time when the package was handed over to the carrier, a special declaration of interest in delivery at destination and has paid a supplementary sum if the case so requires. In that case the carrier will be liable to pay a sum not exceeding the declared sum, unless he proves that that sum is greater than the consignor's actual interest in delivery at destination.

(*b*) In the case of loss, damage or delay of part of the cargo, or of any object contained therein, the weight to be taken into consideration in determining the amount to which the carrier's liability is limited shall be only the total weight of the package or packages concerned. Nevertheless, when the loss, damage or delay of a part of the cargo, or of an object contained therein, affects the value of other packages covered by the same air waybill, the total weight of such package or packages shall also be taken into consideration in determining the limit of liability.

3. (*a*) The courts of the High Contracting Parties which are not authorised under their law to award the costs of the action, including lawyers' fees, shall, in actions to which this Convention applies, have the power to award, in their discretion, to the claimant the whole or part of the costs of the action, including lawyers' fees which the court considers reasonable.

(*b*) The costs of the action including lawyers' fees shall be awarded in accordance with subparagraph (*a*) only if the claimant gives a written notice to the carrier of the amount claimed including the particulars of the calculation of that amount and the carrier does not make, within a period of six months after his receipt of such notice, a written offer of settlement in an amount at least equal to the compensation awarded within the applicable limit. This period will be extended until the time of commencement of the action if that is later.

(*c*) The costs of the action including lawyers' fees shall not be taken into account in applying the limits under this Article.

4. The sums mentioned in francs in this Article and Article 42 shall be deemed to refer to a currency unit consisting of sixty-five and a half milligrammes of gold of millesimal fineness nine hundred. These sums may be converted into national currencies in round figures. Conversion of the sums into national currencies other than gold shall, in case of judicial proceedings, be made according to the gold value of such currencies at the date of the judgment."

ARTICLE IX
Article 24 of the Convention shall be deleted and replaced by the following:

"Article 24
1. In the carriage of cargo, any action for damages, however founded, can only be brought subject to the conditions and limits set out in this Convention.
2. In the carriage of passengers and baggage any action for damage, however founded, whether under this Convention or in contract or in tort or otherwise, can only be brought subject to the conditions and limits of liability set out in this Convention, without prejudice to the question as to who are the persons who have the right to bring suit and what are their respective rights. Such limits of liability constitute maximum limits and may not be exceeded whatever the circumstances which gave rise to the liability."

ARTICLE X
Article 25 of the Convention shall be deleted and replaced by the following:

"Article 25
The limit of liability specified in paragraph 2 of Article 22 shall not apply if it is proved that the damage resulted from an act or omission of the carrier, his servants or agents, done with intent to cause damage or recklessly and with knowledge that damage would probably result; provided that, in the case of such act or omission of a servant or agent, it is also proved that he was acting within the scope of his employment."

ARTICLE XI
In Article 25A of the Convention—paragraphs 1 and 3 shall be deleted and replaced by the following:

"1. If an action is brought against a servant or agent of the carrier arising out of damage to which the Convention relates, such servant or agent if he proves that he acted within the scope of his employment, shall be entitled to avail himself of the limits of liability which that carrier himself is entitled to invoke under this Convention.
3. The provisions of paragraphs 1 and 2 of this Article shall not apply to the carriage of cargo if it is proved that the damage resulted from an act or omission of the servant or agent done with intent to cause damage or recklessly and with knowledge that damage would probably result."

ARTICLE XII
In Article 28 of the Convention—the present paragraph 2 shall be renumbered as paragraph 3 and a new paragraph 2 shall be inserted as follows:

"2. In respect of damage resulting from the death, injury or delay of a passenger or the destruction, loss, damage or delay of baggage, the action may be brought before one of the Courts mentioned in paragraph 1 of this Article, or in the territory of one of the High Contracting Parties, before the Court within the jurisdiction of which the carrier has an establishment if the passenger has his domicile or permanent residence in the territory of the same High Contracting Party."

ARTICLE XIII
After Article 30 of the Convention, the following Article shall be inserted:

"Article 30A
Nothing in this Convention shall prejudice the question whether a person liable for damage in accordance with its provisions has a right of recourse against any other person."

ARTICLE XIV
After Article 35 of the Convention, the following Article shall be inserted:

"*Article 35A*
No provision contained in this Convention shall prevent a State from establishing and operating within its territory a system to supplement the compensation payable to claimants under the Convention in respect of death, or personal injury, of passengers. Such a system shall fulfil the following conditions:

> (a) it shall not in any circumstances impose upon the carrier, his servants or agents, any liability in addition to that provided under this Convention;
>
> (b) it shall not impose upon the carrier any financial or administrative burden other than collecting in that State contributions from passengers if required so to do;
>
> (c) it shall not give rise to any discrimination between carriers with regard to the passengers concerned and the benefits available to the said passengers under the system shall be extended to them regardless of the carrier whose services they have used;
>
> (d) if a passenger has contributed to the system, any person suffering damage as a consequence of death or personal injury of such passenger shall be entitled to the benefits of the system."

ARTICLE XV
After Article 41 of the Convention, the following Article shall be inserted:

"*Article 42*
1. Without prejudice to the provisions of Article 41, Conferences of the Parties to the Protocol done at Guatemala City on the eighth March 1971 shall be convened during the fifth and tenth years respectively after the date of entry into force of the said Protocol for the purpose of reviewing the limit established in Article 22, paragraph 1 (a) of the Convention as amended by that Protocol.

2. At each of the Conferences mentioned in paragraph 1 of this Article the limit of liability in Article 22, paragraph 1 (a) in force at the respective dates of these Conferences shall not be increased by an amount exceeding one hundred and eighty-seven thousand five hundred francs.

3. Subject to paragraph 2 of this Article, unless before the thirty-first December of the fifth and tenth years after the date of entry into force of the Protocol referred to in paragraph 1 of this Article the aforesaid Conferences decide otherwise by a two-thirds majority vote of the Parties present and voting, the limit of liability in Article 22, paragraph 1 (a) in force at the respective dates of these Conferences shall on those dates be increased by one hundred and eighty-seven thousand five hundred francs.

4. The applicable limit shall be that which, in accordance with the preceding paragraphs, is in effect on the date of the event which caused the death or personal injury of the passenger."

CHAPTER II   SCOPE OF APPLICATION OF THE CONVENTION AS AMENDED

ARTICLE XVI
The Warsaw Convention as amended at The Hague in 1955 and by this Protocol shall apply to international carriage as defined in Article 1 of the Convention, provided that the places of departure and destination referred to in that Article are situated either in the territories of two Parties to this Protocol or within the territory of a single Party to this Protocol with an agreed stopping place in the territory of another State.

CHAPTER III   FINAL CLAUSES

ARTICLE XVII

As between the Parties to this Protocol, the Warsaw Convention as amended at The Hague in 1955 and this Protocol shall be read and interpreted together as one single instrument and shall be known as the *Warsaw Convention as amended at The Hague, 1955, and at Guatemala City, 1971.*

ARTICLE XVIII

Until the date on which this Protocol enters into force in accordance with the provisions of Article XX, it shall remain open for signature by all States Members of the United Nations or any of the Specialised Agencies or of the International Atomic Energy Agency or Parties to the Statute of the International Court of Justice, and by any other State invited by the General Assembly of the United Nations to become a Party to this Protocol.

ARTICLE XIX

1. This Protocol shall be subject to ratification by the signatory States.
2. Ratification of this Protocol by any State which is not a Party to the Warsaw Convention or by any State which is not a Party to the Warsaw Convention as amended at The Hague, 1955, shall have the effect of accession to the *Warsaw Convention as amended at The Hague,* 1955, *and at Guatemala City,* 1971.
3. The instruments of ratification shall be deposited with the International Civil Aviation Organisation.

ARTICLE XX

1. This Protocol shall enter into force on the ninetieth day after the deposit of the thirtieth instrument of ratification on the condition, however, that the total international scheduled air traffic, expressed in passenger-kilometres, according to the statistics for the year 1970 published by the International Civil Aviation Organisation, of the airlines of five States which have ratified this Protocol, represents at least 40 per cent of the total international scheduled air traffic of the airlines of the member States of the International Civil Aviation Organisation in that year. If, at the time of deposit of the thirtieth instrument of ratification, this condition has not been fulfilled, the Protocol shall not come into force until the ninetieth day after this condition shall have been satisfied. This Protocol shall come into force for each State ratifying after the deposit of the last instrument of ratification necessary for entry into force of this Protocol on the ninetieth day after the deposit of its instrument of ratification.
2. As soon as this Protocol comes into force it shall be registered with the United Nations by the International Civil Aviation Organisation.

ARTICLE XXI

1. After the entry into force of this Protocol it shall be open for accession by any State referred to in Article XVIII.
2. Accession to this Protocol by any State which is not a Party to the Warsaw Convention or by any State which is not a Party to the Warsaw Convention as amended at The Hague, 1955, shall have the effect of accession to the *Warsaw Convention as amended at The Hague,* 1955 *and at Guatemala City,* 1971.
3. Accession shall be effected by the deposit of an instrument of accession with the International Civil Aviation Organisation and shall take effect on the ninetieth day after the deposit.

ARTICLE XXII

1. Any Party to this Protocol may denounce the Protocol by notification addressed to the International Civil Aviation Organisation.

2. Denunciation shall take effect six months after the date of receipt by the International Civil Aviation Organisation of the notification of denunciation.

3. As between the Parties to this Protocol, denunciation by any of them of the Warsaw Convention in accordance with Article 39 thereof or of The Hague Protocol in accordance with Article XXIV thereof shall not be construed in any way as a denunciation of the *Warsaw Convention as amended at The Hague*, 1955, *and at Guatemala City*, 1971.

ARTICLE XXIII

1. Only the following reservations may be made to this Protocol:

 (a) a State whose courts are not authorised under its law to award the costs of the action including lawyers' fees may at any time by a notification addressed to the International Civil Aviation Organisation declare that Article 22, paragraph 3 (a) shall not apply to its courts; and

 (b) a State may at any time declare by a notification addressed to the International Civil Aviation Organisation that the *Warsaw Convention as amended at The Hague*, 1955, *and at Guatemala City*, 1971 shall not apply to the carriage of persons, baggage and cargo for its military authorities on aircraft, registered in that State, the whole capacity of which has been reserved by or on behalf of such authorities.

2. Any State having made a reservation in accordance with the preceding paragraph may at any time withdraw such reservation by notification to the International Civil Aviation Organisation.

ARTICLE XXIV

The International Civil Aviation Organisation shall promptly inform all signatory or acceding States of the date of each signature, the date of deposit of each instrument of ratification or accession, the date of entry into force of this Protocol, and other relevant information.

ARTICLE XXV

As between the Parties to this Protocol which are also Parties to the Convention, Supplementary to the Warsaw Convention, for the Unification of Certain Rules Relating to International Carriage by Air Performed by a Person Other than the Contracting Carrier, signed at Guadalajara on 18th September 1961[1] (hereinafter referred to as the "Guadalajara Convention") any reference to the "Warsaw Convention" contained in the Guadalajara Convention shall include reference to the *Warsaw Convention as amended at The Hague*, 1955, *and at Guatemala City*, 1971, in cases where the carriage under the agreement referred to in Article 1, paragraph (b) of the Guadalajara Convention is governed by this Protocol.

---

1 Treaty Series No. 23 (1964) (Cmnd. 2354).

ARTICLE XXVI

This Protocol shall remain open, until 30th September 1971, for signature by any State referred to in Article XVIII, at the Ministry of External Relations of the Republic of Guatemala and thereafter, until it enters into force in accordance with Article XX, at the International Civil Aviation Organisation. The Government of the Republic of Guatemala shall promptly inform the International Civil Aviation Organisation of any signature and the date thereof during the time that the Protocol shall be open for signature in Guatemala.

IN WITNESS WHEREOF the undersigned Plenipotentiaries, having been duly authorised, have signed this Protocol.

DONE at Guatemala City on the eighth day of the month of March of the year One Thousand Nine Hundred and Seventy-one in three authentic texts in the English, French and Spanish languages. The International Civil Aviation Organisation shall establish an authentic text of this Protocol in the Russian language. In the case of any inconsistency, the text in the French language, in which language the Warsaw Convention of 12th October 1929 was drawn up, shall prevail.

[The following States signed the Protocol on 8th March 1971:
  Belgium
  Brazil
  Canada
  China, Republic of *
  Colombia
  Costa Rica
  Denmark
  Ecuador
  France
  Germany, Federal Republic of
  Guatemala
  Israel
  Italy
  Jamaica
  Nicaragua
  El Salvador
  Switzerland
  Trinidad and Tobago
  United Kingdom of Great Britain and Northern Ireland
  United States of America
  Venezuela]

---

* Since the Government of the United Kingdom do not recognise the Nationalist Chinese authorities as the competent Government of China they cannot regard signature of the protocol by a Nationalist Chinese representative as a valid signature on behalf of China.

Convention on Celebration and Recognition of the Validity of Marriages

The States signatory to the present Convention,

Desiring to facilitate the celebration of marriages and the recognition of the validity of marriages,

Have resolved to conclude a Convention to this effect, and have agreed on the following provisions—

Chapter I. Celebration of Marriages

Article 1

This Chapter shall apply to the requirements in a Contracting State for celebration of marriages.

Article 2

The formal requirements for marriages shall be governed by the law of the State of celebration.

Article 3

A marriage shall be celebrated—

1. where the future spouses meet the substantive requirements of the internal law of the State of celebration and one of them has the nationality of that State or habitually resides there; or
2. where each of the future spouses meets the substantive requirements of the internal law designated by the choice-of-law rules of the State of celebration.

Article 4

The State of celebration may require the future spouses to furnish any necessary evidence as to the content of any foreign law which is applicable under the preceding Articles.

Article 5

The application of a foreign law declared applicable by this Chapter may be refused only if such application is manifestly incompatible with the public policy ('ordre public') of the State of celebration.

Article 6

A Contracting State may reserve the right, by way of derogation from Article 3, number 1, not to apply its internal law to the substantive requirements for marriage in respect of a future spouse who neither is a national of that State nor habitually resides there.

Chapter II. Recognition of the Validity of Marriages

Article 7

This Chapter shall apply to the recognition in a Contracting State of the validity of marriages entered into in other States.

Article 8

This Chapter shall not apply to—

1. marriages celebrated by military authorities;
2. marriages celebrated aboard ships or aircraft;
3. proxy marriages;
4. posthumous marriages;
5. informal marriages.

Article 9

A marriage validly entered into

under the law of the State of celebration or which subsequently becomes valid under that law shall be considered as such in all Contracting States, subject to the provisions of this Chapter.

A marriage celebrated by a diplomatic or consular official in accordance with his law shall similarly be considered valid in all Contracting States, provided that the celebration is not prohibited by the State of celebration.

Article 10·

Where a marriage certificate has been issued by a competent authority, the marriage shall be presumed to be valid until the contrary is established.

Article 11

A Contracting State may refuse to recognize the validity of a marriage only where, at the time of the marriage, under the law of that State—

1. one of the spouses was already married; or
2. the spouses were related to one another, by blood or by adoption, in the direct line or as brother and sister; or
3. one of the spouses had not attained the minimum age required for marriage, nor had obtained the necessary dispensation; or
4. one of the spouses did not have the mental capacity to consent; or
5. one of the spouses did not freely consent to the marriage.

However, recognition may not be refused where, in the case mentioned in number 1 of the preceding paragraph, the marriage has subsequently become valid by reason of the dissolution or annulment of the prior marriage.

Article 12

The rules of this Chapter shall apply even where the recognition of the validity of a marriage is to be dealt with as an incidental question in the context of another question.

However, these rules need not be applied when that other question, under the choice-of-law rules of the forum, is governed by the law of a non-Contracting State.

Article 13

This Convention shall not prevent the application in a Contracting State of rules of law more favourable to the recognition of foreign marriages.

Article 14

A Contracting State may refuse to recognize the validity of a marriage where such recognition is manifestly incompatible with public policy ('ordre public').

Article 15

This Chapter shall apply regardless of the date on which the marriage was celebrated.

However a Contracting State may reserve the right not to apply this Chapter to a marriage celebrated before the date on which, in relation to that State, the Convention enters into force.

Chapter III. General Clauses

Article 16

A Contracting State may reserve the right to exclude the application of Chapter I.

Article 17

Where a State has two or more territorial units in which different systems of law apply in relation to marriage, any reference to the law of the State of celebration shall be construed as referring to the law of the territorial unit in which the marriage is or was celebrated.

Article 18

Where a State has two or more territorial units in which different systems of law apply in relation to marriage, any reference to the law of that State in connection with the recognition of the validity of a marriage shall be construed as referring to the law of the territorial unit in which recognition is sought.

Article 19

Where a State has two or more territorial units in which different systems of law apply in relation to marriage, this Convention need not be applied to the recognition in one territorial unit of the validity of a marriage entered into in another territorial unit.

Article 20

Where a State has, in relation to marriage, two or more systems of law applicable to different categories of persons, any reference to the law of that State shall be construed as referring to the system of law designated by the rules of that State.

Article 21

This Convention shall not affect the application of any convention containing provisions on the celebration or recognition of the validity of marriages to which a Contracting State is a Party at the time this Convention enters into force for that State.

This Convention shall not affect the right of a Contracting State to become a Party to a convention, based on special ties of a regional or other nature, containing provisions on the celebration or recognition of validity of marriages.

Article 22

This Convention shall replace, in the relations between the States who are Parties to it, the Convention Governing Conflicts of Laws Concerning Marriage, concluded at The Hague, the 12th of June 1902.

Article 23

Each Contracting State shall, at the time of signature, ratification, approval acceptance, or accession, inform the Ministry of Foreign Affairs of the Netherlands of the authorities which under its law are competent to issue a marriage certificate as mentioned in Article 10 and, subsequently, of any changes relating to such authorities.

Chapter IV. Final Clauses

Article 24

This Convention shall be open for signature by the States which were Members of the Hague Conference on Private International Law at the time of its Thirteenth Session.

It shall be ratified, accepted or approved and the instruments of ratification, acceptance or approval shall be deposited with the Ministry of Foreign Affairs of the Netherlands.

Article 25

Any other State may accede to this Convention.

The Instrument of accession shall be deposited with the Ministry of Foreign Affairs of the Netherlands.

Article 26

Any State may, at the time of signature, ratification, acceptance, approval or accession, declare that this Convention shall extend to all the territories for the international relations of which it is responsible, or to one or more of them. Such a declaration shall take effect on the date of entry into force of the Convention for the State concerned.

At any time thereafter, such extensions shall be notified to the Ministry of Foreign Affairs of the Netherlands.

Article 27

A Contracting State which has two or more territorial units in which different systems of law apply to marriage may, at the time of signature, ratification, acceptance, approval or accession, declare that the Convention shall apply to all it territorial units or only to one or more of them, and may extend its declaration at any time thereafter.

These declarations shall be notified to the Ministry of Foreign Affairs of the Netherlands, and shall state expressly the territorial unit to which the Convention applies.

Article 28

A State may, not later than the time of ratification, acceptance, approval or accession, make one or more of the reservations referred to in Articles 6, 15. No other reservation shall be permitted.

A State may at any time withdraw a reservation it has made. The withdrawal shall be notified to the Ministry of Foreign Affairs of the Netherlands.

Such a reservation shall cease to have effect on the first day of the third calendar month after the notification referred to in the preceding paragraph.

Article 29

This Convention shall enter into force on the first day of the third calendar month after the deposit of the third instrument of ratification, acceptance, approval or accession referred to in Articles 24 and 25.

Thereafter the Convention shall enter into force—

—for each State ratifying, accepting, approving or acceding to it subsequently, on the first day of the third calendar month after the deposit of its instrument of ratification, acceptance, approval or accession;

—for a territory to which the Convention has been extended in conformity with Article 26, on the first day of the third calendar month after the notification referred to in that Article.

Article 30

This Convention shall remain in force for five years from the date of its entry into force in accordance with the first paragraph of Article 29 even for States which subsequently have ratified, accepted, approved it or acceded to it.

If there has been no denunciation, it shall be renewed tacitly every five years.

Any denunciation shall be notified to the Ministry of Foreign Affairs of the Netherlands, at least six months before the expiry of the five year period. It may be limited to certain of the territories or territorial units to which the Convention applies.

The denunciation shall have effect only as regards the State which has notified it. The Convention shall remain in force for the other Contracting States.

Article 31

The Ministry of Foreign Affairs of the Netherlands shall notify the States Members of the Conference, and the States which have acceded in accordance with Article 25, of the following—

1. the signatures and ratifications, acceptances and approvals referred to in Article 24;
2. the accessions referred to in Article 25;
3. the date on which this Convention enters into force in accordance with Article 29;
4. the extensions referred to in Article 26;
5. the declarations referred to in Article 27;
6. the reservations referred to in Articles 6, 15 and 16;
7. the information communicated under Article 23;
8. the denunciations referred to in Article 30.

In witness whereof the undersigned, being duly authorised thereto, have signed this Convention.

Done at The Hague, on the ... day of .... 19 ..., in the English and French languages, both texts being equally authentic, in a single copy which shall be deposited in the archives of the Government of the Netherlands, and of which a certified copy shall be sent, through the diplomatic channel, to each of the States Members of the Hague Conference on Private International Law at the date of its Thirteenth Session.

Selected Essays on the Conflict of Laws

CONTENTS

國立政治大學法律系法學叢書